Ad Angelica

Paolo Carnevali

Manuale di perfezionamento alla vela

Debatte
EDITORE

Si ringraziano per la collaborazione i Signori:
Stefano Carnevali e Gianni Galli (Laser), Francesco Cruciani (J24)
Renato Carnevali (Preparazione fisica), Marco Forgiarini (Disegni)
Mario Gallo (Foto preparazione Fisica), Gabrio Zandonà (470)
Luigi Bertini (Match-race)

Un grazie anche ai Signori:
Enrico Maltinti, Andrea Tarabella, Giulio Gatti, Federica Salvà e Federica Prunai
per il contributo fotografico

Le immagini fotografiche della preparazione fisica sono state realizzate nella sala pesi dell'Accademia Navale

L'appendice "Meteorologia" (del Colonnello Salvatore Rizza) è stata gentilmente concessa dall'Accademia Navale.
L'appendice "Primo soccorso" è stata redatta dal Dottor Simone Bonanni

Realizzazione editoriale
Debatte Editore, Livorno
www.debatte.it

Stampa e grafica
Debatte Otello srl - Livorno
www.debatte.it

ISBN: 978-88-6297-002-0

LA VELA

La vela è un dono del Signore
per i suoi figli più belli:
il giorno in cui ve ne ammalerete,
ringraziatelo;
pochi al mondo avranno momenti
più puliti e liberi.
Sarete dannati dalla fatica,
spererete per ore
un attimo di vento,
farete bagni fuori stagione e
avrete le mani scorticate.
Ma un giorno di vela
vi sembrerà un compenso
anche troppo alto,
perché vi farà toccare
da un sentimento nuovo:
LA GIOIA

Autore ignoto

INTRODUZIONE

I temi di cui si occupa il testo sono senza dubbio altamente tecnici. Il lettore quindi deve avere una buona conoscenza di base poiché gli argomenti trattati lo pongono su di un livello superiore alla semplice conduzione di una barca a vela. Altresì il testo è redatto anche per i meno esperti che vogliano conoscere più a fondo la messa a punto della propria barca per avvicinarsi successivamente alle problematiche della tattica di regata sia di flotta che di match-race.

Il risultato che ho cercato di produrre è il frutto di anni di personali esperienze maturate partecipando a regate di alto livello in Italia e all'estero, accompagnato sotto il profilo didattico, dalla professione di insegnante di vela dell'Accademia Navale di Livorno.

Per restringere il raggio d'azione i monotipi di cui il testo si occupa sono imbarcazioni sulle quali ho maggiormente regatato, in particolare le classi olimpiche 470, Laser, Star ed il monotipo J24.

Durante la lettura si noterà l'attenzione creata sulla specificità nelle manovre e tecniche di conduzione, porgendo speciale attenzione al J24, barca che unisce, per semplicità di manovra e complessità delle stesse, il neofita al regatante ai massimi livelli; adatto quindi ad un'istruzione di base per imparare a manovrare su di uno scafo a bulbo, dopo le derive, risulta giusto passaggio per la conduzione delle barche d'altura.

Prendendo l'esempio del J24 e la Star, ma questo vale per qualsiasi tipo di barca da regata, ho cercato di descrivere in che modo coloro che partecipano alle competizioni dovrebbero affrontare i numerosi aspetti, partendo dalle caratteristiche specifiche costruttive fino ad arrivare alle tecniche di conduzione e manovra più evolute.

Come precedentemente anticipato si tratteranno argomenti sulla preparazione, la strategia e tattica nelle regate di flotta e match-race. In un apposito capitolo suggeriamo l'allenamento tecnico da svolgere per affrontare una competizione velica. Non meno importante, il capitolo sulla preparazione fisica utile alla pratica di questa disciplina, nonché base fondamentale per tutti coloro che vogliono affrontare agonisticamente il mare.

Infine le appendici riguardanti la Meteorologia e il Primo Soccorso trovano perfetto inserimento nella specificità dagli argomenti trattati.

L'autore

Capitolo 1

Derive

470

Caratteristiche

Il 470 è uno scafo monotipo, a deriva mobile, progettato nel 1962 dall'architetto francese André Cornu. Classe olimpica maschile dal 1976 e femminile dal 1988.

Dati tecnici:

Lunghezza f.t.= m. 4,70
Larghezza = m. 1,68
Peso = Kg. 120
Superficie Randa & Fiocco = m^2 13.28
Superficie Spinnaker = m^2 13
Equipaggio = 2 persone
Costruzione = vetroresina
Segnale = bandiera di classe

Equipaggio

Per la sua massima resa l'equipaggio maschile mediamente deve pesare intorno ai 130-140 Kg. suddiviso in 60-65 Kg. per il timoniere (altezza "non rilevante") e 72-78 Kg. (prodiere con altezza da 1.80 a 1.85 m.). Per quanto riguarda un equipaggio femminile non deve essere inferiore a 120-125 Kg. con una prodiera sempre abbastanza alta e di peso minimo di 65 Kg. A conferma di questo si riportano i dati antropometrici degli equipaggi d'*élite* classificati nelle prime dieci posizioni all'ultimo campionato del mondo di Cascais nel Luglio 2007.

470 Maschile

POSIZIONE	NAZIONALITA'	EQUIPAGGIO	ALTEZZA	PESO
1° Classificato	Australia	Timoniere / Prodiere	1.82m / 1.85m	65kg / 75kg
2° Classificato	Olanda	Timoniere / Prodiere	1.76m / 1.80m	67kg / 78kg
3° Classificato	Israele	Timoniere / Prodiere	1.70m / 1.89m	60kg / 74kg
4° Classificato	Portogallo	Timoniere / Prodiere	1.75m / 1.80m	66kg / 72kg
5° Classificato	Australia	Timoniere / Prodiere	1.72m / 1.86m	64kg / 72kg
6° Classificato	Croazia	Timoniere / Prodiere	1.83m / 1.72m	67kg / 71kg
7° Classificato	Francia	Timoniere / Prodiere	1.68m / 1.77m	64kg / 70kg
8° Classificato	Gran Bretagna	Timoniere / Prodiere	1.60m / 1.80m	55kg / 75kg
9° Classificato	Spagna	Timoniere / Prodiere	1.76m / 1.80m	67kg / 72kg
10° Classificato	Stati Uniti	Timoniere / Prodiere	1.70m / 1.78m	67kg / 65kg

470 Femminile

POSIZIONE	NAZIONALITA'	EQUIPAGGIO	ALTEZZA	PESO
1° Classificato	Olanda	Timoniere / Prodiere	1.77m / 1.80m	68kg / 76kg
2° Classificato	Francia	Timoniere / Prodiere	1.76m / 1.80m	67kg / 76kg
3° Classificato	Gran Bretagna	Timoniere / Prodiere	1.60m / 1.80m	55kg / 75kg
4° Classificato	Giappone	Timoniere / Prodiere	1.60m / 1.69m	57kg / 67kg
5° Classificato	Svezia	Timoniere / Prodiere	1.67m / 1.78m	60kg / 67kg
6° Classificato	Italia	Timoniere / Prodiere	1.73m / 1.78m	63kg / 65kg
7° Classificato	Brasile	Timoniere / Prodiere	1.61m / 1.76m	52kg / 66kg
8° Classificato	Israele	Timoniere / Prodiere	1.62m / 1.80m	60kg / 70kg
9° Classificato	Francia	Timoniere / Prodiere	1.59m / 1.75m	57kg / 61kg
10° Classificato	Stati Uniti	Timoniere / Prodiere	1.65m / 1.78m	64.5kg / 65.7kg

Nozioni generali

Sebbene l'armamento e la conduzione siano piuttosto semplici per il neofita, quando si tratta della messa a punto finalizzata alla regata tutto va studiato e realizzato con la massima precisione: un minimo errore di regolazione o un errato assetto dell'equipaggio pregiudicano la velocità della barca e quindi il risultato. Lo scafo deve essere mantenuto con diversi gradi di sbandamento a seconda delle condizioni meteo: in andatura di bolina, ad esempio, la posizione dell'equipaggio prevede, partendo da una condizione di molto vento leggero, il timoniere seduto a cavallo del trasto centrale (carrello randa), il prodiere seduto sul cassone sottovento, a prua, o al centro sulla cassa di deriva per poi, al crescere dell'intensità, disporsi sopravento col suo compagno; man mano che il vento aumenta, ma soprattutto l'onda, l'equipaggio si sposterà verso poppa iniziando ad utilizzare il trapezio e le cinghie fino ad un assetto con vento forte ove timoniere alle cinghie e prodiere steso al trapezio sono, quando si naviga con onda molto formata, appena a proravia del carrello della randa ed il timoniere 20-30 cm. dietro al suo compagno.

Le vele

Le vele sono tagliate per poter abbracciare la più vasta gamma di condizioni atmosferiche in quanto il regolamento di classe concede di stazzare (durante una serie di regate) un solo gioco per ogni serie di regate: sarà quindi fondamentale agire continuamente e con molta cura sulle manovre concesse: sulla randa si può agire, in fase di armamento, sulla scelta e forzatura della stecca alta mentre per il fiocco sulla regolazione del punto di mura che collega cavetto e tessuto; per modificare la forma della prima si agisce con la tensione del vang, del cunningham e della base, mentre il fiocco è regolato dalla posizione del bozzello sul punto di scotta, dalla stessa scotta e dall'appoppamento dell'albero che modifica la forma della vela in uscita. Sempre parlando del fiocco, a seconda del tessuto usato, si hanno varie disposizioni del grasso. Da quando la classe ha imposto il peso minimo della grammatura le scelte si sono chiaramente limitate, ma tuttora si possono notare notevoli differenze di taglio e di forma. Ultimamente sono tornati di "moda" i tagli verticali già provati molti anni fa ma chiaramente l'evoluzione tecnologica dei tessuti, l'utilizzo di estrusi per gli alberi più controllabili nella flessione laterale e longitudinale hanno di nuovo indotto alla produzione di vele a taglio verticale molto performanti e veloci.

Comunque per tutte le vele si usano i tessuti più leggeri consentiti dal regolamento. In alcuni casi si rasenta il limite utilizzando alcuni lotti di tessuto Dacron, che non hanno grammatura uniforme lungo tutto il rotolo, e quindi rischiosi da usare. Si preferiscono tessuti bilanciati su trama e ordito sebbene i tagli delle vele siano ormai radiali. Tra tessuti Contender e Dimension il più usato in Europa è il secondo; una nota veleria statunitense, invece, tende ad usare propri tessuti che, secondo molti campioni della classe, sono migliori soprattutto per quanto riguarda i "bilanciati lisci".

I velisti al top di questa classe usano tessuto Dimension "balanced" 160B per il fiocco il cui peso sta tra i 160 e 168 g/m2; per la randa sempre un Dimension "square" 165SQ che ha un peso tra i 165 e 167 g/m2 con la caratteristica di essere decisamente un tessuto più rigido. In condizioni di campionati con previsioni di poco vento un equipaggio può optare per una randa in 180B tessuto liscio come il fiocco più morbido sebbene più pesante. Per lo spinnaker si può usare un tessuto molto fragile per questioni tecniche come un Dimension F50 che ha un peso di 29 g/m2. Per quanto concerne il taglio, dovendo soddisfare le "esigenze" del percorso "trapezio olimpico" che presenta ogni tipo di andatura, sono concettualmente concepite per risultare veramente all-round. Ogni veleria fa 2 o 3 tagli dal più piatto per il lasco a quello con le balumine più chiuse per la poppa. Gli equipaggi scelgono un taglio piuttosto che un altro più in base alle proprie caratteristiche e alle condizioni meteo che si prevedono in una serie di regate o in un campionato. In inverno e primavera con vento medio forte vanno di "moda" spinnaker "da poppa", mentre in estate, con vento leggero, quelli più piatti in alto (tipo VMG). La tendenza è comunque quella di avere sempre spinnaker molto potenti e chiusi. Negli ultimi anni non si vedono più spinnaker con il famoso e tanto rivoluzionario taglio "freesbe" che erano molto validi con il vecchio tipo di percorso olimpico o super-olimpico che prevedeva lunghi lati di lasco.

Solo per dovere storico, di conoscenza e d'evoluzione della classe nel tempo, per lo spinnaker, prima si utilizzavano forme e tagli diversi. Per fare un esempio si potevano notare differenze sulla forzatura della linea medio alta che permetteva di far aprire le balumine nella parte superiore (evoluzione dal taglio sferico al taglio ellittico a quello freesbe, offrendo il massimo di superficie esposta a parità di larghezza).

Una corretta scelta dell'albero concorre chiaramente a far rendere al massimo le vele poiché, soprattutto la randa, è progettata e tagliata con una precisa entrata del vento sulla vela (curva d'albero dell'inferitura). In commercio se ne possono trovare con diverse caratteristiche, soprattutto di flessione; sarà l'equipaggio, a seconda delle proprie caratteristiche e di peso complessivo a scegliere il miglior compromesso tra l'albero e le vele da utilizzare. Per controllare, modificare o adattarne la flessione si ha la possibilità di aumentare o diminuire le zeppe all'altezza della mastra, nonché di variare l'angolo di apertura delle crocette (ad un maggior acquartieramento corrisponde una flessione maggiore); è importante eliminare qualsiasi gioco laterale dell'albero nella mastra fissando degli spessori sui lati della stessa.

Sebbene il 470 sia una deriva piuttosto semplice, per far sì che renda al massimo, è utile spiegare, con alcuni paragrafi, il trapezio, lo spinnaker, le tecniche particolari di virata ed abbattuta, la planata, i diversi assetti dell'albero, l'uso delle manovre.

Regolazione dell'albero

La messa a punto dell'albero influisce sulla forma della randa e del fiocco, e di conseguenza sul rendimento dell'imbarcazione. La flessibilità longitudinale, che si può apprezzare tra i segni di stazza (cioè tra l'attacco del boma sull'albero e la penna dello stesso), dovrebbe essere simile alla flessione di un arco, quindi uniforme, senza discontinuità dovute a giunzioni o irrigidimenti interni. Lo scopo è quello di favorire angoli di ingresso del vento omogenei sulla vela, per tutta l'altezza e per qualsiasi flessione dell'albero. La flessibilità laterale dovrebbe essere limitata al massimo poiché determina una minore esposizione della vela al vento con conseguente perdita di potenza della vela penalizzando il rendimento della barca. Contrariamente con vento forte, la situazione prima descritta può risultare utile al fine di limitare lo sbandamento.

Per ottenere una corretta regolazione dell'albero bisogna agire su: posizione del piede d'albero, zeppatura in mastra (più si "zeppa" e più l'albero rimane dritto), apertura e lunghezza delle crocette (più sono chiuse e più l'albero flette longitudinalmente, più sono corte e più l'albero flette lateralmente), tensione della drizza del fiocco e delle sartie (più sono tese e più l'albero flette longitudinalmente).

Dopo questa premessa vediamo nella pratica quale può essere la messa a punto nelle varie intensità di vento; le centrature possiamo dividerle in cinque fasce denominandole nell'ordine "Super Alta, Alta (che corrisponde al punto di partenza che possiamo chiamare "Punto 0"), Media, Bassa, Super Bassa. Nella tabella centrature sono riportate le misure indicative cui si può fare riferimento per ottimizzare la messa a punto nelle diverse condizioni meteo. Naturalmente ogni equipaggio dovrà adattare alle proprie caratteristiche l'esatto tuning ma, come base di partenza, i valori espressi possono essere riferimenti da cui partire; l'allenamento, le sensazioni individuali, il confronto con gli avversari, la personale tecnica di conduzione farà successivamente la differenza, anche minima, tra un equipaggio e l'altro. A tutto questo va aggiunto che la scelta di un tipo di albero e di vele possono modificare la messa a punto ma, in generale gli equipaggi ad alto livello si assomigliano sia per caratteristiche fisiche (peso complessivo del prodiere e timoniere) sia per scelta dei materiali; ad esempio per l'albero, tutti i migliori velisti di questa classe, optano per usare alberi medi per quanto concerne la flessione laterale e longitudinale; le crocette variano la lunghezza tra 47 e 48 cm. Il peso complessivo dell'equipaggio è fondamentale per cui gli equipaggi più pesanti sono costretti a dimagrire, poichè le caratteristiche meccaniche degli alberi in alluminio del 470 impongono un compromesso ottimale tra tensione strallo, lunghezza crocette e preflessione.

Tabella centrature

	Super Alta	Alta (Punto“0”)	Media	Bassa	Super Bassa
Posizione perno su landa doppia*	2° dietro	3° dietro	4° dietro	5° avanti	5° dietro
Inclinazione albero(Rake)	680 cm.	674 cm.	670 cm.	665 cm.	662 cm.
Preflessione	6 cm.	5,5 cm.	5 cm.	4,5 cm.	4,8 cm.
Zeppe	5 cm.	5 cm.	5 cm,	6 cm.	6,5 cm.
Tensione Sartie	33	34	36	35,5	36,5
Tensione Strallo	25,5	27	29,5	29	29,5
Posizione piede albero	**2 (Posizione piede albero più a poppa)**	**1 (Posizione piede albero più a prua)**	**1 (Posizione piede albero più a prua)**	**1 (Posizione piede albero più a prua)**	**1 (Posizione piede albero più a prua)**
Lunghezza crocette	da 47 a 48 cm.	da 47 a 48 cm.	da 47 a 48 cm.	da 47 a 48 cm.	da 47 a 48 cm.
Giri vite crocetta	-2	0	+3	+1,5	+0,5

* **La posizione del perno sulla landa di regolazione della prima riga della tabella dipende naturalmente dalla lunghezza del cavo della sartia. Attraverso la misurazione del Rake, della preflessione, della tensione delle sartie e dello strallo si ottiene il Punto “0”: da quel preciso riferimento si terrà conto della posizione del perno mantenendo la scala consigliata.**

Per maggior delucidazione della tabella sopra riportata occorre precisare che sul 470 le lande che comunemente si usano sono quelle doppie ovvero lande che permettono tra un foro e l’altro di averne uno intermedio (appena dietro o avanti) per ottimizzare ancor più il tuning più performante. Il rake, ovvero la distanza che intercorre tra la penna dell’albero e l’angolo superiore dello specchio di poppa, si misura attaccando una bindella metrica (quella metallica è migliore e più precisa) alla drizza della randa con le sartie in tensione (di solito con il fiocco armato o il cavetto metallico che solitamente si usa nella vela di prua); la preflessione è la conseguenza della tensione della drizza del fiocco che si può diminuire con l’aumento delle zeppe: è però fondamentale riuscire a far mantenere la curva d’albero in cui la vela è stata progettata al fine di ottenere la migliore resa della randa; la tensione delle sartie e dello strallo si misura a terra con il fiocco a segno di drizza con un tensiometro modello Loos Gauge Pro PT-1 che è quello più usato da tutti i regatanti. La posizione del piede dell’albero varia a seconda delle condizioni meteo: si hanno, in questa tabella, due punti cui fare riferimento (uno più a poppa e uno più a prua). La misura di questi due punti si prende dallo spigolo superiore dello specchio di poppa e varia da 3095 a 3200 mm. Tali differenze di misura dipendono dal tipo di scafo che si usa; riportando i consigli dei cantieri e delle velerie di quelli più usati dai regatanti i suggerimenti sono per il Nautivela 3095 ±10 mm., Tiegel-mayer 3100 ±10 mm., Mackay 3095 ±10 mm. e il Devoti 3100 ±10 mm.

L’acquartieramento delle crocette, ovvero la distanza tra la canaletta e un filo teso tra le sartie all’altezza delle crocette con le sartie in tensione varia da 150 a 125 mm. ma molti equipaggi non fanno questa misura limitandosi a controllare la preflessione con la misura della tensione dello strallo precisa.

Assetto albero con vento leggero

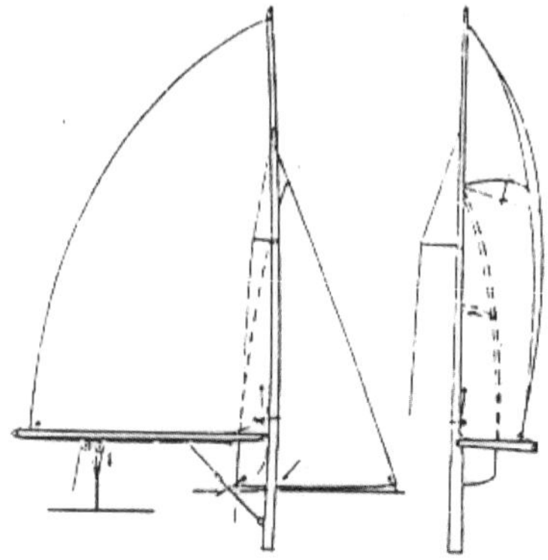

Assetto albero con vento medio

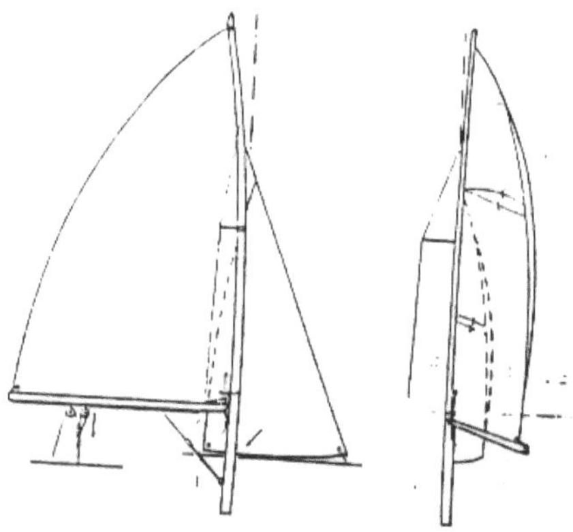

Assetto albero con vento forte

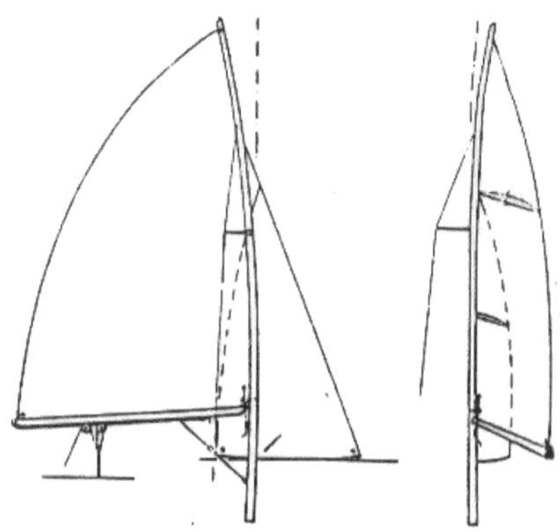

Azione delle crocette con differente lunghezza ed acquartieramento

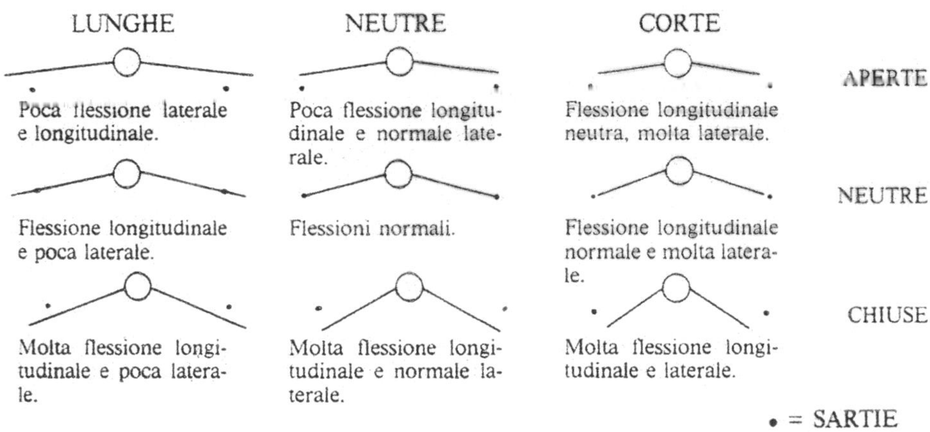

Uso delle manovre

Il vang impedisce al boma di sollevarsi quando si naviga nelle andature portanti e durante la virata (l'angolo formato superiormente dal boma con l'albero non deve mai essere inferiore di 90°); la sua azione produce una spinta in avanti del boma e un suo abbassamento, quindi la curvatura dell'albero in quel punto. Il vang modifica la forma della randa appiattendola ed aumenta la tensione della fascia della balumina. Sul 470 in andatura bolina il vang va usato solo quando si è costretti (per mantenere lo scafo piatto) a lascare la scotta: così agendo il profilo della randa non modificherà ogni qualvolta che la scotta viene regolata. Nelle andature portanti si comincia a mettere in tensione già con vento medio per non far aprire eccessivamente la balumina nella parte superiore mentre con vento forte rispetto alla bolina questa manovra occorre lascarla fino a far sollevare il boma di un angolo superiore a 90° con l'albero; l'effetto determinato dall'allascata del vang è duplice: l'albero raddrizzandosi sposta la massima freccia del profilo in avanti e la balumina molto aperta consente di evitare un carico eccessivo della randa all'orza.

Il cunningham serve per distribuire il tessuto della zona prodiera della randa; cazzandolo si sposta il grasso della vela verso prua e si apre la balumina nella parte alta della vela; in poppa e generalmente nelle andature portanti va lascato per far riassumere alla randa la sua forma senza l'uso delle manovre (cunningham e vang).

Il sistema ad archetto della randa manovrato su di una rotaia da due carrellini (sinistro e destro) permette di mantenere il boma al centro senza chiudere eccessivamente la balumina dovuto alla trazione della scotta che ne aumenta la tensione e la chiusura. Con vento leggero il boma può essere posizionato qualche cm. sopravento in modo che la balumina risulti per quasi tutta la sua lunghezza in linea con l'asse longitudinale della barca. La soluzione di questo sistema, inoltre, permette, all'aumentare del vento quando si allasca la randa per soddisfare l'assetto, di ottenere lo spostamento del boma in senso laterale e non verticale, creando diminuzione della sua lunghezza e, quindi, problemi in virata. Differentemente l'uso di un solo carrello, al quale è attaccato il paranco della scotta, abbisogna di un controllo della balumina più continuo con vento leggero e medio mentre con vento forte posizionato sottovento sposta il punto di trazione della scotta non permettendo alla balumina di scaricare velocemente la pressione del vento; questo determina un'allascata della scotta molto più accentuata poiché in quella posizione il carrello determina una maggior tensione della balumina.

Il sistema ad archetto, regolato dai carrellini laterali ormai in uso da parecchi anni, modifica impercettibilmente l'apertura della balumina perché il boma, trattenuto dal forte vang si sposta lateralmente partendo da una posizione a centro-barca determinata dal punto di attacco più alto rispetto al vecchio sistema (carrello centrale).

La base si usa per spostare verso il basso la zona portante della vela. In genere nell'andatura di bolina è sempre più o meno cazzata; solo con vento più leggero dovrà essere adeguatamente lascata specialmente in condizioni di vento medio leggero in presenza di onda. Nelle andature portanti va lascata per far assumere alla randa una forma più rotondeggiante (profilo più profondo).

Il punto di mura della randa va tenuto ad almeno 2 cm. dall'albero, per evitare di ingrassare la randa nella zona prodiera (regolazione da effettuare con la base cazzata).

Il carrello del fiocco serve per spostare il punto di scotta longitudinalmente determinando la forma a seconda delle diverse condizioni d'intensità del vento. Spostando il punto in avanti si chiude la balumina lascandone la base (vento leggero e medio); spostandolo indietro si appiattirà il profilo aprendo la balumina, soprattutto nella parte alta, e si teserà la base (vento forte).

Anche il punto di mura del fiocco può essere regolato in navigazione per mezzo di un bozzellino sulla piastrina dell'attacco dello strallo ed uno strozzascotte fissato sulla coperta a prua permette al prodiere di regolare l'entrata del vento sul fiocco La regolazione dell'inferitura determina lo spostamento della zona portante della vela e ne modifica la forma fungendo da cunningham. Con vento leggero, in bolina, fino ad un'intensità di 6-8 nodi si preferisce puntare appena la scottina di regolazione mantenendo il tessuto nella parte anteriore con piccole grinze per non alterare la forma in entrata della vela: per modificare il profilo e l'apertura della balumina si agirà solo sul punto e sulla tensione della scotta. Al cambiare delle condizioni (vento d'intensità superiore) se ne modificherà la sua messa a punto cazzandolo: l'esatta tensione sarà ottenuta, come con vento leggero, in relazione con lo spostamento del punto di scotta e la tensione della stessa in modo da ottenere il profilo e la forma più adatta nella condizione in cui si deve navigare.

Il trapezio e il suo uso

Il 470, già con un vento di intensità intorno agli 7-8 nodi, in bolina, necessita l'uso del trapezio da parte del prodiere. Cominciando ad insegnare ad uscire, utilizzando l'apposito cavo, bisogna agganciare l'anello collegato al paranco di regolazione di quest'ultimo a quello dell'imbragatura portando successivamente il busto fuori bordo; quando il cavo sarà in tensione sistemiamo la gamba di prua sul bordo puntandola all'inizio sulla sartia per essere sicuri di non scivolare avanti; continueremo a spingerci in fuori fino a che non l'abbiamo completamente stesa dopo di che inizieremo a posizionare sul bordo, con lo stesso movimento, quella di poppa. La scotta del fiocco (o dello spinnaker) deve essere tenuta sempre in mano per la messa a segno della vela e per mantenere l'equilibrio una volta stesi fuori. In due punti si riassumono i movimenti principali per chi sta imparando:

1) Una volta che i due piedi sono sistemati sul bordo, troviamo la giusta posizione del corpo per favorire l'assetto dell'imbarcazione, in navigazione nelle varie andature.
2) Si distende il corpo cercando col paranco di mantenere il miglior assetto per l'andatura sia essa bolina, traverso, lasco o con vento molto forte gran lasco. fino a cercare il massimo raddrizzamento che in certi casi può arrivare ad essere paralleli all'acqua. Per rientrare dalla posizione basta flettere la gamba di poppa ed avvicinarsi al bordo, mentre quella di prua rimane più distesa fino a quando non abbiamo il contatto completo con la barca. Il rientro lo possiamo equilibrare usando la maniglia e/o la scotta del fiocco, e se dovremo virare, occorre ricordarsi di sganciare l'anello del paranco dall'imbragatura.

Con la pratica la tecnica di uscita del prodiere si affina: egli uscirà per mezzo della sola maniglia; una volta steso fuori, aggancerà l'anello del trapezio alla braga usando la mano che trattiene la scotta del fiocco; il piede della gamba anteriore non avrà bisogno di essere puntato ma il prodiere uscirà con un leggero anticipo della gamba anteriore ma praticamente con tutt'e due già all'altezza (sul bordo) in grado di soddisfare subito l'assetto. Una volta agganciatosi al cavo manterrà i piedi leggermente divaricati 10-20 cm. così da sfruttare al massimo la sua altezza mantenendo un comodo equilibrio nella posizione fuori bordo.

La tecnica descritta permette il passaggio più veloce da un bordo all'altro e quindi all'unisono con il timoniere mantenendo la barca piatta immediatamente dopo la virata. Una tecnica usata da molti prodieri quando il vento non permette di utilizzare ancora completamente il trapezio "fuoribordo" consiste, con il paranco di regolazione molto cazzato, il posizionamento del proprio corpo abbastanza verticale cercando la posizione migliore per l'assetto ideale con l'oscillazione dalla cassa di deriva fino al bordo. Anche quando fuori bordo, con vento che non consenta ancora di stendersi il prodiere opterà assumendo una posizione piuttosto alta (quasi in piedi).

Il passaggio da un bordo all'altro è consigliabile sempre insegnarlo in modo che lo sguardo sia rivolto sempre nel senso di marcia (spalle a poppa) ma taluni prodieri ad alto livello preferiscono virare rivolgendo a poppa lo sguardo; probabilmente con l'acquisizione perfetta della tecnica si può lasciare la visione di prua optando verso questa scelta rendendo la manovra più veloce e semplice specialmente se devono operare azioni con il busto per ottenere il movimento ottimale durante la virata con rollio.

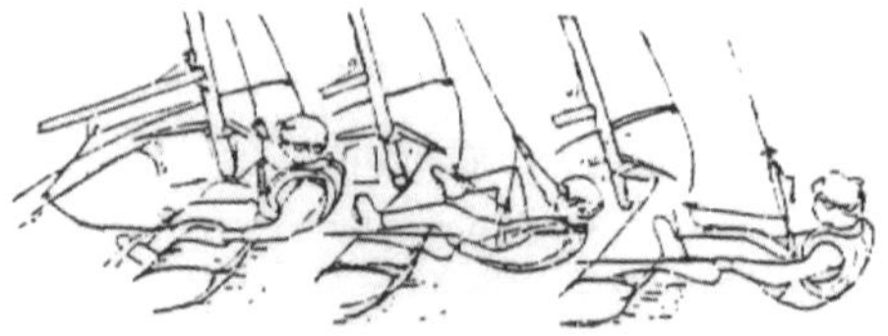

TECNICA DI USCITA
AL TRAPEZIO

POSIZIONE
AL TRAPEZIO

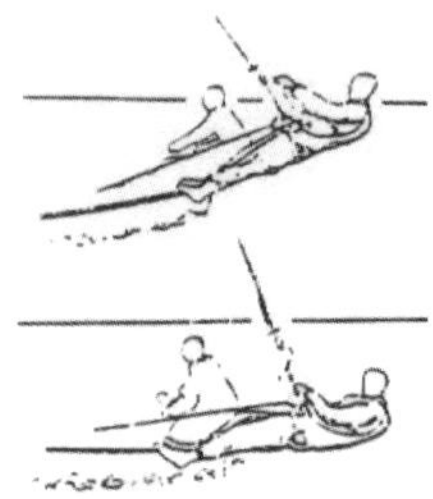

Tecnica dello spinnaker

L'uso corretto di questa vela è fondamentale, per aumentare sia le prestazioni della barca nelle andature portanti sia la sua stabilità.

Perché lo spinnaker "porti", cioè sia gonfio di vento con un'esatta messa a punto, occorre che il vento colpisca il più perpendicolarmente possibile la sua massima sezione. Uno spinnaker può sgonfiarsi perché troppo nascosto dalla randa o perché colpito troppo di fianco dal vento. Nel primo caso (tangone poco quadrato ovvero troppo verso prua, vela che rifiuta al centro) esso deve essere portato fuori dall'influenza della randa cazzando il braccio; nel secondo caso (tangone troppo quadrato, vela che rifiuta dalla balumina sopravento) esso deve essere meglio orientato lascando il braccio e cazzando la scotta. In generale si può dire che lo spinnaker non va tanto *lascato* quanto *orientato*.

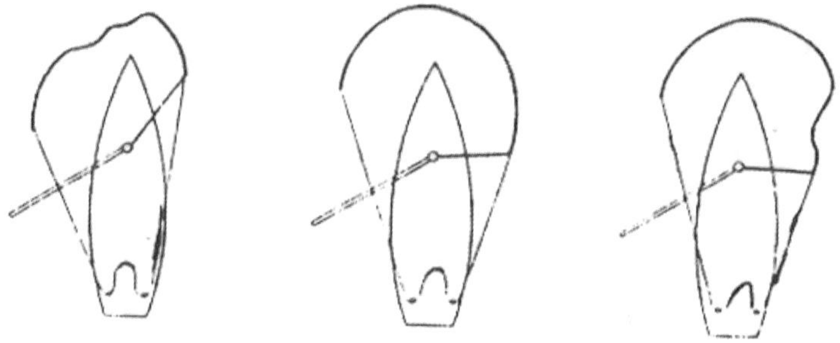

Tangone troppo strallato | Posizione giusta | Tangone troppo inquadrato

Il tangone deve soddisfare la messa a punto dello spinnaker affinché le bugne risultino sempre parallele, anche se, come vedremo più specificatamente nelle schematizzazioni finali l'altezza varia a seconda della condizione in cui si sta navigando. Questa messa a punto è necessaria per assicurare allo spinnaker la possibilità di ricevere più vento possibile; infatti alzando il tangone la balumina sopravento si arrotonda al massimo, allontanandosi dallo strallo. Un'altra avvertenza è quella di tenere la base dello spinnaker ben staccata dallo strallo, affinché i filetti del vento non siano disturbati dalle strutture della barca. Attenzione che la drizza sia ben issata: se la penna dello spinnaker è lontana dall'albero, si avrà un maggiore ondeggiamento della vela, perché tenuta ferma solo dal punto di mura. In generale lo spinnaker deve ricevere stabilmente sulla sua superficie la maggior quantità di vento e come tale deve essere il più possibile fermo; quindi deve restare ben ancorato in almeno due dei suoi tre angoli: quello di drizza e quello di mura (con amantiglio e caricabasso del tangone in tensione), mentre quello di scotta deve servire per la sua messa a segno.

Tecnica della virata (con e senza rollio)

Il cambiamento di bordo con vento leggero e medio è ormai tecnicamente diverso rispetto a quello che comunemente conosciamo; su tutti i tipi di barche, dalle derive ai cabinati piccoli e grandi il metodo per cambiare di mura sfrutta lo spostamento del peso dell'equipaggio e l'azione del centro velico rispetto a quello di deriva, cercando di usare il timone meno possibile. Si descrive questo metodo di cambiamento di bordo perché è necessario utilizzarlo per non perdere velocità ogni qualvolta si cambia di bordo; il regolamento di regata ammette la virata (come l'abbattuta con rollio di cui parleremo dopo), ma ne limita l'uso: per chiarezza il regolamentato di regata sancisce che uno yacht può, ai fini del cambiamento di mura, operare sbandamenti sotto e sopravento ma la velocità di uscita da esse non deve risultare superiore a quella d'entrata. Questo concetto è molto sottile e difficile da misurare ma, come capita sovente nelle regate di un certo livello la giuria può penalizzare, seguendo in tempo reale sul campo di regata, le barche colpevoli di azioni che secondo il loro parere infrangono le regole. L'effettuazione del cambio di bordo con rollio presume un allenamento ed affiatamento fra i membri dell'equipaggio al fine di soddisfare la buona riuscita della manovra e soprattutto per non far perdere velocità alla barca nel cambio di bordo.

Se i movimenti del corpo, per effettuare la virata con rollio devono essere precisi, il cambio di mura con le vele deve essere operato con la massima cura; in fase di orzata, con vento leggero, cioè all'inizio del cambio di bordo si cazza la randa leggermente per accentuare ancora di più la forza all'orza tipica della vela, chiudendo la sua balumina. Anche il fiocco si cazza leggermente per sfruttare nell'orzata la spinta della vela di prua fino all'ultimo; quando l'equipaggio esegue il rollio lo scafo velocemente cambia di bordo con il passaggio immediato della randa che intanto è stata leggermente lascata al fine di presentarsi sulle nuove mura con la balumina più aperta. Il fiocco si lascia in posizione di "a collo" cosicché la sua spinta alla poggia aumenterà la velocità di virata "spingendo" velocemente la prua sulla nuova rotta: occorre essere molto precisi in quest'ultimo movimento della vela a proravia poiché un ritardo nell'allascata può far uscire la barca dal cambio di mura troppo poggiata e conseguentemente si dovrà usare il timone per correggere la rotta. Man mano che il vento sale la fase di "a collo" si riduce sempre più arrivando con vento fresco e forte a lascare il fiocco appena si entra nell'angolo morto cosi come la randa non verrà cazzata all'inizio della virata ma addirittura lascata prima del cambio di mura quando il prodiere rientra dal trapezio per mantenere la barca piatta.

L'allenamento e la ripetizione automatica dei movimenti determina una confidenza ed una sicurezza di manovra che porterà, anche in situazioni di particolare tensione agonistica a virare con la stessa naturalezza e precisione di movimenti tenendo conto anche del fatto che la velocità d'esecuzione varia, seppur di poco, al cambiare dell'intensità del vento. Con vento più leggero i movimenti di sbandamento saranno accentuati per sfruttare al massimo la tendenza orziera in fase iniziale ed il raddrizzamento in uscita nella parte finale della manovra che riporterà il timone naturalmente al centro, man mano che il vento sale di intensità si ridurranno queste "spinte" in ragione del fatto che la barca, entrando in virata con più velocità iniziale, riduce il tempo di effettuazione della stessa.

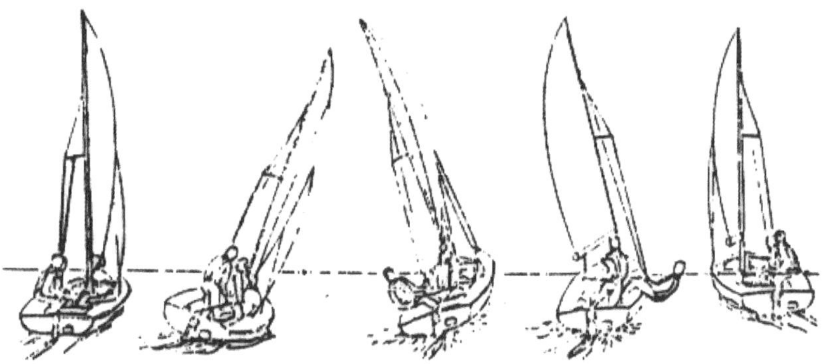

Descrivendo un esempio quando una barca sta navigando in bolina, alla chiamata del cambio di bordo, l'equipaggio (in perfetta sincronia) sbanda la barca sottovento (a seconda dell'intensità del vento si accentua più o meno lo sbandamento), facilitando l'orzata (spostamento del centro velico rispetto a quello di deriva). Appena le vele iniziano a rifiutare e la barca entra quindi nell'angolo morto, l'equipaggio, dopo essersi trattenuto sul bordo operando un leggero colpo di schiena favorendo il veloce passaggio della randa e del fiocco, si sposta velocemente sopravento. Il timone viene spostato lo stretto necessario o nella perfezione della manovra non dovrebbe subire interazioni da parte del timoniere. Quando le vele passano sulle nuove mura l'equipaggio cambia lato riportando la barca in assetto ideale. Timoniere e prodiere contribuiscono in perfetta sintonia gli sbandamenti, spostamenti del corpo durante la manovra divenendo per qualche istante un unico corpo che forma l'equipaggio.

Quando il vento sale e il prodiere è al trapezio e il timoniere alle cinghie sul 470 si sta già planando o comunque si è vicini ad una velocità che lo permetta; quando si vira quindi il rollio diventa superfluo poiché la barca affronta il cambio di mura con ottima velocità e quindi la manovra è molto rapida.

Abbattuta con lo spinnaker (con e senza rollio)

Anche per l'abbattuta valgono pressoché gli stessi principi di effettuazione della manovra più velocemente possibile cosa che avviene attuando il rollio anche nel cambio di bordo in andatura portante. Valgono, come per la bolina, le stesse regole ovvero l'abbattuta con rollio verrà effettuata con vento leggero e medio poiché quando l'intensità sale la stabilità dello scafo in manovra è prioritaria evitando, specie sulle derive, pericolosi sbandamenti che possono determinare la scuffia. Inoltre al lasco ed in poppa occorre manovrare lo spinnaker ed il cambiamento da un lato all'altro del tangone. Partendo da un'andatura di lasco la posizione dell'equipaggio consigliata, con vento leggero, vede il prodiere sopravento con il braccio e la scotta rispettivamente, ad esempio, da una posizione in cui possa in ogni momento regolare perfettamente lo spinnaker, braccio mano destra e scotta mano sinistra (con mura a dritta) mentre il timoniere seduto sottovento manterrà la rotta migliore affidandosi alle raffiche ed alle sensazioni che attraverso la pressione dello spinnaker il prodiere gli comunica. Appena il vento sale, però, alcuni equipaggi differenziano la posizione dell'equipaggio alcuni preferendo la posizione del prodiere al trapezio con il timoniere ancora seduto sotto, mentre altri scelgono di navigare con tutti e due i membri sopravento affinché il timoniere abbia una più ampia visione nella condotta della barca: è più facile infatti seguire le raffiche, la presa dell'onda anche se piccola da una posizione di sopravento e ci si può difendere meglio da un attacco all'orza di un avversario.

La preparazione per l'abbattuta con poco vento richiede abilità di manovra se si vuol effettuare operando il rollio. Avvicinandosi alla boa occorre che la barca rallenti il meno possibile e che le manovre del cambio del tangone vengano effettuate con precisione; non occorre eccessiva velocità di manovra e nella messa in posizione del tangone sul nuovo bordo ma è necessario che lo scafo esegua armoniosamente il cambio di bordo evitando "scossoni" dovuti alla fretta di finire la manovra in un tempo che poi risulterebbe poco meno di quello necessario al fine di non far perdere velocità alla barca. Affrontando l'abbattuta il prodiere passa al timoniere le scotte dello spinnaker che, da una posizione in piedi lo deve mantenere gonfio durante tutte le operazioni che compongono il cambio di mura; il timone sarà tenuto fra le gambe e la poggiata per abbattere sarà principalmente eseguita con lo sbandamento sopravento operato dal prodiere. Per aiutarlo anche il timoniere potrà flettere il busto aumentando il peso sul lato sopravento ma è importantissimo che mantenga sempre lo spinnaker gonfio, come si dice in gergo "in pressione". Con lo sbandamento sopravento la poggiata facilita il passaggio della randa ma il prodiere può aiutarsi afferrando il vang; sul 470 le regolazioni del braccio passano dai barber-hauler posti all'altezza delle sartie: mentre il prodiere accentua lo sbandamento sopravento dovrà lascare quello di questo lato cazzando simultaneamente quello del lato sottovento in modo che il punto del braccio sulle nuove mura sia già pronto. Alcuni equipaggi ritardano la cazzata del barber del nuovo sopravento a dopo il passaggio del boma preferendo lasciare un po' più di "libertà" di distacco dalle vele dello spinnaker, utile con poco vento.

Il fiocco un attimo prima dell'inizio della manovra (ovvero appena il prodiere passa le scotte al suo compagno può essere portato cazzando la scotta di sopravento lascando naturalmente quella di sotto: tale anticipo non influisce sulla resa del fiocco (si devono percorrere pochi metri prima dell'abbattuta) ma è già a segno sull'altro bordo; sulle scotte del fiocco conviene avere dei segni di riferimento cosicché la regolazione per il nuovo bordo è sostanzialmente esatta. Questa tecnica inoltre fa risparmiare secondi preziosi dopo il passaggio del boma e non interferisce sulla manovra di cambio del tangone sulle nuove mura. L'uscita dall'abbattuta con poco vento prevede una rotta abbastanza orzata per cui il timoniere deve ben effettuare la rotazione dello spinnaker affinché la bugna del braccio si trovi in corrispondenza dello strallo; la manovra leggermente più lenta consente di avere il tempo di ruotare bene lo spinnaker facendo mantenere allo scafo una buona velocità.

Quando il vento soffia ad un'intensità superiore al lasco il prodiere è al trapezio ed il timoniere è seduto sopravento o alle cinghie: per abbattere la preparazione alla manovra comporta un cambiamento di rotta alla poggia al fine di far rientrare il prodiere prima dell'abbattuta. Le operazioni dell'equipaggio sono le stesse anche se la manovra verrà effettuata man mano che il vento sale sempre più in andatura di poppa; questo permette una maggiore stabilità limitando le possibilità di scuffia. Eseguendo il cambio di bordo in andatura molto larga il prodiere può anticipare leggermente la cazzata del barber-hauler di sottovento e ritardare (a passaggio del boma avvenuto) l'allascata del nuovo sottovento, manovrando di fatto con i punti di scotta molto avanti che con vento forte aiuteranno la stabilità della barca. La velocità d'entrata nella manovra è fondamentale: come regola per effettuare con successo un'abbattuta bisogna iniziarla quando la barca è alla sua massima velocità; in questa situazione il vento apparente sarà favorevole e la "pressione" sulle vele è minima per cui il boma (seppur velocemente) può essere controllato nel passaggio. Il vang appena prima della manovra deve essere lascato (più o meno a seconda dell'intensità del vento) affinché l'apertura della balumina contrasti la forza orziera della randa che tende a far straorzare. Abbattere con vento fresco o forte senza velocità è tecnicamente molto sbagliato ed il risultato è quasi sempre una perdita di controllo della barca che porta sicuramente ad una situazione d'instabilità che può causare la scuffia.

Praticamente l'abbattuta con vento più sostenuto partendo da un'andatura di lasco descrive anche quella che si effettua in poppa con la differenza che la preparazione è più breve perché già in rotta per il cambio di bordo. Il timoniere prenderà le scotte dal prodiere che manovrerà i barber e al momento giusto (massima velocità) passa il boma sulle nuove mura.

Il rollio si effettua con vento leggero e medio per scomparire appena la barca inizia a planare.

Per ultimo il passaggio del tangone da un lato all'altro che si effettua quando il boma è passato sulle nuove mura: il prodiere, appena passato sul nuovo sopravento con il timoniere che continua a portare lo spinnaker, staccherà dall'albero la varea che fisserà al nuovo braccio; mantenendo inalterato l'amantiglio si farà scorrere fra le mani il tangone e dopo aver staccato la varea, fissata alla scotta sottovento, la agganecerà all'anello predisposto all'uso sull'albero. E' importante che nel passaggio il tangone appena fissato al braccio venga spinto verso prua e non lateralmente. Terminata l'operazione del tangone riprenderà le scotte dal timoniere che potrà posizionarsi per il miglior assetto dell'andatura.

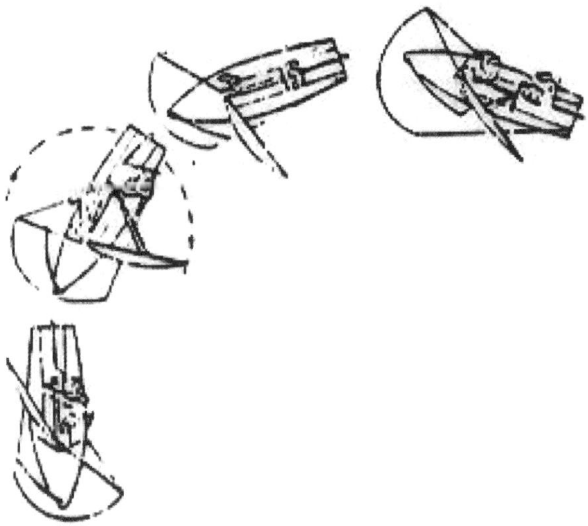

La planata

Un'imbarcazione entra in planata quando, sollevata dall'acqua, navigando ad una certa velocità riduce al minimo la superficie in contatto con l'acqua e quindi la resistenza: in quel momento la barca è passata da un equilibrio idrostatico ad un equilibrio idrodinamico.

La spinta di galleggiamento non è più data dal peso dell'acqua spostata dalla parte immersa dello scafo, ma dall'azione dell'opera viva sulle molecole dell'acqua dovuta alla maggiore velocità. Le attuali derive sono pressoché tutte plananti. L'equipaggio, sistemato verso poppa per tenere la barca in assetto, anticiperà la raffica lascando le scotte e poggiando per sfruttare la spinta dell'onda ad entrare in planata ottenendo la massima velocità. Inoltre, sfruttando come superficie la parte poppiera, si crea una nuova stabilità di forma dovuta all'appiattimento della parte posteriore dello scafo; ciò facilita ulteriormente la conduzione della barca, poiché la superficie sulla quale essa plana è piatta. Una delle principali caratteristiche del 470 è che questo monotipo riesce facilmente a planare (appena il vento lo consente) oltre che nelle andature portanti anche in bolina; da qui se ne ricaveranno tecniche di conduzione (specialmente con onda corta o in assenza di essa riscontrabili specialmente regaltando sui laghi) che porteranno a sfruttare questa caratteristica affidando al VMG la migliore performance in ogni andatura.

Conduzione del 470 nelle varie andature con le diverse intensità di vento.

Volendo associare ad ogni intensità di vento una regolazione ottimale delle manovre, occorre distinguere almeno quattro condizioni:

a) Vento leggero: da 0 a 6 nodi
b) Vento medio: da 7 a 12 nodi
c) Vento medio-forte: da 13 a 20 nodi
d) Vento forte: più di 20 nodi

E' opportuno precisare che le descrizioni dei successivi paragrafi non tengono conto del differente peso degli equipaggi che può far anticipare o ritardare l'uso delle manovre per modificare gli assetti, quindi il profilo e la forma delle vele. Il riferimento da cui si traggono i suggerimenti sono da riferirsi ad un equipaggio di peso ideale come all'inizio proposto e serve, a scopo didattico, per inquadrare l'insieme delle possibili messe a punto nelle diverse condizioni. Inoltre è impossibile tener conto dei personali metodi di conduzione a cui ogni equipaggio per proprie caratteristiche si affida. E' comunque da considerarsi un ottimo punto di partenza per imparare a conoscere i moderni metodi di conduzione del 470.

a) Vento leggero (da 0 a 6 nodi)

La barca si trova in queste condizioni, che potremo anche dire di potenza "nulla", fino a quando la forza del vento è tale da impedire all'equipaggio di stare sopravento, e di avvertire trazione sulle scotte.

In bolina occorre fare in modo che il flusso d'aria resti aderente alla parte sottovento della vela che perciò non deve essere troppo grassa. Per evitare il distacco del flusso (la cui conseguenza è lo stallo della vela) occorre: lascare le vele ben oltre la linea di mezzeria e nel contempo tenere una rotta più poggiata, muoversi in modo da evitare bruschi scuotimenti delle vele, e soprattutto smagrire le vele. Per poter ottenere questo, in tali condizioni non si può, chiaramente, agire né sul vang, né sulla scotta della randa, quindi occorre operare direttamente sulla flessione dell'albero che precedentemente abbiamo individuato con pre-bending. Sul 470 si realizza ciò chiudendo le crocette, tesando le sartie e agendo con la zeppatura della parte inferiore dell'albero sulla mastra fino a raggiungere la necessaria curvatura. La zeppatura oltre che agire nella direzione prua-poppa correggendo l'eccessiva flessione dell'albero si usa anche in senso inverso; in certe condizioni di mare piatto con vento leggero le zeppe si possono utilizzare al contrario posizionandole dietro creando così la flessione desiderata senza dover tendere le sartie eccessivamente.

Nelle andature con lo spinnaker con vento leggero occorre soprattutto una grande sensibilità da parte dell'equipaggio affinché la barca cerchi sempre di navigare alla massima velocità consentita per non perdere mai l'abbrivio e il conseguente favorevole angolo apparente più stretto che si viene a creare con l'avanzamento.

Bolina

Con vento molto leggero 0-2 nodi e leggero (da 3 a 6 nodi) le regolazioni variano di poco; si nota solo una diversa tensione delle scotte che con vento leggerissimo saranno leggermente più lasche rispetto ad una condizione di 2-3 m/s. L'assetto può variare, seppur di poco, in senso trasversale: in assenza o quasi di vento si può mantenere un grado di sbandamento fino a 20° sottovento in modo da far sì che le vele, per gravità, possano mantenere più facilmente la forma.

Per quanto concerne le regolazioni potremmo dire che la randa ha cunningham e vang lascati, la base, a meno che non sia presente onda, è abbastanza cazzata; la messa a punto della randa presenta, come descritto precedentemente il boma leggermente sopravento in modo che la balumina risulti quasi interamente sull'asse longitudinale della barca. Il fiocco presenta leggere grinze nella parte anteriore dovute al fatto che si preferisce mantenere senza alterazioni di forma l'entrata della vela, il punto di scotta è posizionato in modo da creare un'apertura della parte alta della balumina e la scotta, in relazione al punto, è cazzata in modo da controllare anch'essa l'apertura della balumina.

La tensione delle sartie non è eccessiva ma è tale da creare il pre-bending (preflessione); la misura dalla testa dell'albero e l'angolo più alto dello specchio di poppa oscilla tra i 680 e 674 cm. Le crocette (quale sia la loro lunghezza) devono essere chiuse favorendo così la flessione d'albero necessaria. Tale arco è determinato, soprattutto, dalla curva d'albero sull'inferitura che, in fase di studio e costruzione, il velaio elabora. E' opportuno sottolineare che ogni modello di randa (taglio) nella sua parte anteriore è progettata a seconda delle caratteristiche di rigidità date dal tipo di materiale (qualità dell'alluminio nel caso del 470) dalla forma in sezione e dallo spessore dell'estruso. Molto importante, oltre alla tensione delle sartie che producono con l'acquartieramento delle crocette la preflessione è il controllo della curva a livello della mastra; le zeppe producono due effetti: il primo blocca l'eventuale oscillazione dell'albero in senso longitudinale (pompaggio) e il secondo permette di poter correggere e modificare, al cambiamento delle condizioni, la flessione.

L'equipaggio sia con vento leggerissimo sia con intensità lievemente superiore mantiene lo scafo appruato disponendosi il più in basso possibile per avere un baricentro più favorevole e la deriva completamente abbassata; il prodiere varierà la sua posizione (all'aumentare del vento) da sottovento verso il centro sedendosi sulla cassa di deriva per poi disporsi con 5-6 nodi sopravento. L'azione dell'uomo di prua per il mantenimento dell'assetto ideale in ogni momento determina molto spesso il rendimento della barca: senza mai muoversi bruscamente ed anticipando leggermente le abbonacciate e le raffiche farà mantenere sempre la massima velocità e quindi il miglior rendimento in ogni istante. Capita spesso di notare con vento leggero equipaggi che tendono a navigare con qualche grado di sbandamento sopravento: questo è fattibile con una lama di deriva molto rigida che permette di non flettersi danneggiando l'angolo ottimale per la bolina.

Lasco

Le andature portanti con vento leggero sono sempre molto difficili e abbisognano sempre della massima concentrazione dell'equipaggio. Il prodiere prima della boa posizionerà il tangone già in bolina se le mura del lato portante saranno le stesse per navigare già dall'inizio del lato con lo spinnaker. Le regolazioni della randa (cunningham, base, vang) sono blande:

occorre invece porre attenzione alla messa a punto dello spi regolando in modo esatto l'altezza del tangone: con vento leggero occorre "far volare" (così si dice in gergo) questa vela affinché non rimanga troppo vicina al fiocco e alla randa. L'altezza del tangone (abbassata rispetto alla sua normale posizione) non deve eccedere troppo poiché si potrebbe creare sulle balumine dello spinnaker una eccessiva chiusura e quindi un rendimento della vela notevolmente inferiore rispetto alle sue potenzialità. Con vento leggerissimo, occorre quindi creare un'altezza che permetta di raggiungere, oltre che una forma leggermente più magra tale da consentire un più facile mantenimento della stabilità, un profilo uniforme per far sì che lo scorrimento del vento sulla vela non subisca rallentamenti in uscita.

Con un vento di intensità intorno ai 5-6 nodi, quindi già con l'inizio di una certa pressione, il tangone è disposto quasi a 90° rispetto allo strallo del fiocco affinché lo spinnaker inizi a sfruttare tutta la sua forma e il suo profilo più profondo.

L'equipaggio, con vento leggerissimo, prevede il timoniere a sedere sottovento ed il prodiere, all'altezza della sartia sopravento. Appena il vento cresce leggermente d'intensità si può notare, in certi equipaggi la presenza del timoniere sopravento permettendogli miglior visione della rotta da seguire. Questa sua posizione costringerà il prodiere a sedere magari al centro potendo però sempre vedere la balumina di sopravento dello spinnaker sporgendo la testa. La deriva è alzata per metà tenendo sempre presenti la direzione e l'intensità della corrente per far sì che la rotta sia facilitata verso la boa successiva. In ultima analisi il timoniere si dovrà preoccupare, oltre che di far rendere al massimo la randa, di mettere a punto anche il fiocco (sistemato dal prodiere all'inizio del lato) durante gli eventuali cambiamenti di rotta nel lasco: è importantissimo che abbia sempre una perfetta messa a punto sia per la velocità della barca sia per contrastare sul timone la tendenza orziera della randa.

L'assetto longitudinale prevede come in bolina un appruamento al fine di sollevare lo specchio di poppa limitando l'attrito dello scafo nell'acqua; con vento leggerissimo, anche in quest'andatura, qualche grado di sbandamento può aiutare il mantenimento della forma delle vele migliorandone il rendimento.

Poppa

Con vento leggero occorre procedere, in questa andatura, eseguendo dei laschi larghi poiché risulta impossibile ottenere una buona velocità con un angolo di incidenza di 170-180°. La pressione, specialmente con 0-2 nodi, è quasi nulla ma quello che ci permetterà di "scendere" verso la boa di poppa è la continua ricerca della massima velocità con conseguente, anche se pur minimo, cambiamento dell'angolo apparente dovuto al nostro spostamento; solo cercando di ottenere il giusto compromesso tra angolo e velocità (VMG) si potranno raggiungere dei risultati in questa difficile andatura.

Le regolazioni del vang e del cunningham così come al lasco sono blande, la base (se già abbastanza lasca) deve essere mollata di qualche centimetro rispetto alla bolina; la deriva è alzata per 3/4 e la posizione dell'equipaggio prevede in questa andatura il prodiere seduto più a proravia possibile sopravento ed il timoniere sottovento. Lo sbandamento con vento molto leggero prevede un grado abbastanza accentuato (30°) per diminuire all'aumentare del vento man mano che si riesce a mantenere la velocità poggiando verso la boa.

Molto importante, anche in andatura più larga del lasco, è la continua esatta regolazione dell'altezza del tangone che deve essere alzata appena si naviga con vento di intensità superiore (3-6 nodi) per riportare le bugne dello spinnaker parallele rispetto ad un momento di bonaccia. Al mutare della pressione del vento sulle vele il timoniere coadiuvato dalla sensibilità del prodiere che regola lo spinnaker dovrà orzare per poi procedere con un'andatura più larga ogni qualvolta il vento cambi o aumenti d'intensità per cercare di ottenere sempre la massima velocità per avvicinarsi alla rotta per la boa. Una delle cose più difficili è proprio il momento in cui si deve iniziare la poggiata: se eseguita subito dopo essere stati investiti da una raffica può risultare scarsamente redditizia poiché la barca rallenta nuovamente dato l'angolo più aperto del vento sulle vele; si è così costretti ad orzare abbastanza velocemente per cercare di riportare allo status ottimale il rendimento della barca. Un buon equipaggio, accertatosi della maggior pressione sullo spinnaker, procede per qualche attimo ancora su quella rotta lascando qualche centimetro di braccio; durante la fase d'accelerazione allorché il vento apparente è ruotato verso prua comincia a poggiare cercando di mantenere più a lungo possibile l'angolo del vento sulle vele creatosi per l'aumentare della velocità.

Necessariamente ad ogni piccolo salto di vento l'equipaggio dovrà seguire (magari abbattendo) le raffiche: i movimenti, come detto precedentemente, con vento leggero non devono essere bruschi e quindi non necessariamente velocissimi: si opereranno i cambi di bordo seppur aiutati da un movimento di rollio muovendosi abbastanza lentamente affinché lo scafo non subisca bruschi rallentamenti nell'acqua. In abbattuta il timoniere porta lo spinnaker trattenendo le scotte da poppa, il prodiere lasca il barber-hauler del braccio cazzando quello del nuovo bordo un attimo prima di passare la randa afferrando il vang, dopodiché sempre mentre il timoniere porta lo spi sposterà il tangone sopravento. Il fiocco con vento leggerissimo e leggero può essere cambiato di bordo a seconda di come un equipaggio è abituato a manovrare: il prodiere può cambiarlo predisponendo la nuova scotta di sottovento del fiocco un attimo prima di operare il cambio di mura della randa, oppure dopo aver terminato le operazioni con il tangone un momento prima di riprendere in mano le scotte dal timoniere.

b) Vento medio (da 7 a12 nodi)

Questa condizione, in bolina, è contraddistinta dal fatto che il prodiere inizia ad usare completamente il trapezio. Nel caso in cui vi sia onda piuttosto formata, al fine di sviluppare la massima velocità, occorre avere le vele con una forma più grassa rispetto al vento leggero; la randa dovrà essere regolata affinché la sua concavità (freccia massima) sia più spostata verso l'albero. Per ottenere questo si deve contenere (agendo sulla mastra) la flessione dell'albero e lascare leggermente la base, effetto che produrrà una maggiore spinta in basso utile per superare, se presente, l'onda. Conseguentemente anche il punto di scotta del fiocco deve essere adattato affinché la vela di prua sfrutti il suo profilo più profondo; per realizzare questo le soluzioni possono essere due: a seconda delle condizioni di onda si preferirà agire solo sulla scotta cazzandola di qualche centimetro. rispetto alla condizione di vento leggero oppure agiremo, oltre che sulla scotta, anche sul punto per ingrassare la forma della vela di prua.

Nel caso invece di acqua piatta, conviene smagrire randa e fiocco agendo sulle scotte: cazzando la randa si ottiene una leggera maggior flessione dell'albero con spostamento più a poppa della freccia massima del profilo, tesando quella del fiocco si appiattisce la concavità tipica delle condizioni di navigazione con onda.

Per capire se la regolazione sia quella corretta, occorre osservare il filetto più in alto disposto sulla balumina: se per non stallarlo occorre lascare troppo, si deve smagrire la randa e viceversa; se non si riesce ad arrivare a tale limite occorre allora ingrassare la vela. E' da considerarsi una giusta messa a punto se il filetto in alto potrà essere tenuto sulla "soglia" dello stallo con la sola regolazione della scotta.

Le andature di lasco e poppa non presentano particolari difficoltà poiché la pressione del vento sulle vele comincia ad essere percepita dall'equipaggio con facilità; saranno quindi da curare sin nei minimi particolari la messa a punto dello spinnaker da parte del prodiere, della randa e del fiocco per il timoniere e dell'assetto che può variare a seconda dell'intensità delle raffiche con un vento che oscilla tra i 7 e i 12 nodi. In particolare nell'andatura di poppa la continua ricerca del miglior angolo per "scendere" verso la boa non deve mai essere a discapito della velocità.

Nei successivi paragrafi, come con vento leggero, saranno analizzate nel dettaglio tutte le regolazioni e gli assetti per un vento di questa intensità nelle diverse andature.

Bolina

Come abbiamo già accennato il prodiere inizia ad usare il trapezio per mantenere sempre lo scafo piatto come condizione ideale per generare la massima velocità e il minor scarroccio. L'uso del trapezio per mezzo del suo paranco di regolazione permette al prodiere di poter ottenere il miglior assetto; partendo dalla cassa di deriva, o dal bordo con le gambe raccolte con continui, leggeri movimenti, assecondando le raffiche di varia intensità, manterrà lo scafo con 5° di sbandamento sopravento. Non è difficile infatti notare con vento medio o medio-leggero l'uomo di prua in una posizione molto alta rispetto alla superficie dell'acqua: Il timoniere, seduto all'altezza della torretta della scotta randa, aiuta, se necessario, con lo spostamento del busto, l'azione raddrizzante. Le regolazioni sono ancora tenute lasche affinché le vele possano sfruttare tutta la loro massima potenza; il cunningham è lascato o appena puntato per togliere eventuali grinze che si creano sull'inferitura della randa, la base è cazzata e solo in caso di onda può essere tenuta leggermente più lasca per ottenere maggior spinta della vela nella sua parte inferiore permettendo alla barca di superare lo stato del mare con più facilità. Il vang con 7-10 non è ancora in tensione poiché l'azione della scotta della randa mantiene ancora il perfetto controllo della balumina, ma con 12 inizia ad essere puntato; l'albero risulta ben zeppato alla mastra affinché non si produca una flessione che possa modificare, appiattendo, il profilo della randa. Ne consegue quindi una vela che esprime la sua massima profondità e potenza. Anche per il fiocco si deve ottenere una forma che possa soddisfare appieno le esigenze della condizione in cui stiamo navigando; la balumina rispetto al vento più leggero deve essere più chiusa: occorrerà di conseguenza spostare il punto più avanti a seconda del taglio del fiocco e modificare la tensione della scotta.

L'assetto finchè il vento non sale a 10-12 nodi risulta ancora abbastanza appruato come con vento leggero, anche se le condizioni di onda determinano logicamente il posizionamento adatto alla miglior navigazione; la deriva è completamente abbassata.

Lasco

L'assetto ottimale da ottenere appena si inizia a navigare al lasco è da ricercarsi soprattutto nel portare al meglio lo spinnaker appena alzato poiché tutte le regolazioni di randa e fiocco (tranne la messa a punto con le scotte per la nuova andatura) non necessitano particolari mutamenti; il cunningham è già lascato, il vang (se lasco) può essere leggermente puntato in condizioni di onda formata, la base deve essere lascata di qualche cm. rispetto all'andatura di bolina.

La posizione dell'equipaggio mantiene un assetto appruato disponendosi o uno sotto ed uno sopravento (di solito al trapezio) o quando il vento lo consente tutti e due sopravento; di solito con questa intensità di vento il peso di timoniere e prodiere è tale da consentire a tutti e due di sedere comodamente sopravento ma, in caso di variazione di intensità potranno subito correggere l'assetto o sporgendosi con il busto fuori o, in caso opposto rientrando leggermente con la schiena. Di solito questi piccoli spostamenti vengono compiuti all'unisono da parte dell'equipaggio affinché non si contrasti mai l'azione dell'uno o dell'altro; solo quando per qualche momento il vento cala repentinamente il timoniere si sposterà più decisamente verso il centro consentendo al prodiere di continuare a portare lo spinnaker con la messa a punto più idonea.

La deriva è alzata per metà ma, a seconda della direzione della corrente, può essere o abbassata o alzata di 5-10 cm.

Poppa

La prima cosa da decidere quando si sta per affrontare questa andatura è da che parte del campo di regata si voglia svolgere la navigazione: se infatti si decide di operare una abbattuta sulla boa per affrontare il nuovo lato del percorso con le mura opposte rispetto alla bolina non bisogna preparare il tangone prima di aver girato la boa: si procederà quindi al cambio di bordo, all'alzata dello spinnaker ed infine al posizionamento del tangone. Se viceversa decidiamo di continuare con le stesse mura il tangone deve essere preparato prima di aver girato la boa. L'equipaggio mantiene un assetto leggermente appruato come in bolina con il timoniere posizionato sottovento intento a mantenere il boma aperto ed il prodiere sull'altro lato concentrato a portare lo spinnaker. Lo sbandamento passa da 20° sottovento (7-8 nodi) a più piatta o leggermente sopravento con 12 nodi (5°). La posizione del tangone può variare rispetto all'andatura di lasco anche perché la stabilità dello spinnaker può essere di molto inferiore rispetto al lasco a causa della minor pressione del vento sulla vela: occorre porre la massima attenzione riguardo all'altezza del tangone affinché le bugne siano parallele: questo comporta una costante e continua messa a punto dell'altezza del tangone ogni qualvolta incappiamo in una diversa intensità di vento (raffica o "buco di vento").

Le regolazioni del cunningham e della base sono blande, il vang è lascato o appena puntato in caso di onda, il barber-hauler di sottovento dello spinnaker è lascato o appena cazzato in modo da chiudere leggermente la balumina, soprattutto se stiamo navigando con onda formata.

Per ultimo la deriva è alzata per 3/4 e la sua messa a punto è operata dal prodiere mentre il timoniere sta poggiando.

Le manovre di cambio di bordo (abbattute) devono essere ben coordinate tra timoniere e prodiere: il primo porterà lo spinnaker mantenendo le scotte dai bozzelli più a poppa mentre il secondo (in sequenza) cazzerà il barber-hauler di sottovento, lascherà quello di sopra, abbatterà la randa afferrando il vang e per ultimo sposterà il tangone sul lato del nuovo sopravento; dopo aver effettuato queste operazioni indispensabili al fine di una buona riuscita della manovra riprenderà il braccio e la scotta dello spinnaker che fino a quel momento stava manovrando il timoniere.

Nel momento dell'ammainata dello spinnaker al sopraggiungere della boa le regolazioni per il successivo lato di bolina (cunningham, vang, deriva) saranno operate dal timoniere mentre il prodiere si occuperà della base e di riporre il tangone e lo spinnaker nell'apposito sacco al fianco dell'albero.

c) Vento medio-forte (da 13 a 20 nodi)

Fino circa a 18 nodi lo scafo, in bolina, dovrebbe mantenere un assetto con 5° di sbandamento sopravento dopodichè la condizione di barca piatta soddisfa la migliore conduzione della barca. In questa condizione, per tenere la barca in assetto, in bolina, il timoniere è alle cinghie ed il prodiere è steso al trapezio. La scelta dell'insieme albero-randa è di fondamentale importanza poiché un albero troppo flessibile, se la randa viene cazzata troppo, si flette facendo aprire e scaricare troppo la balumina. Se invece l'albero è troppo rigido, cazzando un po' più la scotta, la randa stalla. Per questi motivi, è cruciale per ogni equipaggio la scelta del proprio rig.

Al lasco il prodiere continua a mantenere lo scafo piatto per mezzo del trapezio mentre porta lo spinnaker; importantissima è la sua posizione che dovrà sempre soddisfare l'assetto prua-poppa: un buon prodiere, al calare della velocità, con un rapido scorrendo verso prua predisporrà lo scafo alla ripresa dell'accelerazione facendo riprendere così il prima possibile l'equilibrio idrodinamico tipico di uno scafo in planata. In poppa manovrando lo spinnaker continuamente con braccio e scotta per sfruttare al massimo le raffiche e le onde portanti manterrà e correggerà l'assetto con il movimento del busto sporgendosi sopravento con i piedi puntati sotto la parte superiore della cassa di deriva cercando di portare lo scafo con 5-10° di sbandamento sopravento.

Analizziamo anche con questa intensità di vento le varie andature nel dettaglio.

Bolina

Come abbiamo prima descritto l'assetto del 470 in questa andatura prevede l'equipaggio disposto per il massimo raddrizzamento con timoniere alle cinghie e prodiere completamente steso al trapezio e lo scafo è portato con 5° di sbandamento sopravento fino a 18 nodi: la loro posizione è più appoppata rispetto al vento leggero e medio ma, se prima si preferiva essere molto vicini per formare "corpo" unico tra i membri dell'equipaggio ora si tende ad assumere una posizione leggermente più distante. Anche il centro velico con queste condizioni deve essere più spostato verso poppa per mezzo dell'arretramento dell'albero: a seconda del peso dell'equipaggio quando il vento comincia a raggiungere i 16-18 nodi è necessario iniziare a modificare l'assetto del proprio rig in relazione all'intensità di vento nella quale stiamo navigando. La nuova messa a punto tra i 13 e i 20 nodi prevede un appoppamento dell'albero (usando come unità di misura i buchi delle lande che regolano la tensione delle sartie) come riportato nella tabella iniziale; necessariamente questa operazione, collegata all'apertura delle crocette, è da eseguire prima della partenza. Molto spesso invece capita che durante lo svolgimento della regata le condizioni meteorologiche mutino a favore di un'intensità di vento superiore; per correggere l'assetto e soddisfare l'abbattimento dell'albero quando il vento si avvicina ai 16-17 nodi si può ovviare lascando di 1-2 cm. la drizza del fiocco affinché il centro velico si sposti verso poppa. Questa è l'unica soluzione attuabile quando ci troviamo nell'impossibilità di settare sartie. Un'altra piccola correzione della messa a punto può essere la riduzione delle zeppe aumentando così la flessione dell'albero favorendo una riduzione del profilo della randa. Se invece prima della partenza si è avuto la possibilità di cambiare l'assetto sia delle sartie sia dell'apertura delle crocette è utile ricordare che ogni volta che si procede a questa operazione, affinché si ottenga l'ottimale tensione dello strallo e delle sartie stesse, occorre tener presente la tensione dello strallo come riportato nella tabella.

Oltre alla messa a punto dell'albero s'iniziano a modificare i profili del fiocco e della randa: il primo all'aumentare del vento occorre che sia leggermente più cazzato di scotta ed il suo punto di scotta può essere spostato di 1-2 cm. indietro se abbiamo il carrello o alzato per permettere alla balumina di aprirsi così da ottenere con la nuova tensione della scotta un profilo adatto alla condizione; tutto questo tenendo in considerazione della presenza di onda che potrà far optare per una forma più profonda della vela di prua soprattutto nella parte bassa in modo da permettere una spinta maggiore per superarla.

Anche la randa man mano che il vento sale d'intensità deve modificare il suo profilo al fine di far sviluppare alla barca la maggior velocità. Per ottenere le migliori performances il profilo dovrebbe in teoria essere simile a quello del fiocco quindi si inizieranno ad usare vang e cunningham così da smagrire ed aprire in maniera uniforme la vela; quanto queste manovre debbano essere regolate dipende soprattutto dal peso dell'equipaggio: una differenza di 10-15 Kg. può sicuramente far modificare la forma della vela in un momento diverso rispetto ad un altro equipaggio. L'importanza del loro uso è in stretta relazione all'assetto che l'albero può assumere, la misura che intercorre tra la penna dell'albero e l'angolo superiore dello specchio di poppa. Tale variazione infatti fa passare da una misura di 680-674 cm. (con vento leggero e medio) ad una di 670-665 cm. quando il vento si avvicina ai 18-20 nodi; naturalmente la nuova misura ottenuta per questa intensità di vento necessita di una notevole tensione delle sartie (36-35,5) che si ottiene abbassando il loro perno sulle lande.

La deriva con questa intensità di vento può essere ancora completamente abbassata, anche se, qualche equipaggio più leggero all'aumentare del vento (18-20 nodi) preferisce alzarla di 5/7 cm per mantenere più facilmente lo scafo piatto. Questo assetto non penalizza eccessivamente poiché, al superiore inevitabile scarroccio, si contrappone un angolo di bolina che permette di sviluppare una notevole velocità: con questo vento il 470 sfrutta al meglio le proprie linee d'acqua permettendo allo scafo di planare anche in un'andatura per risalire al vento.

Lasco

L'andatura di lasco con vento moderato, in special modo quando la sua intensità inizia a raggiungere il limite massimo (18-20 nodi) comincia a divenire impegnativa sia sul piano fisico sia su quello della conduzione della barca. Inoltre il regolamento di classe consente la modifica della regola 42 permettendo il pompaggio delle vele quando la giuria o il comitato di regata, prima o dopo la partenza, espone l'apposita bandiera permettendo continue planate imponendo all'equipaggio il massimo della concentrazione per sfruttare la barca "senza limiti". E' utile ricordare che il pompaggio va eseguito con estrema precisione e sensibilità al fine di provocare sempre un aumento o mantenimento della velocità anziché, con un'errata attuazione, una perdita.

In primis quando si deve affrontare un lato con lo spinnaker arrivando da un andatura stretta (bolina) occorre "prepararsi" prima di girare la boa, predisponendosi nella miglior condizione in modo da affrontare senza rischi il nuovo lato del percorso; ci riferiamo al vang che deve essere lascato in maniera sufficiente affinché, poggiando, la balumina della randa possa "scaricare" ed il boma non tocchi l'acqua con conseguente pericolo di rovesciamento; anche il fiocco necessita della sua miglior messa a punto che il prodiere opererà mentre sta rientrando dal trapezio. La situazione che si viene a creare quando il prodiere va a mettere il tangone non permette infatti un efficace raddrizzamento per cui si rende necessario una messa a punto adeguata: la randa, se necessario, sarà più lascata di scotta anche se l'apertura di balumina causata dall'allascata del vang rende più facile la poggiata e l'andatura evitando di straorzare.

Mentre il prodiere, sceso dal trapezio appena si è sulla nuova rotta, sta mettendo il tangone il timoniere si occuperà di alzare la deriva per circa metà o poco più a seconda dell'intensità del vento e dello stato del mare cioè di onda più o meno formata; immediatamente alzerà lo spinnaker mentre il prodiere provvederà alla sua migliore messa a punto nonché all'assetto utilizzando il trapezio; per quanto concerne il cunningham sarà compito del timoniere lascarlo completamente mentre la base se il lasco è stretto non conviene mollarla al fine di mantenere la randa più magra. La sequenza descritta finora può però subire delle modifiche dettate dall'abitudine di certi equipaggi rispetto ad altri; per esempio il tangone può essere messo già negli ultimi metri della bolina dal timoniere lasciando il timone per qualche istante al prodiere steso al trapezio: tale soluzione permette all'uomo di prua di rimanere con i piedi sul bordo e di prendere le scotte dello spinnaker piegandosi un attimo sulle gambe.

Un'altra diversa sequenza della manovra si sviluppa con il timoniere che, appena girata la boa, alza lo spinnaker, il prodiere si occupa della messa a segno della deriva per poi andare a mettere il tangone mentre il suo compagno porta per qualche secondo lo spinnaker. Rimangono invece inalterati i compiti di messa a punto della randa per quanto concerne vang, cunningham e base se quest'ultima si rende necessario lascarla.

Parlando più specificatamente della conduzione della barca in questa andatura è necessario, come già sottolineato all'inizio, di una buona preparazione fisica e tecnica: la prima si rende necessaria affinché ogni raffica o ogni onda sia sfruttata dall'equipaggio con adeguate allascate delle vele e veloci cazzate nonché di rapidi spostamenti (soprattutto del prodiere) in senso longitudinale in modo da creare in ogni momento l'assetto ideale. Le caratteristiche tecniche che durante quest'andatura si esaltano sono da ricercarsi essenzialmente nella sensibilità, nell'affiatamento, nel perfetto mantenimento dello scafo sulle linee d'acqua ideali. Se un buon prodiere deve far esprimere allo spinnaker la sua massima resa e allo scafo, con energici colpi di raddrizzamento, la sua miglior linea d'acqua per mantenere sempre la planata, il timoniere dovrà seguire e comandare gli eventuali cambiamenti di rotta agendo con la scotta della randa per orzare o poggiare limitando al massimo l'uso del timone.

L'abbattuta già in queste condizioni non può essere effettuata partendo dal lasco abbastanza stretto ma si rende necessaria un'andatura più larga: in prossimità della boa infatti il prodiere deve scendere dal trapezio per iniziare a compiere alcune manovre da effettuare per il cambio di bordo. Per primo, dopo aver passato le scotte dello spinnaker al timoniere, che manovrerà in piedi trattenendo la barra tra le gambe, cazzerà il barber-hauler di sottovento, lascherà quello di sopravento, poi abbatterà la randa facendo leva sul paranco del vang dopodiché opererà il cambio sulle nuove mura del tangone; infine riprenderà le scotte dello spinnaker cominciando dal braccio e, fissato quest'ultimo, se la nuova andatura lo necessita farà uso del trapezio. Durante tutte le operazioni che il prodiere deve effettuare non è compreso il cambio di bordo del fiocco: esso è stato volutamente escluso poiché è possibile passarlo in momenti diversi; il prodiere ha infatti due possibilità: può anticipare il cambio di mura facendo portare il fiocco con la scotta di sopravento; quest'azione di anticipo è una soluzione molto redditizia poiché permette alla barca di avere il fiocco sulle nuove mura già a segno, limita la tendenza orziera dell'imbarcazione appena ha abbattuto nonché un risparmio in termini temporali del prodiere che sul nuovo bordo dovrà soltanto cambiare il tangone ed uscire al trapezio. L'altra opzione per cambiare il fiocco (più comunemente usata) prevede la sua messa a punto dopo che il prodiere ha cambiato di bordo alla randa o subito dopo il passaggio del boma o prima di uscire al trapezio.

Il timoniere procedendo in un'andatura di gran lasco-poppa quadrerà lo spinnaker affinché sul nuovo bordo esso si trovi già sottovento, poggerà manovrando con le gambe il timone e manterrà un'andatura che consenta al prodiere di operare con lo scafo piatto fino a quando egli non avrà ripreso le scotte; appena è pronto si siederà sopravento riprendendo la scotta della randa in mano e orzerà se la nuova rotta è di nuovo un'andatura stretta.

Con vento forte si può attuare anche l'abbattuta evitando al timoniere di alzarsi in piedi per portare lo spinnaker: sarà quindi il prodiere che si occuperà di questa vela mentre il timoniere abbatterà la randa afferrando il mazzo delle scotte. La manovra è possibile poichè sulle scotte dello spinnaker sono presenti dei “fermi” a misura (piccoli nodini sulla scotta con una pallina o semplici piombini) che evitano la perdita del braccio appena si è passati sulle nuove mura.

Anche la manovra di ammainata dello spinnaker prevede una preparazione: prima di rimettersi in bolina il timoniere si preoccuperà di mettere a segno il cunningham, cazzerà, anche se non completamente il vang per evitare di straorzare durante il giro di boa, poggerà consentendo al prodiere di rientrare dal trapezio per fargli togliere il tangone ed ammainare lo spinnaker del cambio di andatura. Durante la manovra, come in abbattuta, sarà il timoniere a portare lo spinnaker mentre il prodiere si occuperà di rimettere a segno la randa se era stata lascata la base ed abbassare la deriva per il nuovo lato prima di togliere il tangone. Eseguite queste operazioni avviene l’ammainata, con il prodiere che prende il braccio dello spinnaker internamente alle sartie per riporlo nell’apposito sacchetto di sopravento mentre il timoniere lascherà la drizza. Immediatamente dopo il timoniere orzerà cazzando la randa, il prodiere metterà a segno il fiocco uscendo al trapezio. L’esatta tensione del vang sarà effettuata appena si inizierà a navigare in bolina.

Poppa

Quando si deve affrontare un lato di poppa è necessario che l’equipaggio prima di girare la boa decida con che mura, in relazione alla tattica che si vuol operare, inizierà il lato di poppa. Se l’opzione sarà una semplice alzata di spinnaker sulle stesse mura con le quali si è girato la boa (es. arrivo mura a dritta ed inizio del nuovo lato con le stesse mura) le manovre che l’equipaggio deve affrontare sono pressappoco le stesse del lato di lasco con il vantaggio che l’andatura di poppa non presentando sbandamento sottovento come può avvenire in un lasco stretto permette al timoniere, appena alzato lo spinnaker di iniziare a portarlo mantenendo il timone tra le gambe fino a che il prodiere dopo esser sceso dal trapezio avrà sistemato in successione la deriva, il tangone e la base della randa prima di prendere in mano braccio e scotta dello spinnaker. La sequenza, se si vuol iniziare a navigare con le mura a dritta all’inizio del lato di poppa, descritta precedentemente si attua anche se si arriva a girare la boa con mura opposte cioè con mura a sinistra. La manovra dovrà solo essere preceduta da una virata che si effettuerà per girare la boa; è utile far presente che dopo il cambiamento di bordo che ci porta nella nuova andatura per far poggiare più facilmente l’equipaggio opererà un energico raddrizzamento con eventuale ulteriore leggero sbandamento sul lato del nuovo sopravento per facilitare l’ingresso nella nuova andatura.

Sia che si arrivi con le stesse mura sia che si l’approccio sia eseguito con mura opposte conviene “prepararsi” con il vang già abbastanza lascato affinché la poggiata verso la nuova andatura sia più veloce ed evitando che l’eccessiva chiusura della balumina della randa crei una forza all’orza, quindi una spinta nella direzione opposta verso la quale vogliamo navigare. Se invece, come accade spesso, si vuol iniziare il lato sulle mura opposte rispetto a quelle del giro di boa, cioè operando una abbattuta sulla boa l’equipaggio si disporrà in questa sequenza: il prodiere rientrerà dal trapezio e cambierà di mura al fiocco mentre il timoniere farà passare la randa agendo sul mazzo della scotta. Effettuato il cambio di bordo il prodiere prenderà lo spinnaker dal sacchetto ove è contenuto e lo lancerà in direzione alto-avanti mentre il timoniere lo drizzerà a riva; questi movimenti dell'equipaggio vanno eseguiti all'unisono affinché lo spinnaker possa essere alzato senza impedimenti dal lato di sopravento. Una volta issato il prodiere si occuperà di sistemare il tangone mentre il timoniere sta lo sta portando dalla posizione in piedi. Le regolazioni da effettuare in poppa possono essere eseguite dall'uno o dall'altro a seconda delle abitudini di ogni singolo equipaggio: taluni timonieri continuano a portare lo spinnaker fino a che il prodiere non ha messo a segno la deriva, il cunningham, il punto di mura, la base; altri preferiscono passare le scotte all'uomo di prua appena egli ha posizionato il tangone per poi eseguire la messa a punto della randa dopo. Il vang che era stato abbondantemente lascato per operare correttamente il giro di boa è l'ultima regolazione ed è effettuata dal timoniere: la sua messa a punto prevederà un trim abbastanza accentuato (sebbene risulti più lascato della bolina) poiché non esistono ancora le esigenze di mantenere la randa con un profilo magro e molto aperta di balumina.

Riferendosi ad una alzata di spinnaker procedendo con le stesse mura con le quali abbiamo girato la boa iniziato il lato di poppa, appena il prodiere ha preso le scotte dello spinnaker il timoniere, sedutosi sottovento appena dietro il trasto della randa sul lato opposto al suo compagno si occuperà di lascare cunningham, punto di mura (se è stato previsto nell'armamento un sistema regolabile di questa manovra) ed inizierà a portare la barca seguendo le onde e le raffiche per far mantenere allo scafo sempre la massima velocità: l'azione del prodiere, oltre a quella di portare lo spinnaker al massimo del suo rendimento, sarà quella di correggere costantemente l'assetto dello scafo con spostamenti del busto verso il centro o verso il lato di sopravento nonché di suggerire ed informare il timoniere dei cambiamenti di direzione del vento e di pressione dello stesso sulla vela che sta portando: le continue informazioni che continuamente i due si scambiamo permetteranno in ogni momento di concentrarsi totalmente per poter far esprimere la massima velocità sia in caso di raffica sia in situazione di calo d'intensità. Proponendo continuamente le proprie sensazioni al timoniere, lo si aiuta costantemente nella conduzione e si dà la possibilità di osservare il campo, gli avversari e la bussola, producendo gli elementi essenziali per sviluppare ed attuare la tattica migliore.

La conduzione con vento sui 18-20 nodi ultimamente ha avuto un'evoluzione tecnica: sfruttando al massimo la velocità della barca il prodiere può andare al trapezio con il timoniere seduto sotto o al centro barca procedendo in un'andatura più stretta affidando al VMG la discesa verso la boa. Se si naviga un po' più stretti sarà necessario regolare il vang cazzandolo in modo che la randa possa essere sfruttata al massimo anche come apertura di balumina. Inoltre (se è consentito per mezzo dell'esposizione del segnale) è possibile pompare le vele consentendo una maggiore velocità.

L'abbattuta con vento medio-forte in poppa non presenta particolari difficoltà; si procede al cambiamento di bordo con le stesse modalità di un'abbattuta effettuata partendo da un'andatura più stretta anche se sarà necessario poggiare per far rientrare l'equipaggio disposto in posizione di massimo raddrizzamento (trapezio). Più il vento aumenta più si rende necessaria una manovra al massimo della velocità permettendo così un cambio di bordo in sicurezza e con posca pressione sulle vele.

In prossimità della fine del lato di poppa se il successivo prevede un'andatura di bolina il timoniere provvederà a assettare la barca prima che lo spinnaker si ammaini: cazzerà punto di mura, cunningham, modificherà il punto di scotta del fiocco se le condizioni meteo sono mutate, dopodiché, trattenendo il timone con le gambe in posizione eretta, porterà lo spinnaker che il prodiere gli avrà passato un attimo prima di togliere il tangone. Negli attimi che precedono il giro di boa sarà compito del prodiere (prima di ammainare lo spinnaker) cazzare la base della randa rimettendola a segno ed abbassare la deriva all'altezza desiderata nonchè aggiungere o togliere le zeppe per modificare l'assetto. Infine, eseguite queste manovre, egli procederà all'ammainata dello spinnaker ed uscirà al trapezio mentre il timoniere sta girando la boa permettendo allo scafo di iniziare la nuova andatura in perfetto assetto. Il vang sarà messo a punto dal timoniere appena si inizia il lato di bolina limitando il pericolo di straorzata mentre si effettua il giro di boa.

d) Vento forte (oltre 20 nodi)

L'equipaggio se non riesce a tenere la barca piatta, deve necessariamente agire sull'attrezzatura in modo da annullare quanto possibile lo sbandamento. Questo si può limitare aumentando la flessione dell'albero in modo da ottenere un profilo più magro nonché un appoppamento del rig. Per ottenerlo si agisce sull'inclinazione dell'albero lascando la drizza del fiocco e cazzando le sartie. Tale appoppamento con vento forte arriva ad una misura di 662 cm. Questa distanza, come già descritto, è calcolata tra la punta dell'albero e l'angolo superiore dello specchio di poppa. E' utile ricordare, come detto precedentemente, che ogni volta che la drizza del fiocco viene lascata, è necessario tirare conseguentemente le sartie così da ottenere un rake più appoppato mantenendo una tensione sufficiente sulle sartie. Da vento leggero a vento forte le differenze, espresse in carico (tensione) e sulle lande, si possono riassumere con una differenza di quattro unità e di una variazione di tre buchi (vedi tabella centrature). L'acquartieramento delle crocette con vento forte dovrebbe essere ridotto così come la loro lunghezza ma taluni equipaggi scelgono di navigare sempre con la stessa; queste ultime messe a punto sono da completare quando siamo ancora a terra prima di uscire poiché in acqua questo tipo di regolazioni sono molto difficili anche se aiutati da un mezzo esterno (es.: gommone di assistenza) se non impossibili (variazione della lunghezza). Le crocette disposte più perpendicolari all'albero producono una sufficiente tenuta laterale che si ripercuote sulla parte alta dell'albero provocando un'utile flessione sottovento della penna facilitando l'uscita del vento e una minor esposizione della vela.

Con vento oltre i venti nodi l'andatura di lasco inizia ad essere molto impegnativa e diviene fondamentale l'affiatamento dei due membri dell'equipaggio al fine di condurre senza problemi lo scafo a velocità che possono raggiungere i 16-18 nodi. In poppa è altresì importante mantenere al massimo il rendimento dello scafo e delle vele per diminuire, con la propria velocità, la pressione del vento.

Analizzando nel dettaglio le andature e le varie messe a punto descriviamo come abbiamo fatto partendo dal vento leggero le posizioni e gli assetti in condizioni di vento forte.

Bolina

Quando si naviga con vento di intensità superiore ai venti nodi come abbiamo prima descritto occorre assettare il proprio rig affinché si crei un arretramento del centro velico verso poppa abbattendo l'albero; le misure da adottare e quindi l'assetto da ottenere può variare da un equipaggio all'altro tenuto conto soprattutto del peso complessivo di timoniere e prodiere: più è leggero un equipaggio prima si appopperà l'albero al fine di riuscire sempre a mantenere lo scafo piatto e neutra sul timone.

L'operazione di esatta messa a punto delle sartie può essere eseguita quasi sempre prima della partenza poiché è raro che si passi da una condizione di vento leggero ad una di vento forte o molto forte nel corso di una singola prova o per lo meno le previsioni meteo possono farci "anticipare" con una messa a punto intermedia quello che può avvenire. L'abbassamento di un buco o due di sartie è abbastanza semplice poiché esistono delle coppiglie dette "quick-spin" che rispetto a quelle comunemente usate non prevedono la sicurezza di fuoriuscita fatta da un ring ma alla fine del perno, lungo il proprio asse, fuoriescono due protuberanze che ne evitano l'uscita dai fori: esse sono manovrate da un piccolo pistone a molla che permette, oltre al più veloce e facile utilizzo, di evitare di perdere il ring del vecchio sistema. Si usano anche coppiglie trattenute da un elastico affinché, quando sottovento senza grande tensione non fuoriescano dalle lande. Per operare il cambiamento di assetto occorre lascare di 15-20 cm. la drizza del fiocco in modo da far perdere tensione alle sartie, mettersi in bolina (fiocco a collo), la randa un po' cazzata (vang mollato) in modo da allentare ancora di più la tensione sottovento e la deriva un po' sollevata: procedendo velocemente il prodiere cambierà la messa a punto delle sartie in pochi secondi; la stessa operazione dovrà essere chiaramente effettuata subito dopo sulle altre mura. L'unica modifica quasi impossibile da effettuare in acqua è l'apertura delle crocette; al sopraggiungere del vento l'unica possibilità che si può sfruttare è di cercare di modificare l'acquartieramento mettendosi in piedi sul boma in poppa per raggiungere la vite di regolazione ma diventa problematica la stabilità soprattutto in condizioni di onda formata.

Al mutare dell'assetto, per spostare il centro velico verso poppa anche le manovre come vang, cunningham, base della randa contribuiscono a modificare il profilo della randa al fine di appiattirlo; si cazzerà molto il vang creando una pronunciata flessione dell'albero riuscendo a mantenere la stessa tensione di balumina anche con la randa lascata. L'eccessiva flessione, causata soprattutto dal vang, verrà contenuta in parte dalla zeppatura all'altezza della mastra. Infatti, se per navigare con vento forte è necessario avere un profilo delle vele magro occorre sempre mantenere una certa minima forma per creare la spinta al miglior avanzamento; un profilo troppo piatto può aiutarci a mantenere più facilmente la barca in assetto ma può risultare insufficiente per creare una buona velocità in bolina. Quale sia il punto ottimale da ottenere tra forma delle vele ed assetto dipende da fattori difficilmente descrivibili poiché subentrano elementi di costituzione e conduzione personale tra un equipaggio e l'altro; basti pensare che l'altezza del prodiere, quindi la differente forza raddrizzante rispetto ad un suo collega di stesso peso ma con statura differente, può far variare un assetto.

Parlando della regolazione delle manovre, con vento forte la base è ben cazzata così come il cunningham che aiuta, oltre che ad appiattire la randa, anche a farla aprire di balumina nella parte superiore twistando la vela per ottenere una forma "elicoidale". Il fiocco segue la forma della randa: si procederà a cambiarne il profilo portando indietro il punto di scotta in modo da permettergli di scaricare nella parte superiore; conseguentemente anche la scotta può essere leggermente lascata affinché la balumina possa cedere facendo uscire il vento più velocemente dalla vela.

Già nelle condizioni descritte in cui l'intensità del vento arriva fino a venti nodi lo scafo inizia a planare molto bene anche nell'andatura di bolina: con vento più forte la condizione di planata è prerogativa essenziale. L'assetto dell'equipaggio soddisfa questa situazione disponendosi verso poppa con il timoniere dietro il trasto ed il prodiere al trapezio con i piedi poco più avanti. In condizioni ove sia presente un'onda molto formata l'equipaggio potrà arretrare la sua posizione anche di 20-30 cm. al fine di mantenere sempre la prua fuori dall'acqua ed appoggiare lo scafo sulle sue linee piatte di poppa, si stabilirà anche una più facile conduzione.

La deriva con vento forte può essere alzata di 10-20 cm. per limitare lo sbandamento e per ricreare la centratura tra piano velico e centro di deriva.

Come abbiamo finora detto l'assetto da soddisfare prevede lo scafo sempre piatto per mantenere la massima velocità sulle forme dello scafo; questo comporta un continuo lavoro da parte del timoniere con la scotta della randa: ogni qualvolta una raffica o un'onda proporrà uno sbandamento; egli dovrà seguire l'evoluzione creatasi in ogni momento agendo sulla scotta al fine di mantenere sempre un assetto perfetto. Navigare con la deriva leggermente alzata ed in andatura planante in bolina è estremamente pagante rispetto a chi con queste condizioni cerca di portare la barca a stringere il più possibile il vento: con poca velocità e con continue sbandate si creerà un angolo di scarroccio superiore e una velocità nettamente inferiore rispetto a chi sta navigando come prima descritto. Come riscontro a tale affermazione si può certamente asserire che un perfetto angolo di bolina è la risultante del compromesso tra la velocità che la barca esprime e l'angolo stesso (VMG): questo è un concetto fondamentale valido per qualsiasi tipo di imbarcazione che voglia esprimere le sue massime performances.

Per quanto concerne le virate che un equipaggio deve fare in bolina la tecnica si acquisisce soprattutto con la pratica: una virata con vento forte varia poco rispetto ad un cambio di bordo con vento d'intensità medio-forte; la sua buona riuscita la si esprime con la velocità soprattutto del prodiere che dovrà cambiare di bordo da un trapezio all'altro in sincronia con il timoniere: per effettuare velocemente lo spostamento uscirà sul nuovo bordo con la maniglia agganciandosi successivamente all'anello del paranco. Il passaggio rivolgendo le spalle a prua è attuato da molti prodieri ad alto livello ma in fase di primo perfezionamento questa tecnica è sconsigliabile. Per quanto riguarda la posizione egli è steso al trapezio parallelo rispetto alla superficie dell'acqua ma l'altezza può variare a seconda delle condizioni di onda: è preferibile mantenere sempre una posizione che non faccia mai toccare al prodiere la schiena in acqua sia per motivi di equilibrio sia per il rallentamento che l'impatto può creare alla velocità dello scafo e comunque il prodiere adatterà spesso la distanza della schiena dall'acqua con il paranco di regolazione del cavo del trapezio, magari anticipando l'azione per non impattare la superficie o un'onda più grossa.

Lasco

Come abbiamo detto all'inizio un lato di lasco con il 470 con vento forte presume un'ottima preparazione dell'equipaggio sia sul piano fisico sia su quello tecnico. E' senz'altro superfluo dire che in regata si metterà lo spinnaker in situazioni dure solo quando in allenamento si è provato (magari con qualche scuffia) a portare la barca in queste condizioni. Il pompaggio consentito aumenta le capacità fisiche e di destrezza tipiche di questa disciplina ma ricordiamo che effettuare un adeguato "sventagliamento" delle vele presuppone una tecnica e qualità marinaresche superiori.

Dopo questa premessa iniziamo a parlare di assetti e manovre con vento forte in un lato di lasco; per prima cosa è importante preparare la barca alla poggiata che si deve effettuare sulla boa, quindi è necessario lascare abbondantemente il vang, che era molto cazzato in bolina, per poggiare senza rischi di rovesciamento appena iniziato il nuovo lato del percorso. La poggiata oltre che ad essere gradualmente eseguita prevede una allascata veloce della randa da parte del timoniere la messa a punto da parte del prodiere del fiocco mantenendo sempre velocità per portare la barca fino all'andatura di gran lasco in modo da permettere l'armamento del tangone senza doversi occupare del raddrizzamento. Contemporaneamente il timoniere alzerà lo spinnaker, il prodiere mentre la nuova vela va a riva recupererà il braccio mettendolo a punto ed uscirà al trapezio con la scotta di sottovento dello spinnaker iniziando a portarlo. Appena egli è steso al trapezio si opererà una rotta che deve tener conto sia della forza delle raffiche che investono la barca coordinandosi con le onde: risulterà quindi un andamento con frequenti orzate e poggiate da eseguire non tanto con il timone quanto con la randa e lo spinnaker. Per quanto concerne la randa il timoniere cazzando la scotta tenderà ad orzare mentre lascandola favorirà la scesa alla poggia; questi due movimenti devono essere eseguiti fondamentalmente per mantenere sempre la barca piatta in planata: più specificatamente quando lo scafo rallenta prima di ricevere un'onda si orza leggermente cazzando la randa al fine di non perdere la spinta maturata pochi istanti prima dopodiché si poggia scendendo lungo il cavo dell'onda diagonalmente per allungarne la corsa in discesa e per evitare di finire con la prua nell'onda davanti. Il comportamento del prodiere che sta portando lo spinnaker è simile a quello del suo compagno: in fase di decadimento della velocità cazzerà lo spinnaker per poi rilasciare un po' di scotta mentre la barca sta accelerando così da favorire l'uscita del vento dalla vela. Questo continuo manovrare della scotta deve tener conto non solo della messa a punto delle vele dovuto alla differenza di rotta che si esegue per mantenere sempre la barca alla massima velocità ma anche del cambiamento dovuto alla differenza di angolo che il vento apparente modifica. Per chiarezza quindi potremmo riassumere che in fase di decelerazione lo spinnaker va cazzato, in fase di accelerazione va lascato per aprire le balumine ed infine va ricazzato per il mutare dell'angolo del vento apparente che ruota verso prua man mano che aumenta la velocità.

L'assetto prua-poppa dell'equipaggio disposto al massimo raddrizzamento con i suoi due membri alle cinghie e al trapezio prevede una posizione molto appoppata che può variare (soprattutto da parte del prodiere) con rapidi spostamenti verso prua per poi riacquistare la posizione di partenza quando la barca è alla sua massima velocità. Lo "scorrimento" del prodiere verso prua si effettua quando egli si rende conto che la barca inizia la fase di decelerazione: con continui spostamenti manterrà sempre più a lungo la planata coordinato dall'azione delle vele. Oltre ai sopracitati movimenti il prodiere potrà eseguire delle schienate al fine di "aumentare" per un attimo la forza raddrizzante: questi movimenti sebbene possano essere effettuati non continuativamente per regolamento sono molto efficaci in fase di accelerazione per raggiungere più facilmente l'assetto dello scafo in acqua e quindi per prima esprimere la massima velocità.

L'abbattuta con vento forte è senza dubbio la manovra dove il rischio di rovesciarsi è maggiore. Per affrontarla senza problemi è superfluo dire che deve essere stata eseguita e provata molte volte in allenamento ed alla massima velocità. Le prerogative principali ed essenziali di una manovra come l'abbattuta si possono riassumere in: esecuzione del cambio di bordo alla massima velocità (planata), coordinazione tra timoniere e prodiere, perfetta conoscenza dei compiti dell'equipaggio, precisione nell'esecuzione delle varie fasi, velocità nei movimenti da compiere in un tempo compreso di pochi secondi. Analizzando più specificatamente inizieremo con il dire che prima condizione fondamentale per la riuscita della manovra è la velocità dello scafo in acqua mentre si abbatte: solo se la pressione del vento sulle vele è ridotta al minimo sarà possibile abbattere la randa senza che sul nuovo bordo il vento investa con violenza le vele con il pericolo di farla rovesciare; sulle derive come il 470 non è difficile passare la randa da un lato all'altro dato che in planata spesso si raggiunge una velocità che permette alle vele di stazionare per pochi attimi in uno stato depressionario cosicché il cambiamento di mura risulta senza particolari negative conseguenze. Equipaggi di notevole valore tecnico molto spesso sono stati vittime di scuffie proprio per non aver eseguito al momento giusto l'abbattuta. Passando al secondo punto che si riferisce alla coordinazione tra i membri dell'equipaggio è opportuno sottolineare quanto sia importante che essi si muovano seguendo sempre l'evoluzione della manovra: mentre si poggia ed il prodiere rientra, passa le scotte al timoniere, cazza il barberhauler sottovento, lasca quello di sopra, cambia di bordo il fiocco così da trovarlo già a segno, abbatte la randa afferrando il vang e sposta il tangone sul nuovo sopravento prima di riprendere le scotte in mano (prima il braccio bloccandolo poi la scotta di sottovento) per uscire infine di nuovo al trapezio. Il timoniere mentre il suo compagno esegue le manovre che porteranno al cambio di mura avrà solo il compito di mantenere a segno lo spinnaker affinché non si sgonfi mai, mantenendo la velocità massima dello scafo; è importante che durante la fase di poggiata (sebbene eseguita con la barra tra le gambe) quadri adeguatamente lo spinnaker in modo che si trovi già sottovento dopo il passaggio del boma.

La perfetta conoscenza dei compiti, la precisione e la velocità si possono sicuramente riassumere in un'unica caratteristica che soprattutto un prodiere deve avere.

Per quanto riguarda la regolazione delle vele si può parlare solo della randa dato che lo spinnaker abbisogna di una messa a punto per quanto riguarda l'altezza del tangone (da 90 a

100° di inclinazione con lo strallo del fiocco) e la scotta di sottovento deve essere continuamente regolata. Il fiocco è necessario che sia messa a punto con la scotta all'inizio del lasco: è importantissimo che la sua regolazione sia eseguita con precisione poiché se troppo cazzato aumenterebbe lo sbandamento dato che non "scaricherebbe" sufficientemente di vento la vela, se troppo lasco non produce la spinta alla poggia necessaria per aiutare il timoniere ad evitare pericolose straorzate. La randa deve essere molto lascata di vang come già prima descritto, e il cunningham può essere mollato anche se non completamente; il punto di mura e la base non si toccano rispetto alla bolina al fine di mantenere un profilo piuttosto magro ed aperto di balumina.

La deriva può con vento forte essere alzata per poco più di metà consentendo allo scafo di mantenere sempre una certa direzionalità di rotta senza incidere sull'eccessivo sbandamento che creerebbe in fase d'inizio di planata, quindi in fase d'accelerazione.

La manovra di ammainata dello spinnaker alla fine del lato, presupponendo che la barca debba tornare in un'andatura di bolina, prevede (se possibile) un approccio alla boa con una rotta leggermente sopra layline tale da consentire al prodiere di scendere dal trapezio per eseguire la manovra senza soddisfare esigenze di raddrizzamento; tornando in barca non passerà le scotte al timoniere dato che l'approccio alla boa non avviene in un'andatura larga ma toglierà subito il tangone riponendolo sul fondo dello scafo e sistemerà, ammainandolo, lo spinnaker dal lato di sopravento coadiuvato dal timoniere che lascherà la drizza appena il suo compagno avrà afferrato il braccio. La messa a punto della randa dato solo il cunningham era stato lascato durante il lato potrà essere messo a segno un attimo prima di girare la boa; questo è possibile poiché specialmente con vento forte si preferisce "anticipare" leggermente la manovra per manovrare in sicurezza all'inizio del nuovo lato. Mentre il timoniere si occupa di questo il prodiere potrà mettere a segno con precisione la deriva per il lato di bolina. Infine il vang sarà messo a punto appena si è orzato per la nuova rotta.

Poppa

L'andatura di poppa con vento forte presuppone, come per il lasco, un buon grado di allenamento ed affiatamento dell'equipaggio. Rispetto all'andatura prima descritta non si presentano particolari difficoltà se timoniere e prodiere coordinati nelle loro azioni, per portare al massimo la barca, non perdono mai quel livello di concentrazione necessaria al fine di evitare errori banali. I pericoli maggiori possono nascere dalla poca determinazione durante l'esecuzione di una manovra specialmente se in presenza di onda molto formata, situazione che può creare un assetto errato dovuto allo sbilanciamento del peso dell'equipaggio durante l'effettuazione, per esempio, di un'abbattuta. Si opereranno quindi alzata, ammainata, abbattute con lo spinnaker con estrema determinazione come prima descritto ma sempre con la massima concentrazione per scegliere "l'equilibrio" necessario per svolgere correttamente ogni movimento.

Apprestandoci a girare la boa di bolina per andare in poppa è necessario comportarsi come già descritto con vento medio-forte; di conseguenza eseguiremo la poggiata lascando con anticipo il vang in bolina e, decisa la manovra da effettuare all'inizio del lato, (stesse mura con le quali abbiamo girato la boa o opposte) manovreremo con la sequenza descritta nel precedente paragrafo relativa allo stesso tipo di andatura. Anche le regolazioni della randa saranno simili ad un'intensità di vento minore; solo la base con vento molto forte può essere lascata un po' meno così come la messa a punto del vang che conviene mantenere sempre un po' puntato affinché il boma rimanga con un angolo rispetto all'albero di 90° circa in modo da non chiudere troppo la balumina della randa.

L'assetto prevede un arretramento del peso dell'equipaggio al fine di evitare rallentamenti dovuti ad ingavonamenti. Timoniere e prodiere inoltre agiranno con frequenti cazzate ed allascate delle vele (pompaggio) per facilitare e mantenere la planata.

Condurre una barca con vento molto forte in poppa filo può essere molto rischioso; in quest'andatura più che alle straorzate occorre stare attenti all'eccessivo sbandamento incontrollato che può venire a crearsi sopravento. E' quindi preferibile navigare o con una rotta leggermente orzata anche se occorrerà abbattere per arrivare alla boa; in andatura al giardinetto o al gran lasco se il vento è molto forte l'equipaggio (per ottenere il miglior VMG) può vedere il timoniere appena sottovento o al centro per sfruttare meglio le onde mentre il prodiere è al trapezio. In condizioni di vento estreme può essere necessario procedere, in poppa, con il fiocco completamente lascato come avviene sui multiscafi per evitare che la prua si ingavoni nell'onda davanti; sebbene questa possa essere una soluzione eccessiva in condizioni di vento molto forte può risultare utile.

L'abbattuta con vento molto forte conviene eseguirla con i barber-hauler dello spinnaker cazzati; portando in avanti il punto di scotta infatti si poiché si crea stabilità allo scafo durante la manovra. Il vang, se il vento è molto forte è utile lascarlo un po' quando si decide di abbattere per evitare che un'eccessiva spinta all'orza della randa appena ci troviamo sul nuovo bordo. Resta comunque condizione essenziale effettuare l'abbattuta nel momento di massima velocità per diminuire al massimo la pressione del vento sulle vele.

In prossimità della boa per ritornare in un'andatura di bolina si effettuano in linea di massima le stesse operazioni che si adottavano con vento di intensità inferiore (18-20 nodi); in caso di vento molto forte, arrivando in andatura leggermente più orzata rispetto alla poppa filo, il timoniere rimarrà seduto anziché alzarsi per portare lo spinnaker ed il prodiere, lascata la scotta sottovento, provvederà a togliere il tangone e rimettere lo spinnaker nel sacco specifico di sopravento cazzando il braccio appena il suo compagno lascherà la drizza. Effettuata l'ammainata, che per sicurezza deve essere eseguita con un po' di anticipo, si permetterà al prodiere di mettere a segno cunningham, base, punto di scotta del fiocco, posizionamento esatto della deriva prima di girare la boa ed uscire al trapezio.

Per una migliore comprensione al termine della sezione dedicata al 470 abbiamo riassunto con degli schemi la base generale della messa a punto con le diverse intensità di vento in bolina lasco e poppa. I suggerimenti proposti costituiscono una buona base di partenza che ogni equipaggio potrà adattare alle proprie caratteristiche.

SCHEMI RIASSUNTIVI DELLE REGOLAZIONI
E DEGLI ASSETTI SUL 470

VENTO LEGGERO (0-2 nodi)
BOLINA

Assetto longitudinale:	Scafo ben appruato con poppa sollevata dall'acqua
Assetto trasversale:	Sbandato sottovento di 20°
Posizione coppiglia landa:	2° buco dietro
Posizione equipaggio:	Timoniere seduto sopravento all'altezza del trasto della randa, prodiere sottovento vicino alla sartia più in basso possibile
Posizione piede albero:	2 (più appoppato)
Preflessione albero:	6 cm.
Zeppe:	3.5 cm.
Inclinazione albero (RAKE):	680 cm.
Lunghezza crocette:	47 cm.
Apertura crocette (acquartieramento):	-2 giri rispetto al punto "0"
Tensione sartie:	33
Tensione strallo:	25,5
Posizione deriva:	Completamente abbassata
Vang:	Lascato.
Punto di mura fiocco:	Lascato (sono presenti sull'inferitura delle piccole grinze).
Cunningham:	Lascato.
Base:	Da leggermente cazzata a più lasca in condizioni di onda.
Vele:	Profilo leggermente magro ed aperto nella parte alta (effetto di forma ad elica).

VENTO LEGGERO (3-6 nodi) BOLINA

Assetto longitudinale:	Scafo ancora ben appruato con poppa sollevata dall'acqua
Assetto trasversale:	Da sbandato sottovento 20° (3 nodi) a piatto o leggermente meno sbandato sopravento (4-6 nodi)
Posizione coppiglia landa:	Da 2° buco dietro a punto "0" ovvero 3° buco dietro
Posizione equipaggio:	Timoniere all'altezza del trasto della randa o appena dietro; prodiere che varia la posizione da sottovento vicino alla sartia (3 nodi) a seduto sulla cassa di deriva con il busto leggermente sopra (5-6 nodi)
Posizione piede albero:	2 (più appoppato)
Preflessione albero:	Da 6 a 5,5 cm.
Zeppe:	3.5 cm.
Inclinazione albero (RAKE):	Da 680 a 674 cm.
Lunghezza crocette:	47 cm.
Apertura crocette (acquartieramento):	Regolazione punto "0"
Tensione sartie:	Da 33 a 34
Tensione strallo:	Da 25,5 a 27
Posizione deriva:	Completamente abbassata
Vang:	Lascato
Punto di mura fiocco:	Lascato (sono ancora presenti sull'inferitura delle piccole grinze)
Cunningham:	Lascato
Base:	Da leggermente cazzata a più lasca in condizioni di onda
Vele:	Profilo leggermente magro ed aperte nella parte alta (effetto di forma ad elica)

VENTO LEGGERO (0-6 nodi) LASCO

Assetto longitudinale:	Appruato con la poppa ben sollevata dall'acqua
Assetto trasversale:	Da sbandata sottovento (30°) a leggermente meno inclinata
Posizione equipaggio:	Timoniere bene sottovento davanti al trasto della randa, prodiere seduto sopravento molto a prua
Posizione tangone:	Leggermente più basso di 90° rispetto allo strallo del fiocco
Posizione deriva:	Alzata circa metà.(Le variazioni della sua altezza sono spesso dettate dalla corrente)
Vang:	Lascato
Cunningham:	Lascato
Base:	Lascata
Punto di mura randa:	Lascato
Punto di mura fiocco:	Lascato (messa a segno come in bolina)
Vele:	Randa con profilo profondo un po' aperta di balumina, fiocco a segno, spinnaker con balumine abbastanza aperte deve essere tenuto quasi fermo con la scotta di sottovento. Appena il vento sale d'intensità (5-6 nodi) lo spinnaker può essere regolato più frequentemente ma sempre con estrema delicatezza con regolazioni sia del braccio e soprattutto della scotta

VENTO LEGGERO (0-6 nodi) POPPA

Assetto longitudinale:	Appruato al fine di sollevare molto lo specchio di poppa
Assetto trasversale:	Da sbandata sottovento (30°) a leggermente meno inclinata
Posizione equipaggio:	Timoniere bene sottovento davanti al trasto della randa, prodiere seduto sopravento molto a prua
Posizione tangone:	Abbastanza abbassato rispetto ai 90° con lo strallo del fiocco. La sua posizione è quasi parallela al boma
Posizione deriva:	Alzata per 3/4
Vang:	Lascato
Cunningham:	Lascato
Base:	Lascata
Punto di mura randa:	Lascato
Punto di mura fiocco:	Lascato (messa a segno come in bolina)
Vele:	La randa assume un profilo profondo con la balumina chiusa solo dal peso del boma con vento leggerissimo. Il fiocco è a segno e lo spinnaker, con le balumine aperte, è regolato delicatamente dal prodiere che cercherà di muoverlo il meno possibile mantenendolo lontano dalle vele. All'aumentare della pressione il prodiere sempre delicatamente manovrerà braccio e scotta per incrementare sia la velocità che l'angolo di discesa con il vento apparente che favorisce una rotta leggermente più poggiata. Non vi è molta differenza tra l'andatura al lasco e quella di poppa poiché si tende sempre più a mantenere un VMG favorevole orzando abbastanza per navigare più velocemente

VENTO MEDIO-LEGGERO E MEDIO BOLINA

Assetto longitudinale:	Leggermente appruata
Assetto trasversale:	Da sbandato sottovento di 5-10° a piatto o 5° sbandato sopravento
Posizione coppiglia landa:	Da 3° a 4° buco dietro
Posizione equipaggio:	Timoniere a sedere sopravento; prodiere da seduto sopravento a inizio di utilizzo del trapezio
Posizione piede albero:	1 (più appruato)
Preflessione albero:	Da 5,5 a 5 cm.
Zeppe:	3.5 cm.
Inclinazione albero (RAKE):	Da 674 a 670 cm.
Lunghezza crocette:	47 cm.
Apertura crocette (acquartieramento):	+3 giri dal punto “0”
Tensione sartie:	Da 34 a 36
Tensione strallo:	Da 27 a 29,5
Posizione deriva:	Completamente abbassata
Vang:	Lascato o appena puntato
Punto di mura fiocco:	Puntato (scompaiono le piccole grinze in inferitura)
Cunningham:	Lascato
Base:	Da leggermente cazzata a leggermente più lasca in condizioni di onda
Vele:	Più potenti rispetto al vento leggero (raddrizzando leggermente l’albero e lascando di poco la base si sposta verso prua e verso il basso la zona portante della randa. Il fiocco può essere modificato di forma leggermente sia di punto sia di 1-2 cm. di scotta)

VENTO MEDIO
LASCO

Assetto longitudinale:	Leggermente appruato per consentire allo specchio di poppa di rimanere ancora un po' sollevato
Assetto trasversale:	Da leggermente sbandato a piatto
Posizione equipaggio:	Timoniere sottovento; prodiere sopravento abbastanza a prua pronto ad un eventuale uso del trapezio
Posizione tangone:	Leggermente più alto rispetto al vento leggero
Posizione deriva:	Alzata da un terzo a metà
Vang:	Appena puntato
Cunningham:	Lascato
Base:	Lascata
Punto di mura randa:	Lascato
Punto di mura fiocco:	Appena più lascato rispetto alla bolina
Vele:	Randa esprime la massima profondità del suo profilo, fiocco a segno, spinnaker passa da una condizione di balumine abbastanza aperte a leggermente più chiuse all'aumentare del vento. La scotta ed il braccio (anche se meno) devono essere continuamente regolati senza bruschi movimenti

VENTO MEDIO
POPPA

Assetto longitudinale.	Leggermente appruato.
Assetto trasversale:	Piatto con leggeri sbandamenti sopravento in fase di massima accelerazione.
Posizione equipaggio:	Timoniere seduto sottovento a cavallo o appena dietro il trasto della randa. Il prodiere porta lo spinnaker da sopravento, seduto all'altezza della sartia. Se si naviga più orzati o il prodiere inizia ad usare il trapezio o il timoniere si sposta più al centro
Posizione tangone:	Leggermente più basso dei 90° con lo strallo del fiocco. Già con questa intensità di vento occorre tenere le bugne dello spinnaker parallele.
Posizione deriva:	Alzata per 3/4
Vang:	Puntato
Cunningham:	Lascato
Base:	Lascata
Punto di mura randa:	Lascato
Punto di mura fiocco:	Lascato
Vele:	La randa è portata con il suo massimo profilo profondo ed il vang leggermente puntato favorisce la concavità su tutta la vela. Il fiocco è a segno e lo spinnaker è portato dal prodiere che con braccio e scotta sempre in mano ne controllerà e cambierà la messa a punto a seconda delle situazioni di vento e di onda

VENTO MEDIO-FORTE BOLINA

Assetto longitudinale:	Scafo leggermente appoppato per alzare la prua (si inizia a planare)
Assetto trasversale:	Da leggermente sbandato sopravento di 5° a piatto
Posizione coppiglia landa:	5° buco avanti
Posizione equipaggio:	Timoniere e prodiere distanziati di massimo 50 cm. al massimo raddrizzamento (cinghie e trapezio)
Posizione piede albero:	1 (più appruato)
Preflessione albero:	4,5 cm.
Zeppe:	4.5 cm.
Inclinazione albero (RAKE):	665 cm.
Lunghezza crocette:	47 cm.
Apertura crocette (acquartieramento):	+ 4,5 giri dal punto "0"
Tensione sartie:	35,5
Tensione strallo:	29
Posizione deriva:	Completamente abbassata o leggermente sollevata
Vang:	Cazzato
Punto di mura fiocco:	Ben puntato (si inizia a portare leggermente il grasso verso prua favorendo l'apertura della balumina nella parte alta della vela)
Cunningham:	Da ben puntato a cazzato
Base:	Cazzata anche in presenza di onda
Vele:	La randa all'aumentare del vento con vang, cunningham, base, cazzati (conseguente flessione dell'albero) assume un profilo abbastanza magro ed aperto di balumina nella parte alta man mano che il vento cresce d'intensità. Anche il fiocco, all'aumentare del vento, appiattisce il profilo per mezzo soprattutto dell'arretramento del punto di scotta

VENTO MEDIO-FORTE LASCO

Assetto longitudinale:	Lo scafo, all'aumentare del vento inizia ad essere portato leggermente appoppato
Assetto trasversale:	Piatto
Posizione equipaggio:	Timoniere alle cinghie pompa la randa all'aumentare del vento mentre il prodiere accanto a lui è già steso al trapezio: mantenendo la messa a punto dello spinnaker pomperà la vela e in caso scorrerà lungo il bordo per mantenere la planata
Posizione tangone:	A 90° rispetto allo strallo del fiocco
Posizione deriva:	Alzata per metà o poco più all'aumentare del vento
Vang:	Ben puntato ma non cazzato troppo per facilitare l'apertura della balumina della randa limitandone la spinta all'orza
Cunningham:	Da appena puntato a lascato
Base:	Leggermente lascata rispetto alla bolina o cazzata
Punto di mura fiocco:	Lascato se si ha la possibilità di regolarlo
Punto di mura randa:	Cazzato
Vele:	La randa, presenta un profilo abbastanza profondo: il vang più lascato rispetto alla bolina facendo perdere tensione alla balumina la vela nella parte alta, ed è continuamente regolata dal timoniere, anche pompando, per mantenere, specialmente con vento di 18-20 nodi, l'assetto (scafo piatto) e la velocità; il fiocco è a segno, mentre lo spinnaker comincia ad essere regolato con frequenza dal prodiere (azione di pompaggio) nelle variazioni di rotta all'orza e alla poggia che le raffiche e le onde propongono

VENTO MEDIO-FORTE POPPA

Assetto longitudinale:	Leggermente appoppato all'aumentare del vento (16-20 nodi)
Assetto trasversale:	Piatto con leggeri sbandamenti sopravento in fase di massima accelerazione.
Posizione equipaggio:	Timoniere seduto sottovento a cavallo o appena dietro il trasto della randa, mano del braccio anteriore tiene la randa in presa diretta. Il prodiere porta lo spinnaker da sopravento, seduto 30-40 cm. a poppavia della sartia. La sua posizione, con movimenti del busto, può variare per correggere, cambiare o mantenere l'assetto sia in senso longitudinale sia in quello trasversale. Se la rotta è più orzata timoniere al centro e prodiere al trapezio in posizione alta
Posizione tangone:	90° o leggermente più basso con lo strallo del fiocco. Con vento di quest'intensità occorre soddisfare la messa a punto dello spinnaker con le bugne parallele
Posizione deriva:	Alzata per 3/4
Vang:	Ben puntato
Cunningham:	Lascato
Base:	Lascata
Punto di mura randa:	Lascato
Punto di mura fiocco:	Lascato (se possibile)
Vele:	La randa presenta una forma con il suo massimo profilo profondo ed il vang ben puntato favorisce la concavità su tutta la vela evitando che il boma per la pressione del vento si sollevi. Il timoniere la regola con la presa diretta ogni qualvolta si necessiti una veloce cazzata per incrementare con la pompata la velocità. Il fiocco è a segno e lo spinnaker è portato dal prodiere che con braccio e scotta sempre in mano ne controllerà e cambierà la messa a punto a seconda delle situazioni di vento e di onda

VENTO FORTE
BOLINA

Assetto longitudinale:	Scafo appoppato per alzare la prua mantenendo la planata in modo continuativo
Assetto trasversale:	Più possibile piatto, ma 2-3° di sbandamento sottovento non pregiudicano il buon assetto e la velocità
Posizione coppiglia landa:	5° buco dietro
Posizione equipaggio:	Timoniere e prodiere distanziati di massimo 50 cm. al massimo raddrizzamento (cinghie e trapezio)
Posizione piede albero:	1 (più appruato)
Preflessione albero:	4,8 cm.
Zeppe:	5 cm.
Inclinazione albero (RAKE):	662 cm.
Lunghezza crocette:	47 cm.
Apertura crocette (acquartieramento):	+ 5 giri dal punto "0"
Tensione sartie:	36,5
Tensione strallo:	29,5
Posizione deriva:	Da leggermente sollevata a più sollevata se si naviga in condizioni di assenza di onda corta e ripida (onda lacustre)
Vang:	Molto cazzato
Punto di mura fiocco:	Cazzato per appiattire e portare più decisamente il grasso verso prua favorendo l'apertura della balumina nella parte alta della vela
Cunningham:	Da cazzato a molto cazzato
Base:	Molto cazzata anche in presenza di onda
Vele:	La randa presenta un profilo appiattito ed aperto di balumina sebbene mantenga una minima forma data dalle zeppe nella mastra che raddrizzano l'albero molto flesso dal vang. Il fiocco ha il punto di scotta arretrato al massimo in relazione alla sua forma ed anche la scotta è leggermente più lasca per favorire un angolo di bolina di qualche grado più aperto specialmente quando con onda corta si predilige una velocità in bolina molto alta sebbene con qualche grado in meno di angolo al vento

VENTO FORTE
LASCO

Assetto longitudinale:	Da appoppato a molto appoppato
Assetto trasversale:	Piatto
Posizione equipaggio:	Timoniere alle cinghie, se necessario per non fare ingavonare la prua, 50-60 cm. dietro il trasto della randa, prodiere al trapezio anche lui dietro il trasto della randa se le condizioni di onda lo richiedono
Posizione tangone:	Da 90 a 100° rispetto allo strallo del fiocco
Posizione deriva:	Alzata per 3/4
Vang:	Lascato o molto lascato in modo da limitare al massimo la tendenza orziera della randa. (L'angolo tra albero e boma può superare con vento molto forte abbondantemente i 90°)
Cunningham:	Da appena puntato a puntato
Base:	Cazzata.
Punto di mura fiocco:	Cazzato
Punto di mura randa:	Cazzato
Vele:	La randa mantiene un profilo abbastanza piatto ed è molto aperta di balumina per effetto del vang molto lascato in condizioni di vento molto forte; essa è continuamente regolata dal timoniere che con vento sopra i 20 nodi sarà utilizzata per orzare o poggiare a seconda delle necessità per il mantenimento della rotta, limitando al massimo l'uso del timone. Il fiocco è importantissimo che sia a segno poiché permette di scendere alla poggia equilibrando l'azione della randa. Lo spinnaker, portato dal prodiere al trapezio è regolato con la scotta di sottovento al fine di creare in ogni momento la massima velocità in modo da garantire sempre la minor pressione del vento sulle vele. L'azione di pompaggio con vento forte è fondamentale poiché stabilisce, con la massima velocità, la conduzione "in sicurezza" dello scafo. Veloci allascate, quando investiti da una raffica o da un'onda per far scaricare le balumine (per accelerare) e rapide cazzate per mantenere il più a lungo possibile lo scafo in planata distingueranno per bravura le capacità di un equipaggio

VENTO FORTE
POPPA

Assetto longitudinale:	Appoppato
Assetto trasversale:	Piatto
Posizione equipaggio:	Timoniere sottovento 20-30 cm. dietro il trasto della randa o centrale se si naviga leggermente più orzati. Da questa posizione, in presa diretta, pompa la randa. Il prodiere seduto sopravento o al trapezio in posizione alta lungo il bordo scorrerà durante l'andatura per mantenere il perfetto assetto regolando naturalmente le scotte dello spinnaker
Posizione tangone:	90° rispetto allo strallo del fiocco
Posizione deriva:	Alzata per tre quarti o per poco più di metà per mantenere lo scafo più stabile
Vang:	Da ben puntato a più cazzato se si naviga leggermente più orzati
Cunningham:	Da lascato ad appena puntato
Base:	Da lascata a leggermente più cazzata
Punto di mura fiocco:	Cazzato
Punto di mura randa:	Cazzato
Vele:	La randa con vento forte non deve essere ingrassata al massimo al fine di mantenere sempre sotto controllo la tendenza orziera sulle raffiche. Il vang anch'esso non troppo cazzato permette al boma di sollevarsi per scaricare la pressione e far accelerare prima lo scafo. Il fiocco è a segno e con vento molto forte può essere leggermente tenuto qualche centimetro più lasco per evitare che la prua si ingavoni. Lo spinnaker è portato dal prodiere che con braccio e scotta ne curerà continuamente la messa a punto. Se la stabilità dello scafo risulta difficile da mantenere è opportuno navigare con il barber-hauler di sottovento dello spinnaker un po'cazzato o in poppa filo o al giardinetto completamente cazzato al fine di limitare il rollio

LASER

Caratteristiche

Il Laser è un singolo disegnato nel 1971 da Bruce Kirby con criteri di stretta monotipia. Attualmente diffuso con quasi 200.000 unità presenta le stesse caratteristiche costruttive e di attrezzatura del prototipo. La larga diffusione, la facilità di conduzione in quasi tutte le condizioni, il peso e la struttura dell'equipaggio molto comuni hanno fatto cadere la scelta del Laser fra le classi olimpiche per l'edizione dei giochi del 1996, riconfermandone la presenza per le edizioni successive ed ampliandone l'importanza con l'introduzione del Laser Radial (stesso scafo con vela ed albero ridotti) per la classe singola femminile per Pechino 2008. Per completezza esiste anche il Laser cosiddetto "4.7" che è sempre lo stesso scafo con un armamento di albero e di vela (appunto 4,7 metri quadrati) ridotti, per coloro che passando dall'Optimist a questo monotipo, per caratteristiche fisiche, avrebbero difficoltà di conduzione con le dimensioni del rig originale. Il Laser quindi abbraccia, con queste soluzioni tecniche, non solo tutti coloro che strutturalmente sono adatti, ma anche tutti i velisti (maschi e femmine) che pur non avendo caratteristiche ideali vogliono regaltare ad "armi" pari non essendoci limite di né età per regatare con armamento ridotto.

Il Laser è costruito per conto della Sail Performance Craft in stabilimenti distribuiti in varie nazioni dislocate in tutto il mondo, con uniformità di materiali, precludendo così a priori alternative nella scelta d'acquisto e di scelta di criteri costruttivi. Ogni cantiere, autorizzato per ordine della casa madre, vieta all'acquirente qualsiasi personale cambiamento, sia strutturale che di disposizione di strati nella costruzione. La scelta delle barche da immettere sul mercato è approvata da una commissione tecnica nominata dalla Sail Performance Craft che scarta, soprattutto, gli scafi eccedenti nel peso e tutti quelli che, sebbene abbiano seguito il normale iter costruttivo, non risultano entro le tolleranze stabilite.

Dati tecnici (Laser standard):

Lunghezza = m. 4,23
Larghezza = m. 1,37
Peso = Kg. 57
Sup. velica = m^2 7,06
Equipaggio = 1 persona
Costruzione = vetroresina e sandwich
Segnale = bandiera di classe

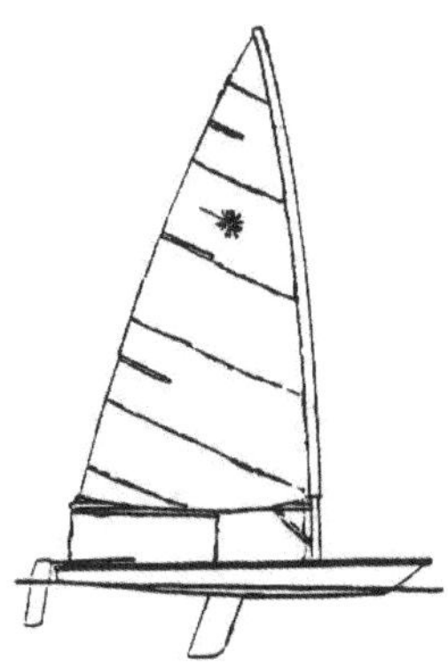

Caratteristiche costruttive

Sebbene, come precedentemente affermato, il Laser venga costruito secondo un criterio di stretta monotipia quando si sceglie uno scafo alcune piccole differenze, che peraltro rientrano nelle tolleranze che la casa costruttrice ammette, possono risultare determinanti al fine di navigare su di uno "scafo perfetto". In primis, è utile controllare il peso poiché esso può variare di 1-2 Kg., ed è palese che convenga avere uno scafo leggero. Altra visibile differenza facilmente controllabile è il punto di assemblaggio, lungo tutto il bordo della barca, tra scafo e coperta: una buona barca dovrà avere una perfetta chiusura lungo tutta la linea ed essa dovrà risultare il più sottile possibile.

Per quanto concerne la scassa dell'albero esistono delle minime differenze che producono un appoppamento più o meno accentuato dell'albero; è fondamentale misurare con la parte dell'albero inserita nella scassa la distanza che intercorre tra l'apice del pezzo inferiore dell'albero, posto in posizione normale nella sua ubicazione, e la parte bassa del bottazzo di poppa. Questa misura dovrà essere compresa tra i 383 e 386 cm. (scelta a seconda delle caratteristiche dell'equipaggio) con escursione dell'albero la più ampia possibile.

Equipaggio

Le caratteristiche dell'equipaggio sono condizionate dall'impossibilità di scelte diverse nell'attrezzatura. Sebbene per altre classi (470, Star) il peso e l'altezza siano importanti al fine di far esprimere alla barca la miglior performance, la possibilità di scegliere ed adattare l'attrezzatura scegliendo un tipo di albero, taglio e forma delle vele possono sopperire, ad esempio, alla mancanza di qualche chilo. Ne consegue che anche il laserista dovrà avere doti naturali idonee a questo tipo di barca quali, ad esempio, destrezza, prontezza di riflessi, coordinazione di movimenti, con un peso minimo di kg. 70 e un'altezza non inferiore di 1.70m. Anche un timoniere leggero, se in possesso di una buona preparazione atletica, può intraprendere l'attività agonistica. Si ritiene che il peso ideale per il Laser Standard (Maschile) sia compreso tra i 75 e gli 85 Kg. con un altezza variabile tra un metro e 75 e uno e 85, mentre per il Radial le ragazze devono avere un'altezza compresa tra 1.65 m. ed un peso tra i 60 ed i 65 Kg.

Le regole di Classe limitano il peso degli indumenti a kg. 9 e non permettono più l'uso del giubbotto di appesantimento fino a pochi anni fa consentito.

Come per il 470 riportiamo la tabella dei dati antropometrici dei primi dieci classificati al Campionato del Mondo di Cascais 2007 per quanto concerne gli equipaggi maschili e femminili, quindi gli atleti ad alto profilo che dominano la classe a livello internazionale. Questo non significa che per regatare occorra necessariamente avere misure pari ai campioni, ma sicuramente può indirizzare la scelta di un equipaggio giovane che voglia cimentarsi a livello internazionale con i migliori laseristi/ste.

Laser Standard (Maschile)

POSIZIONE	NAZIONALITA'	ALTEZZA	PESO
1°Classificato	Australia	1.87m	81kg
2°Classificato	Nuova Zelanda	1.83m	80kg
3°Classificato	Estonia	1.99m	80kg
4°Classificato	Croazia	1.81m	83kg
5°Classificato	Gran Bretagna	1.80m	80kg
6°Classificato	Svezia	1.75m	81kg
7°Classificato	Cile	1.84m	83kg
8°Classificato	Francia	1.87m	84kg
9°Classificato	Croazia	1.88m	78kg
10°Classificato	Portogallo	1.82m	80kg

Laser Radial (Femminile)

POSIZIONE	NAZIONALITA'	ALTEZZA	PESO
1°Classificato	Bielorussia	175m	64kg
2°Classificato	Finlandia	1.75m	69kg
3°Classificato	Germania	1.63m	63kg
4°Classificato	Polonia	1.68m	70kg
5°Classificato	Stati Uniti	1.68m	67kg
6°Classificato	Messico	1.65m	67kg
7°Classificato	Israele	1.69m	70kg
8°Classificato	Nuova Zelanda	1.72m	63kg
9°Classificato	Cina	1.72m	63kg
10°Classificato	Gran Bretagna	1.70m	70kg

Vela

Il neofita deve porre l'attenzione sul fatto che la vela, così come lo scafo e tutta l'attrezzatura, è standard e confezionata con un tessuto ed un taglio che rispecchia fedelmente le linee originali. Sebbene si cerchi di ottenere vele sempre uguali, si possono riscontrare leggere ma importanti differenze tra una vela e l'altra. Basti pensare che lo scarto di un millimetro in una curva di forma può modificare tutta la randa. Inoltre è doveroso far notare che la vela è costituita di un tessuto che non presenta apprettatura come in molte vele di altri monotipi ma viene trattato in maniera da renderlo piuttosto morbido in modo che la forma possa modificarsi ingrassandosi o appiattendosi più facilmente a seconda delle esigenze. Questo tipo di confezionamento del tessuto non può mai essere perfettamente uguale cosicché si possono notare differenze di comportamento della vela durante le necessarie regolazioni. Quando si ha una vela nuova è consigliabile non cazzare troppo il vang e cunningham alla prima uscita, per non causare bruschi stiramenti del tessuto. Conviene navigare per un'ora al lasco con vento medio-leggero, per fare prendere forma alla vela, ottenendo così una distribuzione uniforme dei carichi di sforzo.

Infine è utile apporre dei filetti di lana nella zona anteriore sulla vela per aver sempre l'esatta messa a punto in ogni andatura e in bolina, con la scotta a segno, il perfetto angolo. I filetti segnavento possono essere utili anche nella parte alta in balumina per controllarne l'apertura più o meno accentuata.

Albero e boma

Sebbene anche qui la monotipia renda pressoché uguali fra loro gli alberi, si possono notare differenze di flessione a seconda dell'estruso dal quale esce quest'attrezzatura. Per valutare le eventuali differenze molti equipaggi misurano la flessione degli alberi ponendo le estremità su due cavalletti e con l'ausilio di un peso sempre uguale e nello stesso punto misurano le differenze di curvatura. Unendo i due pezzi dell'albero con il rivetto della parte alta rivolto verso poppa (posto sui cavalletti) si riuscirà ad individuare la flessione diversa tra gli estrusi.

Anche per la scelta dell'albero conviene (quindi in fase di acquisto) valutare le differenti flessioni soprattutto della parte inferiore per ottenere l'uniformità che deve risultare quando, sotto l'azione della vela e del vento, i due pezzi dell'albero uniti creano la curva di flessione. Risulta che quelli con peso maggiore sono i più rigidi dovuto alla densità del materiale non perfettamente uniforme da partita a partita. La differenza di rigidità della parte inferiore rispetto a quella superiore, è dovuta al fatto che il diametro della prima è più grande, i laseristi più esperti, notando una diversa flessione della parte alta dell'albero dovuta all'usura, invece di cambiarlo, invertono la posizione della penna con quella che va ad incastrarsi con la parte bassa.

In sostanza si dovrà scegliere una parte inferiore morbida o molto morbida ed una parte superiore di media durezza al fine di rendere uniforme la flessione quando i due pezzi lavorano insieme. Per ottenere questo risultato taluni equipaggi si affidano al peso per cui al minor peso corrisponda una maggiore morbidezza ma questo non è sempre vero per le ragioni sopra descritte. Conviene, infatti, misurare empiricamente la flessione dell'albero con i due pezzi uniti ponendoli come prima descritto in sospensione fra due cavalletti.

Per quanto concerne la scelta del boma è ininfluente che possano esistere differenti flessioni fra un estruso e l'altro e comunque sia non pregiudica un effetto sulla vela significativo.

Regolazione ed uso delle manovre correnti

Rispetto a qualche anno le regolazioni delle manovre correnti per un timoniere di Laser erano abbastanza difficoltose a causa della rigidità di regolamento delle stesse da parte delle regole di stazza; anche l'utilizzo di un elastico ove non fosse consentito metteva fuori stazza l'attrezzatura. I laseristi si sono ingegnati per anni nel trovare soluzioni che potessero soddisfare le esigenze di continua messa a punto durante la regata specialmente velocizzando tutte le manovre in relazione ai cambi di intensità del vento e delle diverse andature sempre tenendo conto delle rigide regole di stazza; da qualche anno, invece, modernizzando, la classe internazionale Laser ha introdotto per tutte le barche vecchie e nuove un kit d'attrezzatura delle regolazioni del vang, cunningham e base della randa che permettono un facile utilizzo. (Vedi foto)

L'armamento del Laser non presenta difficoltà ma l'utilizzo delle manovre di questo monotipo va ben conosciuto.

Il vang impedisce al boma di sollevarsi quando si naviga nelle andature portanti e durante la virata (l'angolo formato superiormente dal boma con l'albero non deve mai essere inferiore di 90°); la sua azione produce inoltre una spinta in avanti del boma e un suo abbassamento, quindi la curvatura dell'albero in quel punto. Il vang modifica la distribuzione di portanza della randa, ne modifica il profilo appiattendolo ed aumenta la tensione della balumina. Sul Laser è possibile utilizzare da qualche anno un vang molto potente composto da un paranco di vari bozzelli a sfera che permette un'agevole regolazione anche stando alle cinghie. Ora anche con vento forte, è possibile regolare facilmente il vang, sia in bolina, che in poppa e questo garantisce un significativo miglioramento delle prestazioni.

Usando un semplice paragone, possiamo dire che il vang rappresenta sicuramente il "motore" della barca ed è necessaria una differente ed a volte continua regolazione in tutte le andature. Tuttavia bisogna utilizzare con cautela questa manovra, poiché una tensione eccessiva con vento forte può pregiudicare un eccessivo appiattimento della vela, nonché un'insufficiente apertura della balumina ed in casi estremi può provocare la rottura dell'albero o del boma all'altezza del suo attacco, sebbene a questa sia stata apportata, negli ultimi anni, una modifica strutturale aggiungendo un rinforzo interno. Il cunningham serve per distribuire il tessuto della zona prodiera della randa quando l'albero flette; cazzandolo si sposta la zona portante della vela verso prua e si apre la balumina nella parte alta della vela; in poppa va lascato per fare assumere alla randa una forma più rotondeggiante. Come per il vang, anche per il cunningham è consentito utilizzare un paranco costituito da vari bozzelli a sfera (vedi foto).

E' da tener presente che l'albero del Laser, non avendo sartie, già con un vento di 15 nodi, sotto l'azione del cunningham, ma soprattutto del vang, oltre che longitudinalmente flette verso il lato di sottovento così da limitare una chiusura eccessiva della balumina. Questo "cedimento", comune a tutti singoli con lo stesso tipo di armamento, è necessario al fine di far flettere molto l'albero senza aumentare troppo la tensione della balumina; con vento forte quindi si riuscirà a mantenere sufficientemente aperta l'uscita per "scaricare" la eccessiva pressione del vento.

L'archetto regolabile, posizionato nella parte poppiera in coperta, con poco vento, se tenuto un po' lascato, porta il boma più interno nella barca senza aumentare la tensione della balumina data dalla trazione della scotta (vedi foto). Già con 6-8 nodi occorre cazzarlo affinché il boma, in bolina, sia ben posizionato sottovento come in ogni singolo. La scotta, anche con il vang appena puntato, avrà un lavoro laterale e non verticale, quindi diminuisce la sua lunghezza e non crea problemi in virata. L'archetto non modifica l'apertura della balumina quando si lasca la scotta della randa: il boma invece di sollevarsi si sposta lateralmente, mantenendo, grazie ad un forte vang, la sua posizione orizzontale e lasciando quindi invariata la tensione della balumina. Sul

Laser l'archetto, come abbiamo detto precedentemente, va tenuto quasi sempre ben tesato, ed è necessario usare la cima inestensibile come una scotta di spectra scalzato di un diametro di 5 mm, consigliando una lunghezza di 4,5 m circa. La base si usa per spostare verso il basso la zona portante della vela. Una sua corretta regolazione è fondamentale (insieme anche alle altre regolazioni), per poter disporre sempre di una vela con le caratteristiche di potenza volute. La profondità generale della vela genera la portanza e più la base è mollata più la vela è potente, tenendo conto che la parte bassa sarà sempre quella che risentirà più di tutte delle variazioni. Sul Laser la regolazione della base in navigazione, si può attuare ora facilmente dalla regolazione in coperta riuscendo (specialmente all'inizio ed alla fine dei lati di lasco e poppa) a regolare facilmente la sua messa a punto (vedi foto). Il diametro da usare per tale manovra deve essere di 4 mm.

L'angolo di scotta della randa va fissato al boma con un doppio passaggio (vedi foto) di una scottina da 4 mm. o da una fettuccia regolabile con il velcro che deve far toccare appena la vela al boma (le fascette (fettucce) permettono una più facile regolazione ed un maggior scorrimento sul boma). Per evitare eventuali problemi d'attrito è consigliabile l'uso di spray al teflon sulla parte interessata.

Le cinghie puntapiedi, essendo l'unico strumento in dotazione all'equipaggio per correggere e limitare lo sbandamento, sono usate quasi sempre poiché bastano 6-7 nodi di vento per iniziare a vedere gli equipaggi più leggeri disposti, per tenere lo scafo perfettamente piatto, al massimo raddrizzamento. La loro regolazione non può essere standardizzata poiché varia a seconda dell'altezza di ogni timoniere; l'unica cosa che si può affermare è che in bolina devono essere tenute lascate al massimo della lunghezza scelta da ogni timoniere per consentire all'equipaggio di operare il massimo raddrizzamento, mentre al lasco occorre accorciarle per evitare che il bacino tocchi l'acqua creando attrito. Per manovrare le cinghie si utilizza un sistema di passaggio di una scottina da 4 mm. posta a poppa che si fissa sfruttando l'attrito che la cima subisce lungo i passaggi. (Vedi foto)

Sulla deriva per facilitarne la manovrabilità (in fase di alzata) può essere collocata una maniglia di scotta rivestita di nastro adesivo per aumentarne la rigidità (vedi foto). Per mantenere la deriva fissa nel punto più opportuno nelle varie andatura si fissa nel suo angolo anteriore un doppio elastico, passante dal ponticello a poppavia dell'albero che arriva sino all'attacco di traino posto sulla prua (vedi foto).

Un'ultima avvertenza riguarda l'armamento dell'albero e della vela. Il primo non può avere deformazioni permanenti, e pertanto si consiglia di controllarlo spesso ed eventualmente di invertire dopo un po' di tempo la parte alta, la seconda, una volta inserito l'albero nella tasca, va sempre orientata correttamente (con l'inferitura rivolta verso poppa, al centro, e ben aderente alla testa d'albero).

Manovre

Prima di andare a descrivere le diverse messe a punto, necessarie a questo monotipo per esprimere la massima performance nelle diverse condizioni metereologiche, è altrettanto utile conoscere il comportamento dell'equipaggio durante la virata e l'abbattuta.

Virata

Per eseguire correttamente questa manovra è importante che l'equipaggio acquisisca una buona "sensibilità" di base, intesa come adattamento dell'equipaggio in tutte le condizioni metereologiche al fine di sviluppare in ogni momento la migliore performance della barca e quindi rendere l'esecuzione, in questo caso, di un cambio di bordo senza pregiudicare la velocità. Questa premessa vuole soltanto sottolineare che, quando si parla di conduzione di uno scafo al massimo livello, la virata non è il semplice passaggio da una mura all'altra, bensì un momento importante nel quale concentrazione e precisione dei movimenti possono avvantaggiare un regatante rispetto ad un altro. Se ne deduce che per la buona riuscita della manovra un equipaggio sia in grado, in fase di preparazione, di scegliere il momento più adatto per iniziare a virare; questo può risultare logico se si pensa ad una variazione della direzione del vento ma risulta di estrema importanza quando le condizioni del mare (onda) possano modificare, temporalmente, il momento di effettuazione della manovra. Con vento molto leggero sino a vento medio risulta fondamentale operare il cambio di mura alla massima velocità, senza che la barca possa subire rallentamenti dovuti allo stato del mare. Il problema si fa complesso se dovessimo ora descrivere in che modo si possano affrontare i vari tipi di onda ma semplificando possiamo certamente asserire che la virata va operata nella fase di maggior accelerazione, orzando quindi mentre si sta salendo sulla cresta per riaccelerare in fase di discesa. I movimenti dell'equipaggio verso il lato di sottovento e successivamente sopravento per eseguire la *virata con rollio* si adegueranno di conseguenza alla lunghezza ed altezza dell'onda variando la velocità di effettuazione della manovra al fine di non rallentare lo scafo.

Tenendo conto di quanto finora descritto iniziamo ad analizzare i movimenti in una condizione di vento leggero che porteranno a compiere secondo lo schema tradizionale una *virata con rollio*. Il primo risultato da ottenere è quello di ridurre al minimo la permanenza nell'angolo morto (passaggio da una mura all'altra) nonché a mantenere la velocità permettendo allo scafo di uscire dal cambio di bordo nel più breve tempo possibile ripristinando la migliore performance dell'andatura.

Per compiere questa manovra correttamente è fondamentale la velocità di effettuazione: l'errore più comune che si può commettere, specialmente in condizioni di vento leggero (senza onda) è quello di passare da un bordo all'altro troppo repentinamente creando un'uscita dalla virata anticipata con conseguente perdita di velocità. In poche parole è necessario che l'equipaggio segua le varie fasi del cambiamento di bordo aiutando la prima fase di orzata, senza l'uso del timone, con un leggero e lento sbandamento sottovento spostando il busto verso il boma ed accompagnando successivamente con un'ampia schienata il passaggio della vela da un bordo all'altro. Per miglior comprensione potremmo asserire che tanto più è lenta la velocità di entrata nella manovra di tanto si necessita un tempo lungo sia in fase di orzata sia in fase di schienata da parte del timoniere. L'esecuzione accentuata dei movimenti creerà, sul nuovo bordo, un iniziale eccessivo voluto sbandamento sottovento che verrà annullato con un veloce raddrizzamento provocato da una seconda schienata appena la vela passa di mura provocando accelerazione per aumento del vento apparente. Il primo movimento di sbandamento sottovento si può accentuare puntando i piedi sulla parte sottovento del pozzetto, alzando leggermente il bacino per poi sedere nuovamente sopravento per la schienata più a poppa.

Si può sicuramente asserire che esiste una proporzione diretta tra velocità di virata ed intensità della schienata che favorisce il passaggio da un bordo all'altro: tanto più infatti è maggiore la velocità di entrata nella virata nelle diverse condizioni di intensità di vento tanto meno occorrerà ritardare il passaggio sul nuovo lato di sopravento operando il colpo di schiena. Per maggior chiarezza si può dire che l'ampiezza della prima schienata e la potenza della stessa determinano il buon esito della virata.

Con vento leggero e medio-leggero quindi vedremo eseguire tutti i movimenti necessari alla realizzazione corretta della *virata con rollio* con estrema delicatezza e perizia da parte del timoniere al fine di non perdere velocità nell'esecuzione della manovra. Una ottima preparazione fisica (di cui ci occuperemo nel capitolo relativo) è di fondamentale importanza per la buona riuscita della virata anche con vento leggero e medio. Se eseguita perfettamente si può addirittura aumentare la velocità di uscita con una minima accelerazione data dall'aumento della pressione del vento sulla vela. Il regolamento ammette gli spostamenti del corpo per velocizzare in cambio di mura ma non consente che la barca esca dalla manovra con velocità superiore all'entrata: sarà quindi cura ed attenzione del timoniere per lo meno mantenere alta la velocità uscendo per lo meno senza aver subito rallentamenti. Il fenomeno dell'aumento del vento apparente è ottenuto con il ritorno all'assetto ideale (albero dritto) per il passaggio veloce dell'albero inclinato sottovento nella fase intermedia della virata. Man mano che l'intensità del vento aumenta si rende sempre meno necessario sia lo sbandamento iniziale sottovento (prima fase) sia il colpo di schiena (seconda fase) favorente il passaggio di bordo. Velocizzando invece il passaggio sulle nuove mura fino ad arrivare ad operare la virata eliminando quasi completamente la prima fase, minimizzando la seconda per aumentare notevolmente la velocità di passaggio sul nuovo lato di sopravento, vedrà il timoniere stendersi immediatamente alle cinghie senza che lo scafo subisca sbandamento pregiudicando la velocità.

Per ben eseguire con vento medio-forte e forte una virata è senza dubbio l'ultima parte della manovra che va effettuata in maniera precisa al fine di non rallentare lo scafo proprio all'inizio dell'andatura sul nuovo bordo; per allenarsi a questo il timoniere deve raggiungere il lato di sopravento predisponendosi alle cinghie senza aver bisogno di vedere dove sta mettendo i piedi. Alcuni velisti per render ancor più veloce lo spostamento si "lanciano" alle cinghie prima ancora di aver effettuare lo scambio fra mano che mantiene la prolunga del timone e quella che regola la scotta della randa: questa soluzione proporrà un inizio di postura alle cinghie in torsione con il busto ma eviterà di creare il dannoso sbandamento sottovento.

Facendo un passo indietro tornando a descrivere come operare una virata in condizioni di mare formato un caso poco frequente, che può verificarsi, è quello di navigare e quindi di cambiare di mura in condizioni di onda che proviene dalla direzione opposta al vento, o più semplicemente non perfettamente dalla direzione in cui il vento spira. Prendendo ad esempio una condizione nella quale in bolina si stia navigando con onda proveniente da poppa è necessario che l'equipaggio si adegui alla diversa condizione e quindi proporre un tipo di virata adatta a quella particolare situazione. I movimenti dell'equipaggio non subiscono cambiamenti sostanziali, ma sarà importante saper scegliere il momento in cui operare il cambio di mura. Se l'onda proviene da poppa si prediligerà un inizio di manovra in fase di discesa dall'onda accelerando sensibilmente la velocità che ridurrà conseguentemente il tempo della manovra; la schienata finale deve inoltre terminare quando l'onda inizia a sollevare la poppa della barca. Se invece sulle altre mura l'onda proviene al traverso da sottovento l'inizio dell'orzata dovrà essere proposto in ascesa sull'onda per uscire dal cambio di bordo sfruttando la discesa che porterà al più presto la massima velocità in bolina.

I movimenti del timoniere rimangono pressoché gli stessi sia che l'onda provenga da poppa sia che arrivi da sottovento: ci sarà solo un adeguamento dato nel tempo della virata accelerata in tutti e due i casi dalla spinta dell'onda. In sintesi la fase di schienata sarà ridotta rispetto ad una condizione di mare in prua aumentando la velocità del passaggio sul nuovo bordo dell'equipaggio per ripristinare l'assetto ideale sulle nuove mura.

Per quanto riguarda la tensione della scotta della randa essa deve essere lascata appena prima della manovra sia con vento leggero che con vento forte. Le motivazioni sono diverse: con vento leggero e medio-leggero il timoniere lascherà la randa per diminuire la tensione sulla balumina. Tale messa a punto favorirà l'uscita del vento dalla vela soprattutto nella fase finale della virata in corrispondenza dell'inizio dell'andatura sulle nuove mura ed inoltre la minor tensione della balumina rende più ampio il movimento di "spennamento" della parte superiore dell'albero che viene a crearsi con i movimenti propri della *virata con rollio*. Con vento forte il vang molto cazzato, impedendo al boma di sollevarsi e non permettendo alla randa di aprirsi in balumina, non pregiudica la manovra poiché la vela è molto piatta per effetto dello stesso vang, del cunningham e della base ben cazzati. Le regolazioni delle citate manovre correnti producono infatti oltre ad una flessione in senso dell'albero longitudinale anche una notevole in senso laterale essendo l'armamento del Laser sprovvisto di sartie; ricordando che è il vang che principalmente determina il controllo della balumina, la tensione della scotta della randa determina poco l'effetto di apertura e chiusura della vela. La scotta con vento medio-forte e fresco si lascherà quindi per sventare leggermente nel momento in cui si rientra dalla posizione alle cinghie fino a che il timoniere è perfettamente disposto al massimo raddrizzamento evitando di sbandare sottovento, situazione che, come già detto, creerebbe decelerazione soprattutto in fase iniziale sulle nuove mura oltre ad uno accentuato scarroccio.

Abbattuta

Come la virata la buona riuscita di questa manovra deve essere effettuata con movimenti precisi sempre con lo scopo di mantenere la massima velocità e il mantenimento per quanto sia possibile dell'angolo ottimale di discesa sottovento, in relazione all'onda e alla direzione del vento. A differenza del cambio di bordo prima descritto l'abbattuta presenta differenti problematiche rispetto alla virata soprattutto per quanto concerne la stabilità dello scafo in condizioni di vento medio-forte e forte dovuto principalmente alla velocità nella quale avviene la manovra per il tempo estremamente ristretto che l'equipaggio ha per ristabilire l'assetto. E' utile inoltre distinguere l'abbattuta che si effettua da lasco a lasco (più rara con i nuovi percorsi) da quella che si opera in poppa soprattutto per quanto concerne i movimenti del timoniere all'inizio e al termine.

In condizione di vento leggero, è necessario che l'equipaggio esegua il cambio di mura provocando azioni sbandanti in senso trasversale (sottovento-sopravento) come nella virata proponendo l'*abbattuta con rollio*. Iniziando a descrivere l'abbattuta da lasco a lasco con vento leggero, l'inizio della manovra, potrà variare; a seconda della velocità e dell'intensità del vento; l'equipaggio ha due opzioni: può iniziare a poggiare (lascando debitamente la scotta della randa) partendo dalla rotta fino a quell'istante tenuta oppure, se si reputa che allargandosi dalla direzione del vento si rallenti eccessivamente, può orzare leggermente sbandando di qualche grado sottovento con uno spostamento del busto verso il boma; la messa a punto della vela conseguentemente si adegua al nuovo angolo cazzando leggermente la scotta della randa, per allascarla un attimo dopo in fase di poggiata quando inizia la fase di sbandamento sopravento accentuato dalla schienata. La scotta, come appena si è detto, quando lo scafo poggia in fase di rollio, deve essere lascata per non presentare la vela sulle nuove mura troppo cazzata (quindi non a segno) ma soprattutto per diminuire la tensione della balumina che per effetto dei movimenti dell'equipaggio subisce un'apertura improvvisa nell'ultima fase della manovra, quando il timoniere passa velocemente sul nuovo lato di sopravento. Per aumentare la velocità del passaggio della randa un attimo prima che il boma passi sull'altro lato è utile agire sulla scotta con una corta ma rapidissima cazzata che eviterà alla stessa di rimanere incastrata nello spigolo fra scafo e specchio di poppa durante il cambio di mura. L'effetto di rapido passaggio e svergolamento della randa, determinato dai movimenti dell'equipaggio determinerà un'apertura-chiusura della balumina favorendo un'uscita del vento più veloce e quindi creando accelerazione utile per il ritorno alla migliore performance sul nuovo bordo. Nonostante queste dovute precisazioni, con vento leggero, la buona riuscita della manovra è da imputare soprattutto all'intensità della schienata (sbandamento sopravento) e ritorno all'assetto migliore nella nuova andatura coordinati nel tempo che dovrà essere abbastanza lento nella prima fase (poggiata) e rapida nel ripristino dell'assetto. Un'altra indispensabile impostazione che si deve dare alla manovra è il posizionamento anticipato della prolunga della barra del timone sul futuro lato di sopravento, prima che avvenga il cambio di bordo; tale accorgimento produrrà un immediato controllo del timone senza dover ruotare la prolunga durante il cambio di mura o subito dopo sbilanciandosi a danno dell'assetto. Più il vento sale d'intensità e più tale anticipo del cambio di lato per la prolunga risulterà determinante.

Sempre con vento leggero, in presenza di onda che proviene dalla stessa direzione del vento, è necessario abbattere, se possibile, eseguendo l'abbattuta senza che lo scafo possa subire rallentamenti dovuti allo stato del mare; contrariamente, la fluidità della manovra, aiutata dall'accelerazione dell'onda, produce una migliore riuscita. La schienata eseguita all'inizio di accelerazione (fase di discesa dall'onda) si adeguerà in sincronia alla spinta ricevuta, modificandosi nell'intensità, ovvero accentuando o diminuendo l'azione dell'equipaggio che opera per il cambiamento di bordo più veloce e proficuo. Con onda proveniente da direzione diversa, sempre in una condizione di vento leggero, occorre eseguire l'abbattuta scegliendo possibilmente il cambio di bordo (passaggio del boma) sulla cresta dell'onda come avveniva per la virata in bolina sfruttando quindi salita e discesa dall'onda (Velocity Made Good ovvero miglior compromesso prua/velocità di risalita al vento o discesa nel vento).

Con vento medio l'abbattuta da lasco a lasco non presenta particolare difficoltà, anzi è senza dubbio da ritenersi la condizione più facile nella quale effettuare la manovra; non esistono, all'inizio, problemi di brusco rallentamento in fase di poggiata poiché lo scafo scorre in acqua sufficientemente veloce da consentire un rapido cambio di mura. Il timoniere aumenterà solo la velocità nei movimenti di passaggio sul nuovo lato di sopravento poiché la manovra è temporalmente ridotta dall'intensità del vento effettuando regolando la scotta come con vento più leggero.

Con vento forte, invece, è necessario abbattere con estrema precisione di movimenti ed attuare una fase che potremmo definire di preparazione al fine soprattutto di evitare la scuffia. Per prima cosa l'abbattuta lasco-lasco è improponibile con vento forte: questo significa che per la buona riuscita dell'abbattuta è necessario presentarsi in un'andatura più poggiata (gran lasco). Anche la messa a punto del vang deve essere ottimale cioè abbastanza lascato facendo si che la vela non risulti troppo chiusa appena ci troviamo sul nuovo bordo. Queste premesse sono fondamentali per poter correttamente eseguire la manovra ma la condizione più importante da rispettare è da ricercarsi nella massima velocità che lo scafo deve esprimere proprio nel momento in cui si decida di abbattere. solo in fase di massima velocità (es. in planata) con la minor pressione del vento sulla vela si renderà sicuro il cambio di mura. I movimenti del timoniere devono risultare precisi, decisi, e veloci poiché la minima esitazione può tramutarsi in una perdita del controllo dello scafo soprattutto in fase finale. Proprio per evitare un ristabilimento dell'assetto sulle nuove mura non adeguato con vento forte è consigliabile passare con il busto sul futuro lato di sopravento con un leggerissimo anticipo: l'esatto momento che determina il passaggio dell'equipaggio è all'unisono con la cazzata della scotta che si effettua per evitare che rimanga sotto l'angolo di poppa; questo farà si che la velocità del passaggio del boma non risulti superiore a quella dello spostamento del timoniere creando immediatamente un assetto di controllo da parte dell'equipaggio sulle nuove mura.

L'abbattuta, in andatura di poppa con vento leggero, parte da un assetto dello scafo già sbandato dal lato di sopravento; l'inizio della poggiata, che porterà dopo pochi gradi al cambio di mura, sarà principalmente determinato da un ulteriore sbandamento provocato da un movimento di schienata abbastanza "corto" proprio per la situazione di partenza dalla quale s'inizia la manovra in questa andatura. Inoltre c'è da ricordare l'effetto "carena" ovvero la navigazione che sbandati sopravento facilita la poggiata.

Una delle cose più difficili, nell'andatura di poppa, con vento forte sul Laser, è senza dubbio l'abbattuta. (l'andatura con la relativa messa a punto verrà esaminata nel paragrafo successivo). La manovra abbisogna di una fase preparazione e concentrazione del timoniere nel far si che il cambio di bordo non presenti problemi di assetto o instabilità dovuta al cambio di mura. Per effettuarla senza problemi l'allenamento, l'abitudine e l'esperienza con vento forte è fondamentale. Parlando dettagliatamente dell'abbattuta con vento forte condizione essenziale dell'inizio è la velocità che deve essere massima per diminuire, all'apice dell'accelerazione, la pressione sulla vela; questo fa in modo che il passaggio del boma non sia violento e non si creino situazioni di instabilità appena si arriva sulle nuove mura. La cazzata della scotta che determina il passaggio della vela deve essere decisa al fine di impedire che essa si blocchi sull'angolo di poppa della barca ed il passaggio del timoniere deve iniziare nell'esatto momento in cui il boma cambia di bordo.

Conduzione del Laser nelle varie andature con le diverse intensità di vento

Conoscendo gli effetti delle manovre sulla vela (vang, cunningham, base, archetto) e sull'albero (flessione) cercheremo di descrivere il comportamento di un laserista nelle varie andature nelle condizioni meteorologiche che vanno dalla bonaccia al vento forte nelle diverse andature.

Prima di iniziare a descrivere le diverse messe a punto per le migliori performances occorre dividere in fasce l'intensità del vento secondo uno schema che riassume le condizioni che si possono trovare in regata:

a) Vento leggero (da 0 a 6 nodi)
b) Vento medio (da 7 a 12 nodi)
c) Vento medio-forte (da 13 a 20 nodi)
d) Vento forte (oltre 20 nodi)

a) Vento leggero (da 0 a 6 nodi)

Bolina

Su questo monotipo le regolazioni che permettono di ottenere il massimo rendimento devono essere, come in tutte le barche, piuttosto blande. Partendo da una condizione di vento estrema (0/2 nodi d'intensità) in bolina è necessario cercare di ottenere più che un angolo stretto di bolina la maggiore velocità della barca in questa andatura. Occorrerà, quindi, navigare con un angolo di 2-4 gradi più aperto rispetto ad un'intensità di vento superiore per sviluppare sempre la massima velocità, in relazione alla debole intensità del vento. Come tutti sappiamo, infatti, più si fa "scorrere" lo scafo minore sarà il tempo per raggiungere un punto nella direzione del vento, anche se percorriamo un percorso "più lungo" poiché l'angolo che si ottiene navigando con la massima velocità produce, in condizioni di vento molto leggero, un minor scarroccio rispetto a chi procede con un angolo molto stretto. Le regolazioni in queste condizioni, come abbiamo prima accennato, devono essere blande: avremo quindi il cunninghan, base, vang puntato per far si che la scotta non sopporti troppa tensione della balumina e l'archetto non più mollato di 2-4 cm. permettendo alla randa di non essere troppo al centro, regolazione che in effetti risulta pressoché costante in tutte le altre condizioni.

La flessione dell'albero sarà data dalla curva della tasca cucita alla randa e dalla tensione della scotta della stessa. Per trovare la misura di quanto la randa debba essere cazzata si può utilizzare la distanza fra i bozzelli ove passa la scotta, posti a poppa cioè fra quello dell'archetto e quello fissato sul boma. Tale misura può variare da 20 ai 30 cm. a seconda anche della presenza di onda, variando quindi la tensione della balumina della vela affinché essa possa esprimere il massimo rendimento.

La deriva deve essere completamente abbassata, l'equipaggio posto all'altezza del bozzello della randa posto nel pozzetto, con il bacino spostato verso il centro (in prossimità dello spigolo laterale del pozzetto, piedi e gambe nella parte sottovento del pozzetto, busto parallelo all'asse longitudinale della barca, testa e la parte superiore delle spalle rivolte verso prua. Questo assetto delinea un appruamento con conseguente sollevamento della parte poppiera, quindi un minor attrito dello scafo in acqua ed un leggero spostamento verso prua del centro velico; esso favorirà il mantenimento della massima velocità senza far poggiar aiutati anche dal leggero sbandamento sottovento che, spingendo contrariamente all'orza, conviene operare per mantenere il profilo della vela con questa intensità di vento.

Sempre parlando di un vento leggero, ma in questo caso superiore ai 2 nodi, con un'intensità che può arrivare ai 6, sebbene lo scarto sia piuttosto contenuto (si parla infatti sempre di vento leggero) le regolazioni e gli assetti cambiano; in effetti, se osserviamo i numeri, il vento raddoppia se non triplica la sua pressione sulla vela e conseguentemente è necessario mettersi a punto per la diversa condizione. Le regolazioni cambiano, non radicalmente, ma in modo preciso: il vang subisce un ulteriore minimo incremento della tensione e la scotta della randa può essere cazzata fino a che i bozzelli del suo paranco posteriormente si uniscono.

L'archetto può essere tenuto ancora nella posizione prima descritta pur mantenendo il boma ben sottovento aumentando conseguentemente (con la scotta) la tensione sulla balumina e chiudendo leggermente la stessa specialmente nella parte bassa. La base della randa può restare invariata o può essere lascata (1 o 2 cm.) per creare maggior spinta stando attenti però a non creare troppo “sacco” nella parte inferiore della vela; in questo caso le condizioni di onda giocano un ruolo fondamentale poiché possono far optare il timoniere ad aumentare o ridurre le tensione della base a seconda delle esigenze. Il cunningham è ancora lasco o appena puntato per togliere solo le grinze che la vela produce in conseguenza di una leggera flessione in più dell'albero e di una maggior pressione del vento nella parte anteriore: questa messa a punto comporta infatti, rispetto ad una condizione di bonaccia prima descritta, il centro velico leggermente più spostato verso poppa.

La posizione dell'equipaggio rimane, pressoché invariata, mentre longitudinalmente, risulta più spostata sopravento. Con 6 nodi di intensità le gambe devono essere sempre pronte a prendere le cinghie in caso di un aumento del vento ed il corpo è gia ben disposto sopravento con il bacino posizionato bene sul bordo. Questa posizione del busto permette al timoniere di sporgersi con la schiena più sopravento ogni qualvolta si necessita un raddrizzamento veloce per il sopraggiungere di una raffica di intensità leggermente superiore, nonché di spostarsi velocemente (sempre con il solo busto) verso il centro se il vento cala per qualche istante. Man mano che il vento cresce si tende ad arretrare con il peso del proprio corpo per evitare di immergere la prua nell'acqua. In ultima analisi possiamo asserire che, seppur con una condizione di vento leggero di 6 nodi, il Laser non deve presentare pressoché nessun sbandamento sottovento e deve essere tenuto piatto. Tenere lo scafo perfettamente sulle sue linee d'acqua rende sicuramente di più rispetto a qualsiasi altro assetto che presenta sbandamento ma è necessario molto allenamento soprattutto perché si riduce la sensibilità sul timone: questo può indurre l'equipaggio a mantenere qualche grado di inclinazione sottovento, assetto che però produce un maggior scarroccio. Tuttavia per il superamento delle onde, in determinate circostanze, un leggero sbandamento sottovento, abbinato da un corretto movimento del corpo nel senso longitudinale può essere produttivo.

Lasco

L'assetto, come in bolina, in questa andatura varia tra vento molto leggero (0-2 nodi) e leggero (da 3 a 6).

Nel primo caso, in cui si riduce la pressione del vento sulla vela rispetto all'angolo di bolina per l'angolo d'incidenza più aperto, si può optare per un minimo sbandamento verso il lato di sottovento per far mantenere alla vela (per gravità) il miglior profilo. Rispetto alla bolina le regolazioni non variano di molto anche perché nel lato prima descritto cunningham e base sono già lascati; il vang potrà essere appena puntato specialmente se navighiamo in presenza di onda. La scotta della randa è continuamente regolata (seppur di poco) dal timoniere che la impugnerà sopra il bozzello nel pozzetto: soprattutto per poggiare tale soluzione è veloce così come una cazzata della scotta risulta più pronta. Già quando il vento sale (3-6 nodi), la diversa pressione sulla vela e soprattutto con la notevole differenza di velocità rispetto a prima, fa mutare l'assetto soprattutto per quanto riguarda lo scafo in acqua: esso è portato piatto e mantenuto in questo assetto da leggeri spostamenti del busto del timoniere che asseconderà la barca per mantenere sempre in perfetta posizione lo scafo ogni qualvolta si presenti una tendenza ad inclinarsi da un lato o dall'altro. Questo porterà sempre a navigare con una velocità costante senza "gravi" rallentamenti. La posizione prua-poppa dell'equipaggio rimane la stessa a meno che non vi sia una situazione di onda che costringa ad arretrare leggermente. La scotta è sempre mantenuta dal bozzello posto nel pozzetto. Il cunningham è completamente lascato (si possono notare piccole grinze sull'albero) e la base rispetto alla bolina non varia (può essere al limite allascata di 1-2 cm.). Il vang è puntato senza che però esso interferisca sulla chiusura eccessiva della balumina: la sua messa a punto dipende molto spesso dalla presenza o meno di onda. La deriva è alzata di circa un terzo o per metà: questa diversa posizione può dipendere dalla necessità di scarrocciare più o meno se stiamo navigando con corrente che previene da direzione più spostata rispetto alla direzione del vento. (Esempio: se stiamo navigando con corrente che previene da sottovento potremmo tenere la deriva più alzata così da aumentare lo scarroccio in contrapposizione alla spinta verso il sopravento che la corrente attua). Specialmente in condizioni di vento molto leggero in cui la barca procede lentamente è di fondamentale importanza conoscere la migliore messa a punto oltre che delle vele anche dell'esatta posizione della deriva per operare, alla massima velocità, la tattica migliore.

Poppa

Con vento leggero la barca va portata sbandata sopravento con la vela lascata oltre i 90° rispetto all'asse longitudinale della barca. Questo assetto della vela fa si che il peso del boma e della vela (verso il sottovento) sia tale da permettere sia il mantenimento della posizione sia ad evitare che la scotta della randa sia sufficientemente alta rispetto all'acqua: se infatti la tocca, oltre all'attrito che si crea particolarmente sentito con vento leggero o molto leggero, il boma si avvicina allo scafo causando una regolazione non ottimale della vela.

Inoltre un singolo in poppa dovrebbe essere portato sbandato sopravento per alzare il piano velico ed offrire la massima superficie rivolta verso l'alto, nonché per aumentare la tendenza poggiera ogni qualvolta che lo scafo accelera per una raffica.

Nelle regate si procede in poppa ma con angoli più stretti per sviluppare una velocità maggiore a discapito di una rotta "diretta" per la boa da raggiungere solo per brevi tratti per tornare in andatura strapoggiata immediatamente dopo. È quindi un susseguirsi (specialmente in condizioni di raffiche o di piccole zone con maggiore intensità del vento) di cambiamenti di assetto e di rotta: si terrà un assetto sbandati sopravento per guadagnare il massimo sottovento per accelerare cazzando la randa navigando più stretti in quelle situazioni che permettono di incrementare la velocità per scendere velocemente alla poggia allascando la scotta. Le regolazioni di tutte le manovre sono blande: cunningham e base sono lascate, il vang può essere appena puntato affinché il boma (mantenendo un angolo costante con l'albero) mantenga la stessa apertura della balumina della randa. La posizione dell'equipaggio come al lasco è all'estremità del pozzetto con le gambe disposte sottovento, il bacino al centro o appena sopravento ed il busto che oscilla da una posizione di sottovento ad una di sopra sempre pronto ad adeguarsi per raggiungere il miglior assetto. La deriva è alzata per circa 3/4 ed anche qua è necessario (data la ridotta velocità dello scafo) fare i conti con la presenza e la direzione della corrente.

In poppa con questo vento si impugna la scotta della randa dal bozzello centrale del boma (per regolare più velocemente la vela) e sempre con la stessa mano distendendo il braccio si opera una pressione verso l'esterno in prossimità dell'attacco del vang sul boma per posizionarlo oltre i 90° rispetto all'asse longitudinale dello scafo per le ragioni prima esposte.

Se con vento molto leggero si naviga con queste soluzioni per soddisfare il miglior assetto già con un vento di intensità superiore (da 3 a 6 nodi) si porta la barca piatta o leggermente sbandata sopravento; le regolazioni del cunningham e della base sono lasche, il vang è appena puntato, la deriva alzata per 3/4, la scotta è mollata sino a permettere al boma di superare i 90° di angolo rispetto alla linea longitudinale della barca. Il timoniere è seduto all'altezza dell' ultimo bozzello della randa con il piede posteriore sottovento alla cinghia ed il busto perpendicolare alla barca. Questa posizione permette di mantenere costantemente l'assetto, correggendo le oscillazioni che una raffica o una piccola onda possono creare.

Vento medio (da 7 a 12 nodi)

Bolina

Sul Laser una condizione di vento medio può indurci a pensare che non preveda particolari accorgimenti. Partendo da alcuni concetti fondamentali e più precisamente cominciando a parlare dell'assetto che deve ottenere un equipaggio possiamo sicuramente affermare che lo scafo in questa andatura non deve prevedere alcun sbandamento. Questo significa occorre tener piatto lo scafo sull'acqua affinché si voglia esprimere la massima velocità consentita. Le regolazioni delle manovre possono subire alcuni cambiamenti dovuti alle differenze di peso dei timonieri: tra un equipaggio di 70 Kg. ed uno di 85 si riscontrano infatti regolazioni diverse per ottenere il massimo rendimento.

L'armamento dell'albero e della vela del Laser consentono un notevole adattabilità di forma a seconda delle personali esigenze. Possiamo riscontrare infatti diverse flessioni di albero per l'utilizzo più o meno accentuato del vang così come diversi assetti del timoniere che, a seconda del peso, utilizza le cinghie per mantenere piatto lo scafo. Il cunningham può essere tenuto da puntato ad abbastanza cazzato a seconda delle esigenze per smagrire il profilo della vela, la base è sempre tenuta abbastanza grassa (10/15 cm.) di massima freccia misurata tra il boma e la base della vela. L'archetto di poppa è tirato e la scotta della randa è cazzata al massimo con i bozzelli del suo paranco a poppa che si toccano. La posizione dell'equipaggio prevede i piedi sotto le cinghie (se è necessario il loro completo uso) a 15-20 cm. dall'inizio del pozzetto con il corpo perpendicolare allo scafo. Questa posizione in senso longitudinale può variare se navighiamo con onda più formata determinando uno slittamento di 10-20 cm. verso poppa.

La deriva in bolina con vento medio è completamente abbassata.

Lasco

Con vento medio appena arriviamo vicino alla boa di bolina, prima di iniziare il lato di lasco possiamo già iniziare a mettere a punto le manovre per la nuova andatura; lascheremo completamente il cunningham, qualche cm. della base e lascheremo un po' di vang se in bolina lo avevamo cazzato abbastanza per soddisfare le personali esigenze. Mentre stiamo girando la boa, mantenendo lo scafo piatto, alzeremo la deriva per metà. La posizione del timoniere rispetto alla bolina può leggermente appruarsi ma occorre sempre adeguarsi alle condizioni di onda.

Lo scafo, come abbiamo detto, deve rimanere piatto sebbene siano consentiti leggeri sbandamenti sopravento nei momenti di massima accellerazione che permettono di scarrocciare leggermente. Questa situazione (rapido incremento della velocità) prevede di cazzare, per qualche istante, la scotta della randa per la rotazione verso prua del vento apparente al fine di mantenere, con il nuovo angolo d'incidenza le migliori performances dopo la fase di accelerazione.

Poppa

L'assetto in questa andatura è cambiato molto in questi ultimi anni, anche in relazione alla regola 42 (propulsione) che specifica quali siano le azioni permesse in regata. Se prima si navigava costantemente sbandati sopravento, ora si tende a cambiare spesso l'assetto specialmente sopra-sottovento in relazione alla rotta che si ritiene ottimale.

Le azioni che si devono compiere per ottimizzare l'andatura si possono riassumere descrivendo il comportamento del timoniere nei vari momenti. Egli orzerà appiattendo lo scafo, cazzando la scotta (cercando di non utilizzare la pala del timone) per acquisire velocità; la sensibilità e la bravura del velista a questo punto entra in gioco quando deve cogliere il momento migliore per scendere, lascando la randa, con una rotta strapoggiata sbandando lo scafo sopravento.

Questo continuo orzare e partire in strapoggiata, se fatto in maniera ottimale e continua, garantisce un notevole miglioramento delle performance in poppa. La deriva dovrà essere tenuta alzata poco più di metà per impedire un eccessivo scarroccio quando la barca va in strapoggiata. Quando passiamo da un'andatura di poppa ad una di bolina in prossimità della boa occorre iniziare a regolare le varie manovre: inizieremo con il cunningham, la base ed infine la deriva in prossimità del giro di boa. Il vang si regolerà subito dopo aver cazzato la scotta della randa in bolina; nell'approccio alla boa, essendo quest'ultima molto lunga, sarà importante, quando possibile, arrivare in un'andatura leggermente più stretta della poppa filo così da evitare che sventi nell'orzata veloce per mettersi in bolina.

c) Vento medio-forte (da 13 a 20 nodi)

Bolina

Per un monotipo singolo come il Laser le condizioni di intensità di vento di cui si occupa questo paragrafo sono tra le più impegnative. Iniziando ad analizzare l'equipaggio possiamo sicuramente asserire che le differenze fisiche, cioè sia di peso che di altezza, che sussistono tra un timoniere e l'altro giocano un ruolo importante: forse più che in condizioni di vento forte già una differenza di peso di 5 Kg. a favore può creare una differenza di velocità. Questo è dovuto al fatto che con questa intensità gli equipaggi più veloci riescono ancora a sfruttare un profilo più profondo e la vela in tutta la sua totalità mentre gli equipaggi più leggeri sono costretti a smagrire di molto il profilo, nonché iniziare a orzare di qualche grado, puntando al vento, per continuare a tenere piatto lo scafo. Un timoniere più leggero dovrà quindi effettuare regolazioni perfette coadiuvato da una tecnica di conduzione e di tattica perfetta se vuole vincere in queste condizioni, cercando poi di esprimersi in modo superiore nelle andature portanti sfruttando il minor peso.

Più specificatamente le manovre sono così regolate: il vang inizia fra 13 nodi a 20 inizia a giocare un ruolo fondamentale sulla flessione e quindi il profilo della vela. Il cunningham è tendenzialmente ben cazzato in modo più o meno accentuato a seconda del peso dell'equipaggio: chiaramente con un vento di 18-20 nodi un timoniere leggero avrà già una tensione massima di questa manovra rispetto a chi può sfruttare un peso al raddrizzamento, di 10 Kg. superiore. E' giusto sottolineare che la differenza sopra citata (10 Kg). è molto più sensibile tra un equipaggio di 70 Kg. piuttosto che della stessa rapportata su una scala superiore cioè confrontando un timoniere di 80 ad uno di 90. Questo è dovuto al fatto che, osservando le caratteristiche costruttive, il Laser ha una vela di dimensioni contenute rispetto ad altri singoli ed uno scafo leggero (circa 60 Kg.); il rapporto che scaturisce da questa analisi fa si da individuare, come all'inizio descritto, il soggetto ideale in un timoniere che oscilla tra i 75 e gli 85 Kg.: Con queste caratteristiche fisiche l'equipaggio risulterà mediamente veloce in tutte le andature con ogni condizione di intensità di vento.

L'archetto di poppa deve essere cazzato ma non al massimo permettendo la massima escursione del bozzello che scorre su di esso, e quindi del boma sottovento. La scotta della randa in condizioni di vento medio-forte inizia ad essere portata leggermente più lascata con un'escursione di 10-20 cm. tra i due bozzelli del sistema del paranco a poppa che fino ad ora si toccavano (bozzello del circuito della randa sull'archetto e quello fissato sul boma). Questo è dovuto al fatto che con vento di questa intensità qualche centimetro di scotta lascata aiuta a scaricare meglio la vela, a superare meglio l'onda e sviluppa una maggiore velocità senza perdere un buon angolo di bolina. Non si può dire che il Laser possa planare in bolina ma taluni equipaggi ad alto livello riescono ad ottenere una velocità notevolmente superiore rispetto alla media degli avversari.

Specialmente in presenza di onda la base non è tenuta molto cazzata ma è regolata in modo tale che nella parte inferiore della vela non si interrompa bruscamente il profilo della parte bassa: questo aiuta sensibilmente a superare e a mantenere una buona velocità anche in caso di mare molto formato.

La posizione dell'equipaggio è fondamentale: il timoniere è proteso fuori al massimo raddrizzamento alle cinghie che devono essere regolate affinché il bordo esterno della barca arrivi a metà della coscia; le gambe sono distese e il busto inclinato di 90/100° rispetto alle gambe. Questa posizione essendo molto faticosa abbisogna di un allenamento costante e specifico (da "costruire" soprattutto con una buona preparazione in palestra) è sicuramente la più redditizia. La migliore posizione in senso prua-poppa è da trovare a seconda delle condizioni di onda ma varia anche di 40 cm. verso poppa partendo dall'inizio del pozzetto.

La deriva deve essere tenuta completamente abbassata ma gli equipaggi più leggeri con un vento di 20 nodi iniziano ad alzarla leggermente per mantenere più facilmente lo scafo piatto. Naturalmente aumenterà l'angolo di scarroccio ma la maggior velocità li aiuterà a mantenere un buon angolo al vento senza perdere troppo rispetto agli avversari.

Lasco

Così come con vento medio-leggero l'ingresso nel lato di lasco si può iniziare a preparare negli ultimi metri della bolina: risulta più conveniente, per accelerare subito nella nuova andatura, lascare il cunningham ed il vang: se la regolazione del primo è facile per il vang conviene avere dei segni sulla scotta in modo da avere una regolazione iniziale quasi ottimale, sulla quale intervenire semmai in andatura a seconda delle condizioni diverse di onda. Altra messa a segno è quella delle cinghie che occorre mettere in tensione (al lasco devono essere più tese rispetto alla bolina) per evitare di toccare l'acqua con il bacino una volta iniziato il lato. L'ultima regolazione da effettuare quando si poggia verso il lasco è di alzare la deriva: un errore è quello di rientrare con il corpo appena passata la boa per alzarla portando spesso a straorzare e quindi a decelerare bruscamente; perché questo non si verifichi converrà prima di tutto aiutare la poggiata lascando bene la randa e rimanendo ben fuori alle cinghie così da accelerare in piena velocità sulla nuova rotta. La maniglia leggermente più larga e rigida, applicata per facilitarne i movimenti, (vedi foto) può essere manovrata con il piede della gamba a proravia consentendo il mantenimento della posizione fuoribordo alle cinghie. Per quanto riguarda l'altezza della deriva al lasco dipende soprattutto se il lasco è più o meno stretto: è inutile infatti sviluppare una buona velocità scendendo troppo sotto rotta ed essere costretti poi a navigare al traverso o in bolina larga per raggiungere la boa poiché perderemmo di più rispetto a colui che ha navigato più alto. La differenza dell'altezza della deriva partendo da una base di alzata per metà può variare più o meno di 5/10 cm. E' da tener presente che alzando maggiormente la deriva si diminuisce di molto la pressione sul timone favorendo la manovrabilità.

La base della randa non si lasca se il lasco è stretto e di solito se è necessario mollarla si cerca di fare questa operazione prima della boa di bolina avendo la possibilità, allungando una mano, di raggiungere facilmente la scottina di regolazione davanti alla deriva (vedi foto).

La posizione dell'equipaggio va da centrale a leggermente appoppata se necessario alle cinghie che per mezzo del loro sistema di regolazione saranno più tese rispetto alla bolina per evitare che, sporgendosi fuoribordo, il bacino tocchi la superficie dell'acqua creando conseguentemente un rallentamento della velocità.

Poppa

Anche per iniziare questa andatura in modo ottimale conviene preparare l'esatta messa a punto negli ultimi momenti della bolina: cunningham e base, ad una o due lunghezze dalla boa, il vang e la deriva mentre stiamo girando. La scotta della randa deve essere completamente lascata come con vento di minore intensità.

Portare la barca in poppa con questo assetto comincia ad essere impegnativo soprattutto perché si rischia di rovesciarsi dal lato di sopravento: il timoniere deve porre sempre massima attenzione in ogni momento non distraendosi mai e anticipando gli eventuali momenti di rollio. La tecnica di conduzione in poppa è come quella descritta per il vento medio, con la sola differenza che la gamba posteriore, posta sempre sottovento alla cinghia, potrà essere piegata con il ginocchio appoggiato nel pozzetto. Questo garantirà una maggiore reattività del timoniere, permettendo un più veloce spostamento del corpo in caso di eccessivo sbandamento sopravento. Per uscire da una pericolosa situazione di instabilità (rollio eccessivo e poco controllabile) quando investiti da una raffica più forte o da un'onda, si deve orzare leggermente al fine di riportare lo scafo piatto, contemporaneamente cazzare un metro di scotta della randa e spostare il busto verso poppa sul lato di sottovento. Il peso dell'equipaggio verso poppa tende a diminuire o annullare "l'effetto carena", ovvero dalle forze idrodinamiche che influiscono sull'equilibrio dello scafo quando non si naviga piatti. Capita, talvolta, quando si sbanda di rovesciarsi sebbene si fossero eseguiti i consigli sopra citati; per evitare la scuffia, nei casi ove si stia perdendo il controllo della stabilità il timoniere ha un' ultima chance che consiste nello spostare velocemente il suo peso dalla parte opposta allo sbandamento ed appoggiando, quindi "spingendo", il lato sottovento (alzato rispetto alla superficie dell'acqua) verso il basso: il movimento il timoniere deve essere effettuato energicamente e sempre verso poppa per le ragioni prima citate. Passato questo "momento" bisogna subito cercare di tornare all'assetto ideale per sfruttare al massimo la potenza della vela e dello scafo in planata. Riuscire a navigare in poppa più poggiati degli altri, in queste condizioni, porta notevoli vantaggi in quanto si mantiene una notevole velocità percorrendo minor spazio verso la boa successiva.

Per poter condurre quindi con una certa tranquillità e sicurezza un singolo con vento medio-forte e forte occorre un continuo allenamento. Qualche scuffia in più aiuterà a conoscere i nostri limiti ed affinerà la sensibilità nell'andatura arrivando a farci timonare con disinvoltura rispetto ai nostri avversari. Quando inoltre si acquisisce piena padronanza della barca in condizioni di assetti "difficili" si ha la possibilità di potersi concentrare meglio sulla tattica da effettuare.

Per ultimo è necessario ricordare che avvicinandosi alla boa da girare per tornare in bolina conviene per primo cazzare il cunningham, poi la base, mentre la deriva sarà abbassata un attimo prima della boa o se stiamo iniziando ad orzare aiutandosi con il piede della gamba più a prua. Il vang si cazza per ultimo quando, appena iniziato il lato di bolina, siamo già alle cinghie con la scotta della randa cazzata.

d) Vento forte (oltre 20 nodi)

Bolina

La conduzione con vento oltre i venti nodi ha come prerogativa fondamentale un'ottima preparazione fisica. Con vento forte, infatti, il fattore fisico, specialmente su di un singolo, determina molto spesso un buon risultato. Le regolazioni sono piuttosto semplici se così si può dire: cunningham e vang sono molto cazzati, la base è tesa ma fa mantenere sempre un minimo di forma alla vela specialmente nella parte inferiore per aiutare il superamento dell'onda, l'archetto è abbastanza teso permettendo la massima escursione del bozzello che vi scorre. La scotta della randa non è cazzata al massimo per la necessità di diminuire sia la superficie sia l'eccessiva pressione sulla vela (sarà di qualche grado più al vento) nonché per soddisfare un'andatura che abbisogna di una rotta di bolina non troppo stretta al fine di sviluppare, come già detto precedentemente, una velocità che permette di percorrere il lato in minor tempo senza perdere un buon angolo di bolina. La scotta della randa inoltre è continuamente regolata dal timoniere con continue piccole cazzate e allascate che permettono in ogni momento di mantenere l'assetto dello scafo piatto senza dover subire bruschi sbandamenti quando investiti da una raffica più forte o per superare un'onda.

La posizione della deriva dovrebbe essere sempre abbassata (20 nodi per gli equipaggi più pesanti), tuttavia per gli equipaggi più leggeri può essere alzata (5 cm.) se il vento spira più forte per le ragioni spiegate nel paragrafo "Bolina con vento medio-forte" dove i timonieri più leggeri sono costretti ad eseguire questa operazione per sopperire alla mancanza di peso. Questa messa a punto della deriva riduce la pressione sul timone consentendo una migliore conduzione della barca.

Lasco

Come per la bolina anche per il lasco valgono le stesse prerogative: per affrontare infatti questa andatura con oltre venti nodi occorre un buon allenamento e un'ottima sensibilità. Iniziamo dicendo che, così come tutte le derive, il Laser va "portato" essenzialmente con la vela: questo significa che le modifiche alla rotta per rimanere sempre in planata occorre eseguirle recuperando la scotta se si vuole orzare o una rapida allascata se il momento necessita di scendere alla poggia. Il timone deve essere usato solo con escursioni di pochi gradi per correggere e "perfezionare" la rotta. Molto importante, con vento medio-forte e forte, è ricordare che l'azione di modifica della rotta soprattutto con la vela anziché il timone: per non incorrere nell'infrazione della regola 42 non può infatti schienare, per cui l'allascata della randa sarà l'unica soluzione per diminuire la pressione dell'acqua sul timone facilitando la scesa alla poggia. Viceversa in fase di decelerazione, per riprendere velocità, occorre ricazzare la randa ed orzare leggermente usando il timone il meno possibile il busto del timoniere si avvicinerà verso il centro così da ricreare un assetto ideale cioè in una condizione di scafo perfettamente piatto.

Le regolazioni per ottenere subito una buona velocità al lasco anche in questo caso sono da preparare negli ultimi metri della bolina: potremmo anzi asserire che con vento forte è necessario operare la regolazione del vang (mollandolo) e della deriva (alzata per metà) mentre stiamo entrando nella nuova andatura. Il cunningham può essere lascato anche se non completamente. Le cinghie sistemate alla massima estensione in bolina devono essere cazzate prima possibile. La base rimane come in bolina per evitare di avere una vela con un profilo troppo profondo. L'equipaggio è alle cinghie e, in condizioni di onda molto formata, il busto è inclinato verso poppa rispetto all'asse longitudinale della barca per evitare di mettere la prua sotto la superficie; la scotta con vento forte può continuare ad essere impugnata dal bozzello nel pozzetto utilizzandone lo specifico sistema che facilita il cazzare della scotta per mantenere sempre un assetto ottimale.

Per ultimo è utile ricordare che nel lasco occorre, oltre che mantenere sempre in velocità lo scafo, operare la tattica: sebbene le raffiche e le onde possano far variare notevolmente la rotta è necessario soprattutto non scadere rispetto alla boa da raggiungere per non essere costretti a procedere con un angolo troppo stretto sviluppando una velocità ridotta.

Poppa

Di tutte le andature sopra descritte il lato di poppa con vento forte in particolare su di un singolo è sicuramente quello che presenta più difficoltà di conduzione data l'estrema ed a volte precaria stabilità dello scafo. Per superare indenni e con i massimi risultati l'andatura di poppa iniziamo parlando delle regolazioni che vanno effettuate prima di girare la boa per mettersi sul nuovo lato del percorso. Il vang deve essere assolutamente lascato prima di iniziare a poggiare; mentre l'equipaggio lasca la randa deve alzare la deriva per metà o poco meno: con la deriva leggermente più abbassata si ottiene una maggiore stabilità. Il cunningham può essere lascato appena si entra nella nuova andatura e la base se il vento è molto forte si può lasciare inalterata rispetto alla bolina, ma se invece occorre lascarne qualche centimetro questa operazione può essere effettuata appena entrati in andatura. L'equipaggio si limita a mantenere lo scafo in equilibrio: cercando di mantenere sempre la massima velocità la rotta ideale da fare è quella più dritta possibile. E' comunque fondamentale anticipare tutti quei movimenti che in poppa portano quasi sempre ad incontrollati sbandamenti sopra o sottovento con spostamenti del busto verso il lato opposto ove si attua il rollio; quando avviene questo è opportuno cazzare leggermente la scotta della randa, come già detto precedentemente, per ritrovare il prima possibile un assetto controllabile da parte del timoniere. Con vento forte o molto forte (30 nodi) è difficile mantenersi senza rischi in poppa: si opterà eseguendo andature leggermente più orzate in modo da facilitare la conduzione da parte del timoniere e creando più stabilità allo scafo; inoltre, se ben eseguiti, i gran laschi risultano essere la scelta più redditizia al fine tattico, anche se questa opzione è attuata dai laseristi ad alto livello.

Così come abbiamo fatto per il 470 si sono schematizzate, nelle varie andature, le messe a punto generali. Tali regolazioni possono essere, anche in questo caso, considerate come base di partenza da modificare ed adattare al peso dell'equipaggio ed in relazione al proprio modo di conduzione nelle varie andature.

SCHEMI RIASSUNTIVI DELLE REGOLAZIONI
E DEGLI ASSETTI SUL LASER

VENTO LEGGERO (0-2 nodi)
BOLINA

Assetto longitudinale:	Leggermente appruato
Assetto trasversale:	Leggermente sbandato sottovento
Regolazione cinghie:	Leggermente lascate (per la virata)
Posizione equipaggio:	Timoniere con tutto il corpo all'altezza del bozzello della scotta randa con il busto longitudinalmente posizionato rispetto all'asse della barca con testa e spalle leggermente ruotate verso prua
Posizione deriva:	Completamente abbassata
Vang:	Puntato
Cunningham:	Lascato
Archetto di poppa:	Leggermente lascato
Base:	Lascata (20-25 cm. di freccia massima misurata tra boma e parte inferiore della vela)
Presa scotta randa:	Dal bozzello centrale

VENTO LEGGERO (3-6 nodi) BOLINA

Assetto longitudinale:	Leggermente appruato
Assetto trasversale:	Da leggermente sbandato a piatto
Regolazione cinghie:	Leggermente lascate (per la virata)
Posizione equipaggio:	Tutto il corpo all'altezza del bozzello della scotta randa, perpendicolare alla barca
Posizione deriva:	Completamente abbassata
Vang:	Puntato
Cunningham:	Da lascato a puntato
Archetto di poppa:	Cazzato
Base:	Lascata (20-25 cm. di freccia massima misurata tra boma e parte inferiore della vela)
Presa scotta randa:	Dal bozzello centrale

VENTO LEGGERO (0-2 nodi) LASCO

Assetto longitudinale:	Leggermente appruato
Assetto trasversale:	Leggermente sbandato sottovento
Regolazione cinghie:	/
Posizione equipaggio:	Estremità anteriore del pozzetto
Posizione deriva:	Alzata da un terzo a metà a seconda della forza e della direzione della corrente
Vang:	Puntato da controllare la balumina
Cunningham:	Lascato
Archetto di poppa:	Come in bolina con le stesse condizioni
Base:	Come in bolina o leggermente più lascata
Presa scotta randa:	Dal bozzello centrale eventualmente disinserendo il cric del bozzello

VENTO LEGGERO (3-6 nodi)
LASCO

Assetto longitudinale:	Appruato
Assetto trasversale:	Da leggermente sbandato a piatto
Regolazione cinghie:	/
Posizione equipaggio:	Estremità anteriore del pozzetto
Posizione deriva:	Alzata da un terzo a metà a seconda della forza e della direzione della corrente
Vang:	Puntato
Cunningham:	Lascato
Archetto di poppa:	Come in bolina con le stesse condizioni
Base:	Come in bolina o leggermente più lascata
Presa scotta randa:	Dal bozzello centrale eventualmente disinserendo il cric del bozzello

VENTO LEGGERO (0-2 nodi) POPPA

Assetto longitudinale:	Appruato
Assetto trasversale:	Da piatto a leggermente sbandato sopravento
Regolazione cinghie:	/
Posizione equipaggio:	All'altezza del bozzello della randa con bacino al centro con schiena che viene sopravento per sbandare da quel lato
Posizione deriva:	Alzata per 3/4.
Vang:	Lascato
Cunningham:	Lascato
Archetto di poppa:	Come in bolina
Base:	Lascata di qualche cm. rispetto alla bolina
Presa scotta randa:	Regolazione da effettuarsi dal bozzello posto al centro del boma

VENTO LEGGERO (3-6 nodi) POPPA

Assetto longitudinale:	Appruato
Assetto trasversale:	Da piatto a leggermente sbandato sopravento
Regolazione cinghie:	/
Posizione equipaggio:	All'altezza del bozzello della randa con bacino al centro con schiena che viene sopravento per sbandare da quel lato
Posizione deriva:	Alzata per 2/3
Vang:	Puntato
Cunningham:	Lascato
Archetto di poppa:	Cazzato
Base:	Lascata di qualche cm. rispetto alla bolina
Presa scotta randa:	Regolazione da effettuarsi dal bozzello posto al centro del boma

VENTO MEDIO BOLINA

Assetto longitudinale:	Sulle linee d'acqua
Assetto trasversale:	Piatto
Regolazione cinghie:	Leggermente lascate
Posizione equipaggio:	Centrale, piedi sotto le cinghie posizionati a proravia del pozzetto, busto disposto fuoribordo, perpendicolare rispetto all'asse longitudinale della barca
Posizione deriva:	Tutta abbassata
Vang:	Da puntato a cazzato
Cunningham:	Da puntato a cazzato
Archetto di poppa:	Cazzato
Base:	Da lascata come con vento leggero a più cazzata a seconda del peso dell'equipaggio
Presa scotta randa:	Dal bozzello centrale a proravia del pozzetto

VENTO MEDIO
LASCO

Assetto longitudinale:	Piatto
Assetto trasversale:	Piatto
Regolazione cinghie:	/
Posizione equipaggio:	Seduto sopravento centrale 20/30 cm. dall'inizio del pozzetto
Posizione deriva:	Alzata per metà
Vang:	Ben puntato
Cunningham:	Lascato
Archetto:	Cazzato
Base:	Lascata di 10-15 cm. rispetto alla bolina
Presa scotta randa:	Regolazione da effettuarsi dal bozzello posto nel pozzetto

VENTO MEDIO POPPA

Assetto longitudinale:	Piatto
Assetto trasversale:	Sbandato sopravento
Regolazione cinghie:	/
Posizione equipaggio:	Trasversale all'asse longitudinale in prossimità dell'inizio del pozzetto o leggermente più a poppa con onda formata
Posizione deriva:	Alzata per 2/3
Vang:	Ben puntato
Cunningham:	Lascato
Archetto di poppa:	Cazzato come in bolina
Base:	Lascata di qualche cm. rispetto alla bolina
Presa scotta randa:	Regolazione da effettuarsi dal bozzello posto nel pozzetto

VENTO MEDIO-FORTE BOLINA

Assetto longitudinale:	Da centrale a leggermente appoppato
Assetto trasversale:	Piatto (1 o 2 gradi di sbandamento sottovento non pregiudicano l'andatura)
Regolazione cinghie:	Lascate al massimo (misura da ottenere tenendo presente la lunghezza delle proprie gambe e la presenza/assenza di onda)
Posizione equipaggio:	Disposto alle cinghie in posizione di massimo raddrizzamento (gambe quasi completamente tese) con il busto perpendicolare all'asse longitudinale (da 20 a 40 cm. dall'inizio del pozzetto a seconda delle condizioni di onda) leggermente inclinato verso poppa
Posizione deriva:	Da tutta abbassata ad alzata di massimo 5 cm. (equipaggi più leggeri)
Vang:	Da ben cazzato a molto cazzato
Cunningham:	Da ben cazzato a molto cazzato
Archetto di poppa:	Cazzato
Base:	Cazzata a seconda delle esigenze in relazione al peso del timoniere, comunque sempre in grado di far mantenere profilo alla vela nella parte inferiore
Presa scotta randa:	Dal bozzello centrale a proravia del pozzetto

VENTO MEDIO-FORTE LASCO

Assetto longitudinale:	Da leggermente appoppato ad appoppato
Assetto trasversale:	Piatto
Regolazione cinghie:	Completamente cazzate affinché non si tocchi l'acqua
Posizione equipaggio:	Da centrale a leggermente appoppato in presenza di onda più formata, timoniere alle cinghie disposto al massimo raddrizzamento
Posizione deriva:	Da alzata per metà e poco più di metà
Vang:	Non eccessivamente cazzato comunque più lascato della bolina
Cunningham:	Lasco
Archetto di poppa:	Cazzato
Base:	Leggermente lascata rispetto alla bolina
Presa scotta randa:	Dal bozzello centrale a proravia del pozzetto

VENTO MEDIO-FORTE POPPA

Assetto longitudinale:	Da piatto a leggermente appoppato
Assetto trasversale:	Da possibilmente sbandato sopravento a piatto
Regolazione cinghie:	/
Posizione equipaggio:	Da seduto all'altezza del bozzello in coperta della randa, con la gamba anteriore che avvolge la cinghia
Posizione deriva:	Alzata per 2/3
Vang:	Cazzato leggermente meno della bolina
Cunningham:	Lascato
Archetto di poppa:	Cazzato
Base:	Lascata di 5-10 cm. rispetto alla bolina
Presa scotta randa:	Dal bozzello centrale a proravia del pozzetto

VENTO FORTE
BOLINA

Assetto longitudinale:	Leggermente appoppato
Assetto trasversale:	Più piatto possibile
Regolazione cinghie:	Lascate al massimo (misura da ottenere tenendo presente la lunghezza delle proprie gambe e la presenza/assenza di onda)
Posizione equipaggio:	Disposto fuoribordo al massimo raddrizzamento. A seconda dell'onda assume una posizione più appoppata
Posizione deriva:	Da completamente abbassata ad alzata di 5 cm.
Vang:	Molto cazzato
Cunningham:	Molto cazzato
Archetto di poppa:	Cazzato
Base:	Cazzata al massimo ma in grado di far mantenere alla vela un minimo di forma nella sua parte inferiore
Presa scotta randa:	Dal bozzello centrale a proravia del pozzetto

VENTO FORTE
LASCO

Assetto longitudinale:	Da appoppato a molto appoppato
Assetto trasversale:	Piatto
Regolazione cinghie:	Leggermente lascate rispetto alla loro massima tesatura
Posizione equipaggio:	Disposto al massimo raddrizzamento alle cinghie (la posizione del timoniere con onda molto formata può risultare con il busto fuoribordo oltre la fine del pozzetto)
Posizione deriva:	Da alzata per metà a 2/3
Vang:	Non troppo cazzato
Cunningham:	Da appena cazzato a lascato
Archetto di poppa:	Cazzato
Presa scotta randa:	Dal bozzello centrale a proravia del pozzetto

VENTO FORTE POPPA

Assetto longitudinale:	Da leggermente appoppato ad appoppato
Assetto trasversale:	Piatto in conseguenza del fatto che con vento forte o molto forte si preferisce navigare in andatura di gran lasco per il difficile mantenimento della stabilità in poppa
Regolazione cinghie:	Cazzate
Posizione equipaggio:	Disposto alle cinghie o con i piedi puntati sottovento al tientimano in posizione appoppata o molto appoppata
Posizione deriva:	Alzata per metà
Vang:	Ben puntato ma permettendo alla balumina di aprirsi
Cunningham:	Da lascato ad appena puntato
Archetto di poppa:	Cazzato
Base:	Da cazzata come in bolina con vento molto forte a lascata di 10-15 cm.
Presa scotta randa:	Dal bozzello centrale a proravia del pozzetto

Capitolo 2

Barche a chiglia

STAR

Caratteristiche

La Star è uno scafo monotipo a spigolo con chiglia e pinna progettato dall'architetto nord-americano William Gardner nel 1911.

Senza nulla togliere alle altre barche la Star può essere considerata come la regina delle classi olimpiche; testimone di questa affermazione è la presenza dal 1932 ad oggi, eccezion fatta per i giochi del 1976.

Dati tecnici

Lunghezza f.t.= m.6,92
Larghezza= m.1,73
Peso= Kg. 662
Sup. velica= m^2 26
Equipaggio= 2 persone
Costruzione= Legno o vetroresina

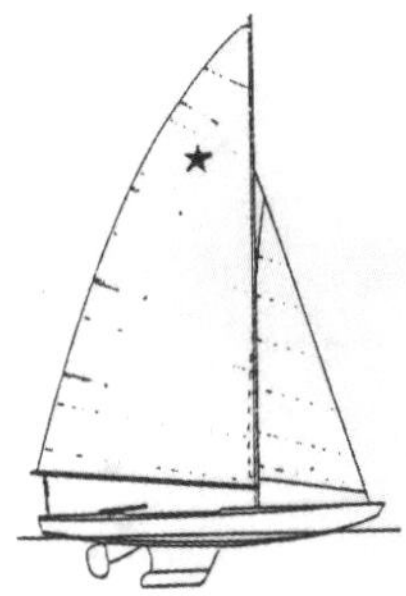

Storicamente la nascita dello scafo della Star è da ritrovare nelle formule che negli anni trenta erano più diffuse, ma che non davano la possibilità di avvicinare allo sport velico tutti gli appassionati a causa dei costi elevati. Seguendo questa idea e dietro consiglio del Commodoro Curry, l'architetto W. Gardner progettò uno scafo a spigolo a chiglia fissa con costi di produzione contenuti.

La sua costruzione infatti poteva essere effettuata anche da privati, bastava rispettare le misure segnate nel progetto iniziale, con tolleranze che lasciavano una minima interpretazione ai costruttori per impostare soluzioni di miglioria nell'imbarcazione.

La monotipia dello scafo fissa però i punti principali, anche se gli attuali scafi (soprattutto per quanto concerne l'attrezzatura ed il pozzetto) non ricordano molto quelli del passato.

Tecnicamente parlando richiede un'accurata messa a punto ed una scelta di equipaggio precisa per quanto concerne il peso.

Analizzeremo in questo capitolo sia le caratteristiche più moderne di costruzione sia la messa a punto con vento leggero, medio, forte.

Caratteristiche costruttive

Scafo ed appendici

Uno scafo moderno per essere competitivo al massimo livello deve essere costruito con resine epossidiche, tessuti e unidirezionali di vetro "R", sandwich di schiuma P.V.C. a cellula chiusa con procedimento di essiccazione sottovuoto e post indurimento in forno. Naturalmente per dare la maggior rigidità la stratificazione dovrà essere attuata con speciali sistemi in cui i nostri cantieri italiani risultano i migliori al mondo. Sebbene la classe indichi nel suo annuario un indice con più di 50 costruttori autorizzati a produrre questo monotipo è vanto italiano essere con ben due cantieri i detentori del 90% degli scafi che regatano. La paziente maniacale precisione, l'alta perfezione degli stampi e l'interpretazione delle sensazioni in acqua dei migliori velisti al mondo che navigano su questo monotipo fan si che uno scafo progettato quasi cento anni fa sia ad oggi estremamente attuale. Il campione del mondo ed olimpico Mark Reynolds guardandola navigare commenta oggi che se si dovesse progettare una nuova barca che rispondesse alle caratteristiche di bella, elegante, veloce, tecnica, atletica si dovrebbe per forza disegnare una Star.

Questo è dovuto soprattutto alla dedizione, all'ingegno ed allo studio metodico ed approfondito in ogni minimo dettaglio che nel corso di decenni hanno creato prodotti sempre più performanti e, fatto da non escludere, duraturi nel tempo. Nonostante ogni anno si perfezioni il prodotto finale non è stato un caso che barche datate di uno o due lustri abbiano ottenuto vittorie in campo mondiale. Ne è stato esempio il campionato del mondo del 2001 vinto da un'esordiente della classe (Frederik Loof medaglia nei giochi olimpici di Sidney nella classe Finn) che con uno scafo di nove anni ha vinto il suo primo campionato del mondo.

Forse solo negli ultimi due anni gli scafi, portati al massimo delle tolleranze consentite dalla stazza, sono migliorati nelle andature portanti poiché, come in altri classi che regatano con percorsi a bastone l'andatura di poppa è quella che consente maggiori possibilità di recupero esaltando la sensibilità e la bravura degli equipaggi.

Per quanto concerne le appendici (bulbo e timone) sono state, nel corso degli anni, oggetto di costante studio, cercando di creare con le tolleranze di stazza, le forme ed i profili più perforamenti. L'attuale tecnologia computerizzata ha reso queste fondamentali parti dello scafo pressoché perfette grazie al controllo numerico anche se questo ha inciso sul costo finale della barca.

Piano di coperta e pozzetto

Se per lo scafo nel corso degli anni si è passati dalla costruzione in legno (veri e propri gioielli ancor oggi gelosamente custoditi da appassionati di barche d'epoca) alle resine più sofisticate e sebbene i cantieri abbiano giocato sulle tolleranze consentite la forma a spigolo con fondo piatto, il bulbo a "pinna" e la prua affilata sono rimaste inalterate. La vera e propria rivoluzione della Star possiamo sicuramente asserire è avvenuta con l'avvento industriale a livello di attrezzatura ovvero di materiali sempre più resistenti e leggeri, di sistemi a paranco poco ingombranti ed efficienti e non per ultimo dall'avvento sul mercato di una nuova generazione di scotte che hanno semplificato e velocizzato tutte le manovre. Risparmiando sul peso dell'attrezzatura e utilizzando resine di alta qualità si ha la possibilità di distribuire il peso in modo ottimale oltre ad ottenere scafi più rigidi e duraturi.

Analizzando il piano di coperta si può notare una differenza per quanto riguarda la larghezza della mastra ove si inserisce l'albero; fino a pochi anni fa era volutamente 4-5 mm. più larga della sezione laterale dell'albero in modo da facilitare la flessione sottovento della parte bassa dell'albero con vento leggero. Ultimamente la larghezza della mastra è concepita precisamente per inserire l'albero iniziando quindi a far flettere lateralmente la parte bassa dall'uscita in coperta. Alcuni regatanti preferiscono averla più larga altri al limite del passaggio dell'albero preferendo l'altra soluzione; in questo caso è utile, in fase di costruzione dare precisa indicazione al cantiere sulla scelta. In caso si avesse una barca con la mastra a misura minima larga per ridurre lo spazio si possono applicare, lateralmente all'albero, degli spessori di teflon che permettono un facile scorrimento quando si passa dalla bolina alla poppa e viceversa; nell'altra ipotesi occorre limare unilateralmente qualche millimetro per ottenere lo spazio necessario alle esigenze personali.

Per quanto concerne il volume del pozzetto, ovvero lo spazio in cui deve operare l'equipaggio si è passati da uno spazio massimo ad un ridotto e in alcuni modelli ridottissimo; la ragione va ricercata nel voluto aumento della galleggiabilità rendendo stagni i compartimenti di prua, poppa e delle fiancate. Inoltre, durante le andature portanti, ed in special modo in poppa, se la barca si ingavona entra una quantità molto inferiore di acqua permettendo un rapido deflusso da parte degli svuotatori ed evitando pericolosi rallentamenti che fanno subire all'attrezzatura ed in particolare all'albero dannose compressioni che possono portare alla rottura. Lo spazio ridotto non è per l'equipaggio motivo di disagio poiché già con una brezza leggera il timoniere ed il prodiere riescono a sedere sopravento lasciando quindi solo le gambe all'interno della barca.

Equipaggio

La Star ha un piano velico che presenta un albero molto lungo e sottile con una metratura della randa che sfiora il 90% della totale superficie velica. Sebbene sia uno scafo a chiglia fissa il cui bulbo raggiunge circa i 400 Kg, il peso al raddrizzamento che un equipaggio munito di sole cinghie per lo sviluppo della massima velocità, sin da una intensità di vento medio, non risulta sufficiente alla superficie velica di questo monotipo. Fino a pochi anni fa, infatti, per risolvere tale problematica non esisteva limite al peso costringendo i timonieri (di solito tra gli 80-90 Kg.) ad una scelta del prodiere che fosse intorno ai 130 Kg. fino ad arrivare a 140-145 Kg. Il peso complessivo oscillava quindi tra i 200 ed i 240 kg. penalizzando con vento più leggero le andature portanti ma riuscendo ad ottenere in bolina una ottima velocità già con vento medio e quindi un vantaggio gestibile durante i lati di lasco e poppa. La difficoltà di reclutamento del prodiere era assai difficile anche perché la Star già con 10-15 nodi di intensità inizia ad essere molto atletica ed il rapporto tra peso e capacità atletico/dinamiche di elementi con tale stazza fisica era assai difficile da trovare. Inoltre essendo classe olimpica le caratteristiche del prodiere penalizzavano le nazioni più piccole e con caratteristiche geniche più minute. Dopo i giochi olimpici di Sidney 2000 la classe internazionale (I.S.C.Y.R.A.) ha introdotto come sua regola di classe la limitazione del peso dell'equipaggio introducendo tale formula: il peso del prodiere non dovrà superare il peso di 100 kg. + la differenza ((100 kg.- peso del timoniere)/2); in sintesi un timoniere di 80 kg. poteva regatare con un prodiere di massimo 110 kg. Dopo due anni dall'introduzione la formula è stata modificata dal 1° Gennaio 2005 a favore dei timonieri più pesanti e si è giunti all'attuale schema sotto riportato:

STARCLASS
Formula per il calcolo del peso (in vigore da 01.01.2005)
Peso Prodiere (kg) = ((100 - Peso Timoniere) / 1,5) + 100

Timoniere	Prodiere	TotKg	Timoniere	Prodiere	TotKg	Timoniere	Prodiere	TotKg	Timoniere	Prodiere	TotKg
51,00	132,67	183,67	71	119,33	190,33	91	106,00	197,00	111	51,00	132,67
52,00	132,00	184,00	72	118,67	190,67	92	105,33	197,33	112	52,00	132,00
53,00	131,33	184,33	73	118,00	191,00	93	104,67	197,67	113	53,00	131,33
54,00	130,67	184,67	74	117,33	191,33	94	104,00	198,00	114	54,00	130,67
55,00	130,00	185,00	75	116,67	191,67	95	103,33	198,33	115	55,00	130,00
56,00	129,33	185,33	76	116,00	192,00	96	102,67	198,67	116	56,00	129,33
57,00	128,67	185,67	77	115,33	192,33	97	102,00	199,00	117	57,00	128,67
58,00	128,00	186,00	78	114,67	192,67	98	101,33	199,33	118	58,00	128,00
59,00	127,33	186,33	79	114,00	193,00	99	100,67	199,67	119	59,00	127,33
60,00	126,67	186,67	80	113,33	193,33	100	100,00	200,00	120	60,00	126,67
61,00	126,00	187,00	81	112,67	193,67	101	99,33	200,33	121	61,00	126,00
62,00	125,33	187,33	82	112,00	194,00	102	98,67	200,67	122	62,00	125,33
63,00	124,67	187,67	83	111,33	194,33	103	98,00	201,00	123	63,00	124,67
64,00	124,00	188,00	84	110,67	194,67	104	97,33	201,33	124	64,00	124,00
65,00	123,33	188,33	85	110,00	195,00	105	96,67	201,67	125	65,00	123,33
66,00	122,67	188,67	86	109,33	195,33	106	96,00	202,00	126	66,00	122,67
67,00	122,00	189,00	87	108,67	195,67	107	95,33	202,33	127	67,00	122,00
68,00	121,33	189,33	88	108,00	196,00	108	94,67	202,67	128	68,00	121,33
69,00	120,67	189,67	89	107,33	196,33	109	94,00	203,00	129	69,00	120,67
70,00	120,00	190,00	90	106,67	196,67	110	93,33	203,33	130	70,00	120,00

Come si evince rispetto all'esempio prima riportato di un timoniere di 80 kg. con il modificarsi della formula egli ha la facoltà di avere un prodiere di 3,33 Kg. in più; la differenza può risultare minima ma in una barca in cui si vuol ottenere il massimo e con equipaggi sempre più professionali ed attenti anche al minimo dettaglio essere al limite del peso è considerato fattore irrinunciabile. E' chiaramente da sottolineare come le differenze tra gli equipaggi, specialmente a livello internazionale, non siano più evidenti come in passato e, fatto non trascurabile la classe negli ultimi anni ha riacceso un interesse tra coloro che avevano difficoltà a trovare un prodiere per competere ad armi pari.

Come per il Laser ed il 470 riportiamo la tabella degli equipaggi primi classificati nell'ultimo Campionato del Mondo del 2007.

POSIZIONE	NAZIONALITA'	EQUIPAGGIO	ALTEZZA	PESO
1° Classificato	Brasile	Timoniere Prodiere	1.87m 1.85m	81kg 112kg
2° Classificato	Francia	Timoniere Prodiere	1.88m 1.94m	100kg 99kg
3° Classificato	Gran Bretagna	Timoniere Prodiere	1.85m 1.85m	100kg 100kg
4° Classificato	Nuova Zelanda	Timoniere Prodiere	1.78m 1.94m	82kg 108kg
5° Classificato	Italia	Timoniere Prodiere	1.78m 1.83m	90kg 103kg
6° Classificato	Polonia	Timoniere Prodiere	1.93m 1.92m	100kg 95kg
7° Classificato	Germania	Timoniere Prodiere	1.96m 1.85m	108kg 90kg
8° Classificato	Svezia	Timoniere Prodiere	1.94m 1.83m.	98Kg 100Kg
9° Classificato	Australia	Timoniere Prodiere	1.83m 1.94m	110kg 93kg
10° Classificato	Portogallo	Timoniere Prodiere	1.70m 1.90m	80kg 115kg

Messa a punto

Albero

La messa a punto della Star inizia a terra con la preparazione dell'albero poiché alcune regolazioni vanno impostate prima di alzarlo.

Ancor prima di settare il tuning di base agli ultimi Campionati del mondo (Cascais 2007) è stato posizionato dagli equipaggi un secondo (alcuni anche un terzo) "appoggio" del tangone sopra quello "standard" ad una distanza pari a quella che intercorre tra il segno di stazza del boma ed il primo, da utilizzare con vento forte; questa soluzione, autorizzata dal regolamento della classe, permette di sfruttare in modo completo la lunghezza del tangone anche quando il fiocco è alzato al massimo di drizza durante il lato di poppa.

Iniziando a descrivere la messa a punto dalle sartie intermedie esse non hanno la regolazione riportata sul piano di coperta poiché partono dalla fine della rastrematura nella parte superiore dell'albero fino all'apice esterno della crocetta rendendo necessaria la regolazione prima. Tale misura viene presa stendendo sulla parte anteriore dell'albero la sartia alta e l'intermedia misurandone la differenza (vedi figura n.2). Il set-up prevede una differenza tra i 70 e i 75 mm di lunghezza a favore dell'intermedia. 75 mm. è la misura a cui si attengono i tuning guide dei maggiori produttori di vele per la Star e punto di partenza per chi inizia a navigare su questo monotipo. Tirando le sartie fino a 70 mm. (naturalmente prima di scendere in acqua) si opera una messa a punto per condizioni di vento fresco o forte poiché si riduce lo "spanciamento" sottovento della parte alta dell'albero riducendo conseguentemente la potenza della randa. Attuare tale messa a punto è abbastanza frequente dovuta alla dimensione della randa o se si deve sopperire alla mancanza di qualche kg. rispetto al peso degli equipaggi avversari.

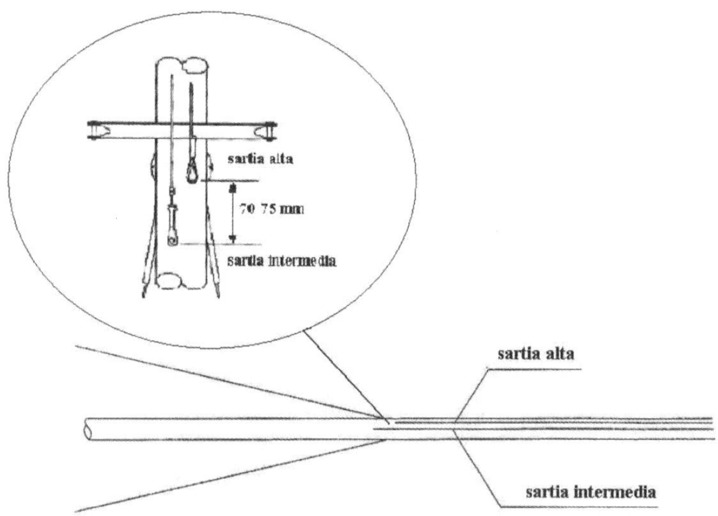

Figura n. 2

L'acquartieramento delle crocette è molto importante ed esso varia soprattutto in relazione alla forma più o meno grassa della randa e dal giro d'albero in cui essa è stata progettata. Esemplificando se si naviga con una randa con poco giro d'albero conviene avere le crocette più aperte (meno acquartierate) mentre se si ha un giro d'albero più accentuato è consigliabile una chiusura verso poppa delle stesse. La differenza di misura anche in questo caso varia di 12 mm. esattamente tra 125 e 137. Per ottenere la massima precisione di questa misura fondamentale tutti gli staristi appoggiano l'albero tra due cavalletti facendo attenzione che non si crei flessione al centro. Per ovviare a questo gli appoggi dovranno essere posizionati a circa 2,20 metri dal piede dell'albero ed intorno a 3,80 metri dalla penna. Dopo aver ottenuto un posizionamento che permetterà di avere la zona delle crocette dritta si tenderà un filo sottile (quello usato per cucire le vele è ottimo e resistente) tra i due attacchi delle sartie sulle crocette passando il filo intorno alla coppiglia da cui partono ed arrivano la sartia alta, bassa ed intermedia. Altra importante operazione da attuare è il posizionamento, sul piede dell'albero, di una bolla per far si che traguardando, a filo teso congiungente il centro delle coppiglie di fermo delle sartie, cioè "dietro" di esse, l'apertura sia eguale a dritta ed a sinistra; per fare ciò non occorrono strumenti ma un occhio attento è in grado di valutare se le crocette sono acquartierate egualmente. Si raccomanda, ancora una volta, che l'esatta misurazione venga eseguita senza che il filo teso passi sopra o sotto il bordo della crocetta. Il valore dovrà oscillare, a seconda della forma della randa e della sua curva d'albero tra 125 e 137 mm. misurando perpendicolarmente la distanza tra il filo e la parte superiore della canaletta dell'albero. (Vedi figura n.3)

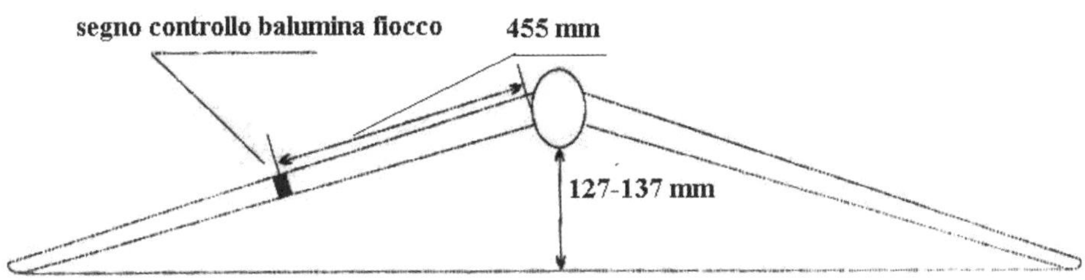

Figura n.3

Per ultimo, prima di tirare su l'albero è d'utile ausilio segnare con una striscia trasversale di un centimetro la crocetta nella parte inferiore così come rappresentato sempre nella figura n. 3. Tale misura di 455 o 458 mm. dipende dalla marca del fiocco che si usa va presa dalla faccia laterale dell'albero (con le crocette acquartierate) perpendicolarmente lungo la crocetta: il mark (striscia) di un centimetro deve essere segnato così da ottenere la misura al centro del segno. Questo riferimento servirà all'equipaggio durante la navigazione per controllare visivamente se il fiocco non sia eccessivamente cazzato o troppo "chiuso" controllando il filetto posto in alto sulla balumina. La possibilità di controllare costantemente l'esatta apertura della vela al mutare anche minimo delle condizioni metereologiche risulta fondamentale. A tale scopo vicino all'inferitura della randa è posta una finestra che permette di osservare il fiocco da sopravento sia quando si siede sul bordo sia quando l'equipaggio è alle cinghie disposto al massimo raddrizzamento. E' vero altresì che le occasioni di poter vedere da sotto la forma della vela e la chiusura della balumina sono rare a meno che non si navighi con vento leggerissimo con il prodiere sottovento che in quel caso può controllare ha davanti a sé il fiocco.

Terminata la parte di messa a punto a terra dell'albero, una volta posizionato nella scassa e fatto scorrere l'albero in avanti nella posizione che occupa quando si naviga in bolina, è importante misurare quanto disti lo spigolo posteriore del suo piede dall'angolo superiore dello specchio di poppa così come si evince dalla figura n. 4. Tale distanza varia dal tipo di barca su cui si navighi poiché a seconda delle caratteristiche dello scafo l'albero può variare la posizione di qualche centimetro. Si parte da 4490 mm. (poco usata) fino a 4500-4530 mm. per la stragrande maggioranza degli scafi.

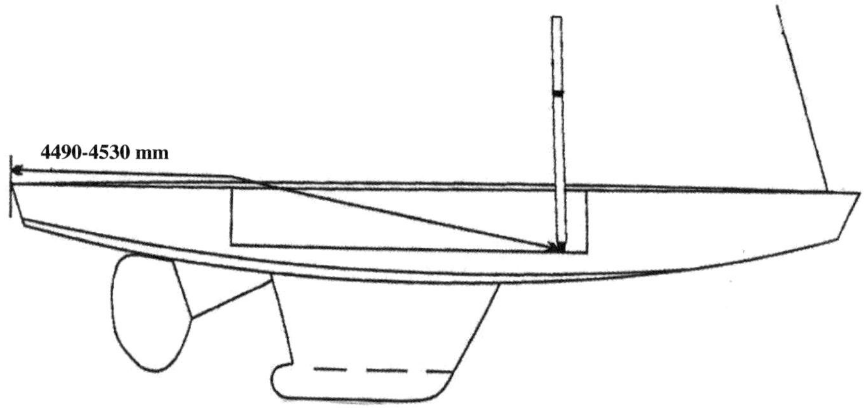

Figura n.4

Continuando la messa a punto la posizione delle sartie alte e basse sugli attacchi in coperta è anche qui fondamentale per un buon rendimento dell'albero in andatura di bolina sia per quanto riguarda la sua flessione longitudinale ma soprattutto per controllare quella laterale. Le sartie basse dovranno essere poste sul limite della faccia anteriore dell'albero: per ottenere precisamente il punto basta tendere un filo tra quella di dritta e quella di sinistra quando l'albero è in posizione di bolina cioè con il piede al massimo in avanti. Le alte dovranno essere 30-45 mm. davanti alle basse. (Vedi figura n.5).

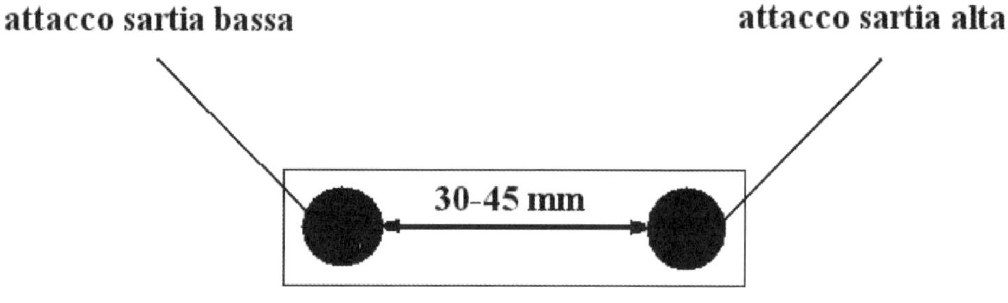

Figura n.5

La tensione varierà a seconda delle condizioni ovvero da vento leggero a vento forte come esposto nella tabella seguente.

Infine è importante controllare che la testa dell'albero sia perfettamente centrata lateralmente e assettare il rake, ovvero l'appruamento/appoppamento. Per vedere se l'albero è al centro (con le sartie appena puntate) si controlla accostando lo sguardo all'altezza dell'attacco del boma fino in testa d'albero assicurandosi che la cabaletta sia dritta. Poi si alza la drizza della randa al massimo fissandovi una bindella metrica rigida e misurando la caduta a sinistra e destra in vari punti, come l'attacco delle sartie e spigolo di poppa di entrambi i lati, verifichiamo la posizione. Ulteriore riscontro si attua anche con le sartie alte, volanti alte e strallo in tensione.

Per quanto concerne il rake si può ottenere in due modi: il primo misurando dal punto di congiunzione (centro della coppiglia) tra lo strallo e il cavo della sua regolazione che entra sotto coperta. Il secondo metodo (più preciso poiché non è sicuro che la misura dello strallo sia sempre la stessa, viene presa segnando lo strallo steso lungo l'albero fino al bordo superiore del segno di stazza del boma, calcolando la distanza che intercorre tra il punto segnato e la coperta ove entra lo strallo. Le misure, partendo da una messa a punto con vento leggero, dovranno oscillare tra 420-435 mm. e da 435 a 455 con vento forte (distanza centro della coppiglia all'entrata dello strallo in coperta). Misurando invece la distanza tra il punto segnato dello strallo e la coperta si partirà con una regolazione tra 890-905 mm. con vento leggero e da 905 a 925 mm. con vento forte. (Figura 6)

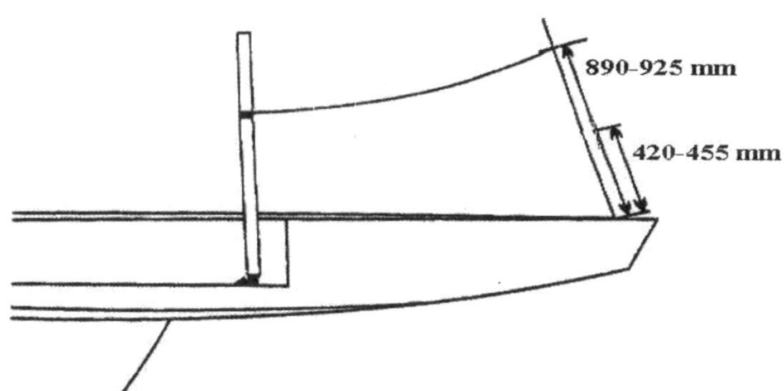

Figura 6

Trovata la misura ideale dello strallo della propria barca si tendono le sartie alte partendo da una regolazione per vento leggero considerandolo il valore ottenuto come punto di partenza dal quale poi si otterranno le messe a punto per le diverse intensità di vento. Il punto zero, ovvero la prima misura, può variare scegliendo come base la tensione 20-21 o 21-22 ottenuta con un tensiometro modello Loos Gauge Pro PT-1 strumento ormai comune tra i regalanti. La tensione va ottenuta a terra a secco di vele cazzando fino ad un valore di 10 le sartie volanti alte, lascando completamente le sarte volanti basse e mollando la leva che preflette l'albero.

Le sartie basse in questa fase sono in bando e per calcolarne la giusta regolazione occorre misurare la distanza. Diversi sono, tra i regalanti, i punti di misurazione di questa distanza ma ad una comparazione la regolazione di esse risulta pressoché simile o addirittura uguale. Come ad esempio la figura 7 mostra, occorre calcolare un metro partendo dalla parte superiore del segno di stazza sull'albero; a tale punto si segnerà con un pennarello la misura verificando poi la distanza tra le sartie basse mettendole appena in tensione. Partendo da una condizione di vento leggero tale misura dovrebbe essere 700 mm. ma si può consigliare anche 690 mm. se il vento è molto leggero. La regolazione delle sartie basse, così come per le alte e le intermedie, è molto importante; con vento leggero, infatti, la Star in bolina naviga con una flessione laterale dell'albero che crea potenza sul profilo della randa aumentando notevolmente le performances. Naturalmente all'aumentare di intensità del vento occorre cazzare le basse per depotenziare la barca, sensazione che un buon timoniere percepisce subito quando (anche per questo) il timone inizia a diventare più duro (tendenza orziera più accentuata) e la barca quindi più difficile da portare.

Nello schema sotto riportato si consigliano queste messe a punto delle sartie che non vogliono essere misure "obbligatorie" per un equipaggio ma sicuramente un buon punto di partenza che ognuno poi può personalizzare. D'altronde la messa a segno generale segue regole comuni ma la sensibilità e la bravura del singolo fa scegliere il singolo in modo diverso l'uno dagli altri.

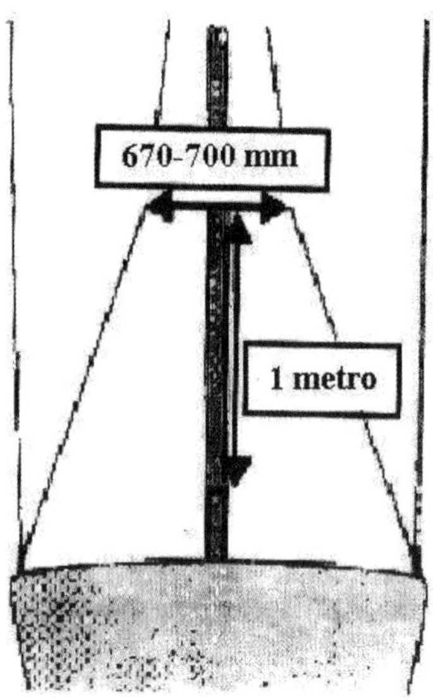

Figura 7

Schema delle tensioni delle sartie alte, basse e intermedie in diverse condi-meteo
(si ricorda che i valori sono ottenuti a terra senza vele con le sartie volanti alte al valore 10 del tensiometro modello Loos Gauge Pro PT-1 con volanti basse lasche)

Nodi (true wind)	**0-7**	**8-12**	**13-18**	**19-25**	**+ 25 nodi**
Sartie Alte	**20-21 o 21-22**	**21-22/23**	**23-24**	**25**	**25-26**
Sartie Basse	**690-700 mm**	**690 mm**	**680 mm**	**675 mm**	**675-670 mm**
Sartie Intermedie	**75 mm**	**75 mm**	**72-73 mm**	**70-72 mm**	**70 mm**

Punti di scotta fiocco

Il fiocco della Star sebbene sia notevolmente inferiore come dimensione alla randa ha un'importanza fondamentale. Si pensi che ad altissimo livello se una randa in un anno può durare due o tre campionati la vela di prua viene cambiata ogni 3-5 singole regate a seconda dell'intensità del vento con il quale è stato usato. Si potrebbe pensare ad una scelta di tessuto troppo leggero ma la grammatura di 3.8 once non da ragione a questa teoria. Infatti sebbene sia notevolmente piccolo rispetto alle dimensioni della randa è il perfetto "compenso" alla poggia del timone e quindi appena se ne modifica lo shape (forma) e conseguentemente il suo equilibrio la performance ottimale decade. Dopo questa importante premessa il suo punto di scotta diviene vitale per una buona conduzione; il punto esatto per quasi tutti i fiocchi di Star è l'intersezione tra la misura di 2200 mm. presa dall'uscita dello strallo in coperta verso poppa e 340-356 mm. (a seconda delle diverse marche) esternamente partendo dal centro della coperta. (Vedi figura n.8)

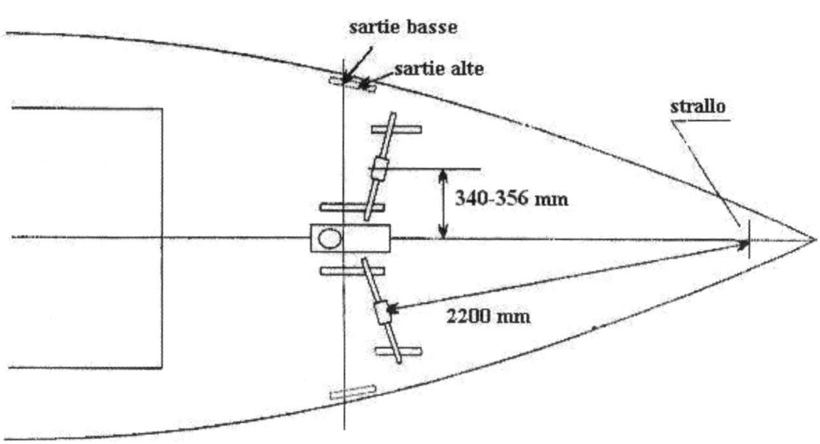

Dopo aver effettuato la messa a punto a terra, ponendo quindi le basi per un buon assetto descriveremo ora il comportamento dell'equipaggio e delle messe a punto per quanto concerne le vele, la posizione del timoniere e del prodiere nelle andature di bolina, lasco e poppa con le differenti intensità di vento ovvero leggero, medio, medio-forte, forte.

Assetti dell'equipaggio e delle regolazioni delle manovre correnti in bolina

Vento leggero (0-7 nodi)

Per ogni condizione di vento è necessario assettare la barca cercando di sfruttare al massimo sia le prestazioni dello scafo che delle vele per mezzo delle regolazioni che si possono effettuare.

Iniziando da condizioni di vento molto leggero (0/4 nodi) sono di primaria importanza la tensione delle sartie alte intorno ad un valore di 20-21 o 21-22, le intermedie regolate a 75 mm. e le sartie basse da 690 a 700mm. come abbiamo prima descritto. Si ha quindi una doppia regolazione che permette il controllo della flessione laterale dell'albero nella parte superiore. In condizioni di vento molto leggero e leggero (5-7 nodi) è necessario ottenere una flessione laterale all'altezza delle crocette (parte centrale) sottovento, mentre la parte alta dovrà essere leggermente sopravento. Questa flessione, che può sembrare atipica per qualsiasi barca, è usata nella Star per aumentare la potenza della randa ingrassandola la massimo cosicché da riuscire a sfruttare un profilo più profondo al fine di ottenere la resa massima di questa vela che nella Star è il motore della barca data la sua enorme dimensione rispetto al fiocco. La tensione delle sartie provoca anche pre-bending che a seconda del profilo della randa (più o meno grasso) può e deve essere modificato. La preflessione (pre-bending) con vento molto leggero si ottiene cazzando leggermente la leva che è la manovra di controllo dell'albero per ottenere il suo spostamento verso prua. Strettamente legato a questo è l'acquartieramento delle crocette regolato con una misura che varia come abbiamo già descritto da 125 a 137 mm. a seconda della curva d'albero della randa con cui è stata progettata e disegnata dal velaio. Tutti gli equipaggi non modificano in navigazione l'apertura delle crocette poiché non si reputa necessario un acquartieramento minore o maggiore al variare dell'intensità del vento; si procederà quindi ad una messa a punto in una posizione che possa soddisfare, tenendo conto anche del peso complessivo di timoniere e prodiere per ottenere una balumina più chiusa o aperta. Con vento molto leggero e leggero la forma della randa, così come quella del fiocco dovrà prevedere la massima potenza senza chiudere troppo la balumina delle vele nella parte alta; si dovrà ottenere una apertura elicoidale ovvero più chiusa in basso e aperta in alto. Al fine di non appiattire la randa nella parte alta è conveniente usare una stecca morbida stando attenti di non dare troppa tensione; rispetto a prima il regolamento permette di avere la stecca lunga che dalla balumina arriva all'inferitura permettendo di modificare il profilo nella parte alta così da avere maggiore controllo e prestazioni della vela. Con vento leggero è necessario navigare con la massima potenza dalla randa nella parte alta tenuto conto che più si sale e maggiore è l'intensità di vento. Una forma perfetta in questa zona della randa è fondamentale per la velocità della barca considerando anche il fatto che lo shape che si crea si ripercuote sulla parte media e bassa della vela. Per quanto concerne la regolazione della randa il timoniere, oltre alla propria sensibilità si dovrà aiutare con i filetti posti sull'uscita della vela in modo che essa non sia troppo chiusa. La base è abbastanza cazzata in modo da ottenere la parte bassa della vela piatta; solo se sono presenti condizioni di onda formata e vento leggero si può lascare leggermente (1 2 cm. al massimo) per potenziare la parte bassa della randa affinché il superamento dell'onda sia facilitato. Il cunningham con vento leggero è tenuto lasco o appena puntato lasciando leggere pieghe sull'inferitura della randa: cazzarlo porterebbe il grasso avanti ma soprattutto modificherebbe l'originale disegno della sua curva d'albero. Il vang sulla Star di bolina, in tutte le condizioni, non si usa poiché il paranco della scotta della randa composto del bozzello alla fine del boma e in prossimità dello specchio di poppa è sufficiente per controllare l'altezza del boma e conseguentemente l'apertura e chiusura della balumina, nonché parte la flessione dell'albero. Alcuni timonieri con vento leggero preferiscono puntare il vang lasciando la scotta più lasca ma si rischia di pregiudicare la velocità se si chiude troppo la balumina. L'importanza della tensione della scotta della randa è quindi fondamentale da parte del timoniere: essa deve essere costantemente controllata osservando l'uscita della vela attraverso i filetti disposti sulla balumina in modo da cazzare o lascare la randa all'aumentare o decrescere anche minimo dell'intensità del vento; per dare un'indicazione potremmo dire che la distanza tra la parte terminale del boma e la coperta dovrà essere intorno a 25-30 cm.

Il fiocco sulla Star è facilmente regolabile di scotta e punto con possibilità di controllare la tensione della drizza e dell'altezza del punto di mura manovrabili dal pozzetto. Con vento leggero si terrà quest'ultimo a circa 20-25 mm. dalla coperta e la drizza verrà regolata solo per togliere le pieghe sull'inferitura. Il prodiere, seduto sottovento, al centro o appena sopravento, sebbene utilizzi lo strozzascotte non dovrà mai lasciare la scotta poiché al minimo calo o incremento dell'intensità dovrà ottimizzare la forma e l'apertura della balumina per la nuova condizione.

Questa regolazione talvolta millimetrica è di fondamentale importanza per la velocità e del mantenimento di un buon angolo di bolina.

Le volanti alte dovranno essere appena puntate lasciando un po' di catenaria sul fiocco specialmente se in condizioni di onda in modo da rendere più potente la vela di prua e per evitare cambiamenti continui in entrata del vento sul fiocco; navigare con un po' di catenaria sul fiocco è redditizio e necessario per ottenere la massima performance della vela di prua. Le volanti basse devono essere tenute lasche poiché la loro funzione di raddrizzamento dell'albero non si rende necessaria specialmente se per aumentare la preflessione si cazza la leva.

Il miglior assetto dello scafo in acqua della Star, essendo una barca a spigolo, si crea con un leggero sbandamento sottovento che rende la sensibilità sul timone più accentuata anche per le più piccole variazioni d'intensità del vento; lo sbandamento si può misurare visivamente osservando l'innalzamento dello spigolo dello scafo sopravento tra i 3 ed i 5 cm. dalla superficie dell'acqua. Con vento leggerissimo si può leggermente accentuare lo sbandamento ma è consigliabile rimanere sempre intorno alla misura data poiché altrimenti si inizia ad influire negativamente sulla lunghezza della deriva a favore dello scarroccio. L'equipaggio quindi dovendo soddisfare l'assetto appena descritto si posizionerà con il timoniere seduto sopravento ed il prodiere partendo da una posizione completamente sottovento a equipaggio al centro della barca fino ad iniziare a salire sopravento già con un'intensità di 5-6 nodi di vento. Con vento leggero la sensibilità del prodiere è fondamentale per la velocità ottimale della barca; egli alla minima variazione di intensità oltre a posizionarsi per tempo, ovvero non prima che la barca inizi a sbandare e non in ritardo mancando di far imprimere accelerazione per lo "schiacciamento" del lato di sopravento, dovrà regolare, come già detto, millimetricamente la scotta del fiocco per far sì che al variare del vento la forma e l'apertura della balumina della vela di prua sia in perfetto sincronismo con la randa manovrata dal timoniere. La posizione del prodiere sul piano longitudinale è all'inizio del pozzetto (sottovento, al centro o appena sopravento) mentre il timoniere siede al centro di esso a poppavia delle volanti all'altezza della torretta ove sono posizionate la torretta della scotta della randa, la base della stessa, rake, cunningham, vang, punto di scotta del fiocco, della leva.

Già nella descrizione dell'assetto, delle regolazioni e dei compiti che l'equipaggio deve soddisfare in una navigazione con vento molto leggero e leggero emerge d'importanza fondamentale il prodiere; fino a pochi anni fa, o per lo meno ai più, si è creduto che il prodiere della Star dovesse soddisfare solo il raddrizzamento con vento teso e forte con il suo peso. Sicuramente una delle funzioni del prodiere è proprio questa ma deve necessariamente essere un velista di buona sensibilità al fine di far ottenere in ogni momento della regata il miglior assetto e la perfetta messa a punto del fiocco in tutte le condizioni da vento leggero a vento forte. Inoltre l'attenzione nella messa a punto continua delle vele, la tattica di regata raffinata ed esasperata chiaramente visibile in campo internazionale, fa sì che negli ultimi 10-15 anni gli equipaggi, oltre che perfettamente affiatati e bravi nelle manovre, collaborino costantemente ed in sincronia per la miglior velocità in tutte le andature ma soprattutto nelle scelte tattiche e strategiche.

Vento medio (8-12 nodi)

La Star con un'intensità di vento da 8 a 12 nodi inizia ad esprimere, in andatura di bolina, il massimo della sua potenzialità. Rispetto ad altre classi questo monotipo avendo una superficie velica molto grande riesce a sviluppare un'ottima velocità in tutte le andature ed in particolare, risalendo il vento, un angolo inferiore a 45° seppure il vento non soffi ancora con grande intensità. Lo sforzo fisico unito alla destrezza dell'equipaggio, già con vento medio, inizia a rivelarsi impegnativo; osservando qualche immagine d'epoca si riconosce agli staristi una dote di capacità di adattamento e marineria fuori del comune. Originariamente, infatti, la Star era stata progettata senza cinghie punta piedi cosicché gli equipaggi erano costretti a sdraiarsi, sporgendosi in equilibri precari, sul lato di sopravento tenendosi alle sole scotte o al bordo interno del pozzetto; con tale posizione era estremamente difficile manovrare sia le scotte sia tutte le regolazioni che ad ogni variazione di intensità del vento devono essere eseguite per modificare il profilo delle vele, la loro apertura di balumina, nonché il controllo della flessione dell'albero attraverso le sartie volanti alte e basse. Il prodiere, con perizia e bravura, poteva forse soddisfare alcune "esigenze" di messa a punto ma per il timoniere l'impresa costituiva enorme difficoltà. I vecchi staristi raccontano per esempio che in molte occasioni tenevano la barra del timone con un piede mentre ottimizzavano la messa a punto, operazione che risultava molto difficile e rischiosa con vento sostenuto e mare formato. I problemi sopra descritti ai nostri giorni non sussistono da quando il regolamento di classe, ormai da molti anni, permette l'uso delle cinghie come su tutte le moderne derive. Infatti già con otto nodi l'equipaggio è completamente sopravento ed inizia ad usarle per contrastare lo sbandamento. Anche in questo caso l'assetto migliore resta quello descritto nel paragrafo precedente ovvero di un leggero sbandamento sottovento in modo che lo spigolo sopravento stia fuori dall'acqua di circa 3-5 cm. Per mantenerlo costante, all'aumentare anche minimo dell'intensità (9-10 nodi) il prodiere uscirà fuori bordo lascando al massimo le cinghie nella classica posizione del prodiere da Star cioè appoggiando la parte posteriore della coscia sulla fiancata dello scafo lasciando solo ginocchia e gambe in coperta; per completezza nella descrizione della posizione del prodiere alle cinghie è molto efficace se, nella posizione fuori bordo, riesce a mantenere le mani dietro la nuca in modo da spostare esternamente "preziosi" kg. aumentando la leva al raddrizzamento e quindi l'efficacia della postura. Per mantenere la posizione è aiutato da un'imbragatura (sostenente spalle e torace) a cui anteriormente è fissata una scottina di lunghezza non superiore a 30 cm. (come permesso dal regolamento di classe) che viene bloccata dal prodiere ad uno strozzascotte a fischietto (Cam-cleat in alluminio) incassato sull'angolo tra coperta e opera morta dello scafo: sarebbe infatti insostenibile mantenere tale posizione per tutta la regata senza questo supporto. L'assetto longitudinale prevede il prodiere tra l'inizio del pozzetto e la torretta delle regolazioni del timoniere; la sua posizione varia a seconda della presenza di onda più o meno formata e comunque è strettamente legata alla posizione dei due strozzascotte per la scottina del trapezio. E' importante precisare che con 10-12 nodi le doti boliniere della Star si esaltano; rispetto al vento leggero, un po' come avviene per tutte le barche, con vento medio intorno ai 10-12 nodi l'angolo apparente si avvicina ai 30° "aiutato" anche del disegno dello scafo a spigolo caratteristico di questa classe. La regolazione del punto di scotta del fiocco non subisce variazioni rispetto al vento leggero mentre la tensione della scotta può aumentare seppur di pochi mm. o al massimo di 1 cm. per chiudere la balumina che ha perso tensione per l'uso della volante alta e della superiore tensione della drizza. Il punto di mura può restare 20-25 mm. dalla coperta controllando la ralinga del fiocco con la drizza.

Con il prodiere già completamente alle cinghie il timoniere comincerà a puntare i piedi sotto le sue per utilizzarle completamente con 11-12 nodi. Già con questa intensità di vento la barca fa esprimere all'equipaggio (ma soprattutto al timoniere tutta la fisicità che occorre per mantenere un buon assetto; non a caso gli ultimi campioni della classe provengono dai singoli (Finn e Laser) dove l'abitudine a stare alle cinghie è pressoché costante. La posizione del timoniere in massimo raddrizzamento, sebbene diversa da quella del prodiere, è molto faticosa anche perché non è sostenuto da un'imbragatura e quindi occorre una preparazione fisica specifica ed accurata al fine di riuscire a mantenere al massimo la postura durante tutta la regata. Il timoniere per ottenere il massimo rendimento dovrà sfruttare al meglio queste caratteristiche concentrandosi sulla continua ricerca del giusto compromesso tra velocità e angolo di risalita al vento. Per far ciò, coordinato con la messa a punto del fiocco operata dal prodiere cercherà di tenere il filetto sopravento del fiocco leggermente alzato navigando sempre al limite del rifiuto della vela. Per mantenere sempre "in potenza" la barca, ovvero mantenere costante la potenza della randa, al mutare di intensità di vento, anche di soli 1-2 nodi manovrerà la volante alta giocando con la flessione dell'albero l'apertura e chiusura della vela nonché a mantenere lo scafo sempre con lo sbandamento richiesto per l'ottimizzazione dell'andatura.

Dopo aver descritto quali siano i compiti dell'equipaggio per il miglior assetto passiamo alla messa a punto dell'albero e delle vele. Iniziando dalla leva che con vento leggero permetteva di creare un po' di preflessione con vento medio va lascata completamente poiché la flessione dell'albero viene controllata dalla volante alta e bassa. In fase di settaggio dell'albero la regolazione delle sartie alte mantengono una tensione di 21-22 come con vento leggero mentre quando il vento raggiunge un'intensità di 11-12 nodi si possono iniziare a tirare di mezzo giro, o tre facce di Sta-master (tipo di arridatoio con un grosso dado esagonale di regolazione usato sulla Star); cazzando le sartie basse si diminuisce la flessione laterale dell'albero depotenziando leggermente la randa nella parte inferiore; tale messa a punto diminuirà l'eccessiva tendenza orziera riportando conseguentemente il timone neutro. Infine per quanto concerne l'albero le sartie intermedie rimangono regolate come con vento leggero. Passando alla messa a punto delle vele il punto di scotta del fiocco non varia rispetto alla posizione longitudinale di 2200 mm. dallo strallo e da 340 a 356 mm. dal centro della coperta (a seconda del fiocco che si utilizza): si dovrà regolare solo la scotta cazzandola di qualche cm. rispetto al vento più leggero poiché la maggior pressione di vento sulla vela apre naturalmente la balumina per cui si necessita un riassetto della forma della vela per le nuove condizioni meteo. La regolazione della scotta non dovrà essere fissa ma all'aumentare o calare delle raffiche si dovrà cazzare o lascare anche di pochissimo per ingrassare o smagrire mantenendo l'ottimale apertura di balumina. Al fine di ottimizzare questa manovra il prodiere alle cinghie (sulle barche di ultima generazione) ha la regolazione fina del fiocco posta subito a proravia della gamba anteriore. Tale sistema non è altro che una scottina tra il bozzello in coperta e il carrello del vang che termina con un'asola protetta da una redancia di plastica (si può utilizzare anche un bozzello) in cui passa la scotta del fiocco; prima di arrivare sopravento a portata del prodiere si demoltiplica sottocoperta a proravia del pozzetto per mezzo di un paranco facilitando la regolazione del fiocco anche di pochi millimetri.

Il timoniere alle cinghie, accanto al prodiere, a differenza di come avviene su tutte le barche in andatura di bolina si limiterà ad assettare la scotta della randa (altezza della fine del boma dalla coperta 10-15 cm.); naturalmente tra 8 e 12 nodi piccole correzioni alla tensione della scotta della randa sono necessarie. Principalmente il timoniere manovrerà la sartia volante alta le cui funzioni sono molteplici: flette l'albero, smagrisce la vela, sposta verso poppa la freccia di massima concavità (grasso della vela) apre la balumina per ottenere un deflusso più veloce del vento in uscita e non meno importante influisce sull'apertura della balumina del fiocco e (assieme alla volante bassa) alla catenaria; come si evince dai numerosi effetti è fondamentale la corretta e costante regolazione di questa manovra ad ogni minima variazione di intensità del vento. Il timoniere percepisce immediatamente quando occorra cazzare o lascare la volante attraverso la sensibilità sul timone; appena la barca inizia a diventare "dura" bisogna cazzarla, se il timone risulta troppo neutro occorre lascare la volante alta. La bassa inizia ad essere cazzata quando il prodiere esce completamente alle cinghie quando la volante alta inizia ad avere una certa tensione; la funzione della bassa è di raddrizzamento dell'albero bilanciando l'azione della volante alta poiché riporta uniformità (sebbene smagrita) al profilo della vela; appena il vento sale è necessario navigare con vele più piatte, cazzando principalmente la volante alta oltre che agire sulla forma della randa appiattendola avrà effetti sulla catenaria e balumina del fiocco insieme alla bassa riequilibrando le vele spostando il grasso verso prua.

Oltre alla tensione della scotta e di queste due ultime manovre descritte il cunningham e la base contribuiscono al buon assetto e forma della vela. La base in andatura di bolina deve essere ben cazzata al fine di ottenere l'appiattimento della parte bassa della vela; il cunningham inizia ad essere puntato con 8 nodi per essere cazzato ulteriormente con vento intorno ai 12 nodi. Volendo dare un'indicazione "visiva" potremmo dire che le pieghe lungo l'albero create dalla flessione dell'albero sono eliminate del cunningham che "stende" la vela sull'inferitura riportando la massima freccia del profilo verso prua.

Al fine di far rendere al massimo lo scafo da 12 nodi in poi si possono aprire gli svuotatori specialmente se in presenza di onda abbastanza formata che inevitabilmente hanno fatto entrare acqua nel pozzetto; come affermato in fase di descrizione del piano di coperta e dello scafo negli ultimi anni il volume interno è stato molto ridotto proprio per evitare con vento fresco e forte di imbarcare acqua ed è sempre ottimale navigare senza peso aggiuntivo nel pozzetto.

Vento medio-forte (13-18 nodi)

Quanto il vento sale oltre i 12 nodi la condotta in andatura di bolina non muta sostanzialmente rispetto al vento medio prima descritto ma alcuni accorgimenti nella messa a punto sono necessari. Cominciando dalla messa a punto dell'albero si iniziano a tirare le sartie alte di un giro completo di Sta-master (6 "faccette" di dado corrispondono ad un giro completo) e le sartie basse di mezzo giro. Se il vento è costante intorno ai 18 nodi alcuni equipaggi optano nel regolare le intermedie intorno a 72-73 mm. per ottenere la parte alta dell'albero più dritta; tale messa a punto è bene ricordare che occorre eseguirla a terra prima di uscire poiché, come abbiamo descritto, non è attuabile in acqua.

L'assetto dell'equipaggio, iniziando dal prodiere, man mano che l'intensità del vento sale, dovrà arretrare verso poppa di 10-15 cm., ovvero utilizzare il secondo cam-cleat (strozzascotte sul bordo esterno ove si fissa la scottina dell'imbragatura o trapezio); quando il vento raggiunge i 16-18 nodi, solitamente, cresce l'onda a meno che si navighi in acqua piatta. L'arretramento alzerà leggermente la prua, evitando ingavonamenti e quindi brusche decelerazioni pregiudicando la buona condotta generale. Anche il timoniere, se l'onda è formata, potrà arretrare, rispetto alla posizione che lo vedeva accanto alle volanti leggermente più a poppa al fine di aiutare a tener fuori dall'acqua la prua. Lo sbandamento dovuto all'intensità del vento e le condizioni di onda bisogna siano ben controllarle; gia con vento superiore ai 15 nodi, con l'accentuarsi dello sbandamento, il timoniere dovrà operare continuamente sulla volante alta e con piccoli movimenti del timone inizierà "seguire" le onde per il miglior superamento. In bolina con onda formata si orzerà in fase di salita per poggiare leggermente favorendo la discesa dall'onda; il buon superamento di un'onda, oltre a non far subire dannose decelerazioni, contribuisce, in maniera determinante, all'ottimizzazione dell'angolo di bolina. Le regolazioni delle manovre correnti si adattano all'intensità di vento superiore: la volante alta oscillerà tra ben tesa e tesa, la bassa ben cazzata per controllare l'eccessiva flessione dell'albero e parte della catenaria, così come il cunningham sarà ben cazzato e la base cazzata per render piatta la parte bassa della randa ed infine il vang non viene usato poiché è la regolazione della scotta che controlla l'altezza del boma. Quando il vento comincia a salire (16-18 nodi) occorre lascare di qualche cm. la scotta della randa rispetto ai 13-15 nodi in modo da far perdere tensione alla balumina aprendola e ritrovare il giusto compromesso tra la scotta e la tensione della volante alta.

Il punto di scotta del fiocco può essere portato con 17-18 nodi leggermente all'esterno (1-2 cm.) per mezzo dei carrelli di regolazione; così facendo si ricrea il giusto canale tra le due vele ottenendo un buon equilibrio sul timone per un buon angolo di bolina. Alcune barche hanno sistemi di regolazione del punto di scotta differenti: ansiché agire muovendo esternamente il punto alzano il bozzello mantenendo stretto il canale con la randa permettendo alla balumina di aprirsi nella parte alta. La scotta del fiocco potrà essere tenuta più ferma dal prodiere ma con la posizione più esterna conviene cazzarla qualche mm. meno al fine di aprire la balumina nella parte superiore. Può sembrare esagerato l'affermare che solo pochi mm. di scotta debbano essere lascati ma basta pochissimo affinché la balumina perda tensione e quindi si apra. Inoltre questo effetto è anche compiuto dalla tensione che produce la volante alta contribuendo a favorire l'uscita del vento dal fiocco. Se invece si utilizza l'altra regolazione (bozzello più alto) la tensione della scotta può rimanere invariata. La drizza dovrà essere leggermente più cazzata così come il punto di mura in modo da portare leggermente la freccia del profilo verso prua potenziando l'azione del fiocco soprattutto in presenza di onda formata.

Nonostante l'attenta messa a punto che un equipaggio predispone le sensazioni che il timoniere riceve dalla barca durante la navigazione sono da tenere sempre in massima considerazione. Ciò significa che sebbene si siano attuati tutti gli accorgimenti sopra descritti attraverso la pressione del timone in acqua lo skipper avrà la corretta sensazione di come la barca sta bolinando. Se ad esempio dovesse sentire una eccessiva tendenza all'orza con vento intorno a 16-18 nodi si può allungare la misura del rake a 435 o 440/445 mm. (misura coperta-centro coppiglia o esprimendosi con l'altro tipo di misurazione passare da 905 mm. a 910/915). Con tale assetto si sposta il centro velico indietro e tale messa a punto porterà un immediato bilanciamento sul timone favorendo la conduzione e quindi l'andatura.

Vento forte (19-25 nodi)

Quando si affrontano condizioni "dure" è bene predisporsi anticipatamente a terra con la messa a punto e la scelta delle vele. La messa a segno dell'albero, partendo dalle sartie intermedie, vedrà modificare la lunghezza intorno a 70-72 mm. Anche le sartie alte e basse conviene regolarle prima di uscire evitando, in queste condizioni, di trovarsi ad operare con difficoltà. Le sartie alte e basse si potranno tirare di un altro mezzo giro rispetto al vento medio-forte mantenendo l'albero perfettamente dritto sino all'attacco delle volanti alte. La parte alta dell'albero, ovvero il pennaccino, sebbene si siano cazzate le sartie alte, in bolina fletterà sottovento favorendo l'appiattendo della randa nella parte alta aprendo la balumina. Oltre alla messa a punto dell'albero per affrontare condizioni di vento forte è opportuno armare un set di vele adatto a queste condizioni. Tutti i velai specializzati in Star, anche grazie all'aiuto dei validi campioni a cui fanno riferimento per migliorare il taglio e l'utilizzo dei tessuti, o gli stessi produttori regatanti in questa classe, disegnano e consigliano tipi di vele con specifici range di utilizzo; con vento leggero e medio la randa ed il fiocco saranno tagliate per ottenere in tutte le andature la massima potenza della superficie velica usando cura per quanto concerne i tessuti che si devono perfettamente adattare alle modifiche del profilo da un'andatura all'altra ovvero dalla bolina stretta alla poppa. Quando le condizioni sono di vento forte è preferibile un taglio della randa e del fiocco più magro ed aperto di balumina che non solo rende più veloce la barca ma più bilanciata e facile da condurre; sebbene, infatti, una Star, con vento fresco o forte, possa con la sua vastissima gamma di regolazioni modificare radicalmente la messa a punto per ogni condizione, chi ha provato l'esperienza di navigare con vele adatte alla condi-meteo in argomento troverà opportuna questa scelta di cambio di vele. Per il vento forte quindi è necessario utilizzare una randa con curve di forma meno profonde, più dritte in uscita (balumina) differenziando il tessuto tra parte alta e bassa della vela; prendendo come campioni alcune tra le maggiori velerie, per il vento leggero e medio, si userà una differenziazione di grammatura del tessuto a seconda delle zone della randa più sollecitate dallo strech, (es."Contender" o 3.8 once Polykote nelle aree di penna e bugna e un 3.6 once Pk nella zona centrale e dell'inferitura. Con vento forte, oltre al diverso shape anche il tessuto dovrà avere caratteristiche di tenuta maggiori. (es. un tessuto "Dimension/Polyant 165 HTP Squared cloth" con "253 HPT" nella zone di maggior sforzo). Con vento medio-forte e forte si sostituirà la stecca alta morbida che si usa fino a 15-18 nodi con una più rigida che appiattirà ulteriormente la parte alta della vela.

Il fiocco, come la randa, oltre a modificare leggermente il taglio da vento leggero a forte (quest'ultimo varia di un leggero spostamento del grasso a prua e un'uscita di balumina più dritta) è costruito con differenti grammature: quasi totalmente in 3.8 once eccettuata la base in 5.46 once per il vento leggero e medio mentre con vento forte è preferibile utilizzare al posto della grammatura di 3.8 once una di 4.46.

Terminata la messa a punto dell'albero ed effettuata la scelta delle vele la loro messa a segno in bolina vedrà la base cazzata al massimo per rendere la parte bassa della vela molto piatta; il cunningham molto cazzato riporterà in parte il grasso della vela in avanti dato che per effetto della grande flessione dell'albero per la grande tensione della volante alta il profilo (concavità massima della vela) era stato spostato verso poppa. Quando il vento comincia ad essere forte e vi è necessità di scaricare ulteriormente potenza dalla randa si può iniziare a lascare la sartia volante bassa permettendo all'albero una maggior flessione, diminuendo ulteriormente la tensione della balumina e navigando con una randa più piatta. La scotta della randa non dovrà essere troppo cazzata (si lasca di 5-10 cm.) in modo che l'effetto della volante alta sulla balumina venga parzialmente annullato dall'abbassamento del boma. Il rake se già precedentemente regolato intorno a 435-445 mm. (905-915 mm. corrispondente misura con il metodo alternativo descritto) non viene ulteriormente regolato.

Il fiocco, come la randa, dovrà modificare il profilo al fine di appiattire la sua forma; per ottenere questo si può spostare leggermente indietro il punto di scotta aumentando la tensione della base (1-2 cm.) e facendo scorrere di 4-5 cm. verso l'esterno i carrellini si otterrà un'apertura del canale fra randa e vela di prua. La tensione della scotta se si sposta verso poppa il bozzello si manterrà abbastanza tesa mentre se si decide di spostarlo solo verso l'esterno essa potrà esser lasciata uguale o di 1cm. più lasca favorendo l'apertura della balumina. In presenza del sistema che alza il bozzello del punto di scotta si può agire anche su questa regolazione.

L'equipaggio, alle cinghie per il massimo raddrizzamento vedrà il prodiere con le mani costantemente sopra la testa per aumentare al massimo la leva; quando si naviga in condizioni di vento forte è meno necessario regolare il fiocco ma tuttavia se la barca subisce bruschi rallentamenti dovuti all'onda egli deve immediatamente lascare di 2-3 cm. la scotta per far riprendere velocità che appena raggiunta vedrà di nuovo il fiocco cazzato al massimo per il miglior angolo di bolina. Per manovrare in modo preciso è fondamentale avere il sistema di demoltiplica con il bozzelli sulla bugna del fiocco o sotto coperta, presente di serie sulle barche di ultima generazione prima descritto poiché il prodiere nella sua posizione troverebbe difficoltà e poca precisione nel manovrare la vela. Lo skipper attraverso le sensazioni che riceve dal timone creerà il bilanciamento migliore affinché la barca risulti sempre "facile" da portare "lavorando" con piccole orzate e poggiate l'onda tenendo costantemente alta la velocità dello scafo; la scotta della randa anche in questo caso è piuttosto fissa trovato il punto ideale per la condizione che si sta affrontando mentre la tensione della volante alta, seppur di poco, sarà quasi continuamente regolata al fine di ottenere il massimo rendimento della vela anche durante le minime variazioni di intensità del vento. A questo va relazionato anche lo sbandamento che naturalmente si accentua con il vento più forte; l'ideale scorrimento sulle linee d'acqua della Star prevede il sopra citato "appoggio" dello spigolo sottovento con il conseguente innalzamento di quello sopra ma quando il vento è forte riuscire a controllarlo perfettamente risulta difficile. A questo proposito, oltre alla corretta messa a punto dell'albero e del profilo delle vele, l'allenamento gioca un ruolo fondamentale affinché l'equipaggio crei un' "abitudine" nel condurre la barca in condizioni dure, training del quale parleremo nel capitolo dedicato.

In ultima analisi se dovessimo navigare con vento oltre i 30 nodi sulla Star occorre oltre che essere buoni regatanti anche degli ottimi marinai poiché tali condizioni esigono oltre alla messa a punto delle vele e dell'albero perizia marinaresca soprattutto in presenza di onda molto formata. Durante le regate al più alto livello (campionati del mondo o regate internazionali) è capitato di affrontare condizioni al limite e sebbene con difficoltà questo monotipo ha superato le condizioni più impegnative. Le maggiori problematiche di condotta, in verità, non sono in bolina ove, operando direttamente sulla scotta della randa con rapide allascate si possono superare raffiche violente e onde alte; per quanto concerne la volante alta dovrà essere molto cazzata mentre la bassa sarà mollata per sfruttare al massimo la flessione dell'albero e quindi l'appiattimento della randa ma data la grande superficie velica i problemi di conduzione emergono nelle andature portanti e nelle manovre di cambio di bordo come l'abbattuta. Nei prossimi paragrafi affronteremo tali problematiche soprattutto per evitare i danni più frequenti come la rottura dell'albero.

Assetti dell'equipaggio e delle regolazioni delle manovre correnti al traverso-lasco

Il regolamento di classe prevede percorsi a bastone con un breve lato di traverso-lasco (denominato lato di disimpegno) per evitare pericolosi incroci nei giri di boa tra chi inizia il lato di poppa e le barche che stanno approcciando la boa di bolina. I comitati di regata della Star come da regolamento di classe hanno però la possibilità di far effettuare un percorso a triangolo con una sola poppa in caso di vento forte o molto forte. Tale alternativa viene sfruttata sia perché il lato di lasco in condizioni dure permette di sfruttare le doti atletiche e tecniche di un equipaggio sia per evitare un lato di poppa particolarmente rischioso per difficoltà di condotta e per salvaguardare l'attrezzatura (albero) particolarmente vulnerabile in condizioni al limite. Dopo tale premessa si analizzeranno gli assetti da vento leggero a forte nel lato di traverso e lasco tenendo in considerazione massima questa andatura, anche se il tratto da percorrere prima della poppa (lato di disimpegno) è breve; una precisa messa a punto può farci superare un avversario o guadagnare preziosi metri per raggiungerlo o distaccarlo a dispetto chi considera questo lato un "trasferimento" poco importante prima della poppa.

Vento leggero (0-7 nodi)

In condizioni di vento leggero già approcciando la boa di bolina, o mentre si gira, si può cominciare a modificare il profilo della randa ingrassandola di base, cunningham, lascando completamente la volante sottovento e parzialmente quella di sopravento; il vang dovrà essere puntato al fine di non far alzare troppo il boma controllando uno svergolamento eccessivo della balumina. Prima di girare la boa per iniziare la nuova andatura è fondamentale ricordarsi di lascare la volante sottovento per evitare che la randa si blocchi e non possa essere lascata e cazzare leggermente la leva dell'albero affinché, quando la scotta della randa e la volante alta di sopravento vengono lascate, l'albero non subisca l'inversione verso prua. La volante bassa, in bolina con vento leggero, non è utilizzata quindi non c'è necessità di lascarla ma occorre assicurarsi che sia in bando durante il traverso poiché l'albero si raddrizza già con la allascata della volante alta e della scotta. Il fiocco dovrà seguire la poggiata verso la nuova andatura e la sua regolazione sarà continuamente seguita dal prodiere con minime regolazioni affinché la vela crei la massima spinta anche in questo piccolo tratto di regata. Il punto di scotta sul carrello interno-esterno potrà essere spostato verso l'esterno per ¾ della sua lunghezza creando in questa andatura l'ideale canale tra la randa lascata ed il fiocco ed evitando anche in questo caso un eccessivo svergolamento della balumina. La tensione della drizza del fiocco, con il raddrizzamento dell'albero dovuto alla allascata della volante alta, subisce un calo di tensione utile al corretto profilo per l'andatura e quindi non è necessario regolarla.

L'assetto dell'equipaggio potrà continuare a mantenere un leggero sbandamento con vento molto leggero per passare con 6-7 nodi ad una conduzione di barca piatta durante il traverso. Il timoniere, se non incalzato da un avversario all'orza, cercherà di percorrere la rotta più breve verso la boa successiva (condizioni di corrente permettendo) con la randa a segno e aiutato dalla sensazioni sul timone per ottimizzare la messa a punto mentre il prodiere che ha il compito di regolare perfettamente il fiocco e mantenere l'assetto potrà cominciare a far uscire il tangone appoggiando la varea da agganciare al fiocco fuori dal pozzetto per ridurre il tempo di manovra che prevede il suo fissaggio alla bugna per l'andatura di poppa.

Vento medio (8-12 nodi)

Già con questa intensità inizia ad esser importante un perfetto equilibrio e messa a punto della barca e delle vele durante il lato di passaggio tra la bolina il lato di poppa. Arrivando in andatura stretta, sicuri di prendere la boa è importante lascare la volante sottovento e cazzare un po' di leva affinché, quando viene lascata la volante alta di sopravento e la scotta della randa l'albero non subisca inversione; si può inoltre iniziare a lascare il cunningham, la base (al giro di boa), anche se non totalmente con 10-12 nodi per evitare alla vela di fare troppo "sacco" nella parte bassa. Anche il vang dovrà essere cazzato affinché lascando la scotta, il boma alzandosi, non faccia subire alla randa un eccessivo svergolamento nella parte alta. Nel momento in cui si lasca la volante alta è necessario assicurarsi che la bassa sia completamente in bando sempre per evitare che l'albero si inverta, facendo lavorare le crocette al contrario, mettendone a rischio la tenuta. La caratteristica delle crocette sull'albero della Star, in andatura portante con vento leggero e medio, è quella di poter ruotare in avanti in andatura di poppa permettendo di aprire la randa senza che esse possano limitarne l'allascata di scotta. La proprietà sopra descritta è vantaggiosa per le andature come il gran lasco e la poppa ma occorre prestare la massima attenzione quando si passa da un'andatura stretta ad una portante poiché si rischia, non tanto con vento medio ma con vento più fresco di rompere l'albero per l'inversione di flessione verso prua.

Il fiocco, oltre ad essere lascato seguendo il cambiamento di rotta potrà, come con vento leggero, vedere il suo punto di scotta più esterno per far sì che il canale tra randa e fiocco sia più parallelo. Il timoniere, se alle cinghie, manterrà la posizione cercando con il prodiere di schiacciare il lato sopravento per mantenere piatto lo scafo nella nuova andatura. Già con 10 nodi al traverso la Star inizia a planare accelerando notevolmente la sua velocità ed è quindi fondamentale mantenere alta la concentrazione dell'equipaggio anche in un bordo corto come quello di disimpegno dalla boa di bolina. Se il prodiere in andatura stretta era completamente alle cinghie nella classica posizione "seduta", nel traversino che porta alla poppa, dovrà modificare la posizione cazzando le cinghie e proponendosi al raddrizzamento in postura con gambe e busto bloccati sulla stessa linea parallelamente all'acqua. Tale posizione è molto faticosa ma estremamente efficace per quanto concerne il raddrizzamento; data la lunghezza limitata del lato è necessario che il prodiere resista fino all'inizio del cambio di andatura mantenendo alta la velocità facilitando, con la barca piatta, la planata. Naturalmente al variare della velocità dovrà sempre continuare a regolare il fiocco affinché la barca possa sviluppare in ogni istante la massima performance.

Vento medio-forte (13-18 nodi)

Quando il vento comincia a soffiare intorno ai 15 nodi l'arrivo alla boa di bolina vede l'equipaggio al massimo raddrizzamento che le vele già settate con una forma abbastanza magra. Allargando l'andatura per poi iniziare la poppa occorre preparare in bolina la volante sottovento completamente mollata, cazzare la leva per evitare l'inversione dell'albero in modo che, lascando randa e volante alta, si possa rompere l'albero. Come con vento medio la volante bassa di sopravento deve essere in bando affinché non si induca allo spanciamento dell'albero verso prua. Le regolazioni per ingrassare la randa con vento di questa intensità potranno variare per quanto concerne ad esempio la base: se con vento intorno ai 13 nodi si potrà ancora rendere la parte bassa della vela più rotonda con vento di 16-18 nodi non conviene ingrassare esageratamente la vela poiché una randa troppo potente rende difficile il raddrizzamento da parte dell'equipaggio costretto a lascare molta scotta per ottenere lo scafo piatto per planare. Una messa a punto errata può portare, oltre che ad una velocità non ottimale, a scarrocciare pericolosamente sotto boa costringendoci a rallentare e modificare la rotta perdendo terreno prezioso. Il cunningham, a differenza, potrà essere completamente lascato ricreando, insieme al rilascio della volante alta, la naturale curva d'albero con la quale è stata progettata. Il vang con 13-14 nodi potrà essere ben puntato mentre se il vento soffia con maggiore intensità conviene tenerlo più lasco al fine di favorire lo svergolamento quindi con una tensione di balumina che permetta di scaricare velocemente il vento. La sensazioni che lo skipper riceve timonando sono fondamentali per rendere fluido lo scorrere dello scafo in acqua e favorire la planata; se il timone non è abbastanza neutro si stenterà a tener dritta la barca e la tendenza orziera influisce negativamente sulla massima velocità. Il punto di scotta del fiocco si sposterà all'esterno per i motivi già citati per il vento leggero e medio e la regolazione della scotta seguirà costantemente i filetti al fine di far rendere al massimo la vela. La tensione della drizza si lasca per il raddrizzamento dell'albero rendendo il fiocco senza modifiche di forma dovute alle regolazioni nei diversi assetti. La posizione prua-poppa dell'equipaggio varierà a seconda delle condizioni di onda ovvero scorrendo indietro se l'onda è abbastanza o molto formata o rimanendo centralmente se si sta navigando in condizioni di onda corta. Oltre a disporsi al massimo raddrizzamento ovvero stesi al massimo come precedentemente descritto accompagneranno, possibilmente all'unisono, con vigorose schienate (nei limiti consentiti dal regolamento) l'inizio della planata favorendone successivamente il mantenimento e il ritorno in fase di discesa dall'onda. Il lavorare l'onda da parte del timoniere comincia ad essere fondamentale: per aiutare il mantenimento della planata occorre correggere la rotta con il timone ma soprattutto regolando la randa con veloci correzioni di scotta si riuscirà a navigare alla massima velocità senza eccessiva pressione sulla pala in acqua.

Vento forte (18-25 nodi)

Quando il vento soffia con questa intensità il comitato di regata, per i motivi già spiegati, può optare per far disputare la regata con un percorso a triangolo dopo la prima bolina limitando l'andatura di poppa al penultimo lato. Dopo la prima bolina quindi il bordo di trasferimento verso la vicina boa che porta in poppa è sostituito da un primo lungo lasco nel quale è fondamentale cercare di far planare la barca appena entra nella nuova rotta che la porterà al secondo lato portante. Rispetto al traverso di disimpegno dalla boa di bolina il lasco è più largo; l'esser un'andatura di 15-20 gradi più aperta facilita notevolmente la conduzione e la velocità massima si raggiunge più facilmente. Fare un lasco con 20-25 nodi su di una Star è molto impegnativo da parte dell'equipaggio ma sicuramente l'andatura ripaga la fatica durata con emozionanti accelerazioni e planate esaltanti. Un lasco con vento forte va affrontato, al termine del lato di bolina, con la leva ben cazzata per evitare la pericolosa inversione dell'albero quando di lasca la scotta della randa. La base della stessa rimane cazzata quasi come in bolina o lascata di pochissimo rispetto all'andatura di risalita al vento in modo da navigare con la parte bassa della vela ancora abbastanza piatta. Il cunningham può essere lascato quasi completamente ma se il vento è sui 25 nodi costanti è conveniente tenerlo ancora un po' cazzato. All'inizio del lato si lascherà solo un po' la volante alta mantenendo così l'albero flesso e conseguentemente uno shape della vela non troppo potente. La volante bassa deve essere completamente lascata ed il vang dovrà essere regolato affinché il boma non si alzi troppo mantenendo una tensione di balumina tale da favorire lo scarico del vento. Il punto di scotta del fiocco deve essere portato esterno come già descritto con vento di minore intensità.

In condizioni dure per evitare perdita di potenza della randa o straorzate è necessario manovrare molto il vang in modo da modificare la chiusura/apertura della balumina a secondo della raffica che si affronta. Questa operazione fondamentale sia dal punto di vista di una più facile conduzione sia di mantenimento della velocità e della planata è affidata al prodiere poiché il timoniere ha in una mano la prolunga della barra e nell'altra la scotta della randa. L'affiatamento dell'equipaggio per manovrare in sincronia e sinergia raggiunge in questa fase una delle massime punte di espressione facendo capire la complementarietà necessaria per raggiungere prestazioni di alto livello. Per chiarire meglio come opera l'equipaggio si può riassumere dicendo che appena la barca è investita da un aumento dell'intensità del vento, o in altri casi anticipando, il prodiere lasca il vang di quel tanto (dipende dalla raffica) che permetta al timoniere di restare con la stessa tensione della scotta della randa o regolandola di poco. La rotta, appena investiti dalla raffica, si proporrà in leggera poggiata per far si di non perdere troppo sopravento difficile da recuperare con queste condizioni. A tutto questo va aggiunto l'effetto dell'onda che permette sia il mantenimento in planata sia le variazioni di velocità quando il vento aumenta. Se in una mano il prodiere, proteso alle cinghie, manovra il vang nell'altra regola costantemente la scotta tenendo perfettamente a segno la vela di prua: il vento apparente durante il lato di lasco, al variare della velocità, modifica il grado di incidenza sulle vele cosicché è di primaria importanza adeguare continuamente la regolazione della scotta della randa e del fiocco. In fase di accelerazione all'inizio della planata la vela di prua indicherà al prodiere, per mezzo dei filetti posti nella zona anteriore, la messa a punto ideale: il vento apparente ruotando verso prua indicherà di cazzare il fiocco, ottenendo dalla vela il massimo rendimento che, oltre ad esprimere la massima spinta, permetterà di mantenere una sufficiente forza alla poggia fondamentale per l'equilibrio tra le due vele evitando di straorzare. Al contrario se la velocità decade (uscendo dalla planata) occorre lascare immediatamente il fiocco affinché si ristabiliscano al più presto le condizioni per accelerare di nuovo. Anche la posizione dell'equipaggio favorisce nell'andatura portante l'inizio della planata o il suo ripristino; la posizione alle cinghie, già descritta in precedenza, dovrà variare in senso longitudinale. Timoniere e soprattutto il prodiere varierà la sua posizione prua-poppa a secondo delle esigenze: spostandosi in avanti, in fase di decelerazione, abbasserà la prua, alzerà seppur di poco la poppa facilitando la "presa" dell'onda da poppa, favorendo l'inizio di una nuova planata. Un attimo prima che la prua tenda ad ingavonarsi si sposterà rapidamente verso poppa facendo di nuovo appoggiare la parte più piatta dello scafo favorendo la stabilità e mantenimento della velocità. Infine, dalla posizione alle cinghie, il prodiere uscirà cercando la massima posizione esterna in fase di accelerazione favorendo l'entrata in planata "schiacciando" il lato di sopravento per mantenere piatto lo scafo in questa delicatissima fase iniziale di aumento della velocità: con molta sensibilità un bravo prodiere può anticipare ponendo le mani dietro la testa come in bolina. La coordinazione con il timoniere è fondamentale; quest'ultimo, infatti, orzando leggermente e cazzando la randa creerà i presupposti per iniziare la planata prima possibile. In situazioni di vento forte oltre ad avere una buona sensibilità quando investiti dalla raffica dovrà manovrare al meglio, come già accennato, tenendo conto dell'onda che può essere corta o lunga comunque un elemento fondamentale da sfruttare per questa andatura. Quando si naviga con quella del tipo corta e ripida (più frequente nei laghi) la planata può essere mantenuta più facilmente poiché vi è rapida successione tra un'onda e l'altra; in mare, generalmente, se il vento è forte si creano onde di altezza molto superiore ai laghi con la netta differenza di spazio tra l'arrivo di una ed il susseguirsi della successiva. Per interpretare il moto ondoso facendo si che esso sia sempre favorevole all'incremento della velocità occorre sfruttare l'onda in maniera precisa ed efficace: oltre alla messa a segno delle vele ed allo spostamento in senso longitudinale del peso dell'equipaggio occorre un timing perfetto al fine di sfruttare in accelerazione la presa di poppa dell'onda per scivolare in fase di caduta nel suo cavo poggiando. Terminata la discesa prima di decelerare con le vele e una leggera correzione all'orza si ricreeranno le condizioni per riprendere il prima possibile un'altra onda.

Il lasco con vento forte è sicuramente un'andatura sotto il profilo fisico che mette a dura prova le qualità atletiche di forza e resistenza di un equipaggio. Per affrontare con buoni risultati oltre ad un alto livello di concentrazione, sensibilità sul timone, vele e di scivolamento dello scafo in acqua, occorre una ottima preparazione fisica anche perché i due lati di lasco sanciscono l'arrivo a metà regata con ancora due boline ed una poppa da fare, lati molto impegnativi fisicamente con questa intensità di vento.

Quando il vento supera i 25 nodi il lasco si affronta nella maniera fin qua descritta anche se va considerato una attenzione ed un impegno a livello fisico e di concentrazione dell'equipaggio molto alto. Se il vento soffia oltre l'intensità descritta nel precedente paragrafo il passaggio in andatura portante non consiglia di ingrassare la randa per cui base e cunningham rimangono cazzati al fine di navigare con un profilo piatto della vela; è importante ricordarsi di cazzare molto la leva per evitare la già citata inversione dell'albero, lascare un po' la volante alta, completamente (se in tensione anche minima) la bassa e posizionare l'equipaggio verso poppa per evitare di ingavonarsi; il vang andrà tenuto quasi completamente lasco permettendo uno svergolamento accentuato per scaricare il vento ed evitare straorzate. Il fiocco portato esterno di punto dovrà essere sempre a segno poiché aiuterà nella conduzione il timoniere con la sua efficace spinta alla poggia. Sia con vento forte e molto forte l'utilizzo del timone dovrà anticipare la tendenza orziera e poggiera del momento con rapide correzioni di rotta specialmente in condizioni di onda molto formata.

Assetti dell'equipaggio e delle regolazioni delle manovre correnti in poppa

La poppa sulla Star, sebbene l'armo non preveda l'uso dello spinnaker, è un'andatura molto tecnica, difficile e, in regata, un lato ove sono più facili ed attuabili grandi recuperi ed il sorpasso di molti avversari. Data la grande superficie velica della randa e l'opportunità di modificare l'assetto dell'albero appruandolo notevolmente occorre, specialmente con vento più fresco essere attenti alle regolazioni della volante alta per evitare che si rompa. In questi paragrafi come già fatto per le andature di bolina, traverso e lasco analizzeremo le regolazioni delle manovre correnti e gli assetti che l'equipaggio dovrà sviluppare al fine di rendere veloce la propria Star in questa andatura.

Vento leggero (0-7 nodi)

Arrivando dal lato di disimpegno dopo la bolina il prodiere, in prossimità del giro di boa potrà appoggiare anteriormente fuori del pozzetto la varea del tangone per velocizzare la sua messa sull'albero. Questa preparazione è utile sia che si inizi la poppa con le stesse mura sia che si abbatta per navigare con mura a sinistra. Poggiando per mettersi in poppa il timoniere lascherà la randa e completamente il carrello del punto di scotta del fiocco mentre il prodiere cazzerà sopravento la scotta dello stesso per agganciare all'anello della bugna il tangone ed immediatamente dopo la lascherà per mettere in posizione il tangone; mentre esegue questa operazione il timoniere bloccherà sopravento la scotta del fiocco stando attento di non cazzarla troppo perché il suo compagno sta lascando il punto di mura della vela di prua e cazzando la drizza per farlo salire lungo lo strallo con questa intensità di vento di circa 20-30 centimetri. Continuando a descrivere la manovra il prodiere, senza soluzione di continuità, voltandosi sulle barche armate con la regolazione diretta al centro altrimenti manovrando sulla parte alta dell'inizio del pozzetto, mollerà la volante di sopravento per far si che l'albero scorrendo verso poppa di piede si apprui ed il timoniere tirerà completamente la leva affinché per tutto il lato l'albero rimanga nella stessa posizione. La messa a punto della volante alta per appruare l'albero se in questa descrizione è eseguita dopo aver operato sul fiocco può essere fatta anche prima posticipando le altre azioni di assetto delle vele. Dopo aver concluso la messa a punto il prodiere si posizionerà sdraiato o in piedi sulla prua tenendosi all'albero mentre il timoniere siederà al centro del pozzetto con la scotta della randa in mano per regolare sempre la vela. La volante bassa, la base ed il cunningham sono già stati lascati nel traversino mentre il vang abbisogna della messa a punto ideale: secondo la rotta che si vuole seguire (gran lasco o poppa in strapoggia) occorre tenerlo un po' puntato (nel primo caso) o lasco (seconda opzione). La scelta della rotta dipende molto dagli avversari e dalle condizioni meteo; se con vento leggerissimo conviene allungare la via più breve fra la boa appena girata e quella alla fine del lato già con 6-7 nodi è possibile navigare per brevi periodi in poppa alla strapoggia. Lo sbandamento, quando l'intensità di vento è molto leggera, conviene attuarlo appena sottovento in modo che le vele rimangano più in forma. La poppa classica ovvero con vento a 180° non conviene eseguirla per l'effetto che il vento ha sulle vele. Il flusso del vento sulla superficie velica deve avere sempre avere una minima inclinazione rispetto alla poppa in fil di ruota.

Se si decide di fare un'andatura di gran lasco la rotta dovrà essere in relazione alle diverse pressioni di vento che durante il lato si incontrano o meglio si ricercano per aumentare la velocità. L'andatura sarà un susseguire di leggere orzate per accelerare seguite da modifiche alla poggia per scendere verso il percorso più breve per la boa; per il mantenimento della velocità è essenziale ed uno strumento che indichi i salti di vento noto come windex posto in testa d'albero o filetti di lana o nastro da audio-cassetta applicati sulle sartie. Il vento apparente dovrà segnare un angolo di 90° per ottenere il giusto compromesso tra angolo di discesa e velocità. Il fiocco sarà regolato con vento leggero non completamente lascato di punto di mura così come la drizza non conviene alzarla tutta: si otterrà una forma abbastanza rotonda in inferitura che si ripercuoterà per tutta la vela. Il tangone non facendo una rotta di poppa piena non sarà tutto quadrato ma l'angolo di scotta oltrepasserà la linea dello strallo. La randa in relazione alla rotta ed al vento apparente dovrà essere regolata affinché non inizi a rifiutare vicino all'albero.

Se si intende navigare in poppa oltre il fil di ruota, con qualche nodo di intensità in più, come mostra il disegno il vento non colpirà per primo il lato di sopravento ma arriverà da sotto; in questo assetto il vang della randa dovrà essere lascato, il fiocco va portato con il tangone più quadrato e la posizione del prodiere, specialmente sull'incremento dell'intensità di vento si sposterà sottovento favorendo la discesa rispetto alla rotta. Per il massimo rendimento del piano velico nei lati di poppa, occorre ottenere uno sbandamento sopravento cosicché da spostare il centro velico verso l'alto. Con tale assetto (sbandamento sopravento) si ha una conseguente compensazione del timone che altrimenti tenderebbe a far andare la barca all'orza.

Il comportamento dell'equipaggio dovrà assecondare con piccoli movimenti di rollio dello scafo spostandosi (essenzialmente con il busto) sopravento o sottovento per mantenere la velocità acquisita con una leggera raffica o per un'onda che con questa intensità di vento sicuramente non permette di planare ma che può far incrementare anche minimamente la velocità media o che permette di accelerare dopo un calo di vento. Tali movimenti per acquisire in ogni momento l'assetto ideale, in ottemperanza alla regola 42 del regolamento di regata, vanno eseguiti all'unisono da parte del timoniere e del prodiere comportando un affiatamento che si matura solo con un allenamento costante. A questo proposito va detto che mentre il timoniere è concentrato nella condotta della barca a seguire le onde (anche piccole) la bussola e il mostravento in penna d'albero (windex) o i filetti che indicano il vento apparente, il prodiere lo informa costantemente sulle diverse pressioni del vento sul lato di poppa per navigare più o meno orzato nonché sulle scelte da effettuare in relazione alle tattiche degli avversari. La collaborazione tra i membri dell'equipaggio, per quanto concerne sia la conduzione sia per l'evolversi della tattica, è elemento fondamentale per il buon esito di un lato di poppa e non è errato considerare più importante questa andatura rispetto alla bolina. Nella risalita al vento infatti le differenze di velocità in tutte le condizioni sono minime rispetto a quelle che si possono mediamente sviluppare in poppa; basti pensare infatti che in bolina l'angolo e la velocità per tutte le barche può considerarsi simile specialmente con vento leggero e medio affidando così alle scelte tattiche la buona riuscita del lato di risalita mentre in poppa si ha una possibilità di scelta per quanto concerne l'angolo di discesa e di velocità notevolmente superiore permettendo di recuperare o guadagnare molte lunghezze rispetto alla bolina. Con tale affermazione, o teoria, non si vuol sminuire o considerare il lato di risalita al vento meno importante poiché per vincere o piazzarsi bene in regata è fondamentale partire bene ed arrivare alla prima boa di bolina in buona posizione; si considera più importante il lato di poppa poiché le possibilità che esso offre, se ben sfruttate dall'equipaggio, possono mutare a proprio favore il risultato finale.

Vento medio (8-12 nodi)

Rispetto al vento più leggero finora descritto la conduzione non varia di molto anche se con vento sopra i 10 nodi è più attuabile la poppa in strapoggia. Per quanto concerne il settaggio delle vele occorre lascare completamente la base della randa se nel disimpegno non era stata mollata completamente mentre il cunningham è gia a segno. Particolare importanza è la messa a segno del vang che, in caso si voglia navigare più poggiati occorre lascare rispetto al traversino. Quando il vento sale le reazioni dello scafo sull'acqua mutano o per meglio dire si accentuano e velocizzano; la coordinazione del timoniere e prodiere diventa molto importante per la conduzione ora che sicuramente l'onda può essere più decisa rispetto al vento leggero. La messa a segno del fiocco è pressoché uguale all'intensità inferiore ma tutta la vela può essere alzata al massimo (80-100 cm.) dalla coperta e per la messa a segno della scotta il tangone deve essere abbastanza quadrato se si naviga oltre il fil di ruota. Per riuscire ad alzare così tanto il fiocco, cazzando quasi tutta la drizza, nelle barche di ultimissima generazione si è modificato l'armamento dello strallo che si unisce al suo prolungamento sottocoperta anziché unirlo al 25-30 cm. all'esterno della prua. La congiunzione è stata portata all'interno (zona ove è posto l'oblò di ispezione) in modo da non aver ingrossamenti o impedimenti lungo il cavo nella zona di giunzione.

Vento medio-forte (13-18 nodi)

Quando il vento inizia a soffiare intorno ai 13-15 nodi è ancora possibile appruare il piano velico come con vento leggero e medio anche se conviene tenere leggermente cazzata la volante alta al fine di evitare la rottura dell'albero se una raffica spira con maggiore intensità. Molto dipende anche dalle condizioni di onda poiché se molto formata si aumenta il rischio di ingavonamento e quindi di rottura dell'albero. Al giro di boa per entrare in andatura di poppa mentre il prodiere manovrerà per mettere in assetto la vela di prua lascando la mura ed alzando al massimo il fiocco il timoniere mollerà velocemente la base ed il vang e regolerà la scotta del fiocco ed il carrello del punto di scotta tutto esterno mentre si posiziona il tangone. Terminata questa fase il prodiere porterà l'albero avanti mollando gradatamente la volante ed il timoniere bloccherà avanti l'albero cazzando la leva. Se il vento supera i 15 nodi l'unica differenza sarà nell'appruamento dell'albero che dovrà essere minore per evitare che l'eccessivo spostamento verso prua provochi la rottura. Per essere sicuri di regolare bene questa delicata manovra è conveniente avere sulla scotta che regola la volante dei segni di diverso colore che possano immediatamente indicare al prodiere il punto massimo oltre il quale non deve andare l'albero. Le condizioni di onda saranno determinanti per la messa a punto di questa regolazione che naturalmente potrà far camminare la barca più veloce rispetto agli equipaggi più conservativi. L'assetto dell'equipaggio vedrà il prodiere più indietro rispetto al vento leggero e medio: la sua posizione ideale dipenderà dalla presenza di onda più o meno formata per evitare che la barca subisca pericolosi ingavonamenti. Il timoniere arretrerà la sua posizione leggermente verso poppa e "lavorerà" l'onda e la scotta della randa per mantenere la barca sempre in velocità e possibilmente in planata. Queste condizioni permettono, agli equipaggi più esperti, di affrontare la poppa ancora con una certa facilità di governo esprimendosi al massimo sia nella conduzione che nella tattica, esprimendo la migliore performance con un perfetto coordinamento timoniere-prodiere negli spostamenti laterali per correggere o accentuare il rollio dovuto all'intensità di vento e all'onda, nella regolazione del fiocco ma soprattutto della randa tenendo sempre conto del regolamento di regata che limita queste azioni.

Vento forte (18-25 nodi)

In poppa, quando il vento si avvicina e supera i 20 nodi, implica una messa a punto ed una conduzione attenta da parte dell'equipaggio. Se si vuole far esprimere alla Star, con questa intensità di vento, le performances migliori abbisognano di un grado di preparazione ed allenamento costruito nel tempo poiché, in condizioni dure, l'affiatamento ed il perfetto governo della barca esaltano le prestazioni di questo monotipo. Nell'affrontare la poppa, girando la boa il timoniere, lascando velocemente la randa, cercherà subito la rotta ideale ma non ancora oltre la poppa in fil di ruota poiché dovrà dare il tempo al prodiere di operare alla messa a segno del fiocco (mura e drizza) e del tangone. Durante le fasi di messa a segno della vela di prua, lascherà la base ed il cunningham che nel lato di disimpegno o venendo dalla bolina erano molto cazzati. Prima che il tangone sia in posizione regolerà il fiocco di scotta e lascherà completamente il carrello facendolo risultare completamente esterno per ottenere una posizione della vela di prua molto quadrata dato che l'andatura che si vuol effettuare sarà anche oltre il fil di ruota cioè in strapoggiata. La posizione dell'equipaggio sarà sicuramente nel pozzetto più o meno a poppa a seconda dell'altezza dell'onda e l'andatura sarà caratterizzata da veloci spostamenti verso prua (soprattutto del prodiere, per facilitare l'entrata in planata o per mantenerla. Dato che l'andatura è soggetta a movimenti di rollio l'equipaggio dovrà assecondare o contrastare lo spostamento incontrollato del centro velico soprattutto quando si naviga oltre la poppa filo. Uno degli incidenti più frequenti è la rottura dell'albero già preventivamente non lascato di volante e ben cazzato di leva: durante la poppa se inizia a rollare non controllando i veloci sbandamenti sopra e sottovento capita di far toccare il tangone molto quadrato in acqua producendo grande pressione nel punto di appoggio sull'albero determinandone la sua rottura: anche per questo il posizionamento di altri appoggi per il tangone evitano parzialmente questo pericolo. E' anche vero però che con l'innalzamento della drizza più accentuata questa problematica è in parte risolta ma la maggior parte dei danni in poppa è causata proprio da questo tipo di episodi o dall'abbattuta di cui in seguito parleremo. La cosa più importante, oltre a mantenere sempre alta la velocità che determina una minore pressione del vento sulle vele e sull'attrezzatura è di non far mai ingavonare la prua per le ovvie ragioni comuni a tutte le barche. Sulla Star la parte anteriore dello scafo è molto affilata e occorre prestare molta attenzione al fine di evitare che la prua si immerga, costringendo l'attrezzatura ad una eccessiva compressione e non ultimo ad imbarcare decine se non centinaia di litri d'acqua in pozzetto che solo con gli svuotatori può essere espulsa.

Non è raro che in molte regate di alto livello il vento già forte alla partenza è aumentato fino a superare i 25 nodi arrivando anche a 30-35. Navigare in poppa con la Star in tali condizioni è veramente difficile e le doti velico-marinaresche dell'equipaggio si devono esprimere al meglio soprattutto per non fare danni ovvero non rompere l'albero. Quando il vento soffia molto forte condurre la barca in strapoggia è pressoché impossibile così come la messa a segno delle vele, soprattutto la randa prevede la base lasca ma non completamente mollata, il cunningham lasco, il vang non troppo cazzato che permette (se navighiamo in poppa al giardinetto) uno scarico della vela accentuato dato lo svergolamento della parte alta. La posizione in condizioni di onda molto formata potrà vedere anche timoniere e prodiere sulla stessa linea completamente a poppa per evitare che la prua si ingavoni con le conseguenze precedentemente descritte.

Manovre

Virata con rollio

Il cambiamento di bordo, in regata, è la manovra che si effettua ogni qualvolta le esigenze tattiche e strategiche indicano una possibilità di ridurre lo spazio tra noi e la boa di bolina o per controllare un avversario. Dopo tale premessa è necessario ridurre al minimo la fisiologica perdita di velocità dovuta al cambio di mura con vento leggero e medio effettuando la virata con rollio. La tecnica, in uso ormai su tutti i tipi di barche (scafi a bulbo compresi), si basa su fondamenti comuni a tutti gli scafi; descrivendo nel dettaglio le fasi della virata con rollio è bene distinguere se essa si effettua partendo dalla massima velocità che la barca può esprimere in bolina o sotto il target (virata con poca velocità d'entrata in manovra). Nel primo caso, ovvero da quando si naviga in piena bolina, la prima fase comporta uno sbandamento sottovento che riduce l'angolo da utilizzare con il timone per naturale tendenza orziera che lo scafo produce con le linee d'acqua del lato sottovento e lo spostamento del centro velico. Lo sbandamento, così come il resto degli spostamenti dell'equipaggio devono essere eseguiti da timoniere e prodiere in perfetta sincronia per evitare che l'azione dell'uno sia annullata dall'altro. Quando con l'orzata la barca raggiunge la prua al vento l'equipaggio si sposta dal lato di sopravento (futuro sottovento e, a seconda dell'intensità con la quale si navighi accelererà il cambio di bordo con una energica schienata per spostarsi velocemente dal lato opposto per controbilanciare e rimettere in assetto la barca. Le vele in fase di orzata si devono leggermente cazzare per essere lascate di qualche cm. mentre il boma passa sull'altro bordo; questo faciliterà la ripresa della massima velocità evitando che la balumina della randa si troppo chiusa. Per quanto concerne il fiocco la perfetta virata con rollio prevede, come già detto una minima cazzata della scotta in fase iniziale per poi lascarsi ingrassando la vela un attimo prima della posizione di "a collo" passando sulla nuova mura senza soluzione di continuità di "tensione" tra le due scotte del fiocco. La fase di "a collo" della vela di prua è fondamentale poiché limita l'uso del timone nel passaggio da un bordo all'altro ma deve essere eseguita con un preciso timing per evitare che l'angolo di uscita in bolina sia troppo largo; al contrario se la fase di "a collo" è interrotta dal prodiere prima che si produca la forza necessaria per virare velocemente il timoniere dovrà usare più timone offrendo più attrito della pala immersa. Anche in questo caso l'allenamento e l'affiatamento dell'equipaggio è cardine fondamentale per la buona riuscita della manovra poiché i tempi di esecuzione (sbandamenti sottovento-sopravento e regolazione e cambio di mura delle vele) dipendono dalle condizioni di forza del vento e dell'onda nelle quali si sta navigando. Come regola si può schematizzare che con vento leggero tutti i movimenti descritti saranno più accentuati mentre man mano che il vento sale occorre ridurre i tempi sia di sbandamento sottovento sia di forza della schienata per la durata più breve della manovra in relazione alla buona velocità di entrata in virata. Se capita come spesso in regata, di eseguire la virata con poca velocità specialmente con vento leggero occorre accentuare ancor più le fasi di sbandamento e di rollio (schienata) per "aiutare" con il proprio peso di equipaggio il passaggio da un bordo all'altro.

Questo tipo di virata si effettua con vento leggero e medio mentre quando si naviga già con 12-14 nodi è sufficiente rientrare leggermente con il corpo (quando si inizia la virata orzando) per creare un minimo sbandamento che ci aiuta ad arrivare sulle nuove mura; il prodiere rientrando, a seconda dell'intensità del vento terrà sempre meno il fiocco in posizione di "a collo" per metterlo subito a segno scivolando alle cinghie sul nuovo lato di sopravento. Quando si affronta una virata con vento più fresco o forte la fase di rollio si elimina cercando invece, in fase finale di cambio di bordo, di mantenere lo scafo piatto per iniziare il nuovo bordo senza sbandamento sottovento.

Un errore che il prodiere commette all'inizio della sua carriera di starista è quello di uscire o rientrare dalle cinghie tenendosi alle volanti; tale comportamento, oltre che ad essere dannoso per la messa a punto di queste sartie, può risultare pericoloso per l'incolumità dell'albero. E' capitato spesso che aggrappandosi alla volante bassa l'albero si inverta rompendosi all'altezza delle crocette. La tecnica di uscita deve solo vincere la paura del prodiere poiché l'inserimento delle gambe nella doppia cinghia a sua disposizione gli assicura il ritrovo immediato della sicurezza e della stabilità quando è fuori bordo. In fase di rientro può capitare di doversi aiutare nella risalita dalla posizione seduta ma questo deve avvenire tenendosi alla volante alta e cercando di stendere le gambe per rientrare.

Abbattuta con rollio e abbattuta "in sicurezza"

Fino ad una intensità di 10-12 nodi l'equipaggio adotterà l'abbattuta con rollio favorendo il passaggio delle vele ed accelerando il cambio di mura sfruttando le linee d'acqua dello scafo. Con vento leggero il prodiere può rimanere avanti cambiando anticipatamente alla randa il fiocco posizionando il tangone sottovento coordinandosi con il timoniere che ne manovrerà la scotta in fase di distacco dall'albero del tangone e come prima regolazione sulle nuove mura. Avvenuto il cambio di bordo del fiocco l'equipaggio si propone sopravento accentuando lo sbandamento da questo lato per far si che lo scafo poggiando arrivi velocemente sulle nuove mura; la volante sottovento è cazzata sul nuovo bordo mentre passa la randa e quella del nuovo sottovento lascata un attimo in anticipo senza precludere sofferenze strutturali all'albero. Una approssimativa regolazione della volante sopravento potrà essere corretta appena si è in assetto ma evitando di spostare l'equipaggio verso poppa può garantire un mantenimento della velocità fondamentale con poco vento.

Quando il vento sale il prodiere (se ancora a prua per l'assetto) ritorna in pozzetto ove inizierà l'abbattuta anticipando il passaggio del tangone. L'effetto di tale scelta anticipata di cambio di bordo della vela di prua inizia ad essere percepito anche con 10-12 nodi poiché sulle nuove mura si avverte subito una spinta alla poggia favorevole all'andatura. Il timoniere faciliterà la manovra del tangone lascando inizialmente la scotta di sopravento del fiocco cazzando quella di sotto appena il tangone è tornato all'appoggio sull'albero. Il prodiere, in pozzetto, manovrerà le volanti mentre il timoniere fa passare la randa; durante questa fase si muoveranno insieme per creare il rollio necessario al veloce cambio di mura, dopodichè ricomporranno il miglior assetto tenendo conto della presenza di onda più o meno formata.

Naturalmente le esigenze tattiche posson far mutare la manovra iniziando a passare la randa e successivamente manovrare il fiocco sia con vento leggero e medio ma sarebbe utile, con vento più fresco e forte passare prima il fiocco, per avere, come già spiegato un "aiuto" alla poggia che il fiocco naturalmente crea appena si naviga con nuove mura. Infatti abbattere con vento intorno ai 20 nodi inizia ad essere impegnativo ed è necessario che l'equipaggio operi in perfetta sintonia soprattutto per evitare danni all'albero. Quando il vento inizia a soffiare più deciso la poppa viene effettuata senza portare avanti l'albero ma occorre che in manovra appena passa la randa la volante si sopravento tenga in sicurezza l'albero mentre quella di sotto va filata all'arrivo del boma per evitare che bloccandolo faccia partire la barca in straorza. Sempre con vento forte si può abbattere cazzando al centro la randa in modo che il "lavoro" delle volanti venga momentaneamente sostituito dalla balumina della randa che non permette alla parte superiore dell'albero di rovesciarsi in avanti; naturalmente questo facilita il prodiere nell'effettuazione del cambio di volante ma la manovra dovrà essere eseguita molto velocemente perché la randa al centro può restare per quella frazione di secondo necessaria affinché le volanti siano messe in sicurezza. Come per tutte le barche le regole di come affrontare l'abbattuta sono le stesse ed anche sulla Star occorre, già dal vento medio. iniziare la manovra alla massima velocità. Man mano che il vento sale questa priorità diviene sempre più importante fino ad arrivare a dire che per abbattere senza conseguenze di rotture dell'attrezzatura e di straorza è impossibile affrontare la manovra quando si naviga lenti. La buona esecuzione e quindi l'acquisizione della massima velocità che porta al cambio di bordo (con meno pressione sulle vele e conseguentemente sulla struttura portante) può essere favorita dall'azione dell'onda che permette di surfare raggiungendo più facilmente le condizioni ottimali per il passaggio del boma. Molti neofiti, già impressionati dalle reazioni della barca con vento forte, ritengono sia più facile abbattere con onda poco formata ma in realtà l'aiuto di un'onda più grossa può addirittura portare lo scafo ad una velocità tale da annullare quasi completamente la pressione sulle vele rendendo la manovra più facile e sicura.

Manovre di cambio assetto (da bolina a poppa e da poppa a bolina)

Da bolina a poppa

Il passaggio da bolina ad andatura portante lasco o poppa che sia è già stata descritta ampiamente nei paragrafi precedenti ma schematizzando possiamo elencare le azioni principali di prodiere e timoniere tenendo presente che da vento leggero a vento forte possono cambiare la sequenza delle azioni. Ad esempio con vento leggero e medio il prodiere, iniziando la poppa, prima di metter il tangone può alzare il fiocco lascando la mura e cazzando la drizza mentre con vento più forte posiziona prima il tangone. Il timoniere deve coordinare la manovra lascando la randa e regolando il fiocco che il prodiere sta alzando sullo strallo mantenendo la rotta migliore ovvero più orzato rispetto alla poppa filo per mantenere un po' di velocità con vento leggero e non troppo poggiato con vento più forte per evitare bruschi incontrollati rollii dello scafo. Appena in assetto è molto importante mettere perfettamente a segno la tensione della drizza del fiocco che dovrà essere con vento leggero e medio più lascata producendo una catenaria molto pronunciata affinché la vela sia il più lontano possibile dalla randa e più esterna evitando che parte del rifiuto possa investirlo. Questa messa a punto può variare nel corso del lato di poppa poiché la buona messa a segno del fiocco in tutte le sue regolazioni è fondamentale; molto spesso chi inizia a navigare sulla Star può pensare che le ridotte dimensioni rispetto alla randa non creino una differenza sostanziale di velocità mentre invece regolare la scotta e la drizza possono aumentare le performances dello scafo in maniera sensibile. Con vento forte la manovra di posizionamento del tangone deve essere eseguita rapidamente all'andatura appena iniziata. Il fiocco è alzato al massimo di drizza e il tangone è posizionato sull'albero all'appoggio più alto se è stato preventivamente aggiunto in fase di preparazione come descritto all'inizio.

Da poppa a bolina

L'arrivo alla boa di poppa prima di tornare in andatura stretta è una delle manovre più delicate e difficili da eseguire sia per numero di azioni da operare sia per la complessità delle situazioni di affollamento che in regata può far confluire in poco spazio un numero di barche rendendo problematico e difficile questo cambio di assetto. In primis è fondamentale avere il perfetto timing della manovra per evitare di non essere pronti per l'inizio della bolina o per non anticipare troppo le manovre penalizzando notevolmente la velocità. Un allenamento, la ripetizione automatizzata delle manovre, la riduzione dei tempi nella stessa sono i cardini fondamentali per la sua buona riuscita specialmente in regate di alto livello, anche se nelle competizioni più importanti in fondo al lato di poppa è prevista l'opzione del cancello che riduce l'affollamento su un'unica boa. Altro elemento non trascurabile è l'approccio e la scelta in base alla propria posizione che può far propendere per anticipare o portare al limite il tempo di manovra. Che si opti per la prima o la seconda occorre che il prodiere tolga il tangone, abbassi il fiocco di drizza cazzando contemporaneamente l'angolo di mura; durante la manovra il timoniere dovrà cazzare il fiocco affinché non si avvolga sullo strallo posizionandolo in andatura lasca ma sulle stesse mura della randa sia che si approcci la boa dovendo solo orzare o si affronti il giro abbattendo. La messa a punto del cunningham, della base, punto di scotta del fiocco (da esterno ad interno) e l'allascata della leva dell'albero può essere effettuata dal timoniere o subito dopo l'ammainata del tangone durante il riassetto del fiocco o immediatamente dopo a queste operazioni mentre il prodiere si prepara attraverso la cazzata della volante a riportare l'albero verso poppa. Tutte queste fasi preparatorie per l'inizio della bolina sono tutte fondamentali tant'è vero che con già con vento medio molte rotture dell'albero o dell'attrezzatura sono dovute ad errore/i o dimenticanze che possono capitare nelle fasi concitate di un approccio in boa affollato. L'allenamento, la ripetizione continua, l'abitudine a svolgere molte operazioni sotto tensione agonistica sono elementi prioritari per la buona riuscita di questa importante manovra di riassetto dalla poppa alla bolina. Il rilascio della leva è consigliabile che non sia completo al fine di essere sicuri che, cazzando la volante alta per l'andatura di bolina, le crocette ritornino verso poppa puntando l'albero per la sua naturale flessione.

Con vento più fresco o forte l'albero non viene abbattuto verso prua per cui occorre solo ricordarsi di lascare la leva dopo aver cazzato bene la volante alta affinché l'albero non subisca inversione: solo nel momento di girare la boa o appena iniziata la bolina si mollerà completamente la leva essendo sicuri che la flessione sia verso poppa. Se la problematica dell'albero non appruato facilita parzialmente il prodiere "evitandogli" una manovra in quanto l'albero è rimasto sui segni della regolazione diretta della volante le problematiche del riposizionamento del fiocco in condizioni di onda formata deve essere preciso evitando che, nel togliere il tangone e abbassare di drizza il fiocco, la prua non vada sott'acqua: un bravo prodiere quindi, oltre a manovrare velocemente, sceglierà il momento giusto e più "adatto" per operare in prossimità del giro di boa.

Tutte le indicazioni riportate fino adesso non vogliono creare certezze ma vogliono essere solo un punto di partenza da poter sviluppare con l' esperienza che ogni equipaggio matura in allenamento e in regata confrontandosi con gli avversari.

Riassumendo per mezzo di schemi le condizioni principali, di vento leggero, vento medio, medio-forte e forte, nelle andature di bolina, traverso/lasco e poppa possiamo stilare le seguenti tabelle esemplificative.

SCHEMI RIASSUNTIVI DELLE REGOLAZIONI E DEGLI ASSETTI SULLA STAR

VENTO LEGGERO
BOLINA

Piede albero:	da 4490 a 4530 mm. (Distanza tra faccia posteriore albero-spigolo superiore specchio di poppa)
Crocette (acquartieramento):	da 127 a 137 mm.
Rake:	420 mm. o 890 mm. (misura corrispondente misurata con diverso sistema)
Tensione sartie alte:	21-22
Tensione sartie basse:	690 o 700 mm. (misura ottenuta in fase di messa a punto 1 metro sopra il bordo superiore del segno di stazza del boma tendendo leggermente in tensione le sartie basse)
Sartie intermedie (misura):	75 mm.
Volante alta:	Puntata
Volante bassa:	Lasca
Leva albero:	Appena cazzata da 0 a 4 nodi lasca da 5 a 7 nodi
Base:	Leggermente cazzata (In condizioni di onda lascata di 1-2 cm.)
Cunningham:	Lasco
Vang:	Lasco o puntato se si preferisce tenere la scotta randa più lasca
Punto di scotta fiocco (longitudinale): 2200 mm.	
Punto di scotta fiocco (interno/esterno): Da 340 a 356 mm.	
Sbandamento:	Sottovento navigando con lo spigolo dello scafo sopravento appena fuori dall'acqua
Posizione equipaggio:	Da 0 a 4 nodi timoniere sopravento e prodiere seduto completamente sottovento; da 5 a 7 nodi timoniere sopravento e prodiere al centro barca o seduto accanto al timoniere

VENTO LEGGERO
LASCO

Volante alta:	Appena puntata da permettere all'albero di risultare in posizione verticale.
Volante bassa:	Lasca
Leva albero:	Appena cazzata
Base:	Lasca
Cunningham:	Lasco
Vang:	Lasco o appena puntato
Punto di scotta fiocco (interno/esterno):	Esterno per ¾ del carrello di regolazione
Altezza fiocco dalla coperta:	Come in bolina
Sbandamento:	Leggermente sottovento da 0 a 4 nodi più piatta da 5 nodi
Posizione equipaggio:	Da 0 a 4 nodi timoniere sopravento e prodiere seduto completamente sottovento; da 5 a 7 nodi timoniere sopravento e prodiere al centro barca o seduto accanto al timoniere

VENTO LEGGERO
POPPA

Volante alta:	Lascata di regolazione principale e regolazione fina in modo da far risultare l'albero appruato in posizione verticale o al limite con la parte alta dell'albero leggermente flessa in avanti.
Volante bassa:	Lasca
Leva albero:	Cazzata completamente
Base:	Molto lasca
Cunningham:	Lasco
Vang:	Lasco o appena puntato
Punto di scotta fiocco (interno/esterno):	Tutto esterno
Altezza fiocco dalla coperta:	Da 10 a 30 cm
Posizione tangone sull'albero:	Appoggio inferiore
Sbandamento:	Leggermente sottovento da 0 a 4 nodi (gran lasco) sopravento se si naviga in strapoggia (5-7 nodi)
Posizione equipaggio:	Prodiere davanti all'albero sottovento o sopra a seconda dell'andatura in cui si naviga. Il timoniere seduto sopravento

VENTO MEDIO BOLINA

Piede Albero:	da 4490 a 4530 mm. (Distanza tra faccia posteriore albero-spigolo superiore specchio di poppa)
Crocette (acquartieramento):	da 127 a 137 mm.
Rake:	Da 420 mm. (o 890 mm. misura corrispondente misurata con diverso sistema) a 435 mm. (905 mm.)
Tensione sartie alte:	21-22
Tensione sartie basse:	Cazzare 2-3 facce di dado (arridatoio Sta-master)
Sartie intermedie (misura):	75 mm.
Volante alta:	Da appena cazzata a cazzata in modo da iniziare a far flettere l'albero e aprire la balumina della randa
Volante bassa:	Da lasca con prodiere seduto sopravento a cazzata (più o meno a seconda della curva d'albero in cui è stata progettata la vela) con prodiere alle cinghie
Leva albero:	Lascata
Base:	Cazzata (In condizioni di 8-9 nodi e onda lascata di 1-2 cm.)
Cunningham:	Da appena puntato a cazzato non eccessivamente
Vang:	Lasco
Punto di scotta fiocco (longitudinale): 2200 mm.	
Punto di scotta fiocco (interno/esterno): Da 340 a 356 mm.	
Sbandamento:	Sottovento navigando con lo spigolo dello scafo sopravento appena fuori dall'acqua
Posizione equipaggio:	Da equipaggio seduto sopravento a timoniere e prodiere alle cinghie al massimo raddrizzamento (10-12 nodi)

VENTO MEDIO LASCO

Volante alta:	Appena puntata da permettere all'albero di risultare in posizione verticale.
Volante bassa:	Lasca
Leva albero:	Appena cazzata
Base:	Lasca
Cunningham:	Lasco
Vang:	Ben puntato
Punto di scotta fiocco (interno/esterno):	Esterno per ¾ del carrello di regolazione
Altezza fiocco dalla coperta:	Come in bolina. Eventualmente può essere allascata leggermente la drizza
Sbandamento:	Scafo piatto
Posizione equipaggio:	Da seduti sopravento a equipaggio al massimo raddrizzamento (prodiere steso orizzontalmente con regolazione corta delle cinghie)

VENTO MEDIO POPPA

Volante alta:	Lascata di regolazione principale e regolazione fina in modo da far risultare l'albero appruato in posizione verticale o (non oltre i 10 nodi) con la parte alta dell'albero leggermente flessa in avanti.
Volante bassa:	Lasca
Leva albero:	Cazzata completamente
Base:	Molto lasca
Cunningham:	Lasco
Vang:	Lasco o appena puntato per facilitare l'andatura in strapoggia
Punto di scotta fiocco (interno/esterno):	Tutto esterno
Altezza fiocco dalla coperta:	Da 40 a 60 cm
Posizione tangone sull'albero:	Appoggio inferiore o superiore a seconda delle condizioni di onda
Sbandamento:	Sopravento
Posizione equipaggio:	Prodiere davanti all'albero al centro o sopra (più o meno appruato) a seconda delle condizioni di onda. Il timoniere seduto sopravento

VENTO MEDIO-FORTE BOLINA

Piede Albero:	**Da 4515 e** 4530 mm. (Distanza tra faccia posteriore albero-spigolo superiore specchio di poppa)
Crocette (acquartieramento):	da 127 a 130 mm.
Rake:	435 mm. (905 mm.) o 440/445 mm. (910/915)
Tensione sartie alte:	22-23
Tensione sartie basse:	Cazzare 3 facce di dado (arridatoio Sta-master) rispetto al vento medio
Sartie intermedie (misura):	72/73 mm.
Volante alta:	Da cazzata a molto cazzata in modo da far flettere l'albero e aprire la balumina della randa
Volante bassa:	Da cazzata (per compensare l'accentuata flessione della volante alta) a leggermente meno cazzata per rendere più magra la randa e più aperta la balumina
Leva albero:	Lascata
Base:	Da cazzata a molto cazzata
Cunningham:	Cazzato
Vang:	Lasco
Punto di scotta fiocco (longitudinale):	2200 mm.
Punto di scotta fiocco (interno/esterno):	1 o 2 cm. più esterno rispetto al vento medio con 16-18 nodi o bozzello del punto lascato di 5-10 mm. verso l'alto
Sbandamento:	Sottovento navigando con lo spigolo dello scafo sopravento appena fuori dall'acqua
Posizione equipaggio:	Equipaggio al massimo raddrizzamento alle cinghie. Se in presenza di onda l'equipaggio arretra di 20-30 cm. verso poppa

VENTO MEDIO-FORTE LASCO

Volante alta:	Cazzata (più lasca della bolina) da mantenere un po' di flessione
Volante bassa:	Lasca
Leva albero:	Ben cazzata
Base:	Leggermente più lasca della bolina o come in bolina
Cunningham:	Lasco
Vang:	Non troppo cazzato per non chiudere troppo la balumina
Punto di scotta fiocco (interno/esterno):	Esterno per ¾ del carrello di regolazione
Altezza fiocco dalla coperta:	Come in bolina con drizza leggermente lascata
Sbandamento:	Scafo piatto
Posizione equipaggio:	Equipaggio al massimo raddrizzamento (prodiere steso orizzontalmente con regolazione corta delle cinghie)

VENTO MEDIO-FORTE POPPA

Volante alta:	Poco lascata di regolazione principale e lasca di regolazione fina in modo da far risultare l'albero da centrale a leggermente appruato in posizione verticale
Volante bassa:	Lasca
Leva albero:	Molto cazzata per evitare l'inversione
Base:	Molto lasca
Cunningham:	Lasco
Vang:	Non troppo cazzato per facilitare l'andatura in strapoggia
Punto di scotta fiocco (interno/esterno):	Tutto esterno
Altezza fiocco dalla coperta:	Al massimo mantenendo però l'entrata della vela (strallo-inferitura) lasca da permettere lo spostamento sopravento della vela e una forma più grassa
Posizione tangone sull'albero:	Appoggio superiore
Sbandamento:	Sopravento
Posizione equipaggio:	Prodiere da seduto in coperta appena dietro l'albero a seduto in pozzetto sottovento centralmente o più a poppa a seconda delle condizioni di onda più o meno formata per non far ingavonare la prua. Il timoniere seduto sopravento alla stessa altezza del prodiere

VENTO FORTE BOLINA

Piede Albero:	**Da 4515 a** 4530 mm. (Distanza tra faccia posteriore albero-spigolo superiore specchio di poppa)
Crocette (acquartieramento):	da 127 a 130 mm.
Rake:	Da 435 mm. (905 mm.) a 440/445 mm. (910/915).
Tensione sartie alte:	23-24
Tensione sartie basse:	Cazzare da 4 a 6 facce di dado (arridatoio Sta-master) rispetto al vento medio-forte
Sartie intermedie:	70/72 mm.
Volante alta:	Molto cazzata in modo da far flettere l'albero e aprire la balumina della randa
Volante bassa:	Da ben puntata (per compensare l'accentuata flessione della volante alta) a lasca per rendere più magra la randa mantenendo una tensione di strallo (catenaria) ottimale
Leva albero:	Lascata
Base:	Molto cazzata
Cunningham:	Molto cazzato
Vang:	Lasco
Punto di scotta fiocco (longitudinale):	2200 mm.
Punto di scotta fiocco (interno/esterno):	3-4 cm. più esterno ed eventualmente bozzello alzato di 10-12 mm.
Sbandamento:	Appena sottovento
Posizione equipaggio:	Equipaggio al massimo raddrizzamento alle cinghie in posizione più appoggiata a seconda delle condizioni di onda

VENTO FORTE
LASCO

Volante alta:	Cazzata (più lasca della bolina) da mantenere un po' di flessione
Volante bassa:	Lasca
Leva albero:	Ben cazzata
Base:	Molto cazzata
Cunningham:	Ben puntato
Vang:	Non troppo cazzato per non chiudere troppo la balumina
Punto di scotta fiocco (interno/esterno):	Esterno per ¾ del carrello di regolazione
Altezza fiocco dalla coperta:	Come in bolina
Sbandamento:	Scafo piatto
Posizione equipaggio:	Equipaggio al massimo raddrizzamento (prodiere steso orizzontalmente con regolazione corta delle cinghie)

VENTO FORTE
POPPA

Volante alta:	Regolazione principale come in bolina regolazione fina quasi completamente lasca in modo da non appruare l'albero
Volante bassa:	Lasca
Leva albero:	Molto cazzata per evitare l'inversione
Base:	Lasca
Cunningham:	Lasco
Vang:	Non troppo cazzato per facilitare l'andatura in strapoggia se è possibile effettuarla o più cazzato se in poppa al giardinetto
Punto di scotta fiocco (interno/esterno):	Tutto esterno
Altezza fiocco dalla coperta:	Al massimo con strallo-inferitura più dritta rispetto al vento medio-forte
Posizione tangone sull'albero:	Appoggio superiore
Sbandamento:	Sopravento se possibile o piatto
Posizione equipaggio:	Prodiere da seduto in pozzetto sottovento verso poppa. Il timoniere seduto sopravento in posizione appoppata

J 24

Il J24 è uno degli scafi monotipo più diffusi al mondo armato a sloop. Progettato da Rod Johnstone nel 1977 è costruito in quattro continenti con una diffusione di 5.300 barche divise in 150 flotte di 40 paesi. In Italia, con una diffusione di 500 barche, ha da molti anni trovato largo consenso sia in regata che per semplice diporto e barca per la scuola vela. Sin dall'inizio il J24 ha suscitato l'attenzione di molti campioni soprattutto negli Stati Uniti (paese di origine della barca) con regate numerose e di alto livello. Tra i monotipi è sicuramente, dopo tanti anni, una classe dove vincere sia in campo nazionale che internazionale risulta sempre difficile per la qualità dei velisti che partecipano a queste regate, sia per il numero sempre alto di barche che si cimentano nei campionati a tutti i livelli.

Come già affermato oltre ad essere molto apprezzato per le caratteristiche in regata il J24 è utilizzato da molte scuole di vela ed istituti di formazione per l'insegnamento su barche a chiglia di piccola stazza, divenendo così perfetto anello di congiunzione tra la deriva e la barca d'altura da crociera o regata. La semplicità dell'attrezzatura, la robustezza dello scafo e dell'albero fanno sì che il neofita possa imparare senza timore di stressare o rompere l'attrezzatura, mentre il velista esperto può apprezzare la tecnicità di cui lo scafo abbisogna per essere sfruttato al meglio in ogni condizione, da vento leggero a quello forte. Per l'equipaggio questo monotipo è un'ottima palestra per l'esecuzione delle manovre semplici e complesse con lo spinnaker ed importante passaggio per quanto concerne l'organizzazione e la divisione dei ruoli in barca per passare a manovrare su scafi più grandi.

DISEGNO IMBARCAZIONE J24

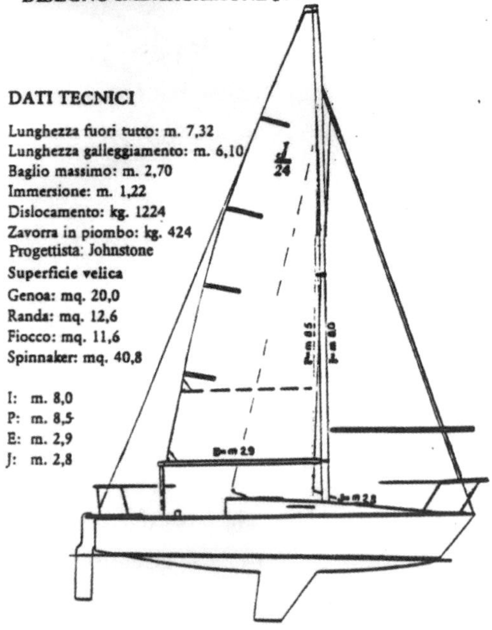

Caratteristiche e regolazioni

Requisiti costruttivi

Affinché un J24 sia competitivo, è necessario che risponda ad alcuni requisiti qualitativi minimi garantiti dal rispetto di alcune fondamentali regole:

- Costruzione in stagione favorevole per evitare accumuli di umidità (dal 1 Aprile al 30 Settembre);
- Scafo e coperta al minimo del peso consentito cioè 30 kg. sotto il peso di stazza correggibile successivamente per la regolare misurazione (si ammette uno scarto di massimo 5 kg. in eccedenza);
- Scelta della posizione del bulbo al massimo della stazza verso prua o verso poppa a seconda della preferenza che ogni equipaggio desidera (scarto massimo di 2 cm.);
- Bulbo perfettamente simmetrico nel senso longitudinale riscontrabile con le dime di stazza generalmente sui minimi consentiti;
- Allineamento timone-bulbo-prua perfetto (non è permessa alcuna tolleranza in questa misurazione);
- Timone di peso non superiore a 13,5 kg. comprendente barra, prolunga, accessori fissi (è ammesso uno scarto di 0,5 kg. in eccesso);
    - Barra del timone di tipo "americano";

- Supporto motore fisso in alluminio (peso max. 1 kg.);
- Allineamento prua-mastra-centro dello specchio di poppa:
- Albero con requisiti in base alla scelta delle vele ed al peso dell'equipaggio;

Piano di coperta

Il piano di coperta può presentare diverse soluzioni; esse, seppur minimamente diverse, dovranno essere il frutto delle esigenze e necessità maturate dall'equipaggio in allenamento e in regata. Possiamo però asserire che esso deve sempre avere come obiettivo il massimo risparmio di peso e praticità al fine di risultare semplice ed essenziale; l'attrezzatura delle manovre correnti (bozzelli), anche se può sembrare marginale, è utile per ottimizzare le manovre e risparmiare peso: l'utilizzazione di bozzelli costruiti in carbonio (le maggiori marche ne commerciano grande quantità e qualità) soddisfano pienamente le esigenze con un risparmio di peso in coperta. Per la regolazione della scotta del fiocco è consigliabile usare un bozzello con strozzascotte incorporato (vedi foto illustrativa) che permette di manovrare con facilità. Le scotte del genoa/fiocco devono essere fissate da un unico gancio (J-lock) in modo da permettere un facile armamento ed un più veloce approntamento quando si deve effettuare il cambio della vela di prua. Infine è conveniente avere due strozzascotte sull'albero per la tenuta della drizza del genoa/fiocco per maggior sicurezza e tenuta inalterata della tensione.

Per quanto concerne gli strumenti il log sul J24 non è necessario mentre per la bussola è importante adottare un modello di tipo digitale disposto sull'albero appena sotto il boma (meglio se con due display angolati leggibili sia dal timoniere sia dagli altri membri dell'equipaggio deputati alle scelte tattiche). Inoltre si consigliano scotte e drizze in materiale leggero ed inestensibile (prestirato) di varia dimensione a seconda del loro utilizzo in conformità alle regole di stazza:

a) scotta randa di diametro non inferiore a 8 mm;
b) scotte genoa/fiocco di diametro non inferiore a 8 mm;
c) scotte spinnaker di diametro non inferiore a 8 mm;
d) scotta cunningham randa di diametro non inferiore a 6 mm;
e) scotta caricabasso di diametro non inferiore a 6 mm;
f) scotta vang di diametro non inferiore a 8 mm;
g) drizza randa di diametro non inferiore a 8 mm;
h) drizza genoa & fiocco di diametro non inferiore a 6 mm;
i) scotta paterazzo di diametro non inferiore a 6 mm;
l) scotta carrello randa di diametro non inferiore a 6 mm;
m) scotta amantiglio tangone di diametro non inferiore a 6 mm;
n) scotte barber-hauler spinnaker di diametro non inferiore a 6 mm.

Esempio di piano di coperta

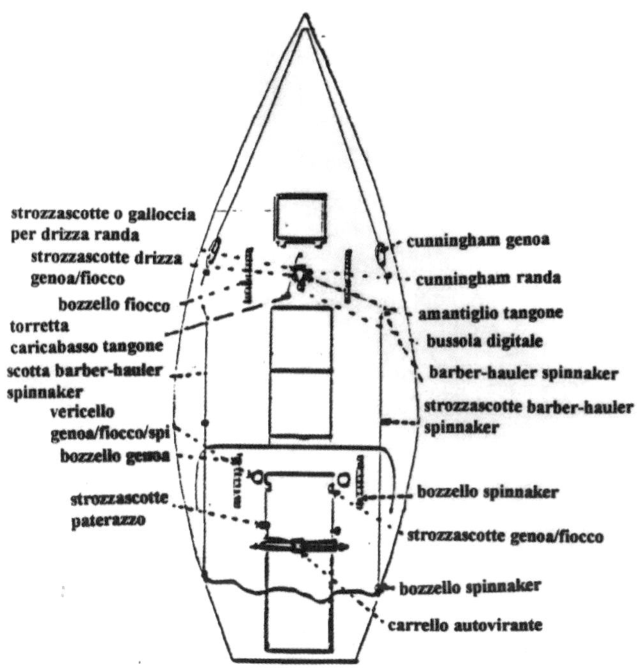

Nozioni generali

Per la migliore conduzione di questo tipo di imbarcazione è ottimale avere un equipaggio con un peso complessivo di 400 Kg. (di solito 5 persone o 6), ovvero il massimo consentito dal regolamento di stazza. Navigare in regata al di sotto del limite non crea grandi vantaggi con vento leggero, in quanto il J24 ha un buon dislocamento (esattamente 1375 Kg. in assetto) ma già con un vento di 10 nodi in bolina occorre tutto il peso necessario disposto sopravento per mantenere il più piatta possibile la barca per farle esprimere la massima velocità.

L'equipaggio ideale (5 membri), diviso nei diversi ruoli, dovrebbe rispecchiare caratteristiche fisiche e di peso così suddivise:

- prodiere: buone doti di agilità e destrezza, discreta forza, peso medio (65-70 Kg.);
- timoniere: buone doti di resistenza, discreta forza, peso medio (70-75 Kg.);
- tailer: ottime doti di resistenza e concentrazione, buona forza resistente, peso medio (70-75 Kg.);
- equipaggio (pit-man e aiuto tailer: elevata forza e resistenza, peso totale 260 Kg. (circa 85-90 Kg. ciascuno), variabile al fine di raggiungere il peso massimo consentito dalla regola di classe.

La divisione dei ruoli e la sua specializzazione sul J24 (come su tutte le barche) è fondamentale: ogni componente dell'equipaggio svolge solo e sempre un compito preciso. Si ottiene in questo modo maggiore manualità, precisione nelle manovre, quindi, maggiore ottimizzazione e competitività soprattutto nelle fasi concitate di ingaggio e affollamento frequenti in regata.

Analizzando i singoli compiti di ciascun membro dell'equipaggio a seconda del ruolo assegnatogli in barca, descriveremo successivamente le manovre principali.

Le vele

Il J24 essendo un progetto a stretta monotipia prevede un numero ed una dimensione di stazza per le vele ben preciso. Nel set previsto vi è una randa, un genoa, un fiocco ed uno spinnaker. Sebbene sia prevista una vela di prua con dimensioni ridotte, presumendo dunque anche una navigazione in condizioni più dure, sulla randa, (di metratura limitata) le regole di stazza non prevedono obbligatorietà di predisposizioni delle mani di terzaroli.

I tessuti che si usano per la migliore performance devono soddisfare (visto il numero di vele limitato dalla classe) tutte le condizioni meteo partendo dal vento leggero a quello forte. La randa è generalmente tagliata con ferzi orizzontali e sebbene varino, le curve d'albero e conseguentemente la lunghezza della balumina il tessuto più adatto per la realizzazione che tenga conto dell'adattibilità alle diverse intensità di vento e di durata nel tempo (minimo una stagione) ricade su tessuti temperati di 5.8 once.

Per il genoa il cui range va dal vento molto leggero fin quasi a 18 nodi il taglio è orizzontale o radiale ed il tessuto usato è un laminato in Pentex; considerando la regola di stazza che prevede con un peso minimo della vela di 6.5 kg. si opta per una scelta di tessuto piuttosto pesante (tra i 13000 e i 18000 Denier).

Il fiocco (paragonabile ad un genoa olimpico delle barche più grandi) è tagliato orizzontalmente o radialmente a seconda delle scelte dei costruttori ed è realizzato con un tessuto di 6.5 once temperato. Le caratteristiche della vela devono soddisfare un mantenimento della forma in condizioni di vento fresco e forte ma anche un'adattabilità per la presenza più o meno accentuata di onda. Occorrerà un profilo più piatto in assenza di onda o con onda corta e ripida tipica dei laghi, mentre con mare formato la forma prevederà uno shape più potente sebbene ben aperto di balumina.

Lo spinnaker deve necessariamente essere all-round anche se, prevedendo di dover partecipare ad un campionato o ad una serie di regate dove sono prevalenti condizioni leggere o forti si può optare per modificare la forma standard per migliorare le prestazioni in andatura portante. Il tessuto usato è uno 0.75 once (minimo del peso consentito 40 grammi) mentre per il taglio le soluzioni possono essere un taglio triradiale o parzialmente orizzontale studiato essenzialmente per i lati di poppa e quindi previsto con balumine piuttosto chiuse, sempre tenendo conto di regatare con percorso a bastone.

Consigli e regolazioni delle sartie e dell'albero

Prima di procedere alla definizione della messa a punto dell'albero è necessario dire che la disposizione del punto di attacco delle sartie sull'albero e la loro zona di attacco in coperta determinano una funzione ben precisa alle diverse tensioni: per chiarezza è necessario dire che le sartie alte oltre che a contenere l'albero lateralmente hanno effetto sulla flessione longitudinale mentre le sartie basse tendono a raddrizzare l'albero contenendo l'azione delle alte.

Le regolazioni delle sartie sul J24 variano a seconda dell'intensità del vento. Nello schema sotto indicato sono riportate quelle che potremmo chiamare le regolazioni di base alle quali ogni equipaggio può apportare le variazioni suggerite dalla propria esperienza o caratteristiche. A conferma di questo, infatti, si può notare che gli equipaggi più esperti non adottano soluzioni univoche ma fortemente personali, basate sulle proprie caratteristiche personali e di attrezzatura a seconda della scelta dell'albero e/o delle vele.

Bisogna ricordare, ad esempio, che una buona regolazione delle sartie deve considerare il taglio della randa sull'inferitura (curva d'albero) sicuramente diverso a seconda del modello di vele. Per una buona messa a punto dovrà quindi essere presa in considerazione dal velaio nella fase di progettazione e costruzione la flessibilità dell'estruso che usiamo.

Nella tabella sino a che si usa il genoa (circa 18-20 nodi) le sartie alte hanno maggior tensione delle basse, mentre quando si naviga con il fiocco (oltre 20 nodi) è uguale o superiore. La misurazione della tensione dello strallo si prende per la messa a punto con vento leggero e medio-leggero mentre quando l'intensità cresce non è fondamentale misurarla.

I numeri sotto riportati scaturiscono dall'uso di un tensiometro manuale modello Loos Gauge Pro PT-2M facilmente reperibile in commercio.

La preflessione si prende all'altezza delle crocette, mentre il punto "0" del piede dell'albero si ottiene appoggiandolo sottocoperta nella sua scassa posizionando l'albero nel punto in cui rimane perfettamente dritto; le misurazioni dovranno quindi essere intese spostando il piede dal punto "0" verso poppa. L'acquartieramento è standardizzato sui valori fissi che le ditte propongono nell'assemblaggio della crocetta sigli attacchi dell'albero ma una leggera variazioni può e deve essere attuata a seconda della vela che si intende utilizzare. La zeppatura della mastra deve soddisfare la massima misura "J" che la stazza consente per ottenere le migliori prestazioni. Infine la regolazione degli arridatoi del paterazzo si rende necessaria affinché la regolazione possa soddisfare in ogni condizione la forma della randa ed il controllo dell'apertura della balumina.

Intensità vento reale (nodi)	0-8	8-10	10-13	13-18	18-25
Tensione Sartie Alte	9-12	13-15	15-18	21-23	25-26
Tensione Sartie Basse	5-7	10-13	13-15/17	18-23	25-27
Tensione Strallo	0-2	3-5	-	-	-
Preflessione (misura all'altezza delle crocette)	4- 5 cm	4- 6 cm	5- 6 cm	5 cm	2- 4 cm
Posizione piede albero	4,5-5 cm	4,5-5 cm	4,5-5 cm	4-2,5 cm	2,5 cm
Acquartieramento crocette	14-15 cm	14-15 cm	14-15 cm	14-15 cm	14-15 cm
Zeppe	2920 mm (massima misura J)	2920 mm (massima misura J)	2920 mm (massima misura J)	2920 mm (massima misura J)	2920 mm (massima misura J)
Regolazione arridatoi Paterazzo	Arridatoi lascati	Arridatoi lascati	Cazzare 2 cm gli arridatoi	Cazzare altri 2 cm gli arridatoi	Arridatoi molto cazzati

Le regolazioni delle sartie, indicate nello schema sopra illustrato, provoca una preflessione dell'albero di 4-5 cm. (misurata all'altezza delle crocette) con vento inferiore a 18 nodi, e di 2-4 cm. con vento superiore ai 18 nodi.

Alcuni equipaggi, oltre alla tensione delle sartie, regolano anche la posizione del piede dell'albero differenziandola a seconda dell'uso del genoa o del fiocco. Tale messa a punto è proibita durante la regata (a norma di regolamento in regata essa deve essere scollegata) ma in fase di scelta dell'assetto prima della partenza o in allenamento è molto utile per ricerca della migliore messa a punto. E' altresì importante sottolineare che lo spostamento del piede non può essere operato durante la navigazione senza che le sartie siano abbondantemente lascate. Si può comunque decidere di spostare il piede di 1,5-2 cm. avanti o indietro a seconda delle condizioni meteorologiche previste prima della regata; si sposterà verso poppa, quando usando il genoa, si vuole creare una maggiore preflessione di partenza evitando di tendere le sartie in maniera eccessiva per ottenere la curva d'albero desiderata; si opterà per una posizione del piede dell'albero verso prua quando, con l'utilizzo del fiocco, si voglia ottenere una centratura di partenza con albero più dritto (cioè meno preflesso) ma più appoppato. Quest'ultima soluzione permette di navigare con una tensione di sartie basse inferiore rispetto a coloro che non spostano il piede dell'albero verso prua, ottenendo un miglior controllo dell'albero.

E' utile ricordare che la flessione in fase di messa a punto dell'albero è minore di quella che possiamo ottenere mentre stiamo navigando poiché ad essa si deve sommare l'utilizzo del paterazzo, del vang e della scotta della randa.

Per ultimo un accorgimento da operare nella fase di armamento dell'albero è quello di ridurre la sua lunghezza al minimo consentito della stazza per ottenere il maggior appoppamento rispettando la misura della "sheer-line", come dal disegno illustrato. Questo è dovuto al fatto che la misura dello strallo di prua non può essere superiore di 8670 mm. dalla sheer-line di prua.

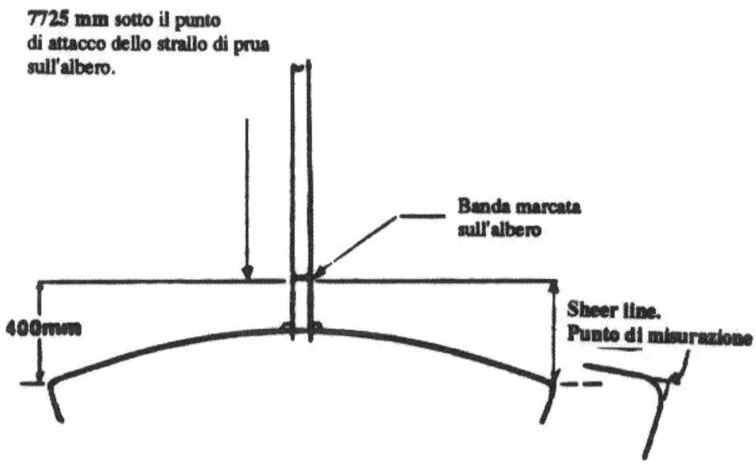

Altra importantissima regolazione per la preflessione dell'albero la si ottiene disponendo opportunamente le zeppe che lo bloccano nella scassa. Il regolamento di stazza prevede che la massima distanza compresa tra l'intersezione del dritto di prua con il ponte ed il bordo inferiore della banda dell'albero appena sopra la mastra (la cosiddetta "J") sia al massimo di 2925 millimetri. Si è potuto constatare che la massima "J" è in generale quella più conveniente anche se le ultime tendenze variano la misura da 2925 a 2920 mm. come riportato nella tabella del tuning per le centrature con le diverse intensità di vento.

Nella fase di messa a punto è opportuno controllare anche l'apertura delle crocette (acquartieramento) che dovrebbe oscillare tra 14,5 e 15,0 cm., misura che è valida per quasi tutti i tagli di vele. Per verificare che la loro apertura sia perfettamente uguale, oltre che a misurare la loro lunghezza che generalmente è uguale, basta mettersi di fianco alla barca e osservare l'allineamento delle sartie: si deve avere l'impressione di vedere una sola sartia.

Regolazione del genoa/fiocco e della randa in bolina

Fino ad una condizione con un vento di 10 nodi di intensità si adottano regolazioni abbastanza blande, in quanto si pone la necessità di dare un profilo potente alle vele. La drizza del genoa del J24 deve essere tenuta ancor più lasca di una normale imbarcazione così da aumentare ulteriormente la catenaria già presente, ingrassare la parte anteriore della vela ed evitare di chiudere la balumina del genoa. Per quanto concerne la scelta del miglior il punto di scotta quasi tutti sono tagliati per averlo sistemato in posizione abbastanza avanzata sulla rotaia di regolazione. All'aumentare del vento, per avere un profilo più magro, si riduce la catenaria cazzando il paterazzo, si cazza la drizza genoa facendo così chiudere leggermente la balumina tenuta con vento leggero più aperta nella parte alta e si cazza la scotta. Se vi è necessità di ridurre ulteriormente il profilo si arretra il punto cazzando conseguentemente qualche cm. di scotta; quando il vento comincia a spirare con un'intensità di 15-16 nodi è necessario ricominciare a riaprire la balumina della vela di prua affinché si scarichi meglio il vento e si riduca lo sbandamento. Il bozzello del punto, posizionato più a poppa, ci permette di farla aprire soprattutto nella parte alta spostando inoltre il centro di spinta della vela verso il basso. La base del genoa in queste condizioni è abbastanza tesa e tocca le sartie sottovento; per modificare ulteriormente la forma della vela quando si naviga in condizioni vicino al suo massimo range si può agire cazzando l'apposito cunningham che permette di far scaricare ulteriormente aprendo la balumina, nonché di appiattire il profilo spostando il grasso verso la parte prodiera. Quest'ultima regolazione è molto utile quando il vento non è costante (raffiche). Lo spostamento del punto scotta sulla rotaia non è quantificabile in modo perfettamente univoco; esso dipende per prima cosa dalla forma iniziale della vela, dalla presenza di onda più o meno formata nelle quali stiamo navigando, dalle tensioni operate sulla drizza, sul cunningham e sulla scotta, nonché dalle personali esigenze di conduzione personale della barca o dalle situazioni particolari che si possono verificare nel corso di una regata. In fase di studio della messa a punto, ma utile anche in regata, è opportuno segnare le rotaie di regolazione con dei numeri indicanti le posizioni che hanno creato i più efficaci risultati nelle diverse condizioni di vento. Un altro punto di riferimento è il controllo della distanza tra la balumina e la crocetta sottovento, zona resa visibile dall'apposita finestra sulla randa.

Quando il vento inizia a raggiungere i 18-20 nodi si rende necessaria la sostituzione del genoa con il fiocco. Il cambio in regata, sul J24, si attua prima della partenza o durante i lati con lo spinnaker quando la vela di prua è ammainata poiché l'armamento ideale non prevede lo strallo cavo. La regolazione del fiocco si attua non tanto con la drizza, che con vento più forte è ben cazzata, ma con la scotta e la posizione del bozzello sulla rotaia disposta tra le sartie e l'albero. Questa vela, a seconda del taglio più o meno grasso nel profilo abbisogna di una tensione della scotta diversa: se il fiocco è magro si potrà cazzarlo in modo da ottenere un angolo di bolina più stretto, al contrario se la forma con la quale è stata progettata la vela risulta più "profonda" converrà ottenere una tensione della scotta meno accentuata con un risultato in bolina di una velocità maggiore a discapito dell'angolo. Rispetto alla vela di una barca di stesse dimensioni (genoa 3 di una barca d'altura) la tensione della scotta può essere minore, per far sì che la parte alta sia ben aperta mentre quella inferiore faccia mantenere un profilo mai troppo piatto e la balumina leggemente chiusa; il posizionamento del bozzello del punto è regolato affinché la linea rappresentante il prolungamento della scotta non si discosti di molto dalla bisettrice dell'angolo di bugna. Più specificatamente con 18-20 nodi tale linea (prolungamento della scotta sulla bisettrice) si deve trovare leggermente al di sopra di essa, mentre quando il vento rinforza può posizionarsi al di sotto per permettere alla balumina di aprirsi ulteriormente. Queste messe a punto, in condizioni di vento forte, consentono di navigare con il centro di spinta della vela più basso e quindi creare la forza sufficiente per superare meglio la raffica o l'onda.

La randa oltre ad essere messa a segno dalle varie manovre (vang, cunningham, base, paterazzo) deve essere regolata di drizza. All'aumentare del vento essa va cazzata di 2-3 cm. poiché man mano che aumenta la flessione l'inferitura della randa "scende" nella canaletta dell'albero. Tale manovra non implica una sostanziale diversa disposizione del grasso: avverrà semmai un appiattimento del profilo riportando verso prua il grasso che la tensione della scotta della randa ed il vang avevano spostato indietro. Per modificare il profilo di questa vela, all'aumentare del vento, si agisce soprattutto con il vang, ed il paterazzo. Il primo flette l'albero uniformemente chiude la balumina e sposta verso poppa il grasso; il secondo produce un'accentuata flessione dell'albero soprattutto nella parte superiore facendo aprire la balumina e riduce la catenaria cazzando lo strallo di prua quando aumenta il vento. L'azione del paterazzo si riflette anche sulla vela di prua (soprattutto genoa rispetto al fiocco) riducendo la tensione della balumina e quindi facilitandone utilmente l'apertura quando il vento rinfresca. La base viene tenuta sempre tendenzialmente cazzata: solo in condizioni di vento leggero e medio con onda formata si tende a lascarla di qualche cm. per acquistare una maggiore potenza nella parte bassa; quest'ultima manovra occorre regolarla con molta attenzione poiché un'errata messa a punto aumenta notevolmente sia lo sbandamento che lo scarroccio.

L'azione del cunningham, quando viene cazzato, modifica il profilo appiattendolo, sposta il grasso verso prua e fa aprire la balumina della randa nella parte superiore.

Ultime considerazioni da fare sono sulla regolazione del carrello della scotta randa. Esso generalmente viene cazzato sopravento in caso di vento leggero, e lascato sottovento in caso di vento fresco. Il punto migliore dove posizionare il carrello sopravento è facilmente individuabile poiché il boma deve essere posto al centro e la balumina essere regolata, con la scotta della randa, leggermente aperta nella parte superiore. E' altresì necessario precisare che il J24 è un'imbarcazione atipica rispetto ad altre poiché presenta un piano velico con una superficie della randa piuttosto piccola; questo fa sì che per compensare la forza poggiera prodotta dal genoa si debba tenere la balumina della randa più chiusa rispetto alla normale conduzione di barche simili. L'esatta messa a punto prevede infatti una minor apertura per sfruttare al massimo la spinta all'orza della vela. Quando invece si tratta di posizionare il carrello sottovento occorre prendere in considerazione diversi fattori legati soprattutto al personale modo di condurre la barca e non ultime le condizioni di onda più o meno formata nelle quali si naviga. Non è quindi precisamente quantificabile ma da prove effettuate si è notato che la sua miglior posizione è non oltre i tre quarti della lunghezza del trasto sottovento. Questo permette di poter mantenere il boma leggermente più al centro anche se occorrerà lascare di qualche centimetro.

in più la randa con la scotta riuscendo però ad aver sempre una sufficiente tendenza orziera per un buon angolo di bolina. In caso di vento forte, quando quest'ultima diviene eccessiva, si può cazzare ulteriormente il paterazzo, così da permettere una maggiore flessione dell'albero con conseguente apertura della balumina della randa; otterremo la parte alta della vela con un profilo più magro ed un più facile controllo dello sbandamento.

Per capire se la barca è a segno, specialmente con vento forte, può essere utile ricordare che una barca con le vele perfettamente posizionate sia di punto che di scotta rendono lo scafo pressoché neutro sul timone.

E' anche vero che con vento fresco e forte è quasi impossibile navigare perfettamente piatti cosicché un minimo sbandamento sottovento (2-3 gradi) può ritenersi naturale; affrontando un'onda in fase di salita verso la cresta, infatti, è conveniente accompagnare la barca con un movimento all'orza: il leggero sbandamento che già produce questo effetto evita di dover muovere eccessivamente il timone. Successivamente la fase di discesa è importante affrontarla senza "inclinazioni"; questo però si verifica naturalmente perché l'orzata precedente crea una riduzione della pressione del vento sulle vele in conseguenza del rifiuto della loro parte anteriore, in special modo su quella di prua (genoa o fiocco), e dalla differente minor forza del vento quando iniziamo a navigare scendendo ad un'altezza inferiore. Il movimento del timone in questa fase è leggermente alla poggia in modo da far accelerare al massimo lo scafo per affrontare in piena velocità l'onda successiva e far rigonfiare le vele affinché ricreino la velocità. La loro regolazione quando si affronta un'onda è importantissima: la vela di prua deve essere lascata di qualche centimetro così come la randa appena si è sfruttata la spinta all'orza per salire velocemente sulla cresta; iniziata la fase successiva oltre a navigare in rotta di bolina piena occorrerà mettere a segno le vele affinché si possa riprendere la massima velocità nel minor tempo, permettendoci di affrontare un'altra onda senza problemi. Per le regolazioni minime della scotta del genoa o del fiocco tecnicamente ci si può aiutare manovrando, a seconda delle condizioni, dal verricello sottovento con vento leggero per poi passare a quello sopravento quando l'equipaggio si dispone al massimo raddrizzamento. Una soluzione adottata per cazzare e lascare è quella di fissare sulla maniglia uno strozzascotte nel quale sarà incocciata la scotta permettendo di modificare la sua tensione molto facilmente anche se seduti con le gambe fuori bordo operando la torsione del busto.

Assetto e compiti dell'equipaggio in bolina con le diverse intensità di vento

Il J24 ha un assetto che prevede una disposizione dell'equipaggio generalmente più appruata rispetto alle imbarcazioni d'altura. In generale il timoniere si trova a prua o a cavallo del trasto della randa (tranne con vento molto forte; questo assetto è dovuto alle linee della barca che presentano una poppa larga e corta che tende a trascinare, frenando, molta acqua essendo tagliata di netto.

In relazione a tre diverse condizioni descriviamo i diversi assetti.

Bolina con vento leggero (0-10 nodi)

I componenti dell'equipaggio con vento leggerissimo (0-4 nodi) sono tutti disposti sottovento, tranne il timoniere, per aiutare le vele a mantenere la forma. Appena il vento sale (5-10 nodi) bisogna correggere lo sbandamento passando sopravento.

Il timoniere si occupa della conduzione della barca riducendo al minimo i movimenti sul timone (per diminuire la resistenza creata dalla pala) regola la scotta della randa ed il carrello, il n°3 e il n°2, si occupano della tattica avendo ampia visuale del campo. Gli obiettivi principali a cui faranno riferimento per attuare le scelte più opportune saranno effettuate in base alle osservazioni delle posizioni e della velocità degli avversari, valutando i salti di vento, leggendo le variazioni dei gradi bussola sullo strumento posto sotto l'albero, gli ulteriori strumenti, come ad esempio il log, (anche se raramente presente sul J24) informando il timoniere della velocità rispetto ai target stabiliti o rispetto alle barche più vicine. Il n°1 si occuperà di mantenere sempre l'assetto migliore spostandosi in caso di una raffica o su di un calo di vento muovendosi senza che lo scafo subisca bruschi rallentamenti dovuti ad una azione troppo energica; infine il n°4 regolerà il genoa operando la messa a punto in relazione all'intensità del vento, alla sua momentanea variazione sui salti, sulla velocità che in quel momento lo scafo esprime.

I cambi di bordo, determinando chiaramente una perdita di velocità, vanno eseguiti in modo da limitare al massimo la perdita di velocità, specialmente con poco vento. Per effettuare efficacemente la virata l'equipaggio quando decide di operare il cambio di mura deve provocare per prima un'azione di sbandamento sottovento in modo da far orzare la barca senza dover usare troppo il timone, lasciare che il fiocco si gonfi al contrario velocizzando così il passaggio della prua dalla zona di rifiuto (situazione di vela "a collo") ed infine un raddrizzamento sulle nuove mura in grado di creare un effetto di passaggio veloce (azione di pompaggio) della randa per aumentare la pressione sulla vela fondamentale per riprendere subito velocità. L'azione di rollio va eseguita sempre tenendo conto dell'intensità del vento: con bonaccia l'equipaggio dovrà operare uno sbandamento-raddrizzamento molto accentuato, mentre man mano che il vento rinfresca la loro azione si ridurrà di intensità.

In situazioni di vento leggero ed onda il n°2 e n°3 possono posizionarsi sottocoperta nella zona dell'albero o a proravia sottovento dello stesso. Con quest'assetto abbassano il baricentro permettendo allo scafo di superare meglio l'onda. In questo caso la tattica sarà svolta dal n°4 coadiuvato dal n°1 e dal timoniere.

Quando il vento inizia a soffiare con un'intensità superiore ai 4 nodi tutto l'equipaggio dovrà soddisfare, disponendosi man mano sopravento, l'assetto ideale dello scafo in acqua. Naturalmente esiste notevole differenza di posizionamento dei membri dell'equipaggio quando il vento spira dai 5 a 10 nodi ma, semplificando il concetto, è sufficiente dire che non deve esserci il minimo sbandamento sottovento poiché per la massima resa occorre navigare piatti.

Bolina con vento medio e medio-forte (10-18 nodi)

Tutto l'equipaggio è disposto sopravento al fine di operare il massimo raddrizzamento Per dare un'idea di quanto un equipaggio possa efficacemente disporre della propria massa sopravento diciamo che è stata attuata una posizione di massima resa che prevede la parte sacrale di ogni componente (tranne il timoniere) a contatto della falchetta di legno che delimita il bordo esterno della barca. Il timoniere, puntandosi sul puntapiedi del trasto della randa può arrivare a sedere con il bacino leggermente fuori dalla falchetta continuando a regolare la randa, il carrello e il paterazzo. I compiti dell'equipaggio prevedono che il n°1 in caso di mare formato avverta il timoniere dell'arrivo delle onde poiché egli ha la visuale libera solo davanti essendo coperto dal suo equipaggio in senso laterale. Il n°2 e 3 decidono la tattica ed il n° 4 regola il genoa per mezzo del verricello sopravento e dello strozzascotte situato sulla falchetta. Quando si decide di virare è quest'ultimo il primo che si sposta nel pozzetto per effettuare il cambio di bordo, il n°2 e n°3 eseguono l'azione di rollio (se ancora necessario) ed infine il prodiere si preoccupa di recuperare la base del genoa subito dopo la virata in caso rimanga fuori dalla draglia.

Sopra i 15 nodi, come già precedentemente detto, il movimento di rollio in virata non è più necessario. E' però importantissimo che il n°1, n°2, n°3 e n°5 si spostino solo all'ultimo momento per creare fino al cambio di mura il massimo raddrizzamento.

La messa a punto delle vele con un vento che spira dai 10 ai 18 nodi varia sensibilmente. Si passa infatti da una situazione nella quale occorre sfruttare al massimo la profondità del profilo di randa e genoa (10-12 nodi) ad una nella quale le vele presentano una forma molto più piatta ed aperta di balumina (16-18 nodi). Più specificatamente sul genoa si opereranno, man mano che cresce l'intensità del vento, le seguenti regolazioni: recupero totale della drizza per diminuire la catenaria della vela sullo strallo e consentire l'appiattimento in entrata, un arretramento del punto di scotta sulla rotaia che compenserà la maggior tensione e leggera chiusura della balumina determinata dalla salita della drizza ed infine una maggior tensione della scotta. La vela subirà quindi un radicale cambiamento di forma che consentirà di limitare lo sbandamento assumendo un profilo più piatto, adatto quindi alla maggiore intensità del vento. Per quanto concerne la randa (con le regolazione del vang, del paterazzo, del cunningham e della base) si ricercano gli stessi obiettivi di modifica della forma all'aumentare del vento della vela di prua. L'azione combinata delle manovre prima citate produrrà, come più evidente conseguenza, la flessione dell'albero che diminuirà la profondità del profilo e l'apertura della balumina. Il livello di tensione varia chiaramente sia dall'intensità del vento ma soprattutto si adatta alle condizioni nelle quali navighiamo: la presenza più o meno accentuata di onda può far optare verso soluzioni di messa a punto del vang e del paterazzo diverse, mentre la base rimane tendenzialmente ben cazzata ed il cunningham inizia ad essere utilizzato per appiattire ed aprire la parte alta della randa.

Bolina con vento forte (oltre 18 nodi)

Classificare con questo termine (forte) un vento che spira a 18 nodi può sicuramente suscitare critiche ma tale nomenclatura è dovuto al fatto che intorno a questa intensità si inizia a navigare, in bolina, con il fiocco sostituendo il genoa sinora utilizzato.

L'assetto, contrariamente ad altri tipi di scafi tende, anche con questo vento, a far rimanere l'equipaggio prevalentemente appruato poiché, come detto all'inizio, questo monotipo ha, per sua natura, una sezione della parte poppiera propensa a "trascinare" molta acqua creando resistenza e quindi opposizione al miglior avanzamento. Inoltre il baglio massimo del J24 è tra le sartie e l'apertura del tambucio in pozzetto, quindi il punto più redditizio per operare il più efficace raddrizzamento.

I compiti dell'equipaggio si dividono come con vento di minore intensità: il prodiere nelle virate si limita a spostarsi più velocemente sul nuovo bordo, non essendo necessario che aiuti il fiocco a passare sulle nuove mura, durante tutta la bolina informa continuamente dell'arrivo delle onde facendo "preparare" il timoniere affinché lo scafo non subisca rallentamenti. Il n°2 e il n°3 fanno la tattica osservando i salti di vento, gli avversari e gli incroci valutando con anticipo le scelte da operare. Il tailer (n°4), sebbene il fiocco non abbia bisogno di continue regolazioni come il genoa, è tenuto costantemente sotto controllo per creare la migliore messa a punto specialmente se il vento in alcuni momenti cala d'intensità. Infine il timoniere è costantemente concentrato affinché la barca esprima la massima velocità ed è attento alle informazioni che il prodiere comunica quando è in arrivo un cambio di intensità del vento (soprattutto raffiche) o il sopraggiungere di un'onda più grossa. Il lavoro di comunicazione eseguito dal n°1 è fondamentale e deve essere costante poiché la posizione che il timoniere assume con vento forte permette di vedere solo uno spazio ristretto di sopravento per la presenza dei membri dell'equipaggio disposti in battagliola in posizione di massimo raddrizzamento.

La messa a punto delle vele con vento forte prevede un profilo della randa e del fiocco piuttosto magro ed aperto. Affinché le vele possano creare la migliore performance è importante predisporre, cazzando le sartie, l'assetto ottimale dell'albero. Con vento forte occorre che il centro velico sia appoppato: per ottenere questa condizione, come già accennato nel paragrafo delle regolazioni dell'albero occorre cazzare le sartie basse ad una tensione superiore delle alte raggiungendo i valori, rilevati dallo strumento, rispettivamente di 25-26 e 27; alcuni equipaggi spostano anche il piede dell'albero verso prua facilitando così appoppamento del rig. La ragione della tensione delle sartie basse superiore alle alte è giustificata dal fatto che con vento forte l'albero è già ampiamente flesso dal paterazzo e dal vang: la randa, con queste due manovre ben cazzate, oltre che dal cunningham, ottiene un profilo piatto che però deve necessariamente mantenere una certa forma affinché si crei il miglior rendimento della vela. L'azione delle sartie alte con vento forte assumono il compito di spostare indietro il centro velico e di tenuta laterale perdendo quella di flessione operata dalle manovre (paterazzo, e vang). Le sartie basse controllano l'eccessiva flessione causata dalle regolazioni delle manovre sopra citate facendo mantenere un profilo sufficiente alla randa che altrimenti sarebbe eccessivamente magro. Per vedere in fase di regolazione dell'albero, prima di alzare le vele, quale sia la giusta messa a punto si misura la distanza, all'altezza delle crocette, con la drizza della randa in tensione tra la penna e l'attacco del boma: il valore dovrà oscillare tra i 2 ed i 4 cm. La randa con vento forte prevede il vang molto cazzato, il paterazzo regolato in modo da ottenere sia la flessione ma soprattutto lo svergolamento della balumina della vela affinché essa scarichi facilmente il vento, il cunnigham che regola il profilo appiattendolo e riportandolo verso prua, la base molto cazzata per smagrire la parte bassa della vela chiusa nella parte inferiore dall'azione del vang. La regolazione del carrello e della scotta è da ricercarsi quando si naviga con questa intensità di vento e in rapporto alle condizioni di onda nelle quali ci troviamo: é utile dire che esse sopperiranno tutti i momenti nei quali si crea eccessivo sbandamento cercando di ottenere sempre la maggior spinta per raggiungere la massima velocità. Il fiocco è portato con una tensione di scotta che deve far mantenere alla vela, nella parte bassa, un profilo abbastanza grasso in modo da creare sempre sufficiente forza per superare l'onda; il punto di scotta, come detto precedentemente è situato affinché la balumina sia chiusa in basso e molto aperta dalla metà in poi della sua lunghezza creando uno svergolamento molto accentuato. La drizza infine è abbastanza cazzata per spostare il profilo verso prua ed aprire la balumina in alto (azione della drizza simile a quella del cunningham).

Parlando della virata, con vento forte, si può attuare una tecnica che prevede il passaggio sul nuovo bordo leggermente più "lento": sfruttando la buona velocità di entrata della virata è possibile guadagnare al vento mantenendo per qualche istante la prua controvento guadagnando così rispetto alla boa. Eseguendo con questa tecnica il cambio di bordo si otterranno alcuni risultati come: possibilità da parte del tailer di recuperare la scotta del fiocco senza la maniglia prima che esso si rigonfi di vento, un passaggio dell'equipaggio anticipato sul nuovo bordo evitando lo sbandamento negativo sottovento che si può venirsi a creare per ritardo di assetto di raddrizzamento, miglior controllo del timoniere in tutto il cambio di bordo e, non ultimo, un utilizzo minimo del timone per effettuare la virata. Il movimento dell'equipaggio all'unisono può determinare un anticipo tale da creare un leggero sbandamento sopravento: nelle condizioni di vento forte è senza dubbio positivo trovarsi perfettamente piatti sulle nuove mura per evitare lo scarroccio, accentuato ancora di più per la pressione del vento, con velocità ridotta in seguito alla virata stessa.

Assetto e compiti dell'equipaggio con lo spinnaker nelle diverse andature e intensità di vento

Così come in bolina l'assetto del J24 prevede un posizione dell'equipaggio abbastanza avanzata rispetto ad una imbarcazione d'altura di uguali dimensioni, per i motivi già descritti. Naturalmente quando le condizioni di vento e soprattutto di onda lo richiedono l'equipaggio occorre che arretri per far sì che la prua non si ingavoni. Esaminando le andature di lasco e di poppa si descriveranno i vari assetti, compiti e regolazioni.

Lasco con vento leggero (0-10 nodi)

Questa andatura prevede n°1, 2 e 3 in prossimità dell'albero con disposizione da centrale a sottovento. Il n°4 che deve portare lo spinnaker dovrà sempre avere una posizione dalla quale possa sempre vedere chiaramente la balumina sopravento dello spinnaker. Il timoniere sarà a proravia del carrello della randa, possibilmente sopravento. Anche in questa condizione, come in bolina con vento leggero e onda è utile far scendere sottocoperta almeno due membri dell'equipaggio (n°2 e n°3) così da spostare il baricentro verso il basso. La loro posizione dovrà essere sottovento e all'altezza dell'albero nella cabina di prua. Appena il vento dovesse anche aumentare leggermente è necessario ristabilire lo scafo piatto al fine di ottenere la massima velocità.

La messa a punto dello spinnaker prevede una posizione della punta del tangone (varea del braccio) e di quella dell'albero abbassate; sebbene non si debba esagerare è altresì vero che il J24 ha uno spinnaker piuttosto sovradimensionato rispetto alla randa ed al genoa per cui la posizione descritta non pregiudica una eccessiva chiusura delle balumine. Il barber-hauler di sopravento dello spinnaker è cazzato mentre quello di sottovento dovrà essere completamente lascato. Per quanto riguarda la vela di prua, appena lo spinnaker è a riva, viene sistemato in coperta e raccolto tra la prua e il tambucio in modo da consentire liberi spostamenti del prodiere in fase di abbattuta. La randa dovrà risultare abbastanza grassa quindi con base, cunningham, punto di mura lascati; il vang dovrà essere lasco o appena puntato, il paterazzo completamente lascato (se era stato regolato in bolina) affinché l'albero si raddrizzi contribuendo a ristabilire il profilo più profondo della vela.

Lasco con vento medio e medio-forte (10-18 nodi)

Quando il vento spira con le intensità di vento sopraindicate nel titolo del paragrafo l'equipaggio si dovrà disporre per un assetto che prevede lo scafo perfettamente piatto. A seconda dell'esigenza il n°1, n°2 e n°3 si disporranno (dalle sartie verso poppa) in posizione di massimo raddrizzamento. Il n°4 sopravento porterà lo spinnaker assecondando onde e raffiche con la scotta per cercare la massima resa della vela che sta portando. Il timoniere lavorerà continuamente con la randa specialmente in condizioni di mare formato ove si necessitano frequenti cazzate ed allascate (nei limiti del regolamento) per avere la massima resa con lo scafo perfettamente piatto sulle proprie linee d'acqua.

La messa a punto dello spinnaker prevede il barber-hauler di sopravento cazzato quello di sottovento completamente lascato e a seconda delle condizioni di onda e di vento si deciderà per la posizione del tangone sull'albero (gancio basso o alto). Per essere più chiari diciamo che si deve soddisfare la condizione che posizioni le bugne dello spinnaker sempre parallele. La forma della randa dovrà presentare un profilo piuttosto profondo ed al fine di soddisfare questa condizione si lascheranno completamente cunningham, paterazzo e punto di mura. Per quanto concerne il vang dovrà essere lascato (se è stato cazzato molto) in modo che l'albero si raddrizzi rispetto alla bolina stando però attenti a non aprire troppo la balumina. La base non si lascherà completamente affinché la randa nella parte bassa possa avere un profilo linearmente adatto all'andatura senza dover essere troppo grassa nella parte inferiore; specialmente in caso di onda formata, o di vento intorno ai 16-18 nodi occorre limitare la tendenza all'orza dello scafo costringendo il timoniere a lascare molta scotta della randa e a correggere l'assetto con frequenti poggiate che possono pregiudicare la rotta migliore. Il genoa subito dopo che lo spinnaker è a riva è ammainato e sistemato dal prodiere nella parte anteriore del triangolo di prua; questa sistemazione permette di liberare la zona anteriore dell'albero per manovrare in abbattuta senza calpestare, ma soprattutto evitando al n°1, di scivolare sulla vela distesa in coperta. L'assetto dell'equipaggio è posizionato sopravento per soddisfare il massimo raddrizzamento (n°1,2,3 se necessario si dispongono con le gambe fuori), il n°4 porta lo spinnaker manovrando la scotta con la schiena rivolta alla battagliola sopravento puntando le gambe (se necessario) in pozzetto per cazzare la scotta più facilmente, il timoniere, seduto sopravento, a cavallo del trasto o appena dietro, porta la barca perfettamente piatta cercando di limitare la pressione (all'orza) sul timone manovrando la randa; è utile ricordare che la rotta, specialmente con un vento oltre i 15 nodi, non è quasi mai la linea congiungente fra le due boe ma scaturisce dalle informazioni del tailer sulla pressione del vento sullo spinnaker e dal tattico che anticipa il sopraggiungere delle raffiche e delle onde.

Lasco con vento forte (oltre 18 nodi)

Sicuramente questa è una delle andature più difficili anche perché il J24, rispetto ad un'altra barca di simili dimensioni, ha uno spinnaker abbastanza grande. Per ottenere il miglior assetto in questa andatura è necessario essere molto allenati, nonché in perfetto sincronismo tra timoniere e n°4 che porta lo spinnaker. Il n°1, n°2 e n°3 sono sopravento disposti con le gambe fuori per ottenere il massimo raddrizzamento, il n°4 (anch'egli sopravento con la schiena sulla battagliola) lavorerà la scotta dello spinnaker con continue cazzate ed allascate per far si che la barca mantenga sempre la massima performance della vela. L'abitudine del tailer nell'affrontare una raffica è fondamentale e deve essere sempre in sincronia con la velocità della barca. Per essere più chiari diciamo che ogni volta che egli sentirà maggior pressione sullo spinnaker dovrà lascarlo fino a che la balumina di sopravento non inizia a sventare. Affinché la barca possa accelerare per la superiore pressione del vento il n°4 lascherà la scotta di sottovento per far aprire le balumine: questa azione creerà maggior velocità dovuta, oltre che dalla pressione del vento, al mutare dell'angolo di incidenza sul profilo della vela. I fenomeni che si verificano al sopraggiungere di una raffica (fermo restando la direzione del vento) sono all'inizio di apertura dell'angolo di incidenza e poi rotazione verso prua per lo spostamento del vento apparente; in conseguenza di quest'ultimo è necessaria un'adeguata messa a punto quando lo scafo aumenta la velocità sia con una correzione del timone alla poggia sia con la scotta (rapida cazzata del sottovento) affinché lo spinnaker non si sgonfi. Appena operata la giusta messa a segno in piena velocità occorre lascare di nuovo per essere pronti ad affrontare la raffica successiva con le balumine non troppo chiuse. La posizione dell'equipaggio (n°1,2,3) deve tener conto dell'onda più o meno formata per soddisfare un assetto che non permetta alla prua di ingavonarsi e allo specchio di poppa di appoggiare troppo lo scafo posteriormente; il timoniere siede, specialmente con onda, dietro il carrello della randa e se il vento è molto forte può manovrare il timone dalla barra per avere un più diretto controllo dell'andatura.

Per quanto concerne la messa a punto delle vele diciamo che se il fiocco viene mantenuto alzato va lascato con un'esatta messa a segno: esso può aiutare considerevolmente l'andatura poiché favorisce la rotta alla poggia limitando il pericolo di straorzata; di contro la prua si ingavona più facilmente per la presenza del centro velico appruato ma può essere sopperita da un arretramento della posizione dei membri dell'equipaggio. Se invece viene ammainato appena eseguita l'alzata dello spinnaker il fiocco deve essere raccolto avanti dal prodiere per liberare il triangolo di prua al fine di rendere agevoli i movimenti del n°1 in abbattuta. La posizione del tangone sarà posta sull'albero al gancio superiore, e l'altezza della varea del braccio dovrà essere regolata affinché le bugne soddisfino con una situazione di parallelismo tra loro. La randa sarà lascata quasi completamente di vang così da permettere alla scotta di essere cazzata per orzare durante il lato senza subire una eccessiva tendenza al vento che la balumina troppo chiusa determinerebbe. E' utile dire che il vang va lascato prima di girare la boa: come sulle derive la balumina della randa molto aperta facilita di molto la poggiata verso la nuova andatura oltre che diminuire la pressione sul timone e facilitare il raggiungimento rapido sulla nuova rotta. Durante tutto il lasco il n°2 si occuperà costantemente della messa a punto del vang dalla sua posizione (gambe fuoribordo per operare il massimo raddrizzamento) ruotando verso prua solo il busto. L'esatta messa a segno si opererà cazzandolo quando la raffica cala e lascandolo quando investiti da una maggior pressione all'aumento del vento. Il cunningham così come il paterazzo saranno lascati appena si inizia il lato con lo spinnaker mentre la base, se il lasco è stretto, si mantiene cazzata per non favorire un profilo troppo profondo alla randa. Nel caso di vento più forte il cunningham e il paterazzo saranno solo parzialmente lascati per mantenere la randa più piatta.

Poppa con vento leggero (0-10 nodi)

Navigare correttamente in poppa con vento leggero è sicuramente molto importante poiché proprio in questa andatura si possono guadagnare sui nostri avversari grandi o, per lo meno, importanti vantaggi.

L'assetto prevede l'equipaggio (n°1, n°2 e n°3) in posizione avanzata leggermente sottovento all'altezza dell'albero (uno di loro terrà il boma affinché, specialmente con onda, la randa rimanga sempre aperta per ricevere il massimo vento sulla sua superficie), il n°4, nel pozzetto, con braccio e scotta porterà lo spinnaker, il timoniere siederà sopravento davanti al carrello della randa.

L'andatura prevede dei laschi larghi anziché l'andatura di poppa poiché risulterebbe troppo lenta sebbene si percorra una distanza inferiore; l'obiettivo fondamentale che un equipaggio deve ottenere è proprio la ricerca del compromesso tra velocità ed angolo di discesa verso la boa al fine di percorrere il lato nel minor tempo possibile (VMG), anche se il percorso inevitabilmente si allunga. Perché ciò avvenga proficuamente si deve instaurare un continuo dialogo tra timoniere e n°4 che porta lo spinnaker al fine di mantenere massima la velocità della barca con un angolo ragionevolmente ampio per scendere il più possibile verso la fine del lato. Dalla sensibilità sulla scotta il tailer avvertirà il timoniere della variazione di pressione del vento sullo spinnaker: ogni qualvolta il timoniere sentirà il sail-trimmer dire "pressione" continuerà a navigare con la stessa rotta fino a che, dopo aver accelerato, poggerà in conseguenza della rotazione del vento apparente in modo da guadagnare spazio sottovento. Lo spinnaker seguirà il cambio di rotta alla poggia quadrandosi per sfruttare al massimo la "nuova" incidenza del vento sulla vela. Viceversa se il n°4 comunicherà al timoniere di non avvertire pressione egli dovrà orzare per permettere alle vele, ma soprattutto allo spinnaker, di ritornare nella condizione di "pressione" per poter scendere poi successivamente. In caso di calo di vento il tailer dovrà lascare il braccio sulla rotta più orzata che il timoniere attua per ripristinare una velocità sufficiente che porti ad una successiva rotta più poggiata.

Importantissima è la tattica di regata cioè la zona (sinistra o dritta) ove è più favorevole navigare in poppa, nonché le variazioni di vento (direzione ed intensità) che si devono sfruttare. Il n°2 o il n°3 curerà la tattica osservando gli avversari e la superficie del mare che con vento leggero è chiaramente contrassegnata dalle raffiche. Ordinerà quindi al timoniere le abbattute sia per mantenere la migliore performance di velocità nonché il controllo degli avversari. L'uso della bussola è fondamentale per decidere se abbattere per l'avvicinamento alla boa o per non oltrepassare le layline. Inoltre i continui piccoli salti di vento che si possono verificare possono sicuramente farci procedere con angoli favorevoli più stretti rispetto a chi non esegue opportune abbattute quando il vento in andatura di poppa ruota in "buono".

Come nell'andatura di lasco la posizione dell'equipaggio con poco vento ed onda può trovare il miglior assetto con due membri disposti sotto coperta all'altezza dell'albero, situazione che facilita la stabilità della barca per il peso disposto più in basso e quindi una conseguente maggiore rendita nell'avanzamento.

La messa a punto dello spinnaker prevede il tangone posto al gancio inferiore dell'albero e la varea del braccio abbassata in modo da permettere alle bugne di essere parallele, ma con vento molto leggero la balumina di sottovento può essere tenuta leggermente alzata con la punta del tangone portata leggermente più in basso. La randa dovrà avere un profilo molto profondo e per ottenere questo è necessario lascare completamente cunningham, punto di mura, base e paterazzo.

Poppa con vento medio e medio-forte (10-18 nodi)

Con il vento di questa intensità il lato di poppa si attua (man mano che l'intensità aumenta) con angoli più larghi rispetto alla stessa andatura con il vento più leggero per cui il bordeggio è più limitato. Nonostante questa premessa rimangono identici alcuni fondamenti come la scelta della parte (sinistra o dritta) dalla quale iniziare il lato, il bordeggio da fare abbattendo sui salti di vento cercando di navigare sempre sugli "scarsi", condizione che permette di navigare ad una velocità superiore dovuto all'angolo di incidenza del vento più stretto. La corrente, se presente, va tenuta in considerazione e sfruttata specialmente nei bordi in cui la sua inclinazione permette alla barca di poggiare più facilmente. La disposizione dell'equipaggio prevede n°1, n°2 e n°3 all'altezza dell'albero preferibilmente in posizione di accosciata; si usa tale postura per permettere di spostarsi velocemente sopra e sottovento in modo da soddisfare al meglio l'assetto costantemente.

Il n°4, centralmente dal pozzetto, porterà lo spinnaker e dialogherà con il timoniere seduto sopravento davanti al trasto della randa o a cavallo di esso seguendo le indicazioni del tailer a seconda della pressione del vento sulla vela che sta portando.

La posizione del tangone deve prevedere le bugne sempre parallele ed il punto di attacco dello stesso sull'albero varia da alto a basso a seconda dell'onda e dell'intensità del vento. Di solito con intensità di vento fino a 10-11 nodi si tiene il tangone fissato al gancio dell'albero inferiore mentre con vento superiore si preferisce l'attacco più alto. Il barber-hauler di sopravento è cazzato mentre quello di sottovento si può tenere in certe condizioni di onda leggermente cazzato per stabilizzare lo spinnaker evitando di dover alzare troppo il tangone per mantenere le bugne parallele. Per quanto riguarda il genoa durante il lato di poppa deve essere ammainato subito dopo che lo spinnaker è stato alzato e sistemato ben avanti sul triangolo di prua in modo da permettere tutti i movimenti del prodiere sia per abbattere sia per creare l'assetto ideale di cui abbisogna frequentemente lo scafo. La randa è necessario che in poppa assuma un profilo profondo: si ottiene ciò lascando completamente il paterazzo, la base, cunningham, punto di mura e leggermente il vang rispetto alla bolina per ridurre la flessione dell'albero senza aprire troppo la balumina.

Poppa con vento forte (oltre18 nodi)

Navigare esprimendo la massima performance nell'andatura di poppa con vento forte non è sicuramente facile. Specialmente con onda molto formata l'equipaggio deve muoversi con perfetto sincronismo e coordinazione per mantenere sempre la massima velocità, eseguire le manovre perfettamente, proprio quando investito da una raffica o, come prima detto, da un'onda. Il movimento dei n°1, 2 e 3 deve essere preciso e da effettuarsi ogni qualvolta si necessiti in senso longitudinale e trasversale una correzione dovuta agli sbandamenti sopra e sottovento, di appoppamento e appruamento dello scafo. Essi partiranno da una posizione centrale appena dietro all'albero e dovranno muoversi da questa zona verso poppa arrivando in condizioni di vento molto forte ed onda formata fino all'altezza del pozzetto. Il n°4 posto sopravento porterà lo spinnaker con la scotta mentre il n°3 manovrerà il braccio secondo le istruzioni dettate dal suo compagno; insieme, con rapide cazzate ed allascate pomperanno nei limiti del regolamento per ottenere la perfetta messa a punto ed esprimere la massima velocità. Il timoniere siederà sopravento vicino al n°4 e dovrà coordinarsi sia con l'azione dello spinnaker sia con il moto ondoso che genera grandi variazioni di velocità. La tattica anche con vento forte deve essere effettuata così come con vento leggero e medio: troppe volte invece con vento forte si rinuncia a abbattere con un piccolo salto di vento per evitare di cadere in un errore di manovra! Per affrontare un lato di poppa con vento forte è necessario essere molto allenati per manovrare senza difficoltà ogni qualvolta, tatticamente, si richieda una abbattuta. I vantaggi che si saranno prodotti porteranno a percorrere sicuramente meno spazio e quindi a recuperi molto grandi sugli avversari che non sfruttano a dovere le variazioni del vento.

Con vento molto sostenuto (25-30 nodi) conviene tenere, oltre a quello sopravento anche il barber-hauler di sottovento dello spinnaker cazzato: questo creerà stabilità allo spinnaker e limiterà il pericoloso rollio che in poppa può determinare la strapoggiata ed, in casi estremi a anche a scuffia dello scafo sopravento.

Il fiocco nel lato di poppa si può tenere alzato o se si decide di ammainare si raccoglie nella parte anteriore del triangolo di prua per liberare la zona in cui il prodiere deve muoversi per operare il cambio di mura del tangone in abbattuta. La randa deve assumere un profilo abbastanza profondo: cunningham, punto di mura e paterazzo dovranno essere completamente lascati. Per quanto riguarda il vang deve essere più lascato della bolina ma la sua messa a punto varia a seconda dell'intensità del vento e dalla presenza di onda più o meno formata; la base deve essere lascata ma si preferisce non mollarla completamente come con vento leggero e medio: una vela troppo potente potrebbe creare una tendenza eccessiva all'orza soprattutto in abbattuta.

Manovre

Come premessa, per facilità di intendimento e di immediata semplice comprensione, la descrizione delle varie manovre sarà divisa in più fasi tenendo presenti due punti fissi:

a) Equipaggio composto da cinque elementi;
b) Suddivisione dei ruoli in cinque numeri corrispondenti a:
    1) Prodiere
    2) Pit-man (drizze e tattica)
    3) Tailer (aiuto tailer)
    4) Tailer
    5) Timoniere

Tack change *(cambio della vela di prua in virata)*

Sul J24 non è possibile procedere a questa operazione in quanto, non essendoci strallo cavo genoa e fiocco risultano ingarrocciati sullo strallo. L'unico momento quindi per effettuare in regata il cambio del genoa con il fiocco, o viceversa, si presenta nelle andature portanti, quando è alzato lo spinnaker ed ammainata la vela di prua. Solo in rare occasioni il cambio genoa-fiocco o fiocco-genoa si opera specialmente all'inizio di un lato di bolina in cui le condizioni metereologiche cambiano totalmente (es. da vento leggero a forte o viceversa in pochi minuti).

Virata

A seconda dell'intensità del vento la posizione dei membri dell'equipaggio prima di effettuare la virata è naturalmente diversa così come variano i diversi movimenti che lo accompagnano il cambio di bordo da parte dei componenti dell'equipaggio. Un esempio è dato dall'azione di rollio deve essere molto accentuata con vento leggero e praticamente nulla con vento superiore ai 15 nodi. La descrizione della virata che faremo è quella di un cambio di mura con un'intensità di vento di 10-12 nodi con l'equipaggio disposto interamente sopravento.

Il primo a muoversi è il n°4 che dalla posizione in battagliola scende in pozzetto; restando seduto sopravento libera la scotta del genoa dallo strozzascotte facendo attenzione a non lascarlo ed afferra quella di sopra già preparata sul winch alla fine della virata precedente recuperando l'eventuale parte in bando. Iniziata l'orzata, da parte del timoniere, cazza qualche cm. per sfruttare sino all'ultimo la portanza della vela di prua; immediatamente dopo rilascia di circa 30-40 cm. la scotta trattenendola affinché si determini la situazione di "a collo". Contemporaneamente all'azione di rollio effettuata dal n°1, 2 e 3 libera il verricello sottovento operando una trazione verso l'alto (molto più veloce del movimento circolare). Appena iniziato il rilascio inizia a cazzare sul bordo opposto con bracciate lunghe e veloci: una virata eseguita con precisione necessita di sole tre bracciate. All'inizio può risultare difficile ma è determinante riuscire ad eseguire il recupero della scotta con un basso numero di movimenti; questo porta notevoli vantaggi: per primo non occorre usare la maniglia poiché prima che il genoa si rigonfi di vento sulla nuova mura è già all'interno della battagliola, quindi quasi a punto; lo scafo inoltre è aiutato nel passaggio di bordo dalla spinta alla poggia determinata dall' "a collo" della vela di prua anziché dall'azione della pala del timone che determinerebbe un ulteriore rallentamento della velocità già ridotta per il cambio di mura. Infine, ma fondamentale, la scotta da cazzare sul nuovo bordo con la vela "a collo" nel momento del rilascio è portata sottovento dalla vela stessa determinando un recupero senza tensione. L'azione del tailer sul nuovo bordo prevede una messa a punto della scotta all'inizio più cazzata per far gonfiare più velocemente il genoa e riprendere un buon angolo di bolina ma immediatamente dopo occorre rilasciarne 10-20 cm. affinché lo scafo riprenda prima possibile la massima velocità. Raggiunto il target previsto recupererà la scotta fino al punto di miglior resa scaturente dal massimo rendimento tra angolo di bolina e velocità.

Le azioni del n°1, 2 e 3 durante la virata si "limitano" all'esecuzione del rollio: per una corretta effettuazione occorre che i loro movimenti siano eseguiti in perfetta sincronia. All'ordine "si vira" rientrano leggermente con la schiena creando un leggero sbandamento sottovento che facilita l'orzata, ritardano il passaggio sopravento operando una pressione verso la battagliola affinché lo scafo più velocemente passi sul nuovo bordo e nell'esatto momento in cui il n°4 libera il verricello della scotta per iniziare a recuperare il genoa sulle nuove mura si dispongono rapidamente sul nuovo sopravento in assetto di massimo raddrizzamento riproponendo lo scafo piatto. Il n°1 si muove all'unisono con il n°2 e 3 ma, se necessario, ritarderà leggermente la sua posizione con le gambe fuori della battagliola se occorrerà liberare la base del genoa dalla battagliola sottovento. All'inizio della virata egli si dispone lateralmente all'albero sottovento (attenzione ad avere i piedi liberi dalle scotte) ed aiuta il passaggio del genoa accompagnandolo energicamente. Per soddisfare l'azione di rollio lascia la battagliola solo all'ultimo momento, spostandosi poi sul nuovo bordo sopravento con la massima velocità non appena completata la virata; se necessario come abbiamo detto, con l'ausilio della tacking-line (fettuccia fissata al centro del lato di base della vela), se presente, sistemerà il genoa dentro la battagliola. Non è invece necessario che egli aiuti il passaggio del fiocco, per lo stretto angolo di uscita della virata vista la ridotta superficie dello stesso e la corsa ridotta che deve compiere da un lato all'altro.

La virata descritta è, come detto precedentemente, riferita ad una intensità di vento medio. Al mutare delle condizioni, cioè se il vento ha minore intensità, ritarderà la allascata della scotta del genoa mantenendo per qualche frazione di secondo in più la situazione di "a collo" per aumentare la velocità della stessa ed evitando così di manovrare con il timone. L'azione di rollio eseguita dal n°1, 2 e 3 sarà più pronunciata e si protrarrà per un tempo più lungo dato che tutto il cambiamento di mura avviene più lentamente. Se viceversa il vento soffia ad un'intensità superiore a quella prima descritta si opererà in modo inverso sino ad arrivare, con vento forte, ad un cambiamento di bordo nel quale non si necessita più la posizione di "a collo" della vela di prua poiché la barca affronta la virata con una notevole velocità nonché con un angolo di bolina più stretto; anche l'azione di rollio si riduce sensibilmente fino ad essere eliminata e sostituita (quando si naviga con il fiocco) dal passaggio veloce del n°1, 2, 3 sulle nuove mura che devono prevedere un assetto senza sbandamento sottovento appena si è eseguita la virata.

E' importante che nelle virate ci sia ottima interazione tra timoniere e tailer. Se quest'ultimo deve cazzare la scotta con velocità e tempismo, ugualmente il timoniere deve assecondarlo non uscendo dalla virata troppo poggiato specialmente con vento superiore ai 12 nodi.

Il movimento del timone in virata è argomento delicato dato che esso è legato strettamente ad una questione di personale sensibilità alle situazioni di vento e di onda del momento, ma standardizzando si è visto che i più forti timonieri tendono a dividere la virata in due fasi: la prima consta di uno spostamento veloce all'orza di circa 25°-30°, mentre la seconda di un naturale spostamento al centro della barra del timone per riprendere la massima velocità uscendo dalla fase morta (prua al vento) della virata.

I migliori equipaggi procedono con le scotte genoa incrociate (tutti i J24 hanno uno strozzascotte per lato sul bottazzo rivolto in direzione del winch o, sempre usando il winch sopravento, manovrano la scotta con la maniglia alla quale è stato fissato uno strozzascotte); questo permette di avere la scotta sul bordo di sopravento e quindi di regolare immediatamente il genoa per eventuali variazioni dell'intensità e/o piccoli salti della direzione del vento mantenendo l'equipaggio sempre sopravento. Ciò è essenziale per sfruttare un eventuale cambiamento di pochi gradi in scarso o in buono per una raffica o un calo di vento mantenendo un assetto perfetto e imprimendo alla barca maggiore accelerazione. Un buon n°4 quindi regola moltissimo la scotta del genoa creando un perfetto assetto della barca e della vela al mutare anche minimo delle condizioni.

Per quanto riguarda i movimenti specifici dell'equipaggio si è cercato di schematizzare con alcuni disegni esplicativi delle posizioni di ciascuno durante la virata partendo da condizioni di vento leggero a vento forte.

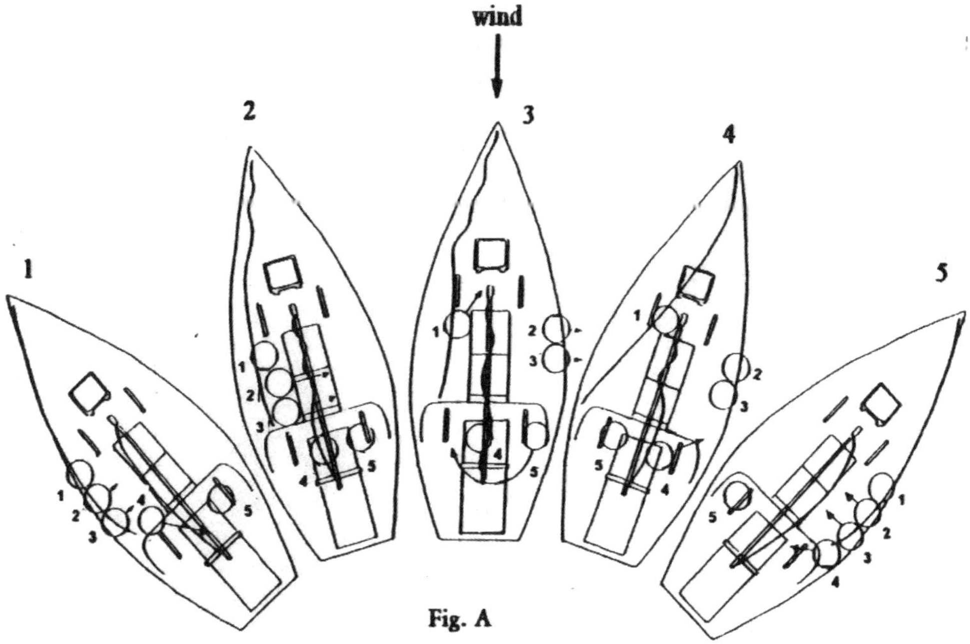

Fig. A

Virata con vento di intensità compresa tra 0 e 5/6 nodi

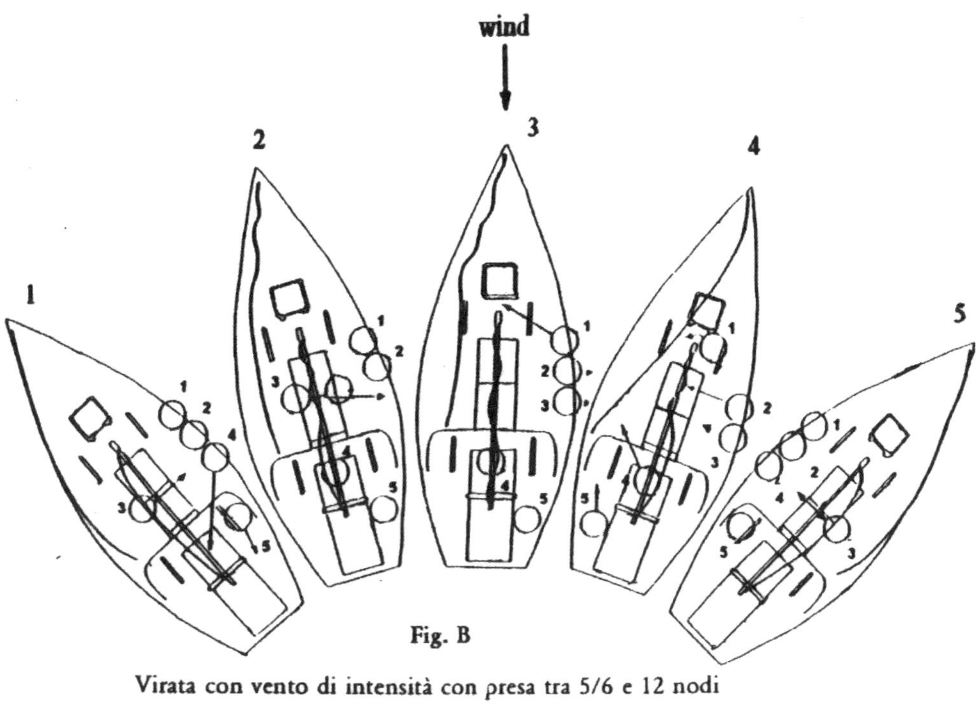

Fig. B

Virata con vento di intensità con presa tra 5/6 e 12 nodi

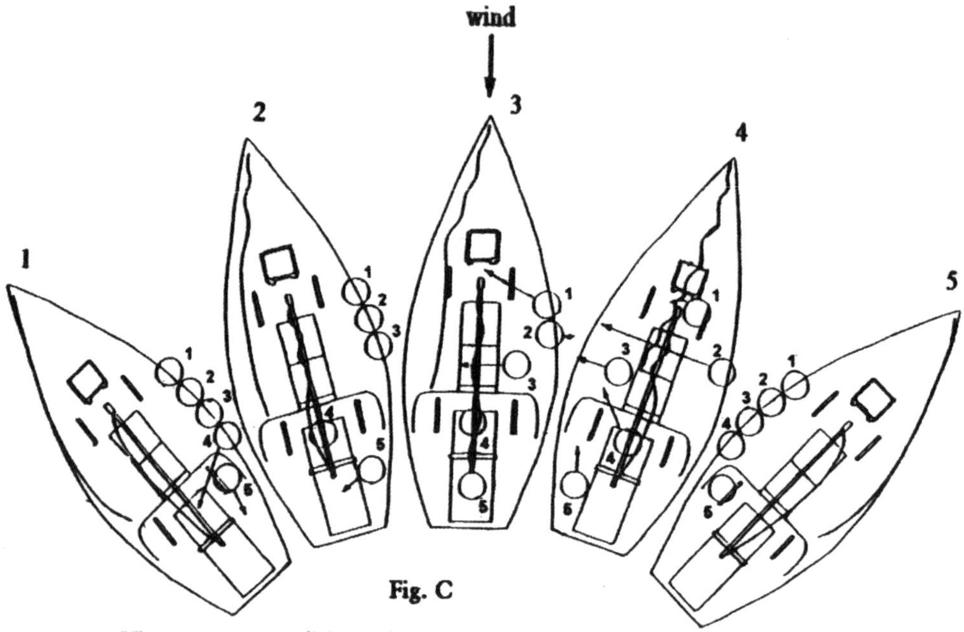

Fig. C

Virata con vento di intensità compresa tra 12 e 18 nodi

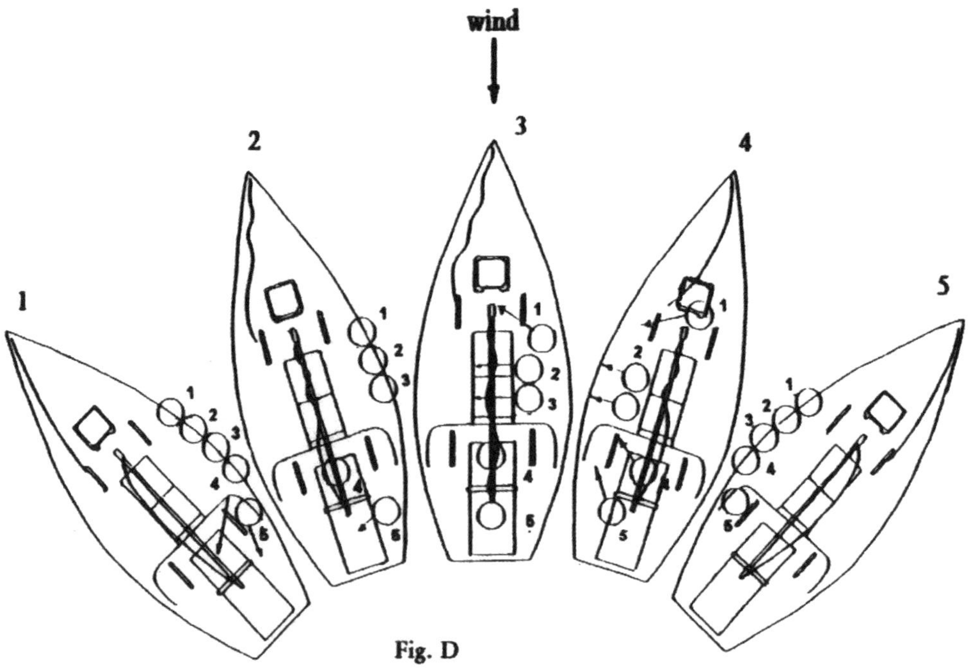

Fig. D

Virata con vento di intensità superiore ai 18 nodi con timoniere a proravia del carrello della randa (condizioni: mare piatto, poca onda)

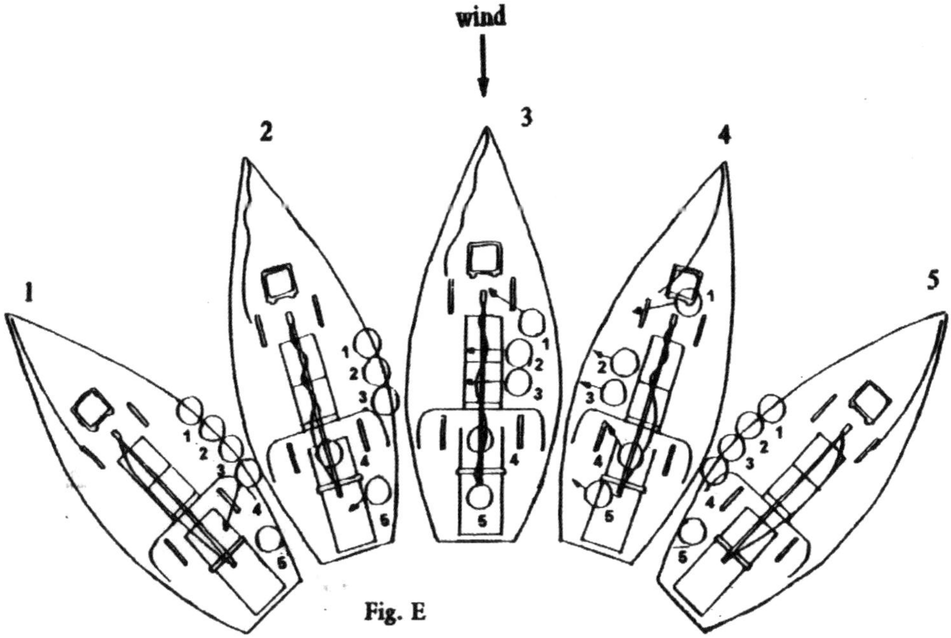

Fig. E

Virata con vento di intensità superiore ai 18 nodi con posizione equipaggio più appoppato (condizioni di mare formato)

Schema dei compiti dell'equipaggio in virata

1) Il n°2 (Pit-man\tattico) valuta il momento più opportuno per virare avvertendo il timoniere e l'equipaggio.
2) Il timoniere dà il richiamo alla voce scegliendo il momento più opportuno per effettuare la virata, ovvero alla massima velocità, soprattutto con situazione di mare formato. Ciò determinerà conseguentemente il miglior angolo di uscita dalla virata per poter far riprendere alla barca la massima performance prevista per l'andatura.
3) Il tailer (n°4), se è seduto fuori, rientra e si prepara alla virata con le scotte della vela di prua (genoa o fiocco) in mano pronto a lascare quella di sottovento con una mano mentre con l'altra inizierà a recuperare la scotta dalla parte opposta.
4) Dal momento in cui lasca la scotta sottovento cazzerà con bracciate lunghe e veloci l'altra scotta sulle mura opposte. Sul J24 con il genoa (anche meno con il fiocco) occorrono tre bracciate per eseguire correttamente una virata.
5) Il n°2 e il n°3 operano il rollio in virata se necessario altrimenti passeranno velocemente ed insieme sul nuovo bordo.
6) Il n°1 si assicurerà di mantenere la base del genoa, meno del fiocco con vento forte, entro la battagliola sulle nuove mura e asseconderà l'eventuale movimento di rollio (se necessario) con il n°2 e n°3.

Abbattuta (in andatura)

Il J24 ha un tangone con armatura a "bilancino". Il prodiere prima dell' abbattuta si dispone accanto all'albero, sopravento, pronto a sganciare il tangone. Mentre si inizia a poggiare il timoniere o il n°3 (a seconda di come è posizionato sul piano di coperta) mette a segno il barber-hauler di sottovento affinché sulla nuova mura sia già a segno. Il n°4 inquadra conseguentemente al cambiamento di rotta; all'ordine "apri" del timoniere il n°1 sgancia la varea dell'albero (il n°2 intanto, per permettere lo sgancio del tangone, ha provveduto a lascare il caricabasso), fa passare sopra il tangone la scotta del genoa del nuovo sopravento, afferra il futuro braccio dello spinnaker e lo introduce nella varea appena liberata; infine sgancia la varea del vecchio braccio facendo cadere in coperta la scotta del genoa dal tangone ed aggancia la varea liberata all'albero facendo attenzione, durante la manovra, di spingerlo sempre verso prua.

Fino ad un vento di 15 nodi il n°2 e il n°3 durante la prima fase dell' abbattuta possono operare una pressione sulla battagliola di sopravento aumentando la velocità di manovra con il movimento di rollio così come avviene nella virata. Il n°3 appena passa il boma sulla nuova mura lasca il barber-hauler del nuovo sottovento e compiuta questa operazione ritorna in assetto nella parte prodiera più o meno sottovento a seconda delle condizioni.

Il n°2, in caso di vento più forte aiuta il prodiere quando deve agganciare il tangone all'albero, dato che si crea molta pressione dovuta alla tensione del braccio.

Il n°3 sempre con vento forte aiuta lo spinnaker a "ruotare" insieme al n°4 accompagnando la poggiata del timoniere mentre con vento leggero o medio questa operazione fondamentale per la riuscita della manovra può essere compiuta da un unico tailer.

Per compiere efficacemente un'abbattuta è necessario un elevato sincronismo tra tutti i membri dell'equipaggio. Sempre in caso di vento forte non conviene passare da lasco a lasco, ma si deve permettere allo spinnaker, come già detto precedentemente, di ruotare iniziando la manovra con il braccio il più possibile aperto. Inoltre più il vento rinforza, più è opportuno che si anticipi la manovra del prodiere rispetto al passaggio del boma che sancisce il vero e proprio cambio di bordo; in altre parole deve esserci differenza tra passaggio spinnaker e passaggio della randa. In questo modo infatti si "copre" il prodiere e gli si permette di svolgere il suo compito più velocemente e con minor sforzo dato che lavora la scotta sottovento che ha meno tensione rispetto al braccio. Contrariamente se è contemporaneo l'inizio dell'abbattuta con il passaggio del boma, il prodiere può avere problemi con conseguenti ritardi di esecuzione della manovra.

Schema dei compiti dell'equipaggio in abbattuta

1) Un attimo prima di iniziare la manovra mentre si sta poggiando si cazza il barber-hauler dello spinnaker sottovento (sulle barche armate con barber-hauler riportato a poppa sarà il timoniere a compiere tale manovra).
2) Il n°2 lasca il caricabasso lasciando inalterata la posizione dell'amantiglio del tangone.
3) Il n°1 posizionato sopravento con la scotta sottovento della vela di prua ammainata (spalle rivolte verso poppa) sgancia il tangone dall'albero, passa la scotta del genoa sopra lo stesso

affinché rimanga davanti all'amantiglio e inserisce il nuovo braccio nella varea appena liberata. Procedendo sgancerà il "vecchio" braccio dello spinnaker dal tangone, farà cadere la scotta del genoa in coperta, e sistemerà il tangone sull'albero facendo attenzione di terminare la manovra sul nuovo lato di sopravento.

4) Il n°4 e n°3 se vi è una situazione di vento forte porteranno uno il braccio e l'altro la scotta; se viceversa il vento non crea troppa trazione sulle scotte, l'abbattuta può essere effettuata dal n° 4. In tutti i casi comunque chi porta lo spinnaker non dovrà assolutamente distogliere lo sguardo da esso al fine di effettuare il cambio di mura con la vela a segno. Nel momento in cui il timoniere fa passare la randa da un lato all'altro il n°3 avrà il compito, anche se impegnato con il "vecchio" braccio, di lascare il barber-hauler del nuovo sottovento.

Con alcuni disegni vediamo le posizioni dei membri dell'equipaggio con le diverse intensità di vento.

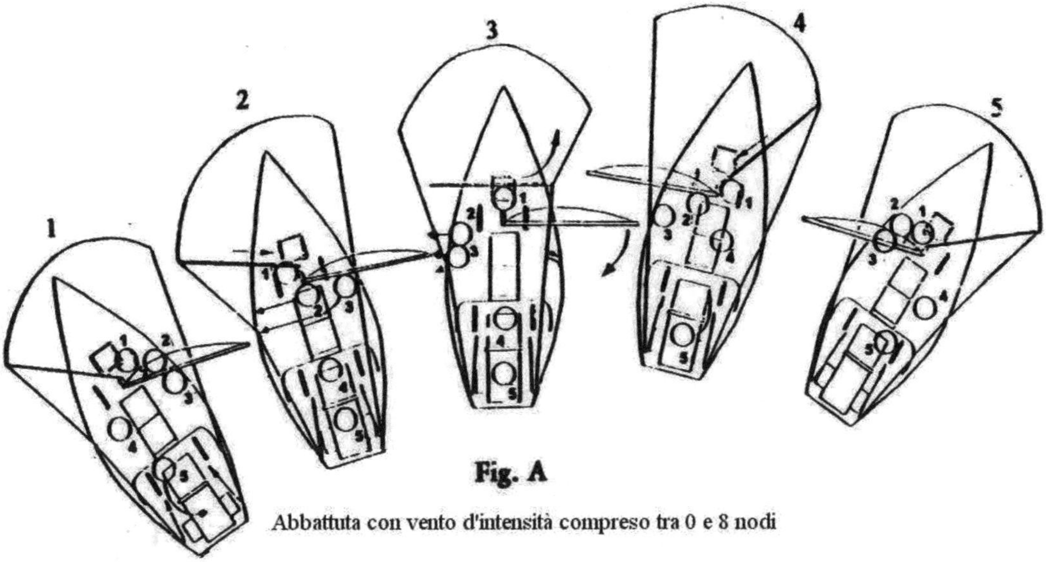

Fig. A

Abbattuta con vento d'intensità compreso tra 0 e 8 nodi

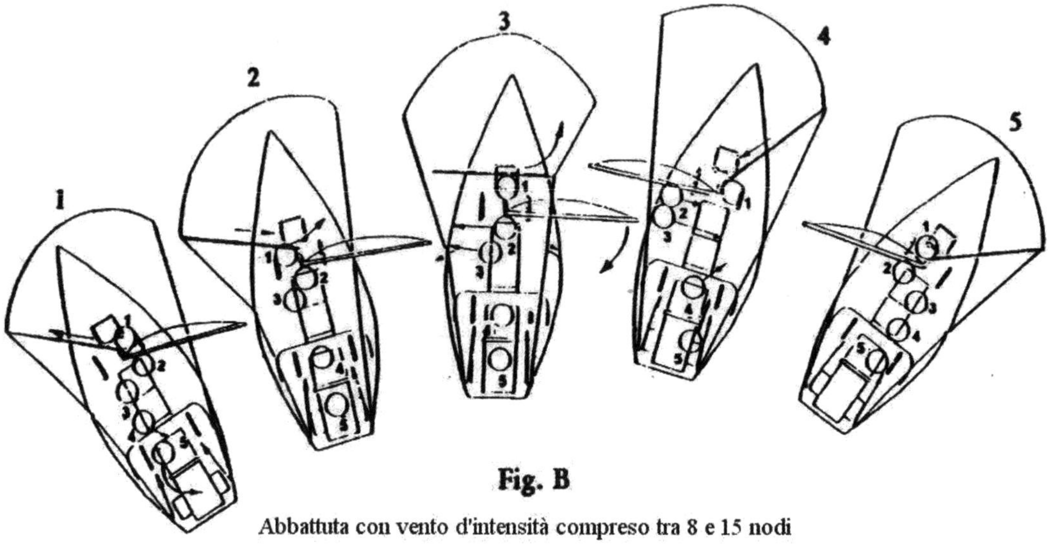

Fig. B

Abbattuta con vento d'intensità compreso tra 8 e 15 nodi

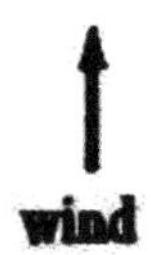

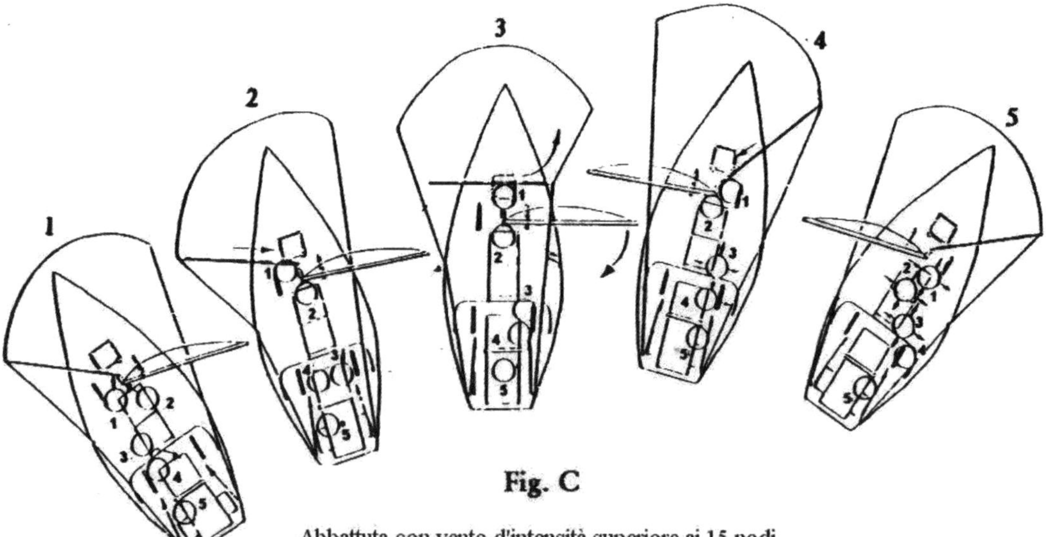

Fig. C

Abbattuta con vento d'intensità superiore ai 15 nodi

MANOVRE CON LO SPINNAKER

SCHEMA ALZATE SPINNAKER

DIREZIONE DEL VENTO

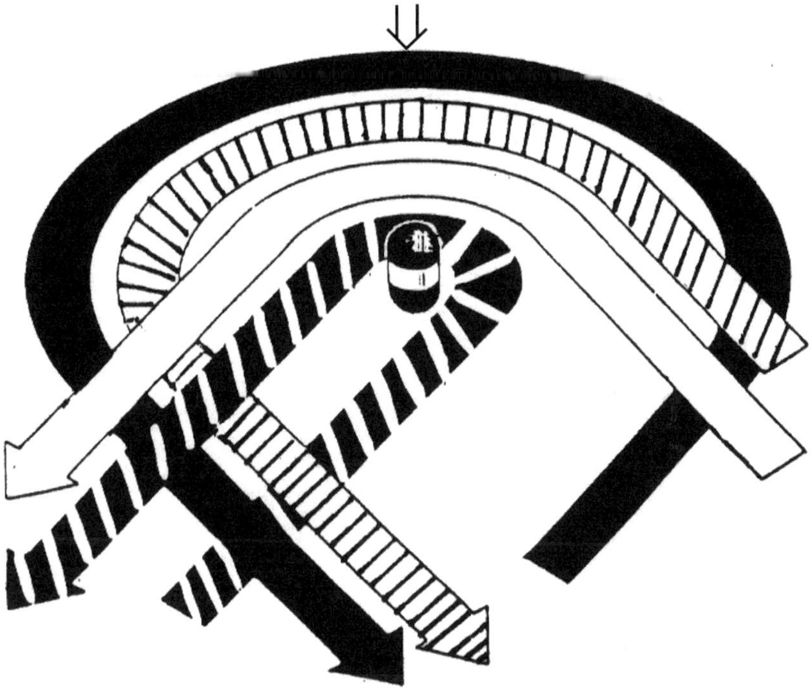

Tack and hoist

Jibe - set

Bear away (Normale)

Tack & Hoist/Jibe-set

Le regate di flotta sul J24 prevedono comunemente un percorso a bastone con una boa di disimpegno alla fine della bolina per evitare pericolosi incroci tra coloro che sono già in poppa e le barche che stanno terminando il lato di bolina. La presenza del corto lato di traverso pone facilità di effettuazione delle manovre di alzata di spinnaker poiché si avrà il tempo di settare la barca per l'andatura portante e organizzare l'equipaggio al fine di una buona manovra ma si è voluto descrivere i vari approcci non tenendo conto della boa di disimpegno per due ragioni: se durante una regata di flotta viene cambiata la boa di bolina il disimpegno di solito non viene posizionato e nelle regata di match-race il traversino non è previsto. Si descriveranno quindi le manovre per alzare lo spinnaker nella condizione in cui l'equipaggio dispone di minor tempo di preparazione.

Come si evince dalla figura il giro di boa è disegnato lasciando la boa a sinistra per le regate di flotta mentre per il Mach-race naturalmente dovrà essere inteso in modo opposto cioè lasciando la boa a dritta.

I vari approcci alla boa di bolina e le mura con le quali affrontare l'andatura portante prevedono quattro diverse soluzioni come ben evidenziato dal disegno dello schema nella pagina precedente. La terminologia usata comunemente è quella inglese non per eccesso di esterofilia ma per questione di sinteticità ed ormai in uso comune tra i regatanti. Per convenzione è giusto altresì precisare che i giri di boa disegnati e che ora descriveremo nelle loro diverse fasi sono effettuati lasciando, come nella maggior parte delle regate avviene, la boa a sinistra. E' importante sottolineare che lo spinnaker, sul J24, è sempre preparato per essere alzato con mura a dritta per ovvi motivi di precedenza in zona affollata; con tale precisazione le manovre saranno descritte tenendo conto che lo spinnaker è in questa posizione

Le manovre, come nella virata, sono eseguite con un'intensità di vento medio quindi prevedono un assetto dell'equipaggio disposto sopravento al massimo raddrizzamento, anche se alcuni accenni ad intensità di vento diverse sono utili per comprendere globalmente l'effettuazione delle stesse.

Bear-away (Arrivo in boa mura a dritta andatura portante mura a dritta)

Prima di arrivare in boa (da due a quattro lunghezze a seconda della velocità della barca nelle diverse condizioni), sicuri di non dover più virare, il prodiere lascia la battagliola per preparare il tangone coadiuvato dal n°2 che, rimanendo nella posizione di massimo raddrizzamento (cioè con le gambe fuori), manovra amantiglio e caricabasso (essi, ubicati nella zona della mastra o sull'albero ruotando solo il busto ed allungando il braccio sono facilmente raggiungibili). Il n°3 apre il tambucio per rendere possibile l'uscita dello spinnaker rimanendo anch'egli in posizione di massimo raddrizzamento e si prepara a cazzare il braccio in fase di alzata; il n°4 durante la poggiata verso la nuova andatura lasca solo leggermente il genoa ed inizia a regolare la scotta dello spinnaker appena a riva. Esistono validi motivi per cui la vela di prua non si lasca in modo adeguato all'andatura: per primo si accentua la tendenza poggiera "caricando" la prua con la vela più cazzata, secondo, lo spinnaker si alza più velocemente poiché la corsa della drizza risulta più corta e si crea meno attrito con il genoa ed infine rimanendo quasi in barca la sua ammainata risulta più veloce facilitando il lavoro del prodiere appena finisce di recuperare direttamente il braccio che il n°3 sta cazzando dal pozzetto.

Lo spinnaker inizia a salire quando la barca ha la boa all'altezza delle sartie di sottovento determinando il vero e proprio bear-away. I ruoli nella manovra prevedono come drizzista il n°2 pronto a passare dalla posizione in battagliola a quella in piedi al fianco dell'albero per alzare il più velocemente possibile lo spinnaker (userà bracciate lunghe e veloci come il tailer in virata). Il prodiere mentre sale la nuova vela si porta a prua e aiuta il n°3 a far arrivare a segno il braccio mantenendo, se necessario, con la mano sinistra il tangone attaccato allo strallo per stabilire velocemente il contatto tra la varea e la bugna sopravento. Questa soluzione è ottimale per evitare che il tangone sotto la tensione del braccio venga quadrato erroneamente e soprattutto per consentire la messa a segno prima che la penna sia completamente a riva, pena il pericolo di far gonfiare lo spinnaker con conseguente rallentamento della manovra per la pressione operata dal vento sulla vela. Con vento leggero si può anticipare la cazzata della bugna del braccio in varea ma se il vento sale d'intensità lo spinnaker può gonfiarsi anticipatamente provocando rallentamenti in fase di approccio alla boa. I barber-hauler sono preparati prima che la manovra di alzata dello spinnaker abbia inizio predisponendo quello di sopravento cazzato e quello di sotto completamente lascato.

Immediatamente dopo l'alzata dello spinnaker il n°2 libera la drizza del genoa, che viene ammainato dal n°1 e raccolto ben a prua lasciando libera la zona anteriore all'albero per consentire movimenti sicuri durante l'abbattuta o ammainata. Il n°3 appena terminata la messa a punto del braccio ed averlo passato al n°4 lascherà la scotta del genoa facilitando il lavoro del n°1 e 2 nella sistemazione della vela di prua appena ammainata. Se con vento forte si è armato il fiocco in andatura di lasco si può non ammainare la vela di prua poiché, come detto in precedenza, essa stabilizza la barca nelle andature portanti, imprimendo velocità e riducendo la tendenza a orziera. Un problema che potrebbe sorgere al suo mantenimento è l'eccessivo caricamento della parte prodiera eliminabile però con un arretramento verso poppa dell'equipaggio.

Il timoniere in fase di approccio alla boa si prepara a lascare bene la randa consentendo allo scafo di poggiare senza dover usare troppo il timone. Il n°4 appena lo spinnaker è a riva inizia a regolare la scotta andando a prendere posizione sopravento, il n°3 manovra il braccio se l'andatura è di poppa mentre se il lato prevede un lasco fissa la scotta sopravento e si posiziona con le gambe fuori al massimo raddrizzamento dove già sono posti il n°1 e il n°2 per mantenere la barca in assetto. In situazioni estreme con vento molto teso, sopra i 25 nodi e con un'andatura in fil di ruota si può rendere necessario, come abbiamo già detto, avere entrambi i barber-hauler cazzati che permettano all'imbarcazione di navigare senza bruschi movimenti di rollio spesso incontrollabili.

Tack & Hoist (Arrivo in boa mura a sinistra con andatura portante mura a dritta)

La terminologia inglese usata per indicare questa manovra letteralmente significa "vira e issa"; essa si esegue quando si approccia la boa con mura a sinistra, facendo seguire alla virata (passaggio mura a dritta nelle regate di flotta, al contrario nel match-race) immediatamente l'alzata dello spinnaker. Per velocizzare quest'ultima è utile provvedere ad armare il tangone ancora prima di effettuare la virata. Il prodiere, infatti, aggancia il tangone mantenendo la varea esterna (con il braccio già passato) abbassata in coperta; il tangone cioè è in posizione sull'albero ma non alzato di amantiglio. Durante il cambio di bordo, dato che il triangolo di prua è in parte "occupato" dal tangone aiuta il genoa a passare sulla nuova mura affinché non crei intralcio eccessivo. Mentre si attua o appena eseguito il passaggio da mura a sinistra a dritta il n°2 con estrema velocità procede a compiere la normale alzata spinnaker come se fosse una bear-away; il n°1 si sposta quindi a prua per aiutare a cazzare il braccio recuperato nel pozzetto dal n°3. Il tailer ha il compito più impegnativo poiché deve assicurare al timoniere una virata perfetta affinché il genoa sul nuovo bordo, anche se non cazzato completamente, permetta di far poggiare velocemente verso la nuova rotta nonché di sistemare la vela di prua in posizione favorevole al n°1 che dovrà ammainarlo terminato il recupero del braccio. I barber-hauler dello spinnaker anche in questa manovra devono essere già preparati prima che si affronti l'alzata dello spinnaker con quello del braccio cazzato e quello della scotta completamente lascato.

Il comportamento del timoniere nel tack & hoist prevede l'effettuazione della virata leggermente più lenta per consentire all'equipaggio di svolgere le manovre che precedono il nuovo lato con la sicurezza di esser pronti ad affrontare correttamente l'alzata e la messa a punto dello spinnaker appena arrivati nella nuova andatura. Per facilitare la poggiata, specialmente con vento più forte, il timoniere opererà la virata lascando immediatamente ed abbondantemente la randa appena il boma è passato sulla nuova mura per evitare di manovrare con il timone che creerebbe un rallentamento esponendo maggior superficie della pala rispetto all'avanzamento.

Jibe-Set (Arrivo in boa mura a dritta con andatura portante mura a sinistra)

Questa manovra si attua quando occorre affrontare il lato di poppa sulle mura opposte a quelle con le quali abbiamo girato la boa, in approccio con mura a dritta. Per effettuare il jibe-set si possono adottare due diverse soluzioni: la prima prevede di alzare lo spinnaker normalmente come se fosse una bear-away senza mettere il tangone (abbattendo subito dopo), la seconda attuando il vero e proprio jibe-set.

Per facilitare questa manovra occorre avere lo spinnaker a dritta. Se lo spinnaker alla partenza è armato a sinistra (come avviene normalmente), si trasferiscono le scotte e la drizza sull'altro lato della barca. Questa operazione nel J24 è più laboriosa rispetto ad un normale cabinato in quanto, per risparmiare peso, le scotte spinnaker sono spesso prive di moschettoni ma soprattutto l'equipaggio è importante che rimanga in assetto per tutto il lato di bolina non permettendo ad alcuno di eseguire le manovre necessarie per far girare le scotte e la drizza sull'altro lato. Non ultimo è da considerarsi la dimensione dello spinnaker che permette di essere ruotato sul lato opposto mentre si attua l'alzata.

Parlando più specificatamente della manovra con lo spinnaker armato a sinistra essa si effettua alzandolo mentre si sta abbattendo durante il giro di boa. L'azione coordinata, il sincronismo e l'effettuazione precisa dei compiti dell'equipaggio è fondamentale per la buona riuscita del jibe-set. Dividendo le azioni dei membri diciamo che, mentre il n°2 alza lo spinnaker, la fase di poggiata che porterà pochi istanti dopo a cambiare di mura, vedrà il prodiere intento a cazzare molto velocemente il braccio che diverrà la nuova scotta di sottovento. Il n°3 avrà il compito di portare sulle altre mura il genoa o il fiocco se il vento è più forte, mentre il tailer si occuperà di far gonfiare e portare lo spinnaker anche se non c'è ancora il tangone, che verrà posizionato appena eseguita l'abbattuta dal n°1; il n°2, sul nuovo lato sopravento, manterrà aperto lo spinnaker sostituendo il tangone fino a che il prodiere non ha messo a segno amantiglio e caricabasso. Infine n°1 e 2 ammaineranno la vela di prua in coperta: il prodiere facendola scendere velocemente, il secondo lascando la drizza. Il n°4 avendo il suo compagno (n°3) impegnato nel cambio di mura del genoa dovrà occuparsi della scotta ed essere pronto a regolare il braccio appena il tangone è a segno; è importante che in fase di preparazione della manovra il tailer si assicuri che i barber-hauler dello spinnaker possano soddisfare l'andatura sulle nuove mura: sarà quindi cazzato quello del futuro braccio e lascato quello del lato opposto.

Il timoniere per far riuscire correttamente questa manovra dovrà procedere senza bruschi cambiamenti da una rotta alla successiva; questo significa che il jibe-set per essere eseguito deve descrivere un semicerchio con una "percorrenza" leggermente più ampia di una normale abbattuta, consentendo però di mantenere nelle varie fasi di attuazione una velocità costante senza rallentamenti dovuti alla imperfetta messa a segno delle vele durante il cambio di bordo e dando il tempo all'equipaggio di eseguire le diverse fasi della manovra.

Tack & Hoist/Jibe-Set (Arrivo in boa con mura a sinistra con andatura portante mura a sinistra)

Il tack & hoist/jibe-set non è altro che la somma delle due manovre sopra descritte; anche se è necessario saperlo eseguire può essere sconsigliabile per due motivi: il primo è quello di effettuare un approccio mura a sinistra alla boa come nel tack & hoist sempre rischioso a meno che non ci sia acqua per manovrare con sufficiente tranquillità; il secondo per la complicazione della manovra che, sebbene possa essere eseguita alla perfezione, consta di numerose fasi comprendenti due cambi di bordo (prima virata poi abbattuta) che inevitabilmente rallentano la velocità della barca.

Tutto questo senza tener conto degli inevitabili movimenti causati dall'equipaggio fuori assetto poiché si deve trovare pronto, quando viene dato l'ordine di alzare lo spinnaker una lunga sequenza di manovre.

Comunque, se attuarla è necessario per esigenza tattica, per ottenere il massimo rendimento è fondamentale sin dall'inizio avere una velocità di entrata nella virata molto alta e un'uscita molto poggiata (larga) così da favorire l'abbattuta. Per ottenere quest'ultimo risultato (uscita larga) specialmente con vento fresco o forte conviene lascare completamente la scotta della randa dopo la virata cosicché sulla nuova mura non possa esserci alcuna forza che spinge all'orza, facilitando, con la poggiata, il giro di boa più stretto.

I compiti dell'equipaggio non sono altro che quelli di una virata normale con l'aggiunta di quelle operazioni necessarie per eseguire un jibe-set. La prima fase della manovra vede l'esecuzione della virata da parte del n°4; durante la successiva poggiata, che deve portare la barca mura a sinistra, passa il genoa al n°3 che si occuperà di portarlo sulle altre mura mentre il tailer principale afferra le scotte dello spinnaker. Contemporaneamente il n°2 inizia ad alzare lo spinnaker mentre la barca sta poggiando verso l'abbattuta. Il n°1 cazza il momentaneo braccio (dato che non si è ancora abbattuto) occupandosi di portarlo sul lato di dritta (sottovento dopo il cambio di bordo). Il n°3 si preoccuperà, come abbiamo prima detto, di girare il genoa nel cambio di bordo successivo alla virata cazzandolo affinché non risulti troppo fuori dalla battagliola facilitando l'ammainata al prodiere una volta che ha terminato i suoi compiti per la messa a segno dello spinnaker. Sempre il prodiere, facendo un passo indietro nella manovra, eseguita la rotazione dello spinnaker verso il lato di sottovento nel quale la barca effettuerà l'inizio del lato, sistemerà il tangone nella varea esterna al braccio e l'altra all'albero. Sistemerà amantiglio e caricabasso da solo poiché il n°2 trattiene la scotta di sopravento dello spinnaker con il suo braccio sostituendo per qualche istante il tangone. Immediatamente dopo il n°1 si sposterà a prua per ammainare il genoa o il fiocco aiutato alla drizza dal n°2. Il n°3 appena ha regolato la vela di prua la incoccia inizia ad aiutare il n°4, specialmente con vento forte, prendendo il braccio ma è importante che si ricordi di lascare la scotta del genoa subito dopo permettendo al n°1 e 2 di sistemarlo a prua in coperta. Il timoniere, ripetiamo, è fondamentale che durante tutti i cambiamenti di bordo si preoccupi di non rallentare troppo la barca assecondando con la randa i cambiamenti veloci della rotta ed evitando un'azione troppo brusca con il timone.

Schema dei compiti dell'equipaggio nelle diverse alzate di spinnaker

Bear-away

1) Il n°1 sgancia il tangone dalle sartie e lo posiziona al gancio sull'albero assicurandosi che il braccio sia già passato nella varea e la scotta del genoa/fiocco passi sopra il tangone davanti all'amantiglio.
2) Il n°2 coadiuva il n°1 con amantiglio e caricabasso mentre quest'ultimo fissa il tangone all'albero.
3) Il n°3 apre il tambucio dove è contenuto lo spinnaker e prepara il braccio sul verricello.
4) A mezza lunghezza dalla boa il n°1 aiuta il n°3 cazzando il braccio mentre il n°2 inizia a far uscire la penna dello spinnaker.
5) Appena iniziata la poggiata il n°2 con bracciate lunghe e veloci alza lo spinnaker mentre il n°4 lo fa gonfiare e si posiziona in modo che possa sempre vedere la balumina di sopravento della vela appena alzata.
6) Appena terminato di alzare lo spinnaker il n°2 lasca la drizza del genoa o del fiocco mentre il n°1 si preoccuperà di raccoglierlo ben a prua entro la battagliola affinché non cada in acqua. (Per operare correttamente è necessario che durante il giro di boa il n°4 non molli più di 30-40 cm. la scotta del genoa o del fiocco). Il n°3, dopo aver messo a segno il braccio, lasca la scotta del genoa affinché il prodiere possa raccoglierlo a prua.
7) Il n°2 metterà a punto il tangone regolando perfettemente l'altezza della varea esterna per mantenere le bugne dello spinnaker parallele dopodichè mette a segno la base, il cunningham, punto di mura, e lasca (se non è stato necessario farlo prima della boa) il vang di quel tanto da far ottenere alla randa il miglior profilo. Durante il lato si occuperà di eseguire gli ordini dettati dai tailer per mantenere il tangone sempre in posizione ottimale per lo spinnaker.
8) Mentre effettua il giro di boa il timoniere dovrà cercare di mantenere lo scafo piatto lascando bene la randa per far manovrare l'equipaggio senza problemi di equilibrio dovuto allo sbandamento; appena in andatura lascherà il paterazzo se era stato cazzato in bolina e regolerà la randa per tutto il lato.

Tack & hoist

1) Il n°1 dopo essere stato avvertito della manovra prepara la varea del tangone fissandola al gancio basso sull'albero, libera l'amantiglio che di solito è bloccato alla base dell'albero assicurandosi che sia ben lascato da permettere alla vela di prua di passare senza intralcio nella virata

ed infine si assicura che la varea in cui deve passare il braccio sia passata correttamente.

2) Si effettua la virata sulla boa cazzando bene il genoa sul nuovo bordo affinché nella ammainata, che immediatamente seguirà, non possa farlo cadere in acqua. Il n°2 con l'amantiglio alza il tangone appena il genoa è passato sulla nuova mura.
3) Passati sul nuovo bordo il n°1 cazza il braccio aiutando il n°3 che lo recupera dal pozzetto. Il n°2 drizza lo spinnaker a riva mentre il n°4 terminata la virata (che deve necessariamente essere conclusa) inizia a portare lo nuova vela alzata regolando la scotta sottovento.
4) Il timonere lasca la randa per la nuova andatura subito dopo la virata, lasca il paterazzo, mentre appena a segno lo spinnaker si procede ad ammainare la vela di prua manovrando come nel bear-away.
5) Il n°2 appena la vela di prua è ammainata mette a punto la randa lascando base, cunningham, punto di mura e vang se quet'ultimo non era stato regolato prima del giro di boa.

Jibe-set

1) Il n°1 avvertito per tempo libera il braccio dalla varea esterna preparata per alzare lo spinnaker con mura a dritta. Durante la poggiata che porta al cambiamento di mura mentre il n°2 drizza lo spinnaker a riva cazza velocemente il braccio affinché dopo l'abbattuta la nuova vela si trovi sul lato di futuro sottovento.
2) Il n°3 accompagna la scotta della vela di prua in abbattuta e compie la manovra con il genoa o il fiocco insieme alla poggiata/abbattuta che effettua il timoniere.
3) Il n°4 segue l'alzata dello spinnaker operata dal n°2 ed inizia a portarlo appena è a riva lascando con la mano sinistra il futuro braccio e recuperando la successiva scotta di sottovento con la destra. Appena eseguita l'abbattuta cerca di non muovere eccessivamente lo spinnaker ben gonfio permettendo il posizionamento del tangone che il n°1 esegue appena si è abbattuto. Il n°2 terminato di alzare lo spinnaker sostituisce il tangone sporgendosi con il suo arto superiore sinistro all'altezza delle sartie.
4) Il timoniere seguirà la manovra affinché lo spinnaker possa gonfiarsi subito e manterrà una rotta costante fino a che il n°1 non ha completato le manovre con il tangone. Successivamente metterà a segno il paterazzo e regolerà la randa per tutto il lato mentre il n°2 appena il tangone è posizionato si preoccuperà di far assumere alla randa il profilo migliore lascando base, cunningham, punto di mura e il vang se esso non è stato lascato precedentemente per esigenza di manovra.

Tack & hoist/Jibe set

1) Avvertito della manovra da effettuare il n°1 libera la varea del tangone (se era stata preparata) dalla scotta (braccio in una bear-away).
2) Il n°2 e n°3 opereranno correttamente il rollio se le condizioni del vento lo richiedono affinché la barca esegua con la massima velocità la virata. Il tailer dopo il cambiamento di bordo passa al n°3 la scotta della vela di prua che deve essere portata sull'altro bordo:

quest'ultimo seguirà con un'adeguata messa a segno la poggiata che porta al successivo cambio di mura; eseguita la manovra cazzerà il genoa affinché nella successiva ammainata non cada in acqua. Il n°4 mentre il n° 2 alza lo spinnaker, come in un jibe-set, afferra le scotte della nuova vela che sta salendo a riva cercando di gonfiarla prima possibile.

3) Dopo la virata praticamente l'equipaggio si dispone come in una normale jibe-set: n°1 recupera il futuro sottovento cazzando la scotta dalla parte dritta, arma il tangone ed ammaina la vela di prua. Il n°2, in fase di poggiata che porta ad abbattere, alza lo spinnaker e sulle nuove mura si dispone a sostituire il tangone che il n°1 armerà. Appena è sistemato il n°2 lasca la drizza del genoa (o del fiocco) ed infine mette a segno la randa per la nuova andatura lascando base, cunningham, punto di mura e vang se non lo si era lascato precedentemente. Il n°3 segue l'andatura mettendo a segno la vela di prua fino a che non si è effettuata l'abbattuta dopodichè lascia la scotta nello strozzatore fino a che il genoa o il fiocco verrà ammainato. Il n°4 segue l'alzata dello spinnaker con le scotte cercando di metterlo a segno il prima possibile.

4) Il timoniere dovendo eseguire due cambi di bordo in uno spazio ristretto dovrà assicurarsi di avere una velocità di entrata nella prima manovra (virata) molto alta per poter effettuare la successiva abbattuta in modo da permettere all'imbarcazione di non rallentare eccessivamente. E' importante che tutta la manovra sia costantemente sotto il suo controllo per permettere ai membri dell'equipaggio di eseguire le varie fasi della manovra senza bruschi cambiamenti di rotta: questo significa che dopo la virata si procedere gradatamente verso l'abbattuta dando il tempo al n°2 di alzare lo spinnaker ed al n°4 di iniziarlo a portare anche senza tangone.

DISEGNI ALZATA DI SPINNAKER

J24

Bear Away

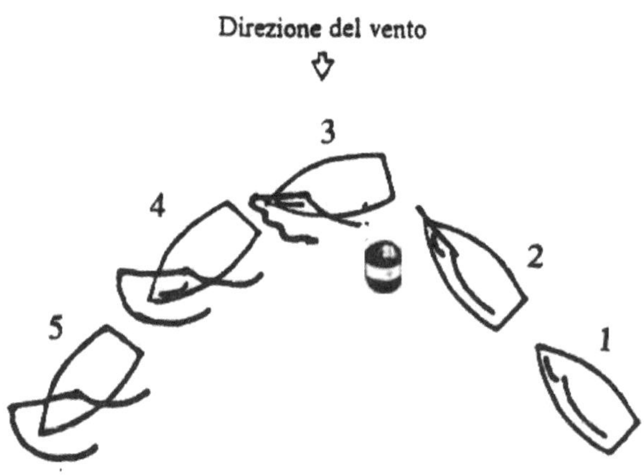

1) Assetto in bolina mura a dritta.
2) Tangone a segno.
3) Giro di boa e alzata dello spinnaker.
4) Messa a segno dello spinnaker ammainata genoa o fiocco.
5) Assetto andatura portante mura a dritta.

Tack & Hoist

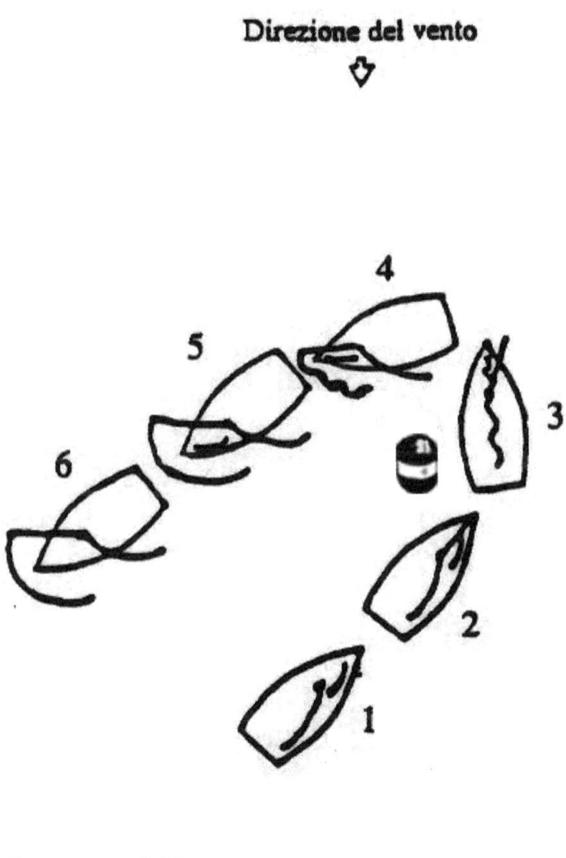

1) Assetto in bolina mura a sinistra.
2) Assetto in bolina mura a sinistra con varea del tangone sull'albero a segno e varea opposta (braccio) abbassata in coperta.
3) Virata e messa a segno tangone.
4) Alzata di spinnaker.
5) Messa a segno spinnaker ammainata genoa o fiocco.
6) Assetto andatura portante mura a dritta.

Jibe Set (1^ soluzione)

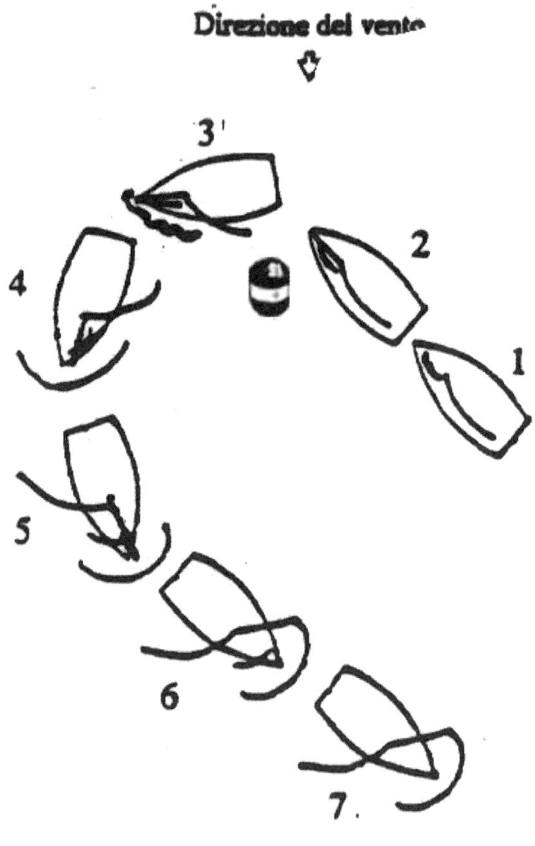

1) Assetto bolina mura a dritta.
2) Giro di boa e alzata di spinnaker.
3) Abbattuta e messa a segno dello spinnaker senza tangone mura a dritta.
4) Messa a segno del tangone.
5) Ammainata genoa o fiocco.
6) Assetto andatura portante mura a sinistra.

Jibe Set (2^ soluzione)

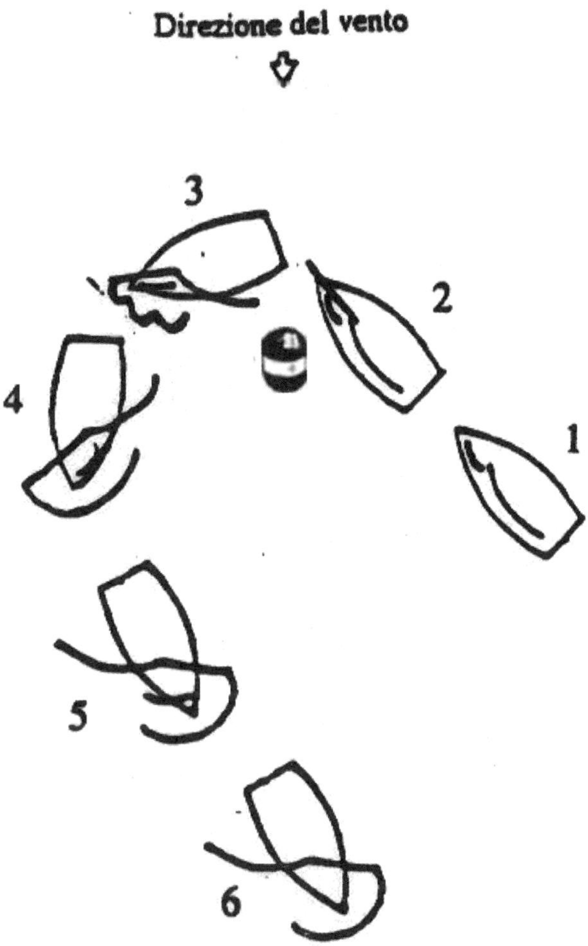

1) Assetto di bolina mura a dritta.
2) Tangone a segno.
3) Giro di boa e alzata dello spinnaker.
4) Messa a segno dello spinnaker.
5) Abbattuta con lo spinnaker e genoa/fiocco.
6) Ammainata del genoa/fiocco e assetto in andatura portante con mura a sinistra.

Tack & Hoist/Jibe Set (1^ soluzione)

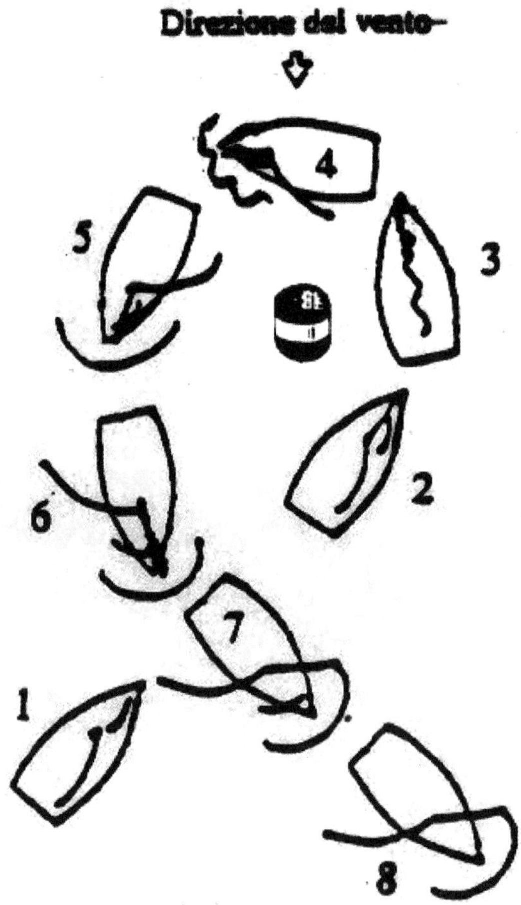

1 & 2) Assetto in bolina mura a sinistra.

3) Virata.

4) Giro di boa, poggiata ed inizio alzata di spinnaker.

5) Messa a segno (se immediata) dello spinnaker mura a dritta senza tangone e prosecuzione della poggiata.

6) Abbattuta.

7) Ammainata genoa/fiocco.

8) Assetto in andatura portante mura a sinistra.

Tack & Hoist/Jibe Set (2^ soluzione)

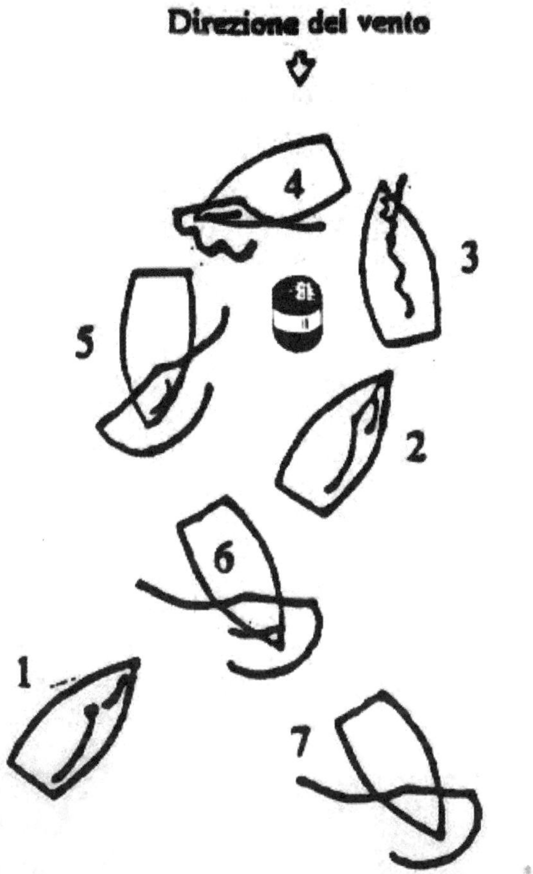

1) Assetto in bolina mura a sinistra.
2) Assetto in bolina con mura a sinistra con varea del tangone sull'albero a segno e varea opposta (braccio) abbassata in coperta.
3) Virata con messa a segno della varea del braccio.
4) Giro di boa, poggiata ed inizio alzata di spinnaker.
5) Messa a segno dello spinnaker mura a dritta.
6) Abbattuta.
7) Ammainata genoa/fiocco ed assetto andatura portante mura a sinistra.

SCHEMA AMMAINATE SPINNAKER

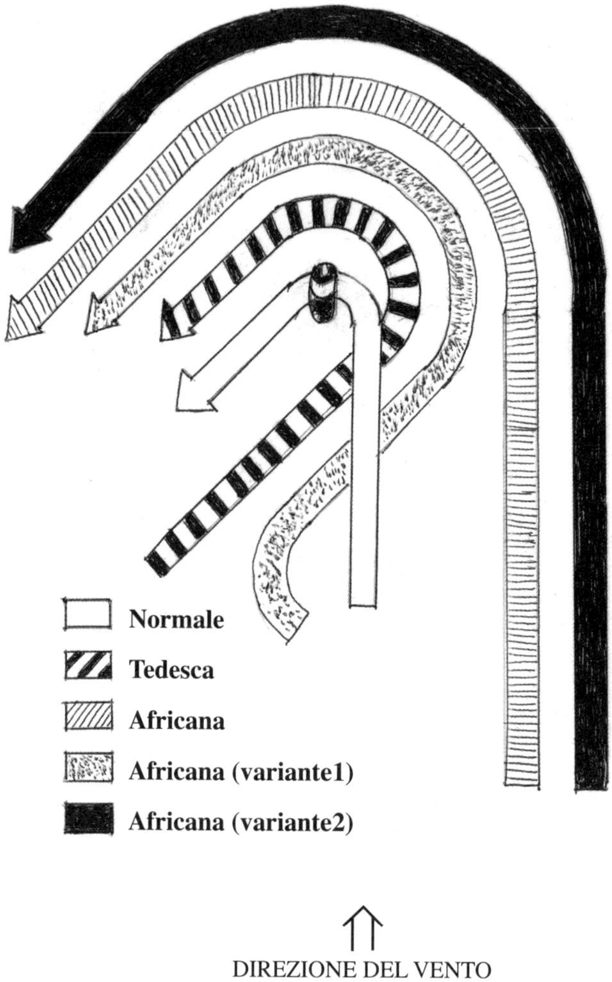

Normale (arrivo in boa mura a sinistra e successiva andatura con stesse mura)

Sul J24 come appena descritto per “normale” si intende un’ammainata di sopravento giungendo alla boa con mura a sinistra. La ragione di un tipo di manovra è legata al fatto che non potendo far girare agevolmente il circuito in bolina si compie una manovra che possa sistemare lo spinnaker pronto per essere dato con mura a dritta per l’andatura portante successiva. Questo è importante, specialmente in regate molto affollate, per avere diritto di rotta su tutti gli yacht che arrivano alla boa al vento con le altre mura poiché durante l’alzata dello spinnaker il timoniere ha la visuale coperta dai membri dell'equipaggio in manovra. Tornando a parlare dell'esecuzione della normale si inizierà con il n°2 che all'ordine del timoniere alza il genoa; il n°3, se stava regolando il braccio, lo passa al n°4 preparando (una volta alzata la vela di prua) la scotta nel verricello e fissandola allo strozzatore. Il prodiere, quando viene dato l'ordine di togliere il tangone, sgancia il tangone dall'albero e dal braccio facendo attenzione di non provocare una perdita di pressione per lo sventamento dello spinnaker, e conseguentemente lasca l'amantiglio che aveva in mano già prima di sganciare la varea dall'albero e sistema il tangone in coperta. Lo spinnaker mentre il prodiere esegue le operazioni di disarmo e posizionamento del tangone per la bolina è portato per qualche attimo con le scotte fino all'ultimo per mantenere la velocità. Fino a che non viene dato l'ordine al n°1 di ammainata il n°2 è disposto in piedi all'altezza delle sartie: dal momento in cui lo spinnaker rimane senza tangone lo sostituirà tenendo il braccio col suo arto superiore sinistro disteso mentre con la mano destra si manterrà in equilibrio aggrappandosi alla sartia alta. Nell'istante in cui viene dato l'ordine di ammainata il n°2 non dovrà far altro che compiere una rotazione di circa 100° verso poppa e il n°3 appena dietro a lui provvederà a far rientrare la vela nel tambucio del lato di sopravento.

Anche se il prodiere si muove con estrema velocità, per un attimo il n°4 deve portare lo spinnaker senza tangone prima che esso venga ammainato anche se aiutato parzialmente dal n°2; per questo motivo il timoniere deve seguire un'andatura più lineare possibile poiché non si può manovrare troppo lo spinnaker correggendo le variazioni di rotta.

Mentre la vela viene ammainata il n°4 facilita l'allascata della scotta di sottovento affinché il recupero nel tambucio non subisca rallentamenti dovuti all'attrito della scotta soprattutto sullo strallo e rapidamente inizia a mettere a segno il genoa, mentre il timoniere riporta la barca su un'andatura di bolina cazzando la randa. Il prodiere aiuta la scotta dello spinnaker a scorrere davanti allo strallo senza generare ritardi e sistema, durante l'orzata la base del genoa dentro la battagliola dopodichè si sistema in posizione di assetto per la bolina. Il n°2 effettuata l'ammainata si dispone se necessario con le gambe fuoribordo per non creare sbandamenti all'inizio del nuovo lato e così il n°3 appena a terminato la totale sistemazione dello spinnaker dentro il tambucio. Anche il n°4 appena messo a segno il genoa o il fiocco, se vi sono condizioni che abbiano richiesto il suo utilizzo, si dispone al massimo raddrizzamento in battagliola.

Durante il lato di bolina, prima che si affronti nuovamente l'alzata dello spinnaker, è necessario che il n°1 si ricordi di riagganciare il braccio al tangone se si prevede una alzata di spinnaker con mura a dritta e di risistemare i barber-hauler.

La messa a segno della randa, specialmente se il vento richiede un profilo piatto, sarà operato dal n°2 prima dell'inizio della manovra di ammainata dello spinnaker; cazzerà per primo il punto di mura, poi la base ed il cunningham mentre il vang può essere perfettamente regolato appena si inizia la bolina per avere l'esatta messa a segno. Il paterazzo se il vento è medio può essere messo a punto dal timoniere appena si inizia la nuova andatura mentre se il vento è forte conviene cazzarlo prima che si inizi l'ammainata poiché durante il giro di boa egli è occupato a recuperare la scotta della randa.

Tedesca *(arrivo in boa mura a dritta e successiva andatura con mura a sinistra)*

La manovra denominata "tedesca" si effettua quando si arriva all'approccio della boa di ammainata dello spinnaker in andatura abbastanza stretta (lasco o gran lasco) con mura a dritta. In questo caso lo spinnaker verrà ammainato dal lato sottovento rispettando la regola che prevede la futura alzata con le mura a dritta quindi con ammainata dal lato sinistro.

In prossimità della boa il n°2, all'ordine del timoniere, provvede ad alzare il genoa che verrà cazzato di scotta e fissato nello strozzatore dal n° 3 o dal tailer o talvolta dal timoniere se egli è disposto per necessità di assetto fuoribordo al massimo raddrizzamento; il prodiere lascia la battagliola (se disposto anch'egli con le gambe fuori) all'ordine "Giù lo spinnaker" sganciando la varea dell'albero, poi quella del braccio e sistemando il tangone in coperta coadiuvato dal n°2 che ha appena mollato la drizza dello spinnaker dopo aver alzato la vela di prua lascherà l'amantiglio. Il n°3 recupera la vela che sta scendendo sul lato sinistro dapprima con la scotta sottovento poi afferrando velocemente con lunghe bracciate il tessuto dentro al tambucio. Il tailer, quando si dà ordine di ammainata, lascia completamente la scotta dello spinnaker già in mano del n°3 e si preoccupa di far velocemente scorrere il braccio affinché la manovra non subisca rallentamenti dovuti al difficoltoso scorrimento dello stesso intorno allo strallo. Effettuato questo "aiuto" prende subito il genoa (o fiocco) che dovrà essere passato sulla nuova mura per iniziare la bolina; affinché si possa iniziare la successiva andatura con una buona messa a segno il n° 4 può anticipare cazzando la scotta della vela di prua evitando di utilizzare la maniglia, comportando una perdita di tempo con conseguente ritardo nel raggiungimento dell'assetto di massimo raddrizzamento specialmente in condizioni di vento forte. E' infatti fondamentale su tutte le barche, ma in particolare con il J24 che non ha una deriva molto profonda, iniziare il lato di bolina senza sbandamenti che fanno scarrocciare sensibilmente. Il n°2, e 3 finito di eseguire i propri compiti seguono l'abbattuta e si dispongono immediatamente per soddisfare il miglior assetto in bolina, seguiti dal n°1 che si assicura che la base del genoa (o fiocco) sia dentro la battagliola. Il timoniere, prevedendo di dover operare questa manovra, può, in fase di preparazione, seguire alcuni accorgimenti; per primo dovrà (nei limiti del possibile) cercare di arrivare, specialmente con vento forte, in un'andatura non troppo stretta in modo da far manovrare l'equipaggio con lo scafo abbastanza piatto. Per secondo volendo eseguire correttamente la "tedesca" è necessario valutare con precisione l'inizio della manovra di ammainata affinché sia conclusa 2-3 metri prima della boa in maniera da permettere un'abbattuta a "vele bianche" ovvero con lo spinnaker già completamente riposto e l'equipaggio pronto a seguire il cambiamento di bordo procedendo con lo scafo piatto nella nuova andatura. Infine, così come avviene in un normale giro di boa, occorre che essa sia inizialmente (a seconda delle condizioni di vento più o meno forte) affrontata ad una distanza che permetta di uscire dall'abbattuta senza perdere spazio sopravento.

Per quanto concerne la messa a punto della randa per il lato di bolina è necessario che si proceda alla messa a segno prima di iniziare la manovra di ammainata dello spinnaker. Si occuperà di questo il n°2: quando vedrà approssimarsi la boa cazzerà il punto di mura, la base, il cunningham (se necessario) mentre il vang, specialmente con vento forte, conviene non tesarlo troppo per evitare di avere la balumina della randa eccessivamente chiusa in abbattuta, condizione che può far straorzare la barca. Prima dell'inizio della manovra il timoniere mette a segno il paterazzo ed il carrello della randa al fine di iniziare la bolina con la vela ben regolata.

Africana *(arrivo in boa mura a dritta in poppa sopra layline e successiva andatura con mura a sinistra)*

Questa manovra si esegue quando l'approccio alla boa è con mura a dritta come avviene quando si deve eseguire una "tedesca". La differenza è però sostanziale: nella manovra precedentemente descritta si arriva in andatura piuttosto stretta, mentre l'avvicinamento, nell'"africana", avviene in poppa con una rotta 3-4 lunghezze sopra la layline. Questa situazione è frequente e può essere dovuta o ad una errata valutazione della layline o da un piccolo salto di vento in "buono" in prossimità della boa. Le soluzioni per uscire da queste situazioni possono essere due: la prima può essere un'andatura ancor più poggiata ma la velocità ridotta specialmente con poco vento può creare un avvicinamento alla boa troppo lento, oppure l'effettuazione di un'altra abbattuta operando la cosiddetta "africana". Tale cambio di mura però è particolare poiché non vi è tempo per sistemare il tangone data la vicinanza dell'ammainata per cui sul nuovo bordo si procede portando lo spinnaker solo con le scotte.

La manovra, sebbene comporti una diminuzione della velocità dovuta al cambiamento di bordo, rende sicuramente di più di un'andatura in poppa in fil di ruota; l'inizio avviene a 4-5 lunghezze dalla boa: il prodiere avvertito della manovra da operare toglie il tangone e lo sistema in coperta coadiuvato dal n°2 che lasca l'amantiglio. Si effettua l'abbattuta senza tangone ed il n°2 si dispone in piedi al fianco delle sartie del nuovo lato afferrando la scotta di sopravento dello spinnaker con la mano sinistra e stendendo il proprio braccio teso sostituendo il tangone pronto per l'ammainata come in una normale. Un attimo prima dell'abbattuta il n°3 (o il timoniere se la configurazione di coperta rimanda a poppa la scottina dei barber-hauler) cazza il barber-hauler di sottovento; il n°3 lasca quello del bordo opposto mentre passa il boma sulla nuova mura. Immediatamente dopo il cambiamento di bordo il n°1 (dato che il 2 è impegnato a sostituire il tangone trattenendo il braccio) alza il genoa (o il fiocco) che viene preparato per la bolina al n°4 dal n°3. Quest'ultima manovra ha due soluzioni: la vela di prua può essere alzata dopo l'abbattuta come descritto, o prima se la vicinanza alla boa non consente temporalmente di effettuare tale manovra. L'anticipo di alzata comporterà però il passaggio del genoa/fiocco da parte del n°3 in fase di abbattuta.

Approcciando la boa si procede come in una ammainata normale con il timoniere che fino all'ultimo cerca di navigare con lo spinnaker sfruttando completamente il lato dell'andatura portante; stimando la velocità di avvicinamento alla boa ordinerà l'ammainata dello spinnaker affinché la manovra risulti completata quando lo scafo inizia ad orzare per mettersi nella nuova andatura. Un errore nel quale non si deve assolutamente incorrere è la tardiva chiamata: le conseguenze sono di un ritardo che porta ad iniziare la bolina con un assetto sbagliato poiché i membri dell'equipaggio sono ancora impegnati nella manovra ed ancor più dannoso può essere lo spinnaker che durante il giro di boa si gonfia sul lato sopravento frenando l'avanzamento, aumentando lo scarroccio e rallentando la sua scesa per l'attrito che si viene a creare accollandosi all'albero e alle sartie. Conviene quindi come regola fondamentale anticipare magari di un attimo l'inizio dell'ammainata ma essere sicuri che l'inizio della bolina trovi il perfetto assetto dell'imbarcazione.

La messa a punto della randa, anche in questo caso, va anticipata: il n°2 opererà la messa a segno del punto di mura, della base e del cunningham in prossimità della boa poco prima che venga dato inizio alla manovra; il timoniere si comporterà ugualmente mettendo a segno il paterazzo ed il carrello della randa pochi attimi prima di chiamare l'ammainata del tangone da parte del prodiere.

Variante dell'"africana"

Esiste, ma non ha nome, una manovra che possiamo identificare come una "africana rovesciata". La situazione tratta di risolvere un approccio in boa sopra layline con mura a sinistra. Si può chiamarla nella denominazione prima espressa data la somiglianza con l'"africana" sebbene lo spinnaker, in questo caso, venga ammainato dal lato di sottovento. Sinteticamente la manovra inizia con il n°1 che toglie il tangone quando la barca sta ancora procedendo con le mura a sinistra sistemandolo in coperta coadiuvato dal n°2 che lascherà l'amantiglio per velocizzare la manovra; il pit-man, sempre sulle stesse mura, drizzerà la vela di prua se la distanza dalla boa non permette di effettuare con relativa tranquillità l'alzata del genoa o del fiocco. A seconda di come è predisposto in coperta il n°3 o il timoniere, un attimo prima di abbattere, cazzeranno il barber-hauler di sottovento; il n°3 sicuramente, se la vela di prua è a riva, si predisporrà con le scotte per cambiarla di bordo; viceversa se l'alzata è ritardata in avvicinamento alla boa, si limiterà a preparare nel verricello fissare la scotta allo strozzatore, favorendo la messa a punto della vela da parte del n°4. Quando si naviga con vento forte, con l'equipaggio impegnato a muoversi per svolgere le diverse operazioni, converrà effettuare il cambio di mura con tutti e due i barber-hauler cazzati al fine di migliorare la stabilità dello scafo.

Il n°4, da quando viene ammainato il tangone ed in fase di abbattuta, avrà il compito di mantenere lo spinnaker sempre gonfio mentre il timoniere dovrà passare da un bordo all'altro senza mutare sostanzialmente la rotta aiutando cosi il tailer a portare lo spinnaker. In fase di approccio alla boa il n°2 si dispone sopravento come in una ammainata normale afferrando il braccio dello spinnaker sostituendosi per qualche secondo al tangone mentre il n°1 sta pronto alla drizza. Ad una lunghezza dalla boa (la distanza può cambiare a seconda dell'intensità del vento) all'ordine "Giù lo spinnaker" il n°1 lasca completamente la drizza, il n°2 aiuta il braccio a scorrere sottovento mentre lo spinnaker è recuperato nel tambucio dal n°3 che, per la scotta, lo recupera con ampie bracciate. L'ammainata deve essere eseguita completamente e velocemente data la vicinanza della boa in previsione del successivo cambio di mura che porterà in bolina con mura a sinistra. Appena il n°3 inizia a recuperare lo spinnaker il n°4, con le scotte della vela di prua in mano si predispone all'abbattuta anticipando leggermente il cambio di bordo con il genoa o fiocco in modo da regolarlo più facilmente e velocemente per la bolina. Il prodiere appena lascata la drizza dello spinnaker avrà il compito di seguire la manovra della vela di prua affinché la base del genoa/fiocco non risulti esterno alla battagliola. Il n°2, appena aiutato il braccio a scorrere, segue il cambio di bordo predisponendosi immediatamente per il migliore assetto nella nuova andatura, così come il n°3 che, appena terminato di recuperare dentro lo spinnaker, chiuderà il tambucio e si disporrà sopravento, se necessario, al massimo raddrizzamento. Il n°4 regola il genoa/fiocco e si dispone anch'egli in posizione di assetto ottimale al fine di non far produrre negativi sbandamenti nell'avvio della nuova andatura.

Il successo di questa manovra, che consta di due cambi di bordo vicini tra loro con ammainata dello spinnaker nell'intervallo fra le due abbattute, è da ricercarsi oltre che nella precisione e nella velocità di manovra dell'equipaggio soprattutto nella sensibilità di scelta dei tempi di esecuzione dettati dal timoniere in relazione alla velocità della barca. Un ritardo nella chiamata di una sola delle operazioni o un errata valutazione della velocità di avvicinamento alla boa possono determinare un inizio della nuova andatura penalizzato.

La messa a punto della randa dovrà necessariamente essere effettuata prima dell'inizio della prima abbattuta; il timoniere si occuperà del paterazzo e del carrello della randa mentre il n°2 cazzerà punto di mura, base, cunningham e recupererà leggermente il vang se il vento non è troppo forte in modo da non pregiudicare sfavorevolmente le due abbattute, mentre l'esatta messa a punto avverrà appena si inizia la bolina.

Schema dei compiti dell'equipaggio in ammainata dello spinnaker

Normale

1) Il timoniere, specialmente con vento fresco e forte, se possibile, arriva leggermente sopra layline così da permettere allo spinnaker di poter essere portato con una certa facilità senza tangone.
2) Poco prima dell'inizio della manovra il n°2 mette a segno la randa per la bolina (punto di mura, base, cunningham) ed il timoniere mette a segno il paterazzo e il carrello della randa.
3) All'ordine "Su genoa" (o fiocco) il n°2 alza la vela di prua a 3-4 lunghezze dalla boa; il n°3 ne cazza la scotta preparandola nel verricello o, se occupato dalla scotta dello spinnaker, la posiziona direttamente nello strozzascotte preparandola al n°4 che dovrà regolarla nel giro di boa.
4) Il n°1 all'ordine del timoniere toglie il tangone manovrando con una mano l'amantiglio e lo sistema sul lato sottovento in coperta. Il n°2 si pone spalle al fianco delle sartie di sopravento e afferra con la mano sinistra il braccio dello spinnaker sostituendo per qualche momento con l'arto superiore il tangone.
5) All'ordine "Giù lo spinnaker" il n°1 lasca la drizza, il n°4 rilascia completamente la scotta sottovento dello stesso e passa al genoa. Appena viene filata la drizza il n°2 compiendo una rotazione delle spalle di circa 100° passa al n°3 lo spinnaker che sistemerà dentro il tambucio. Subito dopo il n°2 si dispone per il miglior assetto di bolina seguito dal n° 3 e dal n°1 che si è assicurato che la base del genoa (o fiocco) sia dentro la battagliola. Per ultimo arriverà a completare l'assetto, se ve ne è bisogno, il n°4 che ha regolato la vela di prua durante il giro di boa. I compiti di quest'ultimo terminano quando, terminata la regolazione,

è pronto a virare con la scotta preparata sul verricello opposto.

6) Il timoniere orza cazzando la randa, cercando di non usare il timone ma solo la spinta all'orza provocata dalle vele per mantenere sempre la massima velocità durante il cambiamento di andatura.

Tedesca

1) Prima che abbia inizio la manovra in prossimità della boa il n°2 sistema punto di mura, base e cunningham della randa per la bolina, ed il timoniere mette a segno il paterazzo e, se possibile, il carrello della randa. La rotta di approccio sebbene avvenga in andatura abbastanza stretta negl'ultimi metri dovrebbe soddisfare lo scafo il più piatto possibile per permettere all'equipaggio di poter manovrare senza eccessivo problemi di equilibrio.
2) All'ordine "Su il genoa" (o fiocco) alza il n°2 alza la vela di prua recuperata di scotta dal n°3 o se egli è disposto fuori al massimo raddrizzamento il n°4 o il timoniere regoleranno un attimo la vela appena alzata. Il n°2, eseguita la prima operazione si dispone per lascare la drizza dello spinnaker
2) A 2-3 lunghezze dalla boa il timoniere ordina l'ammainata dello spinnaker che verrà recuperato dalla scotta dello spinnaker dal lato di sottovento e riposto entro il tambucio dal n°3. Il n°1 toglie il tangone dall'albero e dal braccio sistemandolo in coperta sopravento coadiuvato dal n°2 che appena lascata la drizza dello spinnaker molla l'amantiglio; il n°4 lasca completamente la scotta dello spinnaker appena la drizza viene lascata, fa filare successivamente il braccio mentre il n°3 lo sistema nel tambucio e si prepara a abbattere con la scotte la vela di prua (genoa o fiocco).
3) Appena eseguita l'abbattuta per girare la boa i n°2 e 3 si dispongono per il miglior assetto in bolina, seguiti dal n°1 che si accerta che la base della vela di prua sia dentro la battagliola. Il n°4 appena il genoa (o fiocco) accenna a cambiare di mura cazza velocemente la scotta che diverrà sottovento anticipando leggermente la messa a segno di bolina ma evitando di sostare sottovento per finire di cazzare la vela con la maniglia. I suoi compiti terminano quando prepara la scotta sul verricello opposto (recuperando l'eventuale in bando) per la successiva virata.

Africana

1) Il n°2, prima dell'inizio della manovra, mette a segno punto di mura, base e cunningham della randa per la bolina, il timoniere si occuperà del carrello e del paterazzo.
2) Il n°1, avvertito della manovra da effettuare, sistema la vela di prua ammainata in coperta sul lato dritto e all'ordine del timoniere toglie il tangone sistemandolo in coperta facendo attenzione a non ostruire la successiva ascesa della vela di prua. Il n°2, mentre il n°1 sgancia il tangone dall'albero e dal braccio, lasca l'amantiglio.
3) Si effettuta l'abbattuta senza il tangone. Il n°3 a seconda dell'intensità del vento può deci-

dere se lascare il barber-hauler del futuro sottovento o lasciarlo cazzato per dare maggiore stabilità allo scafo in manovra di ammainata. Il n°4 porta lo spinnaker attento a non farlo sgonfiare sino al momento dell'ammainata ordinata dal timoniere, mentre il n°2 appena il boma è passato sulla nuova mura si dispone alla sartia sopravento per fare con il braccio da tangone negli ultimi metri dell'andatura portante. Il prodiere si occuperà di alzare la vela di prua subito dopo l'abbattuta nello spazio di tempo ridotto dalla vicinanza della boa.

4) Il timoniere valuta il momento per ordinare al n°1 di lascare la drizza dello spinnaker a seconda dello spazio e dell'intensità di vento che determina la velocità dello scafo. Eseguita l'abbattuta ed alzato dal prodiere il genoa (o fiocco) l'equipaggio si comporta come una manovra normale.

Variante all'"africana"

1) Il n°2, prima dell'inizio della manovra, mette a segno punto di mura, base e cunningham della randa per la bolina, il timoniere si occuperà del carrello e del paterazzo.
2) Approcciando il giro di boa in andatura di poppa con mura a sinistra il N°1 toglie e sistema il tangone in coperta coadiuvato dal n°2 all'amantiglio. Il timoniere o il n°3 a seconda della disposizione sul piano di coperta si preparano ad abbattere con i barber-hauler cazzati.
3) Il timoniere passa la randa, il n°2 alza a riva la vela di prua sinora ammainata e si sostituisce per pochi istanti al tangone predisponendosi all'altezza delle sartie.
4) Il prodiere all'ordine "Giù lo spinnaker" lasca la drizza, il n°2 aiuta a far scorrere il braccio sottovento mentre il n°3 afferrando la scotta lo recupera velocemente dentro al tambucio. Il n°4 lascia lo spinnaker e con le scotte si appresta a abbattere e mettere a segno la vela di prua per l'andatura di bolina.
5) Appena si è effettuata l'ultima abbattuta che porta al giro di boa il N°1, 2, 3,e 4 si dispongono nella posizione ideale per soddisfare il miglior assetto.

<u>Nota:</u> l'alzata del genoa, nella descrizione dell'"africana" e della sua variante, viene attuata subito dopo l'ultima abbattuta ma, se la boa è vicina, può essere eseguita prima del cambio di bordo dal n°2 mentre il n°1 sta togliendo il tangone. Sarà necessario quindi che il n°3 segua l'abbattuta con la scotta della vela appena alzata senza dimenticarsi di manovrare il barber-hauler dello spinnaker del futuro sottovento se il vento non è forte.

DISEGNI AMMAINATA DI SPINNAKER

Ammainata "Normale"

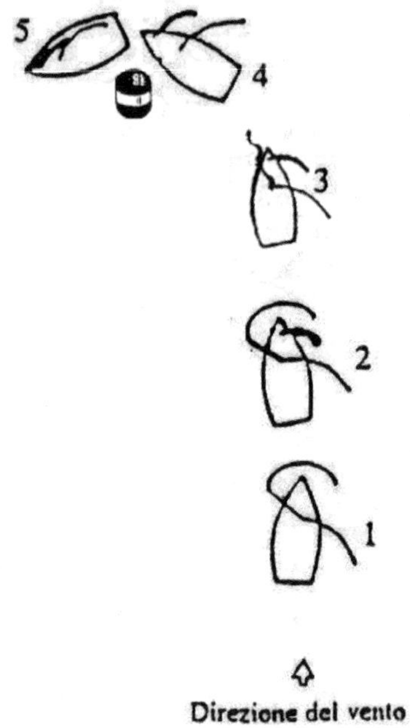

1) Assetto andatura portante
2) Genoa o fiocco alzato tangone ammainato
3) Ammainata di spinnaker da sopravento
4) Giro di boa
5) Assetto in bolina

Ammainata denominata "Tedesca"

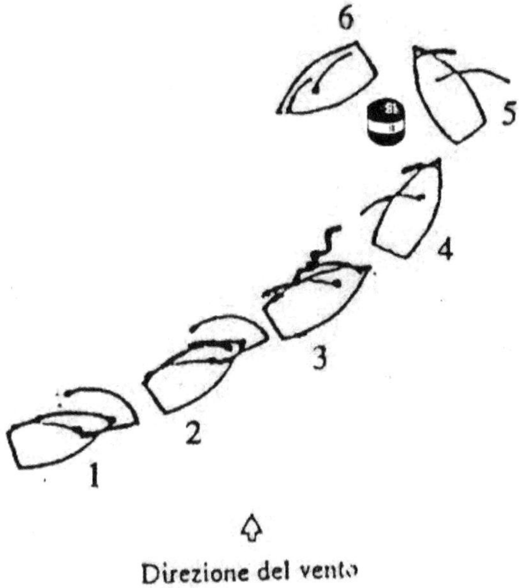

1) Assetto andatura portante
2) Genoa o fiocco alzato
3) Ammainata di spinnaker da sottovento
4) Poggiata
5) Abbattuta e giro di boa
6) Assetto in bolina

Ammainata denominata "Africana"

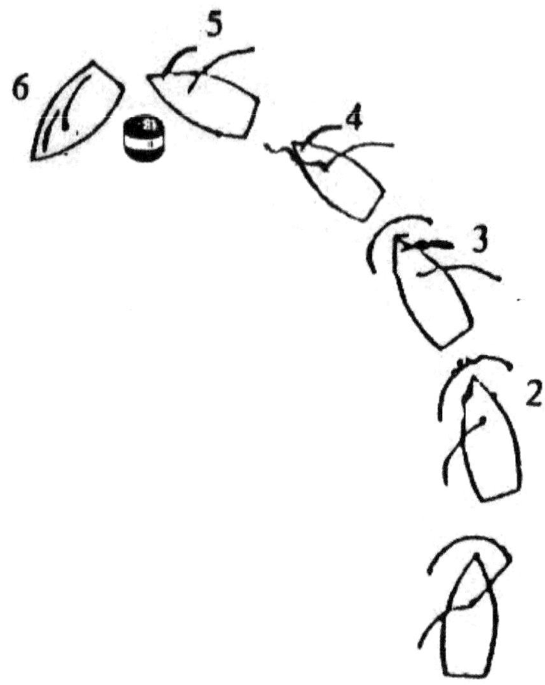

1) Assetto andatura portante
2) Ammainata del tangone
3) Abbattuta senza tangone
4) Alzata genoa o fiocco
5) Ammainata di spinnaker da sopravento
6) Giro di boa
7) Assetto in bolina

Ammainata denominata "Africana"
Variante 1

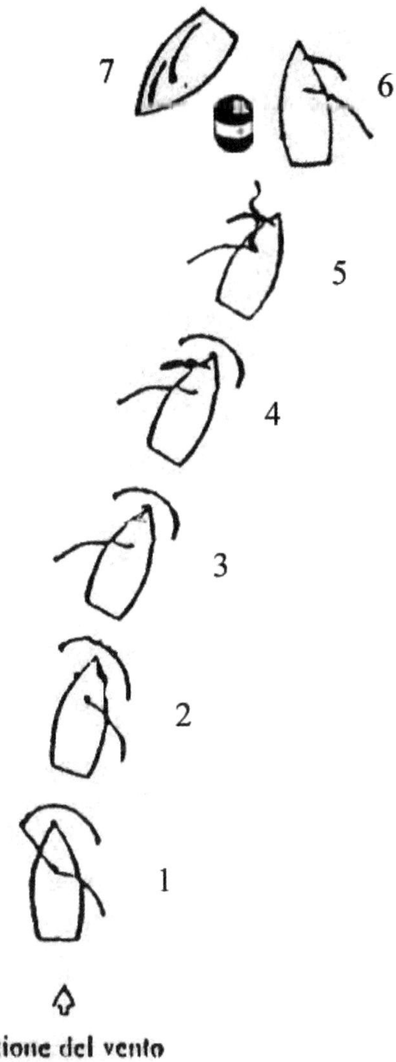

1) Assetto andatura portante
2) Ammainata del tangone
3) Abbattuta senza tangone
4) Alzata genoa o fiocco
5) Ammainata di spinnaker da sottovento
6) Giro di boa
7) Assetto in bolina

“africana” con approccio ravvicinato alla layline

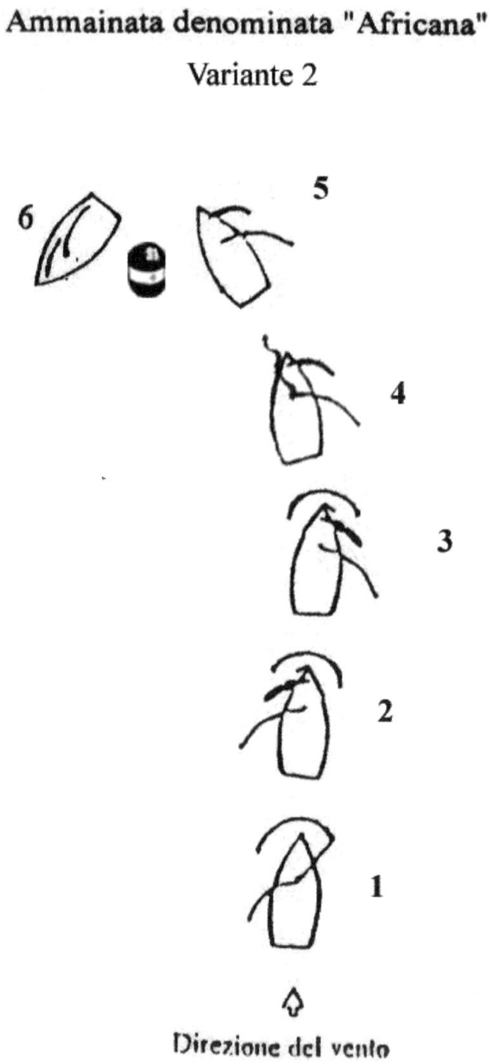

1) Assetto andatura portante
2) Ammainata del tangone ed alzata genoa o fiocco
3) Abbattuta senza tangone dello spinnaker e della vela di prua
4) Ammainata di spinnaker da sopravento
5) Giro di boa
6) Assetto in bolina

Al termine del capitolo dedicato al J24 riassumiamo schematicamente le messe a punto e gli assetti come abbiamo fatto per le derive nei capitoli antecedentemente esaminati. Come per gli altri monotipi esaminati suggerimenti redatti sia di messa a punto che di esecuzione delle manovre vogliono dare un aiuto ed un indirizzo affinché ogni equipaggio possa, con la propria esperienza, personalizzare sia il tuning che le manovre.

Gli schemi si suddividono sia per andatura (bolina, lasco, poppa) che per intensità di vento (vento leggero 0-7 nodi, medio-leggero 8-12 nodi, medio-forte 13-20 nodi, forte oltre i 20 nodi).

SCHEMI RIASSUNTIVI DELLE REGOLAZIONI E DEGLI ASSETTI SUL J24

VENTO LEGGERO BOLINA

Assetto longitudinale:	Piuttosto appruato, poppa ben sollevata dall'acqua
Assetto trasversale:	Da leggermente sbandato a quasi piatto
Tensione drizza genoa:	Lascata (accentuata catenaria)
Tensione drizza randa:	Al segno di stazza
Tensione sartie alte:	9-12
Tensione sartie basse:	5-7
Tensione strallo:	0-2
Preflessione:	4-5 cm
Posizione piede albero:	4,5-5 cm verso poppa rispetto al punto "0"
Crocette:	14-15 cm
Zeppe:	2920 mm
Paterazzo:	Lascato; arridatoi lascati
Punto scotta genoa:	Avanzato al massimo
Cunningham randa:	Lascato
Cunningham genoa:	Lascato
Punto di mura randa:	Lascato
Carrello randa:	10-15 cm. sopravento
Vang:	Lascato
Base randa:	Non troppo cazzata specialmente in condizioni di onda
Tensione scotta genoa:	Vedere dalla finestra della randa lo spazio tra genoa e crocetta di sottovento (distanza di 10-15 cm.)
Posizione equipaggio:	Da tutti sottovento, tranne il timoniere ad un altro membro dell'equipaggio sopravento all'aumentare dell'intensità. In caso di vento molto leggero ed onda il n°2 e n°3 possono scendere sottocoperta
Vele:	Il genoa è tenuto lascato sia di scotta che di drizza per mantenere aperta la parte alta della balumina; la sua forma risulta piuttosto grassa favorisce l'accelerazione appena investiti dalla minima pressione del vento. La randa è regolata soltanto dalla scotta e dalla posizione del carrello che mantiene al centro il boma senza dover operare eccessiva trazione sul paranco; sebbene il J24 abbisogni tendenzialmente rispetto ad un'altra barca, fino a vento medio, di una randa piuttosto grassa e chiusa

VENTO LEGGERO LASCO

Assetto longitudinale:	Appruato
Assetto trasversale:	Da appena sbandato di qualche grado sottovento a piatto
Posizione tangone sull'albero:	Gancio inferiore
Barber-hauler spinnaker:	Cazzato sopravento, lascato sottovento
Paterazzo:	Lascato
Cunningham randa:	Lascato
Punto di mura randa:	Lascato
Carrello randa:	Centrale
Vang:	Da lascato ad appena puntato
Base randa:	Lascata
Posizione equipaggio:	n°1, 2, 3 posizionati nella zona dell'albero tendenzialmente sottovento, n°4 nella zona anteriore del pozzetto o leggermente più avanti, timoniere seduto sopravento davanti al carrello della randa. In presenza di onda in n°2 e 3 possono disporsi sottocoperta all'altezza dell'albero in modo da abbassare il baricentro
Vele:	La randa aumenta di poco il profilo già piuttosto potente nella andatura di bolina. Lo spinnaker occorre che sia manovrato con estrema delicatezza dal n°4 specialmente ad intensità di vento molto leggere; l'altezza del tangone deve soddisfare le bugne parallele (o con vento molto leggero bugna sottovento leggermente più alta) senza per questo incidere troppo sull'apertura delle balumine che devono essere un po' aperte in modo da favorire l'uscita del vento dalla vela

VENTO LEGGERO POPPA

Assetto longitudinale:	Appruato
Assetto trasversale	Da leggermente sbandato sottovento a piatto
Posizione tangone sull'albero:	Gancio inferiore
Barber-hauler spinnaker:	Cazzato sopravento, lascato sottovento
Paterazzo:	Lascato
Cunningham randa:	Lascato
Punto di mura randa:	Lascato
Carrello randa:	Centrale
Vang:	Da lascato ad appena puntato in modo da non chiudere troppo la balumina
Base randa:	Lascata
Posizione equipaggio:	n°1, e 2 posizionati sottovento davanti all'albero, n°3 appena dietro a loro, dal lato di sottovento, mantiene il boma aperto; il n°4 porta lo spinnaker manovrando con delicatezza sia il braccio che la scotta al fine di ottenere sempre la massima pressione dalla vela. Il timoniere può sedere sia sottovento che sopra per mantenere l'assetto ottimale per le condizioni di vento leggero
Vele:	La randa aumenta di poco la profondità del suo profilo già abbastanza grassa in bolina. Lo spinnaker occorre che sia portato con il tangone non troppo alto di amantiglio affinché le bugne siano alla stessa altezza (o con vento molto leggero bugna sottovento leggermente più alta) e la base il più lontano possibile dallo strallo e dal rifiuto che la randa produce: per questo conviene semmai cazzare meno il braccio filando di qualche cm. in più anche la scotta in modo da far "volare" lo spinnaker

VENTO MEDIO-LEGGERO BOLINA

Assetto longitudinale:	Piuttosto appruato, poppa ben sollevata dall'acqua
Assetto trasversale:	Da leggermente sbandato a piatto da 6-7 nodi
Tensione drizza genoa:	Lascata (accentuata catenaria)
Tensione drizza randa:	Al segno di stazza
Tensione sartie alte:	13-15
Tensione sartie basse:	10-13
Tensione strallo:	3-5
Preflessione:	4-5 cm
Posizione piede albero:	4-6 cm verso poppa rispetto al punto "0"
Crocette:	14-15 cm
Zeppe:	2920 mm
Paterazzo:	Lascato: arridatoi lascati
Punto scotta genoa:	Avanzato al massimo
Cunningham randa:	Lascato
Cunningham genoa:	Lascato
Punto di mura randa:	Lascato
Carrello randa:	Da appena sopravento(10 cm.) a centrale
Vang:	Da lascato ad appena puntato
Base randa:	Non troppo cazzata specialmente in condizioni di onda
Tensione scotta genoa:	Vedere dalla finestra della randa lo spazio tra genoa e crocetta di sottovento (distanza di 5 cm.)
Posizione equipaggio:	Da tutti sopravento escluso il n°4 alla posizione di massimo raddrizzamento
Vele:	Il genoa, tenuto ancora abbastanza lascato di drizza, è più cazzato di scotta in modo da ottenere una forma più magra e la balumina è più chiusa rispetto al vento più leggero. La randa ha un profilo piuttosto profondo per sviluppare una sufficiente spinta all'orza in contrapposizione alla tendenza poggiera sviluppata dal genoa

VENTO MEDIO-LEGGERO LASCO

Assetto longitudinale:	Appruato
Assetto trasversale:	Piatto
Posizione tangone sull'albero:	Gancio inferiore
Barber-hauler spinnaker:	Cazzato sopravento, lascato sottovento
Paterazzo:	Lascato
Cunningham randa:	Lascato
Punto di mura randa:	Lascato
Carrello randa:	Centrale
Vang:	Da lascato ad appena puntato
Base randa:	Lascata
Posizione equipaggio:	n°1, 2, 3 posizionati da centrali a sopravento pronti a muoversi per mantenere sempre lo scafo in posizione di massima resa sulle linee d'acqua. Il n°4 porta lo spinnaker con la scotta di sottovento posizionato in modo da vedere sempre chiaramente la balumina di sopravento dello spinnaker ed infine il timoniere sta seduto sopravento davanti al carrello della randa
Vele:	La randa aumenta la profondità del profilo rispetto alla bolina. Lo spinnaker occorre che sia manovrato continuamente dal n°4; l'altezza del tangone deve soddisfare sempre le bugne parallele senza per questo incidere troppo sull'apertura delle balumine come per un'intensità di vento più leggero

VENTO MEDIO-LEGGERO POPPA

Assetto longitudinale:	Appruato
Assetto trasversale:	Piatto. Sulle raffiche si può sbandare leggermente sopravento in fase di accelerazione in modo da scarrocciare leggermente con lo scafo
Posizione tangone sull'albero:	Gancio inferiore o superiore a seconda delle condizioni di onda e di diversa intensità di vento
Barber-hauler spinnaker:	Cazzato sopravento, lascato o appena puntato sottovento in condizioni di onda per aumentare la stabilità della vela
Paterazzo:	Lascato
Cunningham randa:	Lascato
Punto di mura randa:	Lascato
Carrello randa:	Centrale
Vang:	Da appena puntato a puntato in modo da non chiudere troppo la balumina
Base randa:	Lascata
Posizione equipaggio:	n°1, e 2 posizionati sottovento davanti all'albero in posizione di accosciata pronti a muoversi per favorire la sbandata leggera di sopravento quando investiti da una raffica o da un'onda. Il n°3 appena dietro a loro, dal lato di sottovento o centrale, mantiene il boma aperto; il n°4 porta lo spinnaker manovrando braccio e scotta per seguire i cambiamenti di rotta operati dal timoniere sulle raffiche, sulle abbonacciate dello stesso e sulle onde, al fine di ottenere sempre la massima resa dalla vela. Il timoniere è seduto sopravento davanti al carrello della randa
Vele:	La randa aumenta notevolmente la profondità del suo profilo rispetto alla bolina. Il timoniere inizia a manovrare la scotta pompando la randa nei limiti del regolamento ogni qualvolta si necessita per accelerare su di una raffica o su di un'onda. Lo spinnaker occorre che sia portato con il tangone (gancio alto o basso sull'albero) affinché le bugne risultino parallele; il barber-hauler di sopravento è cazzato e quello di sottovento può essere leggermente puntato per permettere alla balumina di sottovento di non aprirsi eccessivamente e per mantenere le bugne parallele senza alzare troppo di amantiglio il tangone. Il n°4 manovrerà continuamente braccio e scotta seguendo i cambiamenti di rotta, le raffiche e le onde in maniera da ottenere dallo spinnaker sempre la miglior resa, facendo quindi esprimere allo scafo la migliore velocità

VENTO MEDIO-FORTE BOLINA

Assetto longitudinale:	Da centrato a leggermente appoppato in caso di onda formata
Assetto trasversale:	Piatto
Tensione drizza genoa:	Da appena lascata a ben cazzata
Tensione drizza randa:	Al segno di stazza
Tensione sartie alte:	21-23
Tensione sartie basse:	18-23
Tensione strallo:	-
Preflessione:	5 cm
Posizione piede albero:	4-2,5 cm verso poppa rispetto al punto "0"
Crocette:	14-15 cm
Zeppe:	2920 mm
Paterazzo:	Da ben puntato a cazzato (arridatoi tirati di 4 cm rispetto al vento leggero)
Punto scotta genoa:	Da 10 a 20 cm arretrato rispetto al vento leggero
Cunningham randa:	Da puntato ad abbastanza cazzato
Cunningham genoa:	Da lascato a ben cazzato
Punto di mura randa:	Cazzato
Carrello randa:	Da centrale a 3/4 della lunghezza del trasto sottovento
Vang:	Da puntato a cazzato
Base randa:	Cazzata
Tensione scotta genoa:	Da 2-3 cm. di distanza dalla crocetta sottovento a 10-15 cm. quando l'intensità è intorno ai 20 nodi
Posizione equipaggio:	Tutti sopravento disposti al massimo raddrizzamento
Vele:	Il genoa al crescere dell'intensità passa da un profilo che esprime la sua massima potenza ad uno, intorno ai 20 nodi, che prevede una forma più piatta ed aperta; affinché a sua resa sia massima, con vento più forte, è lascato leggermente di scotta in modo da favorire l'apertura della balumina senza dover arretrare ulteriormente il punto di scotta già spostato indietro man mano che il vento aumenta. La drizza passa ad essere cazzata eliminando completamente le concavità tra un garroccio e l'altro e, sempre intorno ai 20 nodi il cunningham della vela di prua inizia ad essere cazzato. La randa all'aumentare del vento si modifica (appiattendosi) sotto l'azione combinata del vang, base cunningham e paterazzo che agiscono principalmente sulla flessione dell'albero

VENTO MEDIO-FORTE LASCO

Assetto longitudinale:	Da centrale a leggermente appoppato
Assetto trasversale:	Piatto
Posizione tangone sull'albero:	Gancio superiore
Barber-hauler spinnaker:	Cazzato sopravento, lascato sottovento
Paterazzo:	Lascato
Cunningham randa:	Lascato
Punto di mura randa:	Lascato
Carrello randa:	Centrale
Vang:	Da ben puntato a più lascato in modo da favorire l'apertura della balumina della randa
Base randa:	Appena più lascata della bolina
Posizione equipaggio:	n°1, 2, 3 posizionati sopravento al massimo raddrizzamento per mantenere sempre lo scafo piatto in posizione di massima resa sulle linee d'acqua. Il n°4 porta lo spinnaker con la scotta di sottovento posizionato in modo da vedere sempre chiaramente la balumina di sopravento dello spinnaker ed infine il timoniere sta seduto sopravento a cavallo o dietro il carrello della randa
Vele:	La randa sebbene assuma un profilo più profondo rispetto alla bolina mantiene la parte bassa della vela abbastanza piatta (base) ed una certa apertura della balumina in grado di scaricare più velocemente una raffica. Lo spinnaker deve essere portato dal n°4 al massimo della sua resa: è necessario che il tailer con rapide cazzate e susseguenti allascate, specialmente in condizioni di onda, provveda sempre al mantenimento sia dello spinnaker gonfio sia della massima velocità

VENTO MEDIO-FORTE POPPA

Assetto longitudinale:	Da centrale a leggermente appoppato
Assetto trasversale:	Piatto. Sulle raffiche si può sbandare leggermente sopravento in fase di accelerazione in modo da scarrocciare leggermente con lo scafo
Posizione tangone sull'albero:	Gancio superiore
Barber-hauler spinnaker:	Cazzato sopravento, appena puntato o più cazzato sottovento per chiudere la balumina
Paterazzo:	Lascato
Cunningham randa:	Lascato
Punto di mura randa:	Lascato
Carrello randa:	Centrale
Vang:	Da puntato a ben puntato in modo da chiudere un po' la balumina della randa per sfruttare totalmente la potenza della vela
Base randa:	Lascata
Posizione equipaggio:	n°1, e 2 all'altezza o appena dietro l'albero in posizione centrale/sopravento in accosciata pronti a muoversi per favorire momentanee leggere sbandate sopravento quando investiti da una raffica o da un'onda. Il n°3 porta lo spinnaker regolando il braccio coordinandosi con il n°4 e asseconda l'assetto dello scafo; il tailer porta lo spinnaker manovrando la scotta seguendo i cambiamenti di rotta operati dal timoniere sulle raffiche, sulle abbonacciate dello stesso e sulle onde, al fine di ottenere sempre la massima spinta dalla vela. Il timoniere è seduto sopravento davanti o dietro il carrello della randa a seconda delle condizioni di onda
Vele:	La randa aumenta notevolmente la profondità del suo profilo rispetto alla bolina. Il timoniere manovra la scotta pompando la randa nei limiti del regolamento ogni qualvolta si necessita per accelerare su di una raffica o su di un'onda Lo spinnaker occorre che sia portato con il tangone (gancio superiore sull'albero) affinché le bugne risultino parallele; il barber-hauler di sopravento è cazzato mentre quello di sottovento può essere un po' cazzato per balumina di sottovento di non aprirsi eccessivamente e al fine mantenere sempre le bugne parallele senza alzare troppo di amantiglio il tangone. Il n°4 manovrerà continuamente la scotta mentre il n°3 il braccio seguendo i cambiamenti di rotta, le raffiche e le onde in maniera da ottenere dallo spinnaker sempre la maggior resa, facendo quindi esprimere allo scafo la migliore velocità

VENTO FORTE BOLINA

Assetto longitudinale:	Da leggermente appoppato ad appoppato in caso di onda formata
Assetto trasversale:	Piatto
Tensione drizza fiocco:	Cazzata
Tensione drizza randa:	Al segno di stazza
Tensione sartie alte:	25-26
Tensione sartie basse:	25-27
Tensione strallo:	-
Preflessione:	2-4 cm
Posizione piede albero:	2,5 cm verso poppa rispetto al punto "0"
Crocette:	14-15 cm
Zeppe:	2920 mm
Paterazzo:	Da cazzato a molto cazzato (arridatoi molto cazzati)
Punto scotta fiocco:	Da bozzello del punto all'altezza della sartia bassa a 5 cm. più arretrato
Cunningham randa:	Da cazzato a molto cazzato
Punto di mura randa:	Cazzato
Carrello randa:	Da 5-10 cm fino a 3/4 della lunghezza del trasto sottovento
Vang:	Molto cazzato
Base randa:	Molto cazzata

Tensione scotta fiocco: A seconda della forma del fiocco (profilo più o meno grasso) e della presenza di onda la tensione deve essere: ben cazzato se si naviga con mare piatto o onda corta; se l'onda è più formata più lascato affinché la base mantenga sempre una forma rotonda dando potenza nella parte inferiore della vela. Tutto questo in relazione anche alle caratteristiche di forma con le quali è stata costruita la vela

Posizione equipaggio: Tutti sopravento disposti al massimo raddrizzamento

Vele: Il fiocco, (sia di forma grassa o magra), ben cazzato di drizza, deve mantenere sempre una certa forma soprattutto nella parte bassa. La non eccessiva tensione della scotta e il punto disposto affinché il prolungamento della scotta sulla vela non oltrepassi la bisettrice dell'angolo di bugna permette un'uscita del vento dalla vela piuttosto pronunciata nella parte superiore facendo rimanere chiusa quella bassa (effetto di twist accentuato). La randa con l'albero messo a segno con le sartie basse più cazzate delle alte si flette principalmente, modificando il profilo della randa, per effetto del vang e del paterazzo; il cunningham e la base ben cazzati contribuiscono ad appiattire la randa uniformemente

VENTO FORTE LASCO

Assetto longitudinale:	Da leggermente appoppato ad appoppato
Assetto trasversale:	Piatto
Posizione tangone sull'albero:	Gancio superiore
Barber-hauler spinnaker:	Cazzato sopravento, lascato sottovento
Paterazzo:	Da lascato ad appena puntato
Cunningham randa:	Lascato
Punto di mura randa:	Cazzato
Carrello randa:	Centrale
Vang:	Da lascato a ben lascato in modo da accentuare l'apertura della balumina della randa
Base randa:	Cazzata
Posizione equipaggio:	n°1, 2, 3 posizionati sopravento al massimo raddrizzamento per mantenere sempre lo scafo piatto in posizione di massima resa sulle linee d'acqua. Il n°4 porta lo spinnaker con la scotta di sottovento posizionato in modo da vedere sempre chiaramente la balumina di sopravento dello spinnaker, il timoniere è seduto sopravento dietro il carrello della randa
Vele:	La randa mantiene un profilo abbastanza piatto in maniera da limitare al massimo la tendenza orziera ed è continuamente "lavorata" di scotta dal timoniere e di vang dal n°2 quando investiti da una raffica più forte o al calare dell'intensità momentanea del vento. Il fiocco, se mantenuto alzato deve essere messo a segno dal n°3 o dal tailer prima che inizi a portare lo spinnaker. Quest'ultimo deve seguire costantemente sia i cambiamenti di rotta dovuti alle raffiche sia la diversa messa a punto nelle fasi di accelerazione o decelerazione che le raffiche e l'onda propone durante l'andatura

VENTO FORTE POPPA

Assetto longitudinale:	Da appoppato a molto appoppato
Assetto trasversale:	Piatto
Posizione tangone sull'albero:	Gancio superiore
Barber-hauler spinnaker:	Cazzato sopravento, appena puntato o più cazzato sottovento per chiudere la balumina
Paterazzo:	Lascato
Cunningham randa:	Lascato
Punto di mura randa:	Lascato
Carrello randa:	Centrale
Vang:	Ben puntato in modo da chiudere leggermente la balumina della randa per sfruttare totalmente la potenza della vela
Base randa:	Lascata
Posizione equipaggio:	n°1, e 2 all'altezza dietro l'albero in posizione centrale/sopravento in posizione di accosciata pronti a muoversi per favorire momentanee leggere sbandate sopravento quando investiti da una raffica o da un'onda. Il n°3 porta lo spinnaker regolando il braccio coordinandosi con il n°4 e asseconda l'assetto dello scafo; il tailer porta lo spinnaker manovrando la scotta seguendo i cambiamenti di rotta operati dal timoniere sulle raffiche, sulle abbonacciate dello stesso e sulle onde, al fine di ottenere sempre la massima spinta dalla vela. Il timoniere è seduto sopravento dietro il carrello della randa inizia a timonare mantenendo il timone per la barra
Vele:	La randa aumenta notevolmente la profondità del suo profilo rispetto alla bolina. Il timoniere manovra la scotta pompando la randa nei limiti del regolamento ogni qualvolta si necessita per accelerare su di una raffica o su di un'onda Lo spinnaker occorre che sia portato con il tangone (gancio superiore sull'albero) affinché le bugne risultino parallele; il barber-hauler di sopravento è cazzato mentre quello di sottovento può essere, in condizioni di vento molto forte, anche completamente cazzato per limitare il rollio ed evitare di alzare troppo di amantiglio il tangone per mantenere le bugne parallele. Il n°4 manovrerà continuamente la scotta mentre il n°3 il braccio seguendo i cambiamenti di rotta, le raffiche e le onde in maniera da ottenere dallo spinnaker sempre la maggior resa, facendo quindi esprimere allo scafo la migliore velocità

F O T O

Particolari sistemi delle manovre correnti ed attrezzatura 470

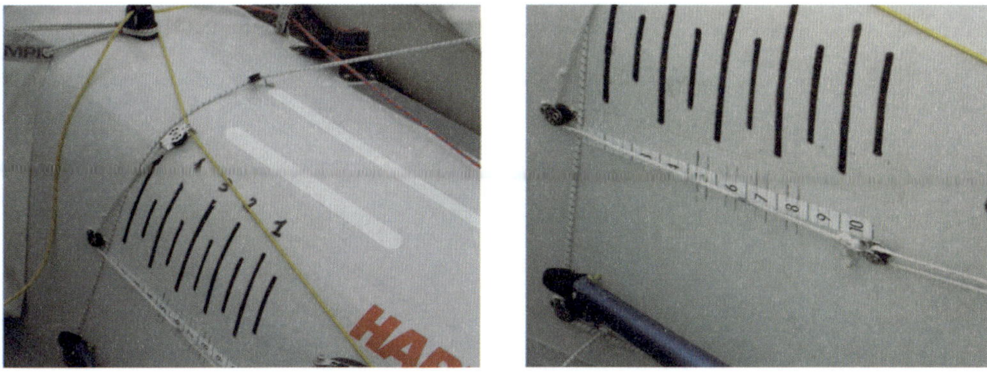

Sistema punto di scotto fiocco

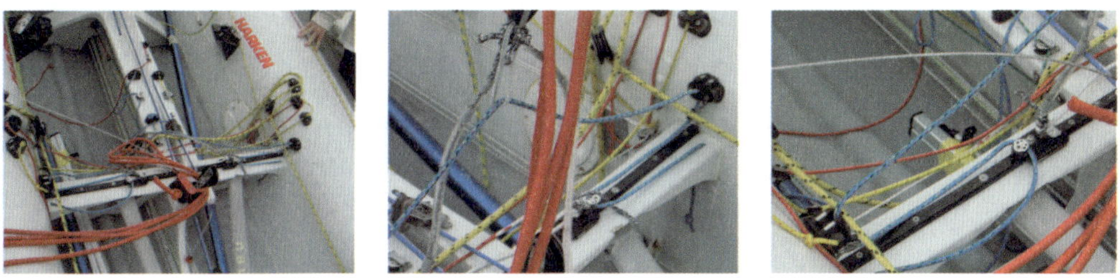

Sistema archetto carrello randa

Randa taglio verticale e Fiocco taglio misto orizzontale/verticale

470 in assetto di bolina con vento leggero

470 in assetto di bolina con vento medio

470 in assetto di bolina sbandato sopravento con vento medio-leggero

470 in assetto di bolina con vento medio-forte

470 in assetto di bolina con vento forte

470 al Lasco con vento leggero e medio-leggero

470 al Lasco con vento forte

470 in assetto in poppa con vento leggero

470 in assetto in poppa con vento medio

Particolari sistemi delle manovre correnti ed attrezzatura Laser

Sistema Base

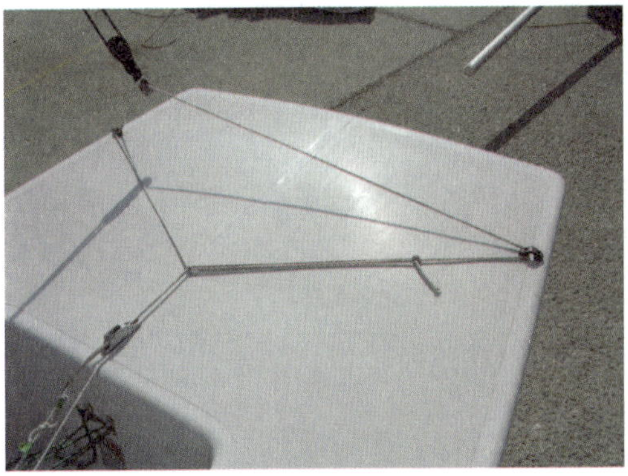

Sistema archetto scotta randa

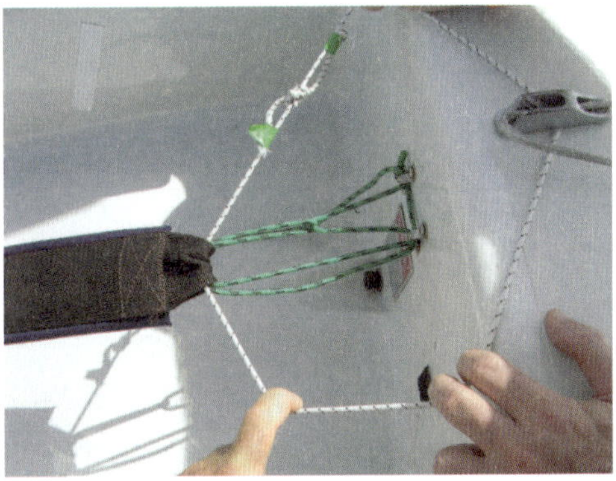

Sistema regolazione cinghia puntapiedi

Sistema paranco vang

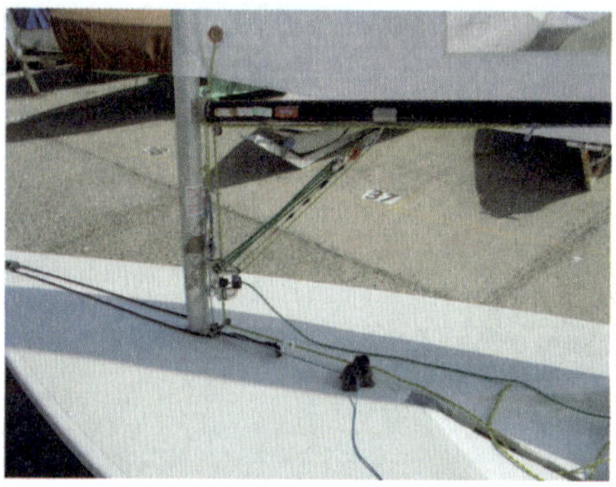
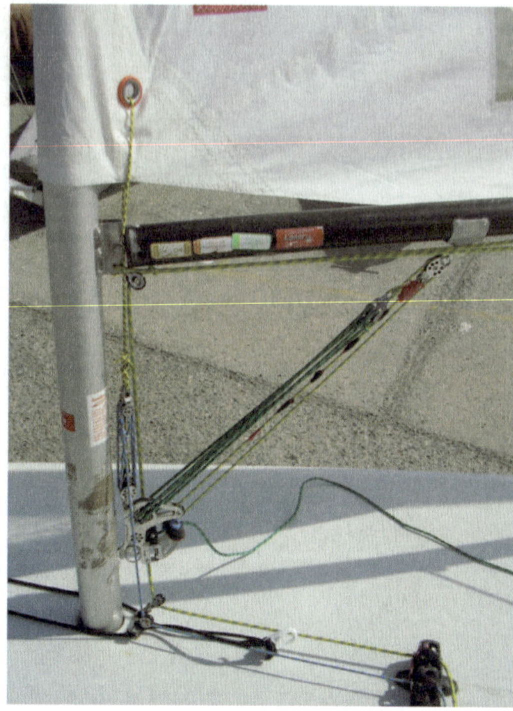

Sistema paranco cunningham

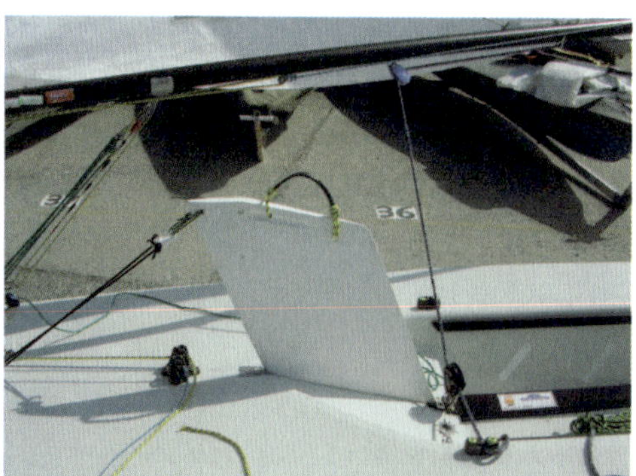
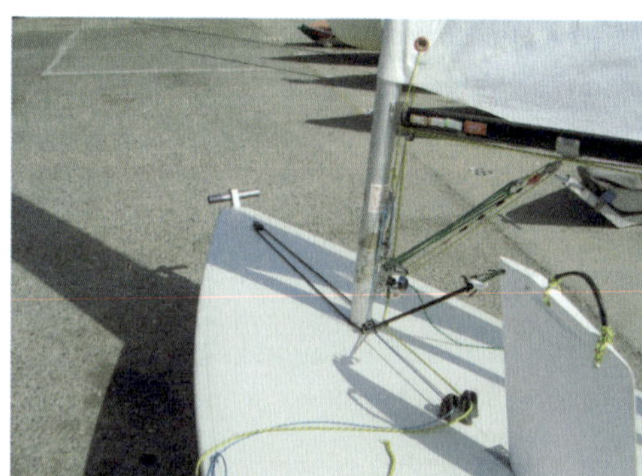

Maniglia deriva con elastico di ritenuta

Laser in bolina con vento medio

Conduzione del Laser in poppa

Virata con rollio

Abbattuta con rollio

ATI
ITA

ATI
ITA

ATI
ITA

ATI
ITA

144626
ATI
ITA

ATI
ITA

ATI
ITA

STAR dettagli punto di scotta fiocco

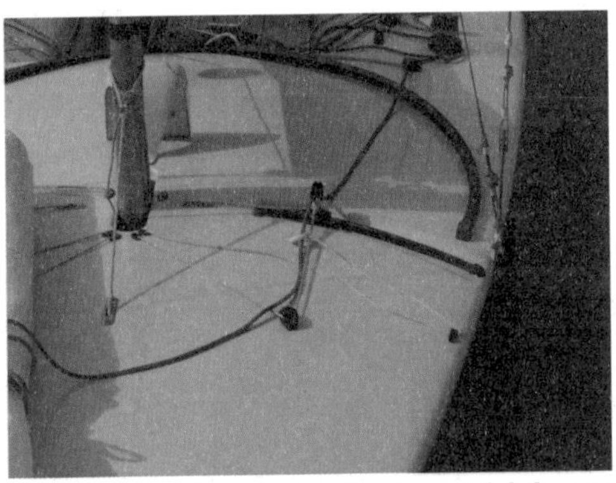

Punto regolabile esterno-interno e verso l'alto

Punto regolabile solo con rotaia esterno-interno

Punto fisso senza rotaia con regolazione esterna

Star in Bolina con vento leggero

Star in bolina con vento medio-forte

Star in bolina con vento forte

Star in assetto andatura di traverso con vento medio

Star in Poppa con vento leggero e medio-forte

Star in Poppa con vento forte

Abbattuta con rollio

Particolare attrezzatura J24 da regata

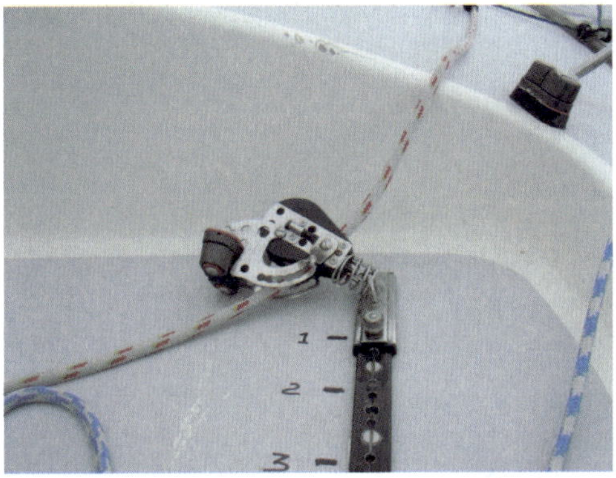

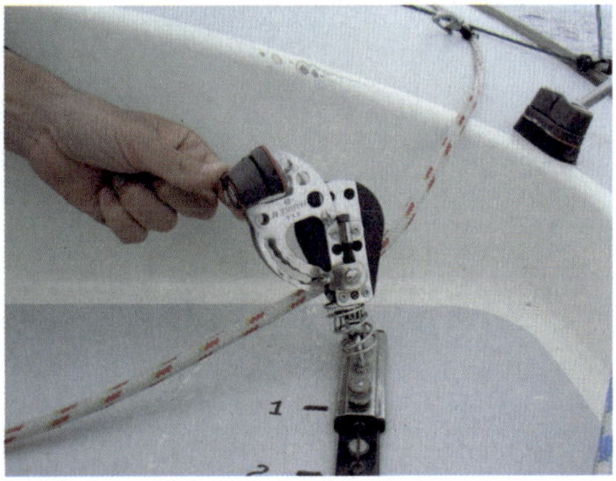

Punto di scotta Genoa con strozzascotte

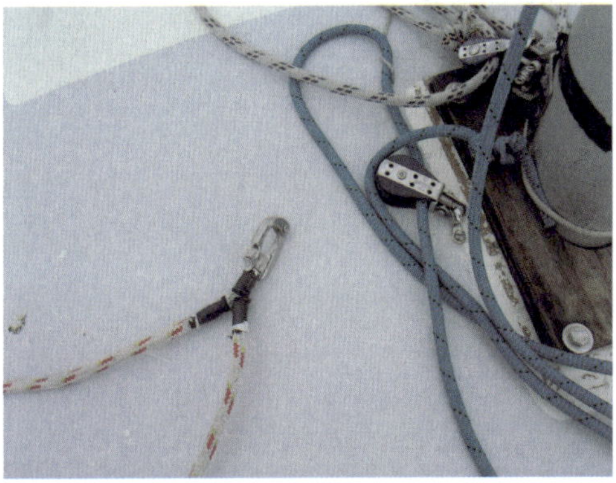

J- Lock scotte Genoa/Fiocco

Doppio strozzascotte sull'albero
per drizza Genoa/Fiocco

Virata con rollio con vento medio-leggero

Bear Away
(Alzata di spinnaker
"Normale")

Abbattuta con vento forte

Ammainata di sopravento ("Normale") con vento forte

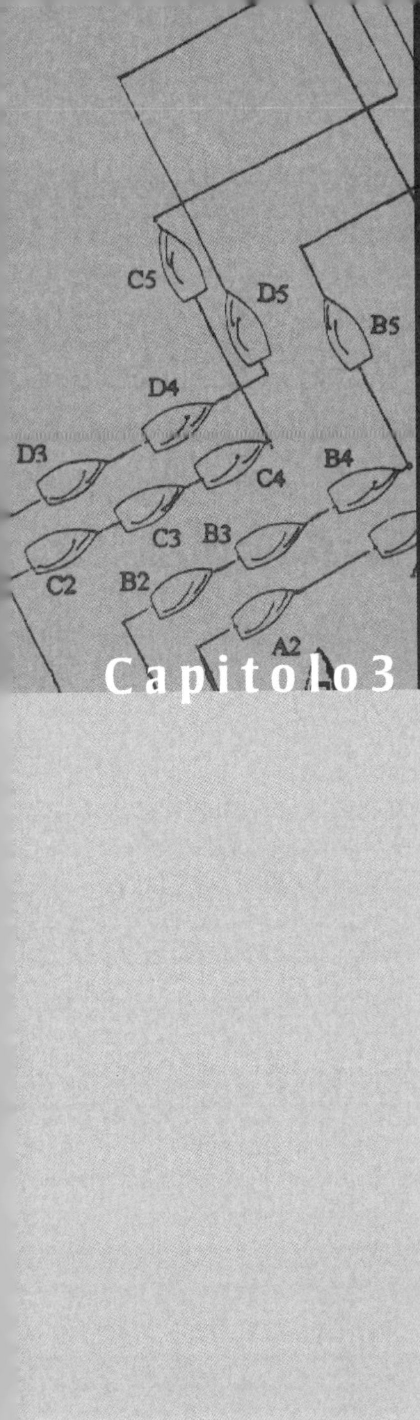

Capitolo 3

Vademecum della preparazione della strategia e tattica di regata

PREFAZIONE

LA REGATA

La regata comprende 5 fasi fondamentali:

1) ***Preparazione a terra della barca:***
   a) Coperta (bozzelli, scotte, strozzascotte, bulloneria, elastici, grilli);
   b) Scafo (manutenzione, pulizia, eventuali trattamenti per la miglior scorrevolezza);
   c) Controlli generali dell'attrezzatura (albero, boma, tangone, sartie, drizze, strallo);
   d) Messa a punto dell'albero (e dell'attrezzatura) in relazione alle condizioni meteo previste.

2) ***Preparazione dell'equipaggio:***
   a) Lettura e studio del bollettino meteo;
   b) Lettura e studio delle istruzioni di regata;
   c) Preparazione psicologica (consapevolezza e sicurezza dei propri mezzi, determinazione, tranquillità mentale);
   d) Esercizi generali di riscaldamento muscolare e di streachting.

3) ***Preparazione in acqua alla regata:***
   a) Fase di "riscaldamento tecnico" mediante l'esecuzione delle manovre principali in tutte le condizioni meteorologiche (virate, abbattute con e senza spinnaker, almeno un'alzata ed ammainata dello spinnaker);
   b) Controllo della messa a punto (anche attraverso le personali sensazioni) navigando in bolina vicino ad un compagno (se possibile) o ad un'altra barca che sta testando la velocità per controllare o minimamente affinare il tuning;
   c) Studio del campo di regata ed impostazione delle scelte strategiche: vento (intensità, direzione, oscillazione/i della direzione del vento, tendenza successiva dello stesso in relazione al bollettino meteo del giorno); onda (messa a punto della barca a seconda delle diverse condizioni); corrente (intensità, direzione, eventuale tendenza successiva in relazione al bollettino meteo e alle specifiche carte del giorno);

4) ***Regata come fase di massima espressione della preparazione:***

La complessità di una regata al fine del raggiungimento del massimo risultato impone l'obbligo di mantenere un alto livello di concentrazione; questo stato non riguarda solo il timoniere, il tattico e di chi regola le vele ma, deve coinvolgere, ogni membro dell'equipaggio per ottenere costantemente l'ottimale messa a punto e quindi della miglior velocità della barca; essere mediamente veloci aiuterà moltissimo anche se il risultato scaturirà dalle scelte strategiche e tattiche, senza per questo tralasciare l'importanza della corretta e perfetta esecuzione di ogni manovra. Non è sbagliato affermare che una regata si può perdere per una minima scelta strategica o tattica errata così come si può perdere per una manovra sbagliata.

5) ***Dopo la regata:***
   a) Rassetto e controlli all'attrezzatura.
   b) Analisi del risultato.

Approfondiamo alcuni punti sopra schematizzati presupponendo di regatare su di un'imbarcazione cabinata ove le attrezzature, le vele il numero dei membri dell'equipaggio costituiscono la massima espressione organizzativa.

Come anticipato dallo schema all'inizio occorre controllare la barca ed i materiali (scotte, drizze, carrelli, bozzelli, ecc.). Per quanto riguarda i genoa, è necessario verificare che siano riposti nei sacchi in modo ordinato e pronti per essere alzati. Ciò significa che l'angolo di mura, quello di scotta e l'inferitura devono essere correttamente posizionati, cioè con mura e penna rivolti verso la parte anteriore del sacco (sul quale deve essere indicata chiaramente) e l'angolo di scotta posizionato posteriormente in modo che il prodiere possa fissarli rispettivamente a drizza, golfare o punto di mura in coperta e scotte nel minor tempo possibile. Se i genoa sono steccati (Genoa 3 e 4 di una barca d'altura, ma anche di molti monotipi) si adotterà un metodo di piegatura nel sacco che tenga conto di non far subire rotture delle stecche ma sempre predisponendo una facile alzata in fase di approntamento.

Analogamente anche gli spinnaker devono essere "rifatti" così da poter essere alzati o sostituiti in maniera corretta e veloce.

Se non vincolati dalla stazza si può attuare anche una cernita delle vele da portare in regata (sia per materiali e grammatura, sia per dimensioni), in relazione alle condizioni di vento e mare previste.

E' buona regola affermare che, quando si è fatta una scelta meditata di vele e attrezzature, la si ritenga in ogni caso la più adeguata; se le condizioni cambiano si dovrà essere capaci di adattarsi cercando la migliore soluzione con quello che abbiamo imbarcato.

E' essenziale inoltre leggere attentamente le istruzioni di regata, studiare il percorso e le caratteristiche ambientali del luogo dove si svolge la competizione.

Per il bollettino meteo oltre alle cartine locali, che di solito ogni regata sono previste nella bacheca per le informazioni ai regatanti, è consigliabile, avendone la possibilità, la visita dei siti meteo (conosciuti o consigliati dai locali o dall'organizzazione dell'evento) tramite "Internet" facilmente consultabili in tutti i luoghi ove si competa.

Il giorno della regata è necessario presentarsi in banchina con largo anticipo sull'orario di partenza, per effettuare gli ultimi controlli e definire le ultime scelte.

E' importante provare prima della partenza la messa a punto, alcune virate e abbattute ravvicinate, almeno un'alzata ed ammainata di spinnaker, per scaldare, concentrare l'equipaggio e controllare le manovre correnti.

Strategia e Tattica di Regata

Strategia

Ultimamente sentiamo spesso parlare di strategia e tattica di regata ma cosa sono effettivamente? Con parole semplici possiamo affermare che in queste due parole si concentrano le scelte che un equipaggio mette in opera ogni qualvolta si confronta sportivamente per riuscire a prevalere su uno o più avversari. La strategia, specificatamente, produce la scelta del bordo o dei bordi in relazione alle condizioni metereologiche che, anche nel corso di una regata breve, hanno lievi o consistenti variazioni; le oscillazioni e rotazioni del vento, l'intensità mutevole dello stesso, la direzione e la forza della corrente, lo stato del mare (differenti tipi di onda) determinano scelte che l'equipaggio deve assolutamente valutare per cercare di esprimere per il miglior risultato all'arrivo in una regata. Le valutazioni fatte, e quindi le scelte operate, determinano quasi sempre la buona riuscita e quindi il risultato; questa affermazione può sembrare ovvia ma in verità riassume e differenzia le capacità marinaresce dello "sfruttamento" degli elementi naturali come il vento, la corrente, l'onda da parte di un equipaggio rispetto ad un altro. Tale capacità non va assolutamente confusa con l'abilità di messa a punto della barca: sebbene sia fondamentale saper far esprimere la miglior velocità essa è un fattore determinante al fine del risultato ma rispetto alla strategia di regata può essere considerata di importanza inferiore; è sicuramente notevole vantaggio essere veloci per lo meno quanto gli altri o appena di più, ma è inutile se il bordeggio che sviluppiamo durante la regata è sbagliato o insufficiente. Con questo si vuole affermare un importante concetto che molti velisti esperti già conoscono ma che è necessario far capire a chi inizia un'attività velica soprattutto ad alto livello: tutti attraverso la continua esperienza ed il confronto riescono a mettere a punto la propria barca a seconda delle condizioni meteo, con esclusive sottili differenze dovute alle caratteristiche personali dell' equipaggio che hanno il risultato di far essere mediamente veloci in ogni momento riuscendo a mantenere una difficile ma fondamentale performance costante, nell'arco temporale della regata. Essendo quindi molto vicine le velocità degli scafi, la strategia, che comprende naturalmente una buona partenza e scelta dei bordi, determinerà la bravura di un equipaggio.

Tattica

Le persone meno esperte possono confondere o considerare sinonimi strategia e tattica; anche se strettamente legate la strategia si occupa, come abbiamo descritto, dei fattori strettamente legati alla capacità di sfruttare le variabili del vento, corrente e stato del mare, mentre la tattica è rivolta specificatamente all'avversario/i, sia che si tratti di regate di flotta che in un macth-race. La strategia interagisce con la tattica, proponendo le soluzioni o i vantaggi che la variabilità meteo propone ma tutto, in una regata, dovrà essere relazionato, in tempo reale, alle mosse degli avversari o del singolo, per mantenere la posizione o recuperare posizioni. Non è difficile che strategia e tattica in alcuni momenti possano essere in contrasto: al fine, ad esempio, di mantenere, ad esempio, la leadership di una regata, non è insolito lasciare la parte strategicamente migliore del campo per controllare uno o più avversari che stanno navigando dalla parte, in quel momento sfavorevole. Tutto questo si può tradurre in un vantaggio che non s'incrementa ma dà possibilità di controllo e sicurezza per mantenere la posizione. Così detto risulta molto semplice, ma il decidere tra strategia e tattica, anche se non dovrebbe, talvolta porta a commettere errori: la soluzione non esiste date le variabili che il campo di regata può presentare, ma possiamo affermare che il giusto equilibrio tra strategia e tattica porta sempre ad un buon risultato anche se il limite di una o dell'altra è molto difficile da determinare specialmente quando i valori in campo sono alti e si equivalgono.

La particolarità di questo sport di destrezza (e potremmo affermare anche la sua bellezza) può talvolta essere "aiutato" dalla fortuna così come la mala sorte incidendo più o meno sul risultato ma alla fine, alla luce dei risultati, si riscontra sempre che i più bravi riescono a prevalere eludendo facili conclusioni.

Nel descrivere la regata di flotta ed il match-race si noterà che, se la strategia tenderà ad una linea simile o uguale per le scelte che si proporranno durante la regata, la tattica subirà notevoli cambiamenti in relazione al tipo di competizione tra due avversari o più.

Riassumendo, comunque tutti sono d'accordo con questa massima: ***"Non esiste regata ove qualcuno non commetta errori strategici, tattici o di manovra; vince chi ne commette meno!"***

PARTE 1°
REGATE DI FLOTTA

La partenza

La partenza di una regata di flotta è senza dubbio una delle fasi più delicate ed importanti. Se percentualmente dovessimo esprimerci, sicuramente alla partenza attribuiremmo buona parte del risultato finale, dato che un buon avvio dà, nella stragrande maggioranza dei casi, la possibilità di un buon piazzamento. Di conseguenza ogni equipaggio deve affrontare le fasi di partenza in maniera da far sì che possa iniziare nella miglior posizione possibile rispetto agli avversari. Il tipo di scafo su cui si regata prevede tattiche di partenza diverse: l'esempio più facile da capire è quello che differenzia le partenze delle regate su monotipi e quelle in cui si affrontano barche d'Altura (es. I.R.C. o I.M.S.).

Nel primo caso, cioè tra imbarcazioni monotipo, la scelta del punto di partenza per un buon avvio sarà costruita in stretta relazione alla strategia da impostare durante il primo lato del percorso; nel caso di barche di diversa dimensione e dislocamento (Altura) dovremmo tener conto della diversa velocità della nostra barca rispetto a quella dei nostri avversari, sia per la scelta del punto in cui partire, sia per la convenienza di un avvio vicini ad essi per la velocità che possiamo mantenere subito dopo la partenza. Inoltre bisogna distinguere due casi:

- Partenza con poche barche;
- Partenza con molte imbarcazioni.

La prima non presenta solamente scontati vantaggi che derivano dalla mancanza di affollamento sulla linea, ma anche degli svantaggi riconducibili essenzialmente alla possibilità che ha l'avversario di scapparci via prendendo velocità, per l'assoluta pulizia del vento creata dalla mancanza delle vele degli avversari. In tale caso converrà impostare una tattica che tenga conto di un controllo più stretto dell'avversario.

La partenza con un alto numero di barche pone ovvi problemi di affollamento. Nel caso particolare di regate d'Altura, dove partecipano barche di diversa dimensione, le più grandi hanno minore manovrabilità che condiziona la loro possibilità di inserirsi favorevolmente nello schieramento. Di contro possono, appena partite, sfruttare la superiore velocità sui bordi. Le barche più piccole è opportuno che evitino una partenza ravvicinata alle barche più grandi, pur cercando di rimanere dalla parte buona della linea, sfruttando la maggiore agilità di manovra per partire libere.

Le partenze tra monotipi in regate importanti sono quasi sempre molto affollate. Il problema principale sta nel fatto di riuscire ad essere al momento della partenza nel punto più favorevole della linea per affrontare il primo lato del percorso con un certo spazio sottovento (ideale sarebbe una lunghezza) per poter accelerare pochi istanti prima dello start evitando di scadere per i rifiuti di un avversario o, dal lato di sopravento, essere coperti.

In ogni caso, sia che la partenza sia fatta da barche di ugual caratteristiche sia da scafi diversi per lunghezza, peso e velatura, le osservazioni del campo che ognuno deve operare sono:

• *Direzione del vento.*

Si rileva possibilmente con la vela di prua (ammainata o non sulle barche più grandi) ogni 3-4 minuti in vari punti del campo e della linea: orzando fino alla posizione di prua al vento; mantenendo la barca piatta il timoniere su indicazione del windex e delle vele chiama lo stop che corrisponderà ad una lettura in gradi della bussola letta da un membro dell'equipaggio (che studierà, nel tempo, le variazioni della direzione del vento).

E' importante osservare, se abbiamo lo strumento, anche l'intensità delle raffiche nei vari punti del campo. Se la giornata non è limpida la presenza di nubi può determinare una variazione dell'intensità e della direzione del vento per cui in queste condizioni è opportuno valutare anche queste variabili metereologiche.

• *Direzione della corrente.*

Per conoscere l'eventuale direzione ed intensità della corrente è opportuno avere un punto fisso (es. barca comitato) ed uno strumento mobile come un correntometro o più semplicemente un corpo che stia appena sotto o sulla superficie (es. una mela o una spugna). Cronometrando (1 o 2 minuti) si potrà calcolare con discreta approssimazione l'intensità della corrente e la sua direzione .

In Mediterraneo, al di fuori degli stretti naturali, la corrente può condizionare relativamente una regata, a meno che il campo di regata sia posizionato in vicinanza di una foce fluviale; anche se nei nostri mari la corrente è prevalentemente di superficie può capitare che, se le condizioni meteo hanno subito un radicale cambiamento dal giorno precedente o addirittura durante la giornata si creino situazioni in cui la corrente può determinare le scelte tattiche sia in partenza che durante i lati del percorso. E' invece assolutamente necessario conoscere perfettamente l'andamento delle maree in zone dove esse hanno notevole escursione (es. Gran Bretagna) poiché la strategia e la tattica devono essere sviluppate in considerazione della forza e dell'ora del cambio di direzione della corrente.

Una volta presa conoscenza della direzione, della tendenza di rotazione del vento, dell'intensità e direzione della corrente si procede quindi a controllare l'inclinazione della linea di partenza scorrendola: traguardandola fra la barca comitato e la boa, sarà possibile individuare quale parte risulti favorevole. Si riesce a stabilire in questo modo se un lato dell'allineamento dà un vantaggio rispetto all'altro, cioè quale sarà la zona dalla quale è più conveniente partire.

Aiutandosi con alcuni disegni possiamo riassumenre efficacemente i diversi casi che si possono presentare in partenza e le scelte più appropriate da operare iniziando dalle situazioni nelle quali la corrente non determina fattore prioritario.

Fig.1: Questa linea è “neutra”, cioè nessuna delle due estremità risulta essere più al vento dell’altra. E’ indifferente partire dalla boa o dalla barca comitato, ed il vantaggio è da ricercare sulle precedenze dettate dal regolamento.

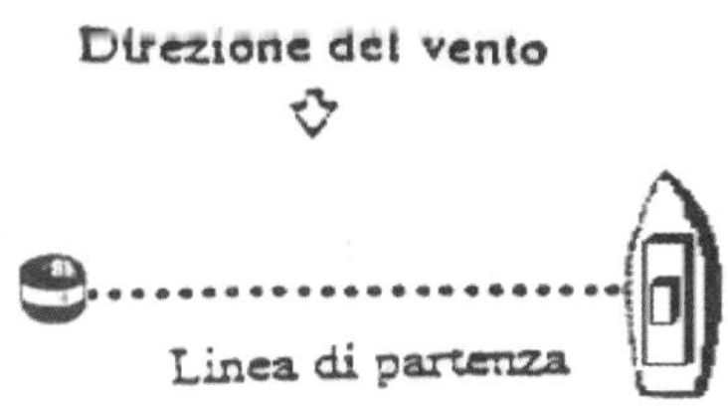

Fig.1

Fig.2: In questo caso invece il vento non cade perpendicolarmente alla linea ma vi è un chiaro vantaggio delle barche che partono da dritta (vicino alla barca comitato). Esse avranno in gergo un “buono” in partenza di x gradi rispetto a quelle che prendono il via dalla boa.

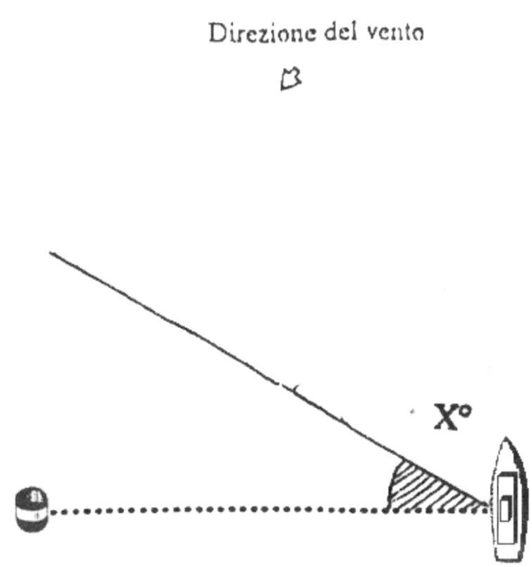

Fig.2

Fig.3: Infine il caso in cui le barche che partono dalla boa sono più al vento di quelle poste in vicinanza della barca comitato e hanno su di loro un vantaggio pari sempre a x gradi.

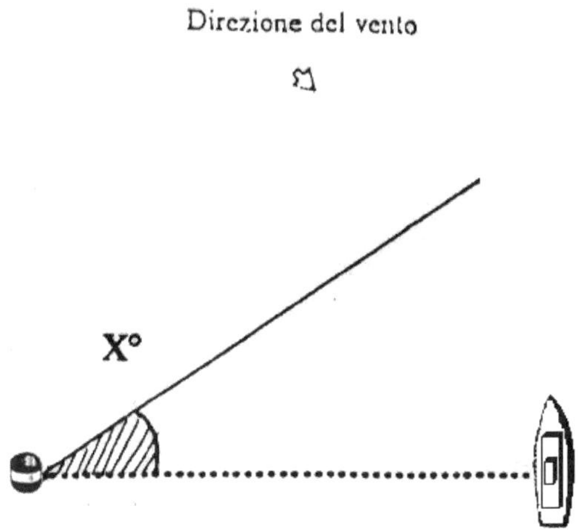

Fig.3

Possiamo dire quindi che se il vento proviene da sinistra rispetto alla perpendicolare della linea, la zona favorevole è quella vicino alla boa. Se, al contrario, il vento proviene da dritta, è più conveniente partire dalla barca comitato.

Così nel caso (più realistico) in cui il vento tende a spostarsi a dritta o a sinistra rispetto a una direzione nei confronti della quale la linea di partenza è "neutra" (cioè perpendicolare alla direzione del vento al momento della partenza). (Fig.4a e 4b) In questo caso converrà partire rispettivamente dalla barca o dalla boa a seconda della tendenza di oscillazione del vento durante il lato di bolina.

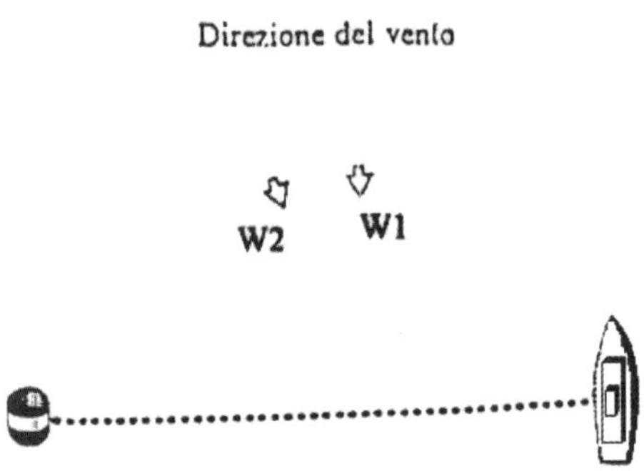

Fig.4a

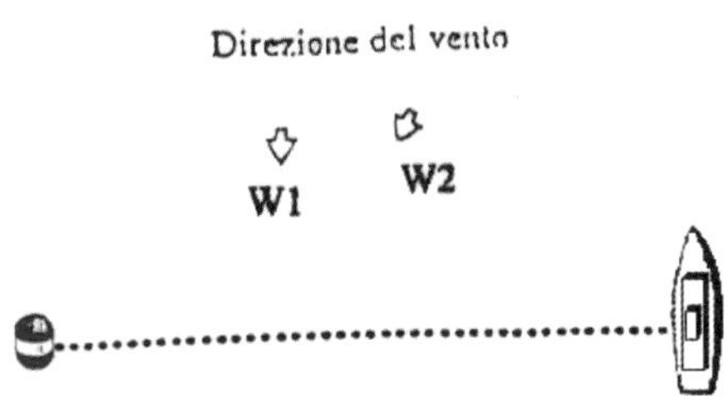

Fig.4b

Come possiamo notare dai disegni, scegliendo la posizione più favorevole, allo spostarsi della direzione del vento da W1 a W2 si acquista vantaggio. Se il vento passa nuovamente su W1 tuttalpiù si ritorna nella posizione di parità con gli avversari.

Il comitato di regata tendenzialmente dà un leggero vantaggio (5 gradi) alla boa, in modo che (in teoria) le barche che partono sottovento siano al pari di quelle partite vicino al battello comitato. Nel caso di regate molto affollate i giudici possono anche non dare tale vantaggio per scoraggiare le partenze dalla boa mura a sinistra che provocano spesso situazioni di estrema confusione e pericolo. Bisogna dire però che, a meno di un errore del posizionamento della linea da parte del comitato di regata, le partenze in cui si taglia la linea con mure a sinistra non avvengono quasi mai, se non in caso di forti salti di vento al momento dello start.

Al segnale di avviso si entra nel vivo della regata e l'equipaggio deve raggiungere già la massima concentrazione. Dopo aver precedentemente analizzato il campo di regata nei suoi molteplici aspetti e già stato individuato il punto più favorevole della linea di partenza si potranno definire gli ultimi dettagli in tema strategico perfezionando così il quadro generale. Il timoniere, sebbene conduca di fatto la partenza, seguirà le indicazioni del prodiere e del tattico; quest'ultimo controllerà come si dispongono gli avversari sulla linea per individuare da quale parte dello schieramento prenderanno il via, e tenendo in mente le eventuali variazioni del vento o della corrente consiglierà il miglior approccio alla zona prescelta per partire.

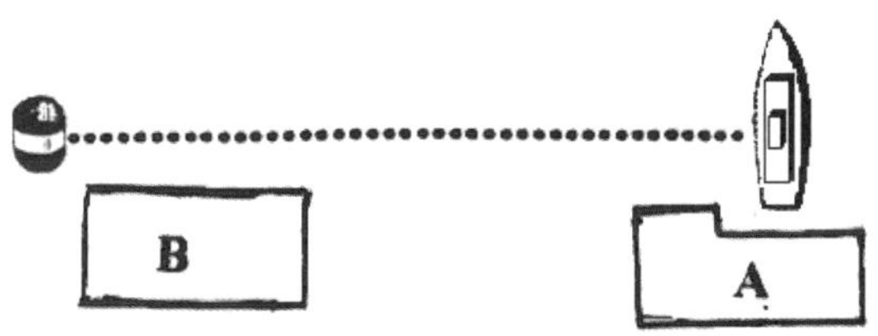

B: zona di affollamento per coloro che vogliono partire dalla parte della boa

A: zona di affollamento per coloro che vogliono partire dalla parte della barca comitato

Fig.5

Inoltre è sempre importante controllare il tempo residuo presso la barca comitato e saggiare la velocità della barca; per effettuare una buona partenza infatti bisogna arrivare già lanciati sulla linea nell'istante in cui viene dato il via.

I timonieri più forti ritengono che le partenze più difficili siano quelle dalla barca comitato perché in genere qui si crea maggiore confusione, tant'è vero che per evitare collisioni con la barca comitato si tende sempre più frequentemente ad "allungarla" filando a poppa del battello una boa non necessariamente ancorata. Se si decide di prendere il via dalla parte dritta (barca comitato) bisogna guardarsi dalle barche che sopraggiungono al lasco e al traverso della zona contrassegnata dalla lettera A nella figura 5, le quali mirano a infilarsi, tra noi e il battello o boa "aggiuntiva".

Anche se a norma di regolamento la barca sottovento ha diritto di rotta, è bene guardarsi sempre dal lato di sopravento; il danneggiamento nei nostri confronti di un avversario che in regata può essere da noi protestato sicuramente danneggerà irreparabilmente la nostra partenza pregiudicando il risultato.

La situazione di estrema vicinanza tra le imbarcazioni e gli spazi assai ristretti nei quali possiamo venire a trovarci sono purtroppo molto frequenti quando la partenza è favorevole dalla barca comitato, anche se può sembrare assurdo potremmo asserire che, al fine del risultato di una buona partenza, avere la meglio su uno o due avversari avvalendosi del regolamento in una circostanza di affollamento vicino alla barca comitato non risolve completamente la partenza. I più bravi ed esperti timonieri, a meno che non si crei uno spazio dovuto allo scarroccio o di una situazione di corrente favorente la creazione di uno spazio, non partono quasi mai attaccati alla barca comitato dove facilmente nell'ultimo minuto si creano situazioni di caos, ma preferiscono partire a 3-4 lunghezze più sottovento. Così come raffigurato nell'esempio (Fig.6) è sconveniente essere i primi a chiudere lo spazio che gli altri cercano di conquistare, aiutati come già detto da una situazione di confusione che si crea inevitabilmente prima del segnale di partenza. Si cerca quindi di attuare la manovra sotto schematizzata concedendoci la possibilità di chiudere lo spazio agli avversari stando sempre ben attenti di non esagerare in suddetta manovra che porta inevitabilmente ad essere sulla linea di partenza con un po' di anticipo rischiando un avvio anticipato. Così se si decide di voler "sfuggire" ad essi la cosa più saggia da attuare sarà di poggiare leggermente sottovento (se ve ne è la possibilità) per partire liberi e in velocità.

Come si può notare dal disegno (Fig. 6) la barca che decide di partire accanto alla barca comitato può trovarsi in difficoltà nel controllare lo spazio sottovento sufficiente per poter accelerare pochi secondi prima dello start dovendo bloccare gli avversari che tendono ad infilarsi fra lei e la barca comitato. (Un esercizio molto frequente tra i velisti più esperti è quello di allenarsi per mantenere la barca sulla linea il maggior tempo possibile, curando successivamente la fase di accelerazione con il fiocco "a collo" e lo spostamento del boma sopravento sulle derive o piccole barche a chiglia).

Tornando alla descrizione del disegno la barca B avrà quindi l'opportunità, durante le ultime e decisive fasi di partenza, di mettersi sottovento vicino ad A così da ottenere una posizione favorevole. La barca C, come risulta dall'esempio figurato, risulta la più "libera" ottenendo un posto sulla linea dalla parte più vantaggiosa senza per questo rischiare di essere "bloccata" ed evitando di essere coinvolta in situazioni di caos vicino alla barca comitato al momento dello start.

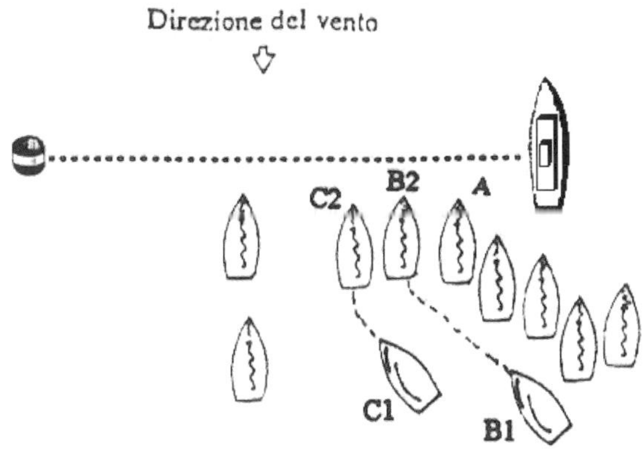

Fig.6

Finora si è parlato di partenze senza considerare alcuni fattori quali la tendenza di oscillazione del vento e la direzione della corrente. Nella prima ipotesi, la parte della linea di partenza che dovremo prediligere sarà sicuramente quella dalla quale il vento ha tendenza a ruotare (esempio se sono persistenti salti di vento verso destra, sarà opportuno "tenere" questa parte del campo cercando quindi di partire navigando subito da quella parte). (Fig.7)

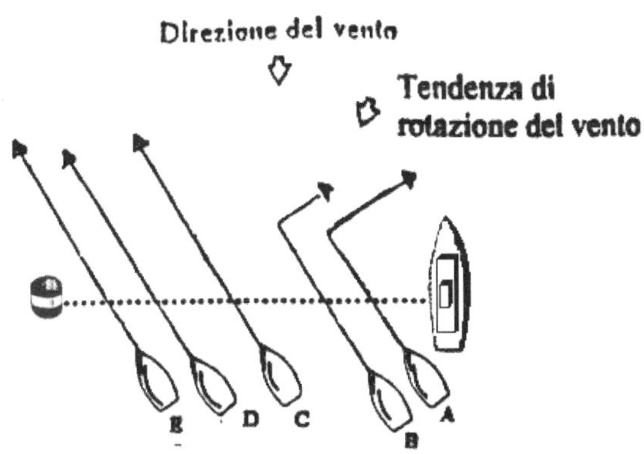

Fig.7a

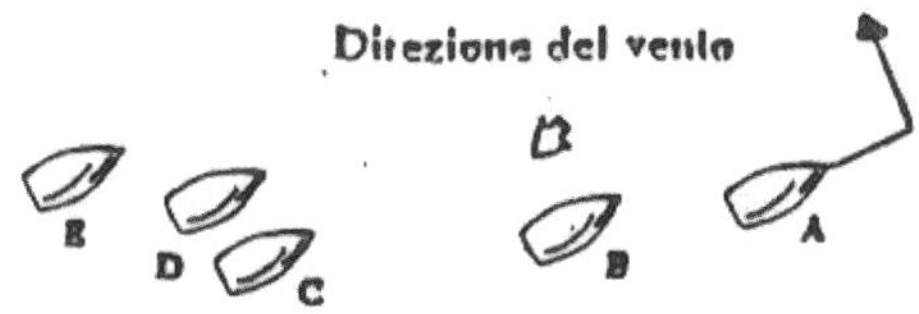

Fig.7b

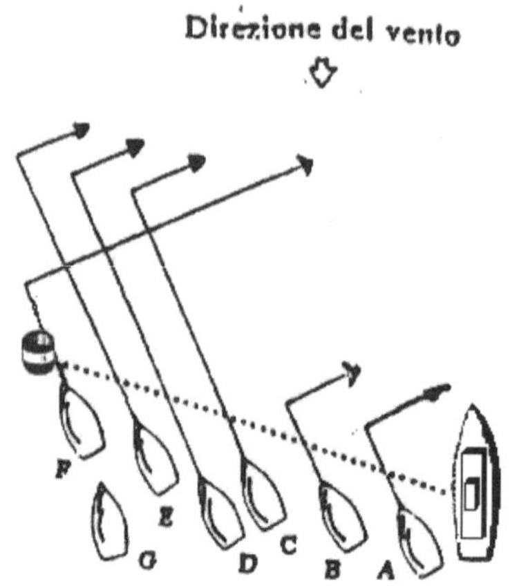

Fig.8a

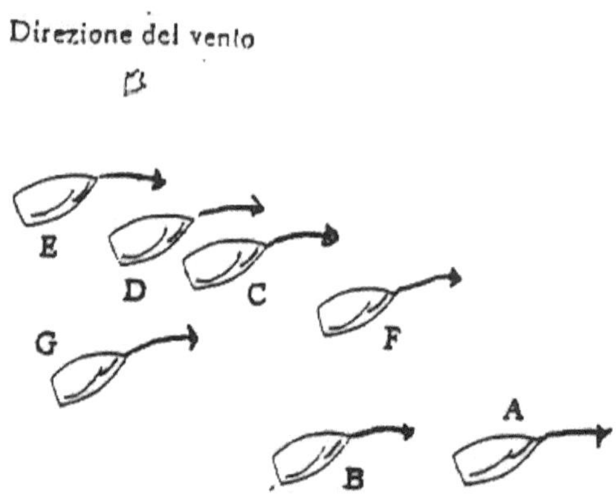

Fig.8b

In questo esempio (Fig.7a e7b e Fig.8a e 8b) sono esposti due casi. In tutti e due il vento dopo la partenza tende a ruotare verso destra. A seconda di come è posizionata la linea di partenza si deciderà di partire dalla parte della barca comitato se essa risulterà perpendicolare (neutra) rispetto alla direzione del vento. Nel secondo disegno il vantaggio che si può ottenere partendo dalla boa è notevole. In considerazione del fatto che la parte migliore è quella destra si cercherà di operare una partenza con mura a dritta ed appena possibile virare per navigare con mura a sinistra sulla parte destra. Situazioni del genere sono assai frequenti e può sorgere il dubbio nella scelta della zona da cui partire che può risultare errata specialmente nel secondo esempio poiché è difficile determinare se il vantaggio procurato dalla partenza è sufficiente a mantenere il sopravento in condizioni di rotazione del vento verso destra.

Le partenze ove è favorita la parte sinistra (cioè dalla boa) possono essere considerate forse più semplici poiché la parte al vento (sopravento) risulta "libera" e non chiusa come dall'esempio precedente dalla barca comitato. L'unica cosa che conviene evitare anche in questo caso è di voler essere tra i primi in boa perché ci troveremmo "chiusi" tra la fine della linea e gli avversari sopravento: pochi secondi di scarroccio possono farci uscire dalla layline che ci permetteva di tagliare mura a dritta la linea di partenza con conseguenze "disastrose" essendo costretti a navigare con mure a sinistra. Se si vuole eseguire correttamente un avvio di regata "in sicurezza" vicino alla boa sono quindi necessari due condizioni: una certa "lontananza" (minimo 1-2 lunghezze) in modo da evitare di essere scarrocciati sotto layline durante le fasi conclusive di partenza ed un certo minimo spazio per poter prendere velocità a pochi secondi dal via evitando di fare infilare un avversario proprio sottovento vicino a noi.

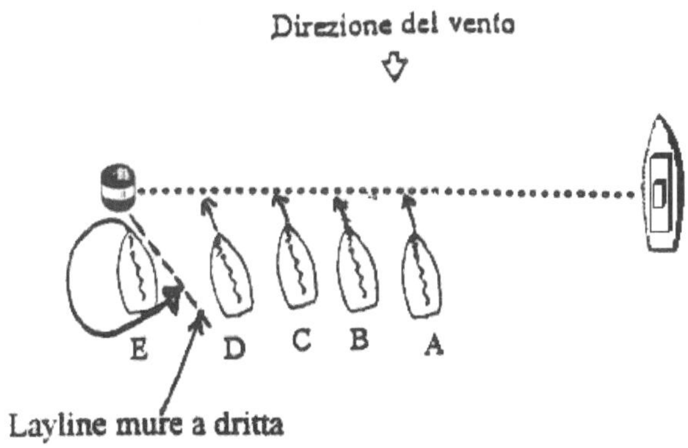

Fig.9

Dal disegno (Fig.9) si può notare che D esegue una corretta difesa dagli avversari sopravento nonché mantiene un buon spazio per accelerare pochi secondi prima dello start. L'imbarcazione E, fino a poco tempo prima in buona posizione, troppo vicino alla layline per tagliare mura a dritta è costretto a poggiare, abbattere e con mura a sinistra passar dietro agli altri yachts partiti con mura a dritta.

La partenza deve essere impostata soprattutto in previsione di una rotazione del vento e non tanto dalla tendenza che il vento ha nell'esatto momento dello start. Si reputa quindi importantissimo studiare con anticipo il campo di regata analizzando le varie zone rilevando costantemente la direzione del vento e la sua relativa tendenza di rotazione (oscillazione). Tali repentini salti di vento possono essere determinati da una condizione particolare come il passaggio di un fronte nuvoloso o solo più semplicemente da periodicità.

Quando siamo in presenza di corrente è determinante operare una tattica che tenga in giusta considerazione questo importante fattore; in alcuni esempi figurati si esporranno vari casi nei quali si reputano necessarie due conoscenze di questa "variante": la direzione (per primo) e l'intensità.

Corrente di intensità significativa, proveniente dalla stessa direzione del vento, può facilitare un'imbarcazione proveniente da sinistra poiché trova lo spazio sufficiente per evitare la difesa delle barche che proteggono la linea di partenza dalla parte del battello comitato. (Fig.10a e 10b)

In un altro esempio troviamo la situazione opposta nella quale la corrente proveniente dalla parte opposta alla direzione del vento farà si che renda più facile alle imbarcazioni che devono difendere lo spazio vicino alla barca comitato di operare in questo senso. (Fig.11a e 11b)

Fig. 10a

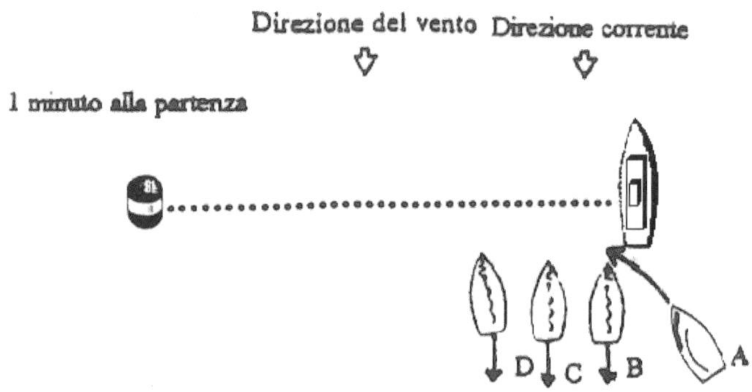

Fig. 10b

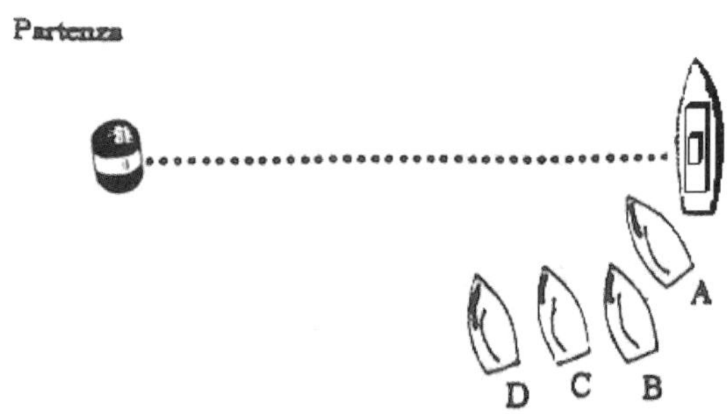

Fig. 11a

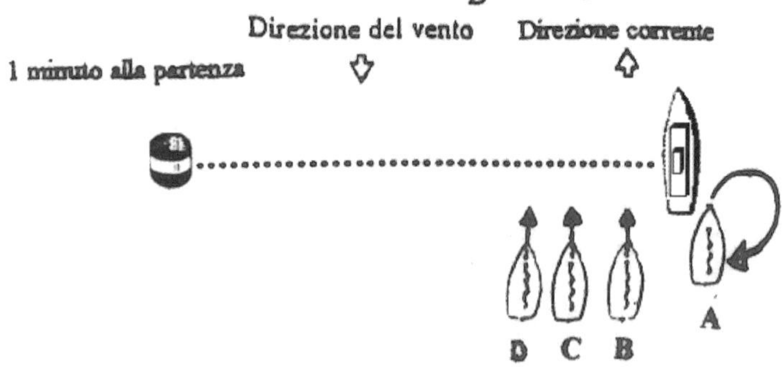

Fig. 11b

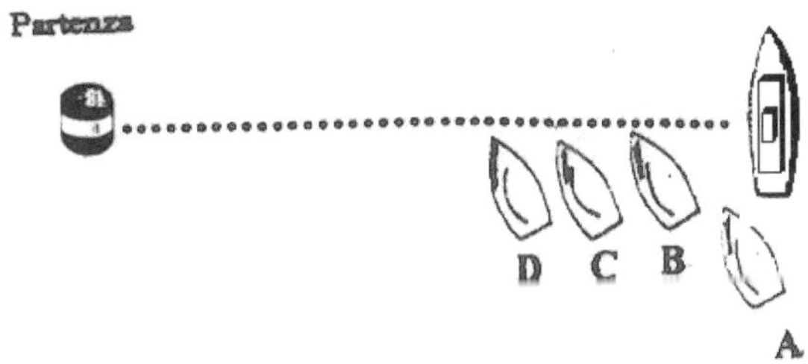

Se la corrente invece ha direzione laterale rispetto alla linea di partenza, cioè proviene per esempio da sinistra (Fig.12a e 12b) risulta molto importante conoscere nella maniera più esatta possibile l'intensità. Infatti con una partenza dalla parte della barca comitato, conoscendo esattamente la forza della corrente, si potrà rischiare una partenza da quella zona perché si creerà certamente uno spazio tra il battello e il più vicino ad esso. Ben diverso è il discorso se la partenza è più favorevole dalla parte opposta, cioè dalla boa; in questo caso sarà necessario calcolare le nuove layline per poter tagliare la linea senza dover virare due volte. L'esempio riportato nel disegno chiarifica quello finora espresso.

Fig.12a

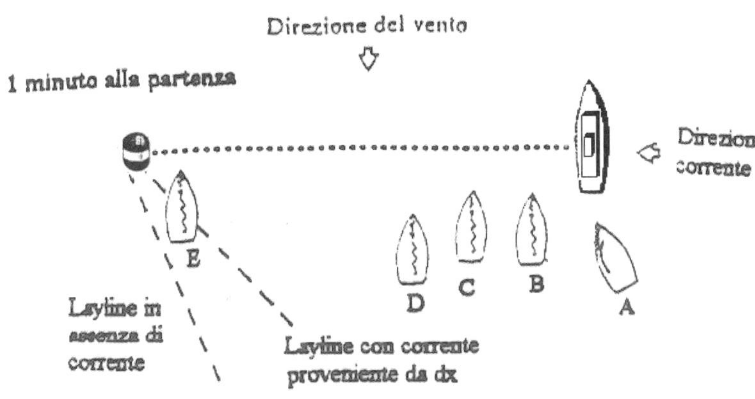

Fig.12b

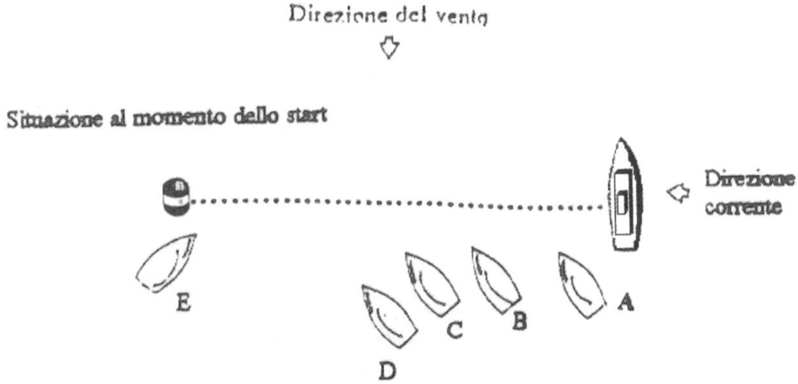

Nella situazione di corrente proveniente sempre trasversalmente rispetto alla linea di partenza e al vento, ma dalla parte opposta, bisogna evitare di essere sopravento alla barca comitato negli ultimi momenti che precedono la partenza per evitare di venir schiacciati appunto sulla barca comitato o ancor peggio di non riuscire ad entrare sulla linea. Dalle figure 13a, 13b e 13c sotto riportate si vede chiaramente come bisogna comportarsi se ci troviamo in una posizione sfavorevole rispetto alla migliore partenza, così come possibile vedere chiaramente quello che in una situazione del genere si può fare poggiando sottovento fino a che non si trova uno spazio che ci permetta una partenza dalla parte da noi desiderata in sicurezza.

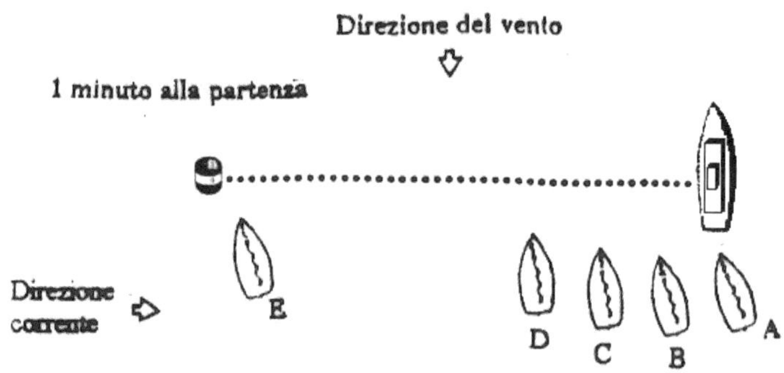

Fig.13a

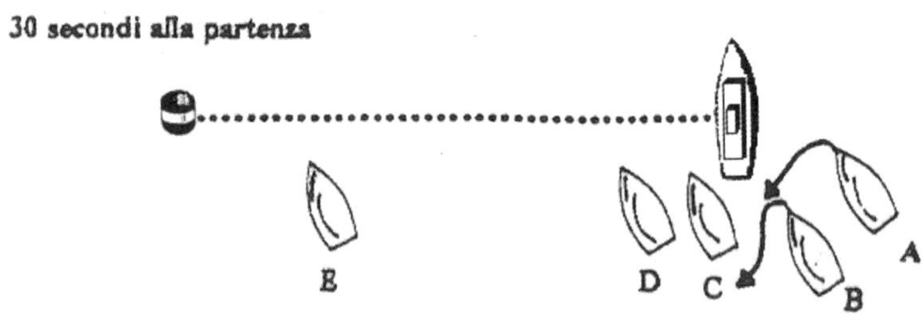

Fig.13b

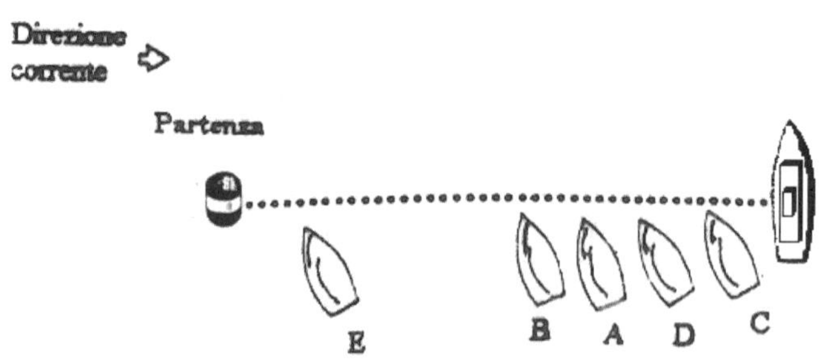

Fig.13c

Quando la parte favorevole dove partire è la zona della boa, così come capita quando la corrente proviene dalla direzione opposta, quello che cambierà sarà la layline; la parte da difendere in questo caso sarà la zona sinistra del campo cosicché arrivando mura a sinistra in prossimità della boa poco tempo prima dallo scadere del tempo di partenza conviene virare sottovento agli avversari anche sotto layline poiché, aiutati dalla corrente proveniente da sottovento, sarà possibile operare una buona partenza. (Fig.14a, 14b e 14c)

Fig.14a

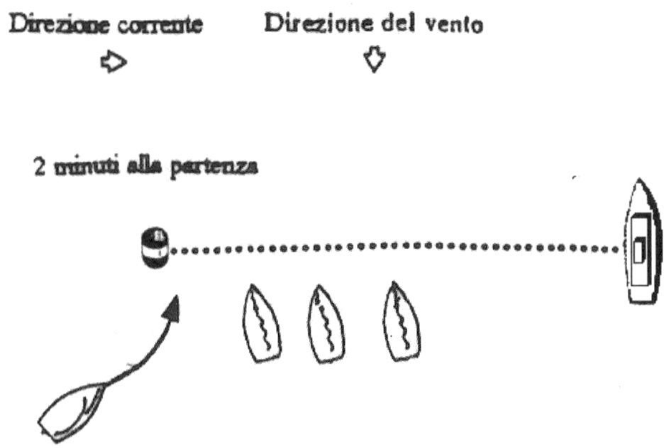

Fig.14b

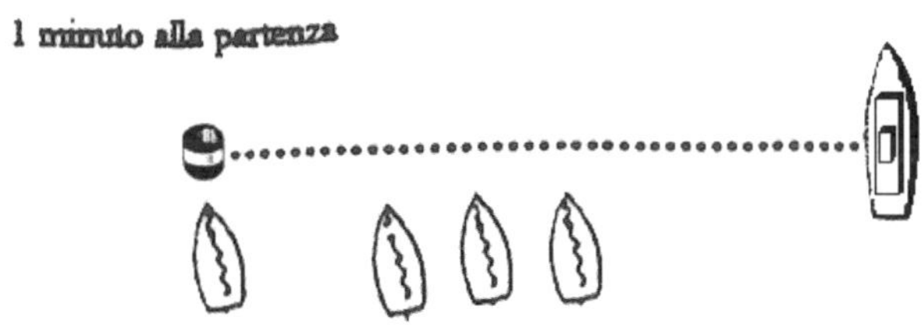

Fig.14c

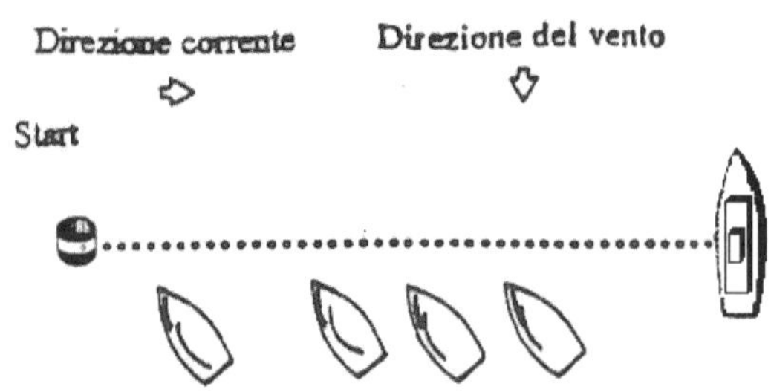

L'unico svantaggio in cui si può incorrere è quello delle barche sopravento che possono trovare spazio per poggiare prendendo una buona velocità in partenza al colpo di cannone.

Per evitare al massimo questa situazione converrà virare da mura a sinistra a mura a dritta il più possibile vicino alle barche sopravento così da poter "bloccare" la poggiata delle stesse.

Sui campi di regata è doveroso constatare che, anche in situazioni di corrente non determinante sull'effetto finale come descritto precedentemente, non sia difficile vedere approcciare la linea di partenza durante l'ultimo minuto con mure a sinistra. Questo tipo di tattica di solito è effettuato da equipaggi esperti poiché è molto rischiosa e necessita di una capacità di manovra ed adattamento alla situazione poiché gli avversari tenteranno di non dare la possibilità di virare sottovento. L'approccio mure a sinistra può essere "volontario" ovvero premeditato o dovuto a situazione contingente cioè la perdita della layline. Se per scelta (primo caso) già all'inizio dell'ultimo minuto la barca navigherà con mure a sinistra o si appresterà a farlo abbastanza lontano dalle altre imbarcazioni sulla parte sinistra della partenza ad una distanza che permetta di arrivare e virare per posizionarsi con mure a dritta vicino alla boa. Sebbene questo tipo di approccio sia rischioso può portare dei vantaggi; primariamente non si rischia di rimanere "schiacciati" tra due avversari, situazione molto frequente in partenze affollate, con poche possibilità di risoluzione se non quella di rischiare al massimo cercando di anticipare l'accelerazione a pochi secondi dal via cercando di non incappare in una partenza anticipata. Altro punto a favore di questa tattica è la possibilità di scegliere eventualmente un punto vicino alla zona in cui si vuole partire che non sia troppo affollato; si verifica infatti che accanto alla boa negli ultimi trenta secondi vi siano molte barche ferme ed appena sopra si crei uno spazio che da la possibilità di virare rimanendo nella parte "buona" della linea. Ideale è virare sottovento vicino ad un avversario abbastanza lento o meglio fermo in attesa dello start in modo che non abbia tempo per poggiare velocemente e "chiudendo la porta" ad una nostra virata. Il fattore sorpresa è determinante per cui, in una serie di regate, non conviene ripetere periodicamente questo tipo di approccio alla linea poiché, dopo la prima volta, gli avversari si potranno aspettarsi tali mosse e si possono predisporre a eventuali difese.

Comunque, sebbene l'approccio con mure a sinistra possa ritenere rischioso, propone notevoli vantaggi sul piano dinamico: arrivando con velocità in bolina larga o al traverso la difesa di un avversario può essere più difficile poiché procedendo sulle altre mura in direzione con poca velocità contraria è costretta ad anticipare l'avversario poggiando in prossimità della linea per cercare di chiudere lo spazio sottovento entro al quale potrebbe virare; di contro crea un varco sopravento nel quale la barca con mure a sinistra può sceglier di virare ad una distanza da permettergli una partenza con sufficiente spazio sottovento necessario per crearsi una buona velocità al momento dello start. Colui che naviga con mure a dritta in questa situazione può difendersi solo se si accorge in tempo dell'avversario poggiando decisamente verso la barca con mure a sinistra inducendola o a virare anticipatamente e quindi non troppo vicino o costringendola a poggiare forzatamente e quindi a virare per mettersi con mure a dritta facendole percorrere una rotta più lunga ed una manovra più difficile dato che deve passare da un'andatura di lasco molto largo ad una di bolina sulla mura opposta. Inoltre poggiando la nostra barca riacquisterà una buona velocità che successivamente può risultare utile per chiudere lo spazio sopravento creatosi da questa situazione.

Se invece si è costretti a navigare con mure a sinistra perché usciti dalla layline è necessario prevedere la mancata presa della linea con mure a dritta con un certo anticipo per avere il tempo di manovrare e "ricostruire" in poco tempo una partenza sufficientemente buona. Al fine di non commettere l'errore di trovarsi con mure a sinistra al colpo di cannone con nessuna possibilità di passare davanti alle altre barche o inserirsi sottovento ad un avversario fermo perché già in velocità o in accelerazione conviene manovrare decisamente ben prima dello sparo per avere la chance di riposizionarsi in zona favorevole.

Nonostante si siano cercati di evidenziare i casi più comuni che un regatante vive abitualmente quando affronta una partenza è doveroso fare alcune considerazioni. Per prima cosa è necessario che tutti i membri dell'equipaggio siano pronti in ogni momento a manovre repentine dettate dalle situazioni che possono venirsi a creare durante gli ultimi trenta/venti secondi che precedono lo start. Il caso dell'approccio con mure a sinistra o la difesa da un avversario che sta approcciando la linea con quest'ultima scelta tattica ne è evidente conferma. Per ultimo ma non meno importante è il timing: è consigliabile non essere troppo in anticipo sulla linea poiché durante l'ultimo minuto, inevitabilmente, siamo costretti a difenderci dalle barche che con più velocità stanno raggiungendo la zona da noi prescelta. I bravi timonieri, a meno che non vi siano situazioni particolari, tendono ad arrivare sulla linea scorrendo da dietro gli avversari e scegliendo il loro punto di partenza proprio sotto colui che in quel momento non può difendersi efficacemente da un attacco sottovento, garantendosi così una buona partenza.

Le figure 15a, b, c & 16a, b, c dimostrano schematicamente quello che nei casi più semplici può avvenire nelle fasi immediatamente precedenti la partenza con le mosse che compie chi approccia mura a sinistra (15a, b, c) e la difesa effettuabile da una barca con mura a dritta (16°, b, c).

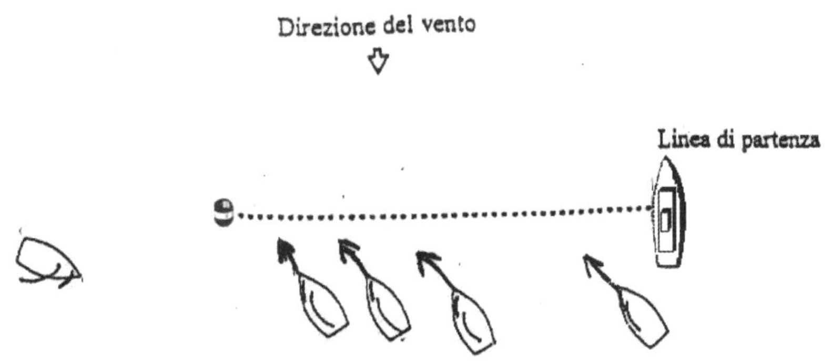

Fig.15a

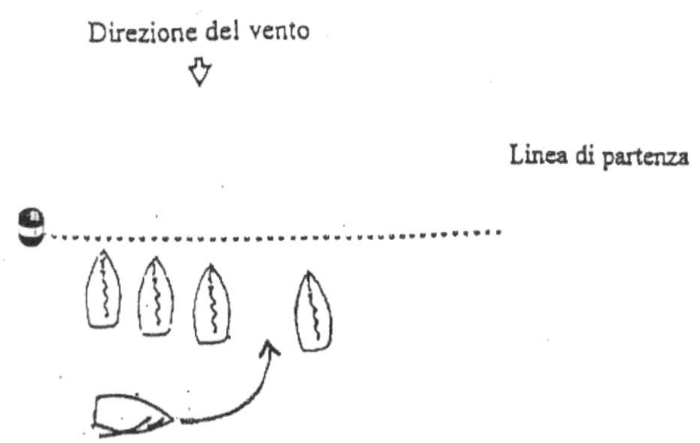

Fig.15b

Fig.15c

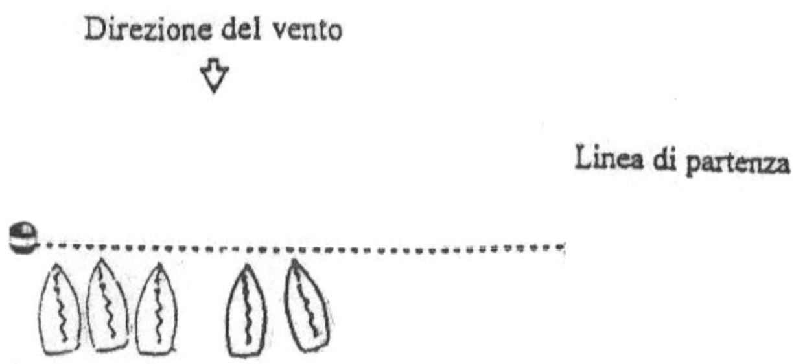

Fig.16a

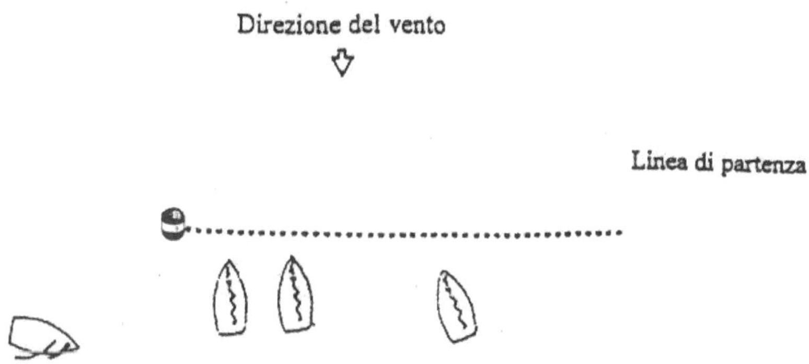

Fig.16b

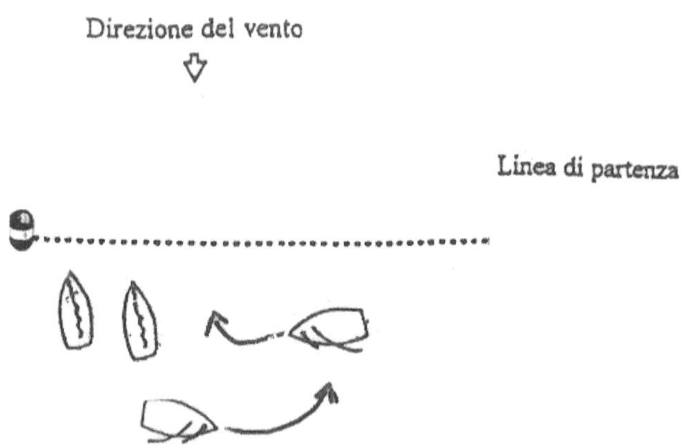

Fig.16c

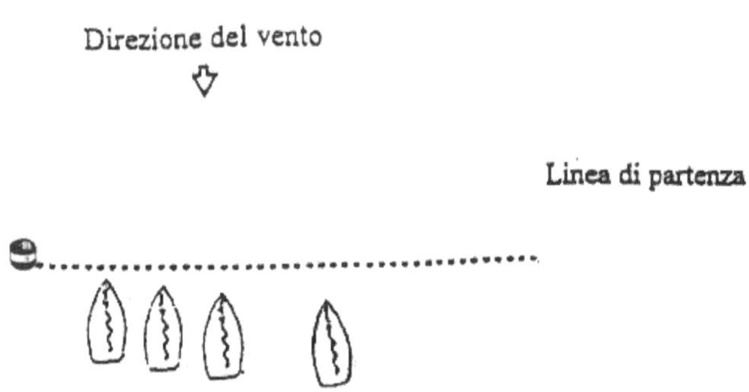

DOPO LA PARTENZA

Bolina

La prima e più importante fase subito dopo la partenza è da ricercarsi nell'ottenimento del miglior assetto e quindi della migliore velocità della propria barca. Dopo partenze affollate la situazione più difficile da risolvere è quando si hanno avversari sopravento e sottovento molto vicini. I disegni sotto esposti possono aiutarci dando delle indicazioni di massima da seguire. (Fig.1)

1° caso:

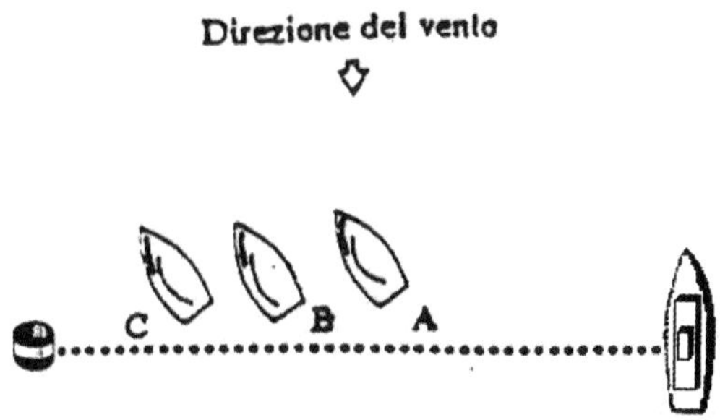

Fig.1

Supponendo di essere B, stretto da vicino da due avversari, l'unica possibilità di non essere chiusi tra quello sopravento e quello sottovento consiste nel difendere la parte sottovento, cercando di navigare in bolina molto stretta così da crearsi il maggior spazio possibile dall'avversario sottovento. Tale andatura, anche se leggermente più lenta, costringe colui che sta sopravento a virare impedendogli di coprirci con le sue vele poiché disturbato dal nostro cono di rifiuto sopravento.

2° caso:

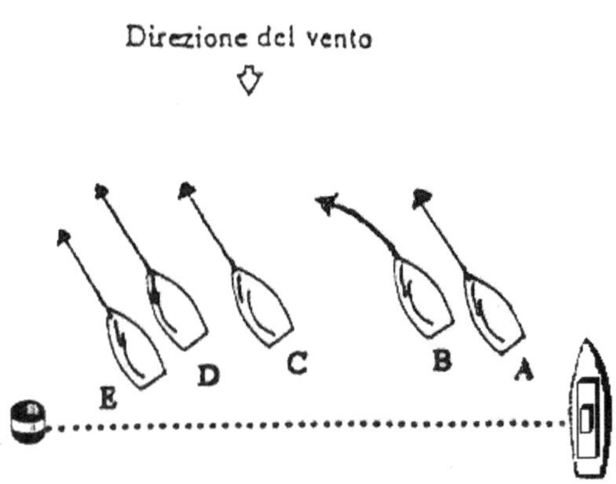

Fig.2

Se siamo C non abbiamo da preoccuparci molto a meno che B non abbia spazio per procedere in bolina più velocemente di noi poggiando di qualche grado. Se questo avviene possiamo difenderci mantenendo anche noi una rotta più larga di qualche grado rispetto alla bolina pura, per poi ridurre lo spazio da B cercando di avvicinarlo (senza brusche orzate!) procedendo con un angolo di bolina più stretto appena egli avrà ripreso la sua rotta. Riducendo leggermente la velocità per un tempo limitato (mantenendo magari la randa leggermente più cazzata del dovuto) si ridurrà lo spazio di sopravento dall'avversario così da disturbarlo con i nostri rifiuti.

3° caso:

Se siamo A con un avversario molto vicino sottovento non abbiamo molta scelta se non di virare prima di cedere sotto i rifiuti di chi ci è sottovento. L'unica cosa in cui si può sperare prima di virare è di essere, subito dopo la partenza, più a punto di chi ci è sottovento così da sopraventarlo con la nostra maggiore velocità. Anche in questo caso occorrerà una messa a punto della randa leggermente più cazzata per cercare di mantenere o di guadagnare un po' di spazio sopravento a discapito della massima velocità. Naturalmente la randa andrà cazzata, oltre il suo massimo di bolina, soltanto quando si è già raggiunto il target previsto per l'andatura; al contrario, ed è errore comune, anticipare questa manovra significa repentinamente perdere la velocità e conseguentemente aumentare lo scarroccio scadendo velocemente sull'avversario sottovento.

Un altro caso abbastanza frequente è quello rappresentato nel disegno (Fig.2). Supponendo di essere B, anche se abbiamo sopravento un avversario, è bene difendere la parte sottovento procedendo con maggiore velocità (bolina di qualche grado più larga) andando a coprire le barche sottovento così da ottenere dopo poche centinaia di metri la situazione sotto esposta. (Fig.3)

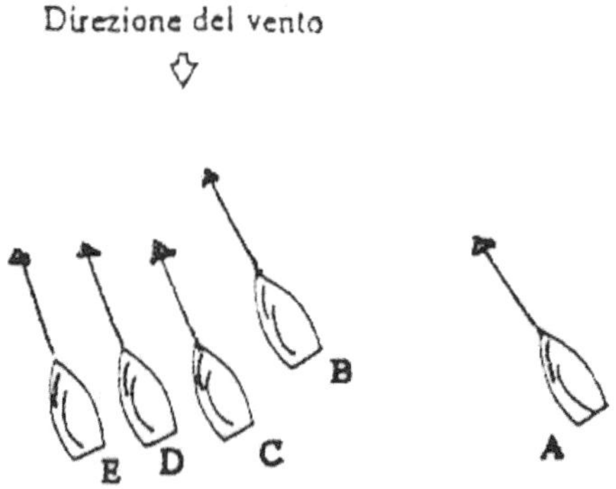

Fig.3

Un'altra cosa che può capitare durante l'ultimo minuto è quella di non riuscire a partire nella maniera voluta, causa una nostra errata valutazione delle ultime fasi che precedono lo start, come, ad esempio, per situazioni non prevedibili di affollamento, intasamento create da parte delle altre barche.

Uscire male dalla linea compromette quasi sempre il risultato ma non per questo non possono esserci soluzioni. La prima scelta che dovremmo operare dopo una partenza infelice sarà quella di cercare di navigare con il vento più "pulito" possibile, magari allascando leggermente le vele e scadendo qualche metro sottovento rispetto ai nostri avversari. Nell'esempio sotto riportato dai disegni vediamo come sia possibile, in certa misura, rimediare ad una brutta partenza mantenendosi dalla parte favorevole del campo di regata. (Fig.4a, 4b, 4c e 4d)

Fig.4a

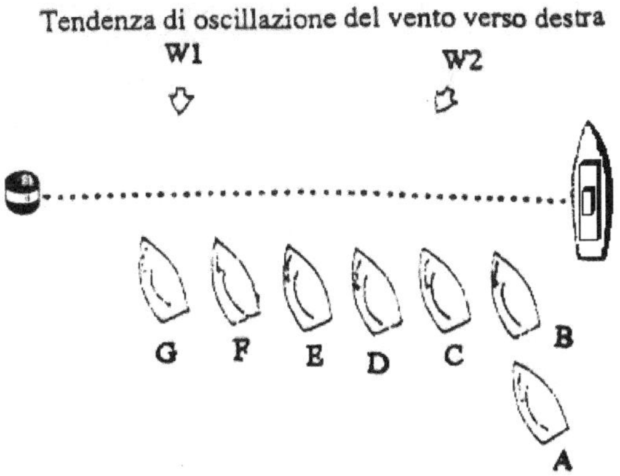

Fig.4b

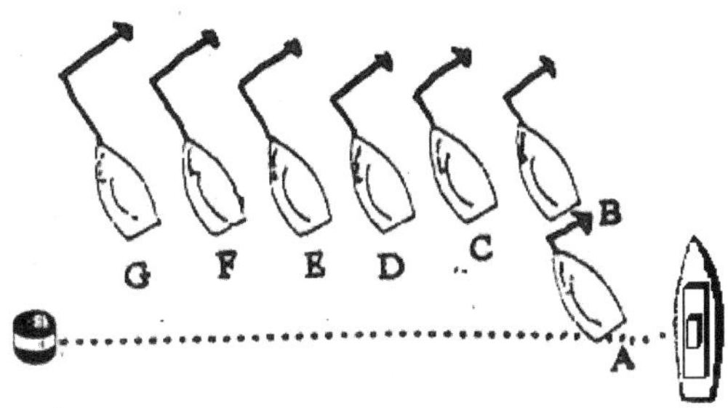

Fig.4c

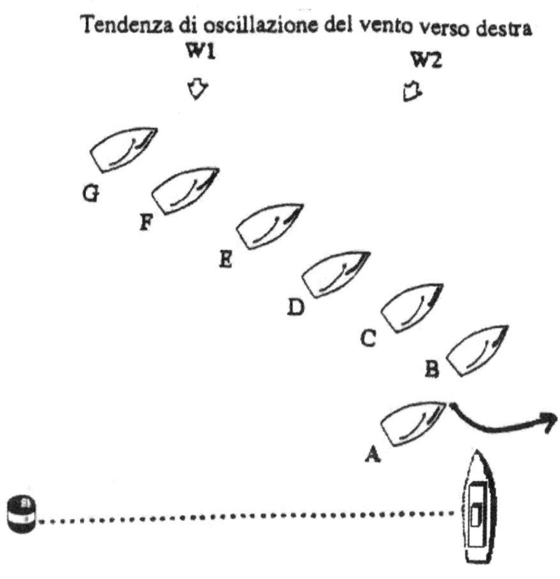

Fig.4d

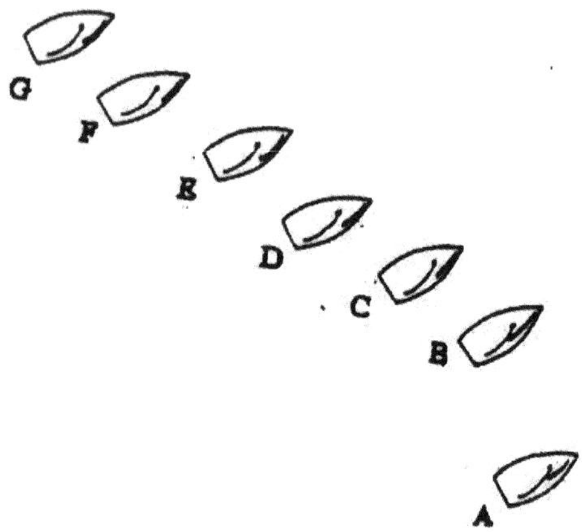

Supponendo che sia favorevole la parte destra del campo, la barca A, sebbene sia partita male, può lo stesso mantenere la parte "buona" del campo. Virando infatti subito dopo aver tagliato la linea, anche se coperto dagli avversari che stanno già navigando con mura a sinistra, potrà poggiare perdendo un po' di spazio sopravento ma liberandosi dal rifiuto degli altri. Sicuramente alla prima decisa oscillazione verso destra del vento potrà guadagnare molto su chi sta procedendo con mura a sinistra al centro del campo di regata. Sarà in questo caso opportuno operare una strategia per la prima bolina un po' più rischiosa dovendo virare vicino alla layline dato che i nostri avversari chiudono lo spazio sopravento a noi per operare un controllo più sicuro.

Le giornate più adatte per recuperare terreno sugli altri sono sicuramente quelle più instabili, quando cioè sia la direzione sia l'intensità del vento cambiano spesso durante il lato del percorso. Impostando una strategia molto conservativa, cioè basata su piccoli e sicuri guadagni ogni qualvolta il vento ruota o aumenta di intensità si possono operare notevoli recuperi. Regatare buttandosi decisamente da una parte del campo considerando poco le oscillazioni del vento, della corrente e le loro intensità porta nella stragrande maggioranza dei casi a non riuscire ad inserirsi nel gruppo di testa.

Una volta partiti le tattiche che possiamo adottare sono innumerevoli se non infinite poiché le situazioni che si possono venire a creare variano sempre; per rendere più semplici le nostre decisioni potremo basarci su regole da non considerarsi fisse ma che danno un'idea di base per iniziare una regata. Così per esempio potremo dividere la bolina in due metà (come evidenziato dallo schema (Fig.5); dopo aver studiato il campo di regata infatti deve essere chiaro da che parte si vuole effettuare la bolina cosicché non è mai conveniente tagliarlo completamente da sinistra verso dritta, e viceversa a meno che negli ultimi minuti prima del colpo di cannone vi sia un considerevole salto di vento che faccia prediligere una partenza molto favorevole nella zona della barca comitato o una partenza dalla parte dalla boa.

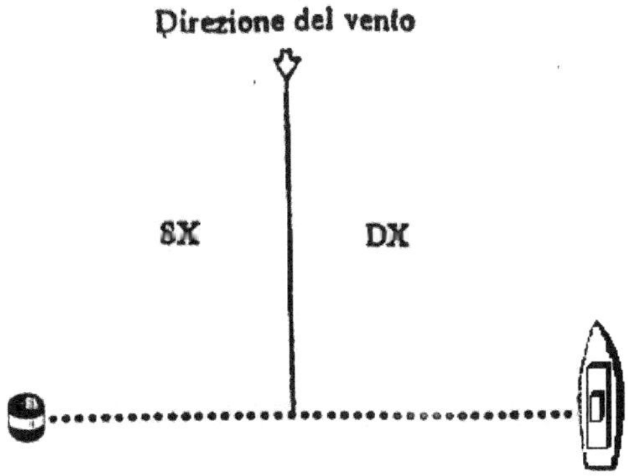

Fig.5

In altre parole, se la direzione del vento rimane costante e le oscillazioni del vento rimangono dalla stessa parte, bisogna cercare di mantenersi, strategicamente, nella metà dalla quale abbiamo effettuato la partenza. (Fig.6)

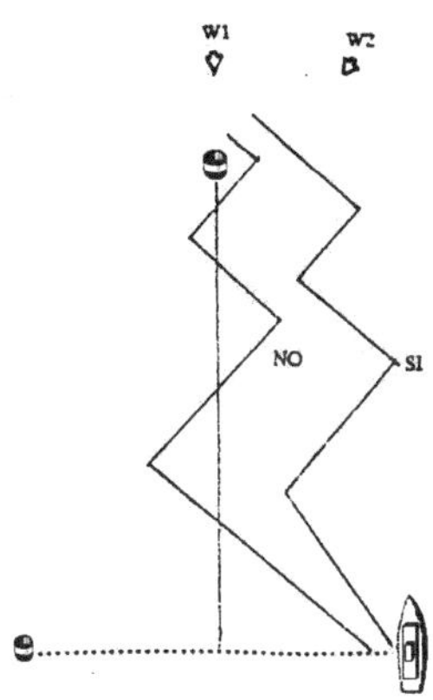

Fig.6

<u>Non navigare mai con bordi troppo lunghi</u>: ovvero non navigare mai ai bordi del campo di regata, negli "angoli" come si usa dire in gergo, poiché questa opzione può produrre grandi vantaggi sugli avversari, ma può causare ugualmente incolmabili distacchi. In questo modo, infatti, si corre il rischio di allontanarsi troppo dagli avversari e ad un minimo salto di vento si possono accumulare svantaggi difficilmente colmabili.

Nell'ambito di più prove (esempio un campionato) bisogna tenere sempre in mente la classifica finale che premia chi ha maggiore regolarità nelle singole prove, cioè chi adotta tattiche che permettono di restare nelle prime posizioni non rischiando mai di scadere in bordi che arrivano alle layline (si verifica con frequenza che chi vince ha terminato tutte le prove nel lotto dei migliori senza però arrivare mai primo).

Inoltre operando un solo bordo è più difficile calcolare con precisione il momento in cui virare per arrivare con un ultimo bordo sulla boa se essa è troppo lontana. (Fig.7)

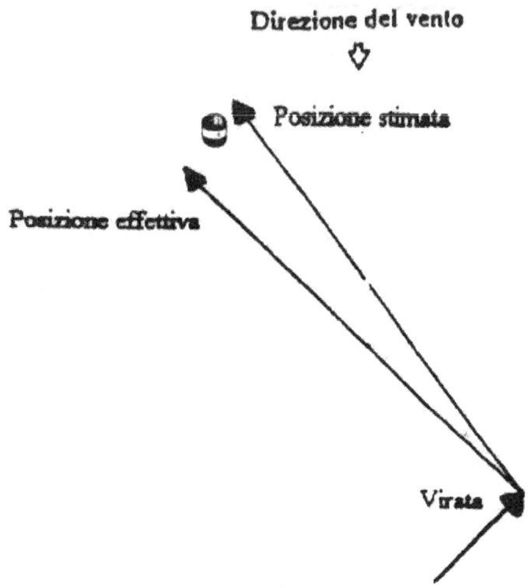

Fig.7

Quindi è consigliabile procedere con bordi meno lunghi e un numero maggiore di virate in modo da minimizzare i rischi, come evidenziato dalla figura. Operando tale tattica si riuscirà a controllare meglio sia gli avversari che gli eventuali piccoli salti di vento. Inoltre con un buon equipaggio la perdita di terreno dovuta al cambiamento di bordo è ampiamente sopperita sia dalla velocità e perfetta esecuzione della manovra nonché dal vantaggio che anche un piccolo salto di vento può produrre. (Fig. 8)

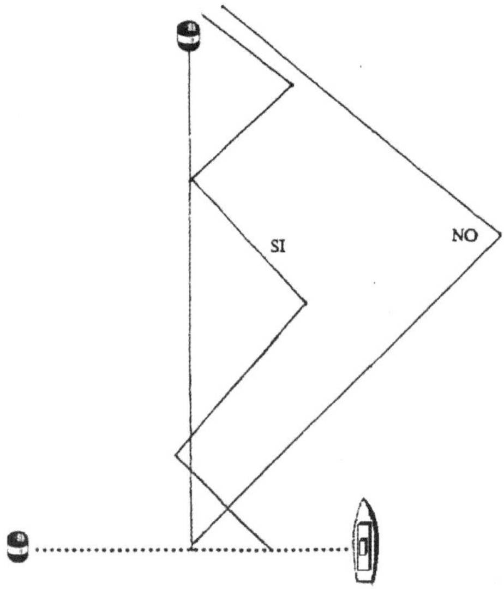

Fig.8

La conduzione di una regata non è mai facile data la complessità e il sorgere di situazioni imprevedibili e non stimate ma sicuramente si può affermare che gran parte della tattica e della conduzione della barca poggia su basi fondamentali. Alcuni di questi punti possiamo riassumerli in:

a) Virare sugli "scarsi" per sfruttare i "buoni" sempre però avendo presente quanto detto sopra; talvolta infatti per marcare gli avversari è necessario sacrificare un piccolo salto di vento favorevole che ci permetterebbe di staccarli ulteriormente. L'esempio del disegno è significativo e illustra la tattica conservativa che ogni buon velista che ricopre tali mansioni decisionali deve saper operare. (Fig.9)

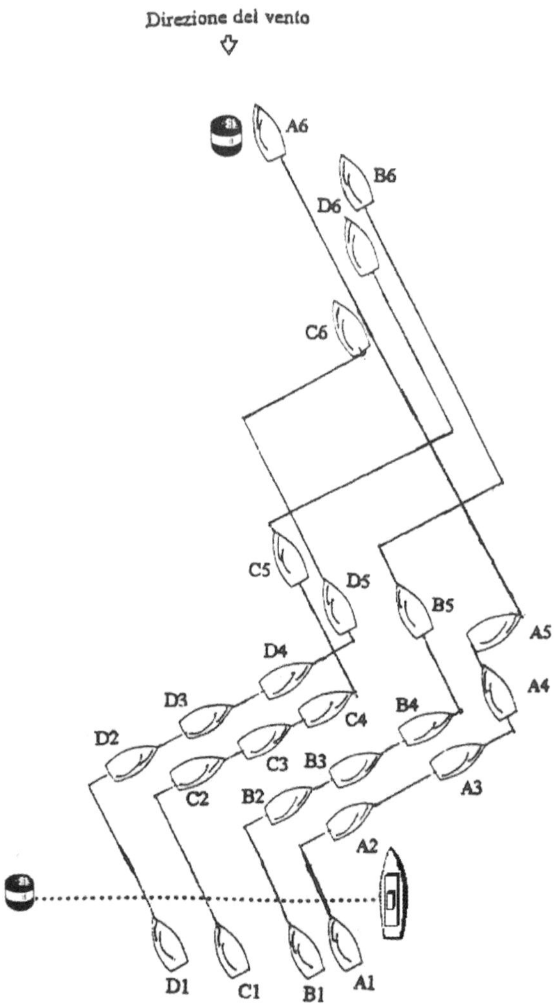

Fig.9

b) Non bolinare con un angolo troppo stretto, ma seguire una rotta che possa soddisfare un giusto compromesso tra angolo e velocità, poiché l'angolo è dato, oltre che dai salti di vento, anche dal vento apparente che si crea con il miglior avanzamento. Sulle barche ove è consentito (Altura) sono di fondamentale aiuto lo strumento che indichi in tempo pressoché reale la velocità affichè si raggiungano i target previsti con le varie intensità di vento e nelle varie andature.

c) Controllo degli avversari
E' buona regola cercare di mantenere sempre un certo "contatto" o, per maggior chiarezza, controllo a discapito di una tattica o strategia improntata alla ricerca di un continuo guadagno. Naturalmente se si ha la possibilità di aumentare la distanza tra noi e gli altri avversari occorre approfittare di tutte le opportunità che il campo di regata offre ma tutto questo va intrerpretato affinché le scelte non lascino (o per meglio dire limitino al massimo) la possibilità di "sorpasso". E' consolidata affermazione che chi conduce una regata ha tutto da perdere rispetto agli avversari. Gestire il vantaggio o più semplicemente mantenere la posizione è certamente argomento difficile che però può essere semplificato affermando che un certo "contatto" con le altre barche facilita al fine il controllo anche su di un salto di vento non previsto, improvviso o di un cambiamento della direzione della corrente. Soprattutto in queste situazioni non valutabili logicamente (salto di vento improvviso) è necessario più che mai rimanere concentrati. Capita molto spesso invece che, se una o più barche, per un repentino cambiamento delle condizioni meteorologiche, riescono a liberarsi dal nostro controllo e passano avanti, si sia propensi a voler recuperare a tutti i costi magari cambiando di bordo e allontanandosi dal gruppo. E' una scelta molto rischiosa perché se le condizioni mutano ulteriormente è facile che si perdano altre posizioni pregiudicando un ottimo risultato.

Più specificatamente per quanto riguarda i punti a, b, c è indispensabile avere un buon equipaggio che compia le manovre (come già detto) con prontezza, correttamente, e nel minor tempo possibile. Questo ci permette di navigare con i target previsti, di sfruttare le variazioni della direzione del vento, e di virare prontamente su scarsi consistenti.

Dato che le situazioni che si presentano in regata non sono mai precisamente le stesse, è impossibile ricondurre ad uno schema le tattiche più vantaggiose adottabili nel lato di bolina: quindi dobbiamo adattare le nostre decisioni alle situazioni che si presentano.

Aiutandosi ancora con alcune illustrazioni schematizziamo alcuni casi che possono ripetersi con maggiore frequenza evidenziando le manovre più vantaggiose da attuare (la nostra imbarcazione nei disegni è quella tratteggiata).

a) La nostra barca è mura a sinistra ed è coperta dalle altre imbarcazioni (vedi figura 10). Invece di tagliare gli avversari mura a dritta, rischiando di prendere i rifiuti delle loro vele, è conveniente poggiare, far partire la barca e, con velocità, virare non appena possibile tra A e B.

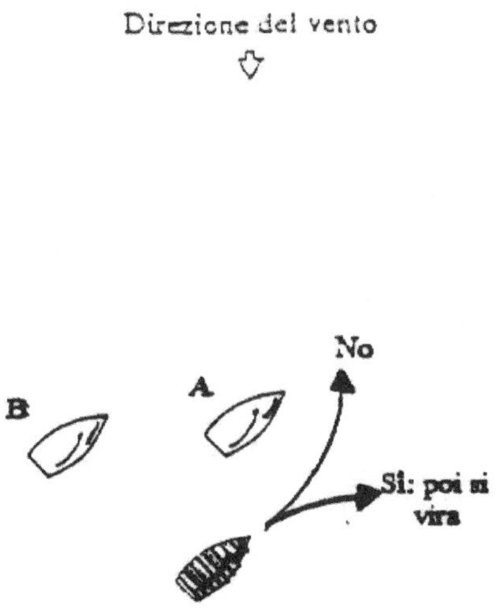

Fig.10

b) La barca A poggia per prendere velocità e coprire il gruppo; di conseguenza viene a "schiacciarci" sfruttando un'andatura di bolina di qualche grado più larga. In questo caso, a seconda della tendenza del vento, per esempio di leggera rotazione verso dritta è conveniente rispondere poggiando leggermente, guadagnando così sull'avversario dalla posizione favorevole di sottovento. (Fig.11a e 11b)

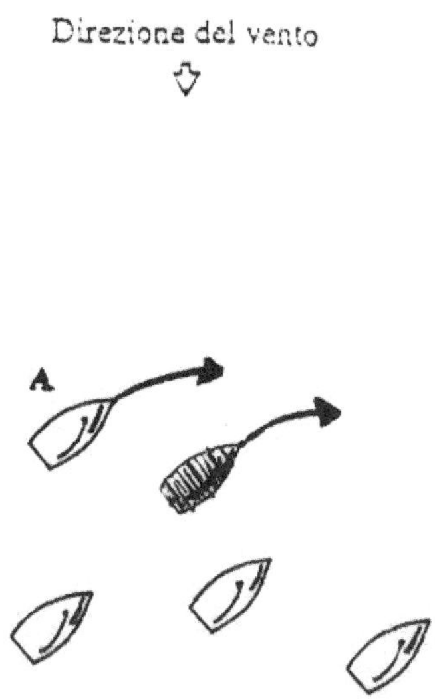

Fig.11a

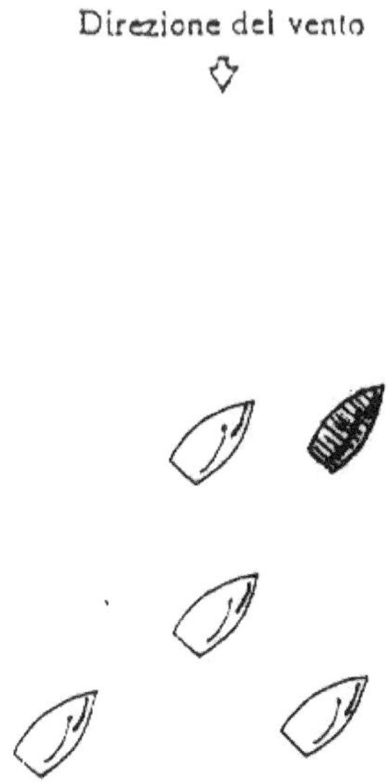

Fig.11b

c) Se la barca A poggia con mura a dritta e ci copre (le siamo leggermente dietro) risulta più conveniente poggiare o virare infilandosi tra A e B non appena ciò è possibile, con la massima decisione. Esitare in questo momento, ovvero navigare con poca velocità e probabilmente scarrocciare, può significare far avvicinare B rimanendo bloccati dato che quest'ultimo con mura a dritta ci obbliga, se viriamo, a tenersi discosti (Fig.12).

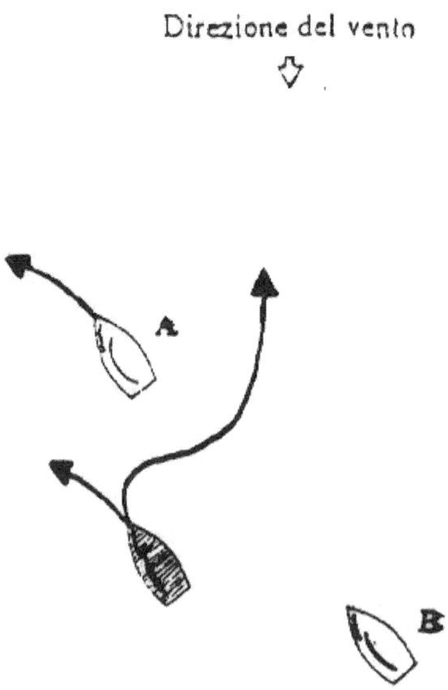

Fig.12

d) Siamo mura a dritta (Fig.13) e vogliamo controllare le barche sulle quali abbiamo un certo vantaggio e che sopraggiungono mura a sinistra. Il punto più idoneo per effettuare la virata non è sopravento alla rotta di B (estremità della linea ideale lungo la quale si snoda il gruppo) ma è appena sopravento alla rotta del centro del gruppo (in questo caso C). Se invece virassimo più sopravento indurremmo alla virata gli avversari più vicini a liberarsi dal nostro rifiuto con conseguente perdita di controllo su di loro sul nuovo bordo.

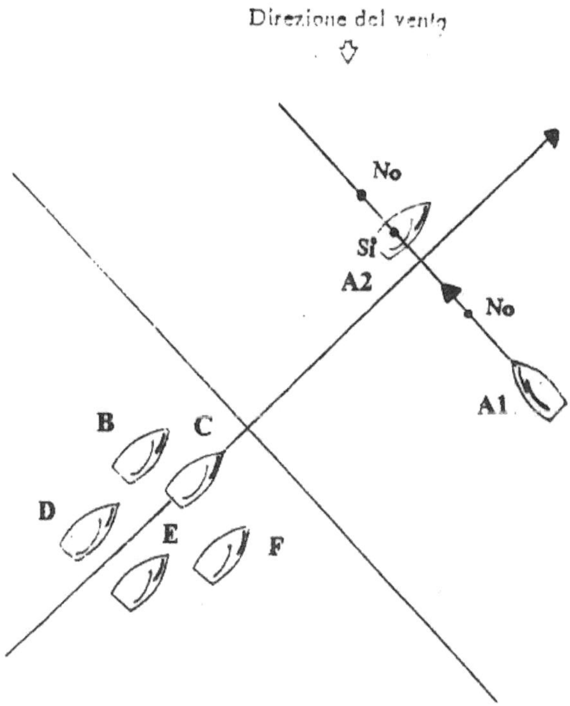

Fig.13

e) Se la barca A ci segue da vicino sopravento (Fig 14), non dobbiamo assolutamente fare nulla per contrastarla se non proseguire per la nostra rotta alla massima velocità; essa infatti (a meno che non sia più grande nel caso di una regata tra barche cabinate) prende i rifiuti delle nostre vele, tende a scaderci sulla poppa (non potendo stringere al meglio il vento), e non ci può superare. Questo è un caso che si verifica spesso in regata e che frequentemente porta i timonieri meno esperti a navigare sotto il target perdendo velocemente l'avversario sottovento. Chi comanda il gioco in questa situazione è la barca sottovento che per pochi secondi, partendo dalla velocità massima, può stringere un angolo leggermente più stretto per guadagnare al vento ed indurre il diretto avversario a scadere più velocemente ma solo se:

a) esso è molto vicino
b) il tempo per compiere tale rotta è breve

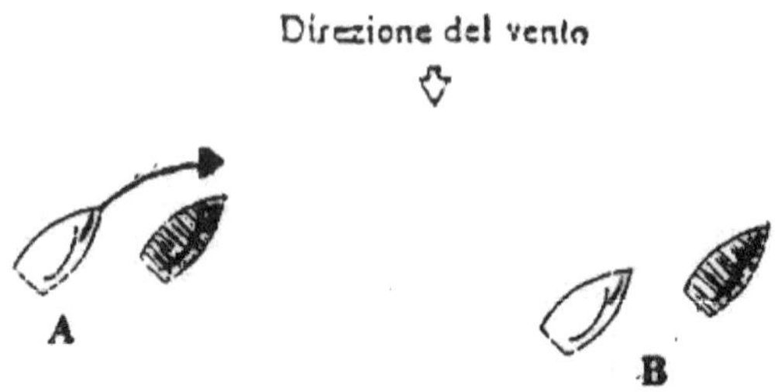

Fig.14

Approccio alla boa di bolina

L'approccio alla boa di bolina necessiterebbe di un intero capitolo data la complessità delle situazioni e la difficoltà di riuscir bene ad effettuare il giro di boa non perdendo spazio dagli avversari o addirittura guadagnarne acquisendo molte posizioni. Tante volte durante l'analisi della regata ci si dimentica di queste delicatissime fasi adducendo strane rotazioni del vento o sfortuna ma la buona esecuzione dei momenti antecedenti alla boa di bolina e un'adeguata tattica fanno spesso la differenza tra un bravo velista ed uno meno capace. E' capitato a tutti noi di essere vicini ad un avversario sino a 100 metri dalla boa e poi vederlo molte lunghezze avanti non riuscendo a spiegarci come abbia guadagnato tanto spazio in poche decine di metri.

Partendo da un esempio in prossimità della boa con mura a sinistra e dobbiamo infilarci tra alcune barche che stanno sopraggiungendo con mura a dritta (Fig.15). Come si nota dal disegno troppo spesso si ha fretta di inserirsi; virando sulla layline infatti si corre il rischio di finire coperti dagli avversari o di prendere i rifiuti delle loro vele, perdendo velocità e molte volte non si riesce a prendere la boa. E' preferibile, invece, poggiare per infilarsi all'esterno e presentarsi sopravento al gruppo. Il caso appena descritto non è infrequente; alcuni dei migliori velisti riescono con situazioni del genere a guadagnare posizioni rispetto a chi ha avuto fretta di virare per arrivare prima alla boa.

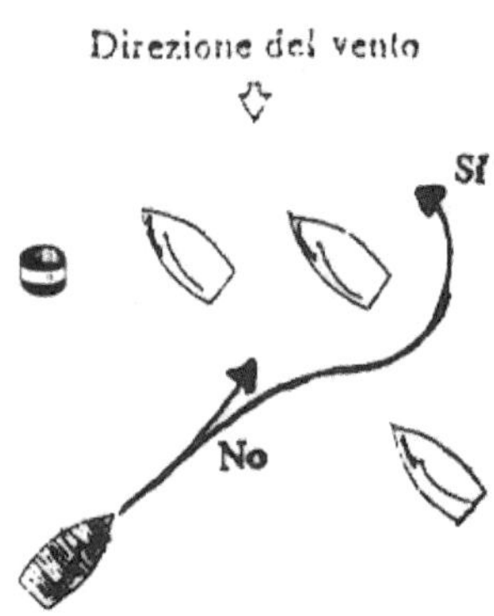

Fig.15

L'approccio alla boa di bolina risulta essere sempre fondamentale per riuscire a girare in buona posizione. Non è raro che si verifichi la situazione disegnata nell'esempio n.1: dalla sequenza la barca tratteggiata vira prima di trovarsi sulla layline (di dritta in questo caso) in modo da evitare che gli avversari possano disturbargli il vento nell'ultima fase del lato di bolina. L'approccio sarà con mura a sinistra ma si è sicuri di aver navigato, per raggiungere la boa con un vento sicuramente più pulito di chi nella nostra situazione ha preferito raggiungere la layline.

Esempio

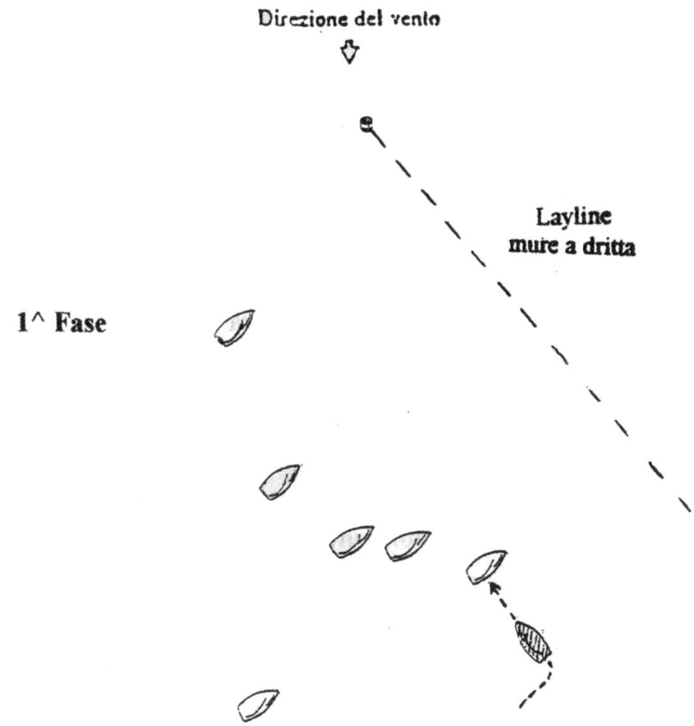

Sebbene queste siano solo alcune situazioni, la complessità del lato di bolina e dell'approccio alla boa porterebbe a dilungarsi in descrizioni di numerosi altri casi perdendo di vista l'obiettivo riassuntivo di tale testo anche perché sarebbe impossibile e sicuramente limitativo proporre soluzioni dato che, come abbiamo già detto, i casi possono essere infiniti. Quel che occorre è un alto livello di concentrazione, freddezza e reattività mentale nell'approccio in boa che permetta di cogliere le opportunità che vengono a creasi compiendo una tattica "veloce" in previsione delle scelte degli altri avversari.

Nelle regate di flotta, specialmente in quelle numerose corse con i monotipi, si può affermare che partenza e prima bolina sono le parti più importanti al fine del conseguimento del risultato finale.

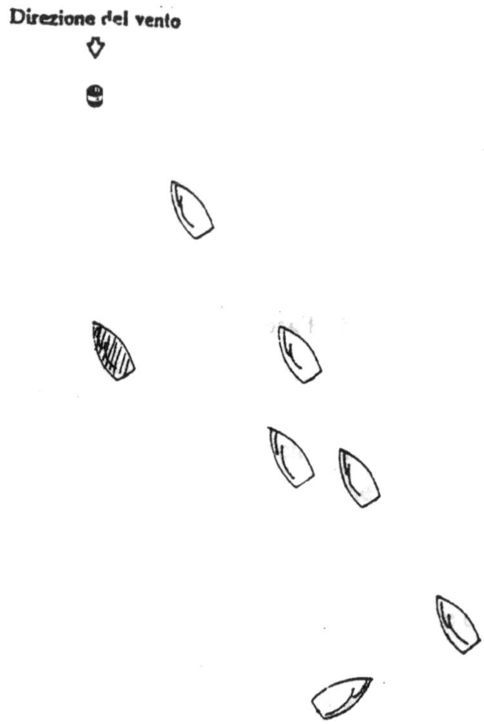

2^ Fase

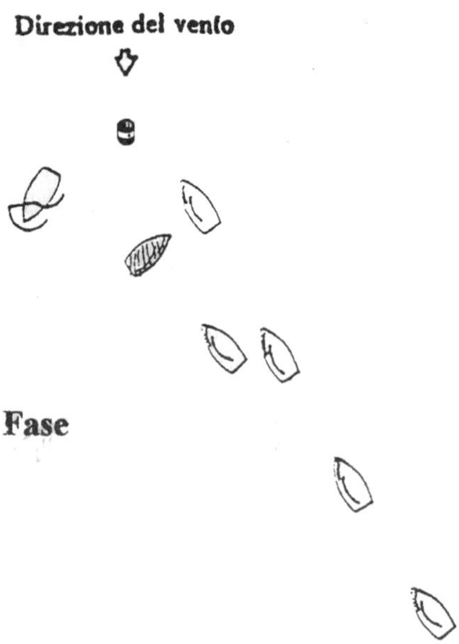

3^ Fase

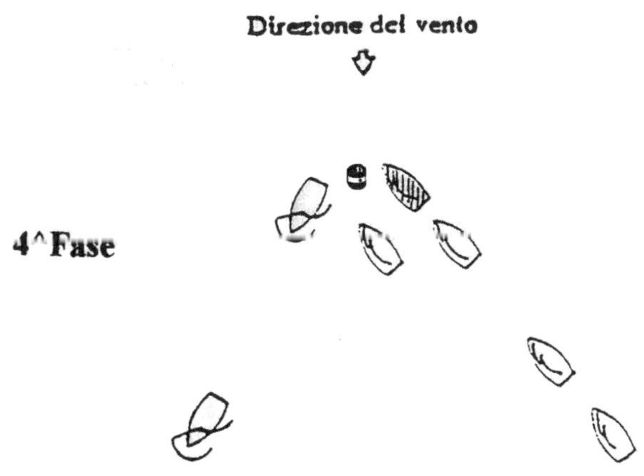

Terminare la prima bolina ad esempio in 10^ posizione con un lotto di 100 concorrenti può produrre, con una strategia accorta, se non in casi particolari, un risultato che può oscillare tra il 5° ed il 15° posto. Girare con la prima boa di bolina, nell'altro caso, in 50^ posizione nell'altissima maggioranza dei casi significa, con grandi recuperi terminare al 30° posto o, peggio ancora adottando tattiche rischiose, a scadere in peggior classifica.

Lasco e Poppa

Prima di analizzare le andature portanti è importante fare una premessa. Il velista meno esperto è propenso a pensare che una regata si giochi quasi esclusivamente sul lato di bolina attribuendo minore rilevanza strategica ai lati di lasco e di poppa in quanto nelle andature portanti non "vede" la necessità di bordeggiare tramutando questi lati del persorso in bordi di "trasferimento". Tale vecchia concezione è completamente errata nelle moderne regate perché specialmente nel lato di poppa si possono produrre grandi recuperi o gravi perdite di terreno sugli avversari. Questo è chiaramente dovuto al fatto che, ad esempio in bolina, l'angolo di risalita è pressoché lo stesso ed i bordi "buoni" sono facilmente più individuabili osservando le altre barche; in bolina è più facile contenere e correggere un errore poiché la visione del campo è più chiara. In poppa, diversamente, l'angolo di discesa può variare molto avendo la possibilità di scelta tra una rotta più breve ma più lenta ed una più veloce ma che fa percorrere più strada. Questo si verifica soprattutto con poco vento ove occorre navigare più stretti della rotta ideale sfruttando prevalentemente il vento le rotazioni che il vento apparente crea al modificarsi della velocità variando periodicamente la rotta per far mantenere l'ottimale performance dello scafo e delle vele in questa andatura. La tattica di effettuare andature leggermente più strette sfruttando il VMG è comune non solo sulle barche più grandi ma anche sulle piccole derive. Non è affermazione sbagliata asserire che ai nostri giorni le regate si vincono o, ahimè, si perdono in poppa. Riassumendo in poche parole essere più competitivi degli avversari al lasco ma soprattutto in poppa può fare molta differenza tra noi e gli avversari.

Per essere in grado di affrontare al meglio questi lati sarà perciò utile tenere a mente i seguenti punti:

Conoscere perfettamente il comportamento della nostra barca seguendo rotte più orzate o più poggiate (in relazione alle diverse condizioni ambientali e alle regolazioni ritenute per esse più opportune alle caratteristiche della nostra barca).
Solo così ci possiamo porre davanti alle scelte tattiche in base all'evoluzione della regata. Più chiaramente la posizione che occupiamo nonché la vicinanza degli avversari possono suggerirci un comportamento più o meno aggressivo, decidendo se è più conveniente orzare per far camminare la barca più velocemente, tenere un'andatura più poggiata o abbattere con maggiore o minore frequenza (lato di poppa).
Ovviamente si torna a sottolineare, come già fatto nelle pagine precedenti, come sia di fondamentale importanza effettuare uscite in mare per provare la barca nelle varie andature al fine di allenare l'equipaggio.

"Lavorare" l'onda affinché essa sia d'aiuto ed incremento per la massima velocità. In pratica l'andatura portante necessita di minimi ma fondamentali cambi di rotta all'orza in fase di accelerazione ed alla poggia per avvicinarsi alla rotta più breve con buona velocità. Tali cambiamenti di rotta devono essere eseguiti solo leggermente col timone ma soprattutto con lo spostamento sopra e sottovento dell'equipaggio e con le vele, sempre in accordo con le regole di regata che limitano il rollio ed il pompaggio. La buona "presa" di un'onda, anche se piccola, fa guadagnare preziosi centimetri che sommati alla fine del lato creano la differenza. Se la sua dimensione/altezza è più grande e l'equipaggio è capace di sfruttarne la potenzialità la buona conduzione porta a vantaggi, in termini di guadagno sugli avversari, di notevoli proporzioni, vantaggi sicuramente impensabili da poter produrre in andatura di bolina.

Tattiche di lasco

Nei moderni percorsi da regata (a parte il percorso trapezioidale) il lato di lasco è sempre meno frequente poiché la rotta obbligata per raggiungere il lato successivo non offre grandi possibilità tattiche in quanto l'avversario da passare può "difendere" abbastanza facilmente la posizione. Tuttavia in condizioni meteorologiche particolari (vento forte o molto leggero) la messa a punto della propria barca, delle vele, l'assetto, la conduzione, possono fare recuperare prezioso terreno su chi ci precede o distanziare ulteriormente chi ci segue.

In prima analisi è importantissimo, specialmente in regate affollate affrontare la manovre di giro di boa/alzate di spinnaker osservando alcuni suggerimenti fondamentali:

1) Durante il giro di boa è necessario non perdere velocità passando dall'andatura di bolina a quella di lasco, operando con randa e vela di prua la più corretta messa a punto nell'allascata. Specialmente con vento forte ed onda è di fondamentale importanza ottenere la

massima accelerazione passando dalla bolina nell'andatura portante. Questo, oltre al fatto di permetterci di distanziare chi ci segue, o di recuperare fin dall'inizio del nuovo lato su chi ci precede, permette di operare le alzate di spinnaker con un buon assetto e stabilità di scafo nonché di iniziare a planare (in caso di vento forte) già senza lo spi.
Il corretto giro di boa, quando si deve alzare lo spinnaker, necessita di una veloce allascata della randa affinché la barca poggi senza dover usare troppo il timone; il genoa o fiocco, durante il canbiamento di andatura, è conveniente mantenerlo più cazzato rispetto alla miglior messa a punto così da permettere allo scafo di raggiungere più velocemente la nuova rotta facilitando così l'alzata dello spinnaker la cui drizza dovrà percorrere meno spazio per arrivare a segno, non inizierà a portare prima che l'alzata sia finita perché "protetto" dal rifiuto della vela di prua su cui scorre e la successiva ammainata in coperta del genoa o del fiocco sarà facilitata quando la sua drizza sarà lascata.

2) Quando si passa dalla bolina al lasco è importantissimo controllare gli avversari che immediatamente ci seguono affinché la manovra di alzata dello spinnaker non risulti tale da creare una situazione favorevole di attacco delle barche che seguono a distanza ravvicinata. Dai disegni (Fig.1 e 2) possiamo notare due differenti giri di boa: il primo è eseguito con troppa precipitazione senza tener conto della vicinanza dell'avversario con conseguente immediata copertura delle vele; nel secondo, sebbene A sia in leggero svantaggio rispetto a B ma con diritto di rotta, ritarda leggermente la poggiata costringendo l'avversario a mantenersi discosto ottenendo così una posizione che non pregiudica l'andatura di A all'inizio del lato con lo spinnaker.

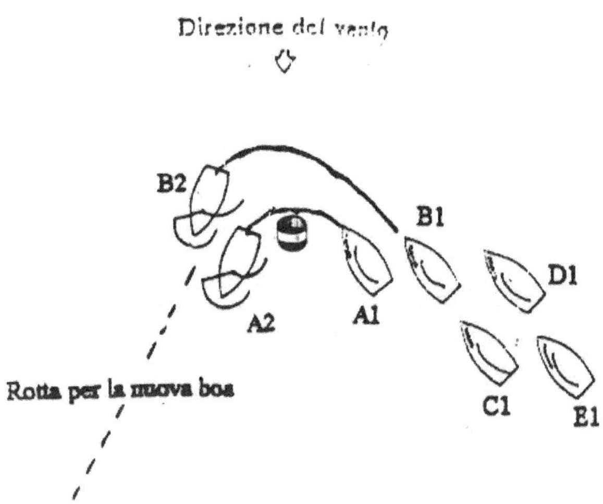

Fig.1

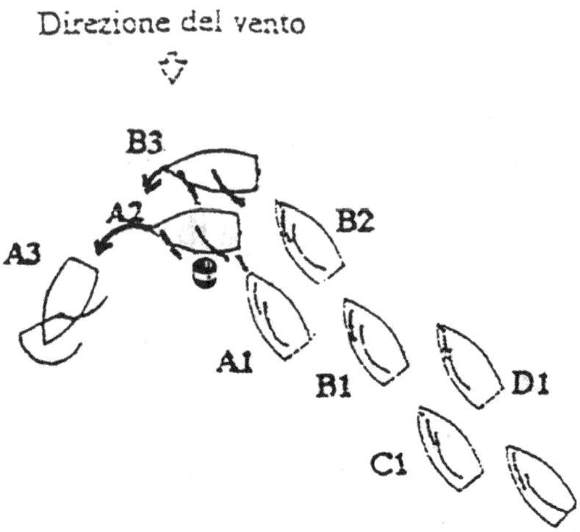

Fig.2

3) Durante il lato di lasco è da tenere in considerazione la direzione e l'intensità della corrente. In presenza degli effetti che può determinare sarà opportuno mantenere una rotta più all'orza o più poggiata rispetto ad una situazione in cui non se ne risentano gli effetti, come mostrato dal disegno. (Fig.3a e 3b)

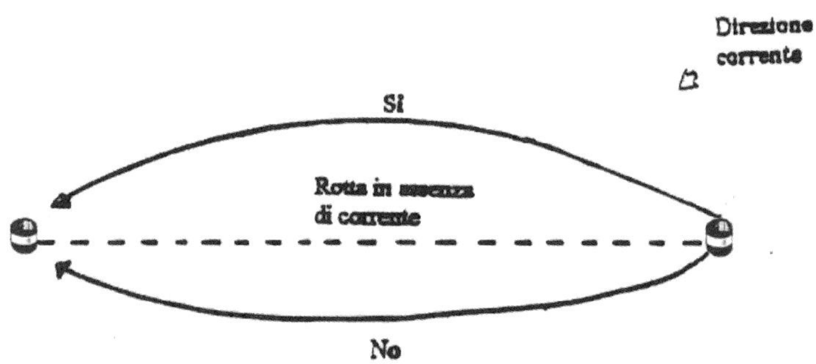

Fig.3a

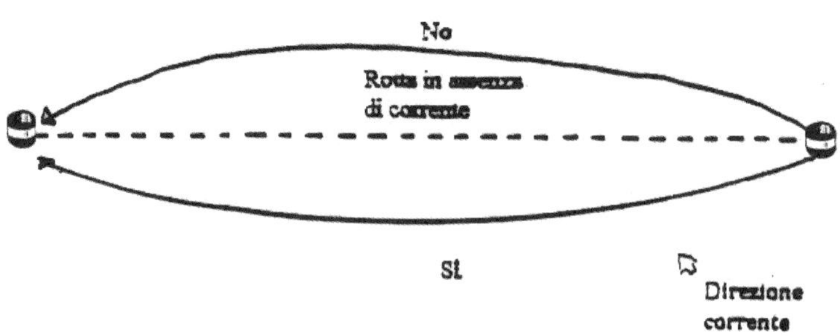

Fig.3b

4) Così come per la corrente sono da ritenersi di importanza fondamentale gli eventuali salti di vento o oscillazioni dello stesso. (Fig.4)

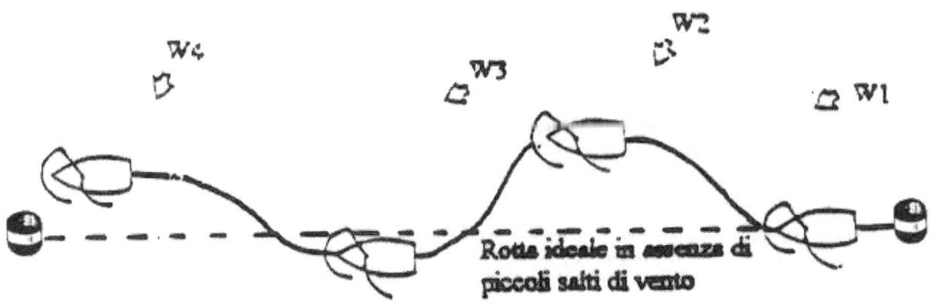

Fig.4

Anche se il disegno può sembrare esasperato, questa condizione di sicura instabilità, può essere considerata realistica quando ci troviamo su di un lato di lasco ove il vento spira a fronti o a raffiche. Anche l'intensità delle raffiche è da tenersi in grande considerazione poiché al variare della forza del vento dovremo, per ottenere il massimo rendimento dalla propria barca, navigare in andatura più orzata o più poggiata rispetto alla rotta ideale. Infine lo stato del mare (onda più o meno formata) può far mutare per alcuni attimi (prima e dopo la planata) la rotta più redditizia per il lato in cui stiamo navigando.

Strategia di approccio alla boa di abbattuta

Qualunque sia la tattica adottata durante il lato di lasco è fondamentale, avvicinandosi ad una boa, cercare di presentarsi all'approccio di essa in posizione favorevole rispetto agli avversari. Se si sta navigando con un certo vantaggio sui nostri diretti inseguitori (es. due lunghezze) non occorre operare tattiche o manovre particolari: si dovrà manovrare affinché il cambio di mure rallenti al minimo la velocità della nostra barca avvicinandosi alla boa con una rotta che ci permetta di entrare il prima possibile sulla nuova layline. Questo significa che, a secondo delle condizioni metereologiche, si dovrà approcciare in posizioni diverse. Se il vento è leggero si potrà passare abbastanza vicini alla boa non rischiando di uscire dalla manovra troppo larghi ma, sicuramente, in condizioni diverse (es. vento forte) sia la distanza sia l'abbattuta va effettuata con spazio e tempi diversi. Con vento fresco o forte occorre presentarsi al giro di boa con un buon margine di sopravento. Tale approccio oltre a costituire un'efficace difesa sul bordo successivo dagli avversari permette di far effettuare la manovra in andatura più poggiata quindi con lo scafo più stabile e meno sbandato; inoltre si può creare un certo anticipo della manovra iniziando il nuovo bordo sulle nuove mura già con il tangone posizionato sopravento.

Se viceversa l'approccio in boa presenta situazioni d'ingaggio con altre barche occorre cercare di presentarsi al giro di boa in posizione di precedenza. Per ottenere tale risultato bisogna saper prevedere con un certo anticipo la situazione che può venire a crearsi nella fatidica zona delle due lunghezze ove ormai sono determinate le precedenze degli yacht. (Fig.5)

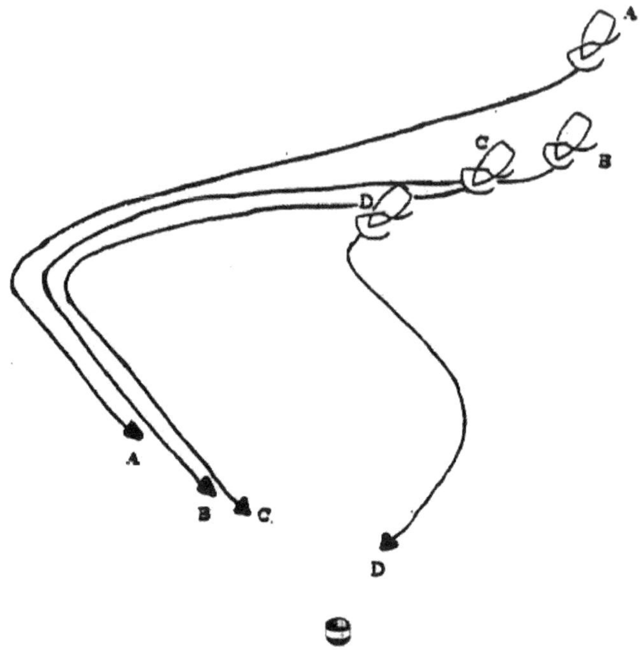

Fig.5

Riassumendo semplicemente si evince, al di là delle eccezioni che quando uno yacht esterno entra nella zona delle due lunghezze ingaggiato con uno interno deve tenersi discosto ad uno che sia ingaggiato con esso. Risulta quindi di fondamentale importanza in un giro di boa avere un approccio (in questo caso all'abbattuta) i più interni rispetto ai nostri avversari.

Questo è semplice quando gli avversari sono dietro a noi o sul nostro fianco esterno rispetto alla layline ma si possono attuare manovre all'orza per passare successivamente da posizione sfavorevole ad una di vantaggio in prossimità del giro di boa.

Per maggiore chiarezza riportiamo direttamente dal Regolamento di Regata I.SA.F. in vigore (2005-2008) la regola 18.

Regola 18

18 GIRO E PASSAGGIO DI BOE ED OSTACOLI

*Nella regola 18, per **spazio** si intende lo **spazio** occorrente ad una barca interna per girare o passare tra la barca esterna e una **boa** od **ostacolo**, compreso lo **spazio** per virare o abbattere quando una di queste azioni sia una normale parte della manovra.*

18.1 Quando si applica questa regola

La regola 18 si applica quando le barche sono in procinto di girare o passare una *boa*, che esse devono lasciare dalla stessa parte, o un *ostacolo* dalla stessa parte, fino a quando lo hanno passato. Comunque essa non si applica:

(a) ad una *boa* di partenza circondata da acque navigabili o al suo cavo di ancoraggio, dal momento in cui le barche si stanno avvicinando ad essi per *partire* fino a quando li hanno passati, o

(b) mentre le barche sono su *mure* differenti sia su un lato di bolina sia quando *la giusta rotta* di una di esse, ma non di entrambe, per girare o passare la *boa* o *l'ostacolo* sia virare.

18.2 Dare spazio; tenersi discoste

(a) INGAGGIATE – REGOLA BASE

Quando delle barche sono *ingaggiate* la barca esterna deve dare alla barca interna *spazio* per girare o passare la *boa* o *l'ostacolo* e, se la barca interna ha diritto di rotta, la barca esterna deve anche *tenersi discosta*. Altre parti della regola 18 contengono eccezioni a questa regola.

(b) INGAGGIATE ALL'INIZIO DELLA ZONA

Se le barche erano *ingaggiate* prima che una di esse raggiunga la *zona delle due lunghezze* e *l'ingaggio* si è interrotto dopo che una di esse ha raggiunto detta zona, la barca che si trovava all'esterno deve continuare a dare *spazio* all'altra barca. Se la barca esterna diviene *libera dalla poppa* o *ingaggiata* all'interno dell'altra, essa non ha diritto a *spazio* e deve *tenersi discosta.*

(c) NON INGAGGIATE ALL'INIZIO DELLA ZONA

Se una barca era *libera dalla prua* nel momento in cui essa raggiungeva la *zona delle due lunghezze,* la barca *libera dalla poppa* deve in seguito *tenersi discosta.* Se la barca *libera dalla poppa* diviene *ingaggiata* all'esterno dell'altra, essa deve anche dare *spazio* alla barca interna. Se la barca *libera dalla poppa* diviene *ingaggiata* all'interno dell'altra essa non ha diritto a *spazio*. Se la barca che era *libera dalla prua* oltrepassa la posizione di prora al vento, la regola 18.2(c) non si applica più e resta inapplicabile.

(d) MODIFICARE LA ROTTA PER GIRARE O PASSARE

Quando dopo il segnale di partenza la regola 18 si applica tra due barche e la barca con diritto di rotta sta modificando la rotta per girare o passare una *boa*, la regola 16 non si applica tra essa e l'altra barca.

(e) DIRITTI DERIVANTI DALL' INGAGGIO

Se vi è un ragionevole dubbio che una barca abbia stabilito oppure interrotto in tempo un *ingaggio*, si deve presumere che non l'abbia fatto. Se la barca esterna non è in grado di dare *spazio* al momento in cui inizia un *ingaggio*, non si applicano le regole 18.2(a) e 18.2(b)

18.3 Virare ad una boa

Se due barche si stavano avvicinando ad una *boa* su *mure* differenti ed una di esse completa una virata entro la *zona delle due lunghezze* mentre l'altra barca è in grado di raggiungere la *boa*, la regola 18.2 non si applica. La barca che ha virato

(a) non deve costringere l'altra barca a navigare sopra la bolina stretta per evitarla, né impedire all'altra barca di passare la *boa*, e

(b) deve dare *spazio* se l'altra barca diviene *ingaggiata* al suo interno, nel quale caso non si applica la regola 15.

18.4 Abbattere

Quando una barca con diritto di rotta *ingaggiata* all'interno deve abbattere alla *boa* o all'*ostacolo* per prendere la sua *giusta rotta*, essa non deve, sino a quando non ha abbattuto, navigare più distante dalla *boa* o dall'*ostacolo* di quanto occorra per seguire quella rotta.

18.5 Passaggio ad un ostacolo continuo

Mentre le barche stanno passando un *ostacolo* continuo, le regole 18.2(b) e 18.2(c) non si applicano. Una barca *libera dalla poppa* che ottiene un *ingaggio* all'interno, ha diritto di *spazio* per passare tra l'altra barca e *l'ostacolo* solo se al momento in cui l'*ingaggio* inizia c'è *spazio* per poterlo fare. In caso contrario, essa non ha diritto a *spazio* e si deve *tenere discosta*.

Tornando a descrivere alcune situazioni di regata A più interna ma dietro per riuscire ad essere più interna al giro di boa orza in modo deciso; conseguentemente B, C, D rispondono all'attacco di A per non essere coperte dai rifiuti. Con questa manovra A sebbene ancor più fuori rotta gli avversari davanti ha la possibilità di comandare l'attacco e quindi decidere quando iniziare a poggiare. Questa tattica si può applicare con un gruppo di barche appena davanti a noi ed è possibile avere due soluzioni: la prima, più semplice, consta di una manovra all'orza allorché con la sola decisa poggiata ci si possa trovare i più interni in boa rispetto ai nostri avversari. La seconda, più complessa, consiste nell'operare cambiamenti di rotta all'orza e alla poggia, giocando sul tempo di reazione dei nostri avversari, sicuramente in ritardo sui nostri cambiamenti di rotta verso la boa. Si può asserire che sebbene più difficile per scelta di tempo nell'orzata e nella poggiata questa tattica ha sicuramente la facoltà di infastidire ed innervosire gli avversari. Come si può capire tale tattica è applicabile solo se non incalzati da altre barche molto vicine, le quali, inevitabilmente, potrebbero trarne vantaggio; è soprattutto necessario cominciare ad attaccare chi precede ben prima di entrare nelle due lunghezze, pena la mancata riuscita del piano.

Difendersi da un attacco all'orza portato dai nostri più diretti avversari è sempre molto difficile poiché appunto siamo legati alle scelte altrui. Se capita di trovarsi in tale situazione, specialmente se il lasco è largo può convenire fare due abbattute per ritrovarsi all'interno quando ci si avvicina alla boa (vedi disegno della figura 5).

Nel caso esposto dal disegno l'unico problema di D è trovare lo spazio sufficiente per incrociare con mura a sinistra, dopo la prima abbattuta, davanti a C, B ed A. Tale manovra di D è però resa possibile se l'attacco all'orza degli avversari è molto deciso e quindi D ha la possibilità di avere lo spazio per eseguire l'abbattuta.

Come già descritto la tattica da eseguire in andatura portante quando non abbiamo avversari vicini che impongano scelte obbligate sono da ricercarsi nel miglior assetto e messa a punto della propria barca cosicché da distanziare ulteriormente gli avversari (se siamo davanti) che stanno disturbandosi fra loro; una seconda ipotesi per recuperare lo svantaggio con gli avversari in stretta vicinanza (due-tre lunghezze) vede la barca A abbattere per cercare l'interno in boa passando gli yacht, che molto vicini tra loro non hanno navigato al massimo per i disturbi creatisi. Anche se il disegno propone un'ottimistica realizzazione del sorpasso di A non è molto lontana dalla realtà poter mettere in pratica una simile tattica. (Fig.5a)

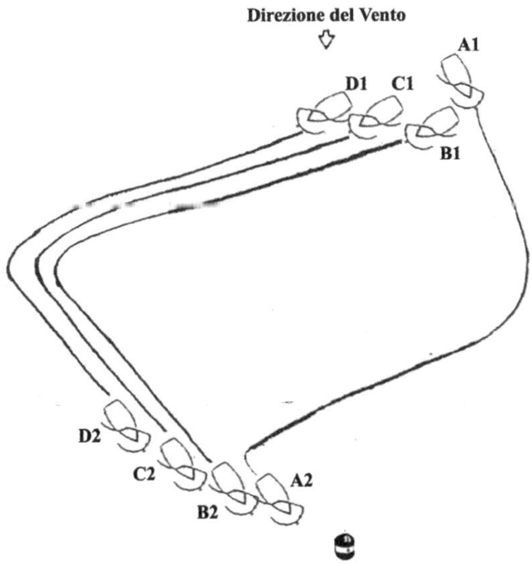

Fig.5a

Giro di boa (abbattuta)

Così come per il giro di boa per passare da bolina al lasco, anche per eseguire il giro di boa in abbattuta occorre impostare la manovra (se possibile) cercando di ottenere l'uscita dalla stessa nel modo più stretto possibile. Come già detto per ottenere ciò in base alle condizioni in cui stiamo navigando è necessario arrivare con una distanza dalla boa così da terminare la manovra del tangone durante il giro della stessa o addirittura prima, pronti ad orzare appena passata la boa. Specialmente se il vento è medio o forte è indispensabile compiere l'abbattuta in poppa affinché si ottenga la completa riuscita della manovra e soprattutto in un assetto che consenta all'equipaggio di operare nel modo più idoneo e sicuro. Sarà quindi fondamentale per chi timona il mantenersi con una rotta che consenta la riuscita della manovra nel modo più stabile e veloce possibile. Chiaramente tale giro di boa si può effettuare quando si ha un approccio all'abbattuta liberi da avversari. (Fig.6)

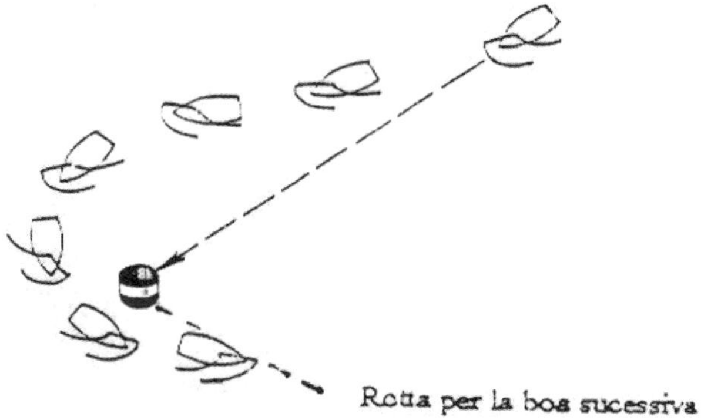

Fig.6

In casi di giri di boa affollati, oltre che cercare di conquistare l'interno in boa durante il lato è necessario cercare di impostare la manovre in modo che l'uscita dall'abbattuta risulti completamente terminata all'inizio del nuovo lato. Per difendersi da avversari che ci incalzano da vicino è buona norma orzare subito dopo la boa; (Fig.7) questo produce due effetti: il primo determina, se stiamo navigando con vento leggero o medio, un'accelerazione subito dopo il giro di boa; il secondo determina la difesa da eventuali immediati attacchi all'orza da parte degli avversari con conseguente impossibilità da parte loro del passaggio sottovento poiché disturbato dal rifiuto delle nostre vele.

Fig.7

La tattica di difesa su di un solo avversario alla boa di abbattuta è espressa più esplicitamente nella parte dedicata al match-race cosicché possiamo esaminare casi che nelle regate di flotta possono essere molto frequenti.

Il primo e più significativo caso è quando l'approccio alla boa ci vede esterni ai nostri avversari, quindi con obbligo di tenersi discosti: questa situazione sebbene di svantaggio può essere sfruttata a nostro favore. La stretta vicinanza di chi ci precede infatti porta a rivolgere l'attenzione ad eventuali contatti tra yachts che stanno compiendo la manovra. Sebbene non possa sembrare redditizio se si è nella posizione più esterna conviene sventare per un attimo lo spinnaker in modo da far sfilare avanti di qualche metro i nostri diretti avversari: in una abbattuta affollata gli yacht costretti ad un giro di boa più largo oltre a percorrere un percorso più lungo saranno sottoposti alla copertura delle vele dei più interni; con poca velocità, il leggero naturale scarroccio e soprattutto nell'impossibilità di difendere il lato di sopravento darà la possibilità di sopraventarli arrivando più velocemente senza peraltro venir meno alle regole di diritto di rotta nel passaggio di una boa o ostacolo (Fig 8a, 8b e 8c).

Come si può notare dal disegno inoltre se l'andatura in cui si affronta il giro di boa è piuttosto larga l'imbarcazione D può anticipare la manovra rispetto ad B e C così da trovarsi sulle nuove mura già in assetto.

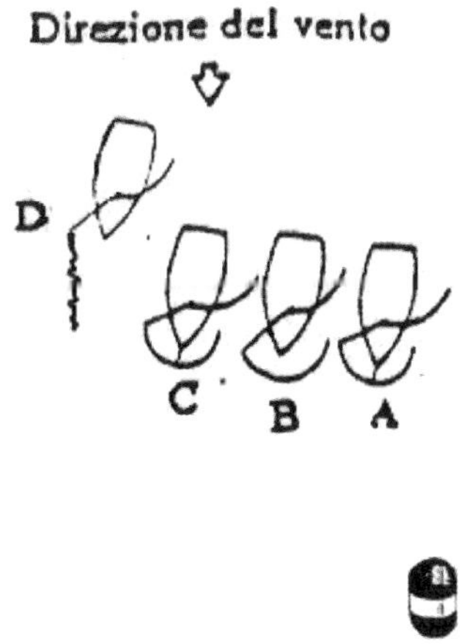

Fig. 8a

Fig. 8b

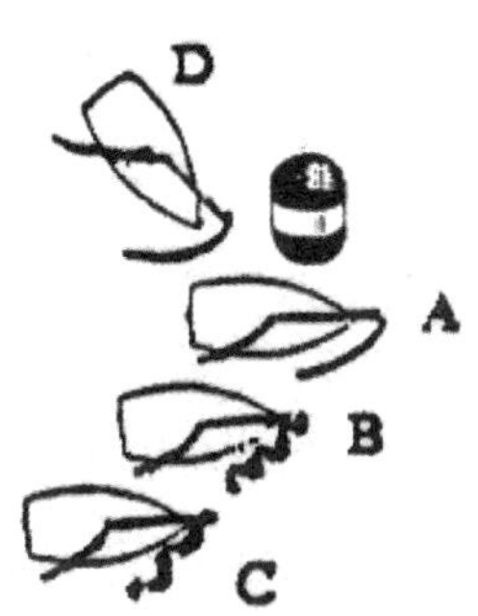

Fig. 8c

Tattiche di poppa

L'andatura di poppa, rispetto al lasco, è sicuramente, sotto il profilo tattico, più complessa poiché le possibilità di scelta e soprattutto di spazio per navigare sono più ampie del "corridoio" nel quale si è costretti a stare durante il lato descritto nel precedente paragrafo.

Si può senz'altro asserire che la poppa ha le stesse difficoltà tattiche della bolina, fors'anche maggiori, dato che l'angolo con cui si naviga quando si risale il vento è pressochè simile o varia di pochissimo tra una barca e l'altra come già precedentemente descritto; in poppa la possibilità di seguire la rotta più veloce per raggiungere la boa successiva può variare a seconda dell'intensità del vento e dello stato del mare, da un bordo all'altro. Inoltre la possibilità di marcare un avversario vicino a noi in poppa vede il concetto di copertura rispetto alla bolina rovesciato poiché chi è dietro ha la possibilità di creare con le sue vele "vento sporco" con leggeri cambiamenti di rotta. La prima regola da seguire comunque è quella della scelta delle mura iniziali con le quali vogliamo incominciare il lato; se ne deduce quindi che già in bolina occorre prepararsi ad affrontare la poppa con la manovra più adatta (Fig.1).

In seconda analisi come regola fondamentale per mantenere la posizione sui nostri più diretti avversari è quella di porsi sempre fra loro e la boa da raggiungere affinché, anche se leggermente più veloci, si possa operare da parte nostra un controllo. (Fig.2a e 2b)

Altro fattore ultimamente molto diffuso sulle barche d'Altura ma anche su molti monotipi è l'utilizzo del gennaker (vela di forma asimmetrica) al posto dello spinnaker. Tatticamente, così come strategicamente, le cose non si sono particolarmente modificate poiché anche con lo spinnaker in condizioni di vento leggero e medio si tende ad effettuare il lato di poppa con angoli che permettano un favorevole compromesso tra discesa verso la boa e velocità; oltre all'angolo che il gennaker può far maggiormente stringere rispetto ad uno spinnaker è importante sottolineare la maggior velocità dell'abbattuta che ovviamente va tenuta in considerazione in rapporto alle mosse del nostro avversario/i.

Durante il lato di poppa, così come in quello di lasco, possono essere utili alcuni consigli e suggerimenti fra i quali:

Considerare la direzione e l'intensità della corrente e del vento decidendo di conseguenza se è più conveniente navigare sulla parte destra o sinistra del campo per raggiungere più velocemente la boa successiva.(Fig:3, 4, 5, 6)

Marcare le barche che ci precedono stando il più possibile, vicini alla loro poppa, leggermente sopravento, sfruttando il cono di rifiuto che le nostre vele producono, nonché cercare di innervosire l'avversario con minimi cambiamenti di rotta all'orza e alla poggia che possano indurlo all'errore. Se contrariamente dobbiamo difenderci è bene cercare di mantenere una rotta in linea con la prua dell'avversario o appena sottovento senza essere disturbati dal rifiuto mantenendo il diritto di interno in boa se siamo vicini ad essa e comunque chiudergli la possibilità di abbattere.

Se invece stiamo seguendo un'imbarcazione di stazza superiore è fondamentale riuscire a prendere l'onda che a poppa essa crea: questo determinerà un aumento della nostra velocità dovuto proprio al fatto che si è spinti da essa. Per sfruttare al meglio questa situazione la posizione ideale è quella di inizio d'ingaggio sottovento. Nel caso opposto, cioè di raggiungimento di una barca più veloce (che tenterà presumibilmente di passarci all'orza) è fondamentale chiudere lo spazio sopravento con un certo anticipo. Questo indurrà l'avversario a passarci abbastanza facilmente sottovento permettendoci poi di posizionarsi sulla "sua onda". (Fig.6a)

Con alcuni disegni esponiamo graficamente quello finora espresso

Manovre con le quali affrontare il lato di poppa
(Schema alzate dello spinnaker)

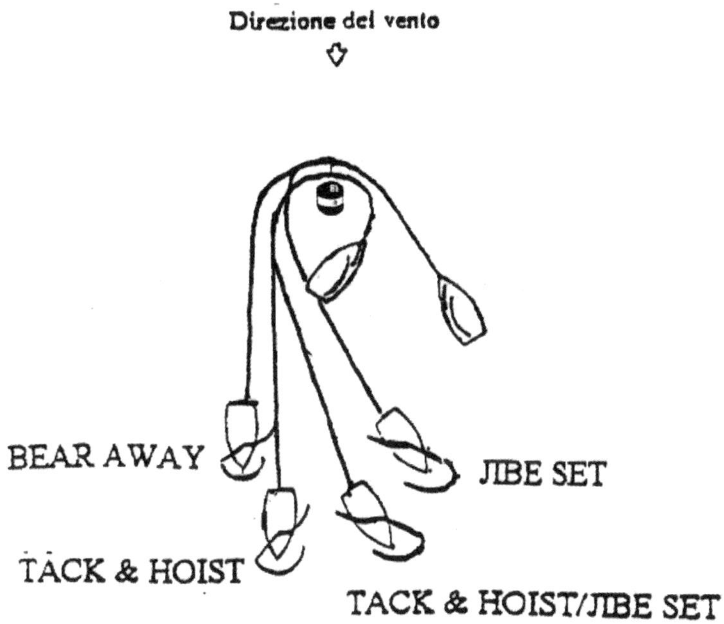

Fig.1

Controllo di un avversario in poppa

Il controllo in andatura di poppa su un avversario o più deve intendersi sempre interponendo la propria imbarcazione tra la boa da raggiungere e l'avversario. Tale posizionamento deve tener conto degli eventuali rifiuti di chi segue e conseguentemente si possono rendere necessarie tattiche di "svincolo" per evitare di navigare con vento sporco, rimanendo però sempre in prossimità della linea che intercorre tra gli avversari e la boa. Nel disegno 2a e 2b A interpreta in modo corretto il controllo di B (Fig.2a) disponendosi fuori dal rifiuto interponendosi tra l'altro yacht e la boa. Nella figura 2b A interpreta sufficientemente il controllo ma deve stare attenta ai rifiuti che C e D possono procurargli.

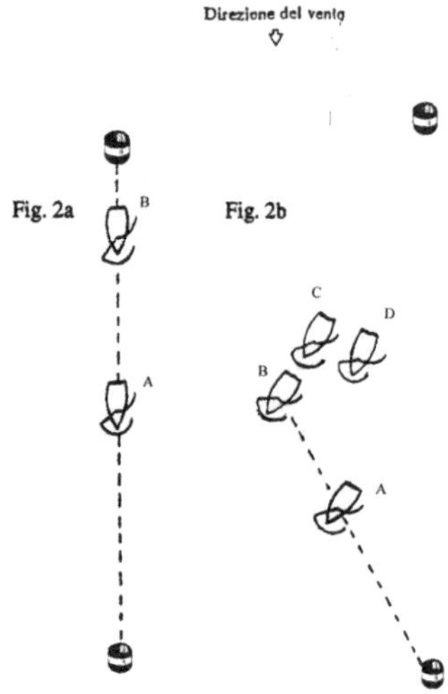

3) Rotta favorevole con corrente proveniente da sinistra nell'andatura di poppa

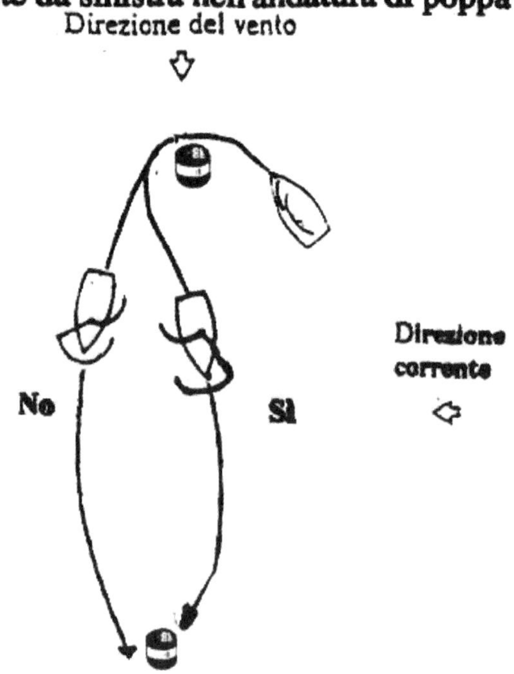

Fig.3

4) Rotta favorevole con corrente proveniente da destra nell'andatura di poppa

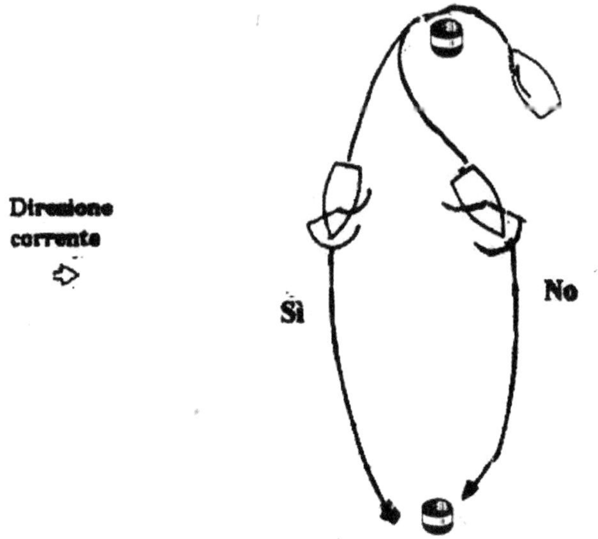

Fig.4

5) Rotta ideale da seguire con un salto di vento

Fig.5

6) Rotta da seguire con salti di vento durante il lato di poppa

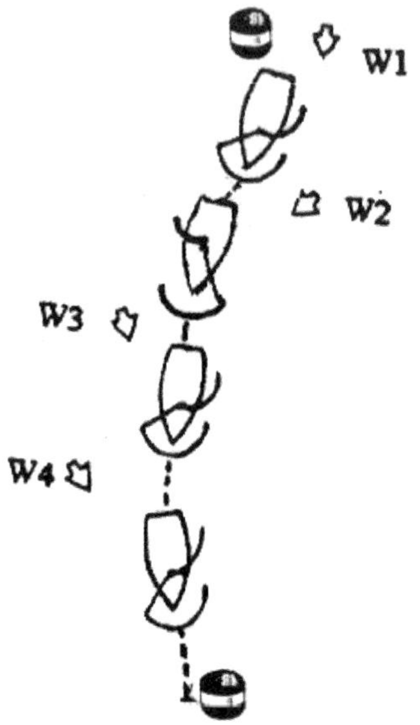

Fig.6

Posizionamento sull'onda di uno yacht più grande

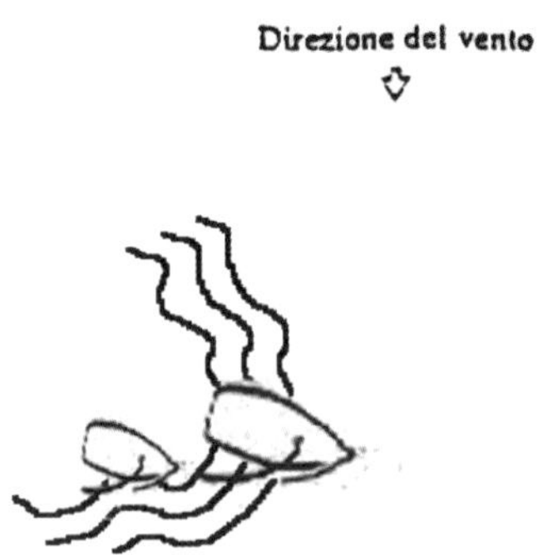

Fig.6a

Giro di boa (da poppa a bolina)

Come nel match-race anche nelle regate di flotta sempre più spesso, alla fine del lato di poppa, viene posizionato un cancello, ovvero la possibilità di girare a dritta o a sinistra la boa che determina la fine del lato. Questo determinerà un tipo di approccio che può essere diverso e che descriveremo.

Giro ad una singola boa

Per quanto concerne il giro di boa da compiere per passare dal lato di poppa a quello di bolina valgono in linea di massima le stesse tattiche di approccio alla boa di abbattuta poiché è fondamentale riuscire ad arrivare nella zona delle due lunghezze dalla boa, se ingaggiati con altri yacht, all'interno. Cosa molto importante da tenere in considerazione, dato che il giro di boa comprende l'ammainata dello spinnaker, occorre impostare l'approccio secondo la manovra da eseguire e calcolarne precisamente il tempo di attuazione. Per "tempo" si deve intendere non quello necessario ad operare correttamente quanto il momento più adatto rispetto all'inizio della manovra e alla posizione dei nostri avversari. Può essere utile infatti, in giri di boa molto affollati, anticipare leggermente tutte le manovre che occorrono per rimettersi in bolina proprio per evitare di rimanere sottovento preferendo perdere qualche metro in avanzamento ma operando un giro di boa più stretto e soprattutto libero dal rifiuto delle vele di chi precede.

Anche quando si affronta il passaggio da poppa a bolina è necessario non lasciare la possibilità di far guadagnare al vento uno yacht che ci segue. Per questo l'approccio alla boa va affrontato in modo che si possa navigare sul nuovo lato del percorso con la sicurezza che nessun avversario abbia avuto la possibilità di infilarsi tra noi e a boa o per lo meno solo leggermente al vento nell'impossibilità di sopraventarci perché nei nostri rifiuti di sopravento e quindi destinato dopo poco a virare o scadere.

Per ottenere una manovra "pulita" occorre primariamente scegliere ed eseguire l'ammainata dello spinnaker più adatta alla situazione strategia in relazione alla propria posizione, quella degli avversari, decidendo, nel tipo di approccio che si sta effettuando, i tempi di esecuzione che possono essere anticipati o eseguiti in prossimità della boa a seconda dell'intensità del vento; resta comunque fissa la regola che impone un ritorno in andatura di bolina con la manovra di ammainata dello spinnaker terminata. Dalla figura (Schema delle ammainate spinnaker) si può chiaramente capire quali siano le differenze e le modalità di manovra dei differenti approcci. A seconda della manovra il tempo di effettuazione della stessa crea varianti di cui occorre tener conto: tipo di barca, livello dell'equipaggio, come già detto condizioni meteo (intensità del vento, onda più o meno formata, corrente), situazione strategia che possono far differire le scelte.

Quindi, come per l'abbattuta, inizialmente si cerca di creare un certo spazio prima del giro di boa sempre nei limiti del regolamento che danno la possibilità di allargarsi leggermente dalla boa affinché tale manovra sia eseguita in modo marinarescamente corretto ovvero senza allargarsi più del necessario. Il giro di boa che prevede oltre che un'esecuzione dell'ammainata dello spinnaker senza ritardi un riassetto delle vele per l'andatura di bolina con i punti di scotta della vela di prua già posizionati e la messa a segno delle regolazioni della randa (base, cunningham, vang) effettuate prima del giro di boa. Per eseguire bene il passaggio da poppa a bolina, specie se si sta navigando su un'imbarcazione di grandi dimensioni, conviene, ad una lunghezza dalla boa anticipare leggermente la cazzata delle vele ed in special modo della randa affinché non si debba orzare unicamente con il timone e per aver già in inizio di bordo di risalita la randa teoricamente a punto.

Corretto giro di boa

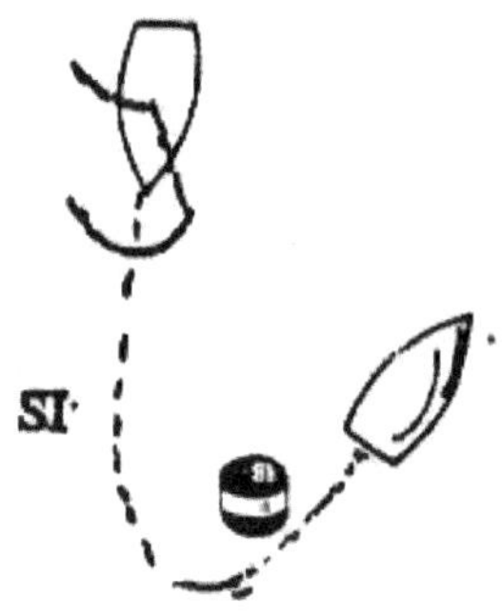

Fig.7a

Errato giro di boa

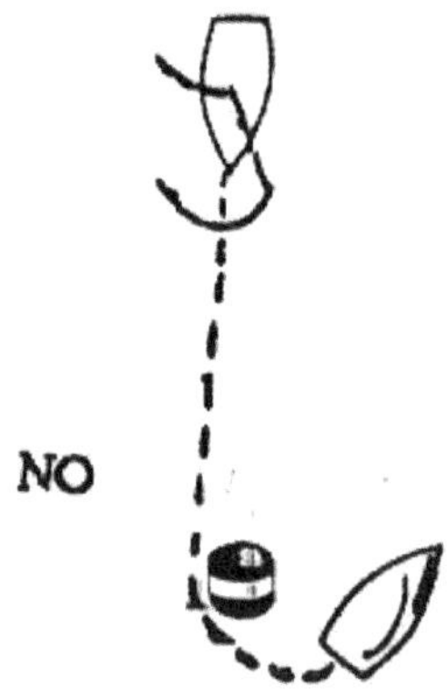

Fig.7

Manovre con le quali affrontare il lato di bolina
(Schema ammainate dello spinnaker)

Normale (ammainata da sottovento)

Normale (ammainata da sopravento)

Tedesca

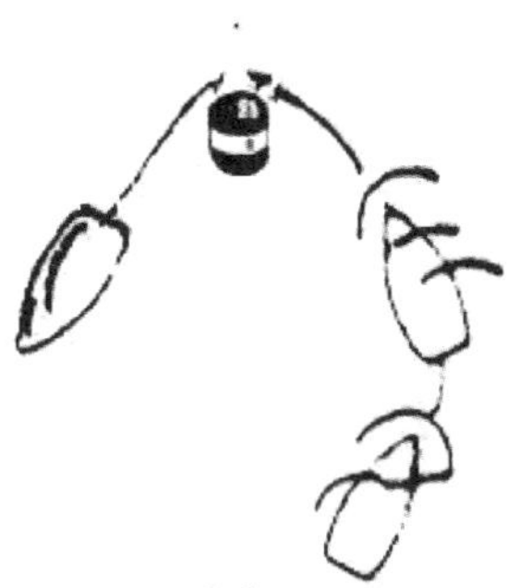

Africana

Per difendere ancor più lo spazio sopravento in vicinanza di un avversario si può guadagnare una lunghezza all'orza entrando nel nuovo lato più stretti dell'angolo favorevole, sfruttando l'accelerazione data dal passaggio da andatura portante a bolina. Questo permetterà di resistere al rifiuto che la barca sottovento può crearci subito dopo il giro di boa. (Fig.8).

Se viceversa la situazione che dobbiamo affrontare è di svantaggio con l'avversario molto vicino si può giocare d'astuzia facendo credere che il nostro allargamento sottovento presuma un'uscita molto stretta; tale impostazione può indurre chi precede a stringere molto la bolina rallentando momentaneamente fino a far sventare il fiocco. Con una buona velocità chi segue invece di orzare per guadagnare il sopravento "scivolerà" dal lato opposto uscendo facilmente dal cono di rifiuto e ponendosi in posizione di vantaggio appena sottovento all'avversario. Anche se questo comporterà una perdita all'orza, liberandosi subito si passerà colui che precede ma, sopratutto se lato del percorso consiglia la navigazione con mure a sinistra, limiterà la perdita di ulteriore spazio tra noi e gli avversari (Fig.9).

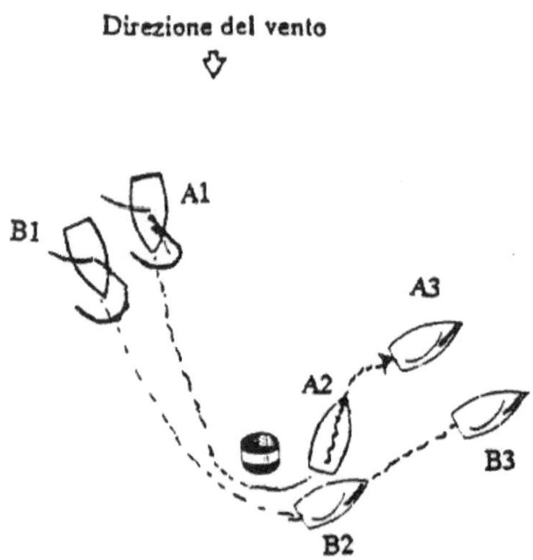

Fig.8

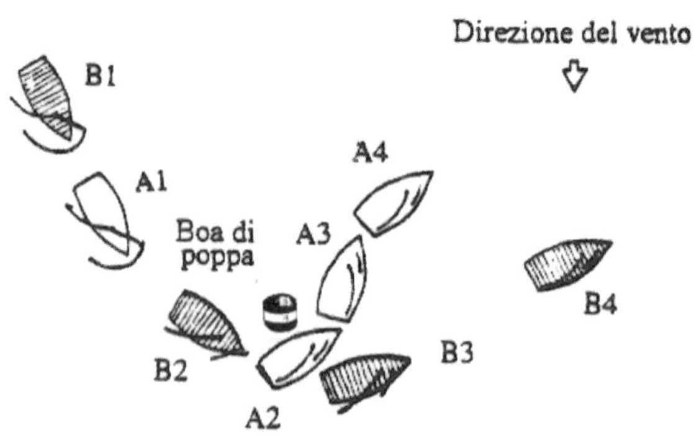

Fig.9

Giro di boa ad un cancello

Come già accennato, anche nelle regate di flotta, alla fine del lato di poppa è sempre più frequente vedere posizionato un cancello al posto di una singola boa. La ragione di questa opzione al percorso tradizionale permette, oltre che raddoppiare la possibilità di scelta del regatante, anche di risolvere problematiche legate alla sicurezza e di regolamento evitando molto spesso situazioni estremamente complicate per la giuria che dovrebbe giudicare in ambito di protesta. In regate molto numerose, specialmente con vento più forte, questo è molto apprezzato anche dagli equipaggi che trovano, anche sotto il profilo della sicurezza, un margine molto più ampio rispetto all'obbligo di una sola boa.

L'approccio alla fine del lato di poppa potrà quindi mutare a discapito della scelta strategica ma ritroverà vantaggio potendo navigare lontano dai rifiuti o per lo meno riuscendo a girare la boa con minor affollamento.

Con le Fig.10 e 11 vediamo come una barca possa trarre vantaggio o per lo meno non perdere ulteriore spazio dagli avversari scegliendo di passare il cancello girando l'altra boa.

Nell'approccio alla boa E, già in svantaggio su A e B, si trova costretta a tenersi discosta da C e D perché all'esterno (Fig.10). Scegliendo l'altra boa oltre che non perdere contatto con gli avversari E potrà addirittura guadagnare qualcosa su C rallentato per lasciare spazio a D.

Naturalmente la scelta della boa è suggerita dalla parte del campo favorevole quindi in questo caso la boa che la maggior parte delle barche vanno a girare risulterà vantaggiosa per l'inizio del lato di bolina ma sicuramente la barca E navigherà libera dai rifiuti e potrà virare liberamente appena tatticamente avrà la possibilità di farlo su di una piccola oscillazione favorevole del vento verso destra.

L'esempio e la sua successione visibile nelle figure semplifica molto un complicato giro di boa evitando come detto un inutile affollamento e la possibilità di iniziare il nuovo lato con vento pulito.

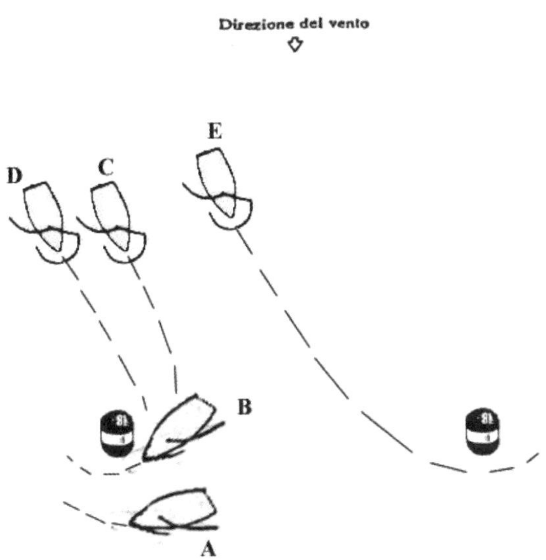

Fig.10

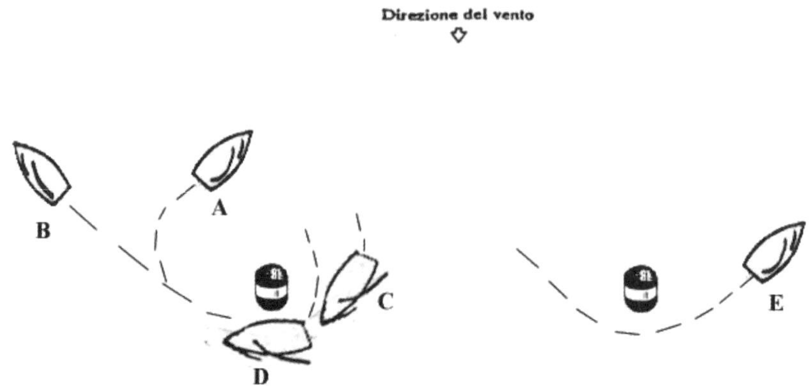

Fig.11

PARTE 2
MATCH-RACE

Il match-race è un tipo di regata che si corre tra due soli avversari a differenza delle normali competizioni tra yacht che invece si misurano su regate di flotta (fleet-race). Sebbene la tipologia di regata sia la stessa tra match-race e Coppa America occorre fare una distinzione; nel primo caso le barche sono per tutti uguali, vengono fornite dall'organizzazione dell'evento e sono scambiate tra i regatanti in modo da mettere tutti nelle stesse condizioni, mentre in Coppa si corre su barche a formula.

Il match-race, sebbene solo in questi ultimi anni viva di un crescente interesse e popolarità, non nasce come sfida tra due soli yacht, ma da una modifica del NYYC dopo che la goletta "America" nel 1851 vinse la Coppa delle Cento Ghinee battendo, in una regata di flotta, 15 avversari inglesi nel periplo dell'Isola di Wight. La denominazione "Coppa America" deriva proprio dal nome della barca che vinse quella regata di flotta anche se solo dal 1887 prenderà tale denominazione continuando fino ai giorni nostri, tra due sole barche, in una sfida che non ha eguali nel mondo sportivo: un defender (detentore del "titolo") ed un challenger (sfidante).

La formula attuale è rimasta la stessa ovvero il detentore del Trofeo si batte in una serie di regate con uno sfidante approdato alla finale dopo aver battuto eventuali altri avversari che vogliano competere in questa manifestazione. Caratteristica del match-race, rispetto ad una regata tradizionale è l'arbitraggio diretto su richiesta dei concorrenti: questa importante novità, è stata introdotta poche edizioni fa poiché fino all'edizione 1992 a San Diego non esisteva l'arbitraggio a mare ma venivano discusse delle normali proteste a terra. Per la cronaca i primi due arbitri ad arbitrare la prima regata di AC's con il sistema degli umpire in acqua furono Zvi Ziblat (ISR) e Gerard Bossè (FRA).

Se per molti anni la disputa era ristretta ad un solo consorzio, con epiche sfide di personaggi come Sir Thomas Lipton, dal 1967 si comincia a presentare necessaria, prima delle regate che assegneranno la Coppa, una selezione tra i defender. Dal 1970 anche tra i challenger si accende la sfida per disputare la finale con il detentore del Trofeo più antico nel mondo sportivo; dalla XXI edizione del 1970 ad oggi (eccezion fatta per la XXVII) numerosi team internazionali di professionisti si allenano duramente per la conquista della Coppa America. E' importante ricordare che gli americani sono stati detentori della Coppa per 132 anni custodita gelosamente in uno dei circoli più famosi al mondo, quale è il New York Yacht Club. La data del 26 Settembre 1983 rompe, dopo più di un secolo, l'imbattibilità yankee: la barca Australia II del patron aussie Alan Bond, al quarto tentativo, in una memorabile finale riesce nell'impresa di far varcare al Trofeo i confini statunitensi. Questa sconfitta ha alimentato le speranze di molti challenger che, ai nostri giorni, sono diventati sempre più numerosi ed agguerriti sebbene il budget di una campagna di Coppa America raggiunga cifre molto elevate. Importanti armatori, supportati da sponsorizzazioni milionarie, nonostante i costi hanno fatto rivivere questo evento, trasformandolo anche in business industriale, con un notevole ritorno di immagine grazie anche ad una diffusione nei media attraverso una copertura televisiva all'avanguardia. Oltre a pubblicizzare gli sponsor, la trasmissione in diretta delle regate ha fatto appassionare persone di tutte le età diffondendo l'amore per la vela altresì relegata solo agli addetti del settore. Da qui un incremento notevole dell'indotto, come scuole di vela, cantieristica, regate a tutti i livelli non solo di match-race. Altro importante fattore, scaturito dalla sconfitta americana da parte degli australiani nel 1983, è stato la rottura della fossilizzata egemonia statunitense, che, generando nuovi stimoli ha fatto sì che negli ultimi decenni ben quattro continenti hanno ospitato la sede della Coppa America per l'avvicendarsi dei diversi vincitori.

Per ultima, ma non meno sottovalutabile, è stata la ricerca ad altissimo livello che questo trofeo ha sviluppato con innovazioni tecnologiche all'avanguardia sia per la costruzione degli scafi, degli alberi, delle attrezzature e delle vele; come avviene nella formula uno per l'automobilismo, sulle barche da regata a tutti i livelli (per certi aspetti anche per le semplici barche da crociera) vengono introdotte nuove soluzioni traendo vantaggio dagli studi fatti ad altissimo livello. Un esempio è dato dall'uso sempre più frequente degli alberi in carbonio e di vele più leggere e resistenti non solo sulle barche da regata ma anche su scafi utilizzati per la crociera, senza che il prezzo subisca grandi incrementi, data la produzione in serie.

Tornando a parlare specificamente del match-race lo spirito che anima i contendenti si può riassumere nella controversa, famosa frase "There is no second". Se queste parole siano state realmente pronunciate o siano solo frutto della fantasia (che sempre ha animato i marinai), poco importa: esse sono entrate quale simbolo della Coppa America. Verità o leggenda che sia, si narra che, nella storica regata del periplo dell'isola di Wight, quando al tramonto le barche stavano entrando nel canale del Solent dai Neddles (leggendari alti scogli a punta di quasi cento metri) che ne segnano l'ingresso, la regina Vittoria, alla vista della prima barca chiese al capo segnalatore chi stesse vincendo, ormai prossimo all'arrivo; tra l'incredulità e lo stupore per essersi rivolta a lui con l'inattesa domanda, il suddito rispose "US" indicando la barca americana.

Dopo qualche attimo, forse un po' delusa dalle aspettative, la regina chiese chi fosse il secondo allo stesso e questi, forse per la nuova emozione o per la nebbia che velocemente era calata non vedendo alcuno pronunciò la famosa frase. L'interpretazione moderna delle semplici parole "Non esiste secondo" esprime un concetto che i velisti di Coppa America conoscono bene: non vi è infatti alcuna gloria per chi perde poiché risulta totalmente sconfitto, perdente, ***inutilmente secondo.***

Dalla prima sfida ad oggi la conquista della Coppa America coinvolge centinaia di velisti, ingegneri ed architetti navali, progettisti, sponsor ed armatori pronti a duellare con le proprie imbarcazioni come fossero cavalieri di un torneo medioevale o più modernamente come due pugili pronti ad avvalersi degli errori e delle debolezze dell'avversario.

Nella regata di flotta si lotta per prevalere sul massimo numero di avversari, concentrandosi soprattutto sulle scelte da effettuare con la strategia e la tattica più redditizia tenendo poco conto del singolo. Nel match-race si guarda continuamente l'altra barca, si scruta lo sguardo dell'altro timoniere soprattutto in partenza, si coglie l'attimo per manovrare nel momento più propizio o di maggior difficoltà dell'avversario per stringere il controllo o per svincolarsi, si cerca il knock-out nelle penalità in cui si vuole far incappare.

Questa breve premessa dà l'idea di quanto possa differire una regata di flotta da un match-race, tant'è che, anche le normali regole di regata, sono state in alcuni punti modificate per ovviare o rendere più spettacolare la sfida. Come già affermato dal punto di vista tecnico, la regata corsa tra due soli yacht, si differenzia soprattutto per una tattica e strategia che i concorrenti esplicano esclusivamente sull'attacco e difesa sul singolo; ne deriva, come linea fondamentale, un'estenuante ricerca del controllo stretto dell'avversario, dell'errore dovuto alla perdita di concentrazione, all'esecuzione non perfetta di una manovra che avvantaggerà l'altro. Naturalmente a tutto questo vanno aggiunte tutte le variabili che fanno parte di una qualsiasi regata come le oscillazioni della direzione del vento, le differenti intensità che si trovano sul campo, la presenza di corrente, la scelta della rotta (bordo) finalizzando però ogni decisione tattico-strategica al fine di raggiungere una boa o il traguardo prima dell'altra barca. Inoltre l'adozione del sistema delle bandiere per richiedere l'intervento del giudice ottenendo l'immediata risposta ha abbattuto la barriera linguistica durante le proteste.

Già dall'inizio del confronto degli avversari nel match-race, l'esempio più lampante che anche un neofita può notare, è la partenza. Nelle regate di flotta vi è la ricerca della zona ove è più conveniente iniziare la bolina, senza dover subire o costringere singolarmente un avversario ad una cattiva partenza. Nel fleet-race inoltre si dovrà operare con destrezza ed abilità per partire in velocità delineando un'immediata tattica per distanziare gli avversari. Nel caso del match-race il compito è duplice: la miglior partenza è infatti quella che costringe il nostro avversario a partire dalla parte sfavorevole della linea, in ritardo e possibilmente nel rifiuto delle vele. Questo naturalmente è esemplificativo per l'ottimizzazione di una partenza tra due yacht, ma chiaramente una partenza va "costruita" nei minuti antecedenti lo start, momenti nei quali gli avversari duellano ai limiti del regolamento, per indurre l'avversario ad errori di manovra o di rotta. Un'inadempienza alle regole di regata nei momenti antecedenti la partenza può gravare sull'esito del risultato per le penalità inflitte su richiesta degli equipaggi da giudici specializzati, da eseguire prima dell'arrivo (se singola) o subito dopo lo start (se ad esempio nel pre-partenza si sono sommate due penalità) o, più drasticamente si può incorrere in una squalifica che dà al nostro avversario la vittoria prima ancora dell'inizio del primo lato del percorso.

Risulta quindi palese che nel match-race è richiesto un affiatamento tra i membri dell'equipaggio pressoché perfetto, sincronia con le scelte del timoniere o del tattico, nonché doti di fantasia, freddezza e lucidità, correlato da una perfetta conoscenza del regolamento di regata e del mezzo sul quale stiamo navigando: è necessario e fondamentale conoscere le reazioni del nostro scafo come il calcolo dell'abbrivio in accelerazione o di decelerazione del quale si può disporre in ogni condizione di vento e di mare, la manovrabilità con randa e genoa (o fiocco) in tutte le condizioni, l'azione del timone, la velocità di virata o di abbattuta a seconda dell'intensità del vento, nonché il raggio con il quale si attua il cambio di bordo.

Più che parlare di una strategia di partenza prestabilita, impossibile da determinare per le varianti che il nostro avversario può proporci, può essere determinante aver chiara la tattica del momento sfruttando le varianti che si prevedono in ambito di vento come intensità e oscillazioni/rotazioni.

Risulterà chiaro che tutti e due cercheranno di ottenere il massimo rispetto all'altro cercando, nella fase precedente allo start, di impedire all'avversario di navigare liberamente; fino a che non si decida di tagliare la linea nella posizione più favorevole per noi e più sfavorevole per l'avversario allo scadere del tempo, occorre, come si dice in gergo,"prendergli" la poppa navigando vicini leggermente sottovento limitandone così le possibilità di manovra all'orza per virare e alla poggia, decidendo poi di partire o appena sottovento costringendo l'avversario a virare perché disturbato dai rifiuti o "spingendolo" sottovento per avere la possibilità di virare per primi sul bordo opposto, nella zona del campo secondo noi strategicamente più favorevole.

Personalmente credo che il miglior match-race si veda con gli scafi di Coppa America sia per la bravura degli equipaggi, in quanto sicuramente i migliori in questo campo, sia didatticamente poiché le barche di grandi dimensioni muovendosi più lentamente permettono di osservare e studiare in modo dettagliato tutte le manovre che si sviluppano nel pre-partenza, aiutati anche dalle riprese televisive che da varie angolazioni riprendono la regata. Rispetto a piccoli cabinati le manovre sono più lente e quindi è più facile seguire le fasi insegnando a chi sta imparando tutte le manovre, le problematiche e lo specifico regolamento di questa tipologia di regata.

Storicamente c'è da sottolineare che negli ultimi vent' anni lo sport della vela con l'introduzione delle regate match-race (prima si correva con questa formula solo la Coppa America) come nuovo modello standard di competizione velica, divise in diversi livelli di valore dei concorrenti, (dicesi competizioni di "grado" 1, 2, 3, 4 & 5) ha ampliato e fatto specializzare in questa nuova forma di regata numerosi velisti facendo, in alcuni casi, venire alla luce particolari attitudini che nelle regate di flotta potevano rimanere in ombra. Da qui ne consegue uno studio ed una preparazione sempre più attenta ed adeguata a questo tipo di regata comportando una specializzazione da parte di velisti, già con un buon grado di conoscenza velica, ad un'abitudine non semplice da imparare. Ne sono testimoni alcuni grandi nomi che, seppur vincitori di medaglie olimpiche o mondiali, hanno dovuto "imparare" modificando l'interpretazione della regata in termini tattico-strategici per emergere nel match-race.

Infine, ma da tenere in massima considerazione, è il fattore psicologico dovuto inevitabilmente dallo scontro diretto con l'avversario; non è sbagliato affermare che occorre un nuovo modo d'impostazione mentale della regata tra due soli yacht rispetto al fleet-race ove la sicurezza nei propri mezzi, la determinazione, la volontà di vincere, la freddezza nel prendere decisioni non è più rivolta agli avversari in generale, ma tutto è riportato allo scontro diretto con una sola barca in cui è necessario essere sportivamente aggressivi. Nel match-race tutto è riportato ad un unico avversario, alla continua ricerca del suo punto debole, alla lotta, sempre nei limiti del regolamento, mettendo quasi da parte il fair play di cui lo yachting da sempre ha basato le sue regole non scritte. Insomma da quello che descriveremo e noteremo dalle figure del capitolo dedicato al match-race si potrà capire quanto diversa, per certi aspetti, sia la regata di flotta rispetto a quella fra due sole barche.

Come nota finale a questa introduzione, sia storica che esplicativa di come si interpreti la regata tra due sole barche, è giusto sottolineare che il capitolo cerca di dare indicazioni generali delle situazioni che più frequentemente si osservano nel match-race. Nella stesura mi sono reso conto che, come nella regata di flotta, le situazioni possono essere numericamente quasi infinite quindi, impossibile, descriverle tutte.

Percorso di una regata match-race

Se in una regata di flotta il percorso può variare nella sua forma ovvero da bastone a triangolo o quadrilatero quello del match-race si corre sempre su di un bastone senza boa di disimpegno in bolina, cosa che avviene sempre nelle regate di flotta per motivi di traffico e quindi di sicurezza. Nel match-race quindi si ha una partenza tra un battello comitato ed una boa (denominata "pin"), la boa di bolina e quella di poppa, con la variante (percorso di Coppa America) di una doppia boa di poppa aumentando, di fatto, le possibilità tattico-strategiche dei concorrenti alla fine dell'andatura portante potendo scegliere, a seconda della posizione e della scelta operata dall'avversario quale indifferentemente girare. Altra particolarità della regata di selezione (conosciuta come "Louis Vuitton Cup" dal nome dello sponsor) e di assegnazione della Coppa America (finali tra defender e challenger) sta nel fatto che la regola delle due lunghezze è valida solo alla boa di bolina mentre per quella di poppa le lunghezze diventano tre. Ultimamente è stato introdotto sui sofisticatissimi scafi che prendono parte a queste regate un sistema di segnalazione visiva che gli arbitri azionano quando i contendenti entrano dentro la zona delle due o tre lunghezze indicando di fatto l'ingaggio o il libero dalla prua dell'avversario di uno o dell'altro.

Percorso standard

Percorso alternativo

Da qualche tempo è stato introdotto un sistema con tre boe di bolina di colore diverso. Se è in uso questo sistema (deve essere specificato nelle istruzioni di regata) il Comitato di Regata segnalerà con il segnale preparatorio (ed una bandiera) il colore della boa per la prima bolina o con un gommone alla boa di poppa un'altra boa al vento verso cui navigare.

Percorso con cancello alla boa di poppa (Percorso "modello" Coppa America)

Regole fondamentali del match-race

1) Pre-Partenza

Il regolamento, da quando il match-race è entrato a far parte della tipologia di regate riconosciute dall'I.SA.F. (International Sailing Federation), si è modificato per alcune parti e procedure delineando le regole del match-race nella specifica Appendice C. Per svolgere questo tipo di regata chiunque si voglia cimentare in un match-race deve studiare le piccole e grandi differenze che sono state apportate rispetto alle regate di flotta.

Ad esempio la modalità di partenza di un match sotto riportata è scandita da un diverso tempo e procedura rispetto al fleet-race. Intanto le barche sono (prima dell'inizio) contrassegnate da una bandiera gialla se dovrà entrare da destra con mura a dritta ed una blu per la barca che dovrà entrare (sempre da sopravento alla linea) a sinistra con queste mura.

10 minuti prima della partenza viene esposto quale segnale di attenzione la bandiera "F" del C.I.S. accompagnato da un segnale acustico. (In Italia con la normativa della F.I.V. la procedura inizia ai -7 minuti). Ai 6 minuti viene ammainata la bandiera "F" senza segnale acustico e 5 minuti prima della partenza viene esposto quale segnale di avviso il Pennello 1 del C.I.S. con un segnale acustico. Quando mancano 4 minuti alla partenza viene esposto il segnale preparatorio con la lettera "P". In questa fase, cioè all'esposizione del preparatorio, devono trovarsi rispettivamente: quella contrassegnata dalla bandiera gialla a dritta della perpendicolare alla linea di partenza partendo dal battello comitato, mentre la barca con bandiera blu dovrà trovarsi al di là della perpendicolare alla boa con la linea di partenza dalla parte sinistra. Dall'inizio dei 4 minuti possono entrare da sopravento dentro la linea di partenza tagliando le perpendicolari (Fig.1.1 e 1.2). Se una o l'altra entra in anticipo la barca degli umpires (giudici specializzati in questa tipologia di competizione che seguono la regata in tempo reale) daranno una penalità da scontare dopo lo start. Esiste un tempo nel quale le barche devono attraversare completamente la linea di partenza da sopravento verso sottovento. Se questo non accade il comitato di regata segnala l'infrazione con il colore della bandiera dello yacht che non ha ottemperato alla regola ed i giudici assegneranno una penalità. Tutte le penalità che vengono inflitte durante la partenza vanno scontate dopo l'avvio della regata ovvero dopo il segnale di partenza. Rispetto ad una regata di flotta uno yacht che regata in un match-race può chiedere l'intervento dei giudici ogni qualvolta reputi che l'avversario abbia violato il regolamento esponendo la bandiera "Y" del C.I.S. I giudici, valutata la situazione, possono infliggere la penalità all'una o all'altra barca esponendo la bandiera del colore che contraddistingue le barche oppure esporre una bandiera a scacchi (2 bianchi e 2 verdi) reputando che nessuna regola è stata infranta oppure che i due umpires sul gommone non sono d'accordo oppure non si trovavano nella corretta posizione per giudicare. Se comunque una penalità è assegnata essa può essere eseguita durante l'arco della regata e non come nelle regate di flotta alla prima ragionevole occasione. Inoltre se la barca che ha subito la penalità riesce a far infrangere il regolamento all'altra (quindi affliggendo una penalità) la propria si annulla. C'è da precisare però che, se la penalità viene indicata oltre che con il colore della barca alla quale si vuole comunicare la decisione degli umpires anche da una bandiera rossa, ciò significa che essa va eseguita subito, se la regata è già partita o immediatamente dopo la partenza se sono in fase di pre-start. Questa regola si applica quando chi commette l'infrazione trae vantaggio dalla situazione inducendo gli arbitri a penalizzare con l'immediata effettuazione della penalità chi ha infranto il regolamento. Sempre in tema di penalità se gli umpires espongono la bandiera nera ad una barca che ha commesso un'infrazione reputano che il danno o il comportamento dello yacht sia grave, determinandone immediatamente la squalifica. Esiste anche la possibilità che gli umpires espongano due bandiere dello stesso colore e questo avviene quando sia stata riscontrata una deliberata infrazione di una regola.

Altra diversità nelle procedure di partenza, rispetto alle regate di flotta, è che non viene segnalato l'ultimo minuto con un segnale visivo o acustico. Al momento dello start vengono ammainate tutte le bandiere e, se deve partire un altro match, viene esposto il pennello numerico 2 che indica 5 minuti alla partenza. Dopo un minuto la lettera "P" (4 minuti alla partenza) e via di seguito. Infine se allo start una barca o tutt'e due si trovano oltre la linea di partenza o i suoi prolungamenti verranno richiamate con un segnale acustico e con l'esposizione sul battello comitato con la bandiera (gialla o blu) corrispondente. Per partire regolarmente non dovranno far ritorno dagli estremi ma potranno farlo anche lungo la linea. La bandiera che segnala la partenza anticipata rimarrà esposta finché tutta la barca sarà rientrata nella linea di partenza o nei suoi prolungamenti oppure per 2 minuti quale che sia il tempo più breve.

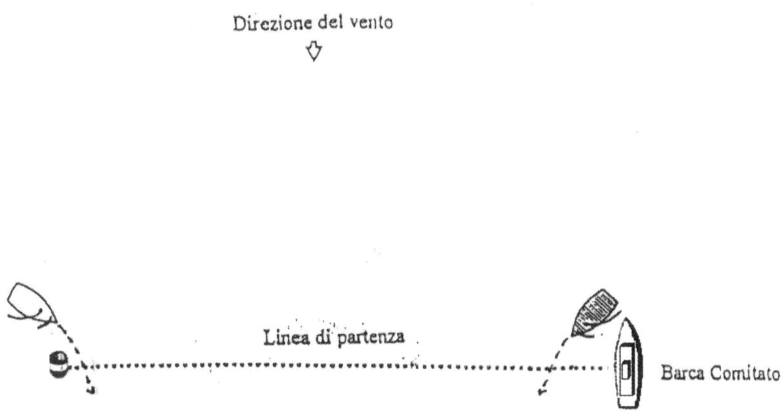

Fig.1.1

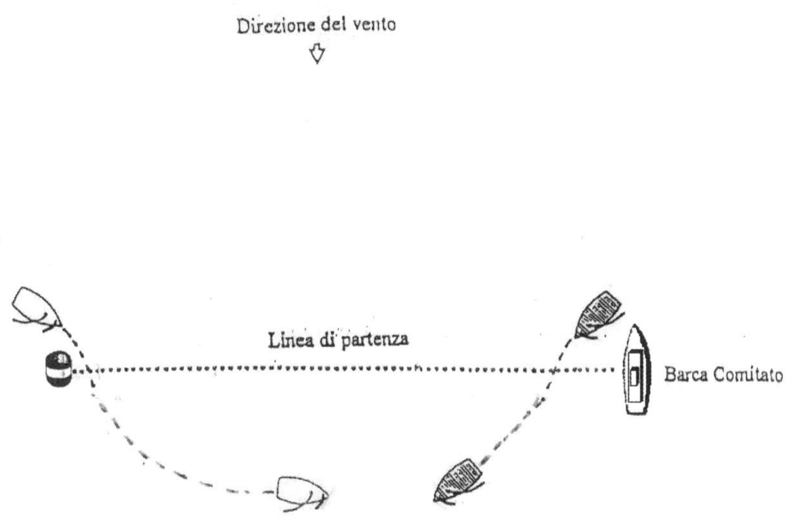

Fig.1.2

Penalità

Con il termine "penalità", citato molte volte nel paragrafo precedente s'intende una penalizzazione che uno yacht deve eseguire subito o entro la fine della regata affinché possa essere ritenuto arrivato. La penalità nelle regate corse a match-race consta nell'effettuazione di un 270° in bolina mentre se deve scontare una penalità nel lato di poppa deve ammainare lo spinnaker fino a che l'angolo di penna sia sotto l'altezza dell'attacco del boma sull'albero ed eseguire una virata fino ad una rotta oltre l'andatura di traverso. Per maggior precisazione l'angolo di penna dello spinnaker deve essere sotto all'attacco del boma solo tra il passaggio prua al vento e la successiva bolina stretta.

Manovre del pre-partenza

Entrando nella zona di pre-partenza non esistono sequenze o manovre "obbligatorie" ma, come accennato l'obiettivo dei due contendenti è quello di ottenere da subito il controllo affinché l'avversario o sia portato lontano dalla linea e quindi in ritardo alla partenza o lo si induca ad infrangere il regolamento facendogli acquisire una o più penalità. Diversamente dalle regate di flotta ove le infrazioni possono essere discusse alla fine della regata presentando, nelle procedure previste, una protesta alla giuria, nel match-race l'intervento arbitrale è immediato previa richiesta (con esposizione della lettera "Y" del C.I.S.) di una o dell'altra barca. Sono infatti presenti, sin dalle fasi preliminari della partenza, dei giudici specializzati in questo tipo di regata che seguono costantemente tutte le manovre delle due barche, dalla fase di pre-start sino al termine della regata. Questo fatto, particolarmente positivo, evita di lasciare alla sola descrizione dei fatti, al termine della regata in sede di discussione delle proteste, gli avvenimenti accaduti giudicando in tempo reale la singola situazione come un arbitro, ad esempio del calcio, che assegna una punizione o il rigore.

Dial-up

Una delle possibili manovre è detta "dial-up" che può svilupparsi successivamente nel cosiddetto "circling".

Queste terminologie indicano due specifiche fasi: il dial-up è solitamente imposto dalla barca che entra nel teatro di partenza con le mura a dritta, quindi con diritto di rotta: l'avversario (con mura a sinistra) per ribaltare il "diritto" di rotta vira ponendosi appena sottovento imponendo la regola 11 del regolamento di regata. La posizione finale nel dial-up, per chi si presenta all'incrocio con mura a dritta, non dovrebbe essere esattamente affiancata all'avversario ma leggermente indietro; questo permette alla barca che si presenta con diritto di rotta a mantenere una posizione di controllo maggiore: per far sì che questo avvenga occorre rallentare la velocità lascando completamente la vela di prua in modo di arrivare nella posizione di prua al vento con minore velocità e, quindi, di fermarsi prima rallentando l'abbrivio (Fig3a). Questa tecnica di "affiancamento" all'avversario sarà più efficace tanto più la barca è grande.

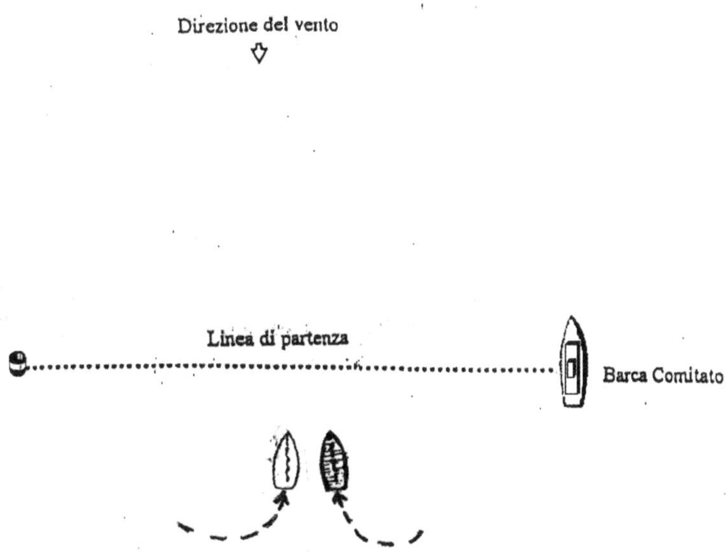

Fig.1.3 Dial-up (Barche affiancate)

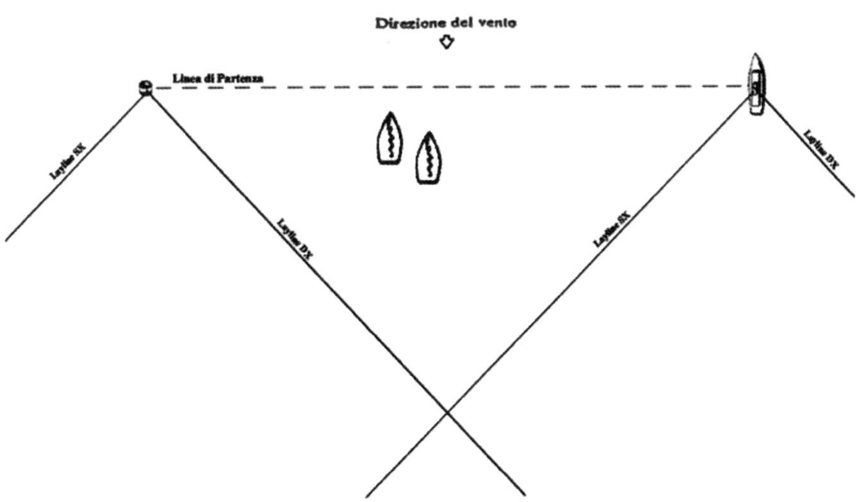

Posizione ideale di massimo controllo
Fig.1.3a

Le fasi del dial-up possono sembrare semplici agli occhi di un neofita ma in realtà è il primo delicatissimo incontro con l'avversario. Le difficoltà per la barca che entra con mura a dritta si possono riassumere nel "puntamento" sulla rotta congiungente dell'avversario con mura a sinistra (Fig.1.2) il quale non ha altra possibilità che mettersi sulle mura opposte pur rimanendo nell'angolo morto. Quando la linea di partenza è perfettamente perpendicolare alla direzione del vento, e le due barche contemporaneamente entrano sottovento dalla boa di partenza (denominata "pin") e dal comitato di regata, il dial-up è l'inizio classico e più frequente della prima fase del match. Spesso, con vento leggero, le fasi successive "all'incontro" delle due barche si possono sviluppare anche oltre la linea di partenza non pregiudicando un'infrazione al regolamento poiché la lettera "P" del regolamento di regata permette di oltrepassarla anche durante l'ultimo minuto senza l'obbligo del rientro dagli estremi; una volta che si decida di iniziare la regata, anche dopo l'ammainata dei segnali, è sufficiente che, per essere considerati partiti, si rientri completamente sottovento alla linea. Nella situazione descritta la tattica e la strategia saranno facilitate producendo un netto vantaggio sia per la scelta della zona in cui partire per navigare sulla parte del campo prescelta ma soprattutto anche in termini temporali posticipando la partenza dell'avversario. Chi controlla, infatti, ponendosi sottovento all'altro impedirà l'abbattuta o virerà contemporaneamente trovandosi nella stessa posizione di controllo sulle altre mura (Fig.1.3b) sia che questa fase si sviluppi verso la parte destra del campo ossia con le due imbarcazioni con mura a sinistra, sia verso la boa con le mura opposte.

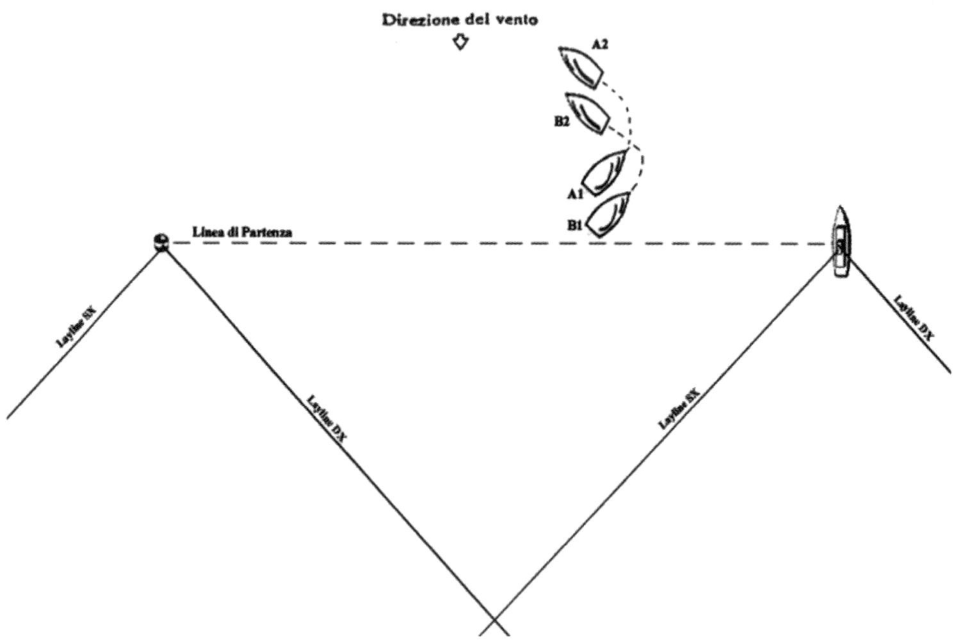

Fig.1.3b

Sempre a proposito del dial-up si può asserire che questa manovra deve essere perfettamente eseguita da tutte e due le barche poiché incorrere in un errore di "posizionamento" di colui che entra con mura a dritta o di ritardo nel virare della barca che incrocia con mura a sinistra pregiudica nel primo caso la perdita del controllo stretto dell'avversario, nel secondo una penalità per non essersi tenuto discosto sufficientemente.

La giusta posizione di chi entra con mura a dritta è illustrata nella fig.3a permetterà di controllare tutte le mosse dell'avversario decidendo poi per primo quando lasciare la fase di dial-up per impostare la partenza dal lato prescelto. Se altresì il posizionamento è sbagliato il vantaggio delle mura a dritta viene annullato dando la possibilità all'avversario di svincolarsi dal controllo. Gli errori più frequenti si possono principalmente osservare nei due illustrati nelle fig.1.3c e 1.3d. Come si nota un "affiancamento" che oltrepassi l'avversario permette all'altra barca di "prendere la poppa" più facilmente iniziando a controllare le manovre di chi è entrato con mura a dritta. Un secondo errore è quello di affiancarsi ad una distanza troppo ampia che permetta (quando le barche iniziano a fermarsi) a far sì che la barca sottovento riesca a poggiare con il fiocco a collo dietro alla barca sopravento svincolandosi dal controllo.

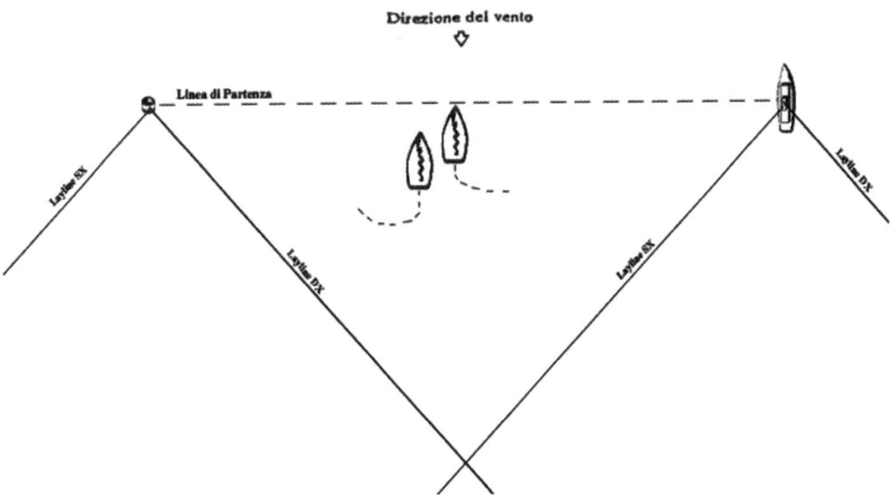

Fig.1.3c

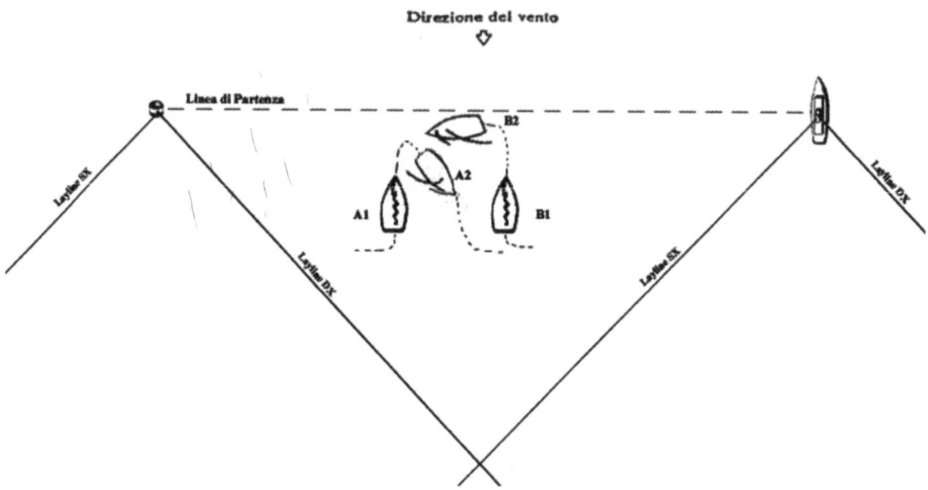

Fig.1.3d

Altro errore per chi detiene il vantaggio iniziale delle mura potrebbe essere quello di entrare sulla linea con un po' di ritardo permettendo all'avversario di sfilare davanti alla prua perdendo così l'occasione di comandare dopo poche decine di secondi il match (Fig.1.4)

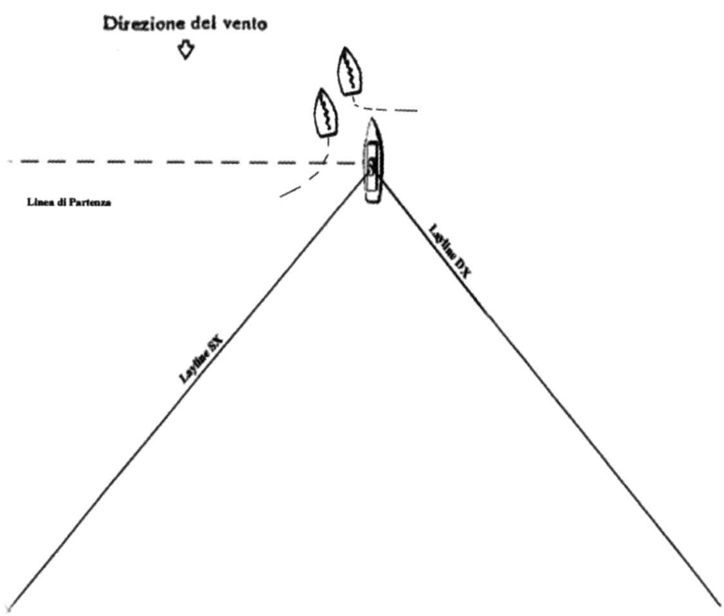

Fig.1.4

Il caso della Fig.1.4 può considerarsi "estremo" poiché è improbabile un errore così marcato della barca che entra con mura a dritta. Comunque se questo si verifica la barca entrata con mura a sinistra, vedendo in gran ritardo l'avversario, punta verso la barca comitato, vira e aspetta la barca con mura a dritta impedendogli di entrare nella linea imponendo la regola 11.

Molto più veritiero è invece il caso da un leggero salto di vento verso dritta a favore di chi entra con mura a sinistra che permette di sfilare di prua all'avversario. Sebbene questo possa favorire un controllo abbastanza stretto da parte dell'altra barca, che tenderà a seguirlo il più vicino possibile, la distanza creatasi darà la possibilità a chi è riuscito a passare davanti alla prua dell'avversario, di virare o abbattere per avere successivamente diritto di rotta.

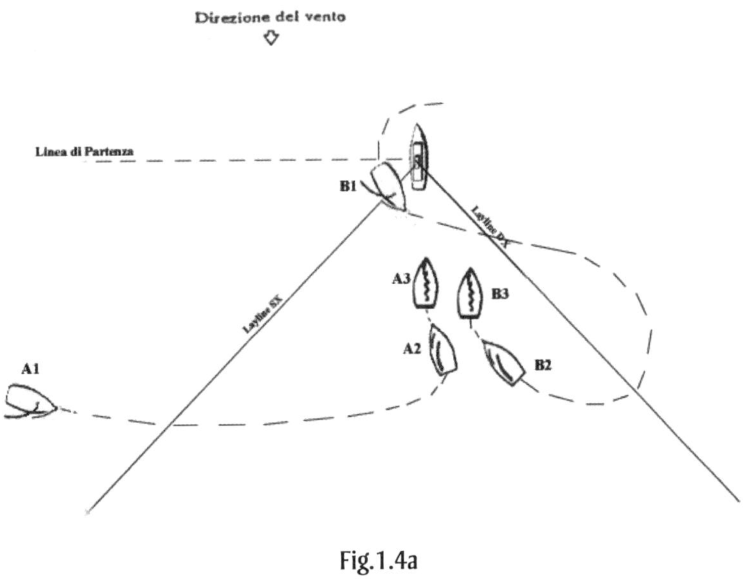

Fig.1.4a

La barca con mura a dritta, sicura che all'incrocio quella con mura a sinistra passi con un certo margine, può decidere anche di abbattere subito dopo essere entrato sotto la linea di partenza mentre l'altra barca orza per "chiudere" la distanza (Fig. 1.4a); questo permetterà alla barca entrata dalla parte del battello comitato di allungarsi ed avere lo spazio per manovrare in modo da presentarsi di nuovo con mura a dritta sull'avversario.

Ugualmente chi entra con mura a sinistra deve cercare di tagliare la linea all'inizio dei quattro minuti che sanciscono il tempo di pre-partenza perché un ritardo può causare un'impossibilità di entrata dovuta alla barca con mura a dritta che, dopo aver ottemperato gli obblighi di entrata sotto la linea, con diritto di rotta può impedire all'avversario di iniziare le fasi che precedono lo start. In questo caso il ritardatario se non riesce ad ottemperare gli obblighi di pre-partenza nei minuti previsti risulterà non partito (Fig.1.5).

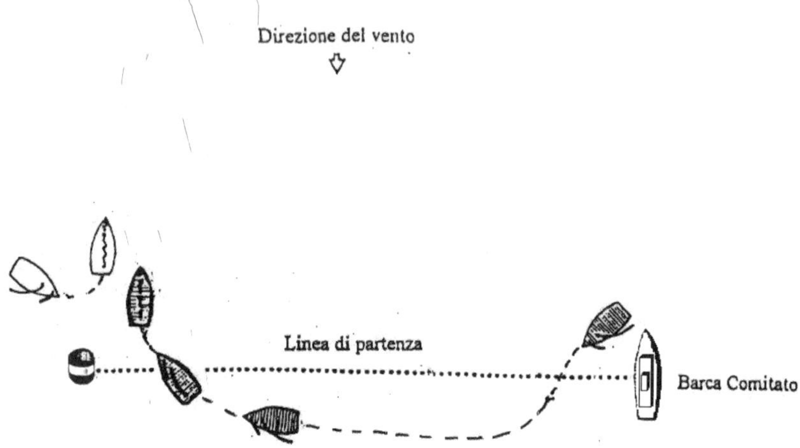

Fig.1.5

Il dial-up, che nel 90% dei casi inizia la fase di partenza, vede la barca con mura a dritta orzare non prima che l'abbia fatto quella con mura a sinistra poiché è una manovra indotta da quest'ultima che poi virerà mettendosi sul nuovo bordo in andatura di bolina stretta per poi orzare nuovamente. La barca con diritto di rotta gli si affiancherà a stretta distanza aspettando la futura manovra (mossa) dell'avversario. Non a caso si può usare un termine scacchistico poiché la stretta vicinanza all'avversario, oltre che rendere più difficile il controllo della barca in prua al vento, scatena una battaglia di nervi con i rispettivi equipaggi (e soprattutto i timonieri) che iniziano a guardarsi e studiarsi al fine di cogliere il momento più opportuno per prendere l'iniziativa che porti la propria barca al controllo dell'altra. Il dial-up non ha un tempo prestabilito, ma dura finché uno dei due contendenti non decide di rompere questa situazione; le condizioni meteorologiche giocano un ruolo determinante specialmente su scafi di grandi dimensioni (es. i Coppa America) ove lo stress delle attrezzature e specialmente delle vele che sbattono possono determinare la scelta di una strategia più conservativa. Inoltre quando le barche, costrette a rimanere con mura a dritta, variano seppur di poco la posizione, si vede manovrare la barca attraverso lo spostamento da un lato o dall'altro della vela di prua da parte del prodiere; il mantenimento della posizione ed il controllo dello scafo in questa fase è fondamentale anche perché con le barche molto vicine è facile passare da una situazione di controllo ad una in cui l'avversario può richiedere una penalizzazione agli umpires (giudici che seguono in tempo reale tutte le manovre). Altro momento particolarmente difficile per le due imbarcazioni in fase di "mantenimento della posizione" è quando, finito l'abbrivio, si inizia a fare marcia indietro; il timone in retromarcia agirà al contrario ed ora più che mai l'equipaggio dovrà essere estremamente reattivo ad ogni richiesta del timoniere o del tattico per riuscire a mantenere la posizione. Di solito è proprio in questa fase che uno dei due equipaggi decide di rompere il dial-up cogliendo il momento favorevole per manovrare rispetto all'avversario. Dalla posizione di prua al vento con pochissima velocità, fermi o addirittura in retromarcia la direzione per la nuova rotta è data essenzialmente dalla capacità e prontezza dell'equipaggio nel manovrare le vele: il fiocco tenuto forzatamente da un lato e la randa completamente lascata sposteranno velocemente la prua verso la direzione desiderata. Naturalmente anche l'avversario appena vede che l'altra barca decide di uscire dal dial-up si affretterà a seguirlo affinché lo spazio tra i due scafi sia ridotto al minimo. Solitamente chi rompe il dial-up tende ad andare verso il lato dritto della partenza per ottenere con una manovra successiva le mura a dritta per acquisire diritto di rotta sull'avversario. Come già accennato quest'ultimo cercherà di manovrare velocemente per lasciare meno possibilità di manovra all'altro e per indurlo ad infrangere il regolamento. Infine se la barca che rompe il dial-up sceglie di andare verso la parte sinistra limitando le possibilità di disingaggio dall'altra cambiando bordo potrà riprovare a tornare di nuovo nella posizione di dial-up per cercare di uscirne con miglior successo.

Il Circling

Il circling, (Fig.1.6) che significa letteralmente movimento circolare, si sviluppa di solito alla fine del dial-up quando le barche cercano con veloci virate ed abbattute (disegnando in realtà un ovale visto che devono mantenere alta la velocità) per ottenere il controllo dell'avversario: colui che per primo impedisce all'altro di manovrare acquisirà la priorità di manovra decidendo quando avvicinarsi alla linea. Il circling in realtà è usato specificamente per "bruciare" tempo ovvero far trascorrere uno o due minuti cercando di mettere in difficoltà l'avversario quando la fase di dial-up si è rotta pochi secondi dopo il suo inizio. Un errore è quello di credere che una barca manovri al fine di "prendere la poppa" dell'avversario ma è opportuno chiarire che nessuno prende la poppa dell'altro perché le barche sono entrambe costantemente sotto le regole 13 e 10 e 16.

La posizione sul campo nel quale avviene il circling è, di solito, non troppo distante dalla linea di partenza ma non esiste un valore numerico (es. espresso in lunghezze) poiché a seconda delle caratteristiche delle imbarcazioni e dell'intensità del vento può variare anche di molto.

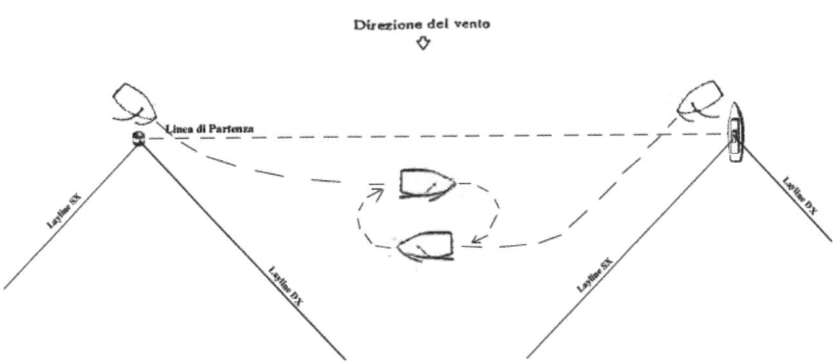

Fig.1.6

L'uscita dalla fase di circling può e deve essere decisa a seconda di dove si voglia iniziare la regata, ovvero se dalla parte destra del campo o dalla sinistra. In altre parole supponendo che con il circling si stia manovrando sottovento al centro della linea di partenza, l'imbarcazione più vicina alla linea (cioè quella più sopravento) se vuole mantenere la parte sinistra cercherà di abbattere lasciando sopravento l'avversario mentre se si opta per mantenere la destra si orzerà per virare successivamente lasciando l'altra imbarcazione sottovento. Sia che si scelga di partire a sinistra o a dritta occorre non anticipare troppo le manovre per non indurre l'avversario a contromosse che possono impedire di navigare dalla parte prescelta per la partenza.

Dial- down

Questa manovra, o per meglio dire soluzione tattica, non è frequente ma è un'opzione; descrivere come avviene per poter usufruirne in caso di messa in opera su di un avversario o per difendersi da questa mossa può essere utile. Il dial-down è da interpretarsi come tentativo (di solito attuato sotto la linea di partenza) come "mossa a sorpresa". Essa si attua preferibilmente quando si è pressati, in andatura larga (gran lasco, poppa), da un avversario a noi vicino; per svincolarsi da chi attua un stretto controllo in andatura larga ovvero ribaltare la situazione a favore si possono cazzare le vele al centro rallentando molto la velocità per far si che chi segue operi la stessa manovra con un di ritardo passando da inseguitore ad inseguito. A volte questa manovra sorprende ed i risultati possono essere positivi, ma talvolta la situazione rimane tale per la prontezza di attuazione della stessa tattica da parte dell'avversario: questo non è altro che il vero e proprio dial-down, ovvero una posizione che si può definire di "stallo" con le due barche che procedono ad andatura ridottissima di poppa in filo al vento.(Fig.1.7)

Fig.1.7

Attraverso alcuni disegni sarà più facile interpretare le situazioni più favorevoli di pre-partenza che si devono cercare di ottenere in un match-race dopo che uno dei due yacht è riuscito a mettersi in condizione di controllare la mosse dell'avversario.

Time-distance

Nel match-race, rispetto ad una regata di flotta, l'obiettivo, come vedremo in seguito, è quello di mettere in difficoltà l'avversario, di indurlo a commettere infrazione del regolamento per cui, lo scadere del tempo di partenza, può passare in secondo piano. Non è quindi importante partire esattamente allo sparo ma creare una situazione che faccia iniziare la regata all'avversario il più tardi possibile rispetto all'altro; si verifica per esempio che la bravura di un equipaggio blocchi la manovra all'altro sopra la linea di partenza: solo quando chi comanda deciderà di andare a partire permetterà (con il maggior ritardo possibile) all'altro di adempiere le operazioni di partenza.

Il time-distance diviene invece molto importante nella situazione in cui la barca dietro cerchi di spingere l'altra verso la linea; manovrando repentinamente cercando l'ingaggio sottovento costringerà la barca che precede ad avvicinarsi alla linea che tenterà di rallentare ogni qualvolta che l'altro orzerà. D'altro canto chi è davanti cercherà di mantenere stretta la distanza al fine di partire appena sottovento, quando l'altro orza, per danneggiarlo con i propri rifiuti. Se le due barche sono nella zona destra e la partenza è favorevole sulla parte sinistra, cioè vicino alla boa, questa sarà la tattica che, chi è davanti, proporrà mentre se la zona favorevole è la destra chi precede dovrà assolutamente guadagnare lo spazio necessario per virare senza che l'altro possa chiedere il diritto di rotta.

Layline di partenza

Un altro elemento fondamentale nella costruzione di una buona partenza sono l'esatta conoscenza delle layline che delimitano le rotte in andatura di bolina sia dalla parte del comitato sia di quelle della boa ("pin"); essere all'interno o all'esterno di esse aumenta o riduce sensibilmente la possibilità di manovra.

Controllo dell'avversario da poppa leggermente sottovento

La cosiddetta "presa" della poppa determina il controllo dell'avversario; mantenendo l'ingaggio da sottovento ad una distanza di una lunghezza o meno si impedisce all'altra barca di poggiare e quindi di abbattere; se per liberarsi tenterà di virare la manovra potrà essere bloccata da un ingaggio sopravento limitandone la manovra fino non oltre la prua al vento: per riuscire a smarcarsi da un controllo stretto abbiamo fatto l'esempio come nel dial-down di cazzare le vele molto oltre la loro naturale posizione in andatura oppure la ricerca di barche ormeggiate vicino alla rotta può creare situazioni nuove e quindi aprire la possibilità dello smarcamento.

Seguendo A, B è in posizione di controllo. In posizione 2 A orza e tenta di allontanarsi per virare mentre B lo lascia andare attendendo la mosse di A.

Nella posizione 3 A poggia decisamente e B lo segue. Queste manovre (tentativo di orzare per virare e decise poggiate) possono succedersi con innumerevoli tentativi da parte di A per liberarsi di B fino a che, con lo scorrere del tempo di partenza B anticiperà l'abbattuta (B4) consentendo ad A di seguirlo. Chiaramente B tenterà di ritardare il più possibile questa manovra controllando poi lo spazio all'orza verso la linea di partenza o poggiando sulle vele dell'avversario se egli tenta di superarlo dal lato di sottovento ma soprattutto di passare sottovento e quindi con diritto di orzare. Quest'ultima fase può essere molto delicata per A dato che deve cercare di mantenere nel cono di rifiuto B senza che riesca ad ingaggiarsi sottovento che altrimenti lo costringerebbe a rispondere all'orza. (Fig.1.8)

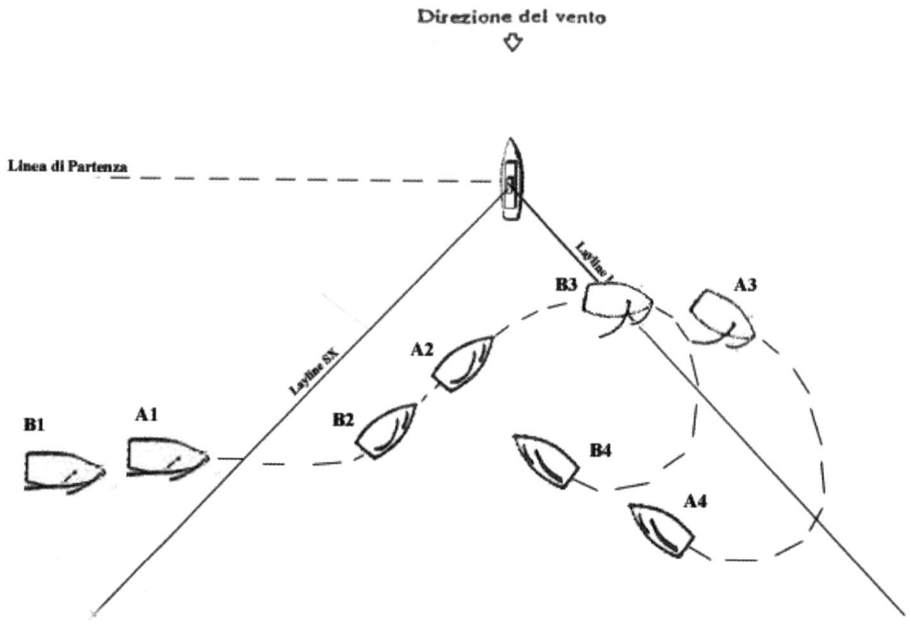

Fig.1.8

Seguire a breve distanza l'avversario è sicuramente il controllo più stretto e più redditizio ai fini di una partenza. Per ottenere ciò i velisti che praticano il match-race studiano continuamente nuove tattiche, mosse e contromosse al fine di mantenere il controllo o eluderlo. Ci sono però alcuni punti fissi ai quali tutti i regatanti fanno riferimento.

Ad esempio, prima che inizino le schermaglie della partenza, ciascun equipaggio ha individuato la zona di partenza più favorevole in riferimento all'inclinazione della linea di partenza, alla tendenza di oscillazione del vento del giorno, della presenza e direzione della corrente. E' ovvio che difficilmente le scelte strategiche (specialmente ad alto livello) siano opposte quindi già dall'inizio tutte e due le barche tenderanno a conquistare la stessa posizione cercando di "scacciare" l'avversario da quella zona e dalla parte favorevole del campo o comunque impedirgli al massimo le possibilità di manovra.

Aiutandosi con alcuni disegni si possono elencare le tattiche più frequenti ed opportune per attaccare e difendere un lato della linea da parte di una barca e quel che può fare l'altra capendo le mosse dell'avversario. Non è detto quindi che chi subisce la fase iniziale della partenza non possa durante le ultime fasi di essa vincere l'inizio della regata allo scadere del tempo.

Partenza per sfruttare la parte destra del campo di regata

Dopo il dial-up, se il primo a rompere questa fase è quello sopravento (quello più a destra), egli tenterà di guadagnare spazio navigando in andatura larga sulla zona destra della partenza cercando di non oltrepassare la layline di dritta in modo da poter eventualmente scegliere di virare anziché abbattere. Di solito conviene abbattere, poiché la virata è una manovra più lenta che non porta sottovento. Se, l'obiettivo di creare spazio sufficiente è riuscito, la nuova posizione di chi ha abbattuto indurrà l'altra barca o ad eseguire la stessa manovra che cercherà di mantenersi a sinistra non ingaggiata in modo da poter essere libera di poggiare se l'avversario tenta di infilarsi sottovento. Se invece lo spazio è insufficiente per manovrare abbattendo si orzerà bloccando l'altra barca che ci segue fino alla prua al vento proponendo un dial-up che però non ha molte chance di riuscita data la posizione sopravento dell'avversario a poco tempo dallo scadere dello start.

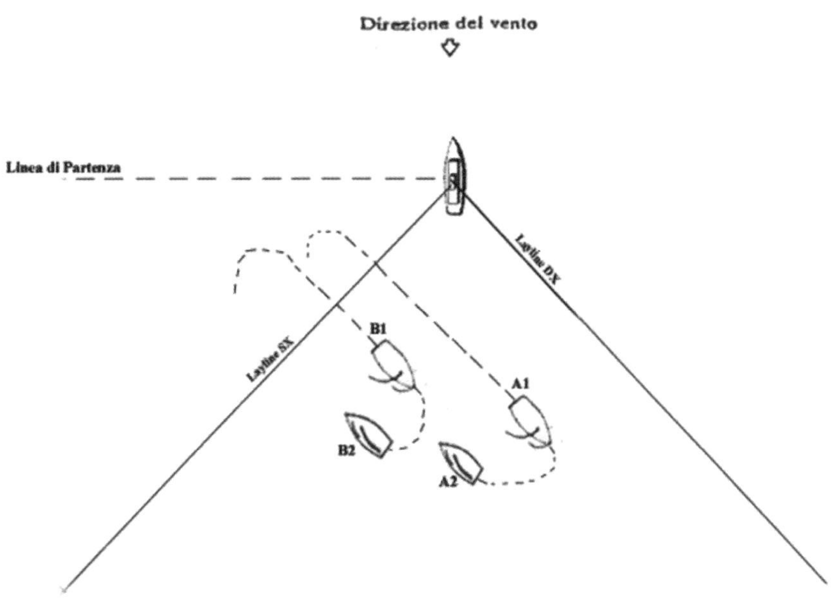

Fig.1.8a

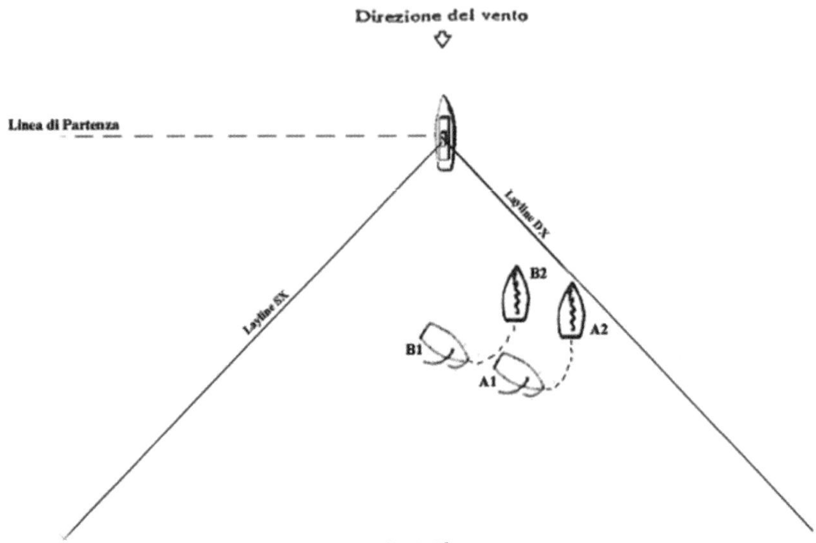

Fig.1.8b

Altra scelta piuttosto frequente, se chi segue non vuole scendere troppo sottovento, è quella di orzare ad una certa distanza dopo che l'avversario ha abbattuto per virare sopravento, a circa due lunghezze; questo permetterà di aver spazio per poggiare cercando l'ingaggio e spingere l'avversario verso la linea inducendolo a partire in anticipo o, comunque, a tenersi la parte destra scelta in fase di studio del campo virando poco prima di tagliare iniziando con mura a sinistra la regata.

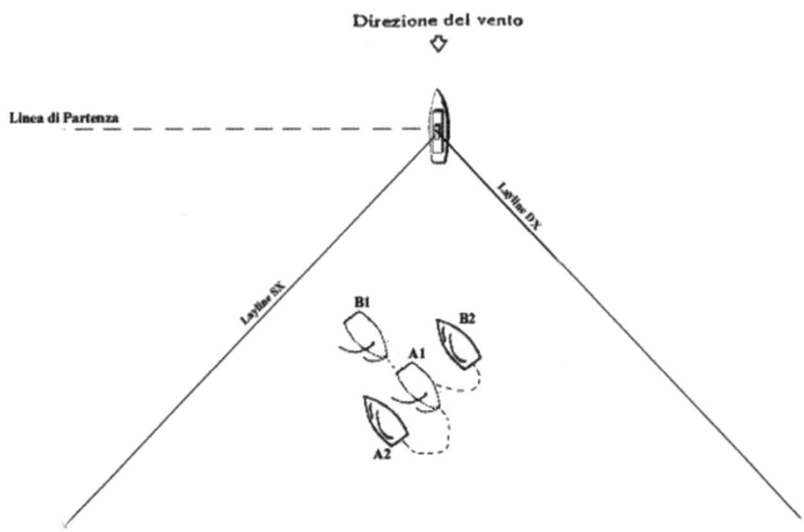

Fig.1.8c

Infine altri due esempi classici che frequentemente si vedono quando la partenza si sviluppa in questa zona. Se le barche, con un certo anticipo, sono già mura a dritta sotto la layline di destra della barca comitato (Fig.1.8d) quella sopravento creatasi lo spazio per poggiare può spingere l'avversario verso sinistra cercando di ingaggiarsi sottovento costringendo l'altra barca che non vuol permettere il controllo a poggiare; ne seguirà un susseguirsi di manovre all'orza e alla poggia comandate da chi segue fino ad una/due lunghezze dalla linea. A questo punto la barca sopravento virerà a si predisporrà a tagliare la linea di partenza alla massima velocità con mura a sinistra verso la parte destra del campo ritenuta più favorevole. All'avversario non resta che cercare di scendere il meno possibile verso la boa, accelerare ed eventualmente virare appena possibile per limitare lo svantaggio del non perfetto inizio di regata.

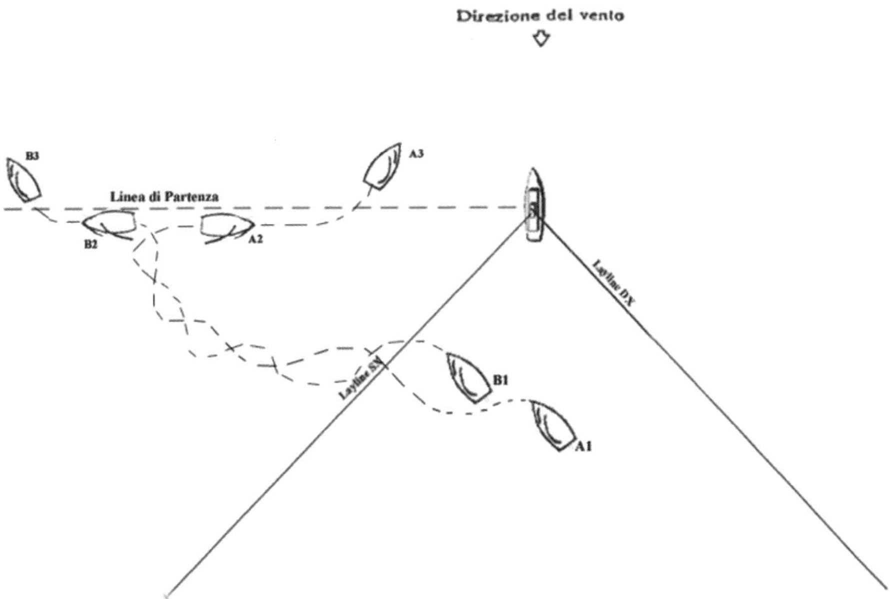

Fig.1.8d

L'evoluzione delle manovre descritte si sviluppano pressoché ugualmente, anche se le barche si trovano sopra la layline di dritta del comitato (Fig.1.8e). Naturalmente la barca B avrà tutto l'interesse a tornare dentro la layline appena A tenterà di ingaggiarsi sottovento per non rimanere fuori dalla partenza e lo farà con le stesse manovre di poggiata ed orzata; il risultato finale è sicuramente diverso da quello precedente ovvero le due barche partiranno molto vicine con mura a dritta, ma la barca sopravento avrà per prima la possibilità di virare e navigare sulla parte destra del campo.

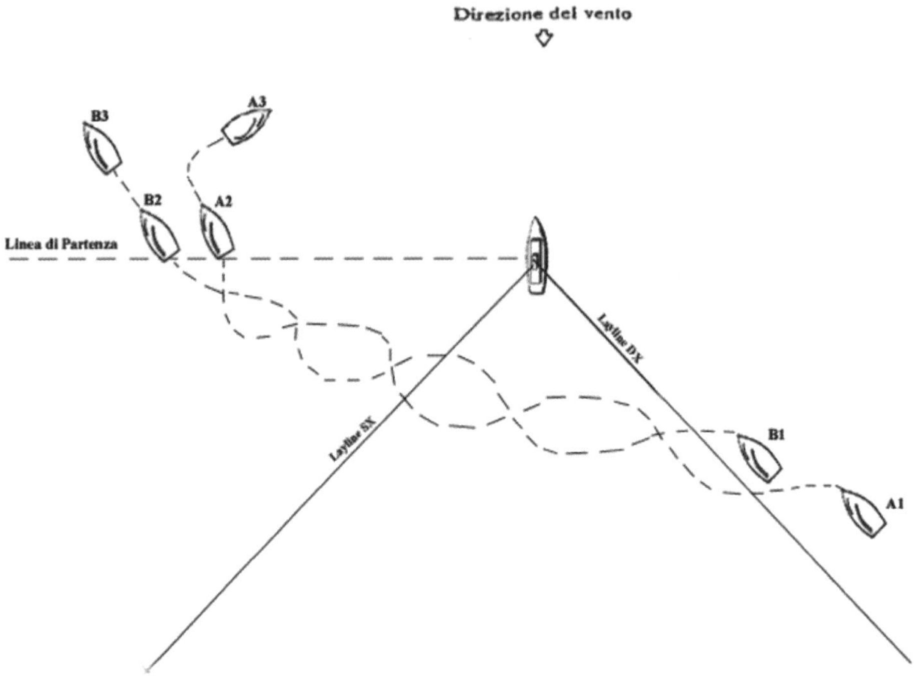

Fig.1.8e

Una partenza dalla parte del battello comitato, cioè con preferenza della parte destra del campo di regata può svilupparsi anche se le barche non sono vicine alla layline di destra perché uno dei due contendenti riesce a "spingere" l'avversario costringendolo dalla parte opposta della linea. Per attuare tale tattica occorre un notevole anticipo nel capire l'evolversi delle manovre che si svolgeranno durante l'ultimo minuto. Tutto comincia a circa un minuto dallo start con le due barche molto vicine in bolina mura a dritta con chi naviga sottovento in pieno controllo, portando l'avversario come si nota dalla figura 1.8f, ad essere in anticipo sulla linea; a circa una lunghezza da essa, per interrompere il controllo tenterà di virare ma la simultaneità dell'altro impedirà la navigazione sulle nuove mura ingaggiandosi di sottovento. A questo punto chi avrà tentato la virata (peraltro già sulla linea o addirittura fuori da essa) sarà costretto a tornare con mura a dritta, accelerare poggiando verso la boa e, se uscito, compiere il ritorno completo della barca dentro la linea; l'altra barca poggerà verso il battello comitato in bolina larga, andatura che gli consentirà di tagliare al momento dello start con buona velocità con mura a sinistra dirigendosi verso la parte del campo scelta strategicamente (Fig. 1.8g) o, se in anticipo, potrà allargarsi per virare (sempre con ottima velocità) per navigare con mura a dritta verso l'immediato controllo dopo la partenza dell'avversario sottovento.

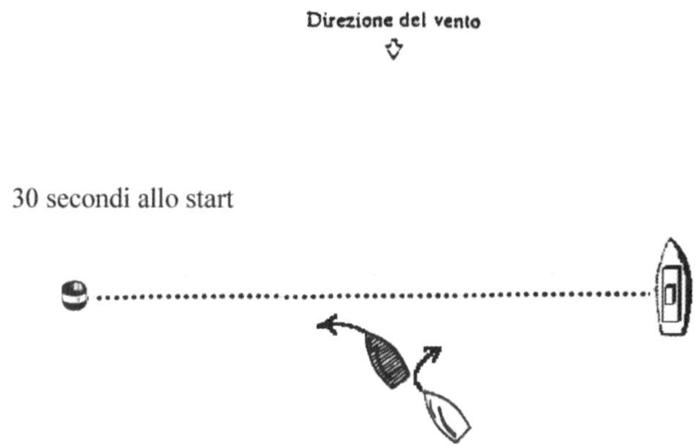

Fig.1.8f

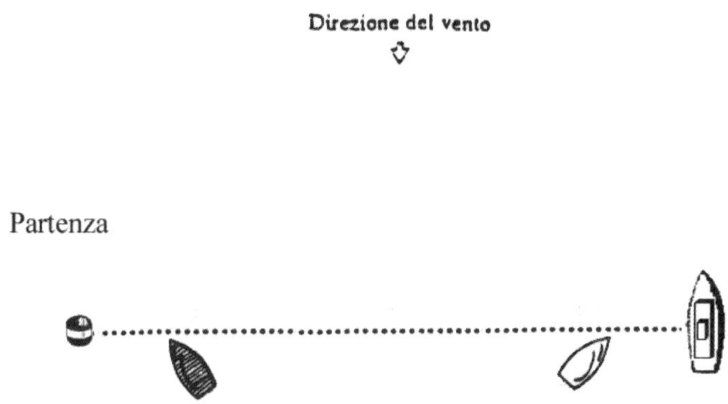

Fig.1.8g

Tattica di partenza in prossimità della boa

Questa tipologia di partenza di solito si sviluppa inizialmente dalla parte destra del campo per poi, a seconda dell'intensità del vento, cercare la migliore posizione sulla layline si dritta della boa cioè il più vicino possibile alla rotta che permette di tagliare con mura a dritta la linea dalla parte della boa. Quando la partenza consiglia la parte sinistra del campo di regata, durante le fasi conclusive del tempo di partenza, se le due barche hanno operato un time-distance perfetto dovranno solo cercare di navigare al massimo della velocità; la disposizione delle barche, schematizzando, potrà essere:

1) non troppo vicine, ovvero quella di sopravento nelle fasi precedenti allo start avrà creato uno

spazio tale da non essere infastidita dai rifiuti della barca sottovento, ma neppure con una separazione che permetta una doppia virata a quest'ultima per partire appena sottovento.

2) se vicine, quella sopravento, cercherà di orzare al massimo, rallentando leggermente, per guadagnare spazio sopravento per non essere costretta a virare subito dopo la partenza; naturalmente l'avversario cercherà di mantenere la vicinanza orzando anch'egli al massimo per disturbarlo ma dovrà stare attento ai successivi tentativi della barca sopravento che a questo punto, poggiando, cercherà un ingaggio appena sottovento all'avversario per indurlo ad una penalità o ad una partenza anticipata. Se il time-distance è a favore di chi sta subendo i tentativi di ingaggio sottovento, ovvero può procedere verso la partenza senza pericolo di incorrere in un taglio della linea in anticipo, la soluzione si sviluppa nei secondi immediatamente prima dello start sapendo che la barca sopravento non tenterà più di poggiare per non partire nel rifiuto delle vele. Sarà quindi abilità di chi sta navigando sottovento capire quando l'avversario non ha più possibilità temporali di effettuare l'ingaggio partendogli molto vicino sottovento ed inducendolo a virare subito verso la parte indesiderata del campo.

Partenze che si sviluppano sotto la layline di sinistra della boa (o in prossimità della parte sinistra della linea di partenza) sono più rare poiché, detto semplicemente partire con le mura a dritta è troppo favorevole. Se per ragioni di evoluzione e di manovra dei due contendenti la zona in cui si svolgono le ultime fasi della partenza sono in prossimità della parte sinistra è molto avvantaggiato chi riesce a tener fuori dalla layline l'avversario orzando, come avviene oltre la layline di dritta dalla parte destra del campo (Fig.1.8h).

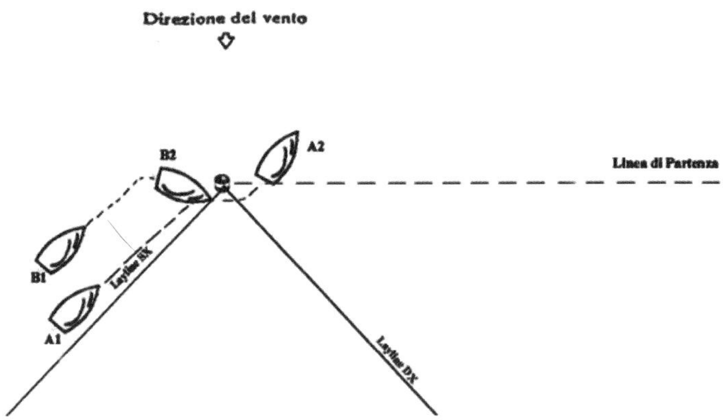

Fig.1.8h

Partenza per sfruttare la parte sinistra del campo di regata

L'inizio delle fasi di pre-partenza dopo il dial-up possono essere le stesse di una partenza favorevole sulla parte destra del campo ma, chiaramente, si tenderà a scendere verso la layline di dritta della boa per accelerare durante l'ultimo minuto in prossimità della stessa. Le barche potranno operare il circling o le manovre di marcamento/smarcamento appena sopra la layline di destra (dipende molto anche dall'intensità del vento che può far allontanare più o meno le barche dalla linea) per ottenere la miglior posizione per trovarsi negli ultimi 30-40 secondi vicino alla zona strategicamente desiderata. Le diverse condizioni di intensità del vento determineranno infatti temporalmente la scelta dell'avvicinamento alla zona favorevole. Qui la tattica più classica è quella di spingere il prima possibile l'avversario con anticipo per farlo incappare in una partenza prima dello start (Fig.1.8i) o, meglio ancora farlo uscire dalla layline di destra. Se quest'ultima manovra riesce s'impedirà anche la virata costringendo l'altra barca ad abbattere per passare sull'altro bordo con ulteriore perdita di terreno.(Fig.1.8l)

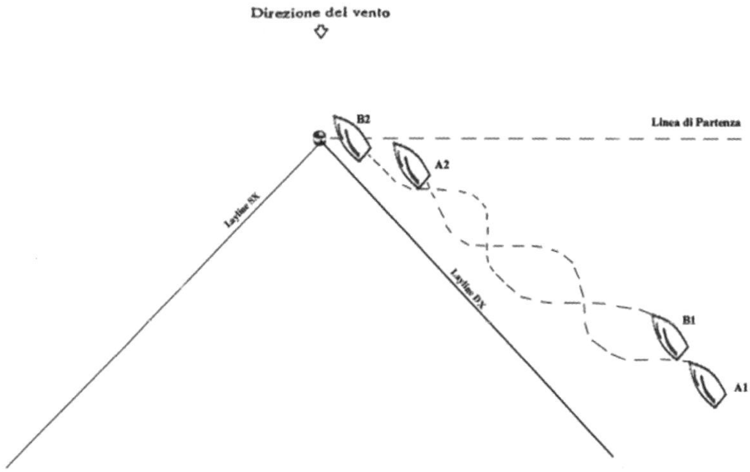

Fig.1.8i

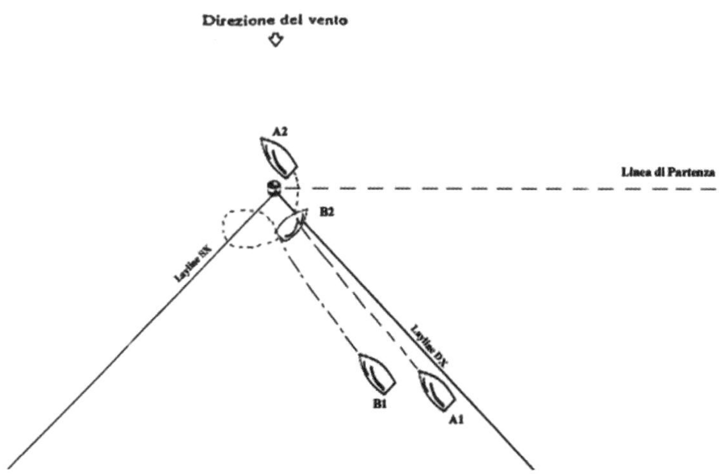

Fig.1.8l

Anche se più raro le due barche possono trovarsi mura a sinistra in prossimità della layline opposta a quella descritta negli esempi precedenti. In questa situazione la barca più vicina alla linea deve cercare per tempo di accelerare e disingaggiarsi a meno che non si trovi già oltre la layline di sinistra "bloccata" dalla possibilità di svincolarsi dall'avversario (Fig.1.8m) se non accodandosi in ritardo allo start.

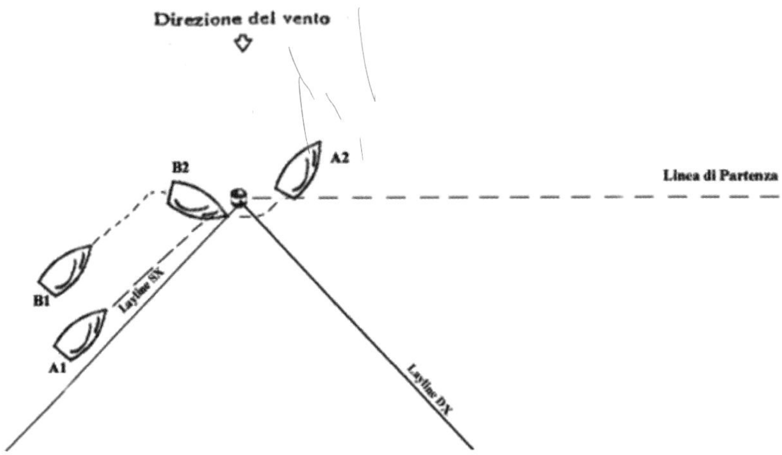

Fig.1.8m

Supponendo però di essere sotto la layline di sinistra pressati dall'avversario occorre, rotto l'ingaggio, guadagnare qualche metro sottovento: questo obbligherà a partire verso la parte destra del campo lasciando la priorità all'avversario di virare immediatamente dopo aver tagliato la linea per navigare, ma si saranno contenuti i danni di un avvio non perfetto. (Fig.1.8n). E' utile ricordare che avvicinandosi alle boe per partire non si applica la regola 18 e quindi nessun obbligo da parte della barca sottovento di far entrare la sopravento.

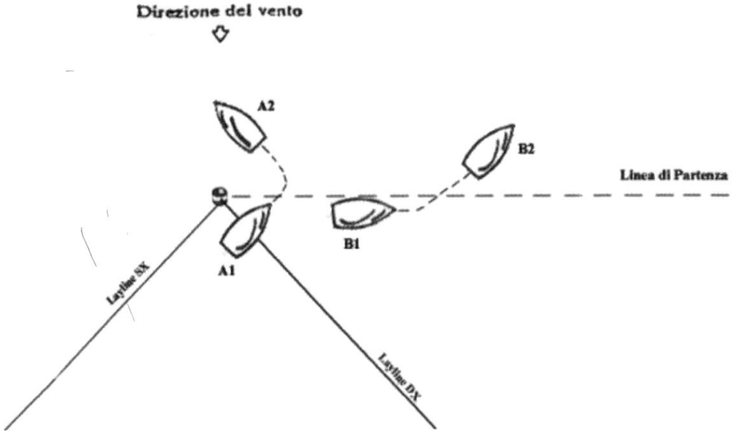

Fig.1.8n

Manovre elusive

Un'alternativa che la barca con mura a dritta può eseguire nel momento immediatamente dopo l'ingresso sulla linea, mentre si avvicina con diritto di rotta all'avversario, è quella di non mettersi in posizione di dial-up inducendo però l'altra barca a farlo. Per ottenere questa rottura degli schemi abituali la barca con mura a dritta procederà come se volesse seguire all'orza l'altro scafo per poggiare decisamente al fine di passargli di poppa. A questo punto orzare mettendosi sottovento non è sbagliato: se l'altro è in stallo ci si può mettere sottovento e aspettare che ci "cada addosso" poiché ribalterebbe la posizione di entrata nel teatro di partenza. Poggiare e abbattere non ha senso poiché permette di passare sotto la poppa del blu che virerebbe immediatamente e cercherebbe di passare sopra la barca comitato per abbattere in protezione e presentarsi con mura a dritta dirigendosi verso la parte destra dell'area di partenza, quale sia strategicamente l'opzione al momento dello start. Appena vista la scelta dall'altro, cercherà di seguirlo immediatamente al fine di rimanere il più vicino possibile per controllarne le mosse. Questo può avvenire virando e poggiando verso la rotta dell'altro (se si ha ancora un buon abbrivio) permettendoci non perdere troppo tempo per accelerare nuovamente verso l'altra barca o poggiando ed abbattendo sempre con l'obiettivo di cercare il controllo da dietro dell'avversario.

Situazione di svincolo dall'avversario navigando in acque ristrette

A in questo esempio tenta di interrompere il marcamento di B sfruttando imbarcazioni che assistono alla regata.

Durante match-race importanti, infatti, possono essere presenti al di sotto della linea di partenza imbarcazioni di spettatori che assistono alle spettacolari evoluzioni delle due barche. Sebbene sia difficile navigare in acque ristrette, specialmente con imbarcazioni di notevole stazza, può essere utile in questo caso ad A cercare di interrompere lo stretto marcamento di B navigando fra le barche che seguono la partenza. B cercherà di seguire A nelle sue evoluzioni fra gli spettatori tenendo presente di farlo essendo sicuro di poter mantenere un certo contatto con l'avversario che, avendo la possibilità di manovra e di scelta, si potrà avvantaggiare leggermente. La bravura di A consisterà nel valutare se seguire sempre B con le stesse rotte o manovrare prima dell'ostacolo mantenendo B in posizione di controllo (Fig. 1.9). La decisione verrà valutata in base alla posizione delle barche rispetto alla linea e in relazione al tempo che manca allo start. Come per un buon controllo dell'avversario è buona regola posizionarsi sempre fra lui e la linea in modo da non concedere troppo sopravento.

Sarà quindi capacità di A seguire B sfruttando lo svantaggio di una distanza superiore che però deve venire utilizzata anticipando le mosse dell'avversario. Vi è inoltre un altro pericolo da non sottovalutare quando si naviga fra le barche che seguono la regata: esse, se ancorate, possono creare ostacolo con la propria cima di ormeggio, quindi la loro lunghezza dovrà essere calcolata sommando la parte emersa a quella del cavo di ancoraggio più o meno a picco sul fondo. Nel caso di impossibilità delle stesse di poter operare l'ancoraggio bisognerà tenere presenti le condizioni del vento e soprattutto di onda: lo scarroccio dovuto ad un colpo di mare può essere fatale ad una imbarcazione che passi troppo vicina.

Per chi è "inseguito" sarà fondamentale il calcolo del tempo residuo prima dello start per riuscire a svincolarsi dal marcamento dell'avversario sfruttando fino all'ultimo gli eventuali ostacoli; effettuando con precisione i momenti precedenti alla partenza è più facile passare da una posizione sfavorevole ad una di leggero vantaggio. Un chiaro esempio può essere la possibilità di ingaggiarsi sottovento all'avversario durante gli ultimi trenta-quaranta secondi sfruttando le situazioni sopra descritte per le difficoltà di scelta di chi segue dovute ad un affollamento della zona di partenza.

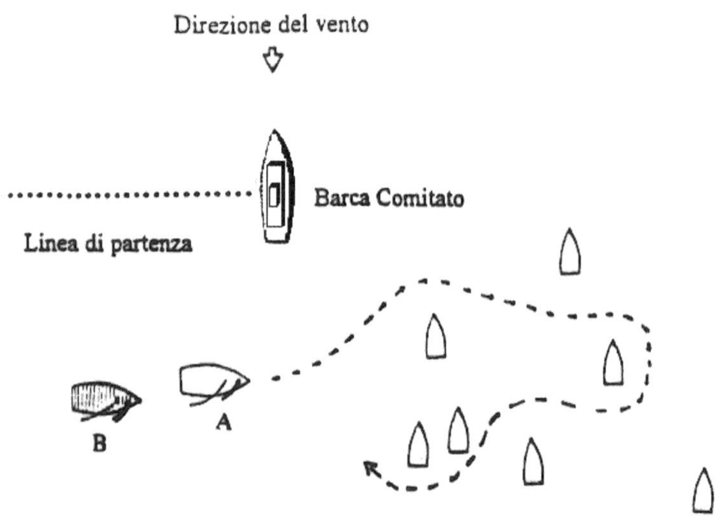

Fig.1.9

Protezione dello spazio sottovento

A deve cercare, durante l'ultimo minuto prima della partenza, di liberarsi di B il quale attende le mosse dell'avversario (Fig 1.10). Se A orza rimane fermo, se poggia B lo seguirà rimanendo ad una certa distanza per non essere disturbato dal rifiuto di sopravento di A. Naturalmente se lo scopo di B è quello di avvicinarsi il più possibile all'imbarcazione sopravento senza essere disturbata dai rifiuti al momento dello start dovrà cercare un approccio con l'avversario manovrando repentinamente all'orza e alla poggia sfruttando il vantaggio di essere il primo a modificare la rotta rispetto all'avversario.

La difesa di A sarà di chiudere il più possibile lo spazio sottovento accorgendosi delle intenzioni di B ed anticipando sempre l'avversario. Per ottenere un sufficiente margine di vantaggio A dovrà manovrare sempre in velocità e ad certa distanza da B costringendolo ad allontanarsi sempre più per cercare lo spazio per partire in posizione favorevole rispetto alla barca sopravento.

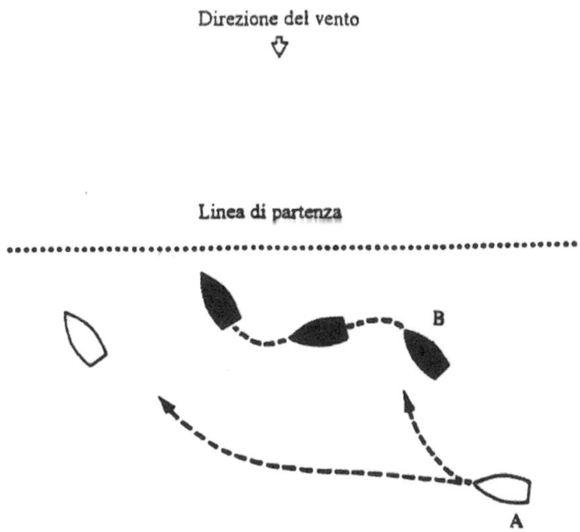

Fig.1.10

Dal disegno si evince che, rimanendo ad una distanza di due lunghezze, A avrà la possibilità di poggiare a pochi secondi dalla partenza sulla linea avviandosi con maggiore velocità rispetto a B.

Per proteggere il proprio spazio di partenza quando abbiamo un avversario vicino dal lato di sottovento come indicato nella Fig.1.11, A per difendersi da B deve orzare, prendere velocità, rompere l'ingaggio e poggiare nuovamente su B per evitare che egli possa mettersi in posizione favorevole, appena sottovento all'avversario. Al contrario B, mantenendo sempre una buona velocità cercherà di mantenere l'ingaggio cercando di spingere fuori dalla linea l'avversario.

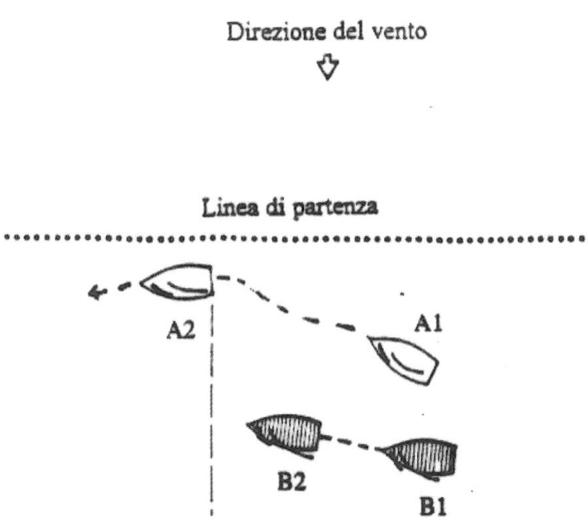

Fig.1.11

Difesa dello spazio di partenza quando l'avversario procede con mura opposte sulla nostra rotta

Sia che B viri subito, sia che poggi per cambiare di bordo tentando di prendere il sopravento, A può controllare le sue mosse.

Nel caso che B viri subito A dovrà orzare con un certo anticipo per evitare che B possa infilarsi sottovento in posizione favorevole. Se B vira più vicino A ha la possibilità di prendergli il sottovento sfruttando l'accelerazione e la velocità dell'andatura. Questo è facilmente attuabile generalmente in tutte le condizioni metereologiche: A dovrà fare attenzione solo ad allargarsi dalla poppa di B per non sfilare da sottovento con l'abbrivio, diverso a seconda dell'intensità del vento.

Nel caso invece che adotti la seconda soluzione A avrà più tempo per posizionarsi appena sotto o sulla prua di B. L'unica cosa che A dovrà calcolare è la distanza dall'avversario: se infatti ritarda troppo la manovra dà la possibilità all'altro di ingaggiarsi sottovento, se viceversa vira troppo lontano, lascia lo spazio a B per accelerare e partire con velocità (Fig.1.12). Anche se questa è una tattica che si vede frequentemente nelle regate di flotta può essere utile conoscere questa opzione anche nel match-race.

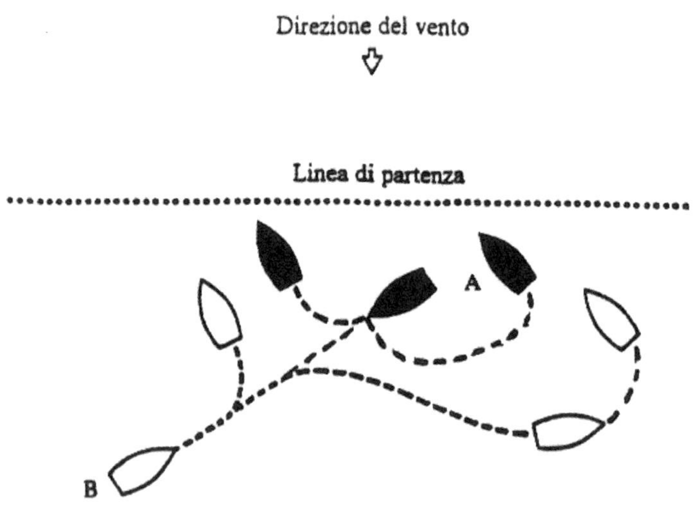

Fig.1.12

Nella Fig.1.13 è riassunta una situazione nella quale A sventa le vele essendo chiuso dalla linea prima della partenza, lasciando che B (troppo vicino alla linea) sia costretto a poggiare allascando e perdendo contatto con A. La distanza che B deve tenere per non essere coperto da A deve essere 4-5 lunghezze, affinché non venga coperto subito da A. Sebbene vi sia un vantaggio di 3-4 lunghezze già alla partenza di A su B, quest'ultimo alla prima oscillazione verso sinistra avrà la possibilità di virare per avvicinarsi all'avversario.

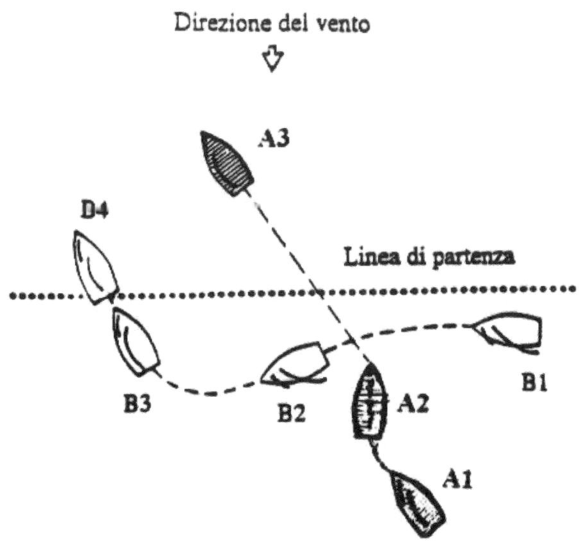

Fig.1.13

Tattica di partenza in prossimità del battello comitato

Per ottenere una buona partenza vicino al battello del comitato bisogna basarsi, oltre che al tempo di partenza, sulle mosse che compie il nostro avversario.

Il caso più classico è costituito dalla "chiusura" dello spazio di partenza da sottovento costringendo il nostro avversario a non infilarsi tra noi ed il battello. Anche se il regolamento è chiaro la manovra di chiusura dello spazio da parte di A deve essere effettuata per tempo al fine di dare a B la possibilità di tenersi discosto (Fig.1.14).

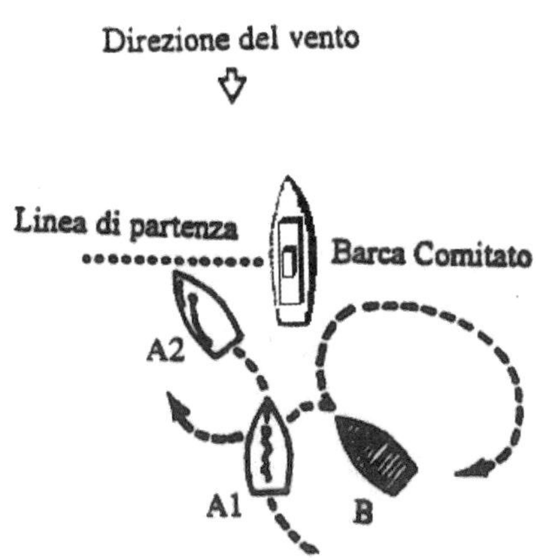

Fig. 1.14

Abbiamo detto che A deve anticipare leggermente B nonché mettersi in posizione favorevole per bloccare la partenza di A.

Nel disegno successivo (figura 1.15) si nota che A non "chiuda" sufficientemente lo spazio a B anche se A rimane avvantaggiato dalla sua posizione di sottovento vicino a B.

C'è da dire che B subito dopo la partenza ha la possibilità di virare e se la parte destra del campo è stata scelta come la più favorevole si può affermare che la partenza è stata vinta ma si ha rischiato molto perché solo l'incapacità di A di bloccare B oltre la layline di destra gli ha permesso la partenza.

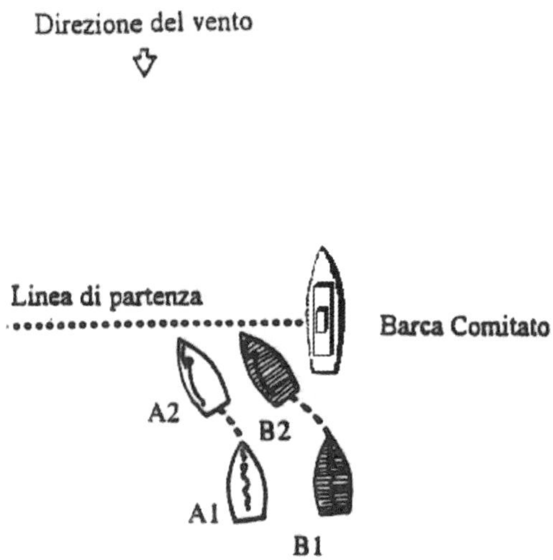

Fig.1.15

2) Partenza

Premessa

Come si è visto il match-race è un tipo di regata particolare dove già in partenza gli avversari si affrontano in maniera diretta sin dall'inizio del tempo di pre-start. Dopo il via il controllo dell'avversario rimane primaria priorità, a volte anche a discapito di ulteriore guadagno nei confronti dell'altra barca. Il concetto fondamentale che accompagna il velista di match-race si può riassumere in questa massima: "***Per vincere è necessario tagliare la linea di arrivo, magari con il minimo scarto, ma sempre prima dell'avversario!***"

Detto così può risultare un'affermazione logica e banale ma il concetto è chiaro: durante tutta la regata chi conduce deve sempre regatare avendo la certezza che le scelte operate portino vantaggio alla propria barca sempre in relazione alle mosse dell'altra chiudendo ogni possibilità di sorpasso anche a discapito di momentanei guadagni in termini di spazio su chi è in svantaggio. L'eccessiva sicurezza notata anche in regate di altissimo livello e quindi condotte dai migliori timonieri e tattici hanno ribaltato risultati acquisiti proprio per aver lasciato una minima chance a chi seguiva.

Tornando alle prime fasi dopo lo start analizzeremo come dovrà comportarsi chi conduce il match e come chi segue debba tentare il sorpasso dell'avversario.

Schema di una partenza ideale a pochi secondi dallo start (Fig. 2.1)

Posizione ideale di A su B con tendenza del vento ad oscillare a sinistra.

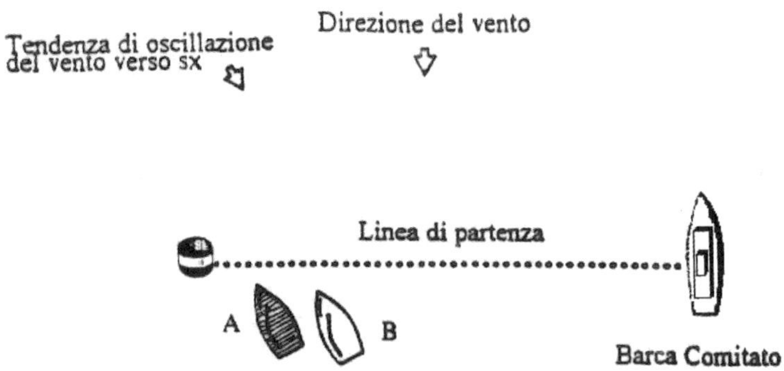

Fig.2.1

In questa posizione (a parità di velocità e dell'angolo di bolina) A si avvantaggerà subito dopo la partenza alla prima oscillazione verso sinistra costringendo B a rallentare per non cadere nel rifiuto o a virare sulle mura opposte.

A potrà quindi iniziare il marcamento di B avendo come minimo 1-2 lunghezze di vantaggio.

Nel caso il vento abbia oscillazioni verso destra la posizione più favorevole per A sarà di una partenza sopravento a circa 3-4 lunghezze da B per evitarne il rifiuto delle vele sul lato sopravento (Fig.2.2).

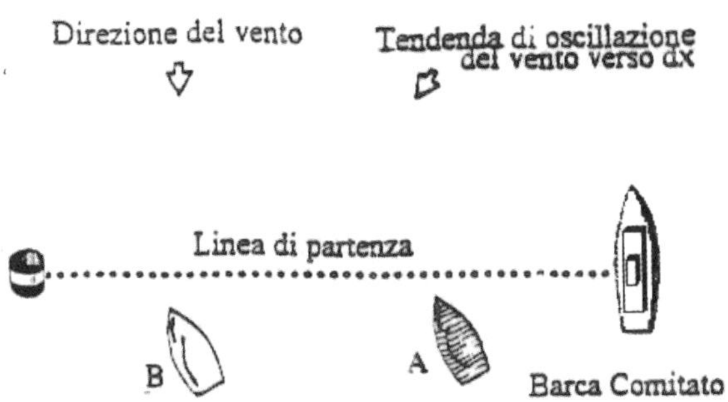

Fig.2.2

A inoltre può avere il vantaggio di poter poggiare leggermente su B durante la parte iniziale del lato andando a "chiudere" impedendo la virata all'avversario qualora il vento tardasse ad oscillare dalla parte destra.

Partenza perfetta

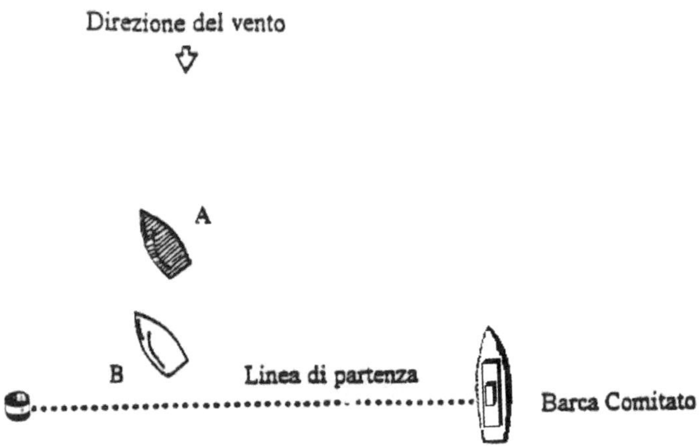

Fig.2.3

Questa illustrata nella fig.2.3 è chiaramente la partenza ideale in bolina per tre motivi fondamentali:

a) Copertura delle vele perfetta di A su B;
b) Possibilità di controllo dell'avversario ad una oscillazione del vento verso sinistra;
c) Aumento del vantaggio di A su B se la tendenza del vento oscillerà verso destra, dovuto soprattutto dal fatto che essendo più sopravento A riceverà il salto di vento prima di B, navigando quindi con angolo di bolina più favorevole per un certo periodo di tempo prima dell'avversario.

Il metodo più redditizio per sfruttare un salto di vento in questa posizione non è quello di guadagnare subito all'orza, ma di regolare le vele al fine di accelerare e navigare al massimo della velocità; questo porterà un incremento sul target stimato portando più facilmente a guadagnare all'orza allorché le vele saranno ricazzate per il "nuovo" angolo di bolina.

Bolina

Difesa di una parte del campo

Già prima della partenza le barche devono aver individuato la parte favorevole del lato di bolina in cui convenga navigare. I motivi principali di scelta di uno o dell'altro lato dipende quasi sempre dalla tendenza di rotazione o oscillazione della direzione del vento: se esso, per esempio, avrà tendenza a ruotare verso destra chi per primo, da questa parte, coglierà i cambiamenti di direzione del vento potrà avvantaggiarsi sull'avversario che più tardi e sopravento scadrà con un angolo di bolina del "nuovo" vento verso la poppa di chi precede. Analogamente si può ripetere l'esempio opposto ovvero con una tendenza di rotazione verso sinistra che avvantaggerà la barca che ha per prima difeso tale zona del campo di regata. Dopo questa premessa è facile assistere, dopo la partenza, ad una forte difesa, da parte di una barca nei confronti dell'altra che sarà costretta a navigare, seppur per poco, nella zona cosiddetta "non favorevole" del lato. Per spiegare meglio tale necessità strategica con l'esempio riportato dalla figura 2.4 vediamo la barca di dritta, già partita a dritta cercare di difendere la destra del lato, virare appena sottovento (se con poco vantaggio seppur con le mura a dritta e quindi con diritto di rotta incrociando l'avversario) inducendo l'altra barca a virare nuovamente verso la parte sinistra essendo disturbata dai rifiuti dell'altra. Se invece il vantaggio di chi incrocia con mura a dritta è sufficientemente ampio (due o più lunghezze di vantaggio) virerà in piena copertura dell'avversario inducendolo immediatamente a virare verso il lato opposto (Fig.2.5).

Naturalmente la barca costretta a navigare sul lato sfavorevole appena avrà riacquistato velocità e libera dai rifiuti dell'avversario proverà nuovamente a navigare sulle altre mura per non accumulare uno svantaggio di proporzioni irrecuperabili nel corso della regata.

La difesa di una parte del campo, sia quella di destra o sinistra, si effettua essenzialmente nello stesso modo con la differenza che difendendo la parte dritta chi incrocia ha il vantaggio del diritto di rotta sull'altra mentre cercare di non far navigare l'avversario sulla parte sinistra del lato di bolina comporta da parte di chi incrocia con mura a sinistra un vantaggio di minimo una lunghezza per virare davanti alla prua dell'altra barca o per lo meno un vantaggio che permetta una virata sottovento che infastidisca con il rifiuto di sopravento la condotta dell'altro inducendolo a virare nuovamente verso la parte dritta del campo.

Sebbene una parte possa essere favorita, dunque porti vantaggi in termini di distanza sull'avversario, in un match-race non è mai consigliabile lasciare andare dalla parte opposta l'altro perché, se le condizioni meteo dovessero mutare, un grande vantaggio può tramutarsi in un notevole distacco per una minima rotazione del vento; soprattutto quando spira leggero i salti, le oscillazioni e l'intensità sono molto meno gestibili rispetto al vento fresco o forte. La tattica, soprattutto in condizioni di vento leggero o instabile, deve sempre soddisfare la condizione di controllo; prevederà quindi, un guadagno al mantenimento di un sicuro controllo a discapito di una scelta strategicamente giusta nella parte opposta del campo.

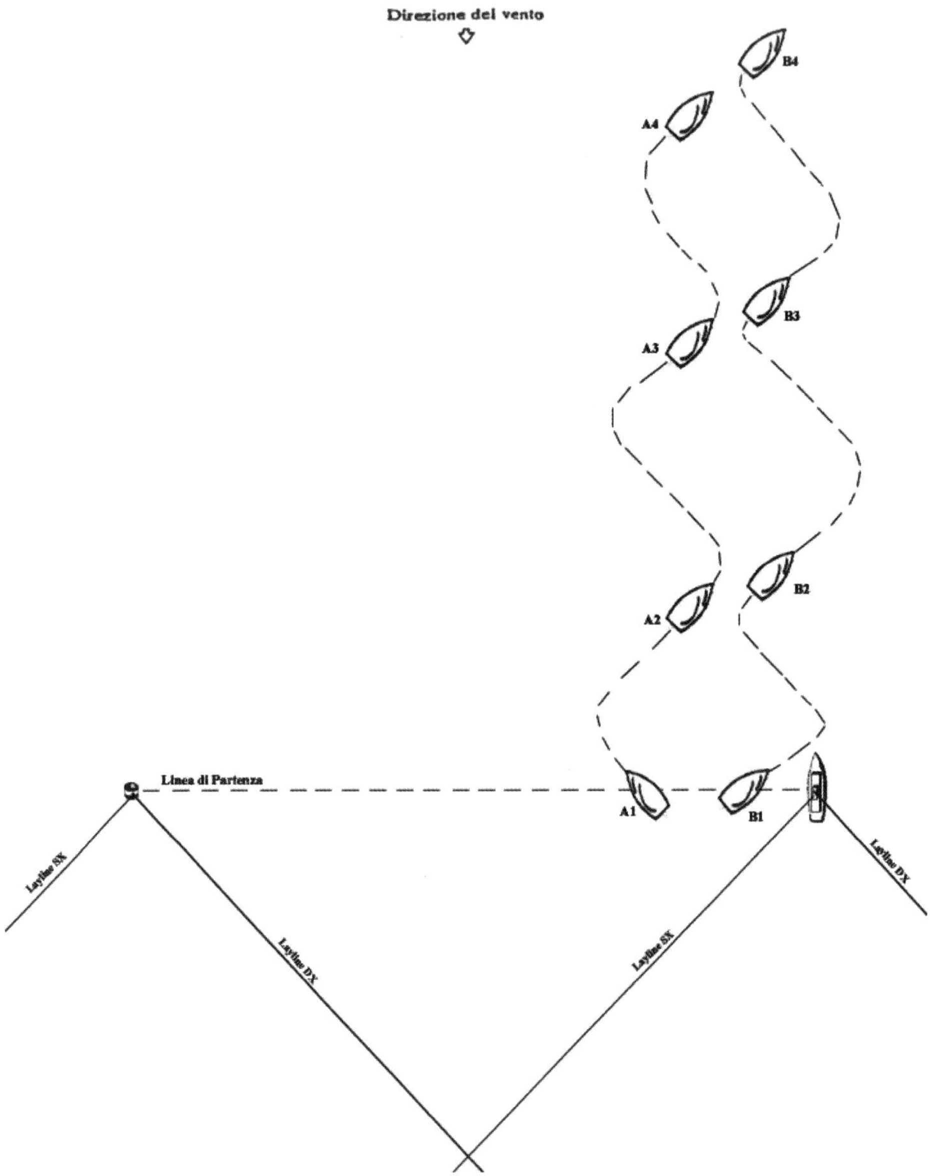
Direzione del vento
B4
A4
B3
A3
B2
A2
Linea di Partenza
A1
B1
Layline SX
Layline DX
Layline DX
Layline SX

Fig.2.4

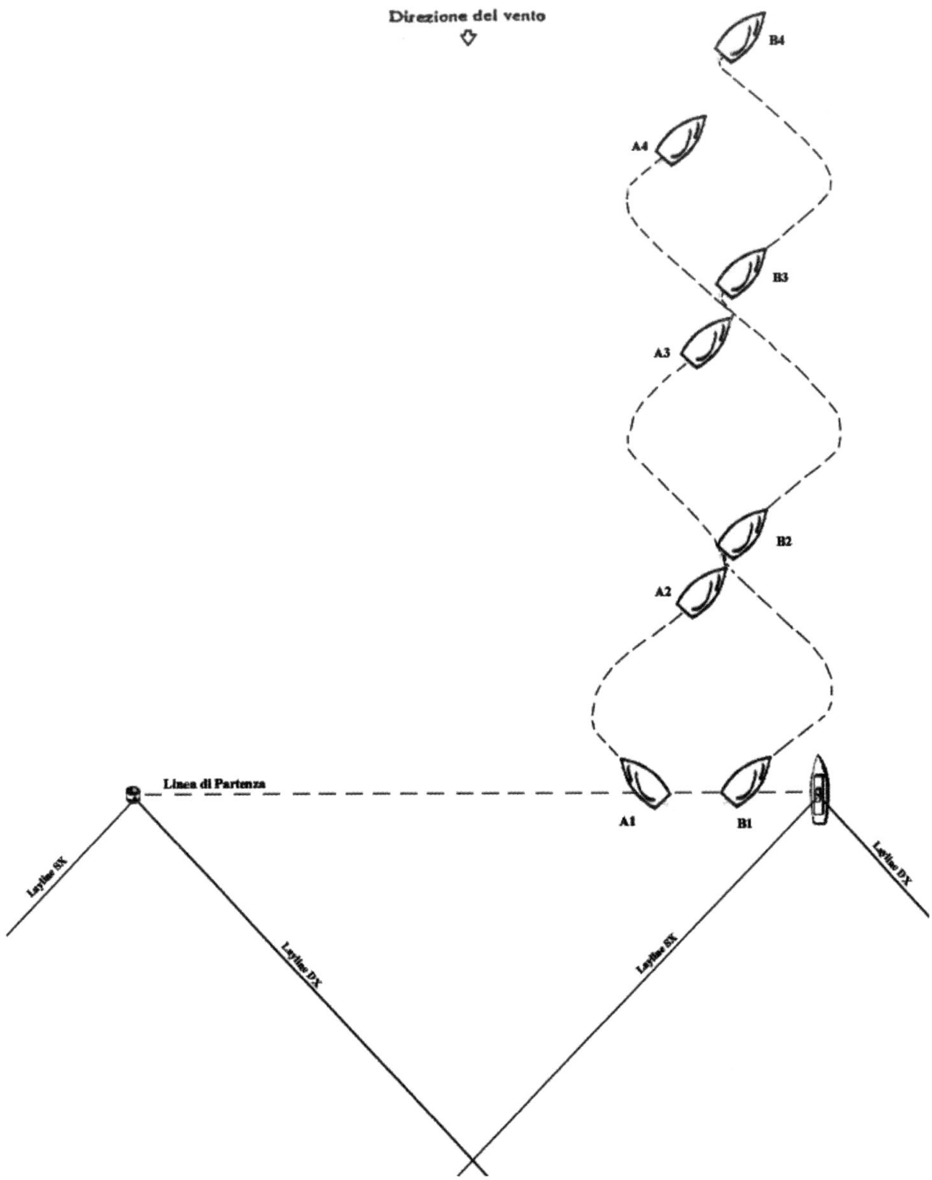
Direzione del vento
B4
A4
B3
A3
B2
A2
Linea di Partenza
A1
B1
Layline SX
Layline DX
Layline SX
Layline DX

Fig.2.5

Controllo di un avversario (situazione di stretta vicinanza)

All'inizio di una regata, a meno che non si siano adottate tattiche molto redditizie al fine di rendere particolarmente lenta, o costretto l'avversario a manovrare con difficoltà, vede le due barche abbastanza vicine ovvero con una distanza di massimo una lunghezza (Fig.2.6). Un avversario si marca in bolina in modo perfetto quando navighiamo rispetto a lui sopravento avanti di una-due lunghezze. In questa posizione oltre che a controllarne le mosse alla poggia o di virata siamo sicuri di disturbarlo, poiché egli starà navigando dal rifiuto causato dalle nostre vele.

Massimo controllo di A su B

Fig.2.6

Cono di rifiuto di una barca in bolina

La situazione della figura 2.6 è molto frequente nel match-race. Per uscire dallo stretto marcamento B può tentare di poggiare aumentando leggermente la distanza da A, perdendo un po' di sopravento ma sfruttando al massimo ogni piccolo salto di vento che si avrà verso destra. Altra soluzione è quella di iniziare a virare frequentemente per cercare di liberarsi da A.

La terminologia inglese chiama tale fase Tacking Duel, cioè "duello di virate". Nello specifico caso illustrato nel disegno B per guadagnare sull'avversario deve cercare di sfruttare tutti i più piccoli salti di vento a suo favore, nonché cercare l'errore di manovra dell'avversario; le continue virate, il susseguirsi frenetico delle manovre, la ricerca del miglior assetto dopo ogni cambio di bordo per ritrovare prima possibile la massima velocità richiede infatti un altissimo grado di concentrazione e di ripetizione perfetta dei movimenti da parte di tutto l'equipaggio. Facile quindi può essere l'errore anche minimo che causa la perdita della migliore performance favorendo l'avversario, che naturalmente cercherà di trovare il punto debole dell'altra barca per superarla. A per difendere il vantaggio dovrà seguire B in ogni sua mossa, cioè alla poggia se l'avversario tenta di allungare sottovento o virargli sopra le vele ogni qualvolta B cambia di bordo. Per ottenere il massimo risultato occorre che A riesca sempre a virare correttamente e con buona velocità di scafo, cioè più vicino possibile al target previsto dalle condizioni meteo; questo significa che nel seguire B deve tener conto sia delle sua mosse, sia delle variazioni del vento senza mai aver "troppa fretta" di marcare l'avversario.

Controllo di un avversario a distanza

Il controllo a distanza di un avversario è certamente meno stressante dello stretto contatto ma non per questo va sottovalutato. Come regola principale (Fig.2.7) occorre porsi sempre sulla linea che intercorre tra la boa ed il nostro avversario, nonché seguirlo sempre su ogni bordo oltrepassando talvolta anche le layline, tralasciando quindi il limite favorevole per entrare in boa.

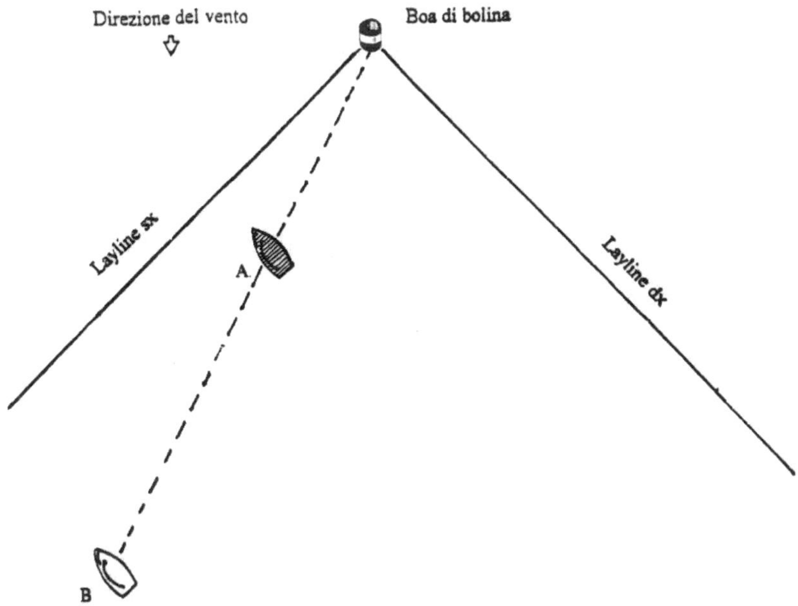

Fig.2.7

A deve controllare B soprattutto se le condizioni in cui si sta navigando hanno tendenza a mutare repentinamente. Molte volte, specialmente se il vento è leggero o sta calando d'intensità, B può avvantaggiarsi su A rimasto in una zona con meno vento. Se, infatti, una notevole distanza tra due yacht può sembrare incolmabile, un piccolo salto di vento dalla parte favorevole a chi sta navigando sottovento o una riduzione dell'intensità in una zona del campo di regata può ridurre di molto la distanza tra due barche.

Per capire meglio quest'ultimo concetto vediamo le figure 2.8a e 2.8b.

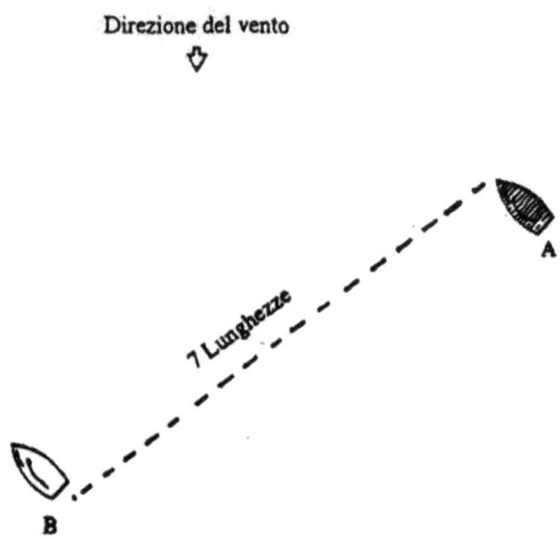

Fig.2.8a

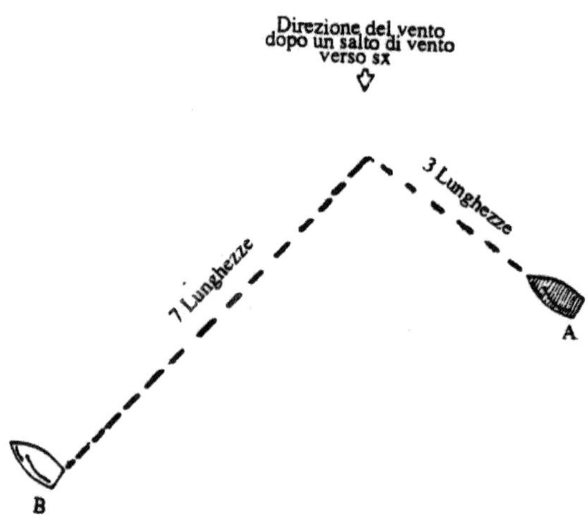

Fig.2.8b

Come si nota A nella figura 2.3a ha 7 lunghezze di vantaggio su B. Dopo un salto di vento di x° a sinistra B a ridotto la distanza da A di circa 3 lunghezze. Questo calcolo si ottiene all'incirca sottraendo la distanza tra A e B con le lunghezze che occorrono ad A per incrociare B, cioè 7-3=4.

Per essere più realistici possibili riduciamo le lunghezze da 4 a 3, valutando che B nella virata perde una lunghezza.

Quando due imbarcazioni navigano con stesse mura, libere l'una dal rifiuto dell'altra, lo yacht sottovento per cercare di recuperare lo svantaggio sfrutta ogni piccolo salto di vento proveniente dalle sua parte.(es. se mura a dritta le oscillazioni a lei favorevoli saranno di rotazione del vento verso sinistra). Operando una serie di virate condurrà una strategia che potremmo chiamare "a scalino"(Fig.2.9).

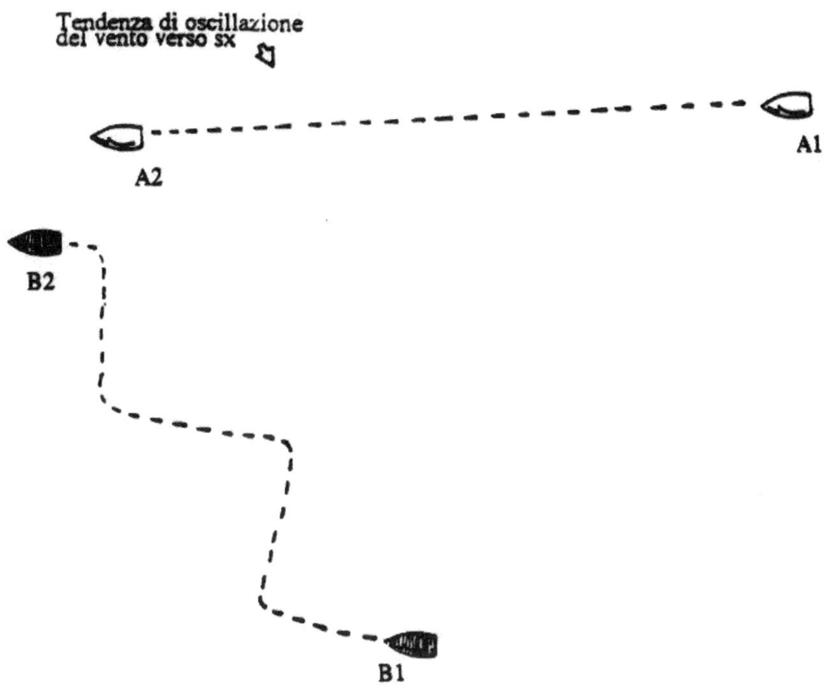

Fig.2.9

La situazione maturata dalla figura 2.6 porta l'imbarcazione B di sottovento a continuare ad attaccare A. Nel disegno prima esposto si presume che il recupero operato da B sia durato gran parte della bolina, per cui si è in prossimità della layline di sinistra. A per difendersi da B potrà chiedere acqua ad un successivo incrocio con B. Quest'ultimo per la fretta di virare potrà non accorgersi di A che, dopo un'orzata decisa (quasi una falsa virata) si rimetterà sugli stessi bordi. Questa manovra servirà ad A per chiudere B vicino alla layline, in questo caso sinistra come illustrato nella fig.2.10.

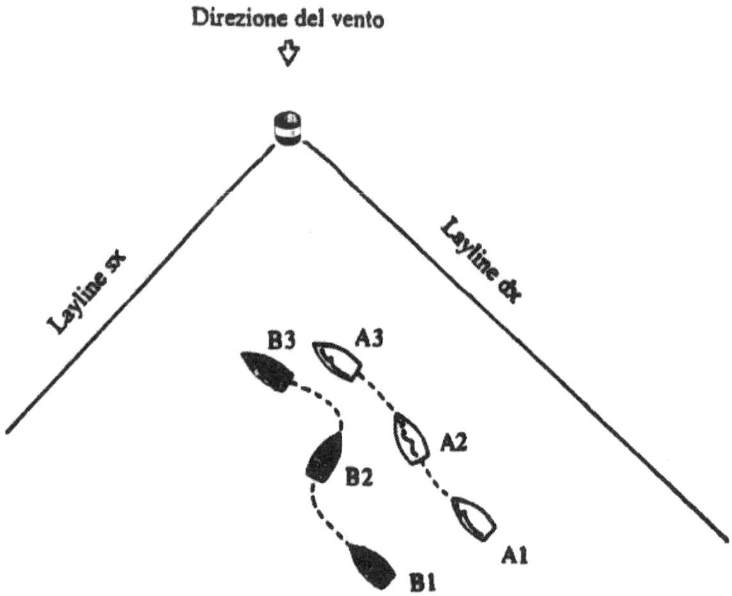

Fig.2.10

Controllo di un avversario in condizione particolare

Un match-race può essere corso, per motivi di spettacolarità, vicino alla costa per poter esser seguito da un alto numero di spettatori. L'esempio riportato nella fig.2.11 e 2.12 mostra una situazione tipica nella quale due imbarcazioni procedono mura a dritta verso un ostacolo. Nel primo disegno la barca sottovento chiede che gli sia lasciato il passo come il regolamento prevede e la barca sopravento a lui vira subito. Il risultato ottenuto da A come si può notare dalla sequenza della fig.2.11 è notevole: questo è dovuto principalmente al fatto che vicino ad una diga, come in questo caso, il vento cambia di direzione favorendo colui che si posiziona sopravento. La giusta strategia in questa condizione è esposta nella Fig.2.12 dove A sfila di poppa con mura a dritta sfruttando fino all'ultimo lo spazio che la divide dall'ostacolo, ottenendo una posizione favorevole di sopravento data dall'oscillazione del vento verso la parte sinistra.

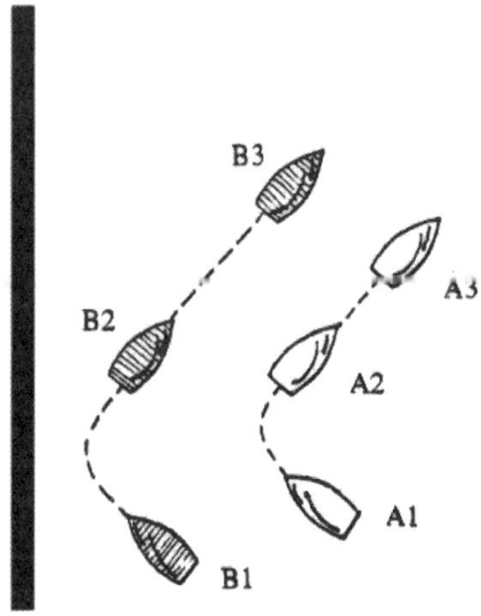

Fig.2.11

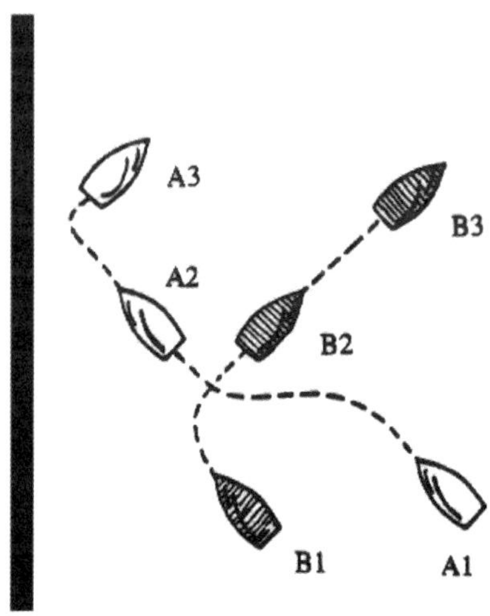

Fig.2.12

Situazioni di incrocio

Nel match-race, così come le regate di flotta, gli incroci possono essere molto frequenti ma forse contro un solo avversario è fondamentale saperli affrontare in modo corretto.

Situazione 1

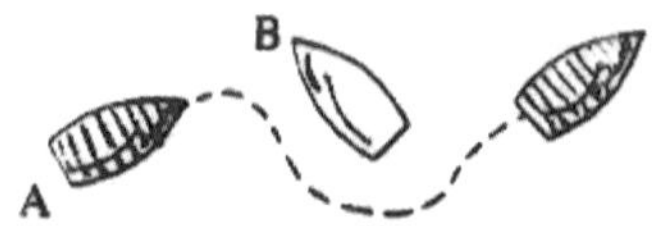

Situazione 2

Nell'esempio sopra illustrato è chiaro come affrontare un incrocio e cosa non fare. Nella prima situazione A affronta B poggiando gradatamente e con un certo anticipo. Questa manovra per lasciare il passo è il sistema per perdere meno spazio possibile e riduce la possibilità di un avversario di effettuare una Slam Dunk. B per allontanare dalla sua poppa A può poggiare a sua volta per orzare successivamente fino alla bolina stretta creando così un certo spazio da A. Questa manovra è possibile poiché, essendo tutte e due le barche in modifica di rotta, si riapplica la regola 10.

Nel secondo caso invece A è costretto a modificare repentinamente la propria rotta per evitare la collisione con sensibile perdita di velocità per la cattiva messa a punto delle vele in situazione di tempo troppo breve per ottimizzare la velocità. Inoltre si avrà da parte di A una perdita di spazio sopravento e può dare la possibilità all'avversario di effettuare una Slam Dunk.

Tornando al primo esempio, anche se raro, è possibile avvantaggiarsi sull'avversario che, per difendere la parte destra del campo di regata, vira davanti alla prua considerando la nostra rotta come quella di bolina. Anche se la barca bianca rimane in vantaggio su quella scura per i rifiuti che crea sopravento, inducendo l'avversario a virare per navigare con vento pulito, vicino alla layline (di destra in questo caso, o comunque alla fine del lato di bolina) una situazione di svantaggio può crearsi se chi si ingaggia sopravento impedisce la virata all'altro (terza situazione).

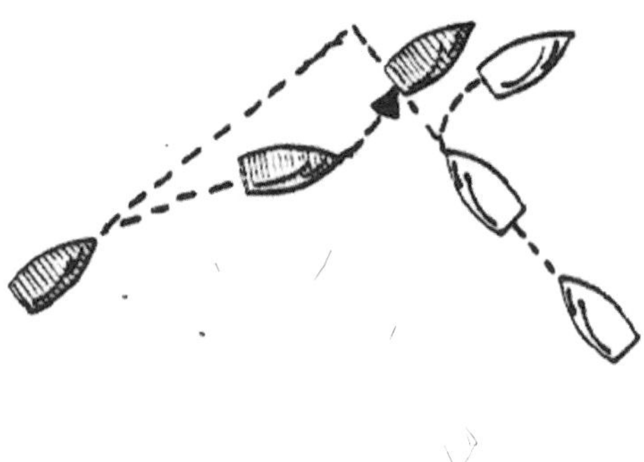

Situazione 3

Un incrocio, qualunque sia la sua evoluzione, ha bisogno di una strategia da affrontarsi non nel momento di stretta vicinanza con l'avversario, ma va calcolata prima. Ad esempio non è sempre conveniente incrociare un avversario, quindi è importante scegliere il momento più favorevole per virare. Il punto esatto dove operare la manovra di cambiamento di bordo dovrà soddisfare due condizioni: la prima sarà quella che ci fa avvicinare il più possibile a chi ci sta incrociando di prua, la seconda quella che ci faccia navigare fuori dal rifiuto delle vele dell'avversario. (Fig.2.13)

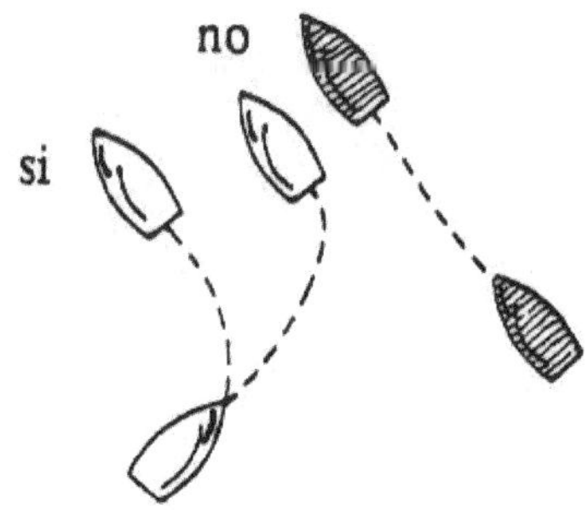

Fig.2.13

Tacking & Jibing Duel (duello di virate e abbattute) e Slam Dunk

In bolina nel match-race, come abbiamo già detto, si scatenano frequenti duelli di virate. Anche nei lati di lasco e poppa possono accendersi duelli, in questo caso di abbattute. E' utile seguire alcuni consigli per sfuggire da uno stretto marcamento o per contenere l'avversario. Naturalmente l'attacco è portato sempre da chi sta dietro, ma è giusto distinguere nelle varie andature le tattiche più proficue per guadagnare sull'avversario.

Sul marcamento di bolina si è già parlato precedentemente descrivendo la virata in piena copertura o la Lee-bow, ovvero la virata appena sottovento che induce l'avversario a virare per navigare fuori dai rifiuti creati sopravento. Esistono anche altre comuni manovre che si possono attuare denominate False Tack (Falsa Virata) e la Slam Dunk.

False Tack

La Finta Virata (False Tack o Fake Tack) si può operare sia che si stia conducendo un match-race, ma soprattutto se si sta subendo un marcamento stretto. In quest'ultimo caso, oltre a non voler navigare disturbati dal rifiuto di chi ci precede, è importante per sfruttare al meglio le minime oscillazioni del vento a sinistra o a dritta o eventuali raffiche che possono incrementare la nostra velocità rispetto al nostro avversario. In gergo questo tipo di manovra si usa per "spaiarsi" dall'avversario sempre per navigare con il vento pulito cioè senza interferenza dell'altra barca.

Inoltre chi sta attaccando, sebbene in svantaggio, potrà comandare il cambiamento di bordo sulla variazione del vento che può non avere l'avversario.

La bravura per mantenere il vantaggio per chi conduce il match-race, oltre a quella di capacità di controllo sui bordi e delle virate dell'avversario, sta nel poter coprire l'altro yacht quando, nei limiti del possibile, le oscillazioni del vento possono avvantaggiarci o per lo meno farci mantenere la distanza conquistata rispetto a chi sta attaccandola.

Per essere più chiari è necessario avere una dote di estremo calcolo e saldezza di nervi per riuscire a esplicare il marcamento senza doverne subire i vantaggi che l'avversario si propone. Naturalmente questa decisione tattica non è sempre applicabile, ma si esprime in gran parte dei match-race.

Il concetto fondamentale di un velista esperto nei match-race può essere riassunto nelle capacità di rimanere unito per quanto possibile all'altro yacht riducendone la distanza se egli è davanti e riuscire a mantenere inalterato se non aumentando la distanza se navighiamo prima di lui.

La Falsa Virata non si può attuare frequentemente né, tanto meno, può essere fatta più volte da chi sta inseguendo: occorre eseguire tale manovra in una fase di stretta vicinanza con l'avversario al quale non riusciamo a guadagnare né in velocità né sull'angolo di bolina.

Si effettua una Falsa Virata dopo una serie di cambiamenti di bordo sempre uguali inducendo l'avversario a seguirci anche quando opereremo questo tipo di manovra. La sua buona riuscita è dovuta alla fretta dell'avversario di virarci addosso e quindi è fondamentale che si esegua quando gli scafi sono vicini. La Falsa Virata si può anche fare se si sta conducendo; qui non importa essere molto vicini, ma tale manovra si può proporre anche con l'avversario ad una certa distanza. Essa va eseguita dopo una serie ripetitiva di virate a controllo e della simultanea ricerca dello smarcamento da parte di chi insegue.

Quando viceversa la barca dietro riesce a ridurre la distanza (es. perché vira meglio) può indurre l'avversario a virare nello stesso momento se non un attimo prima vedendoci pronti a cambiare di bordo: un'orzata (come se si dovesse virare) seguita dalla virata simultanea dell'altro può permettere lo smarcamento con un rapido ritorno sulle stesse mura. Tale manovra è sconsigliata con vento leggero specialmente se si sta navigando su scafi pesanti poiché il rallentamento nell'angolo morto richiede una immediata ricerca del target alla poggia con conseguente perdita di sopravento.

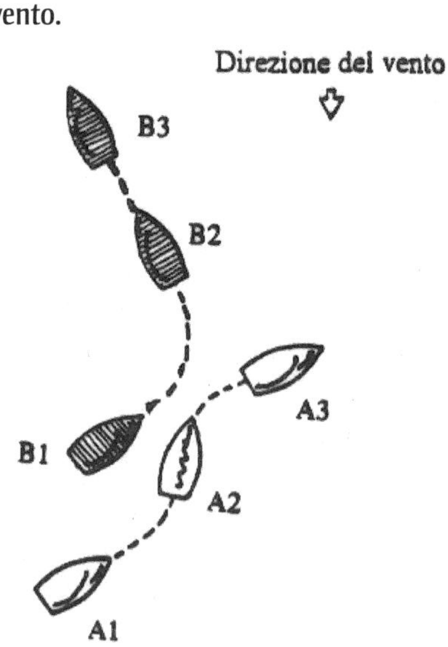

Fig.2.14

La Falsa Virata se eseguita da chi è dietro consegue inevitabilmente perdita di velocità con conseguente allontanamento dell'avversario, ma si ottiene lo spaiamento delle barche.

La Falsa Virata si applica anche quando si sta conducendo su un avversario per riuscire a navigare nuovamente sulle stesse mura. E' importante, come già detto prima non abusare di questa manovra poiché altrimenti l'avversario deduce facilmente le nostre intenzioni se essa è ripetuta spesso. La manovra deve essere credibile tanto che, chi effettua la finta virata, non dovrebbe in teoria ritornare sul bordo da cui è partito se non dopo un orzata fino in prua al vento. Importantissimi devono essere i movimenti dell'equipaggio che non devono in alcuna maniera far vedere all'avversario un comportamento diverso da una normale virata (Fig.2.15)

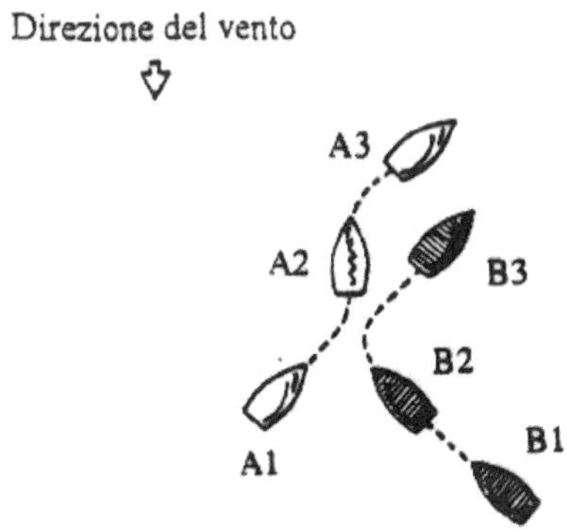

Fig.2.15

Slam Dunk (virata stretta a controllo di un avversario)

Questa manovra si opera subito dopo, o per meglio dire durante un incrocio con uno yacht che è sfilato dalla nostra poppa lasciandoci il passo perché con mura a sinistra. La Slam Dunk è molto rischiosa poiché da una posizione di vantaggio si può passare in un attimo a perdere il controllo dell' avversario. Nell'esempio del disegno (Fig.2.16) la barca mura a dritta, vedendo incrociare male l'altro che poggia in ritardo, vira subito sopravento.

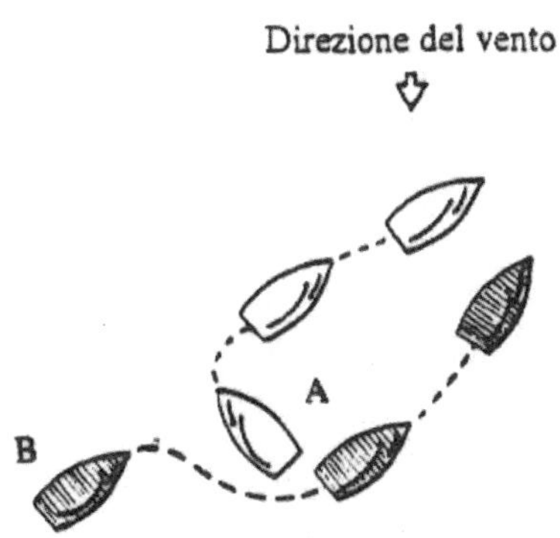

Fig.2.16

Le prerogative per una buona realizzazione della Slam Dunk si possono riassumere in:

a) Capacità di realizzazione ottimale della manovra da parte dell'equipaggio.
b) Velocità di entrata in virata massima per avere la possibilità di ridurre al minimo la capacità dell'altro yacht di sfuggire sottovento o peggio ancora dandogli la possibilità di farci infrangere il regolamento quando, in fase di nostra virata, orzi fino alla prua al vento costringendoci a non poggiare e quindi bloccando il tentativo di stretto marcamento. Per ottenere un margine superiore di riuscita della manovra l'imbarcazione mura a dritta dovrà procedere poco prima dell'incrocio in un'andatura di bolina più larga di qualche grado così da affrontare il cambio di bordo con una velocità di scafo superiore al target di bolina previsto. Inoltre lo yacht mura a sinistra è costretto, nel passare di poppa, a poggiare ulteriormente aumentando lo spazio tra lui e l'imbarcazione che sta virando.
c) Condizioni di vento leggero possono essere poco adatte all'effettuazione di una Slam Dunk dato che la barca che vira è costretta a poggiare per riprendere la massima velocità nel minor tempo possibile dopo la manovra con conseguente riduzione dello spazio tra i due yacht. Tale situazione può risultare fatale per continuare a controllare l'avversario poiché si rischia di cadere nel rifiuto di sopravento creato dalle vele dell'avversario.
d) Se effettuata con vento da medio a forte, quindi con una velocità di entrata nella virata molto buona, sarebbe opportuno mantenersi per un tempo leggermente più lungo con la prua al vento per guadagnare un po' di spazio sopravento sul nostro avversario, a discapito di un immediato cambiamento di bordo che potrebbe risultare troppo vicino al rifiuto creato dalle vele dello yacht sottovento.
e) Psicologicamente tale manovra può portare ad un errore dell'equipaggio data la vicinanza dell'avversario ed è il rischio di tale scelta strategica. Per ovviare a questo solo un adeguato allenamento, nonché un'abitudine a questa manovra in tutte le condizioni può risultare l'unica premessa per effettuare correttamente una Slam Dunk.

Per difendersi da una Slam Dunk l'imbarcazione che incrocia con mura a sinistra deve avere una messa a punto delle vele massima dovuto al fatto che si passa da un'andatura di bolina stretta ad una di bolina larga-traverso per poi tornare di nuovo in bolina.

Già l'ottimale posizionamento delle vele può aiutare a sfilare da sottovento l'imbarcazione che ci precede o costringerla a virare. Importantissimo sarebbe riuscire ad interpretare la manovra dell'avversario osservando attentamente l'incrocio, poiché l'equipaggio dello yacht con mura a dritta dovrà prepararsi alla manovra.

Può capitare che la Slam Dunk sia effettuata con leggero ritardo che può portare a rompere l'ingaggio tra voi e l'avversario. Se avviene questo non indugiate a virare cercando un successivo incrocio con le vostre mura a dritta. Inoltre se questa possibilità vi si offre dopo poco tempo non esitate perché potrete sfruttare la velocità ridotta del vostro avversario che, se costretto a cambiare di bordo, dovrà manovrare più lentamente.

Per ultima, e di possibile attuazione per difendersi da una Slam Dunk, vi è la capacità di interpretare la rotta dell'avversario quando egli deve poggiare per riprendere velocità dopo la virata. Infatti la differenza di velocità tra i due yacht è sensibile poiché chi conduce è rallentato dal cambiamento di mura mentre l'altro ha una velocità superiore al suo target di bolina ottimale perché costretto dall'incrocio ad un'andatura più larga. Questa premessa è importante per capire che molto dello spazio si può ridurre se chi ha più velocità sfrutta la stessa per risalire velocemente verso il vento, come ci indica la figura 2.17.

Quello che nella figura è esposto fa notare quello che B riesce ad ottenere su A anche se tale situazione non è frequente, ma che comunque può essere provata per lo meno fino alla fase A3/B3. Infatti, se a quel punto ci rendiamo conto che A ci potrà coprire, conviene poggiare mantenendo una rotta parallela ad A. Un minimo salto di vento verso destra potrà in questo caso rompere l'ingaggio con lo yacht sopravento, quindi sarà possibile virare e chiedere di tenersi discosti navigando con mura a dritta.

Il Regolamento di Regata in vigore aumenta notevolmente le chance a favore di chi subisce una manovra di copertura quale la Slam Dunk. Secondo la Parte 2 del Regolamento I.SA.F. chi effettua questa tattica aggressiva sull'avversario non può più contare sull'"albero al traverso" poiché tale definizione è stata da tempo eliminata. Infatti viene data la possibilità a chi ha subito il marcamento stretto di poter orzare fino alla posizione di prua al vento impedendo all'altro yacht di completare il cambio di bordo.

La tattica più sicura quindi, se vogliamo mantenere una parte del campo di regata, è quella di virare sottovento vicino per costringere l'avversario a cambiare di bordo appena risente dei nostri rifiuti (Fig.2.18)

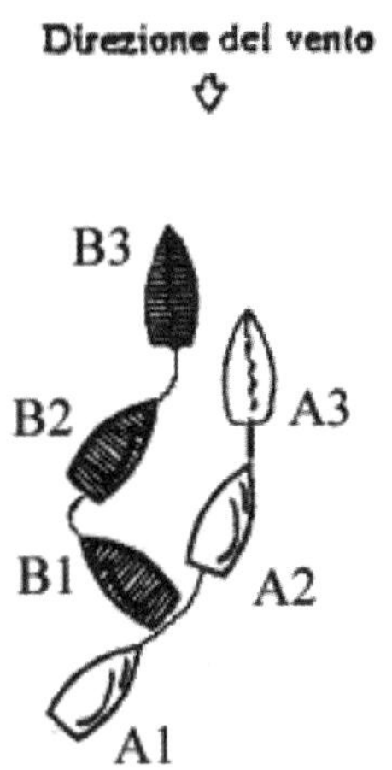

Fig.2.17

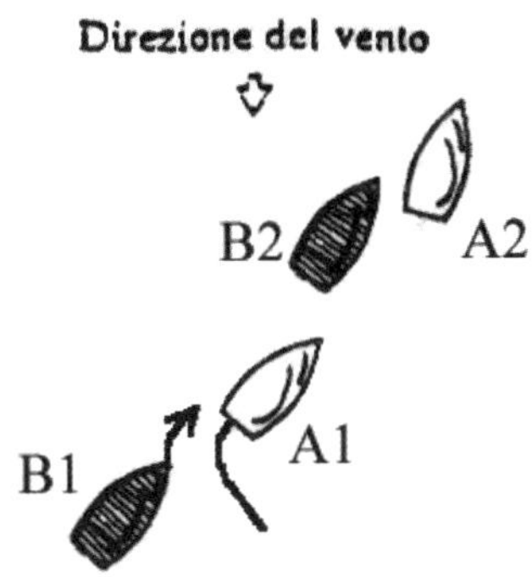

Fig.2.18

3) Approccio alla boa di bolina

Se le due barche arrivano a stretto contatto nell'ultima fase del lato di bolina le situazioni che possono venire a crearsi sono molteplici cosicché l'approccio al giro di boa è una fase molto delicata della regata. Nel match-race, intanto, rispetto alle regate di flotta la boa di bolina si lascia a dritta per cercare di non avvantaggiare troppo chi naviga con mura a dritta; si evince quindi che chi affronta la boa con diritto di rotta rispetto a quello che naviga con mura a sinistra debba virare e perdendo velocità nella manovra darà possibilità di avvicinamento alla barca che segue.

Nel duello del match-race è facile vedere soluzioni al limite del regolamento che con alcuni disegni esplicativi cercheremo di ricreare.

Un caso classico di recupero e sorpasso dell'avversario a poche lunghezze dalla boa è quello schematizzato nella figura 3.1.

In questo caso, anziché arrivare sulla layline di sinistra e rimanere "chiuso" da una virata sottovento all'incrocio con chi naviga con mura a dritta, la barca chiara anticipa la virata sotto layline per ottenere le mura a dritta in prossimità della boa. Questa tattica può essere molto valida poiché, se non dovesse riuscire, si ha minima perdita di terreno su chi precede e comunque si mantiene quel contatto utile da sfruttare nella successiva andatura portante. La manovra comunque ha buona possibilità di riuscita poiché la differenza di velocità in incrocio favorisce il cambio di bordo della barca che sfila di poppa garantendo una virata sopra target e quindi un tempo minore di esecuzione e ricerca della migliore velocità. Come si nota dal disegno chi lascia il passo sviluppa in bolina larga un'accelerazione che verrà sfruttata nel susseguente cambio di mura; la barca con mura a dritta anche se affronta la virata sul target avrà uno spunto inferiore nella ripresa sul nuovo bordo. Di conseguenza all'incrocio successivo la barca ora con mura a dritta orzando in bolina stretta (può farlo perché virando con superiore velocità d'entrata in manovra raggiunge prima il target stimato) non permetterà il passaggio dell'altra costringendola a virare e probabilmente con velocità non ottimale. Ne consegue che in pochi secondi la situazione sia completamente rovesciata, con perdita del comando del match da parte della barca scura.

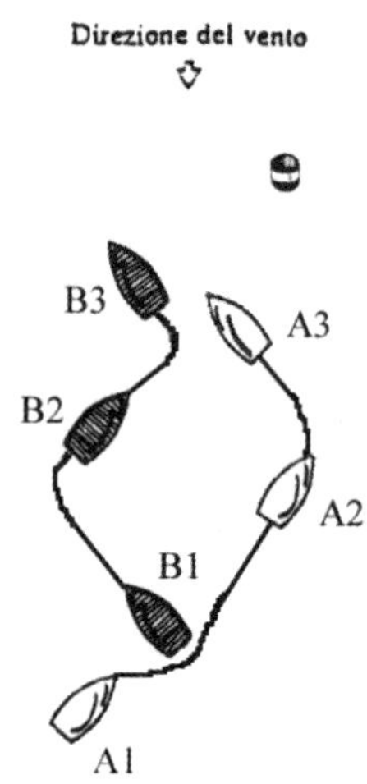

Fig.3.1

Quest'ultima per difendersi da questo "attacco" ha solo l'opportunità di navigare con mura a dritta qualche grado più poggiato (nei limiti consentiti dal regolamento) al fine di sviluppare qualche decimo di velocità in più utile per l'incrocio successivo; può altresì tentare con una Slam Dunk la chiusura dell'avversario sulla parte sinistra ma tale manovra va eseguita con perfezione cercando di lasciare un po' di spazio tra le due barche affinché chi subisce la virata sopravento non possa chiedere spazio all'orza.

La virata appena sottovento con l'avversario in andatura di bolina larga non è consigliabile (se non già oltre layline) poiché l'ingaggio dovuto alla veloce orzata della barca sopravento impedisce la successiva virata di chi naviga sottovento. Il tentativo di chi vira per stringere al massimo la bolina, andando successivamente con la prua al vento, non porterà quindi beneficio specialmente se vicini alla layline poiché l'altro farà di tutto per resistere al fine di bloccare la virata a chi naviga sottovento.

Se la barca con mura a dritta sottovento sta invece navigando ad una distanza che non permetta l'incrocio ravvicinato con l'avversario in prossimità della boa di bolina il caso è più semplice poiché non avendo possibilità di immediato recupero o sorpasso dell'avversario la barca sottovento dovrà aspettare che l'altra viri per la boa cambiando di mura leggermente sopra la layline di sinistra in modo che, anche se l'avversario lo disturberà con i rifiuti di sopravento lo spazio da percorrere è minimo e anche se lo scarroccio aumenta potrà girare la boa senza difficoltà o ulteriori virate. La barca che precede per continuare il controllo dell'altra virerà sottovento all'avversario appena sopra layline in modo da essere in sicurezza anche con un eventuale salto di vento verso destra. Di solito questa situazione si crea proprio per essere sicuri che non avvenga un sorpasso in prossimità della rotta per la boa (Fig.3.2).

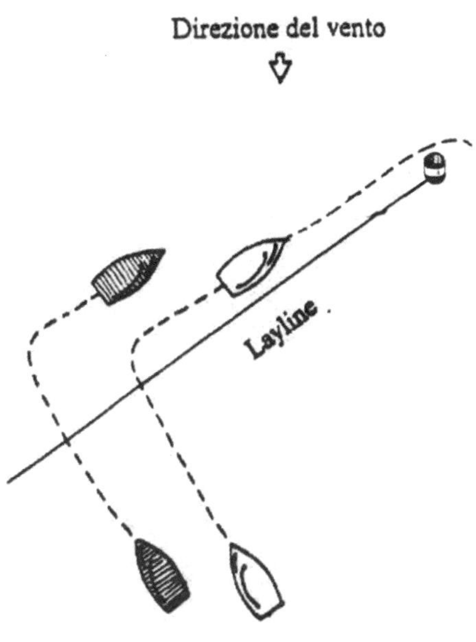

Fig.3.2

Se l'approccio alla boa avviene nell'uguale situazione, ma sulla layline di dritta chi precede deve ben valutare la distanza con l'avversario per non incorrere dopo il giro di boa in un'infrazione del regolamento. Lasciando la boa a dritta quindi uscendo con mura a sinistra bisogna stare attenti all'avversario che sta ancora navigando in bolina con mura a dritta che, naturalmente chiederà di tenersi discosti. L'avversario che insegue diventa pericoloso non tanto quando il gap è intorno alle due lunghezze poiché mentre si gira la boa anch'egli in prossimità non avrà l'opportunità di bloccare la nostra rotta; se invece la distanza è superiore possiamo trovarci all'incrocio proprio in fase di alzata dello spinnaker, sicuramente in un momento ove manovrare è più difficile. Converrà virare precisamente sulla layline cosa abbastanza facile vista la vicinanza alla boa e in caso aspettare di esser sicuri che l'avversario non possa manovrarci contro avendo la possibilità di interferire se coerente con la sua rotta (Fig.3.3).

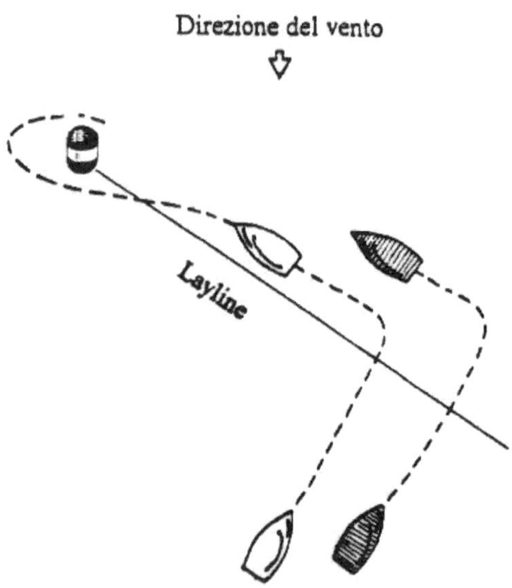

Fig.3.3

La figura 3.4 illustra come la barca chiara viri in piena copertura sullo yacht scuro inducendo ad una manovra "estrema" al fine di non fare due virate che aumenterebbero ulteriormente la distanza dall'avversario.

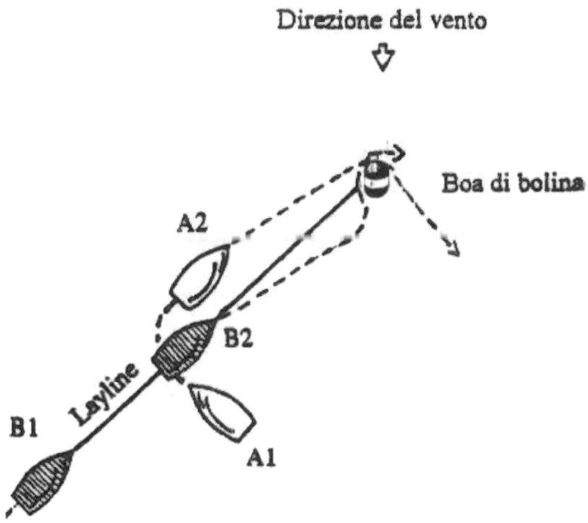

Fig.3.4

Questa successiva situazione di arrivo in boa (Fig.3.5) può essere attuata sia che il nostro avversario sia lontano sia che sia vicino. Chiaramente in quest'ultimo caso questa manovra si rende più necessaria per avere la possibilità di rimanere in testa al match-race: si attua quando si ci trova appena sotto layline, perché magari negli ultimi metri di bolina il vento è saltato dalla parte sinistra o perché costretti dall'avversario a virare.

La manovra chiamata in gergo "Virata Bretone" assomiglia ad una falsa virata ma più propriamente si riduce ad una orzata che può arrivare anche appena oltre la prua al vento permettendoci di guadagnare un po' di spazio per girare la boa evitando due virate consecutive, le quali anche se ben eseguite, portano ad un rallentamento notevole della velocità. Inoltre così facendo eseguiremmo un giro di boa più largo e, se l'avversario è vicino, si potrà perdere la posizione di testa poiché potrà ingaggiarsi all'interno tra noi e la boa.

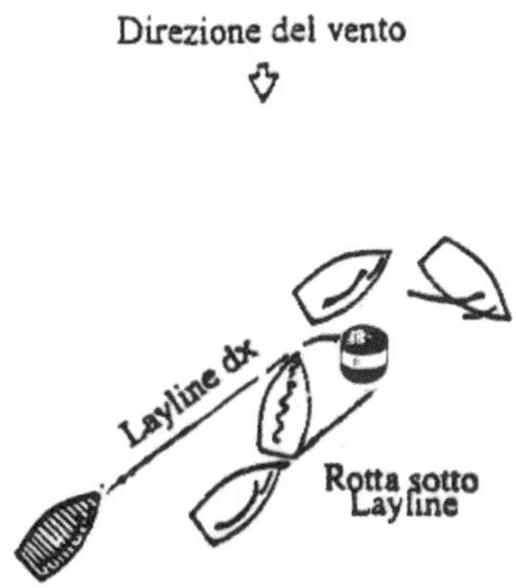

Fig.3.5

Le condizioni più favorevoli per non dover eseguire due virate sono da trovarsi principalmente nelle condizioni meteo (intensità del vento e condizioni di onda) e considerando il tipo di barca su chi stiamo navigando. Come nella falsa virata una condizione di vento medio-fresco permette di percorrere con la prua al vento un discreto spazio, così come l'assenza di corrente proveniente da sopravento è fondamentale per una buona riuscita.

Inoltre, il tipo di scafo sul quale si sta regatando, determina la distanza di cui si può approfittare per eseguire questa manovra. Uno scafo leggero perderà l'abbrivio prima di una barca più grossa e quindi conoscere le capacità e la caratteristica della barca è fondamentale per evitare di fermarsi al vento. Anche se psicologicamente difficile per la riuscita della manovra occorrerebbe, un attimo prima di effettuare l'orzata, a circa una lunghezza, fare una leggera poggiata che possa incrementare la velocità, condizione necessaria per restare più a lungo con la prua nella direzione del vento. Affrontare una manovra in bolina molto stretta creerebbe notevoli difficoltà d'attuazione di guadagno sopravento.

Con vento molto leggero l'attuazione della bretone è sconsigliabile a meno che il tratto da superare in filo al vento non sia molto breve poiché la barca rallenta subito nell'angolo morto con minima presa di guadagno sopravento.

Alcuni timonieri con poco vento in un match-race corso con barche piccole, se chiusi dalla virata adottano anziché due virate che rallenterebbero notevolmente la velocità della barca, un'abbattuta stretta con conseguente virata. Sebbene più rara questa soluzione può essere tenuta in considerazione specialmente con scafi più piccoli che, con l'aiuto del timone più che con le vele, possono operare una manovra d'abbattuta in uno spazio ristretto. (Fig.3.6).

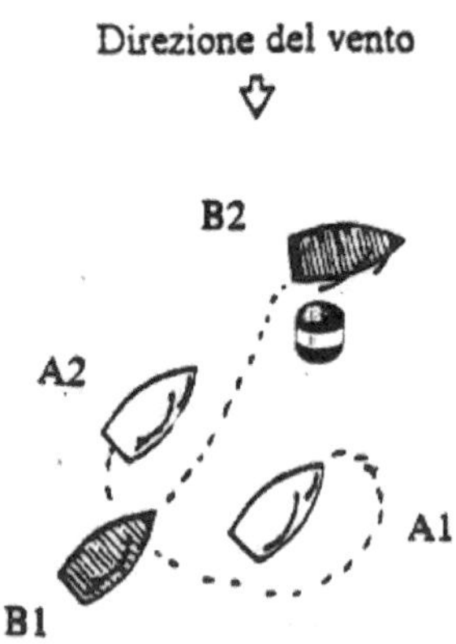

Fig.3.6

Quando un avversario dietro di noi naviga sulla layline di dritta o di sinistra, ad una distanza tale che le nostre vele non possono disturbare la sua rotta di bolina, l'approccio alla boa al vento va operato con una virata esattamente sulla prua dell'avversario, rispettando la regola di porsi sempre tra egli e la boa. Come consiglio, per navigare con la sicurezza di prendere la boa senza ulteriori virate per un salto di vento sfavorevole, conviene, approcciando la boa sulla layline di sinistra, crearsi un certo margine di sopravento che permetta, su un eventuale cambio di direzione del vento, di poter girare la boa senza essere costretti a virare due volte in poco spazio perdendo gran parte del vantaggio accumulato sull'avversario. Sulla layline di dritta se avviene un salto di vento in "scarso" non pregiudica cambi di bordo ma un'eventuale corta rotta di bolina per girare la boa.

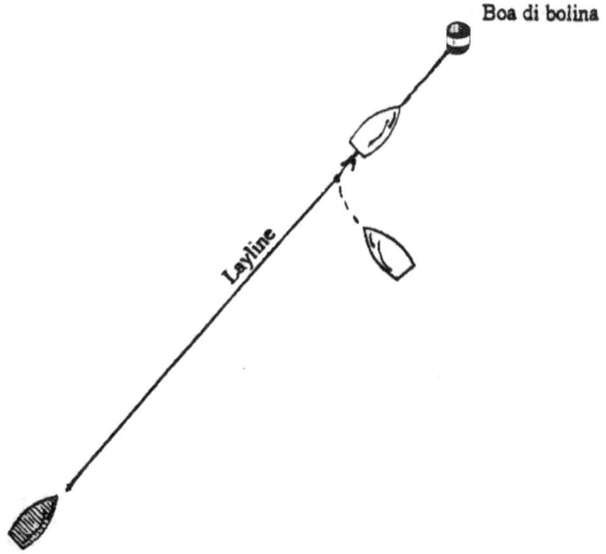

Fig.3.7

Se invece la distanza tra le due barche è ridotta rispetto alla situazione sopra esposta quando l'approccio avviene con mura a dritta occorre che la barca che per prima gira la boa, iniziando l'andatura portante con mura a sinistra, faccia attenzione alla rotta dell'avversario che sta navigando ancora in bolina. La barca che precede opererà un giro di boa poggiando del necessario per alzare lo spinnaker navigando leggermente sopravento alla linea congiungente la boa di bolina e di poppa per evitare incroci pericolosi; nella fase immediatamente successiva alla poggiata, quando l'equipaggio è impegnato nella manovra dello spinnaker anche la visuale del timoniere può essere coperta per cui è sempre buona regola tenersi fuori dal pericolo di una richiesta di spazio da parte dell'avversario. Egli, dal canto suo, essendo in svantaggio, se ne ha la possibilità, coglierà al volo l'occasione creatasi da una rotta molto poggiata arrivando vicino e modificando la rotta congiungente con richiesta di penalità per l'avversario.

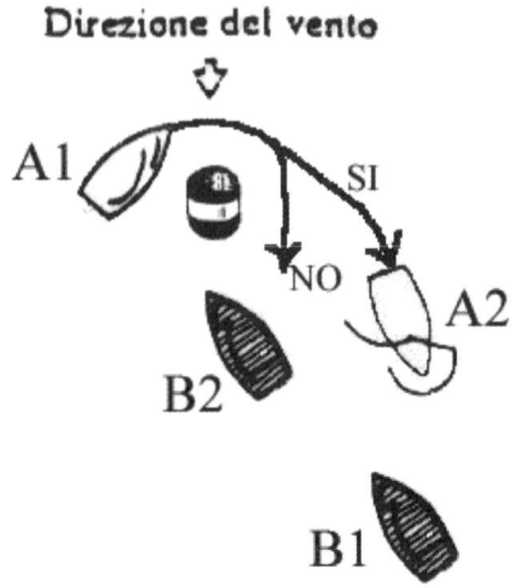

Fig.3.8

Se l'approccio alla boa al vento avviene con entrambi gli yacht mura a dritta ingaggiati, quindi costretti a fare una virata per entrare in boa, si creerà una situazione di aumento del vantaggio di B su A se questi aspetterà a virare oltre la layline cosicché A sarà costretto a ritardare la manovra e si troverà esattamente sulla poppa di B che sta seguendo la rotta più breve per girare la boa. (Fig.3.9)

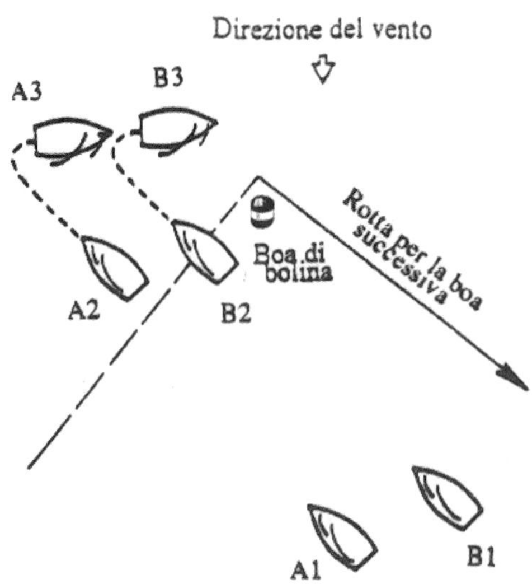

Fig.3.9

Se viceversa stiamo incrociando un avversario sulla layline ad una distanza favorevole affinché egli venga disturbata dai nostri rifiuti dovremo virare leggermente sopravento alla layline. Questo può portare un incremento del nostro vantaggio anche se abbiamo allungato un po' la rotta ideale per i seguenti motivi:

a) il disturbo delle nostre vele rallenta la velocità di chi ci segue;
b) disturbando il suo angolo di bolina se il nostro avversario si trova sulla layline probabilmente non riuscirà a prendere la boa;
c) se non riuscirà più a far la boa sarà costretto ad effettuare due virate consecutive per riguadagnare lo spazio sopravento perso dal disturbo delle nostre vele impedendogli anche di effettuare una "virata bretone" per girare la boa.

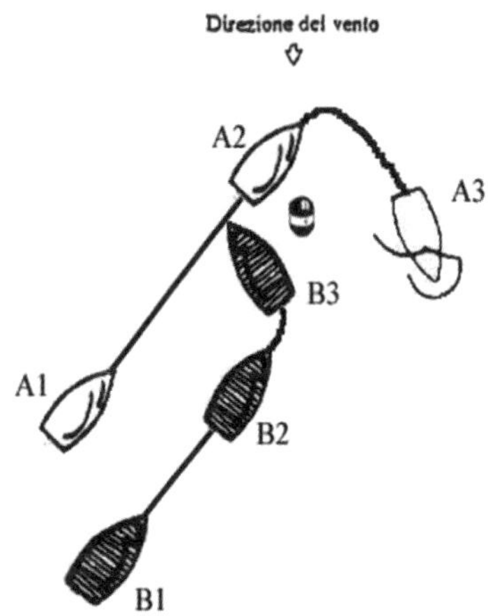

Fig.3.10

Avvicinandosi alla boa di bolina nella direzione della corrente può cambiare sostanzialmente l'approccio alla boa. Come si nota nelle situazioni esposte nella Fig.3.11 e 3.12 la layline ideale, cioè senza corrente, non è più valida e viene modificata a seconda della direzione e dell'intensità della stessa. Se non è possibile calcolare con esattezza l'intensità della corrente vicino alla boa per evitare di commettere grossi errori conviene attuare comunque una scelta tattico-strategica il cui risultato deve comunque farci guadagnare sull'avversario. In una situazione di svantaggio sull'altro yacht di 4-5 lunghezze, facendo un esempio, con corrente proveniente dal lato di sottovento conviene virare sotto l'avversario. Sulla vecchia layline, o appena sopra, egli perderà lo spazio di vantaggio sopravento perché costretto a poggiare per prendere la boa. Quindi, anche in questo caso, si potrà creare un recupero o addirittura un sorpasso su chi ci precede.

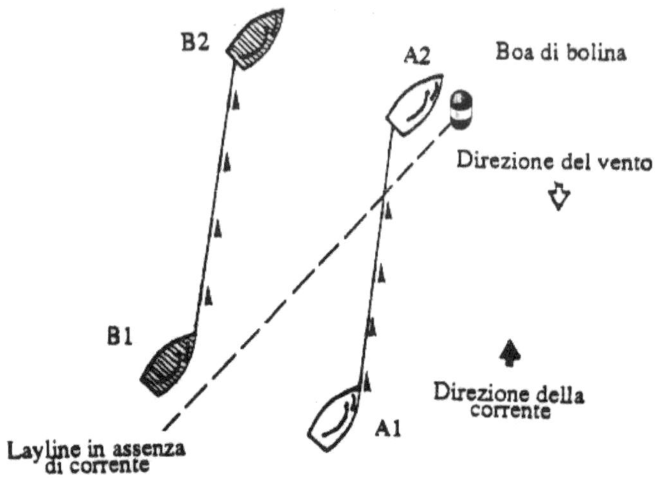

Fig.3.11

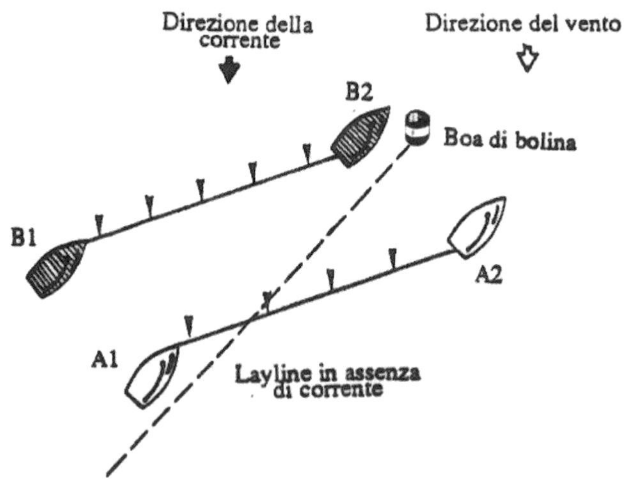

Fig.3.12

Una tattica un po' rischiosa che si può applicare con vento medio leggero durante l'approccio alla boa di bolina è espressa nella figura 3.13. Nel disegno appare evidente che la zona in prossimità della boa sia investita da una raffica di vento più forte. Lo yacht che incrocia mura a sinistra può rischiare di virare sotto layline vicino yacht mura a dritta poiché potrà cercare di sfruttare la zona di vento più fresco considerando che, con l'incremento della velocità, si possa navigare con un angolo di bolina più stretto, senza far modificare la rotta all'avversario e non facendolo ingaggiare all'interno.

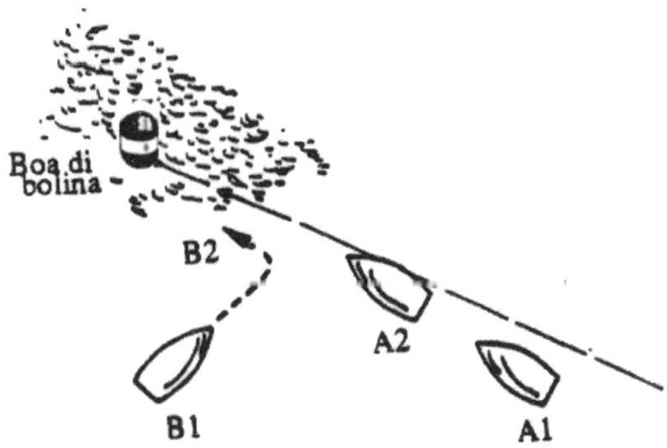

Fig.3.13

4) Giro di boa (Passaggio da Bolina a Poppa)

Affrontare in maniera corretta un giro di boa è fondamentale. Se l'avversario naviga dietro ad una certa distanza (due/tre lunghezze) si opera un passaggio alla boa "classico". Con vento leggero e medio è necessario mantenere sempre una certa velocità operando quindi una poggiata "più dolce": poggiare gradatamente creerà un'accelerazione con conseguente aumento della velocità anche se si percorre un tragitto leggermente più lungo (Fig.4.1). Con vento fresco e forte, invece, conviene lascare velocemente la randa per raggiungere una rotta più poggiata nel minor tempo possibile riducendo lo sbandamento e facilitando la manovra di alzata dello spinnaker, sempre che l'altra barca non ci costringa a manovre di difesa.

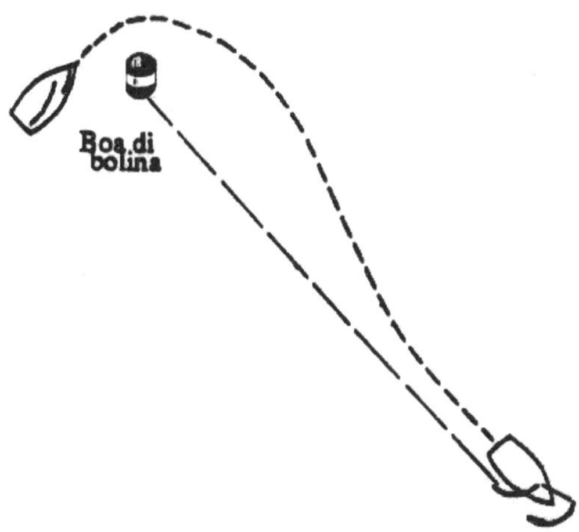

Fig.4.1

La seconda figura (Fig.4.2) mostra come, con l'avversario vicino, una decisa poggiata può danneggiare chi precede annullando parte del vantaggio o la perdita del primato nella regata.

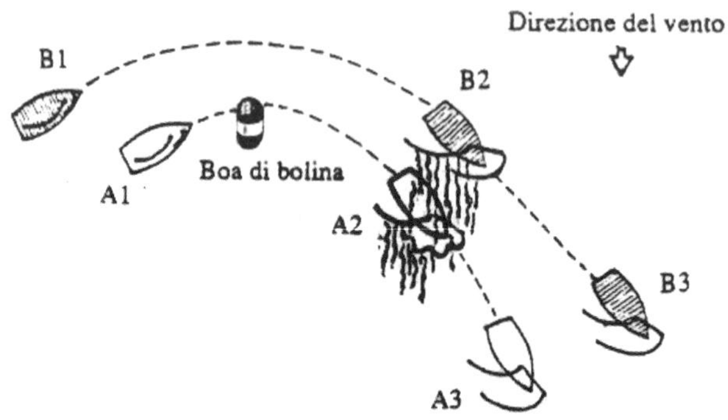

Fig.4.2

E' quindi necessario, oltre che effettuare una poggiata graduale, osservare attentamente durante il giro di boa l'avversario che tenterà di porsi in posizione di copertura con le sue vele su quelle di chi precede.

Nel match-race non è raro assistere ad accesi duelli tra le due barche proprio all'inizio del lato di poppa; per evitare di essere subito coperti dal rifiuto di chi segue, la barca in testa non poggerà fino a che l'avversario farà altrettanto, perdendo qualche metro di sottovento ma sicuri di non essere sorpassati all'inizio del lato.

Calcolare la zona di rifiuto e quella di vento libero nelle andature portanti è più difficile rispetto alla bolina. Se infatti nelle andature di risalita del vento il cono di rifiuto è più facilmente individuabile, al lasco in poppa la differenza tra vento reale e vento apparente (dovuto alle diverse velocità che può avere una barca con il gennaker o lo spinnaker) può variare di attimo in attimo. Inoltre il "vento sporco o disturbato" che una barca produce con lo spinnaker o gennaker rispetto alla bolina, è maggiore data la metratura esposta al vento e, come già detto, varia sensibilmente a seconda degli angoli che si possono avere dal traverso alla poppa.

Nelle tre figure successive si illustra quale sia la zona nella quale una barca, nelle diverse andature portanti, riceve un vento disturbato dall'avversario.

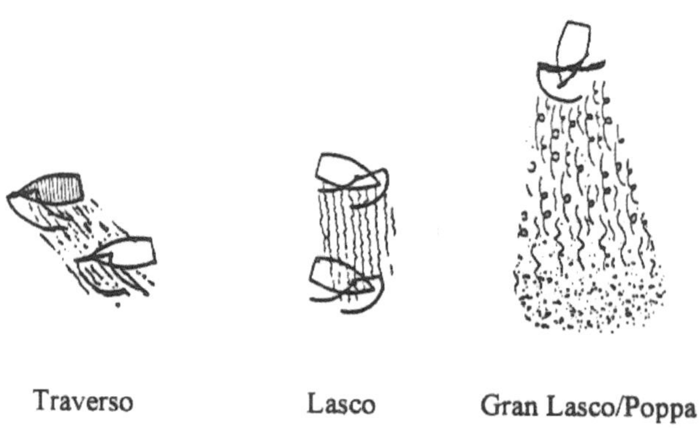

Fig.4.3 Coni di rifiuto nelle andature con lo spinnaker

5) Controllo di un avversario nel lato di poppa

Il controllo di un avversario o le tattiche per guadagnare su di esso o sorpassarlo nei lati di poppa sono forse più complesse delle situazioni che si creano in bolina. Questo è dovuto soprattutto al fatto che nel raggiungere una boa al vento la rotta per tutte le situazioni varia di poco (da bolina stretta a bolina larga, cioè andature che possono oscillare da 3 a 5° per la bolina stretta ai 4-5° della bolina larga rispetto alla rotta ideale, ovvero quello che si chiama VMG, Velocity Made Good. (miglior compromesso prua/velocità di risalita al vento o discesa nel vento). Inoltre, di poppa, se due yacht sono ad una distanza nella quale chi insegue può disturbare con il proprio cono di rifiuto chi precede, le parti si invertono avvantaggiando chi sta inseguendo. Il controllo deve essere operato da chi è in testa al match-race curando, potremmo dire "relativamente", la rotta migliore ma assecondandosi soprattutto alle mosse dell'avversario.

La prima regola fondamentale è, come di bolina, quella di porsi tra il proprio avversario e la boa, libero dai rifiuti, come illustrato nella Fig.5.1

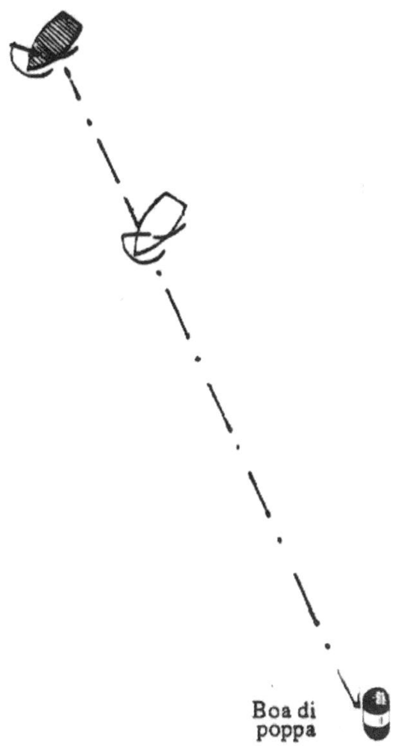

Fig.5.1

La tattica da adottare in andatura portante varia molto a seconda della distanza dell'altra barca. Cercando di riassumere semplicemente le situazioni sono essenzialmente due: potremmo schematizzare descrivendo quando le due imbarcazioni navigano ad una distanza superiore alle cinque lunghezze o a più stretto contatto. L'esempio è naturalmente limitativo rispetto alla molteplicità delle situazioni che si possono osservare, ma per semplicità e sintesi, si descrivono queste due situazioni che sono abbastanza frequenti nel match-race. Partendo da una situazione di svantaggio (cinque o più lunghezze) chi insegue deve cercare in tutti i modi di ridurre la distanza anche a rischio di aumentare il gap per ritrovarsi sul nuovo lato di bolina con minor distacco o (se è l'ultimo lato del percorso) di superare l'avversario. Lo spaiamento, ovvero il navigare sul bordo opposto dell'avversario, rispetto a chi ci precede può esser produttivo se il vento è variabile cosi da poter guadagnare su ogni piccolo salto di vento; altra tattica, quando la distanza tra i due contendenti è ampia, si può ricercare in una situazione di vento migliore (per intensità e direzione) o di corrente che favorisca sensibilmente chi sta inseguendo.

Completamente diverso è invece se la distanza tra gli yacht è ridotta; chi insegue tenterà di guadagnare spazio sottovento al fine di bloccare il cambio di bordo coprendo successivamente con le vele l'avversario quando egli abbatte se sono su mura a dritta. Continue piccole orzate e poggiate sono anche frequenti quando la distanza è ridottissima, oltre che per creare l'ingaggio, anche per un eventuale attacco all'orza tenendo sempre però presente la regola 17 che sancisce come si stabilisce un ingaggio.

Specialmente con poco vento le rotte in andature di poppa seguono costantemente il miglior VMG per cui si naviga bordeggiando quasi come in bolina; in considerazione di questo, come abbiamo già detto per l'andatura di risalita in condizioni di vento molto leggero è consigliabile (essendo in testa al match) seguire tatticamente l'avversario magari in contrasto con la scelta strategica del momento: non è raro aver assistito, anche in regate di altissimo livello, ad un clamoroso recupero o ancor peggio essere sconfitti in condizione di grande variabilità di direzione e intensità del vento (più raramente della corrente) che permettono a chi è in svantaggio un sorpasso insperato. Si può asserire che con vento di buona intensità il controllo dell'avversario è più facile per chi conduce poiché, man mano che il vento sale, la rotta ideale ovvero il miglior compromesso tra discesa verso la boa e velocità (VMG) si avvicina sempre più alla linea che unisce le due boe.

E' utile ricordare che il comune intento dei "duellanti" è anche riuscire ad entrare dentro alla zona delle due lunghezze dalla boa all'interno dell'avversario, o se esterno riuscire ad arrivarci non ingaggiato. Questo fattore è molto importante specialmente se la boa di poppa è unica perché, come vedremo in seguito, la tattica può variare se è disposto un cancello.

E' altresì bene ricordare quale sia la regola che stabilisce l'ingaggio aiutandosi con la definizione del regolamento.

Libero dalla poppa, libero dalla prua: Ingaggio

Una barca è *libera dalla poppa* di un'altra quando il suo scafo ed attrezzatura in posizione normale sono dietro una linea perpendicolare all'asse dello scafo passante per il punto più a poppavia dello scafo e dell'attrezzatura dell'altra imbarcazione in posizione normale. L'altra barca è *libera dalla prua*. Esse sono *ingaggiate* quando nessuna delle due è *libera dalla poppa*. Tuttavia, esse sono anche *ingaggiate* quando una barca tra di loro *ingaggia* entrambe. Questi termini non si applicano ad imbarcazioni su *mura* diverse eccetto quando si applica la regola 18.

Con un semplice disegno vediamo quando due yacht sono ingaggiati e quando non lo sono. (Fig.5.2 a & b)

Yacht Ingaggiati

Fig.5.2a

Yacht Non Ingaggiato

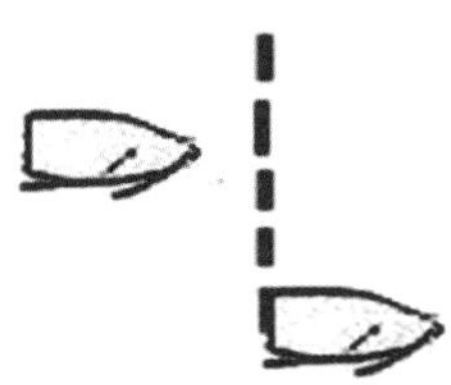

Fig.5.2b

Mediante alcuni disegni descriviamo alcune situazioni. Nella figura 5.3 B deve difendersi dall'attacco di A che potrebbe coprirlo. B orza lentamente prima che A possa sopraventarlo avvicinandosi alla layline. Nella terza fase del disegno B continua ad orzare fino a che raggiunto il limite abbatte costringendo l'avversario a porsi sulla sua poppa.

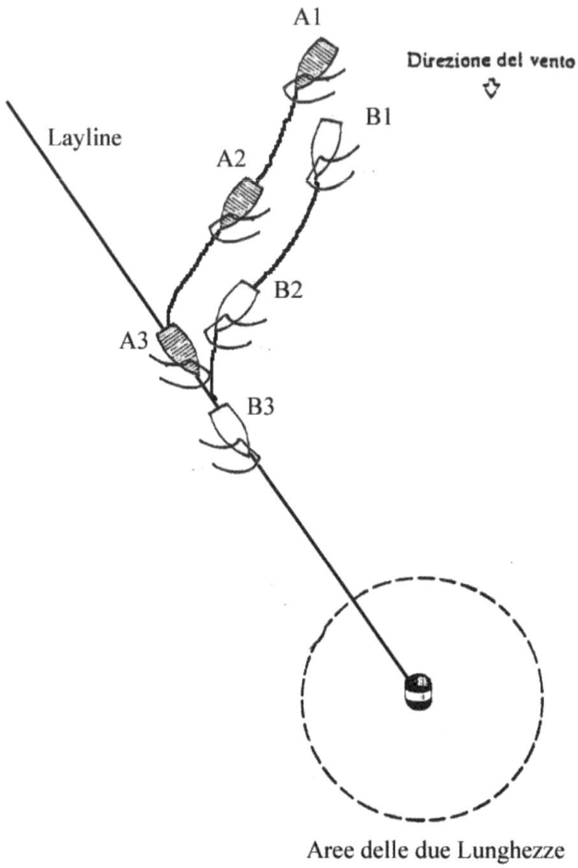

Fig.5.3

Nella figura 5.4 è disegnata la sequenza di un attacco portato da B ad A da sottovento. In prossimità della layline A abbatterà seguito immediatamente da B che si troverà interno nelle due lunghezze e farà navigare A con vento "sporco".

Come si può notare dalla sequenza B è passato da una posizione di svantaggio su A ha condurre il match-race.

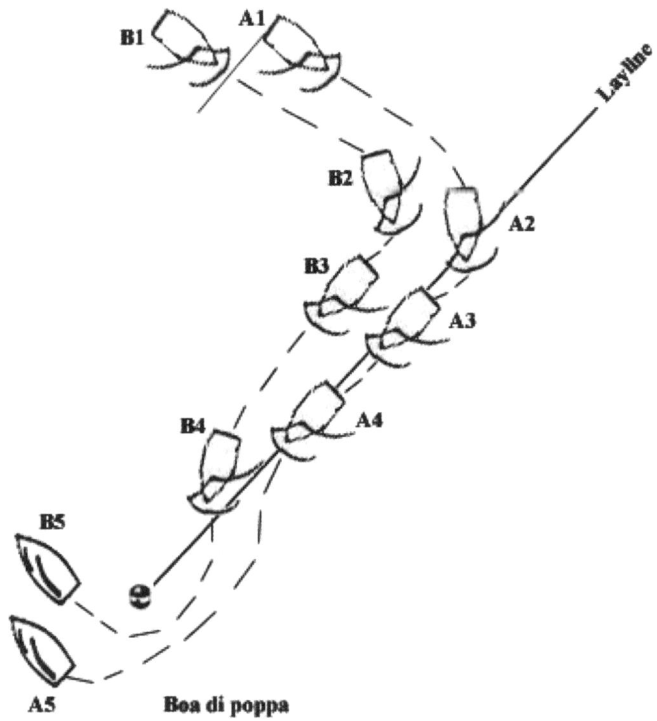

Fig. 5.4

Altro caso si verifica quando in prossimità delle due lunghezze l'avversario di sottovento cerca di liberarsi dal cono di rifiuto. Come è disegnato nella figura 5.5 B nella terza fase si pone tra A e la boa fino a portarlo fuori dalla layline. Il risultato ottenuto nella quinta fase vede B entrare all'interno delle due lunghezze rispetto ad A ponendosi in chiara posizione favorevole rispetto all'avversario.

In questa manovra l'unico rischio che B corre nei confronti di A è quello di vedersi sopraventare se A sfrutta una raffica o un'onda favorevole. Le possibilità che questo avvenga sono però limitate dal fatto che A perde tempo per passare da una posizione di sottovento ad una si sopravento rispetto ad A, manovra che avviene con velocità minima dovuta al vento disturbato che A ha prodotto sulle sue vele.

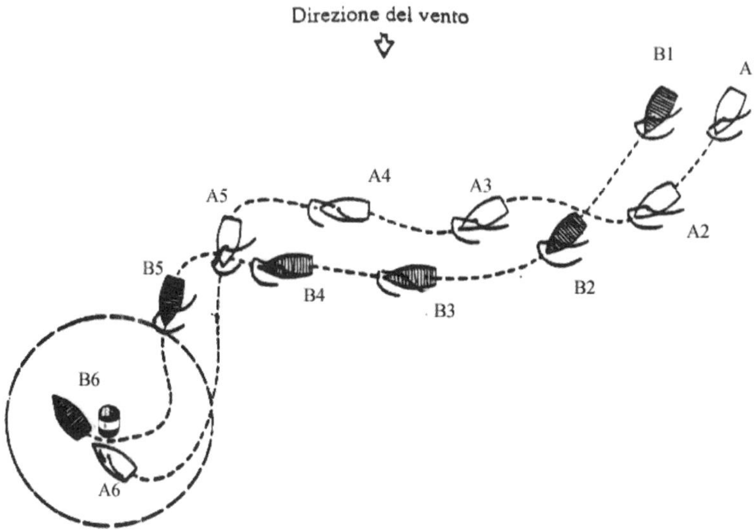

Fig.5.5

La figura 5.6 riassume in sequenza una situazione di approccio alla boa quando le barche sono a stretto contatto.

Nel disegno B ha creato l'ingaggio con A che proseguendo con questa rotta per la boa dovrà cedere il passo all'avversario che naviga all'interno. Una tattica facilmente attuabile è quella che A propone in prossimità del suo arrivo nelle due lunghezze. Orzando vicino alla zona prima citata a rompe l'ingaggio con B entrando quindi nelle due lunghezze disingaggiato da B che dovrà lasciare il passo.

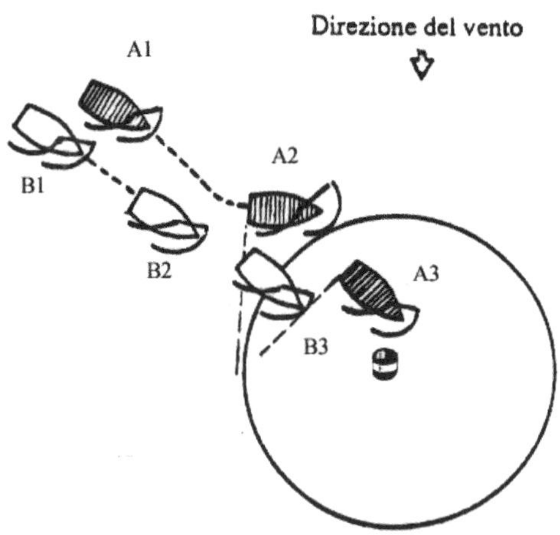

Fig. 5.6

Anche nella figura 5.7 è disegnata una situazione frequente durante un lato di gran lasco o poppa. B che sta conducendo rimane sotto il rifiuto di A che sta sopraggiungendo. In questa situazione l'unica difesa di B è di orzare leggermente per uscire dai rifiuti e in prossimità della layline abbattere per entrare in boa interno davanti ad A. La manovra di orzata non deve essere troppo brusca poiché è importante che A rimanga vicino appena sopravento; se si orza troppo A può decidere di abbattere poco prima di B navigando più poggiato ma interno alla boa.

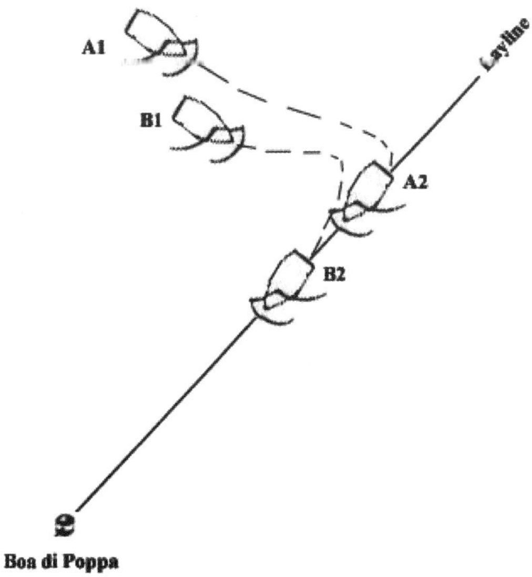

Fig. 5.7

Un'altra tattica che si può adottare in prossimità delle due lunghezze (o tre) è la posizione della figura 5.8.

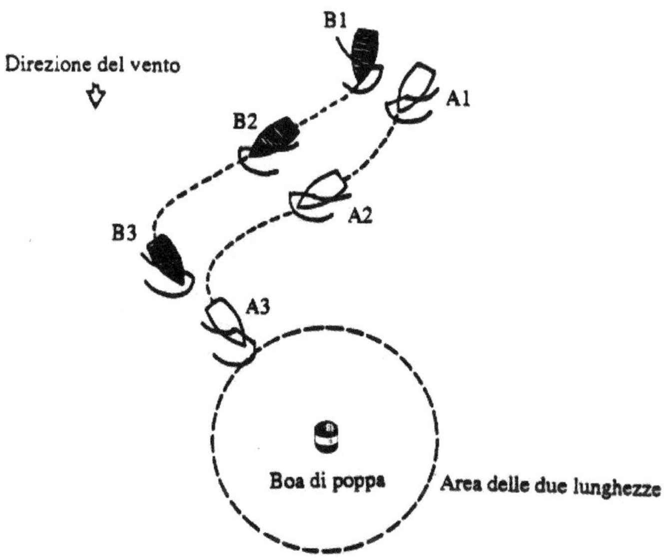

Fig.5.8

Come si può notare A "chiude" B sulla layline facendolo abbattere perché con diritto di rotta avente le mura a dritta. Nella seconda fase A porta B lontano dalla layline per abbattere, sicuro che B (terza fase) non possa coprirlo con le vele. B in questo caso ha poche possibilità se non quella di coprire nella seconda fase A per poi abbattere anticipando l'avversario per entrare non ingaggiato nelle due lunghezze da sopravento. (Fig.5.9).

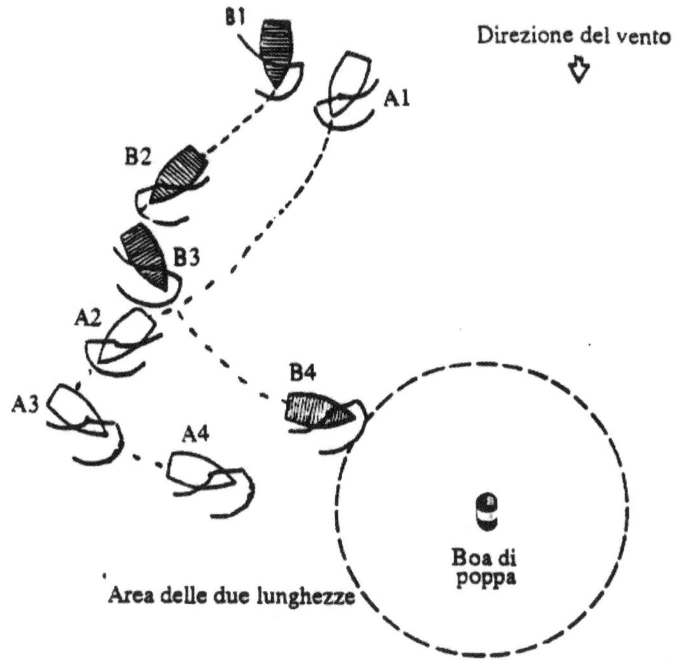

Fig.5.9

Una situazione abbastanza frequente nell'andatura di poppa è l'incrocio con l'avversario su mura opposte. Quando ci troviamo su rotte convergenti occorre comportarsi tatticamente in modo diverso a seconda della posizione di vantaggio (mura a dritta) o nel dover tenersi discosti (mura a sinistra).

Nel primo caso, quindi con diritto di rotta, le soluzioni che possiamo adottare sono due: se decidiamo di voler navigare dalla parte destra del campo lasciando la sinistra all'avversario procederemo con una rotta che ci permetta di passare all'incrocio senza costringere chi si sta avvicinando ad abbattere (Fig.5.10); per realizzare questo conviene puntare la nostra prua su quella dell'avversario proponendo una rotta pressoché costante assecondata da leggere poggiate al fine di far capire le nostre intenzioni e non disturbarlo per farlo passare di poppa. Se, al contrario, volessimo adottare una tattica aggressiva, che abbia il risultato di far abbattere chi si presenta all'incrocio, la manovra più efficace consiste nel puntare continuamente l'avversario durante il nostro avvicinamento con minime orzate e poggiate che non lascino altra soluzione a chi naviga con mura a sinistra se non il cambio di bordo (Fig.5.11). I nostri continui leggeri cambiamenti di rotta durante la fase di avvicinamento, seguiti da quelli che il nostro avversario propone per tenersi discosto specialmente se il vento è di una certa intensità, (quindi con un'ampia scelta della rotta in andatura di poppa sempre procedendo con buona velocità) disorienteranno l'avversario che si troverà necessariamente costretto ad abbattere vicino a noi con il rischio di effettuare la manovra sotto pressione di uno yacht vicino e magari partendo da un'andatura più stretta di quella di poppa e quindi non ideale. L'applicazione di questa tattica risulta utilissima sia quando vogliamo spingere l'avversario verso la parte sinistra del campo, sia in prossimità dell'area delle due lunghezze, poiché ci permette (vedi Fig.5.12) di allontanarlo dall'approccio in boa, permettendoci di rompere l'ingaggio appena abbattiamo per raggiungere la boa.

Se, al contrario, fossimo la barca che naviga con mura a sinistra, quindi in posizione di svantaggio nell'incrocio, occorrerà cercare di capire le intenzioni dell'avversario, o orzando decisamente con molto anticipo in modo da crearsi lo spazio sufficiente per passare a poppa di chi naviga con mura a dritta, (Fig.5.13) o, se questo risulta inefficace data l'insistenza dell'avversario nel seguirci all'orza sulle altre mura, sarà conveniente anticipare l'abbattuta prima che l'avversario sia troppo vicino (Fig.5.14): questo può risultare strategicamente giusto poiché potrà indurre lo yacht con mura a dritta ad abbattere contemporaneamente a noi navigando con mura a sinistra. Nella figura 5.15 viene esposta la possibilità di abbattere di nuovo ("accodandosi") con l'equipaggio che ha appena terminato la manovra e quindi già in posizione per procedere ad un nuovo cambio di mura, o comunque pronto ad affrontare nuovamente l'incrocio proponendo altre soluzioni (vedi disegni precedenti). Ancor meglio, se il nostro avversario anticipa troppo l'abbattuta perché ci vede iniziare il cambio di bordo, fare o una finta abbattuta o due abbattute in cui il tangone rimane sul lato sinistro e solo la randa cambia di mura (Fig.5.16). Questo sicuramente è poco corretto tecnicamente ma è in grado di farci risparmiare molto tempo se costretti a eseguire due repentini successivi cambi di bordo.

Fig.5.10

Direzione del vento

FASE FIGURA 5.11

FASE FIGURA 5.12

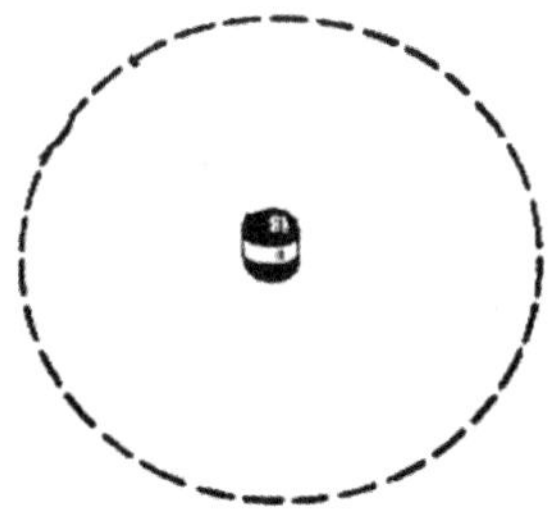

Aree delle due Lunghezze

Direzione del vento

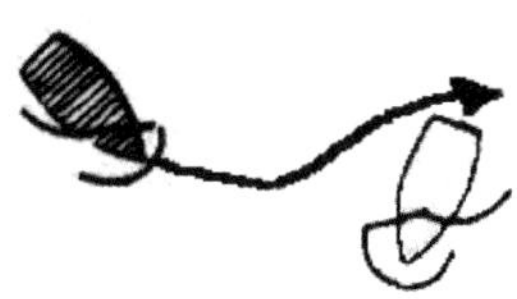

Fig.5.13

Direzione del vento

Fig.5.14

Fig.5.15

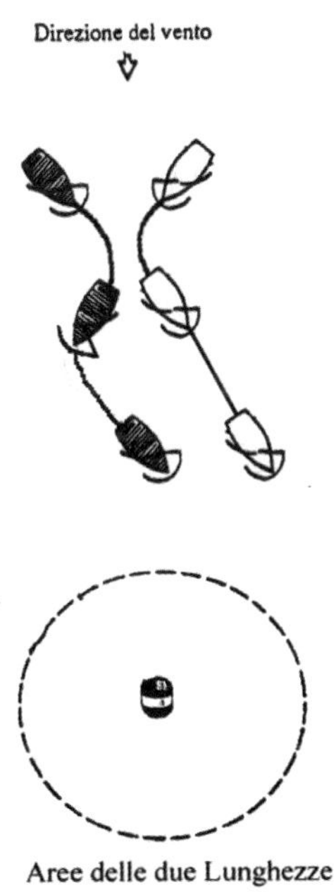

Fig.5.16

6) Giro di boa al termine della poppa

Nel match-race alla fine del lato di poppa le alternative sono di una singola boa o di due poste sulla stessa linea a breve distanza (la misura di tale distanza è in relazione al tipo di barche che si stanno confrontando per cui più le barche sono grandi maggiore sarà la distanza e viceversa). Le tattiche di approccio saranno diverse se viene posta una sola boa o due. Iniziamo a descrivere il primo esempio (singola boa).

Nel primo esempio figurato (6.1) A salvaguarda lo spazio sopravento orzando più della normale rotta di bolina scoraggiando B che rimane sottovento.

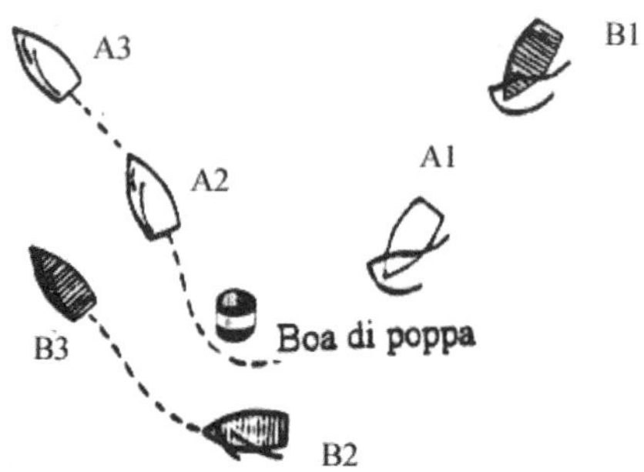

Fig.6.1

La manovra di A è attuabile e redditizia se la distanza tra A e B è di almeno 2-3 lunghezze. Infatti se tale distanza non divide le due imbarcazioni e A difende il sopravento come nel caso descritto B potrebbe guadagnare lo spazio sottovento procedendo nei primi metri del nuovo lato in un'andatura di bolina larga, perdendo un po' di spazio sopravento ma liberandosi dal rifiuto di A (Fig.6.2).

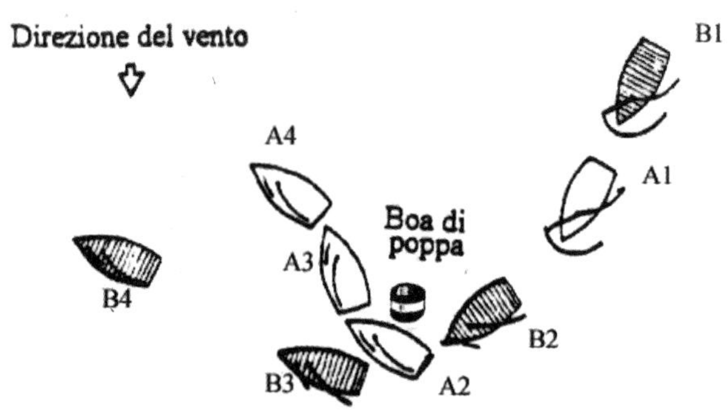

Fig.6.2

Un piccolo salto di vento verso sinistra avvantaggerà lo yacht sottovento che, quando lo potrà fare, può decidere di incrociare l'avversario permettendogli di passargli di prua se ha acquisito un vantaggio tale da incrociare con mura a sinistra (Fig.6.3) o, più verosimilmente, di poter virare sottovento all'avversario danneggiandolo, a cambio di mura avvenuto, con i propri rifiuti (Fig. 6.4) che è quella che viene chiamata Lee-bow).

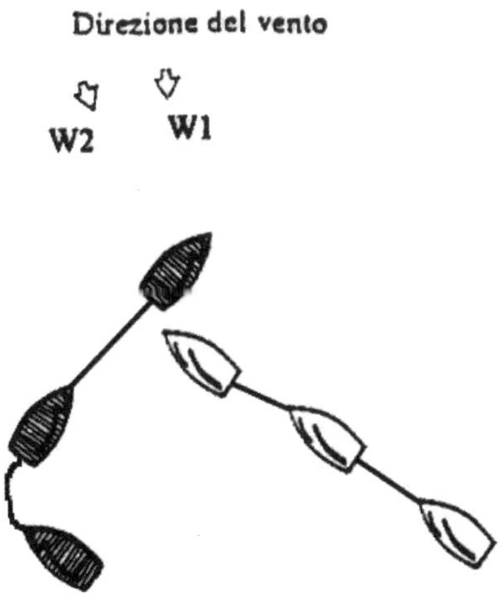

Prima evoluzione di un incrocio dopo un'oscillazione del vento a sinistra

Fig.6.3

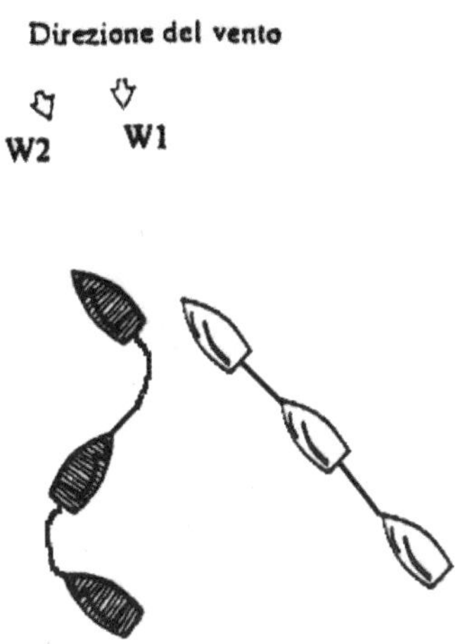

Seconda evoluzione di un incrocio dopo un'oscillazione del vento a sinistra

Fig.6.4

Quando l'avversario invece è ad una distanza superiore alle dieci lunghezze dovremmo operare un controllo che non possa dare al nostro avversario nessuna possibilità di passarci. Come indicato nella figura 6.5 A ha girato con vantaggio su B che è ancora a 3-4 lunghezze dalla boa. A che ha già percorso un certo spazio in bolina vira con mura a sinistra prima ancora che

B affronti la manovra di ammainata dello spinnaker. Mentre B gira la boa A rivira mura a dritta controllando l'avversario sulle stesse mura. Questa descritta è sicuramente la tattica migliore per controllare un avversario che insegue ad una certa distanza: in questa posizione A qualsiasi sia l'oscillazione del vento potrà controllare B: se il vento ruoterà verso destra B si accoderà sulla poppa di A perdendo ulteriormente sullo yacht che conduce il match-race, se viceversa ci sarà un salto di vento dalla parte sinistra potrà ridurre lo spazio di sopravento rispetto ad A ma rimarrà disturbato dalle sue vele quando questo spazio farà entrare B nel cono di rifiuto creato da A.

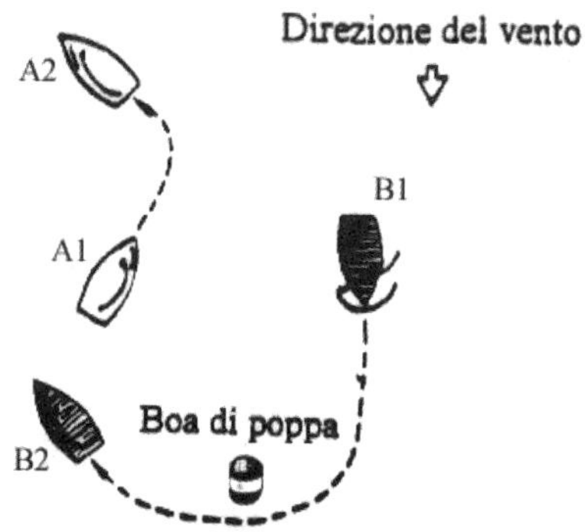

Fig.6.5

Approccio alla boa di poppa con due boe (cancello)

Tale soluzione è spesso applicata anche nelle regate di flotta ma con scopi diversi rispetto al match-race. Nel fleet-race tale alternativa viene scelta con il preciso intento di evitare situazioni di "ingorgo" sul giro di boa evitando, visto l'alto numero di barche coinvolte, anche molte proteste talvolta difficilmente giudicabili; le due boe sono poste anche per questioni di sicurezza con vento fresco e forte dando possibilità alle barche, che arrivano con buona velocità alla fine del lato, di decidere l'opzione più conveniente o sotto il profilo tattico-strategico o per evitare ulteriori rallentamenti data la presenza di molte barche che girano la boa.

Nel match-race la soluzione della doppia boa al termine del lato di poppa ultimamente si usa, oltre nelle regate per le barche della Coppa America, anche nelle manifestazioni meno importanti. La ragione e lo scopo del posizionamento di due boe come nelle regate di flotta è ben diversa: essendo solo due barche non esistono chiaramente situazioni di affollamento ma la scelta è dettata da ragioni sportive, per dare la possibilità a chi è in svantaggio di recupero sull'avversario o per lo meno, di non iniziare il lato di bolina sotto stretto marcamento.

Il cancello alla fine del lato di poppa dà alle barche l'opportunità di scelta dell'una o dell'altra naturalmente passando obbligatoriamente tra le due boe. Ciò significa che, a seconda della scelta, una boa dovrà essere lasciata a dritta e l'altra invece a sinistra. L'iniziare il lato di bolina girando quella si dritta o di sinistra, arrivando alla fine della poppa, è dettata dalle convinzioni strategiche ma anche dalla posizione dell'avversario nell'approccio alla boa, sia che si conduca o che si sia in svantaggio.

Facendo un passo indietro è giusto sottolineare che, finché non si è in prossimità del giro di boa, tutte le scelte tattico-strategiche di mantenimento della posizione di testa, se si conduce, saranno le stesse proposte precedentemente rivolte al fine di guadagnare sull'avversario, così come si equivalgono i tentativi tattici e strategici di chi occupa la posizione di svantaggio quando si è il concorrente dietro. La presenza delle due boe è soprattutto valida quando le barche arrivano insieme o distanziate di poche lunghezze. Con alcune figure descriviamo i diversi approcci che due yacht affrontano.

1° Caso

Se la distanza fra le due barche è di molte lunghezze la risoluzione delle due boe non darà alcun vantaggio o possibilità alla barca che insegue in quanto, anche se decide di girare l'altra boa, l'avversario avrà già assunto una posizione (virando) che gli consenta di controllare in sicurezza le mosse dell'altro.

Figura 1° Caso

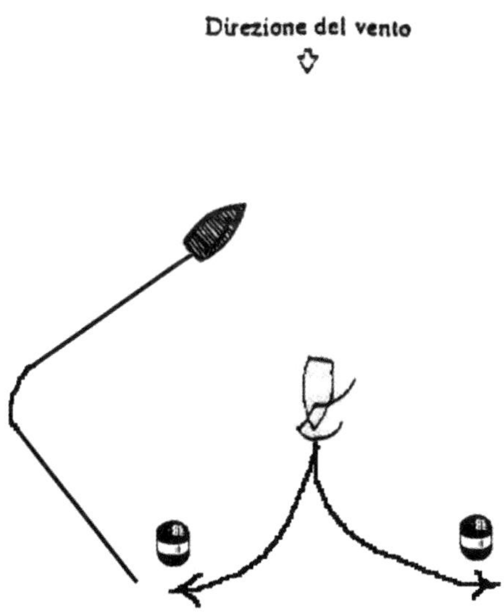

Poppa con cancello

2° Caso

Quando le barche sono molto vicine potremmo dire che le possibilità di marcamento di chi è dietro si concretizzano scegliendo l'altra boa. Questa opzione va però sviluppata affinché l'avversario non possa seguire la stessa mossa: solo quando si è sicuri che chi conduce girerà ad esempio la boa di dritta si procederà ad approcciare la parte opposta. Naturalmente chi conduce strategicamente avrà il vantaggio della scelta, ma per chi insegue è sempre meglio provare un'alternativa che rimanere sotto stretto controllo o nei rifiuti all'inizio del nuovo lato.

Figura 2° Caso

3° Caso

L'esempio che spieghiamo ora può risultare in contrasto con quello finora descritto ma le ragioni della scelta hanno una precisa spiegazione. Il terzo caso propone le barche alla fine della poppa divise da una lunghezza ove la barca dietro decide di approcciare la stessa boa di chi conduce. Questo esempio è valido sia che si giri la boa di dritta o di sinistra. La barca in vantaggio gira la boa e per mantenere lo stretto controllo dell'avversario dovrà essere pronta a manovrare immediatamente se l'altro vira cosicché può rimanere vittima di una falsa virata che determinerà lo marcamento; se invece la barca dietro vira girando la boa e chi conduce segue con un piccolo ritardo l'avversario si può determinare una situazione di perdita del controllo quando il vento oscilla verso sottovento.

Figura 3° Caso 1^ situazione

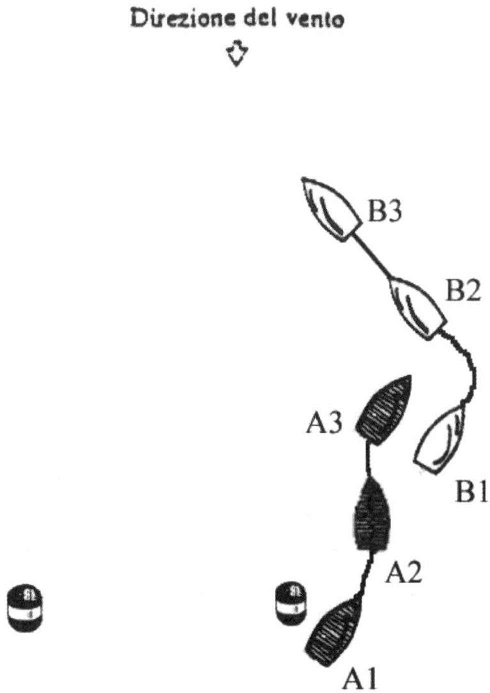

Figura 3° Caso 2^ situazione

7) Arrivo

Anche se è raro che un percorso di match-race preveda l'arrivo al vento, in alcuni casi ove si disputino regate in spazi ristretti (piccoli laghi, bacini), può essere adottato l'arrivo in bolina.

Inizieremo quindi a descrivere proprio l'arrivo in questa andatura.

Premessa

Quest'ultima delicatissima e fondamentale fase è superfluo sottolineare una regata non è finita finché la prua non taglia la linea di arrivo; questa banale considerazione vuole sottolineare ancor di più quanta concentrazione deve mantenere, specialmente in situazioni di vicinanza con l'avversario, tutto l'equipaggio. E' il caso di dire che se durante la regata le scelte strategiche possono aver determinato un minimo distacco dall'avversario, in situazioni di arrivo la tattica di controllo (anche stretto) deve prevalere affinché si mantenga la supremazia dell'incontro.

Ribadendo il concetto che occorre tagliare la linea magari di pochi secondi prima dell'altro è necessario non dare l'opportunità, sia dal punto di vista tattico che di sfruttamento del regolamento a chi è in svantaggio. Nonostante questo, il particolare tipo di regata dove conta esclusivamente la vittoria e non il piazzamento contrariamente al fleet-race, l'arrivo, se accompagnato da una tattica efficace, può ribaltare le sorti del risultato, proprio negli ultimi metri.

Le occasioni che si possono creare sono di due tipi, cioè con avversario vicino e lontano. In quest'ultima ipotesi il controllo è sicuramente più facile perché, come abbiamo già detto in precedenza è regola fondamentale seguire tatticamente l'altra barca ponendosi sempre tra l'avversario e l'arrivo durante l'ultimo lato del percorso. Importante è seguire sempre l'avversario anche oltre le layline cosicché da mantenere, magari a discapito di parte del vantaggio, sempre il primato. Andare oltre le layline è molto comune in questo tipo di competizione in tutti i lati del percorso ed ancor più esasperata questa tattica potrà essere utilizzata da chi è in svantaggio come ultima chance.

Quando due yacht navigano vicini invece le situazioni sono più complicate e soprattutto il ritmo della competizione aumenterà notevolmente in numero di virate se l'arrivo è in bolina o di abbattute se in poppa. Questa è già un tipo di tattica che viene usata in maniera stressante da chi è in svantaggio per indurre l'avversario, con un numero di manovre continue, all'errore.

La prima cosa da tenere in considerazione in prossimità dell'arrivo è quello di sapere, qual'è il punto della linea che prima potremmo raggiungere dal punto nel quale stiamo navigando: un'inclinazione a favore della boa o del battello del comitato risulta determinante ai fini di un minimo guadagno che può far mutare il risultato.

Disposizione della linea di arrivo (Inclinazione)

Bolina

Arrivo neutro

Nel caso della figura 7.1, sebbene l'imbarcazione sottovento si sia liberata dal rifiuto delle vele dello yacht sopravento non arriverà davanti: infatti se proseguirà mura a dritta A taglierà il traguardo prima, se virerà incrocerà A con mura a sinistra e, dovendo lasciare il passo, taglierà comunque dopo la linea di arrivo.

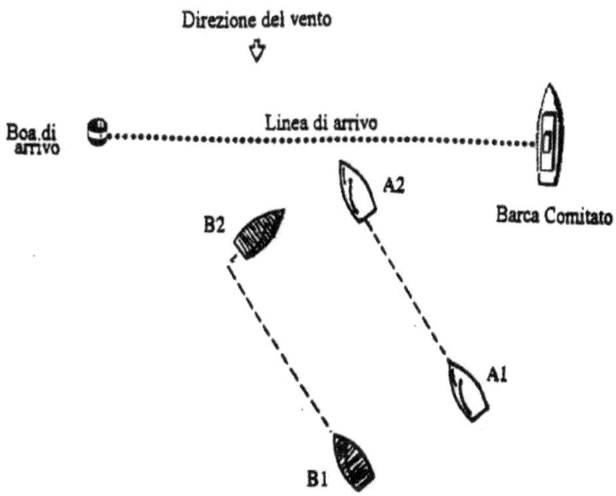

Fig.7.1

Conoscere l'inclinazione della linea, come si è detto, può essere di fondamentale importanza. Dal disegno della Fig.7.2 è chiara la rotta più breve che uno yacht deve percorrere per tagliare il traguardo percorrendo meno spazio possibile.

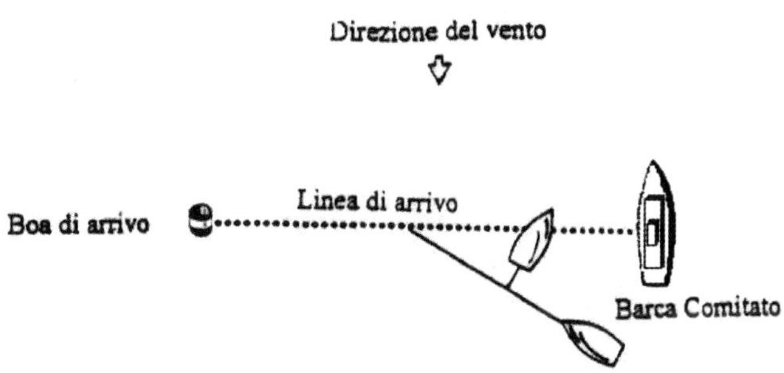

Fig.7.2

Nella figura 7.3 la linea di arrivo è posta in posizione tale da avvantaggiare l'arrivo in boa. Lo yacht sottovento sebbene in svantaggio su quello sopravento all'incrocio risulta più vicino all'arrivo per la posizione della barca del comitato posta troppo sopravento rispetto ad un posizionamento neutro rispetto al vento. A per controllare B prima di trovarsi in quella posizione avrebbe dovuto bolinare in andatura più lasca per cercare di chiudere anticipatamente la virata di B.

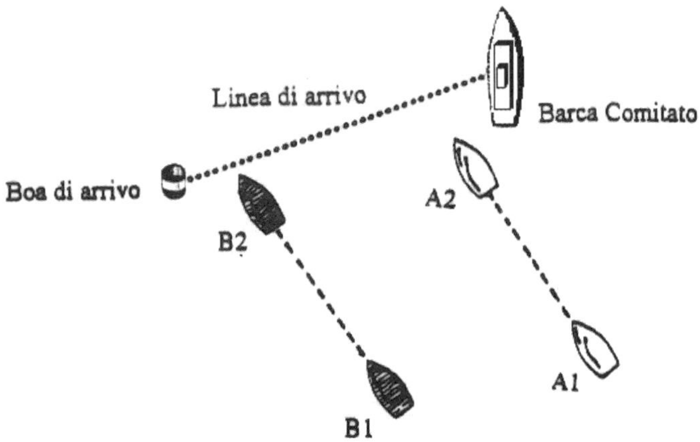

Fig.7.3

La figura 7.4 pone la stessa posizione degli yacht in arrivo con inclinazione della linea opposta all'esempio precedente. In questo caso A taglierà in vantaggio su B essendo più vicino al traguardo. L'unica possibilità che B ha di arrivare davanti ad A può essere di virare vicino alla linea di arrivo tentando di tagliare mura a sinistra un attimo prima di A.

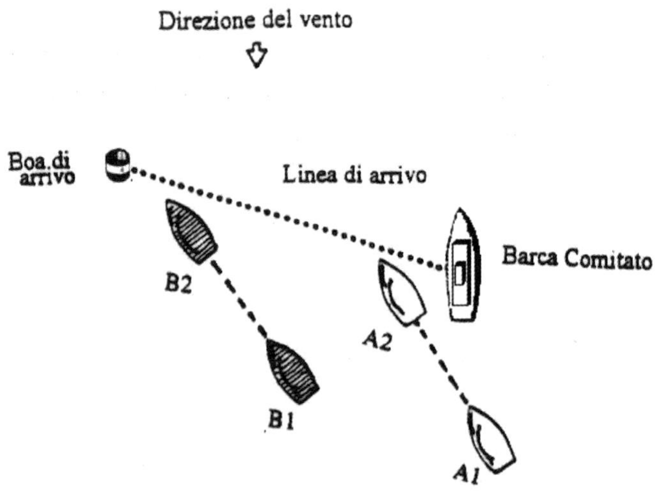

Fig.7.4

Come abbiamo già affermato per essere sicuri di poter controllare un avversario è necessario marcarlo strettamente anche fuori dalle layline sinistra o destra a seconda dei casi (Fig. 7.5 e 7.6). In queste figure la barca bianca vira sopravento poiché appena sopra layline ma se si è ancor più sopravento ad essa basta virare in prua o leggermente sottovento cioè ponendosi tra l'avversario e l'arrivo.

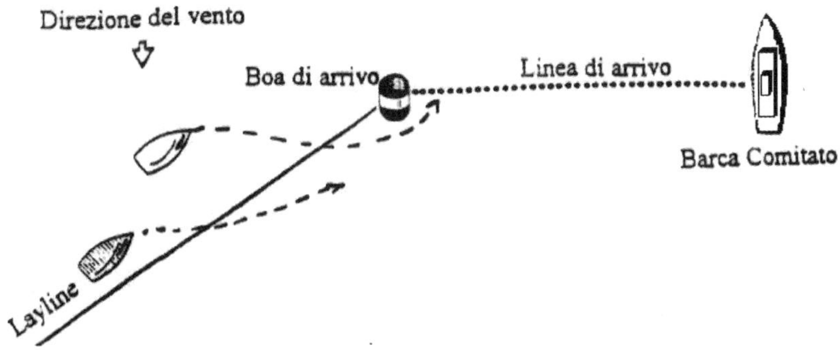

Fig.7.5

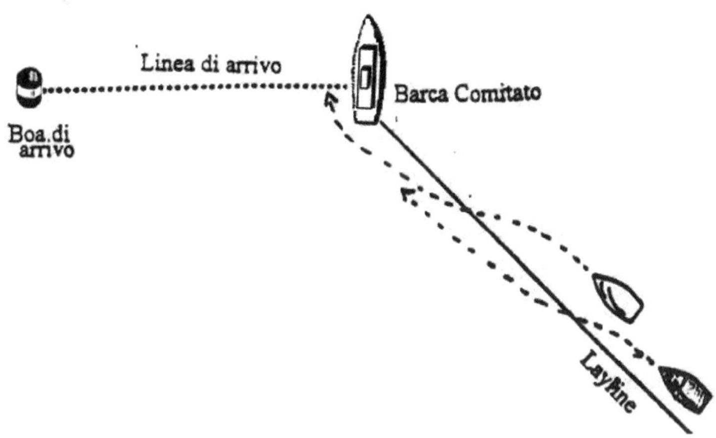

Fig.7.6

Nel match-race, come alternativa, può essere usato percorsi a bastone con partenza ed arrivo posti in mezzo al percorso. Tale tipo di posizionamento, che riunisce partenza ed arrivo, può chiaramente avvantaggiare la conoscenza dell'inclinazione della linea di arrivo già prima di partire. E' bene però, quando si sta navigando in poppa, traguardare la linea di arrivo per mezzo di una bussola da rilevamento a mano per ricalcolare o assicurarsi dell'inclinazione per definire la parte più vantaggiosa verso la quale dovremmo dirigersi a seconda dei bordi che ci porteranno al termine della regata. L'esempio della figura 7.7 espone in maniera chiara come si calcola l'inclinazione della linea di arrivo rispetto alla direzione del vento.

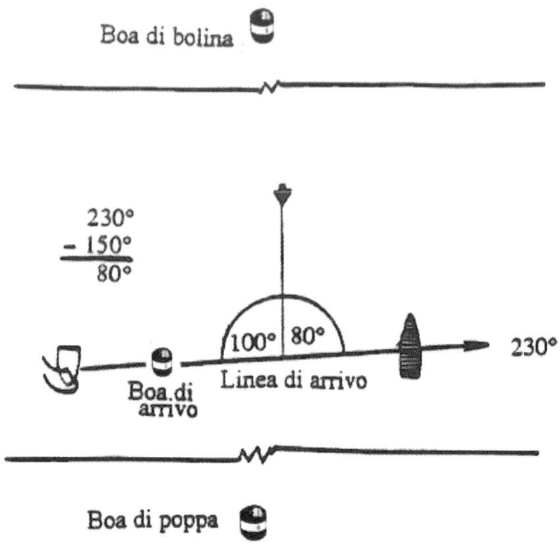

Fig.7.7

In arrivi molto incerti può essere utile, in prossimità della linea di arrivo, orzare procedendo per qualche secondo in prua al vento. Per spiegare meglio questa situazione l'esempio del disegno nelle figure 7.8 e 7.9 fa vedere due arrivi con risultati opposti.

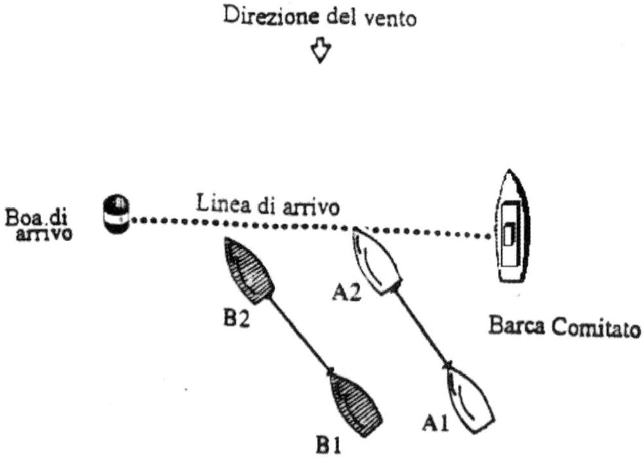

Fig.7.8

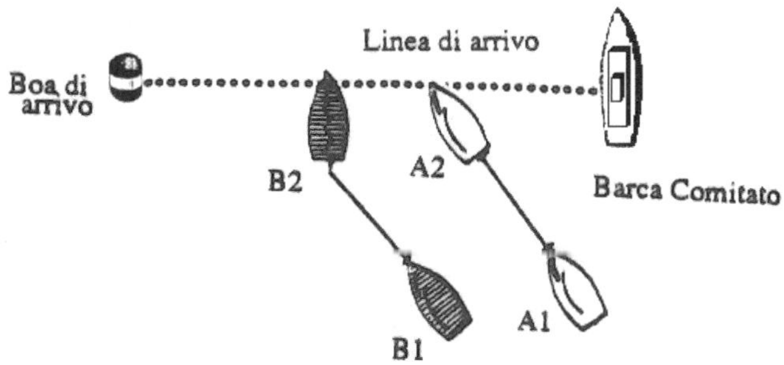

Fig.7.9

Poppa

Come detto in precedenza il percorso di un match-race solitamente finisce con l'arrivo in poppa. In questa situazione se tra le barche intercorre una distanza superiore alle 5 lunghezze il controllo che si deve operare per essere sicuri di precedere sempre un avversario è quello di porsi sempre tra l'avversario e la linea di arrivo (Fig 7.10).

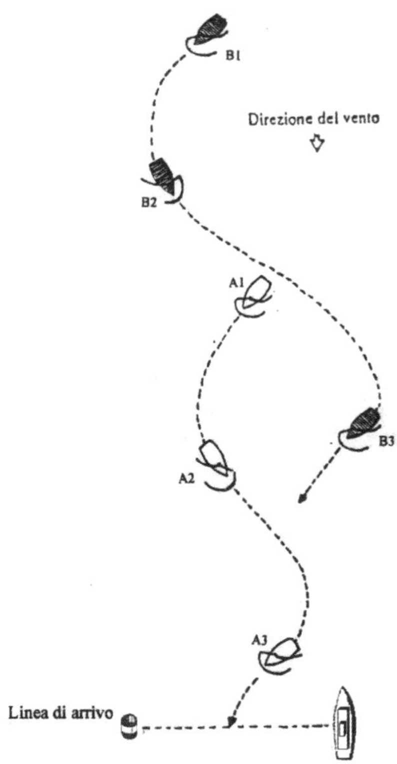

Fig.7.10

Quando intercorre una certa distanza l'inclinazione che può favorire l'una o l'altra parte della linea ha un importanza relativa, ed è facilmente deducibile se è la stessa linea della partenza, quindi, a meno di salti di vento o di cambiamenti nella direzione della corrente, rimane la situazione di avvio della regata. Quando invece la vicinanza tra gli avversari è contenuta in poche lunghezze (da 1 a 4) è molto importante operare sin dall'inizio del lato un controllo stretto da parte di chi conduce. Colui che, in questo caso precede il match, dovrà sempre trovarsi in posizione da interporre il proprio scafo tra l'avversario e la parte favorevole dalla quale tagliare ed oltretutto dovrà procedere su di una rotta libera da rifiuti.

Il duello di abbattute (Jibing duel) attuato da chi insegue sarà veemente ed incessante creando così una situazione di "pressione" sull'avversario che può indurlo ad un errore di manovra nonché avvicinarlo al cono di rifiuto. In questa fase, così come avviene in bolina, l'anticipo della manovra è fondamentale così come la perfetta conoscenza di manovre come la finta abbattuta. Per ottenere il miglior risultato, se si vuole attuare questa mossa, è necessario per prima cosa eseguirla dopo una serie di abbattute; allorché si decida di metterla in atto i membri dell'equipaggio dovranno comportarsi per l'abbattuta del tangone in modo pressoché simile: solo nel momento in cui la randa deve passare si riporterà il tangone sulle mura dalle quali abbiamo iniziato. Sicuramente, data la vicinanza, il nostro avversario inizierà ad abbattere nel nostro stesso momento e non avrà più il tempo di ritornare sulle altre mura. Per l'ottimizzazione conviene fare la falsa abbattuta con mura a sinistra, poiché questo porterà ad avere le mura a dritta e quindi diritto di rotta all'incrocio successivo (Reg. 10) (Fig.7.11).

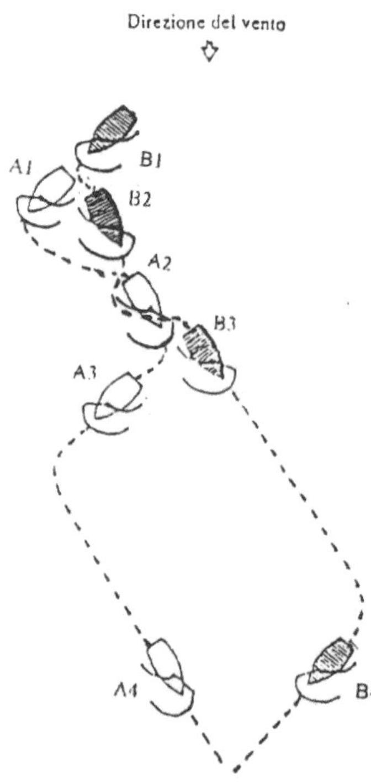

Fig.7.11

Da questa situazione A può rimanere al comando solo se le due imbarcazioni stanno navigando spostate sulla parte destra o vicine alla layline di dritta. In questo caso A avrà la possibilità di abbattere prima dell'incrocio difendendo la posizione di testa (Fig.7.12).

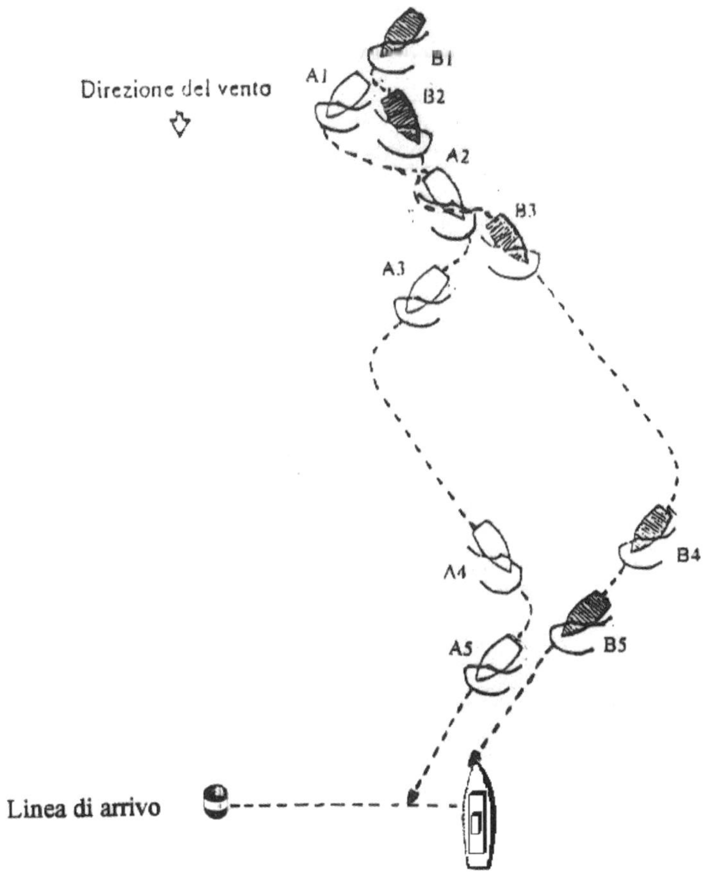

Fig.7.12

Se viceversa la stessa situazione si verificasse sulla parte sinistra del lato o in prossimità della layline B passerà al comando abbattendo, poco prima di incrociare A non chiedendo diritto di rotta all'incrocio (Fig.7.13).

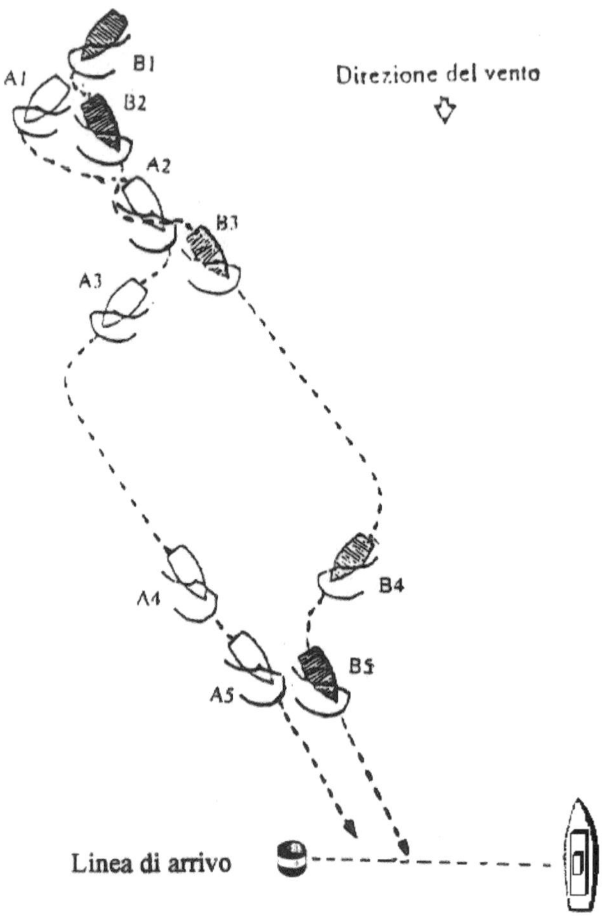

Fig.7.13

Un'altra difesa del vantaggio (per chi precede) consta, quando attaccati all'orza, nel costringere il nostro avversario a navigare con una rotta stretta a tal punto da fargli sventare lo spinnaker o gennaker a riva (Fig.7.14). Importante in questa manovra è non anticipare la risposta all'orza permettendo al nostro avversario di abbattere repentinamente sfilandoci a poppa (Fig.7.15).

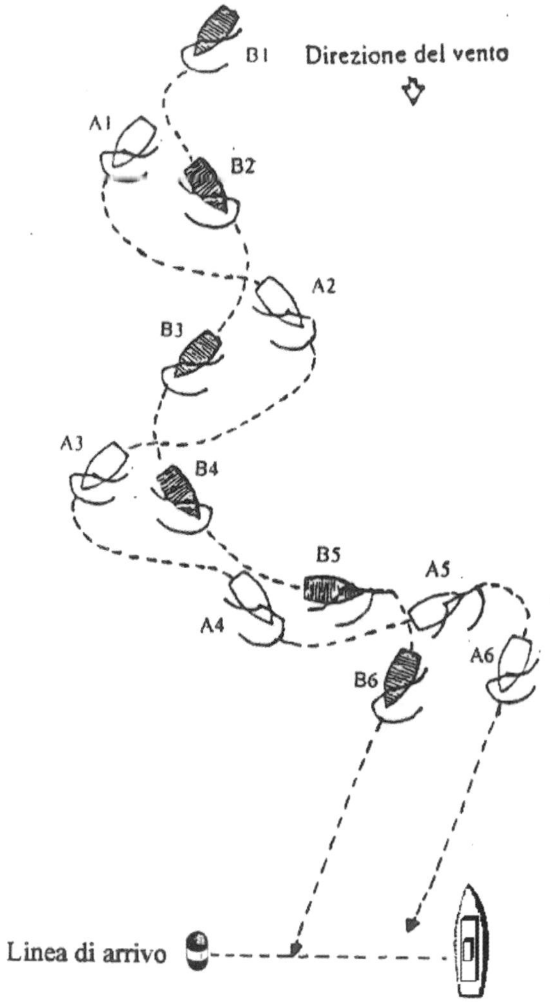
B1
Direzione del vento
A1
B2
A2
B3
A3
B4
B5
A5
A4
A6
B6
Linea di arrivo

Fig.7.14

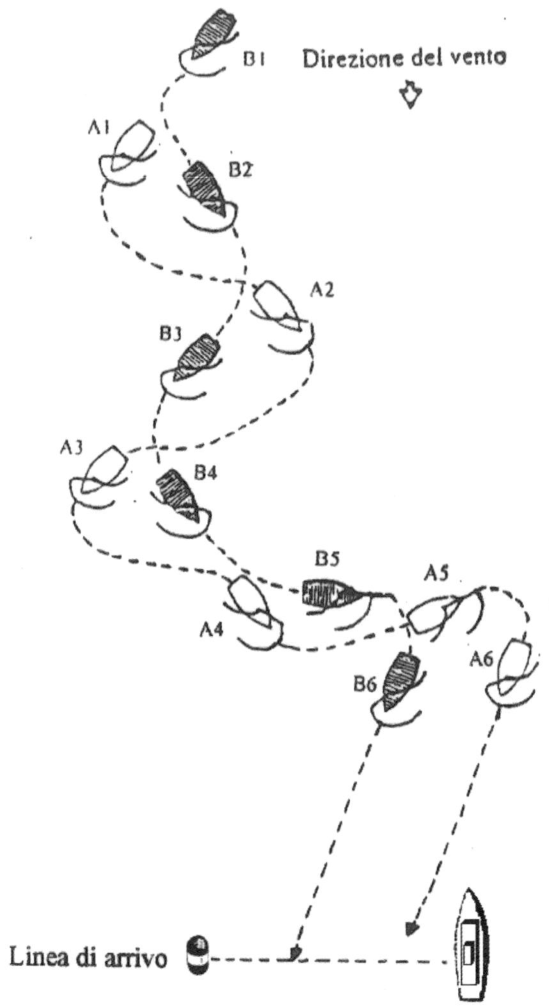

Fig.7.15

Inclinazione della linea di arrivo (Poppa)

Così come in bolina è necessario conoscere l'inclinazione della linea per essere sicuri di terminare il match-race il prima possibile. Nelle Fig.7.16 e 7.17 sono raffigurati arrivi dove si predilige l'una o l'altra parte della linea (Fig.7.16 arrivo vicino al battello comitato e Fig.7.17 arrivo in boa).

Nella Fig.7.18 è raffigurato un arrivo nel quale A non risponde all'orzata di B ma abbatte prediligendo la parte sinistra che gli permetterà di percorrere il tratto di mare più corto per tagliare l'arrivo. Questa scelta può risultare errata dato che lasciamo libero dal nostro controllo l'avversario ma può risultare redditizia per due motivi: il primo è dato dalla sicurezza di percorrere meno spazio, il secondo è dovuto alla sorpresa della nostra abbattuta dato che il nostro avversario si aspetta sicuramente una difesa dalla parte destra.

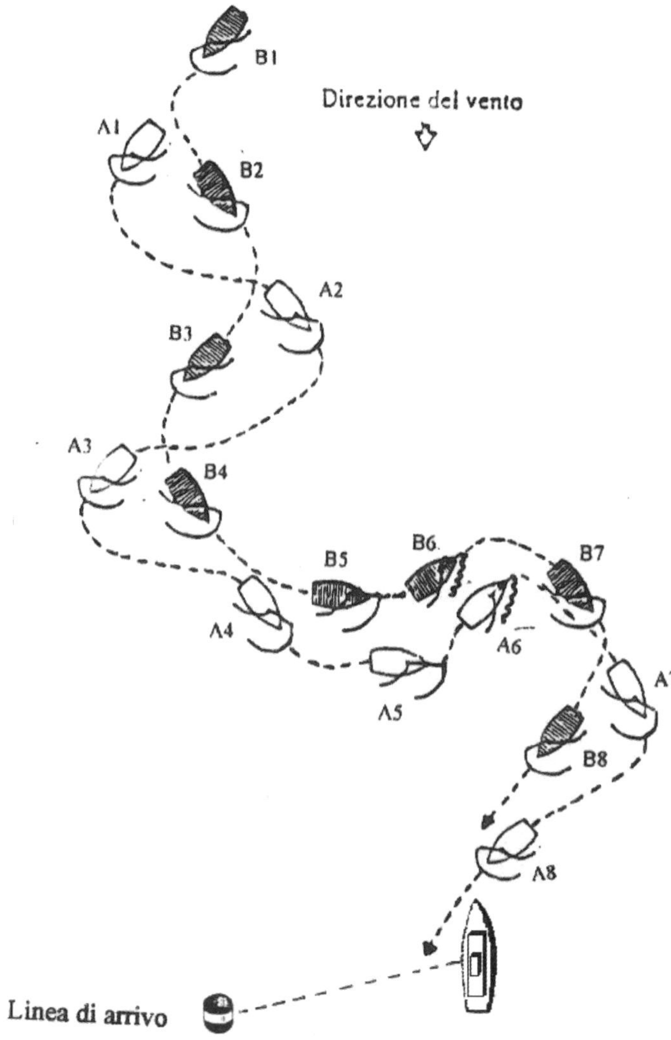

Fig.7.16

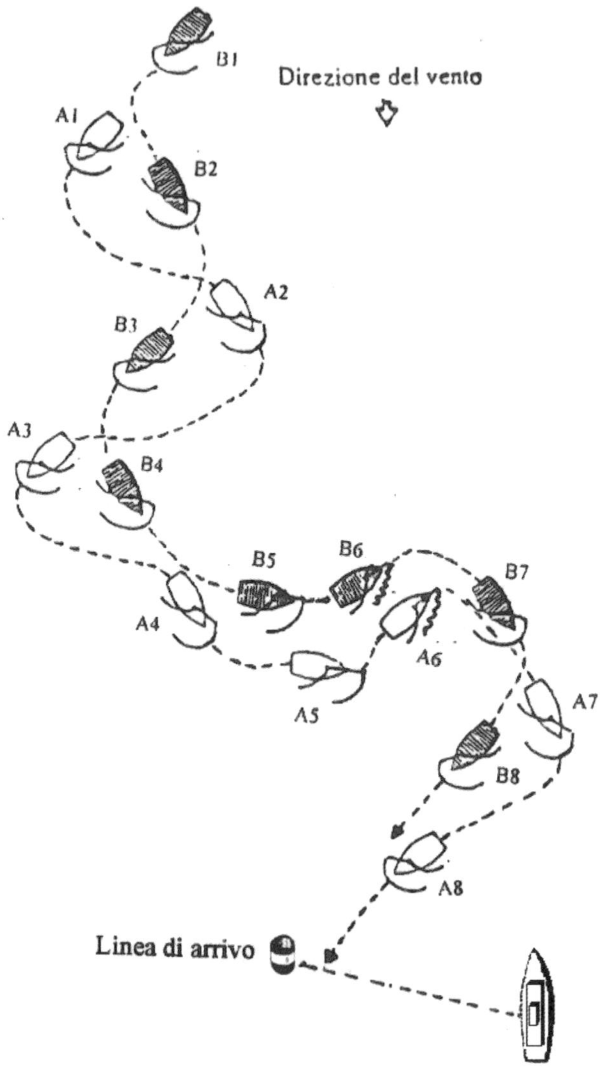

B1
Direzione del vento
A1
B2
A2
B3
A3
B4
B5
B6
B7
A4
A6
A5
A7
B8
A8
Linea di arrivo

Fig.7.17

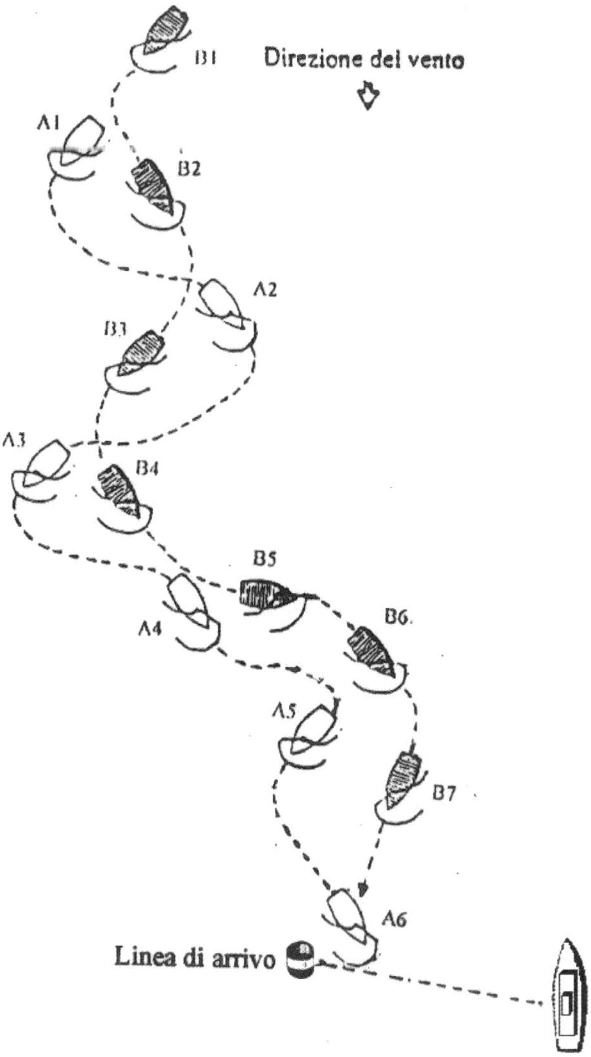
B1
Direzione del vento
A1
B2
A2
B3
A3
B4
B5
A4
B6
A5
B7
A6
Linea di arrivo

Fig.7.18

Capitolo 4

L'allenamento per la regata

L'allenamento specifico di questa disciplina è senza dubbio fattore determinante per il raggiungimento del risultato. Lo sport della vela solo in questi ultimi decenni si è adeguato ad una mentalità di preparazione metodologica per il conseguimento del risultato in regata; a differenza degli altri sport la vela è reputata dai non addetti ai lavori poco più un hobby anziché una disciplina moderna dove sacrificio e sudore sono elementi basilari per raggiungere un buon piazzamento. Inoltre, a similitudine di altre attività agonistiche, il velista che deve affrontare regate ad alto livello è impensabile che possa, unicamente con le proprie forze ed esperienze, competere contro team organizzati professionalmente composti da personale specializzato come allenatore, preparatore atletico e periodicamente seguito da un medico e uno psicologo.

Naturalmente il capitolo si occuperà dell'allenamento da effettuare anche senza l'ausilio di equipe professionali poiché ho ritenuto necessario descrivere come, anche agli inizi della carriera possa essere migliorabile con un minimo di metodologia, le performances degli equipaggi. Nei circoli che svolgono attività sia zonale che nazionale tutti hanno ormai degli allenatori che, con dedizione e sacrificio, preparano nell'età giovanile equipaggi facenti parte in base ai risultati delle squadre nazionali. E' molto utile se non necessario avere qualcuno che possa seguire in acqua gli allenamenti, il quale in misura più o meno ampia segua una metodologia atta ad evidenziare e a far progredire sportivamente ed agonisticamente il velista che voglia raggiungere i massimi risultati. L'allenatore, oltre a gestire l'allenamento scegliendo in base alle necessità, sarà fondamentale per posizionare i percorsi di allenamento, sarà acuto osservatore degli errori e dei progressi di chi segue periodicamente, e, non ultimo, sarà punto di riferimento ed esempio sportivo verso i suoi atleti sia a terra che in acqua nel senso più alto del suo significato.

Tornando a parlare praticamente è importante quindi affrontare la regata in una condizione di forma ottimale, argomento trattato nel capitolo specifico della preparazione fisica, così come importante cura deve essere rivolta all'alimentazione diversa per tipologia di barca (regate tra le boe o d'altura) e l'eventuale dieta che deve soddisfare l'esigenze della tipologia dell'uno o dell'altro atleta-velista.

Quello di cui si occupa questo capitolo riguarda essenzialmente il tipo di allenamento tecnico-specifico di questa disciplina indicante una specifica metodologia per migliorare tutte le fasi in regata.

Per prima cosa è necessario seguire un programma nel quale sono elencati sia per periodo, durata e intensità tutti i tipi di allenamento ritenuti necessari per raggiungere le migliori performances. Ad esempio è fondamentale stabilire la rigorosa e rigida periodicità delle uscite in mare, condizioni meteorologiche permettendo: solo un costante allenamento dell' equipaggio con vento leggero medio e forte, potranno creare le prerogative per un buon piazzamento.

Per essere più chiari è opportuno sottolineare altresì che la preparazione di un equipaggio, sia singolo o composto da più membri, abbisogna innanzi tutto di una adeguata preparazione mentale che deve sostenere in maniera incisiva prima e durante lo svolgimento della regata; la convinzione nei propri mezzi, la sicurezza di esecuzione delle manovre nei propri ruoli può solo favorire il conseguimento del risultato.

Per preparazione mentale è giusto ed opportuno sottolineare che si possa intendere, oltre ai punti prima suddetti, una ricerca costante della concentrazione, come base fondamentale per condurre un'imbarcazione, per decidere questa o quella tattica tenendo conto della strategia studiata, eseguire alla perfezione tutte le manovre nel minor tempo possibile in stretta relazione con le scelte operate dagli avversari.

Sicuramente questo tipo di "allenamento" è da ritenersi importante quanto quello fisico; per aumentare le capacità di concentrazione ed attenzione è senz'altro l'abitudine a questo tipo di "esercizio" l'elemento determinante: in regata la sensibilità acquisita durante gli allenamenti produrrà sempre un assetto ottimale durante tutto l'arco della regata mantenendo la migliore prestazione nelle diverse condizioni di vento e onda.

Parlando più specificatamente di come deve allenarsi un equipaggio, come abbiamo già asserito, è necessario che le uscite vengano fatte, oltre alla periodicità stabilita, in tutte le condizioni meteo, non trascurando le giornate di vento molto leggero così come le uscite con vento forte.

Abituarsi a queste condizioni è fondamentale per ottenere la massima confidenza in condizioni estreme, siano di bonaccia che di vento forte: si affineranno sicuramente sia la capacità di manovra che di messa a punto ottimale per la resa massima della propria barca.

L'impegno profuso da un equipaggio in allenamento deve essere lo stesso della competizione così da abituarsi alla tensione ed allo stress che una regata propone ogni volta.

Riassumendo (con alcuni schemi) potremmo suggerire che, affinché si producano miglioramenti delle prestazioni della barca, l'equipaggio si dovrà procedere metodicamente seguendo questi precisi obiettivi:

SCHEMA 1
CARATTERI GENERALI DELL'ALLENAMENTO

1) Periodicità e continuità.
2) Uscite nelle diverse condizioni di vento e di onda
3) Abitudine all'impegno dell'equipaggio come in regata.
4) Studio e miglioramento del mezzo (scafo, vele attrezzatura).
5) Studio della messa a punto.
6) Allenamento mirato ad un appuntamento importante (Campionato Italiano, Europeo, Mondiale).

La durata di un uscita può variare a seconda dello scopo, ossia può essere più o meno prolungata, comunque sia un allenamento deve essere sempre finalizzato. Ad esempio quando è necessario uscire per la messa a punto (speed-test) si faranno bordi lunghi per ottenere le migliori velocità della propria barca con soste (più o meno lunghe) per cambiare seppur minimamente l'assetto al fine di ottenere le migliori prestazioni. Quando invece si esce per allenarsi nella conduzione (a breve raggio) e nelle manovre è necessario riprodurre con l'ausilio di semplici gavitelli facilmente trasportabili in barca, o ancor meglio con boe poste da un gommone d'assistenza, un campo di esercitazione (ridotto) che simuli la regata.

Avere punti di riferimento come le boe di un percorso stimola sia la concentrazione sia la riuscita di una manovra. La distanza tra le boe può e deve variare a seconda dell'intensità del vento (più distanti con vento fresco più ravvicinate con vento leggero) o per scelta del tipo di allenamento che si vuole attuare così da creare continuo interesse e capacità di attenzione di un equipaggio. Il campo d'esercitazione può essere disposto a bastone o a triangolo, così da ricreare le stesse situazioni di una regata sebbene di dimensioni ridotta (esempi della Fig.1). Il percorso che simula un bastone con un'intensità di 20 nodi, ad esempio, deve essere chiaramente posizionato con una distanza fra le boe superiore rispetto allo stesso con vento leggero ma un esercizio molto utile, quando l'equipaggio ha già acquisito una certa dimestichezza con le manovre, può essere proposto con una lunghezza del lato minima in modo da obbligare l'equipaggio a monovrare con la massima velocità e precisione. Lo stress della manovra, la rapidità delle virate, alzate, abbattute ed ammainate di spinnaker, il tentativo di ridurre (anche sbagliando) i tempi delle manovre stesse, produrranno un effetto di miglioramento facilmente riscontrabile in regata (Fig.2). Si tratta più semplicemente dell'automatizzazione di tutte le manovra così come avviene per tutti quegli sport che sono composti da esercizi semplici e complessi. Quando si decide per questo specifico tipo di allenamento esso deve essere gestito ed operato secondo criteri che tengano conto delle singole capacità di tenuta di concentrazione di ogni singolo equipaggio; per maggior chiarezza del concetto ora espresso diciamo che la ripetizione delle manovre intorno al bastone quando le boe sono disposte ad una distanza ristretta deve essere eseguito massimo due-tre volte dopodiché l'equipaggio allungherà il lato con una bolina o una poppa per riacquistare l'adeguata concentrazione per la successiva serie di lati brevi.

E' fondamentale creare questi momenti di "recupero" al fine di riacquistare, oltre all'adeguato stato di concentrazione anche un nuovo efficiente ripristino dello stato fisiologico/muscolare dell'equipaggio sottoposto fino a quel momento ad uno sforzo quasi continuo. La durata degli allenamenti varia chiaramente dal tipo di esercizi che vengono svolti: un'uscita il cui obiettivo è quello della messa a punto (speed-test) può durare anche molte ore, mentre gli allenamenti intorno alle boe, possono risultare sufficienti quando oscillano in un tempo che va dalle due alle tre ore per gli equipaggi più allenati.

L'uscita deve tener conto anche delle condizioni meteorologiche: una giornata di vento leggero necessiterà sicuramente di concentrazione con un basso grado di impegno muscolare, mentre con vento forte l'equipaggio sarà impegnato oltre che sul piano mentale anche su quello fisico. Per ultimo, ma non meno importanti sono le condizioni climatiche nelle quali si affronta un allenamento; una temperatura rigida limita molto spesso la durata dell'uscita anche se è vero che l'abitudine nel tempo migliora l'adattabilità dell'equipaggio fino ad aumentare la capacità di resistenza in condizioni di tempo avverse. Nel nostro Paese, ad eccezione dei laghi al Nord nella stagione invernale, è possibile uscire durante tutto l'arco dell'anno. Una giornata di pioggia, ad esempio, non deve limitare la possibilità di uscita poiché molte volte vengono svolte regate in queste condizioni.

L'allenamento ideale dovrebbe svolgersi con un minimo di due barche o più (se possibile di stesso livello tecnico-agonistico) allo scopo di creare sempre lo stimolo fisso dell'avversario. Da soli molte volte crediamo di operare nel modo più giusto mentre con un confronto diretto e costante si possono ricreare tutte le situazioni di una regata (ingaggi, giri di boa, controllo dell'avversario, riuscita più o meno buona di qualsiasi manovra).

In assenza di confronti con altre imbarcazioni sicuramente si può affinare la sensibilità personale cercando di trovare in se stessi gli stessi stimoli e la concentrazione nell'esecuzione di tutte le fasi dell'allenamento per condurre lo scafo al massimo in ogni condizione meteo.

Nello schema 2 sono indicati i vari esercizi che si possono attuare durante un allenamento sia riproducendo situazioni di partenza, sia più semplicemente manovre come semplici virate e abbattute, le stesse manovre con poca velocità (serie di virate e abbattute), esecuzione delle stesse in un tempo prestabilito (esempio un minuto), allenamento all'esecuzione delle penalità (360°- 720°).

Modelli di percorso adottabili in allenamento e loro lunghezze (Fig.1)

Bolina – Poppa (lunghezza variabile da 100 mt a 1 miglio)

Bolina – Lasco – Lasco – Bolina – Poppa
(lunghezza variabile da 200 mt nel lato di bolina a 1 miglio)

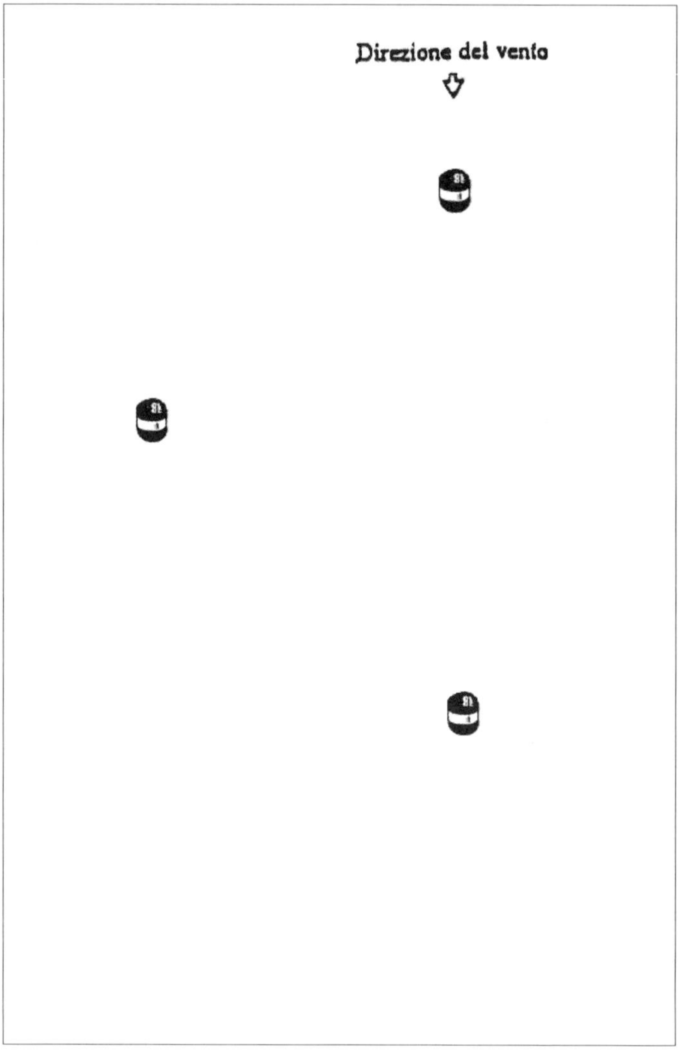

Bolina – Lasco – Poppa – Lasco – Bolina – Poppa
(lunghezza del lato di bolina da 300/400 mt a 1/1,5 miglia)

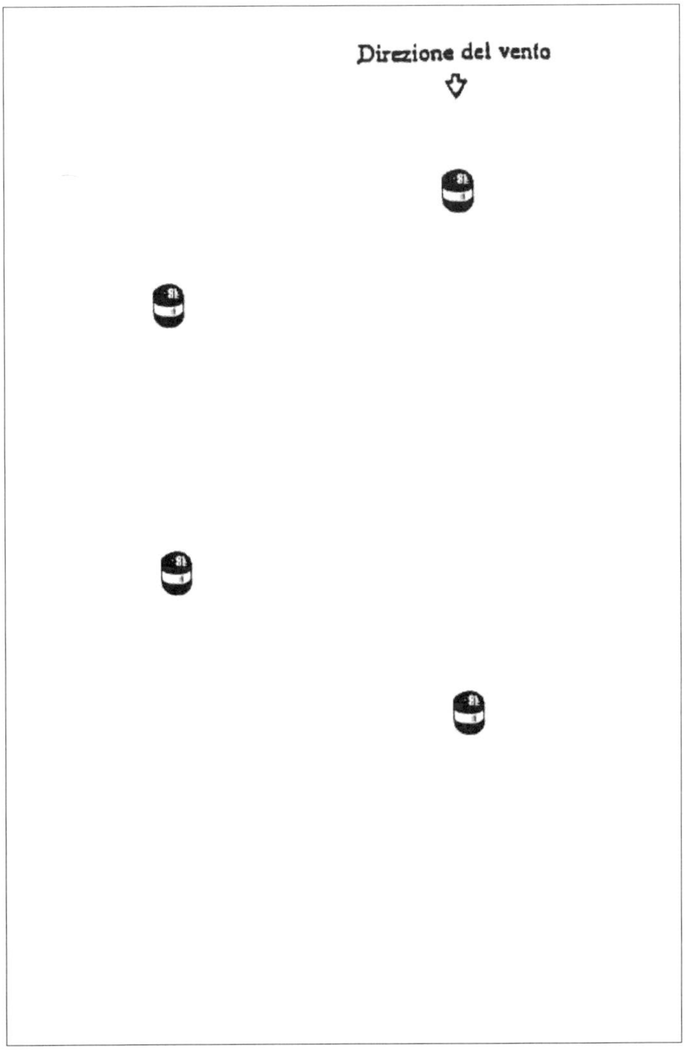

Allenamento per l'andatura di lasco
(distanza tra le boe da lasciare alternativamente a dritta e sinistra, variabile da 50 mt a 200 mt)

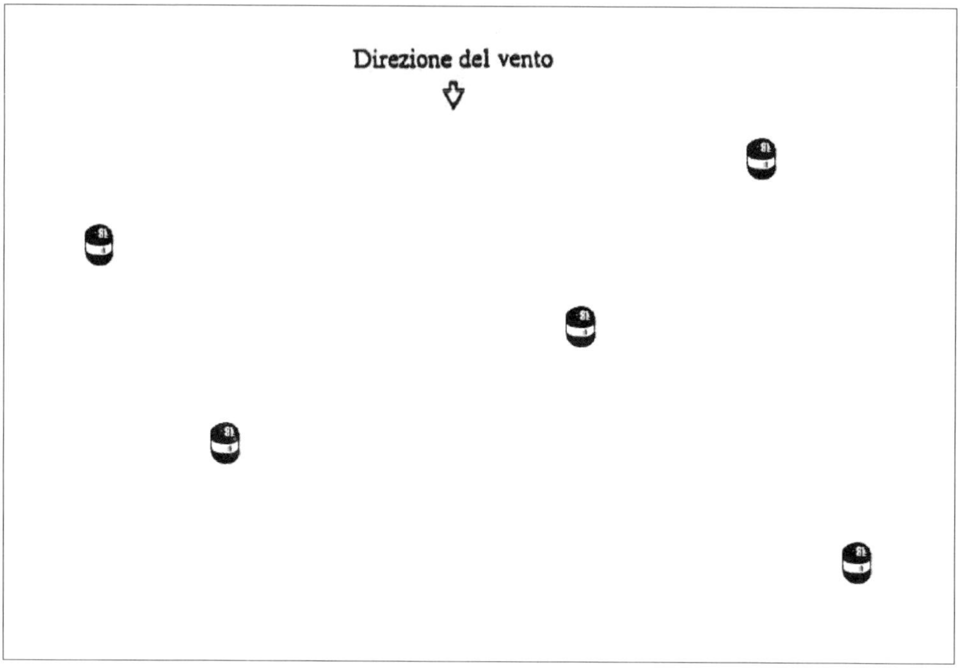

Allenamento per l'andatura di poppa con obbligo di slalom tra le boe
(la distanza fra le boe varia a seconda dell'intensità del vento)

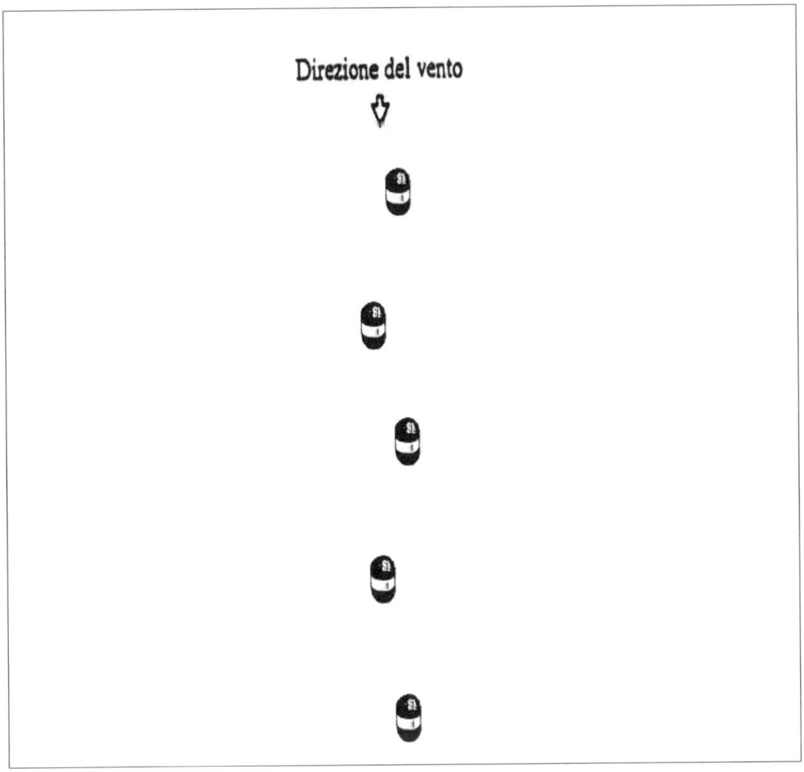

Manovre da effettuare sulle boe (Fig.2)

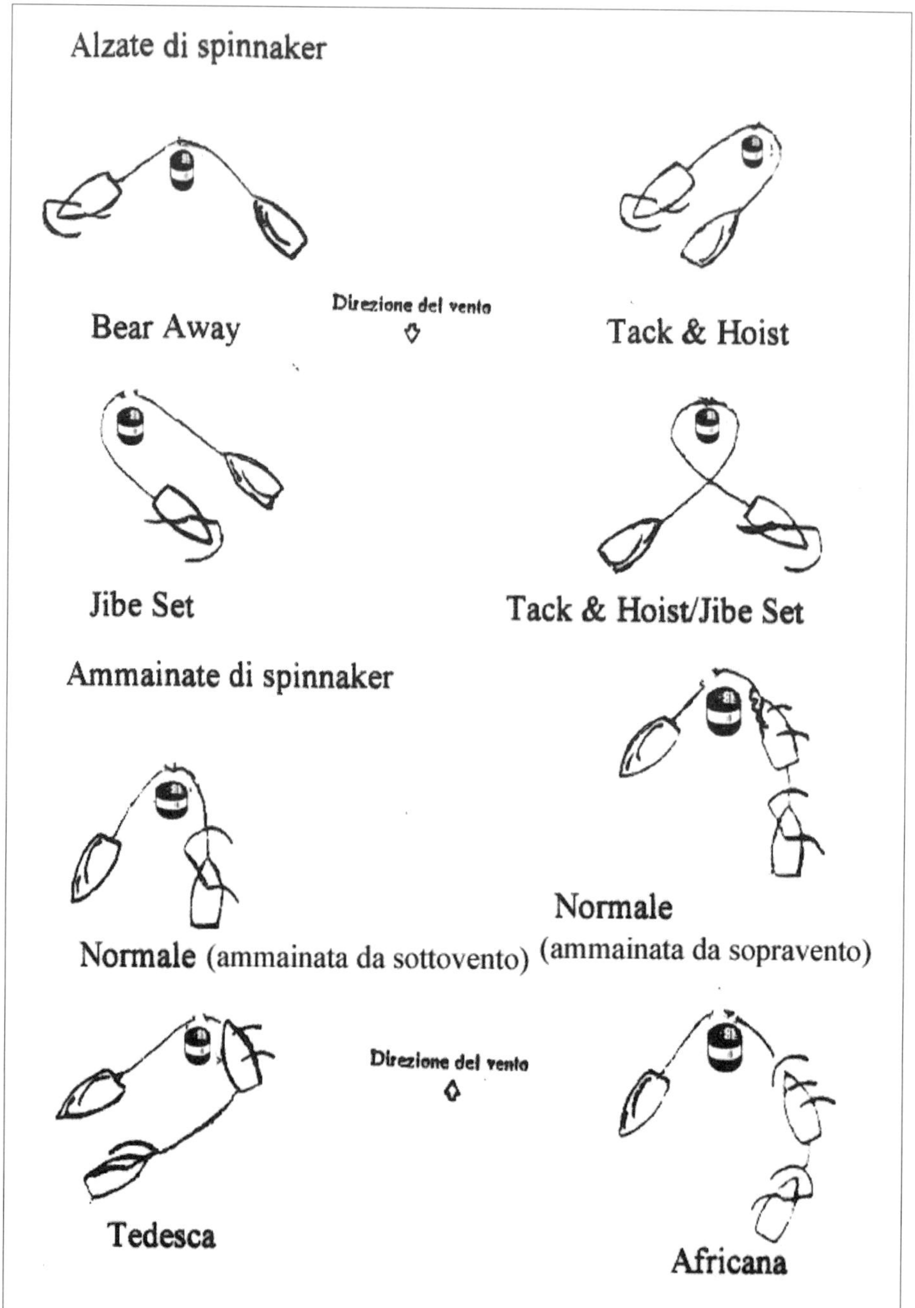

SCHEMA 2
ALLENAMENTO TECNICO

METODOLOGIA:

1) Scelta del tipo di allenamento
2) Programmazione della durata (a seconda del tipo di allenamento)
2) Sviluppo dell'intesa e affiatamento dell'equipaggio
3) Scelta della tipologia dell'allenamento intorno alle boe nelle varie andature

Scelta del tipo di allenamento:

1) Speed test in tutte le andature
2) Manovre:
   1) **Allenamenti di partenza:**
      a) Partenza da fermo
      b) Partenza da un punto preciso della linea (battello comitato, boa, centro linea)
      c) Partenza nel match-race
      d) Esercizi di time-distance

   2) **Virate:**
      a) Virate con rollio (vento leggero e medio) e senza (vento fresco e forte)
      b) Virate a tempo (1 min/ 2 minuti)
      c) Virate sopra velocità (variazione dell'esecuzione della manovra, esempio differenza temporale di permanenza nell'angolo morto) e sotto velocità (esempio virate consecutive)
      d) Virate in situazioni tattiche particolari (problematiche della regata di flotta e match-race).

   3) **Abbattute:**
      a) Abbattute con rollio (vento leggero e medio) e senza (vento fresco e forte)
      b) Abbattute a tempo (1 min / 2 minuti)
      c) Abbattute in condizioni non ideali (velocità ridotta o assetto non ottimale)
      d) Abbattute in situazioni tattiche particolari (problematiche del match-race).

   4) **Giri di boa:**
      a) ***Alzata di spinnaker:***
         1) Bear-away
         2) Tack & Hoist
         3) Jibe-Set
         4) Tack & Hoist/Jibe-Set

b) ***Ammainata di spinnaker:***
1) Normale (da sottovento)
2) Normale (da sopravento)
3) Tedesca
4) Africana e sue varianti

5) **Cambi di vela**
   1) Tack-Change (cambio vela di prua in virata)
   2) Cambio della vela di prua in linea (stesse mura)
   2) Peeling in linea (cambio spinnaker/gennaker stesse mura)
   4) Jibe-Peeling (cambio spinnaker/gennaker in abbattuta)

6) **Allenamento per il 360° e 720°**

3) **Esercizi di tattica generali e specifici a terra ed in acqua:**
   1) Esercizi di tattica in relazione alla scelta strategica a terra ed in acqua
   2) Controllo di un avversario/i studiandone a terra con l'allenatore la miglior scelta ed in acqua
   3) Studio del Regolamento di Regata per le regate di flotta
   4) Match-race studiandone le situazioni generali, specifiche ed il regolamento per questa tipologia di regata

Nell'allenamento sono da curare in particolar modo i giri di boa operando tutti i diversi approcci che si possono verificare in regata, sia da bolina ad andatura portante, sia l'opposto. L'introduzione nel match-race delle boa da lasciare a dritta sarà motivo di allenamento specifico con avversario vicino ed a distanza per abituarsi a difendersi e sviluppare le capacità di controllo e di sfruttamento del regolamento.

Non meno importante è lo scopo dell'allenamento in situazioni dove sono necessari i cambi di vela (tack-change o peeling) dovuti al cambiamento delle condizioni meteo o di andatura con lo spinnaker. Si inizierà a manovrare anche quando il vento o lo stato del mare non necessitano di un cambio vero e proprio, fino ad arrivare a compiere tale manovra con la stessa naturalezza e precisione nella condizione reale.

Infine, quando sappiamo che un appuntamento importante (esempio Campionato Italiano, Europeo o Mondiale) si svolge in un campo di regata nel quale è facile trovare condizioni particolari (esempio vento leggero, medio oppure forte) è bene scegliere nei giorni antecedenti la regata un periodo di allenamento in un luogo dove possono esserci condizioni simili nonché un periodo di ambientamento dove si svolgerà la manifestazione, non inferiore a 4-5 giorni. Tale periodo oltre a facilitare lo studio del campo é utile per adattarsi a condizioni climatiche diverse e molte volte per adattarsi al diverso fuso orario (studi specifici hanno calcolato che sia necessario un giorno per ogni ora di differenza). Capita inoltre che la differenza di temperatura, anche in estate, ad esempio, tra il nostro Paese e le regioni del Nord Europa, sia completamente diversa, cioè che il nostro organismo vada incontro ad un brusco cambiamento climatico. Ancor più sensibile se si passa da una stagione invernale ad una estiva, quando si deve regatare cambiando emisfero.

Concludendo così come è riportato nello schema l'allenamento dovrà essere sempre finalizzato affinché si possa iniziare una regata nella forma fisica ottimale nonché consapevoli di poter fare esprimere al proprio mezzo la massima velocità in tutte le condizioni con la massima padronanza in tutte le manovre. Per ottenere la massima comprensione di una manovra o di un assetto si può usare didatticamente un esempio: paragonando i membri di un equipaggio a componenti di una orchestra si esprime chiaramente il concetto di armonia per la buona esecuzione di ogni manovra.

Dopo un'uscita di allenamento o regata è bene esaminare la messa a punto del proprio mezzo. Si può creare per mezzo di pagine prestampate (facilmente compilabili) un vero e proprio diario di bordo che riassuma la messa a punto dell'imbarcazione con le prove fatte per migliorare le proprie performances.

Campioni di livello internazionale compilano veri e propri quaderni di appunti alla fine di un campionato o di una stagione: note, prove, sensazioni create per la migliore prestazione della barca in ogni situazione.

Nello schema 3 è riportato un tipo di scheda utile per conoscere la messa a punto della propria barca dopo un uscita, sia di allenamento che di regata. Naturalmente può essere modificata con aggiunte o defezioni delle cose riportate a seconda del tipo di imbarcazione su cui si naviga.

SCHEMA 3
MESSA A PUNTO

Appunti post uscita (allenamento o regata)

Luogo.................................... Imbarcazione ....

Nome .... Numero velico....................................

Regata/Allenamento .... Arrivo....................................

Equipaggio (nome di ogni componente).................................... Kg....................

.... Kg....................

.... Kg....................

Totale equipaggio Kg

Direzione vento .... Intensità .... Onda ....

Salti di vento ....

Oscillazioni ....

Direzione corrente .... Forza....................................

Vele .... Randa ....

Genoa/Fiocco.................................... Spinnaker/Gennaker....................

Prebending.................................... Tensione strallo di prua....................

Tensione sartie alte basse intermedie.................................... Paterazzo....................

Volante (tensione).................... Alta.................... Bassa ....

Drizza Randa ....

Drizza Genoa/Fiocco....................................

Base randa....................................

Cunningham....................................

Vang .... Bolina.................... Lasco....................Poppa....................

Punto di scotta Genoa/Fiocco....................................

Tensione di scotta Genoa /Fiocco....................................

Carrello randa (Bolina)....................................

Altezza tangone....................................

Note:

Alimentazione

Come si è potuto constatare nei precedenti punti trattati nel capitolo in oggetto anche la vela è diventata sempre di più un'attività che comporta, oltre ad un impegno mentale costante, un notevole impegno fisico impostata su ritmi di allenamento in acqua ed in palestra simili a molte altre discipline sportive. Se è vero che le regate sono molto più brevi rispetto al passato, è anche vero che spesso vengono disputate più prove nello stesso giorno e per questa ragione la preparazione atletica riveste un'importanza fondamentale. I velisti moderni curano molto questo aspetto, soprattutto nei periodi di preparazione alla stagione agonistica, allenandosi in palestra più volte durante la settimana.

Il miglioramento della prestazione sportiva però è dovuta non solo alla quantità e alla qualità dell'allenamento ma anche ad una corretta alimentazione. Il velista deve passare molte ore in mare e alimentarsi correttamente è fondamentale per non avere cali di prestazione. Facendo un esempio la dieta cosiddetta "*a zona*" sta riscuotendo successo tra gli sportivi e per questo motivo ne descriviamo gli elementi su cui è basata.

Dieta zona nel velista

Una alimentazione con una elevata percentuale di carboidrati è ancora oggi quella maggiormente utilizzata in molti sport. Per anni allenatori, tecnici e nutrizionisti hanno ripetuto agli atleti che più carboidrati mangiavano, migliori sarebbero risultate le loro prestazioni. Negli ultimi anni però moltissimi atleti hanno cominciato ad utilizzare la "Dieta Zona", un nuovo regime alimentare ideato dal biochimico americano Barry Sears che riduce la percentuale di carboidrati, aumentando quelle di proteine e grassi. E' molto importante ricordare che sono solo due i carburanti che il corpo riesce ad utilizzare come fonti di energia immediata: il glucosio e i grassi. Il cervello può trarre energia solo dal glucosio mentre per il nostro corpo il fabbisogno energetico maggiore viene soddisfatto dai grassi in circolo. Tutto il sistema funziona in maniera ottimale se nel circolo sanguigno circolano quantitativi adeguati di grassi e carboidrati. L'eccesso di insulina, dovuto soprattutto ad un consumo eccessivo di carboidrati, può sconvolgere questo equilibrio bloccando il rilascio in circolo di grassi di scorta. A questo punto il corpo e il cervello entrano in competizione per accaparrarsi il glucosio presente nel sangue; questo processo ci spinge ad assumere altre calorie, soprattutto sotto forma di carboidrati, per ripristinare i livelli del glucosio ematico. Questo provoca un innalzamento dell'insulina alimentando quindi un circolo vizioso. L'eccesso di insulina favorisce un calo della glicemia e allo stesso tempo blocca il rilascio del glicogeno immagazzinato nel fegato, destinato a ripristinare nel sangue concentrazioni appropriate di glucosio ed impedisce inoltre alle cellule adipose il rilascio dei grassi immagazzinati per produrre energia. Risulta quindi evidente che in un atleta l'eccesso di insulina derivante da pasti squilibrati, può portare ad un calo del glucosio ematico a disposizione del cervello, difficoltà di fruire adeguatamente del grasso corporeo che fornisce energia. La Dieta Zona, tenendo sotto controllo i livelli di insulina, aiuta gli atleti a combattere questi fenomeni fisiologici che possono influire negativamente sul rendimento durante la competizione. Inoltre è stato dimostrato che l'eccesso di insulina diminuisce il flusso sanguigno riducendo l'apporto di ossigeno alle cellule dei muscoli con conseguente calo della performance dell'atleta. Se tenere sotto controllo i livelli di insulina rappresenta uno dei cardini fondamentali della Dieta Zona, molta importante è anche l'utilizzo dei grassi nella dieta. I grassi infatti possono diventare uno dei migliori alleati dell'atleta: aumentando infatti i livelli di grassi si ottiene un significativo aumento della resistenza: pensate ad un laserista impegnato alle cinghie per tre regate effettuate nello stesso giorno. Il motivo per cui la resistenza aumenta è dovuta al fatto che il tessuto muscolare, come fonte di energia, contiene molte più calorie sotto forma di scorte di grasso che non di carboidrati, addirittura quasi il doppio. Aumentando il contenuto di grassi nella dieta, si riesce ad alzare i livelli del grasso intramuscolare. Naturalmente occorre scegliere bene i grassi da utilizzare per ottimizzare la performance atletica e gli acidi grassi omega 3 a catena lunga, contenuti nell'olio di pesce, sono sicuramente i migliori per realizzare l'obiettivo indicato. Molto importanti sono anche i grassi monoinsaturi, come quelli che si trovano nell'olio d'oliva, negli avocado e nella frutta secca.

Particolare attenzione dovrà essere posta dal velista nella fase agonistica, in particolar modo quando l'atleta dovrà affrontare una serie di regate concentrate in pochi giorni. La colazione sarà quindi un momento fondamentale dove assumere non solo carboidrati ma anche proteine e grassi. Tra una regata e l'altra, oltre al reintegro di liquidi mediante bevande ricche di sali minerali, sarà utile utilizzare barrette contenenti non solo carboidrati ma anche proteine. L'apporto bilanciato di tutti i macronutrienti garantirà al velista un utilizzo migliore delle sue riserve energetiche impedendo così una caduta del rendimento durante la serie di regate.

Abbigliamento

Anche se non strettamente legato a questo capitolo è utile porre la massima attenzione all'abbigliamento. Fino a non molti anni, rispetto ad ora, non esistevano capi specifici per lo sport della vela, se non la cerata e gli stivali per proteggere prevalentemente gli equipaggi dall'acqua, ed anche per questo tipo di equipaggiamento i materiali usati erano prevalentemente di tessuto non traspirante e tecnicamente non perfettamente adeguato alle esigenze sportive di chi fa regate.

L'esigenza di studiare e produrre abbigliamento tecnico specifico nasce soprattutto dall'intensità delle uscite in acqua per allenamenti più lunghi e frequenti sia nel periodo invernale che in quello estivo. La Coppa America, le barche da regata di oggi, sempre più performanti ed atletiche, le regate oceaniche che comportano mesi di navigazione in condizioni climatiche diverse, una maggior diffusione dello sport della vela a partire dai bambini della classe Optimist, hanno fatto della vela un vero sport di azione come tanti altri e quindi per praticarlo ci vogliono indumenti adatti. Chi svolge un'attività agonistica durante tutto dell'anno, infatti, deve ottimizzare ogni uscita prolungando i tempi di allenamento simulando le situazioni di regata più estreme o estenuanti per ottenere il massimo risultato in condizioni di gara. Non solo il velista ad alto livello sfrutta l'aspetto tecnologico che i produttori immettono sul mercato, ma coloro che praticano la vela che vogliano navigare durante tutto il periodo dell'anno dai agli adulti sulle derive o le barche d'altura traggono importante giovamento e benessere se adeguatamente protetti nella stagione più fredda e dai raggi solari nella stagione calda senza le ore passate sotto il sole e il vento possono creare problemi alla pelle. Veleggiare anche con temperature basse con un abbigliamento adeguato oltre che a prolungare l'attività, evita problemi termici evitando malanni influenzali o di raffreddamento, protegge articolazioni e muscoli sottoposti allo sforzo mantenendo il velista in una situazione ottimale anche in situazioni estreme. Per fare un esempio molto semplice la caduta in acqua a causa di una scuffia non crea alcun tipo di problematica a livello fisico se adeguatamente supportati da materiali idonei, mentre la stessa situazione, qualche decennio fa, poteva rivelarsi anche pericolosa.

Attingendo anche dall'esperienza da altri sport come il ciclismo e lo sci, le case specializzate hanno prodotto materiale tecnologicamente adatto alle esigenze del velista sia per leggerezza, adattabilità, resistenza all'usura, ergonomia adeguata ai movimenti specifici degli sportivi in questa disciplina, traspirazione, capacità di asciugare velocemente, protezione dai raggi ultravioletti. In più la vela, rispetto ad altre discipline, ha il grosso problema dell'escursione termica tra un andatura e l'altra, soprattutto tra la poppa e la bolina. Anche se può sembrare eccessivo, in uno sport dove la velocità della barca (esclusi i multiscafi) non è particolarmente alta, l'utilizzo di particolari indumenti studiati in questi ultimi anni per altri sport possa limitare l'attrito nell'avanzamento. Tessuti morbidi, ma allo stesso tempo resistenti, una vestibilità che segue perfettamente le linee del corpo del velista (senza per questo limitarne i movimenti), vengono sempre più utilizzati sia per questo aspetto sia per comodità dell'atleta. Nelle regate di alto livello riuscire a guadagnare anche pochi metri in un lato può essere determinante al fine del risultato per le situazioni che si vengono a creare. Sembra assurdo ma riuscire avere il vantaggio di una o due lunghezze, passando ad esempio in un incrocio con mura a sinistra, o guadagnare su di un ingaggio in boa può determinare il risultato finale aiutando tatticamente e strategicamente le scelte dell'equipaggio.

Anche la muta in neoprene, indumento prioritario e necessario per un velista di deriva ha subito un'evoluzione non indifferente. All'inizio non esistevano modelli diversi da quelli utilizzati per la subacquea (ingombranti e "rigidi" per l'esigenza di movimenti di un velista) oggi sono in commercio tute stagne o semistagne di neoprene traspirante molto morbide, di spessore ridotto, con una vestibilità studiata per gli specifici movimenti in barca, sono nati pantaloni lunghi e corti steccati, cioè con delle stecche rigide applicate nella parte posteriore della coscia, al fine di rendere meno faticosa la posizione alle cinghie con le gambe quasi stese. Così per la cerata si è passati da tessuti pesanti e meno sofisticati a quelli di oggi più leggeri e resistenti in Gorotex (tessuto perfettamente impermeabile ma traspirante) che permette il mantenimento della temperatura corporea ideale evitando l'eccessiva sudorazione. Lo stesso Goretex si è evoluto in una versione per l'acqua salata che impedisce al salmastro di chiudere i micropori della membrana. Potremmo altresì dire che, sulla stessa imbarcazione, a seconda dei ruoli di bordo vedremo, per esempio, un prodiere vestito diversamente da un tattico o da un tailer. Le differenze tra un tipo di barca e l'altro determinano un'ulteriore scelta del capo tecnico più adatto in relazione alla stagione e soprattutto al contatto con l'acqua durante l'uscita.

Per dare un'indicazione dell'abbigliamento ideale sulle barche analizzate nei capitoli precedenti (470, Laser, Star e J24), come regola generale, occorre distinguerlo, oltre che dalla stagione, dalla temperatura dell'acqua. Se quella dell'aria in estate è pressoché uguale quella dell'acqua può variare sensibilmente tra un mare "chiuso" come il Mediterraneo, l'oceano e le acque di un lago. Nella preparazione si necessitano a priori conoscenze anche di questo tipo per evitare di trovarsi impreparati ad una uscita o ancor peggio ad una regata con indumenti non adatti. I velisti esperti conoscono molto bene questa problematica (ritenuta fondamentale) e per questo si affidano ad un abbigliamento tecnologicamente all'avanguardia ovvero, come prima espresso, con la migliore vestibilità, confortevolezza e leggerezza pur mantenendo la temperatura corporea ottimale per ottenere la migliore performance sportiva.

Sulle derive olimpiche (470, Laser e Star) il vestiario deve anche sottostare ai regolamenti di classe che prevedono un peso massimo per membro di equipaggio, per cui in inverno o con temperature dell'acqua bassa è necessario indossare capi che consentano il mantenimento della temperatura corporea anche per lungo tempo dato che in un giorno si possono disputare anche tre prove.

Nello specifico un timoniere di 470 può indossare una tuta termica traspirante non assorbente (di varia pesantezza a seconda della temperatura esterna) e sopra una cerata stagna. Altra soluzione è di una muta di neoprene stretch (anti strappo) completa o long-john (salopette) con un corpetto termico e sopra uno spray-top (giacca corta cerata priva di cerniera). Il prodiere invece preferisce di solito utilizzare una muta completa a manica lunga che gli permette una mobilità migliore. In estate, se la temperatura dell'acqua non è bassa, timoniere e prodiere usano salopette di tessuto di lycra foderata con un corpetto cerato (spray top) in caso di vento forte. Per quanto concerne le calzature stivaletti in neoprene in inverno e scarpe basse con una buona suola anti scivolo in estate Quando si regata o ci si allena con temperature estive (se la temperatura dell'acqua non è fredda) si possono usare o una muta corta di minimo spessore (a gamba e braccia corte) sotto la quale (sulla parte toracica) è utile usare una maglia leggera a manica lunga in tessuto lycra o ceramico che, oltre a proteggere dai raggi solari, mantiene la temperatura su livelli sufficientemente ottimali per la prestazione di massima performance sportiva. Non si insisterà mai troppo nel sottolineare l'importanza di proteggersi dai raggi solari, specialmente alla luce delle problematiche legate ai cambiamenti climatici di cui si parla sempre più spesso in relazione ai problemi causati al derma.

Se un equipaggio di 470 utilizza questa tipologia di vestizione, il laserista anche in inverno preferisce vari modelli di muta (corta, lunga con maniche o salopette) da abbinare ad uno spray top. Particolarità di queste mute (anch'esse traspiranti usate anche dai timonieri di Star) è rappresentata nella confezione che prevede dietro la coscia "stecche" fisse o mobili permettondo una postura più comoda e duratura quando fuori bordo alle cinghie. La preferenza della muta è dovuta principalmente al fatto che il contatto con l'acqua è pressoché continuo e l'utilizzo delle cinghie è costante da un'intensità di vento medio-leggero in poi. Quando la temperatura è rigida molti velisti abbinano un sottomuta leggero in seta o di materiale ceramico particolarmente adatto al mantenimento costante della temperatura corporea. Quando si naviga sul Laser in estate, si predilige un abbigliamento composto da una muta leggera corta a salopette, una maglia a manica lunga di lycra o ceramico con eventualmente un leggero spray top come cerata per il continuo contatto con l'acqua quando alle cinghie.

Passando alla Star il timoniere ha un modello di vestizione che, come abbiamo descritto, si avvicina al laserista indossando salopette a gamba corta o lunga steccata per quanto concerne la muta con maglia di lycra o tessuto ceramico e felpa di materiale antivento sotto lo spray top. Il timoniere di quest'ultimo monotipo usa un abbigliamento con muta (salopette alta o bassa) e spray top anche se qualcuno preferisce sopra la muta corta una cerata completa stagna. In estate pantaloni steccati o muta corta steccata a salopette bassa di spessore ridotto. Il prodiere per questioni di mobilità e di scivolamento sul bordo per ottenere nel minor tempo possibile la postura alle cinghie usa una muta a salopette con spray top o muta completa e spray top anti-vento quando la temperatura dell'aria o dell'acqua è più rigida. Per aumentare lo scorrimento sul bordo taluni calzano sopra la muta dei semplici pantaloni di lycra leggera per aumentare la velocità di uscita e rientro dal bordo alle cinghie.

Per tutti coloro che navigano su queste derive ai piedi si calzano stivaletti tecnici nella stagione più fredda anche se non è raro vedere prodieri che preferiscono rimanere scalzi per aumentare la sensibilità sul bordo; personalmente ritengo rischioso questo tipo di scelta poiché si aumenta il rischio di incidenti (taglio o frattura) che possono seriamente compromettere l'incolumità dell'equipaggio e naturalmente il risultato.

Se invece navighiamo su piccoli cabinati (es. il J24), la muta non è comunemente usata poiché il contatto con l'acqua è minore rispetto ad una deriva. L'utilizzo di materiali tecnici è però indispensabile affinché i movimenti non subiscano impedimenti sotto la cerata che può essere del tipo semistagno nella stagione fredda o normale in estate. Solo il prodiere, che può venire più a contatto con l'acqua opterà una scelta di un corpetto stagno o semistagno a seconda della stagione.

L'abbigliamento del futuro sarà probabilmente più aderente al corpo, parzialmente elasticizzato perché la vela del futuro (vedi le barche acrobatiche come il 49er o il 29er) sarà sicuramente uno sport sempre più dinamico, con grandi capacità di traspirazione. Sarà forse poco "naturale", visto che i cotoni e le lane di nostra conoscenza, capaci di assorbire sudore risultano totalmente incapaci di consegnarlo alle membrane traspiranti per l'espulsione, mal abbinandosi sotto capi traspiranti. Già oggi esistono capi underwear termici e non a traspirazione diversificata, perché il nostro corpo non traspira in maniera uniforme dalla testa ai piedi. L'intimo è divenuto ormai un accessorio di grande valenza tecnica assolutamente da non sottovalutare.

Per ultimo, ma non meno importante è l'utilizzo degli accessori. Con questo termine si intendono ad esempio le calzature (scarpe o stivaletti) prima citate che far mantenere la sensibilità sul bordo (prodiere al trapezio) oltre a soddisfare un certo grado di resistenza all'acqua, alla corrosione salina nonché permettere una sufficiente presa della suola in considerazione della coperta più o meno bagnata ed inclinata per limitare pericolose perdite di equilibrio. Altro problema è quello del calore; si possono passare ore in attesa del vento o tra una regata e l'altra e le nostre calzature possono diventare dei piccoli forni. Sebbene siano allo studio non ne esistono attualmente in commercio che risolvano completamente il problema. Sulle derive i produttori specializzati di stivaletti creano ottimi prodotti limitando al massimo la perdità di sensibilità sul bordo del prodiere al trapezio riuscendo altresì a far mantenere ai piedi una temperatura ottimale confezionando scarpe e stivaletti in neoprene morbido applicando sulla pianta suole antiscivolo. Alcuni equipaggi di deriva reputano però che sia ancora troppo limitata la sensibilità preferendo usare dei calzari di fine neoprene e scarpette di gomma leggermente suolata. Questa soluzione è molto simile all'utilizzo degli stivaletti e comunque se soddisfano le esigenze specifiche di alcuni velisti vanno sicuramente rispettate.

Altro fondamentale accessorio sono i guanti: essi di per sé non aumentano la forza muscolare ma aumentano notevolmente la presa sulla scotta o la drizza diminuendo quindi la forza necessaria a svolgere una manovra. Essendo posti tra la scotta e la pelle, oltre che ha costituire una protezione dai traumi diminuiscono la pressione e non procurano abrasioni o la formazioni di vesciche sulla mano per l'innalzamento della temperatura della pelle dovuto allo sfregamento. Anche per questi fondamentali accessori lo studio degli addetti ne ha migliorato la tenuta e durata, applicando nei punti di maggior usura adeguati rinforzi e sostituendo con materiali sintetici la comune pelle creando un ottima vestibilità, nonché un elevato grado di sensibilità non precludendo i movimenti più fini.

Altri utili accessori sono gli occhiali da sole con lenti polarizzate più facilmente utilizzabili sulle barche più grandi dato che sulle derive, già con vento medio, il continuo contatto con l'acqua può alterare e limitare il campo visivo sebbene in commercio si possano acquistare spray impermeabilizzanti per le lenti; indossati comunque sugli scafi più grandi permettono in giornate assolate una più nitida visione del campo di regata e costituiscono una notevole difesa dal riflesso. La montatura ma soprattutto le lenti devono essere costruite di materiale plastico per evitare una facile rottura in un trauma (es. una bomata) e limitare quindi il pericolo di ferita della regione oculare. E' utile consigliare di applicare sulle stanghette della montatura un'apposita sicurezza (es. fascetta di morbido neoprene leggero) che aumenta l'aderenza al viso specialmente durante le fasi più frenetiche di una competizione. Non meno importante, è l'uso di un cappellino con visiera anteriore; le proprietà di questo accessorio sono molteplici: esso protegge la testa da abrasioni che possono verificarsi sul cuoio capelluto, preserva da raffreddamenti la testa in inverno o da colpi di sole e di calore (bagnandolo se necessario) nella stagione estiva, crea una zona d'ombra nella regione oculare permettendo riparo dai raggi solari, ed infine è utile anche quando piove poiché permette di tener gli occhi sempre aperti. Come ultimo suggerimento è consigliato, in generale, l'uso di creme protettive per le labbra ed il viso specialmente quando si passa da una stagione invernale ad una estiva. (es. svolgimento di una regata nell'emisfero opposto al nostro).

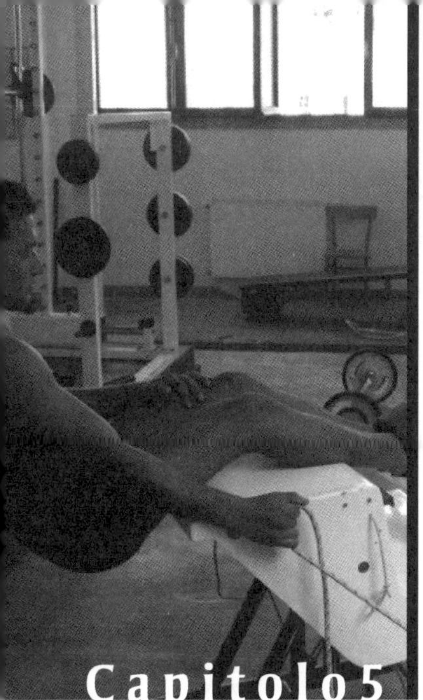

Capitolo 5

La preparazione fisica in funzione dello sport della vela

La vela è uno sport severo (pensiamo ai lunghi allenamenti condotti in mare e alle regate, spesso più di una al giorno, che si susseguono durante la disputa di un campionato); talvolta ciò avviene in condizioni meteo-marine difficili e questo rende più duro il compito degli equipaggi. Una buona condizione fisica è la base per un buon rendimento in barca per due motivi:

1. Compiere con rapidità e precisione le varie manovre e mantenere l'imbarcazione nel giusto assetto (compito tecnico);
2. Mantenere la necessaria lucidità per assolvere fino al termine dell'allenamento o della regata i delicati compiti tattici.

La preparazione fisica dunque consente al velista di esprimersi ad un livello più competitivo, una volta raggiunto un "condizionamento" ottimale; con questo termine ormai entrato nel linguaggio della letteratura scientifico-metodologica, s'intende uno stato d'efficienza dinamica che costituisce il presupposto per il conseguimento di buoni risultati sportivi, a parità di talento. A questo fine si richiede un allenamento graduale, svolto con regolarità e modulato nell'impiego di metodi e mezzi; infine prolungato nel tempo.

I reali risultati nel campo del condizionamento fisico sono di regola il frutto di un allenamento condotto per diversi anni, preferibilmente iniziato in giovanissima età quando più sensibili sono le modificazioni indotte sull'organismo (effetto cumulativo del carico fisico di allenamento).

Le più importanti modificazioni indotte dall'allenamento

Prima di esaminare i profondi cambiamenti morfologici, funzionali e biochimici conseguenti al carico di allenamento occorre soffermarci sul concetto di SOGLIA ALLENANTE che determina il rendimento prestativo dell'atleta; il termine prestativo sta ad indicare che l'atleta, in quanto agonista, è alla continua ricerca di uno sviluppo della sua prestazione. Si da quindi per scontato:

ALLENAMENTO = SVILUPPO = PRESTAZIONE.

Se lo stimolo è debole la risposta dell'organismo è debole e quasi nulla; per esempio, nella vita di relazione l'impiego di forza non supera di norma il 30%, molto al di sotto di quando, in varia misura, tutte le discipline sportive richiedono.

Occorre allora che alleniamo la forza con adeguati stimoli tali da raggiungere una soglia a partire dalla quale l'organismo reagisce con adattamenti di vario tipo: nel caso dello sviluppo di questa capacità essi sono principalmente di tipo morfologico e neurale.

A questo punto si può parlare di stimolo allenante e di raggiungimento della soglia allenante e quanto detto vale non solo per lo sviluppo della forza, ma anche di tutte le altre capacità fisiche; dunque possiamo dire che lo stimolo allenante attraverso un processo di adattamento porta al miglioramento delle prestazioni (Arcelli).

Il processo di adattamento avviene attraverso il ben noto meccanismo della SUPER-COM-

PENSAZIONE; lo stimolo, rappresentato da un adeguato carico fisico di allenamento conduce momentaneamente ad un abbassamento del livello prestativo dell'atleta, ma la risposta conseguente al recupero porta l'organismo oltre il livello prestativo iniziale. Ne consegue che "carico e recupero debbono essere considerati come un processo unitario" (Harre).

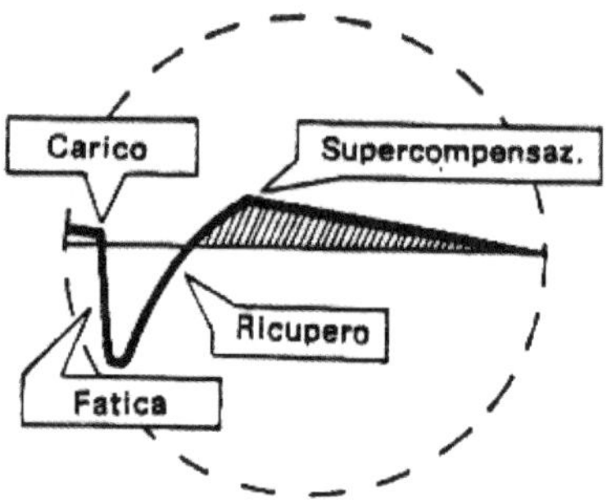

Ciclo della super-compensazione (sec. Jakowlew)

L'accresciuto livello prestativo consegue ad adattamenti dell'organismo che possono essere di vario tipo:

Cambiamenti morfologici, per esempio nell'atleta che si dedica all'allenamento per aumentare la forza si ha un significativo aumento della massa muscolare. Atleti invece che si allenano per aumentare la resistenza di lunga durata presentano un aumento delle dimensioni del cuore che nell'individuo normale ha la grossezza approssimativa di un pugno; in alcuni maratoneti di classe internazionale il volume del cuore è risultato all'incirca il doppio.

Cambiamenti biochimici, in particolare legati all'attività enzimatica, il cui aumento permette ad esempio alle fibre muscolari di lavorare con maggiore intensità.

Cambiamenti esclusivamente funzionali, quali si verificano ad esempio nell'allenamento della forza quando si ottiene un miglioramento delle capacità di reclutamento e sincronizzazione delle unità motorie.

Le fonti di energia

Le diverse attività sportive comportano specifiche richieste di energia; la corsa veloce, il salto, il lancio sono attività di elevata potenza che richiedono un'elevatissima produzione di energia in brevi periodi di tempo. Il velista impegnato a compiere velocemente alcune manovre come lo spostarsi da un lato all'altro della barca, drizzare uno spinnaker, recuperare una scotta in virata, si trova nella situazione sopra descritta anche se la richiesta di potenza risulta inferiore.

Al contrario correre una maratona, praticare il ciclismo su strada o lo sci di fondo sono attività di modesta potenza, ma che richiedono una produzione di energia per un periodo prolungato. Ci troviamo quindi di fronte a differenti richieste energetiche che vengono soddisfatte da tre differenti modalità di rifornimento di energia ai muscoli scheletrici.

Il sistema del fosfageno

L'unica fonte di energia che può essere sfruttata direttamente ai fini della contrazione muscolare è quella contenuta nell' ATP (adenosintrifosfato); poiché però l' ATP è contenuto nei muscoli in quantità molto piccola per cui dopo poche contrazioni il muscolo si esaurirebbe, interviene un'altra reazione chimica che fornisce energia a spese del CP (creatinfosfato) per la risintesi dell' ATP.

Il CP si trova nei muscoli in una concentrazione tre volte superiore a quella dell' ATP; queste due sostanze, ATP+CP, danno luogo ad un composto altamente energetico denominato FOSFAGENO la cui scissione rappresenta la reazione energetica fondamentale della contrazione muscolare.

Il fosfageno è tuttavia facilmente esauribile; per la sua risintesi occorrono due reazioni fondamentali conosciute come il sistema dell'acido lattico e il sistema aerobico.

Il sistema dell'acido lattico

Tale sistema è anche conosciuto come glicolisi anaerobica; il termine si riferisce al metabolismo dello zucchero, mentre con anaerobica si intende una reazione che avviene in assenza di ossigeno. In questo sistema l'idrolisi dello zucchero fornisce l'energia necessaria alla risintesi dell' ATP; dato che lo zucchero viene idrolizzato solo parzialmente, in tal caso l'acido lattico rappresenta uno dei prodotti finali (da qui il nome di sistema dell'acido lattico).

Quando l'acido lattico si accumula nei muscoli e nel sangue, ne deriva una temporanea fatica muscolare. Esercizi eseguiti con un ritmo massimale da 1' a 3' dipendono principalmente dal sistema dell'acido lattico per il rifornimento di energia.

Il sistema aerobico

In presenza di ossigeno, l'idrolisi completa di 180 gr. di glicogeno (fino alla formazione di anidride carbonica e acqua) produce energia sufficiente a formare 39 moli di ATP.

Questa serie di reazioni ha luogo all'interno delle cellule muscolari in strutture sub-cellulari dette mitocondri; essi sono vere e proprie centrali energetiche delle cellule poiché costituiscono la sede della produzione aerobica di ATP.

Un altro aspetto del sistema è che non soltanto il glicogeno, ma anche i grassi e le proteine possono essere idrolizzati aerobicamente.

Il sistema aerobico s'addice particolarmente alla formazione di ATP per attività di resistenza che richiedono uno sforzo prolungato (per es. maratona, sci di fondo, ciclismo su strada).

I vari tipi di fibre

Molto schematicamente possiamo dividere le fibre muscolari in due tipi:
- le fibre di tipo I chiamate anche fibre lente, fibre rosse, STF, fibre resistenti;
- le fibre di tipo II, chiamate anche fibre veloci, fibre pallide, fibre bianche, FTF.

All'interno di ciascun tipo cioè del tipo I o del tipo II esistono dei sottotipi di fibre che differiscono essenzialmente per il loro metabolismo (ossidativo o glicolitico).

In alcuni movimenti tipici dello sport velico si utilizzano prevalentemente fibre veloci come nel gesto di recuperare rapidamente una scotta, nell'uscire e rientrare dal trapezio da parte del prodiere in condizioni mutevoli di vento (raffiche, etc.) oppure quando un equipaggio di deriva cambia bordo con vento medio/forte.

Le fibre lente intervengono invece quando è richiesta una piccola applicazione di forza.

Rispetto alle fibre lente, quando si contraggono le fibre veloci raggiungono valori di forza circa doppi e in un tempo assai più rapido, in media 50 millisecondi invece di 110.

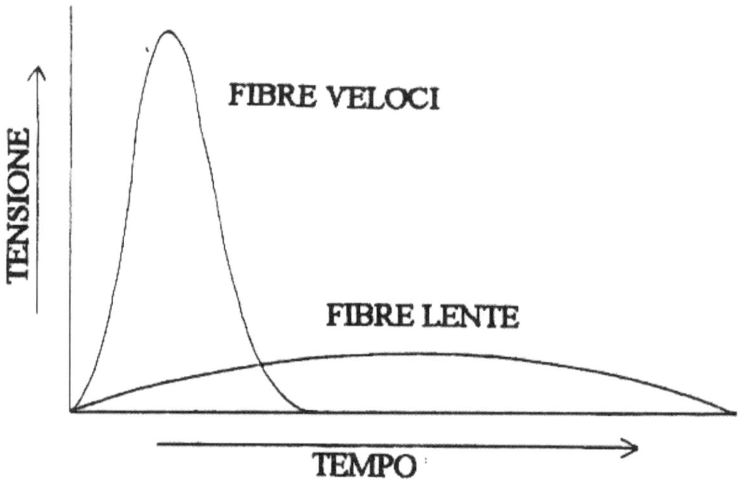

I tipi della contrazione muscolare

Sono fondamentalmente tre: isometrico, concentrico, eccentrico.

Durante la contrazione isometrica non si ha spostamento delle leve ossee, ma un accorciamento della componente contrattile del muscolo e un contemporaneo allungamento della componente elastica per cui la mancanza di accorciamento è solo apparente (Stoboy). Opporsi ad una resistenza sovramassimale, tale cioè da non poter essere superata, rappresenta un esempio di esercizio effettuato in condizioni isometriche.

L'accorciamento muscolare è tipico della contrazione concentrica e si ha per esempio quando solleviamo un peso (lavoro positivo).

Quando la contrazione avviene in condizioni in cui il muscolo resiste all'allungamento, per esempio per frenare la discesa di un bilanciere tenuto sulle spalle come avviene nell'esercizio dell'accosciata, si ha una contrazione eccentrica (lavoro negativo).

La contrazione isocinetica che alcuni autori indicano come un quarto tipo di contrazione altro non è che una contrazione concentrica effettuata a velocità costante per tutto il raggio del movimento; questo tipo di contrazione richiede l'impiego di specifiche apparecchiature.

Lo sviluppo delle capacità fisiche

Le principali capacità fisiche sono la forza, la velocità, e la resistenza di breve, media e lunga durata.

La forza

Si può definire la forza dell'uomo come la sua capacità di vincere una resistenza esterna o di opporvisi con un impegno muscolare (Zaciorskij).

Esistono varie espressioni della capacità di forza che riassumiamo come segue:

Forza massimale: il massimo della capacità di forza che si esplica sollevando grandi carichi;

Forza veloce: la forza necessaria per vincere piccole o medie resistenze, puntando sulla velocità di esecuzione o per imprimere la massima velocità al proprio corpo come nello sprint;

Forza esplosiva: capacità di raggiungere rapidamente il massimo dinamico della forza (Wercho-shanskij) o anche sviluppare elevati valori di forza in brevissimo tempo (D.M. Joseljani); dato che la forza esplosiva si esprime partendo da una condizione di pre-stiramento della muscolatura, essa si può definire anche come il passaggio istantaneo da una condizione di lavoro in regime cedente ad una condizione di lavoro in regime superante. Questa condizione si realizza nella pratica attraverso l'allenamento pliometrico.

Forza di start: si esplica con una tensione senza fenomeni meccanici della forza ed è considerata un tipo di forza intermedio.

Forza resistente: si esplica con debole intensità per impegni di media durata ed è l'espressione di forza che a noi interessa maggiormente dal punto di vista dello sport velico insieme alle capacità di forza veloce.

Una variante per lo sviluppo della forza resistente consiste nel metodo conosciuto nella letteratura sportiva specializzata col nome di statico/dinamico.

Vediamo in cosa consiste questo metodo: si eseguono i più tradizionali esercizi per lo sviluppo della forza (accosciata, distensione in panchina, ecc.) nella zona d'intensità del 30% rispetto alla massima; durante ogni ripetizione si fanno soste di 3". Per esempio nell'accosciata cinque soste durante il movimento di discesa e risalita. Il recupero è di 3'-5'.

Questo metodo è molto stancante ed ha un grande effetto sulla resistenza locale (metabolismo muscolare) e moderatamente sulla massa; esso è una combinazione, per quanto riguarda la componente contrattile del muscolo, di due fondamentali tipi di tensione: concentrico ed isometrico.

Sicuramente questo metodo è indicato per lo sport velico che richiede forza resistente ed in molte situazioni tensioni isometriche anche se non della massima intensità.

Tale metodo trova una vantaggiosa applicazione in quella parte del periodo preparatorio che precede allenamenti per lo sviluppo della forza sempre più intensi, fino al metodo piramidale.

Un allenamento di questo tipo è consigliabile in un arco di tempo non inferiore alle sei settimane.

Si ritiene che questo metodo se ben integrato (multibalzi, velocità, ostacoli) non "rallenti", cioè non allunghi i tempi di accorciamento delle fibre muscolari.

Mentre i balzi possono essere eseguiti al termine dell'allenamento, il lavoro sulla velocità, per evitare infortuni, va svolto separatamente in condizioni di "freschezza" muscolare e nervosa e quindi all'inizio di una seduta piuttosto che alla fine.

La velocità

Con il termine velocità intendiamo la facoltà di effettuare azioni motorie in un tempo minimo; è considerata una capacità fisica alquanto stabile, cioè poco allenabile, perché dipende da fattori ereditari come la percentuale di fibre veloci (fino al 70% negli sprinter di classe mondiale) ed alla loro innervazione.

Essendo molto legata alla forza, la velocità viene oggi considerata più che una capacità fisica a se stante, come un'espressione della forza veloce.

La resistenza

Come per la forza dobbiamo prendere in considerazione diversi tipi di resistenza.

La resistenza di lunga durata, è quella necessaria per coprire una distanza che richiede all'atleta più di otto minuti d'impegno, senza che si produca una notevole diminuzione della velocità.

La prestazione viene compiuta quasi esclusivamente in condizioni aerobiche, l'atleta cioè si trova in steady-state, ovvero in condizioni di equilibrio di ossigeno.

La resistenza di media durata è quella necessaria per coprire una distanza che richiede all'atleta da due a otto minuti d'impegno in condizioni di steady-state apparente, il che significa che la prestazione deve essere compiuta in condizioni moderate di deficienza di ossigeno (processi anaerobici). Il livello della resistenza di media durata nella maggior parte delle discipline è determinato, essenzialmente, dallo stadio di sviluppo della resistenza alla forza e della resistenza alla velocità.

La resistenza di breve durata è quella necessaria per impegni da 45" a 2'. Il lavoro si svolge in percentuale molto alta (nella letteratura si parla dal 70 all' 80%) in condizioni anaerobiche.

L'allenamento per la massa

Premessa

Lo sport della vela ha le sue esigenze anche in fatto di peso degli equipaggi; spesso si avverte la necessità di un aumento del peso come nel finnista e nello starista, per citare i casi più comuni, in cui non è facile trovare naturalmente soggetti predisposti per questa stazza. Il problema, meno frequentemente si può riscontrare anche in altri soggetti che regatano su barche come il Laser, il 470 (specialmente negli equipaggi femminili). Per ottenere buoni risultati occorre percorrere una sola strada ovvero l'aumento della massa muscolare, una volta scartata a priori l'idea di aumentare la massa grassa che equivarrebbe a portarsi una vera e propria zavorra a bordo; ciò contrasterebbe con lo scopo che è quello di avere velisti forti e resistenti, scattanti quanto basta e in grado di sopperire atleticamente a tutte le esigenze dello sport della vela.

E' stato giustamente osservato ad esempio che per il derivista "possedere maggiore massa muscolare nei distretti anatomicamente più lontani dalle cinghie offrirà il vantaggio di una coppia di raddrizzamento maggiore sull'imbarcazione; in più questa massa nella posizione alle cinghie graverà maggiormente sulla muscolatura addominale e del quadricipite (Parisi, 2005).

Di qui la necessità di un potenziamento muscolare mirato in grado di risolvere in maniera ottimale le varie problematiche.

Le basi scientifiche

Scientificamente, il meccanismo dell'ipertrofia "attiva" dei muscoli può spiegarsi, in forma alquanto schematica, nella maniera seguente secondo V.A. Rogoskine e N.N. Yakovlyev: "L'indice fondamentale di tutto il sistema vivente è il processo enzimochimico basato sulle degradazioni e sintesi delle formazioni albuminose".

La demolizione e sintesi delle strutture albuminose esige grandi quantità di energia e perciò dipende dalla disponibilità di legami fosforici altamente energetici.

L'approvigionamento energetico dell'attività muscolare conduce all'abbassamento dei processi plastici nel tessuto muscolare e nella supremazia della degradazione delle albumine sulla loro sintesi, ciò che si esprime in particolare con una diminuzione del tasso di proteine e d'azoto in generale (Michkiss 1936 e Rogoskine, 1959).

"Conformamente alla regola di V.A. Engelgardt, (1932) per cui il primo processo di degradazione provoca e rinforza sempre la risintesi, allora durante il periodo di riposo si produce un ristabilimento e una supercompesazione del tasso di albumina che, in definitiva, conduce ad un aumento dela massa muscolare".

Secondo i dati di Tchagoviets (1959), la supercompensazione d'azoto nei muscoli durante il periodo di riposo è tanto più marcata tanto più il suo tasso s'è abbassato durante il periodo di lavoro.

Un lavoro più intenso, di lunga durata, non provoca modificazioni essenziali del tasso delle proteine (Dogoskin, 1959) e non s'accompagna a supercompensazione durante il riposo. La supercompensazione è il fenomeno che induce l'ipertrofia dei muscoli con conseguente aumento delle loro dimensioni, ovvero della loro "superficie di sezione".

Più in particolare ciò è dovuto:

a) ad un accresciuto diametro delle fibre già esistenti a causa di un maggior numero di miofibrille presenti in ciascuna fibra;
b) all'aumento delle proteine totali.

Secondo Ergerton (1970) l'ipertrofia si accompagna da un altro fenomeno nel determinare l'aumento della massa muscolare: l'iperplasia, un processo che comporta la divisione longitudinale e lo sdoppiamento delle fibre muscolari; ciò risulta da una ricerca condotta sui ratti sottoposti ad un programma di allenamento con pesi. Per i soggetti umani tale aumento è un dato comune tra i pesisti.

Secondo Bondartchouk, 1980, il fenomeno dell'iperplasia si evidenzierebbe particolarmente già prima della pubertà, lasciando intravedere, nel campo dell'allenamento giovanile della forza, possibilità ancora inesplorate.

Ricerche bulgare in questo campo confermerebbero queste ipotesi.

La metodologia

"La forma più adeguata di allenamento per aumentare la sezione trasversale del muscolo è il metodo delle "serie e ripetizioni", nella zona di intensità del carico sub-massimale (70-80%) che esige un lavoro per cui l'ultima ripetizione provochi quasi l'esaurimento" (Buehrle, 1971). Talvolta si può giungere sino all'esaurimento come nel caso, per esempio, delle ripetizioni "assistite" cioè con il piccolo aiuto di un compagno nelle ultime ripetizioni di ogni serie.

Ciascun esercizio comprende da tre a sei serie: il recupero tra le serie varia da 45 secondi a 2-2 minuti e mezzo, in relazione al tipo di esercizio, ma anche dal grado di preparazione dell'atleta: un grado di preparazione elevato consente di ridurre progressivamente i recuperi; recuperi corti affaticano di più la muscolatura, provocano una maggiore demolizione delle proteine e stimolano l'ormone della crescita (Kramer e coll., 1990), favorendo così un ulteriore aumento della massa muscolare.

Una variante a questa metodologia è stata recentemente proposta dai ricercatori dell'università del Kansas (USA): serie di 10-12 ripetizioni con crichi che provochino sempre l'esaurimento e 3 minuti di recupero; il vantaggio consisterebbe nel poter eseguire un maggior numero di ripetizioni senza modificare il numero delle serie con benefici sulla crescita della struttura proteica, su un più rapidoparziale reintegro delle scorte energetiche tamponando l'acidità e un ulteriore innalzamento dei livelli ormonali. E ancora sempre dagli Stati Uniti, il cosiddetto metodo del "Superslow": 14 secondi di lavoro, esecuzione lenta, 50% del carico, recuperi corti, minori di un minuto. La crescita della massa comporta sicuramente anche una crescita della forza; essa non dipende solo dalla massa, ma anche dalla capacità di coordinazione intramuscolare cioè dell'interazione dei differenti muscoli fra loro.

Il metodo ottimo per sviluppare la coordinazione intramuscolare è l'allenamento con carichi massimi o molto vicini al massimo, nel campo dell'intensità del 90-100% (105%) e un numero di ripetizioni da 1 a 3. I recuperi sono di 3-5 minuti e il totale delle ripetizioni da 10 a 12.

Si possono combinare entrambi i metodi di allenamento, laddove se ne avverta la necessità, in un programma in forma di piramide. Questo programma è di uso molto frequente e suole dare buoni risultati, ma non è specificamente indicato per un allenamento solo per la massa.

Qualunque sia il metodo di allenamento impiegatoè necessario adattare il livello del carico alla forza crescente (principio del carico progressivo); è decisivo far seguire all'aumento della forza l'aumento del carico.

E' da supporre che l'atleta giovane reagisca allo stesso modo allo stimolo di allenamento, come l'adulto.

Pertanto, dal punto di vista fisiologico, entrambi possono impiegare i medesimi metodi (Buehrle, 1971), nonostante ciò, per i metodi di allenamento dei giovani esistono certe restrizioni dato che l'apparato locomotore (scheletro e specialmente inserzioni tendinee) sono in accrescimento.

In quanto alla riduzione del carico in caso di atleti giovani si raccomandano esercizi con ripetizioni, impegando carichi dal 65 al 75% del massimo.

Recentemente, un metodo ritenuto molto efficace, ma non di facile attuazione, è il cosiddetto "metodo negativo" ovvero quello delle contrazioni eccentriche. Come abbiamo già accennato, le contrazioni muscolari possono essere di tre tipi: isometriche (senza spostamento delle leve ossee e solo apparentemente senza accorciamento muscolare, Stoboy), concentriche (il muscolo si accorcia) ed eccentriche (il muscolo s'allunga, ma resta contratto per controllare il ritorno del peso nella posizione di partenza). Uno studio pubblicato nel 2005 indica che un movimento negativo con un carico maggiore di quello utilizzato in modo concentrico può attivare un numero maggiore di fibre del 2° tipo, le più soggette ad ipertrofia.

Un modo pratico, se non si dispone di una macchina isocinetica, è il seguente: scegliere un carico di circa 20-30% in più rispetto a quello utilizzato di solito; un compagno aiuta a sollevare il peso e controlla la discesa, ovviamente in frenata per resistere all'allungamento del muscolo.

Quando ci si allena con il metodo negativo si riducono a 2-3 le serie, la fase negativa dura da 3 a 5 secondi, le ripetizioni sono al massimo 8 e il recupero è di 3-5 minuti.

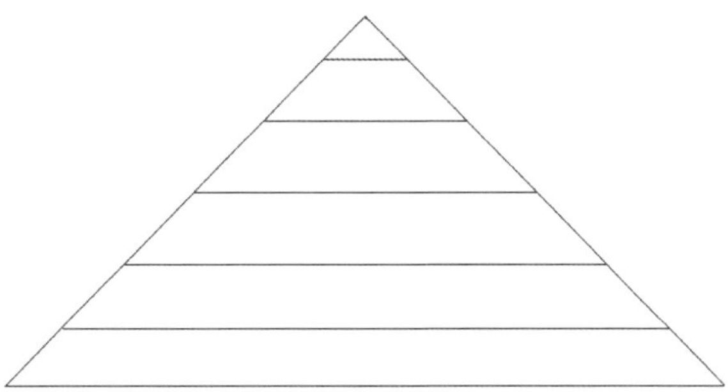

ES. di allenamento "a piramide": 7 x 75% - 6 x 80% - 5 x 82,5% - 4 x 85% - 3 x 90% - 2 x 92,5 – 1 x 100%.

Gli esercizi

Sono i più svariati, tratti dalla pesistica e del body building (alla lettera costruzione del corpo) e utilizzano per l opiù il sovraccarico sotto forma di manubri e bilancieri, ma anche apposite macchine per la muscolazione, oggi molto diffuse per la loro praticità e sicurezza. Dividendo gli esercizi in due categorie troviamo nella prima quelli cosiddetti principali e nella seconda i complementari.

Gli esercizi principali sono quelli che interessano più articolazioni e di conseguenza più muscoli tra i più voluminosi con movimenti di spinta e di trazione, utilizzando pesanti sovraccarichi. Gli esercizi convenzioni della pesistica come lo strappo e lo slancio si presterebbero ad essere utilizzati ma bisogna conoscere bene la loro tecnica di esecuzione; meglio orientarsi sugli esercizi tipici del body building, altrettanto efficaci e spesso insostituibili.

In una sessione di allenamento si utilizzano di norma due o tre esercizi principali, secondo le modalità del programma stabilito. E' fondamentale scegliere opportunamente (questo vale anche per gli esercizi complementari) la miscela di esercizi da utilizzare perché anche le esercitazioni con sovraccarichi rispondono al principio della specificità: ogni esercizio produce adattamento a carico della muscolatura utilizzata nell'esercizio medesimo.

Elenco degli esercizi principali

1) ***Distensioni su panca***
Muscoli coinvolti: primariamente pettorali e deltoidi, secondariamente tricipiti. I muscoli degli avambracci e del gran dorsale agiscono come muscoli stabilizzatori;

2) ***Accosciata***
Muscoli coinvolti: primariamente muscoli frontali delle cosce, glutei con accento secondario su bassa schiena, muscoli posteriori delle cosce e muscoli di supporto all'addome;

3) ***Stacco da terra***
Muscoli coinvolti: primariamente estensori della colonna e frontali delle cosce, con accento secondario sui muscoli superiori della schiena, avambracci ed estensori dell'anca. Addominali e muscoli posteriori delle gambe (polpacci) aiutano come muscoli stabilizzatori;

4) ***Girata al petto***
Muscoli coinvolti: tutti i muscoli della schiena, più bicipiti, avambracci, glutei e polpacci;

5) ***Leg press***
Muscoli coinvolti: primariamente quadricipiti e glutei, con accento secondario ai muscoli posteriori della coscia, braccia e parte superiore del dorso provvedono all'azione di supporto;

6) ***Lat machine***
Muscoli coinvolti: primariamente gran dorsale, secondariamente bicipiti, avambracci e deltoidi superiori:

7) ***Good morning***
Muscoli coinvolti: primariamente estensori della colonna, secondariamente accento sulla parte superiore del dorso, glutei e muscoli superiori delle cosce;

8) ***Upright rowing (rematore in posizione eretta)***
Muscoli coinvolti: primariamente il trapezio, con accento secondario su bicipiti, deltoidi e avambracci.

Elenco degli esercizi complementari

Essi vengono eseguiti sullo sfondo degli esercizi principali e ne completano o rafforzano l'effetto; si tratta per lo più di esercizi localizzati che coinvolgono piccoli muscoli o muscoli che svolgono un lavoro secondario durante l'esecuzione degli esercizi principali, si eseguono di norma nella seconda parte della sessione di allenamento in gruppi di tre o quattro per volta:

1) ***Sit up (addominali)***
Muscoli coinvolti: primariamente addominali alti e secondari flessori dell'anca;

2) ***Sit up con torsioni***
Muscoli coinvolti: retto addominale e obliqui, secondariamente flessori dell'anca;

3) ***Crunch doppio***
Muscoli coinvolti: primariamente addominali alti e bassi, secondariamente flessori dell'anca;

4) ***Flessioni laterali del tronco sulla panca***
Muscoli coinvolti: primariamente retto addominale, obliqui interni ed esterni, secondariamente flessori della fascia lata;

5) ***Wirst curls (polsi)***
Muscoli coinvolti: tutti i muscoli degli avambracci

6) ***Barbell rise (polpacci)***
Muscoli coinvolti: primariamente gemelli e soleo con leggero supporto di assistenza da parte di cosce, schiena e addominali;

7) ***Leg curl (cosce posteriori)***
Muscoli coinvolti: primariamente muscoli posteriori delle cosce, con accento secondario su polpacci e glutei;

8) ***Twisting***
Muscoli coinvolti: primariamente obliqui esterni, secondariamente tutti gli addominali e la bassa schiena;

9) ***Salita alla fune***
Muscoli coinvolti: primariamente gran dorsale, accento secondario su bicipiti brachiali e tutti i muscoli dell'avambraccio.

Consigli per la pratica

1) Dopo un leggero riscaldamento sollevando carichi leggeri il programma di allenamento inizia impegnando i gruppi muscolari più grandi (gambe, schiena, torace e spalle) seguiti da quelli piccoli (tricipiti e bicipiti);
2) La presenza di un assistente per il controllo del carico sollevato, per fornire un piccolo aiuto e per richiamare alla corretta esecuzione dei movimenti;
3) La respirazione: si espira alla fine del sollevamento e si inspira nella fase di abbassamento;
4) L'esecuzione del movimento deve essere controllata, non troppo veloce nella fase di sollevamento altrimenti lo slancio prende il sopravvento sullo sforzo del muscolo. Una regola può essere di sollevare il carico in due secondi ed abbassarlo in quattro. In ogni caso la velocità di esecuzione dovrà essere moderata o lenta. Con carichi molto elevati è il carico che determina la velocità dell'esecuzione;
5) Riposo a giorni alternati fra una sessione e l'altra, al massimo due giorni consecutivi di lavoro e un giorno di riposo. La crescita muscolare non avviene quando ci si allena, ma quando si riposa. L'allenamento è una specie di messaggio che si invia ai muscoli per farli lavorare; poi bisogna dare i tempo di "ripararsi";
6) Una corretta esecuzione degli esercizi è la forma di prevenzione più efficace per evitare infortuni, oltre a mantenersi concentrati quando ci si allena con carichi.
7) L'allenamento con sovraccarichi non solo non limita la flessibilità, ma al contrario la favorisce; tuttavia terminare l'allenamento con qualche esercizio di streatching quanto meno previene le lesioni, favorisce i recupero ed è prassi consolidata.
8) Per stabilire il proprio massimale e la percentuale di carico con cui lavorare esistono delle formule, ma rimandiamo all'uso di pratiche tabelle. Per esempio 80 Kg. x 5 RM corrisponde ad una percentuale dell'80% del massimale che risulterà di 100 Kg. (vedi tabella).
9) L'allemanento per la massa segue le regole della dinamica del carico che, di regola, ha un andamento ondulatorio perché, ricordiamolo, l'organismo si sviluppa "ad onde"; dunque, a carichi complessivi più voluminosi seguiranno carichi meno voluminosi, ma più intensi, o anche solo meno voluminosi.
10) Anche il rapporto volume/intensità del carico va tenuto nella massima considerazione; il volume maggiore del carico si applica nel periodo pre-competitivo. Durante il periodo delle competizioni diminuisce ed aumenta l'intensità. Il metodo piramidale s'adatta bene a questo periodo, il metodo delle "serie e ripetizioni" al periodo pre-agonistico.
    Gli esempi sotto riportati di dinamica del carico possono avere vari andamenti. (Il mesociclo è di quattro settimane)

11) Nei primi 20 minuti di una sessione per la massa l'atleta dà il meglio di sé. Il flusso di testosterone è al massimo livello del momento per cui occorre approfittarne.
12) Il picco di testosterone della giornata si colloca nelle prime ore del mattino e quindi anticipare l'allenamento nei limiti del possibile è consigliato.
13) Se si decidono due sessioni di allenamento nella giornata, al mattino conviene allenare la perte superiore del corpo, mentre al pomeriggio le gambe.

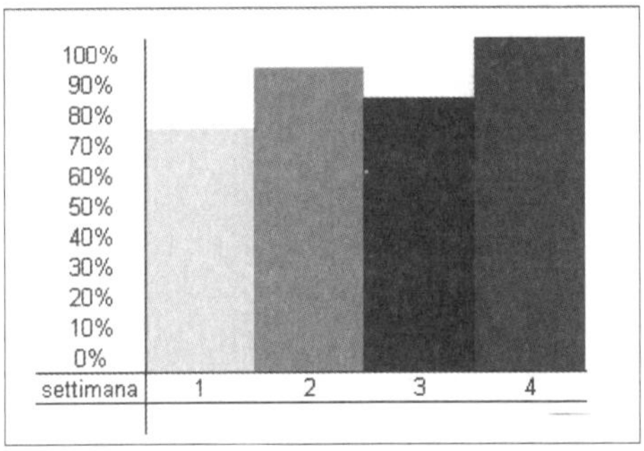

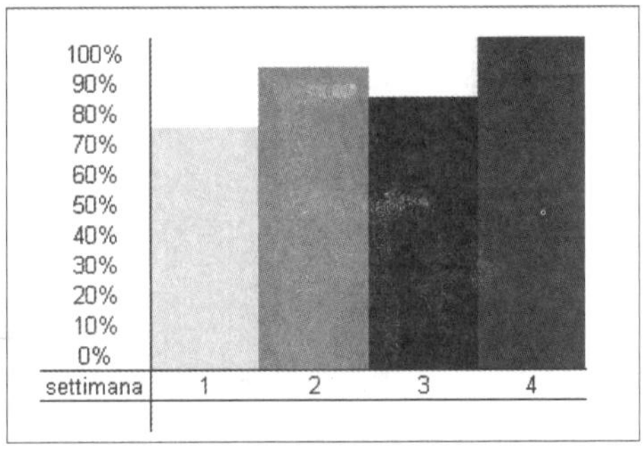

N.B. 100% numero totale delle "alzate" eseguite in una settimana escluso il riscaldamento.

14) Una domanda frequente e molto comune è se sia utile "richiamare" la forza il giorno della gara: la risposta è affermativa e atleti di varie discipline seguono questa prassi; il problema molte volte sta nel ritrovare le attrezzature poiché non è detto che il luogo che ci ospita abbia una palestra o strutture adeguate alle nostre esigenze. Si può sopperire con qualche esercizio isometrico, della durata di 6 secondi, con molle per le mani e manubri e anche con crunch addominali, piegamenti su un solo arto, ginnastica a coppie, etc.

L'alimentazione per la massa

Un allenamento teso all'incremento della massa muscolare deve avvalersi, parallelamente, di una alimentazione appropriata, cioè iperproteica. I muscoli sono fatti di proteine e l'allenamento pesistico si incarica della loro demolizione; solo una dieta che tenga conto di questo fenomeno può garantire il massimo effetto dell'allenamento fornendo la materia plastica perché si realizzino i processi di risintesi e supercompensazione che incidono sulla struttura proteica del muscolo.

Carne (preferibilmente bianca), pesce, uova (solo albume), latte scremato, formaggi scelti fra i meno grassi sono i cibi di elezione, insieme alla vitamina E e alle vitamine del complesso B che sembrano avere un naturale potere anabolizzante, che costituiscono la base iperproteica di una dieta per la massa.

Secondo Noecker, si quantifica fino a 4 grammi di proteine per Kg. di peso corporeo la quota giornaliera per favorire l'aumento della massa muscolare; tale proposta si indirizza ad atleti delle discipline spiccatamente di forza e comunque non è stata esente da critiche; due grammi sono un suggerimento più ragionevole tenuto conto che rappresentano sempre il doppio delle proteine necessarie ad un individuo normale adulto.

Prima di intraprendere una dieta iperproteica, sempre che ci si alleni regolarmente e con impegno per la massa, il consiglio è di consultare un medico sportivo, così come se si decidesse di fare uso di integratori alimentari tipo amminoacidi ramificati o di creatina, una sostanza che combinata all'acido fosforico fornisce energia di pronto impiego durante il lavoro muscolare.

Negli ultimi venti minuti di una seduta pesistica comincia a verificarsi uno svuotamento del tenore delle proteine nei muscoli; sembra che questo sia il momento migliore per assumere nuove proteine sotto forma di un frullato a base di mezzo litro di latte magro, una banana, due albumi d'uovo, un cucchiaio colmo di proteine in polvere, miele e qualche cubetto di ghiaccio.

Programmi diversificati per lo sviluppo della massa

I programmi proposti sono stilati in base alle classi di rendimento a cui ci si rivolge:

Quattro sono le classi di rendimento:

1) Principianti
2) Intermedi
3) Avanzati
4) Alto livello

Per i principianti l'allenamento "a stazioni" è il più indicato per rafforzare tutta la muscolatura e creare l'adattamento a programmi più impegnativi nell'arco della carriera; ma già all'età dei principianti s'introduce la tecnica del sollevamento che riguarda gli esercizi più complessi o che comportano un certo rischio come l'accosciata: si cura la corretta postura all'inizio del movimento e la coordinazione dei vari movimenti parziali, la cosiddetta "catena cinetica".

Più che proporre tabelle lo scopo di questa trattazione è stato quello di far comprendere i principi e la linea guida che sono alla base di un allenamento per la massa e mettere in condizione il preparatore di compilare un programma in relazione alle necessità degli atleti, potenziare quindi quelle parti della muscolatura più interessate nello sport della vela, acquistare massa in generale, colmare le lacune personalizzando cioè un programma che è il fattore che lo qualifica.

Tuttavia, a titolo di esempio, si propone uno schema per un atleta intermedio e uno di alto livello ove la differenza sta sostanzialmente nel diverso volume applicato. Ricordiamo che occorrono otto settimane per avere i primi risultati da un programma per lo sviluppo della massa.

Gli esercizi dei programmi sotto riportati possono essere scelti e personalizzati in base alle necessità di sviluppo dei distretti muscolari carenti o di quelli che si vogliono rinforzare.

Programma per un atleta intermedio: periodo pre-agonistico – 3 allenamenti/settimana

Giorni 2° & 6°	Giorno 4°
Riscaldamento: 5-6 minuti *Esercizi principali* 1) Stacco da terra 4 x 7-8 rip. al 70/75% Recupero 1 minuto e 30 2) Leg press 4 x 7-8 rip. al 70/75% Recupero 1 minuto 3) Good morning 2 x 8-10 rip. al 70/75% Recupero 1 minuto e 30 *Esercizi complementari* 1) 3 x 15 rip. carico massimo Sit up 2) 3 x 10 + 10 Flessioni laterali del busto 3) Crunch obliqui sx/dx ad esaurimento 4) 5 Minuti di streachting	Riscaldamento: 5-6 minuti *Esercizi principali* 1) Girata al petto 4 x 7-8 rip. al 70/75% Recupero 1 minuto e 30 2) Panca piana 4 x 7-8 rip. al 70/75% Recupero 1 minuto *Esercizi complementari* 1) 3 x 10 rip. carico massimo Leg curl 2) 3 x 10 + 10 Twisting 3) 3 x Salita alla fune 4) 5 Minuti di streachting

Programma per un atleta di alto livello: periodo pre-agonistico – 4 allenamenti/settimana

Giorni 1° & 4°	Giorni 2° & 6°
Riscaldamento: 5-6 minuti *Esercizi principali* 1) Girata al petto 6 x 7-8 rip. al 70/75% Recupero 1 minuto e 30 2) Squat 6 x 7-8 rip. al 70/75% Recupero 2 minuti 3) Lat machine 6 x 10 rip.carico massimo Recupero 1 minuto e 30 *Esercizi complementari* 1) 3 x Crunch doppio esaurimento 2) 3 x Crunch obliqui esaurimento 3) 10 + 10 sx & dx Flessioni laterali del tronco 4) 5 Minuti di streachting	Riscaldamento: 5-6 minuti *Esercizi principali* 1) Panca piana 6 x 7-8 rip. al 70/75% Recupero 1 minuto 2) Upright rowing 6 x 7-8 rip. al 70/75% Recupero 1 minuto e 30 3) Lat machine 6 x 10 rip. carico massimo Recupero 1 minuto e 30 *Esercizi complementari* 1) 3 x Salita alla fune 2) 3 x 10 leg curl 3) 3 x 10 + 10 twisting 4) 5 Minuti di streachting

La struttura del rendimento del velista

Nella letteratura scientifico metodologica internazionale riferita allo sport non ci sono a tutt'oggi precisi riferimenti circa la struttura della prestazione del velista dal punto di vista condizionale; ci si limita al massimo ad elencare una serie di esercizi che si ritengono idonei a migliorarne genericamente le capacità fisiche, senza approfondimenti specifici.

Premesso che le richieste di un timoniere di deriva acrobatica sono sostanzialmente diverse da quelle di un prodiere o di un grinder su un "Coppa America", tentando di tracciare un profilo del velista e di definire lo sport della vela, sempre ben inteso per quanto riguarda le capacità condizionali, diremmo che esso è uno sport di forza resistente.

Contenuto dell'allenamento

Come per ogni atleta, nella preparazione del velista due sono gli aspetti che bisogna prendere in considerazione: il miglioramento della condizione generale e di quella speciale.
Gli elementi della preparazione riferiti al condizionamento generale sono:
- corsa di durata (da 30'a 45')
- corsa a tempo su distanza di 100-200-400 m., tempi 18"-37", tempo libero sui 400 m.
- sprint di 30 m. da fermo e 20 lanciati.
- salti in lungo, triplo e quintuplo da fermo.

Per quanto riguarda la condizione speciale, due sono i metodi di allenamento, entrambi a struttura ciclica, che si lasciano preferire:
- il circuit-training
- l'allenamento "a stazioni".

All'interno di questi due metodi di allenamento saranno inclusi esercizi specifici che riproducono o si avvicinano molto all'esercizio di gara. Gli esercizi saranno alternati tenuto conto della topografia muscolare.

Esempio di circuit-training

Modalità:
n° di esercizi 12;
20" lavoro, 20" recupero fra un esercizio e l'altro;
40% del carico massimale per gli esercizi con sovraccarico;
-recupero 6'-7' fra i circuiti;

1) Seduti, spinta del bilanciere da dietro la testa;
2) Flessione bicipiti con bilanciere;
3) Supini, addominali "a libro";

4) Esercizio "Good - morning";
5) Salita alla fune;
6) Squat - jump;
7) In sospensione alla spalliera, ginocchia alle spalle;
8) Balzi a piedi pari con 6 ostacoli da 0,91;
9) Lanci del pallone medicinale contro il muro, a due mani da sopra la testa (Kg. 5.0);
10) Step - jump;
11) Affondi laterali con asta del bilanciere (Kg. 20);
12) Tirate al petto con bilanciere;

Esempio di Circuit-Training

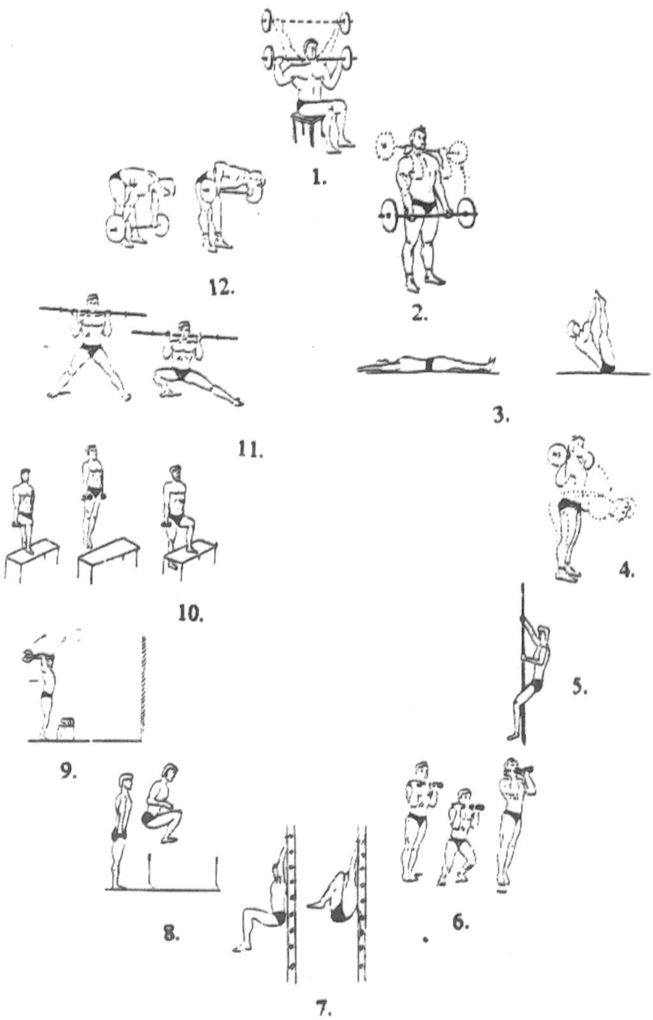

Esempio di Circuit-training

Tabella per determinare il peso del bilanciere in corrispondenza della percentuale richiesta

Massimali Kg.	PERCENTUALE CORRISPONDENTE IN KG.																
	40%	45%	50%	55%	60%	65%	70%	75%	80%	85%	90%	95%	100%	105%	110%	115%	120%
5	2,0	2,25	2,5	2,75	3,0	3,25	3,5	3,75	4,0	4,25	4,5	4,75	5,0	5,25	5,5	5,75	6,0
10	4,0	4,5	5,0	5,5	6,0	6,5	7,0	7,5	8,0	8,5	9,0	9,5	10,0	10,5	11,0	11,5	12,0
15	6,0	6,75	7,5	8,25	9,0	9,75	10,5	11,25	12,0	12,75	13,5	14,25	15,0	16,0	16,5	17,0	18,0
20	8,0	9,0	10,0	11,0	12,0	13,0	14,0	15,0	16,0	17,0	18,0	19,0	20,0	21,0	22,0	23,0	24,0
25	10,0	11,25	12,5	13,75	15,0	16,25	17,5	18,75	20,0	21,25	22,5	23,75	25,0	26,0	27,5	29,0	30,0
30	12,0	13,5	15,0	16,5	18,0	19,5	21,0	22,5	24,0	25,5	27,0	28,5	30,0	31,5	33,0	34,5	36,0
35	14,0	15,75	17,5	19,25	21,0	22,75	24,5	26,25	28,0	29,75	31,5	33,25	35,0	37,0	38,5	40,0	42,0
40	16,0	18,0	20,0	22,0	24,0	26,0	28,0	30,0	32,0	34,0	36,0	38,0	40,0	42,0	44,0	46,0	48,0
45	18,0	20,25	22,5	24,75	27,0	29,25	31,5	33,75	36,0	38,25	40,5	42,75	45,0	47,0	50,0	52,0	54,0
50	20,0	22,5	25,0	27,5	30,0	32,5	35,0	37,5	40,0	42,5	45,0	47,5	50,0	52,5	55,0	57,5	60,0
55	22,0	25,0	27,5	30,0	32,5	35,0	37,5	40,0	45,0	47,5	50,0	52,5	55,0	57,5	60,0	62,5	65,0
60	24,0	27,0	30,0	32,5	35,0	40,0	42,5	45,0	47,5	50,0	55,0	57,5	60,0	62,5	65,0	70,0	72,5
65	26,0	29,0	32,5	35,0	40,0	42,5	45,0	47,5	52,5	55,0	57,5	62,5	65,0	67,5	72,5	75,0	77,5
70	28,0	31,5	35,0	37,5	42,5	45,0	50,0	52,0	55,0	60,0	62,5	67,5	70,0	72,5	77,5	80,0	85,0
75	30,0	34,0	37,5	40,0	45,0	47,5	52,5	55,0	60,0	62,5	67,5	70,0	75,0	77,5	82,5	85,0	90,0
80	32,0	36,0	40,0	45,0	47,5	52,5	55,0	60,0	65,0	67,5	72,5	75,0	80,0	85,0	87,5	92,5	95,0
85	34,0	38,0	42,5	47,5	50,0	55,0	60,0	62,5	67,5	72,5	77,5	80,0	85,0	90,0	92,5	97,5	102,5
90	36,0	40,5	45,0	50,0	55,0	57,5	62,5	67,5	72,5	77,5	80,0	85,0	90,0	95,0	100,0	102,5	107,5
95	38,0	43,0	47,5	52,5	57,5	62,5	67,5	70,5	75,0	80,0	85,0	90,0	95,0	102,5	105,0	110,0	115,0
100	40,0	45,0	50,0	55,5	60,0	65,0	70,0	75,0	80,0	85,0	90,0	95,0	100,0	105,0	110,0	115,0	120,0
105	42,0	47,0	52,5	57,5	62,5	67,5	72,5	77,5	85,0	90,0	95,0	102,5	105,0	110,0	115,0	120,0	125,0
110	44,0	50,0	55,0	60,0	65,0	72,5	77,5	82,5	87,5	92,5	100,0	105,0	110,0	115,0	120,0	127,5	132,5
115	46,0	52,5	57,5	62,5	70,0	75,0	80,0	85,0	92,5	97,5	102,5	110,0	115,0	120,0	127,5	132,5	137,5
120	48,0	54,0	60,0	65,0	72,5	77,5	85,0	90,0	95,0	102,5	107,5	115,0	120,0	125,0	132,5	137,5	145,0
125	50,0	56,0	62,5	70,0	75,0	80,0	87,5	92,5	100,0	105,0	112,5	117,5	125,0	130,0	137,5	145,0	150,0
130	52,0	58,5	65,0	72,5	77,5	85,0	90,0	97,5	105,0	110,0	117,5	122,5	130,0	137,5	142,5	150,0	155,0
135	54,0	61,0	67,5	75,0	80,0	87,5	95,0	100,0	107,5	115,0	122,5	127,5	135,0	142,5	147,5	155,0	162,5
140	56,0	63,0	70,0	77,5	85,0	90,0	97,5	105,0	112,5	120,0	125,0	132,5	140,0	147,5	155,0	160,0	167,5
145	58,0	65,0	72,5	80,0	87,5	95,0	102,5	107.5	115,0	122,5	130,0	137,5	145,0	152,5	160.0	167,5	175,0
150	60,0	67,5	75,0	82,5	90,0	97,5	105,0	112,5	120,0	127.5	135.0	142,5	150,0	157.5	165,0	172,5	180,0
155	62,0	70,0	77,5	85,0	92,5	100,0	107,5	115,0	125.0	132,5	140,0	147,5	155,0	162,5	170,0	177,5	185,0
160	64,0	72,5	80,0	87,5	95,0	105,0	112.5	120,0	127.5	135,0	145,0	152,5	160,0	167,5	175,0	185,0	192,5
165	66,0	74,0	82,5	90,0	100,0	107,5	115,0	122,5	132.5	140,0	147,5	157,5	165,0	172,5	182,5	190,0	197,5
170	[illegible]8,0	76,5	85,0	92,5	102,5	110,0	120,0	127,5	135,0	145,0	152,5	162,5	170,0	177,0	187,5	195,0	205,0
175	70,0	79,0	87,5	95,0	105,0	112,5	122,5	130,0	140,0	147,5	157,5	167,5	175,0	185,0	192,5	200,0	210,0
180	72,0	81,0	90,0	100,0	107,5	117,5	125,0	135,0	145,0	152,5	162,5	170,0	180,0	190,0	197,5	207,5	215,0
185	74,0	83,0	92,5	102,5	110,0	120,0	130,0	137,5	147,5	157,5	167,5	175,0	185,0	195,0	202,5	212,5	222,5
190	76,0	85,5	95,0	105,0	115,0	122,5	132,5	142,5	152,5	162,5	170,0	180,0	190,0	200,0	210,0	217,5	227,5
195	78,0	88,0	97,5	107,5	117,5	127,5	137,5	145,0	155,0	165,0	175,0	185,0	195,0	205,0	215,0	225,0	235,0
200	80,0	90,0	100,0	110,0	120,0	130,0	140,0	150,0	160,0	170,0	180,0	190,0	200,0	210,0	220,0	230,0	240,0
205	82,0	92,0	102,5	112,5	122,5	135,0	142,5	155,0	165,0	175,0	185,0	195,0	205,0	215,0	225,0	235,0	245,0
210	84,0	94,5	105,0	115,0	125,0	137,5	147,5	157,5	167,5	177,5	190,0	200,0	210,0	220,0	230,0	242,5	252,5
215	86,0	97,0	107,5	117,5	130,0	140,0	150,0	160,0	172,5	182,5	192,5	205,0	215,0	225,0	237,5	247,5	257,5
220	88,0	99,0	110,0	120,0	132,5	142,5	155,0	165,0	175,0	187,5	197,5	210,0	220,0	230,0	242,5	252,5	265,0
225	90,0	101,0	112,5	125,0	135,0	145,0	157,5	170,0	180,0	190,0	202,5	215,0	225,0	235,0	247,5	260,0	270,0
230	92,0	103,5	115,0	127,5	137,5	150,0	160,0	172,5	185,0	195,0	207,5	217,5	230,0	242,5	252,5	265,0	275,0
235	94,0	106,0	117,5	130,0	140,0	152,5	165,0	175,0	187,5	200,0	212,5	222,5	235,0	247,5	257,5	270,0	282,5
240	96,0	108,0	120,0	132,5	145,0	155,0	167,5	180,0	192,5	205,0	215,0	227,5	240,0	252,5	265,0	275,0	287,5
245	98,0	110,0	122,5	135,0	147,5	160,0	172,5	185,0	195,0	207,5	220,0	232,5	245,0	257,5	270,0	282,5	295,0
250	100,0	112,0	125,0	137,5	150,0	162,5	175,0	187,5	200,0	212,5	225,0	237,5	250,0	262,5	275,0	287,5	300,0
255	102,0	115,0	127,5	140,0	152,5	165,0	177,5	190,0	205,0	217,5	230,0	242,5	255,0	267,5	280,0	292,5	305,0
260	104,0	117,0	130,0	142,5	155,0	170,0	182,5	195,0	207,5	220,0	235,0	247,5	260,0	272,5	285,0	300,0	312,5
	OLTRE 30		25-21	20-17	16-15	14-12	11-10	9-8	7-6	5-4	3-2	2-1	1				
	MASSIME RIPETIZIONI POSSIBILI A "STANCHEZZA"																

Nota: questa tabella può essere utilizzata per stabilire il carico massimale, relativo all'esercizio effettuato, senza tentare la prova. Infatti dal numero delle ripetizioni possibili (eseguite fino a stanchezza) si può ottenere sia la percentuale di carico con cui si sta lavorando, sia il massimale possibile in quel dato esercizio.
Esempio: 90 Kg. eseguiti per 8-9 ripetizioni a "stanchezza" corrispondono (vedi colonne relative) ad un massimale di 120 Kg. e al 75% dello stesso.

Pianificazione e periodizzazione annuale dell'allenamento

La struttura dell'allenamento è data dal rapporto fra volume ed intensità del carico e fra preparazione generale e speciale; lo scopo della pianificazione annuale dell'allenamento è quello di sviluppare un alto livello della condizione fisica, modulando opportunamente i mezzi (esercizi) ed i metodi.

La pianificazione ritmica del carico di allenamento si realizza attraverso tre unità: il microciclo, il mesociclo e il macrociclo.

Il microciclo, della durata di una settimana è una unità organizzativa; il mesociclo, che dura generalmente sei settimane, è un'unità funzionale nel senso che l'effetto cumulativo del carico comporta delle modificazioni sull'intero organismo.

Il macrociclo è la somma di più mesocicli; nell'arco annuale si individuano generalmente non più di due macrocicli.

La periodizzazione dell'allenamento

La suddivisione in periodi (ciascuno con un obiettivo ben determinato) del piano di allenamento e di gare prende il nome di periodizzazione. Essa può essere semplice o doppia (la più frequente).

PIANO DI ALLENAMENTO (DOPPIA PERIODIZZAZIONE)

1. MESO	2. MESO	3. MESO	4. MESO
-Cross -Calcio -Basket -Nuoto -Ginnastica generale -Misure fisioterapeutiche	-Circuit-Training 20" lavoro 20" pausa 40% (max) ripetute 100-200-400 -Palloni medicinali	-Allenamento "a stazioni" -Bilanciere 60/65% (16-10 ripetizioni) -Salti -Sprints	-Allenamento "a stazioni" -Bilanciere 70/75% (10-8 ripetizioni) -Salti -Sprints -Palloni medicinali

5. MESO	6. MESO	7. MESO	8. MESO
- Allenamento "a stazioni" - Bilanciere 80/85% (6-4 ripetizioni) + piramidi 90/100% - Salti - Sprints	- Circuit-Training 30" lavoro 30" pausa ripetute 100-200 - Palloni medicinali	- Allenamento "a stazioni" -Bilanciere 70/75% (10-8 ripetizioni) cambiando esercizi - Salti - Sprints	- Allenamento "a stazioni" - Bilanciere 80/85% (6-4 ripetizioni) - Palloni medicinali - Salti - Sprints

N.B. Nella scelta della percentuale del carico del bilanciere nel rispettivo campo d'intensità della forza tenere conto del "Principio del carico progressivo" (aumento continuo del carico). Per stabilire la percentuale si rimanda alla tabella delle percentuali di carico, a partire dal 40%

La preparazione fisica specifica per i diversi tipi di imbarcazione

Si è già fatto cenno ai diversi livelli prestativi che, dal punto di vista condizionale, sono propri del velista, tenuto conto della sua specificità: timoniere o prodiere di deriva, oppure componente l'equipaggio per esempio di un J24 che costituisce l'imbarcazione di collegamento con l'Altura.

Prenderemo in considerazione alcune delle derive più diffuse il Laser e il 470, la Star e il J24, infine l'Altura.

Il Laser è una deriva singola, l'equipaggio è costituito dal solo timoniere il cui peso per fronteggiare situazioni di vento medio/forte si deve aggirare sui 75-85 Kg. anche se, timonieri con un ottima tecnica possono pesare leggermente meno.

Al timoniere di Laser si richiede una preparazione condizionale generale e speciale molto accurata; è proprio questa preparazione che, in molte occasioni, a parità di livello tecnico fra gli equipaggi può fare la differenza. Un laserista che bolina già con vento medio e onda formata con l'obbligo di tenere la barca più piatta possibile per sfruttare in pieno l'azione portante della vela è sottoposto a un carico fisico considerevole che lo impegna notevolmente. La sua capacità di forza sarà dunque indirizzata a sviluppare non solo la forza resistente tipica dell'attività del velista, ma anche la forza massimale secondo le modalità note: poche ripetizioni (5-3 rip.), carichi 80-90%, 3-4 serie, 3'-4' di recupero, tre volte per settimana nel periodo dello sviluppo della forza, una volta per settimana come mantenimento. Questo allenamento è particolarmente indicato per quei timonieri che debbono acquistare peso e dà buoni risultati specialmente se abbinato ad una dieta iperproteica. I carichi nell'area d'intensità del 90-100% saranno utilizzati meno frequentemente e in pratica solo quando si fanno i test alla fine di ogni mesociclo di allenamento.

Anche il 470 è una deriva molto impegnativa e l'equipaggio deve poter esprimere il massimo sotto il profilo della condizione fisica. Il peso ideale di un equipaggio di 470 è attorno ai 130 kg. così distribuiti: 60 kg. il timoniere e 70 kg. il prodiere. In questo caso si tratta in primo luogo di mantenere il peso forma ed in caso di eccedenza oltre al controllo della dieta è utile una regolare attività di jogging (non meno di 30'-40' tre - quattro volte per settimana). Le capacità di forza saranno sviluppate in buona misura soprattutto in direzione della forza resistente; al prodiere si richiede anche una notevole dose di agilità per stare al trapezio e rientrare ogni volta che se ne presenti l'opportunità.

Un allenamento supplementare di salti (salti multipli, salti pliometrici, etc.) completerà dunque la preparazione fisica del prodiere.

Un imbarcazione che possiamo considerare di "collegamento" fra derive e barche a chiglia è la celebre Star; in questo caso il peso dell'equipaggio è considerevole, distribuito, ad esempio fra gli 80-90 kg. del timoniere e i 110-120 kg. del prodiere (per precisione consultare la tabella dei pesi dell'equipaggio nel capitolo dedicato alla Star). La stazza del prodiere, fuori del comune, costituisce spesso un problema per la formazione degli equipaggi. Dato per scontato il fatto che occorre operare la scelta di soggetti, già in partenza, fisicamente idonei va sottolineato il ruolo, di primaria importanza, che assume un'adeguata preparazione condizionale nei confronti di un prodiere di Star. In questo caso l'allenamento della forza con lo scopo di aumentare la massa muscolare (volume) diventa prioritario e subordina tutti gli altri mezzi di allenamento.

Il campo d'intensità della forza per l'aumento della massa muscolare si colloca fra il 70-85% rispetto al massimale con un numero di ripetizioni da 10 a 5-4 e 5-6 serie con 2'-3' di recupero; scadenza settimanale: 3-4 allenamenti. Questo tipo di allenamento per il prodiere di Star non andrebbe mai interrotto, anche durante le regate, compatibilmente con il tempo a disposizione e le attrezzature ci si dovrebbe organizzare per non perdere i benefici in precedenza acquisiti. Per avere un risultato ottimale da questo tipo di allenamento si consiglia una dieta che contempli almeno 2 grammi di proteine per kg. di peso corporeo, cioè il doppio di quanto è necessario per una persona che svolga una normale attività.

Riguardo alla continuità di questo tipo di allenamento ricordiamo che l'interruzione di un mese comporta una perdita del 10% del coefficiente di forza e quindi una riduzione sensibile della massa muscolare.

Prendiamo ora in considerazione un equipaggio di J24; si tratta di una imbarcazione considerata di collegamento con l'Altura e il cui equipaggio è costituito da cinque persone con compiti ben differenziati e con caratteristiche fisiche distinte. C'è però un denominatore comune a tutto l'equipaggio di un J24; trattandosi di regate che possono raggiungere diverse ore di durata occorre essere preparati sul piano di una condizione fisica generale che si ottiene con un allenamento costante e utilizzando i mezzi dell'allenamento condizionale generale (adattamento e mantenimento): jogging, circuit-training, allenamento "a stazioni", policoncorrenza (lanci generali con palloni medicinali da diverse posizioni).
Esaminando le caratteristiche dei vari componenti di un J24 si può risalire al tipo di preparazione condizionale ad essi più appropriato:

1. Prodiere (65-70 kg.) forte e scattante. Si raccomanda una combinazione di forza massimale e salti (lungo e triplo da fermo, salti pliometrici ovvero in basso da una altezza di 40/50 cm.); 2 e 3 Tattico e aiuto tailer (80-85 kg.) e manovre del drizzista, abbastanza forte. Valgono le regole dell'allenamento della forza senza accentuazioni particolari;
4. Tailer (75 kg.) regolazione vele. Occorre forza resistente che si esercita con carichi di bassa e media intensità (dal 40 al 70%) con un alto numero di ripetizioni (da 20 a 10) (vedi tabella).
5. Timoniere (70-75 kg.) occorre una buona condizione fisica generale soprattutto per mantenere invariati i livelli di attenzione e concentrazione.

Esercizi per il velista

1. Distensioni su panca piana
2. Twisting
3. Alzate al mento (upright rowing)
4. Polsi
5. Polpacci
6. Leg curl
7. Leg extension
8. Girate al petto con bilanciere
9. Leg press

10. Lat machine
11. Good morning
12. Stacco da terra
13. Squat
14. Sit up
15. Crunch su panca inclinata
16. Crunch doppio
17. Rematore
18. Addominali (porzione retto addominale e obliqua)
19. Obliquo e traverso dell'addome
20. Retto porzione sopraombelicale
21. Retto porzione sott'ombelicale
22. Distensioni su panca inclinata con manubri
23. Distensioni su panca inclinata con bilanciere
24. Bicipiti con bilanciere
25. Bicipiti con manubri
26. Affondi con manubri e bilanciere
27. Alzate laterali con manubri
28. Trazioni alla sbarra
29. Addominali in sospensione
30. Squat jump
31. Salita alla fune
32. Esercizi isometrici con diversa inclinazione del busto su simulatore
33. Esercizi al simulatore con cazzata della scotta
34. Simulazione alzata drizza all'albero
35. Simulazione recupero scotta winch

Il controllo dell'allenamento (tests)

I tests si eseguono alla fine di ogni mesociclo; si consiglia il test di Cooper (massima distanza percorsa in 12'), triplo da fermo, 30m. con partenza in piedi, lancio di un pallone medicinale da 4-5kg. dietro la testa, panca, mezzo squat, trazioni alla sbarra e leg-extensions fino all' esaurimento.

I tests rappresentano una misura del controllo e dell' intensità dell' allenamento.

Conclusioni

Una condizione fisica ottimale è il frutto di una preparazione accurata, programmata nei minimi particolari e svolta con scrupolo e continuità nel tempo.

Occorrono alcuni anni perché il livello prestativo dell'atleta raggiunga i vertici desiderati.

Distensione su panca

Twisting

Alzate al mento (Upright Rowing)

Polsi

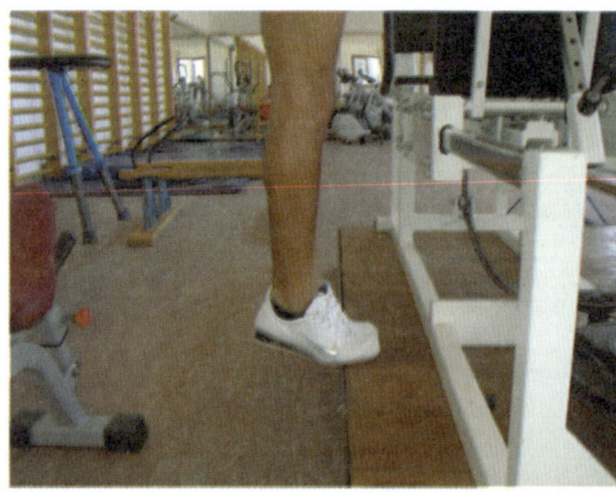

Polpacci

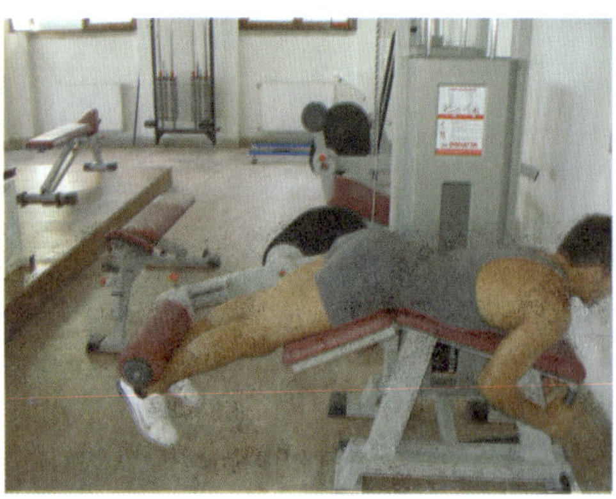

Leg Curl

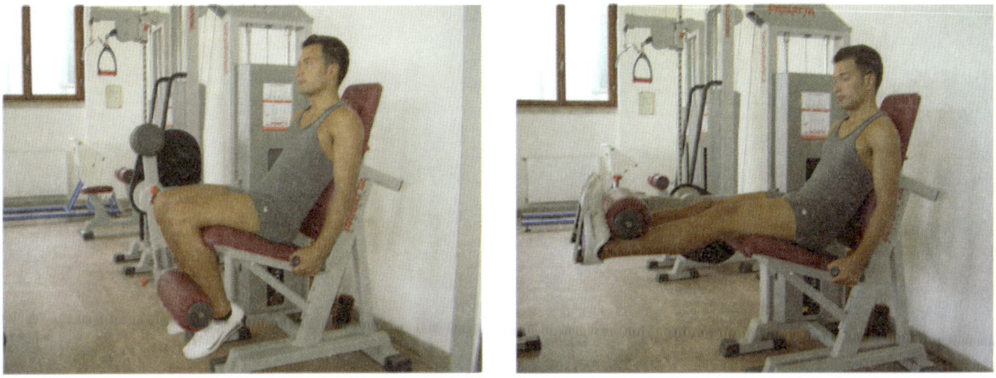

Leg Extension

Girate al petto con bilanciere

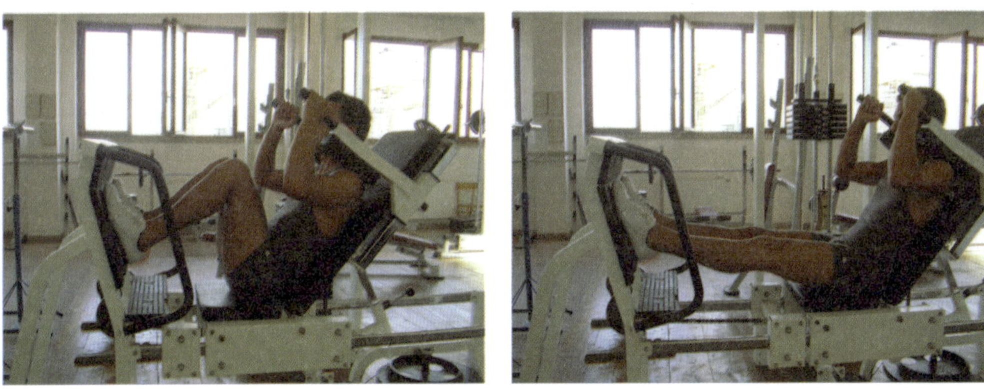

Leg Press

Lat Machine

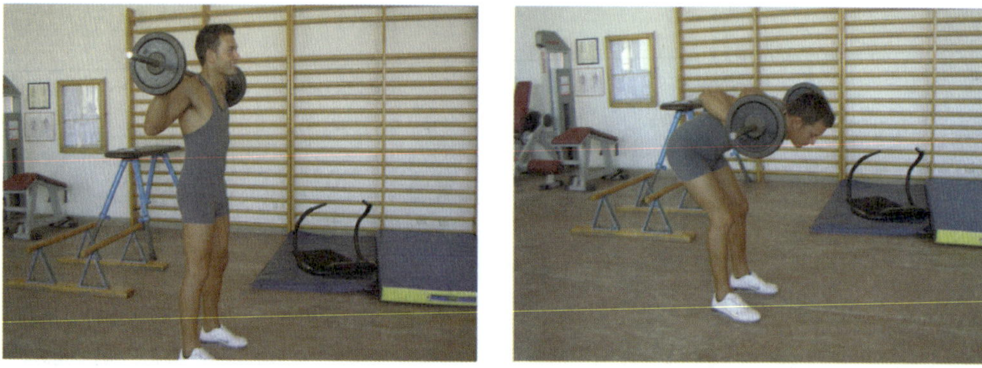

Good Morning

Stacco da terra

Squat

Sit Up

Crunch su panca inclinata

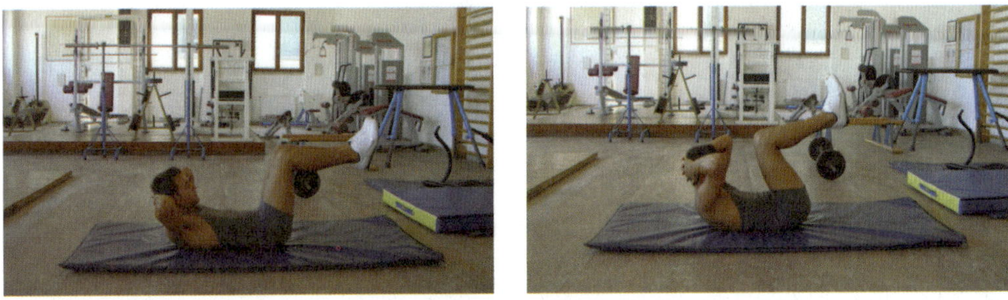

Crunch Doppio

Rematore

Addominali (porzione retto addominale e obliqua)

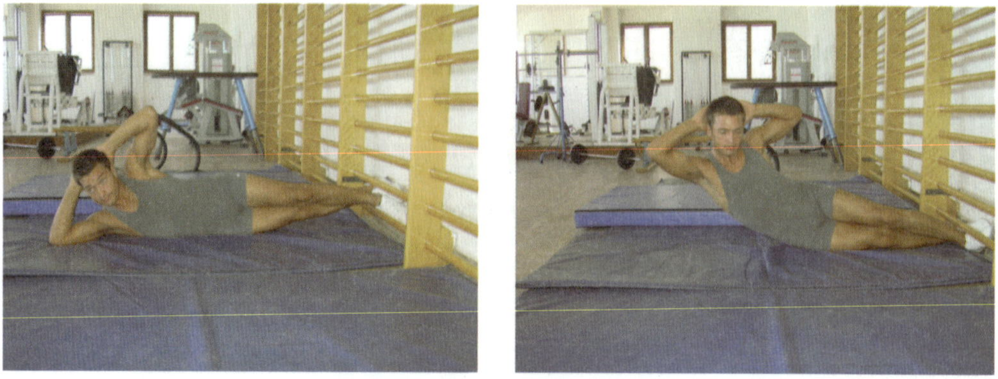

Oblique e trasverse dell'addome

Retto porzione sopraombelicale

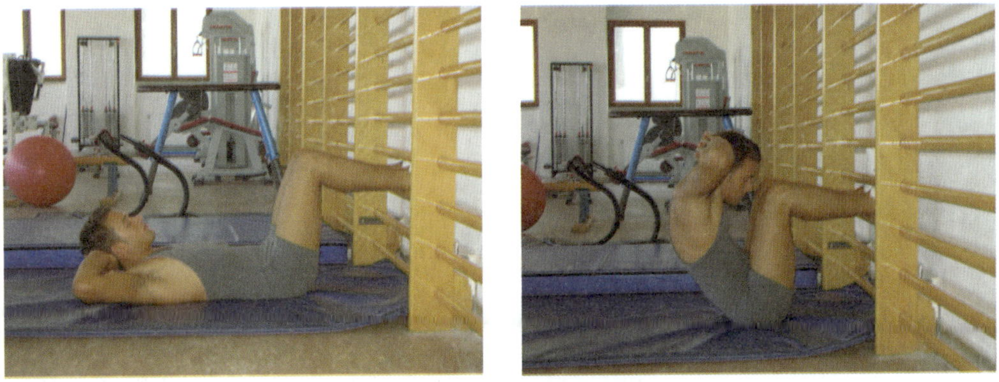

Retto porzione sottombelicale

Distensioni su panca inclinata con manubri

Distensioni su panca inclinata con bilanciere

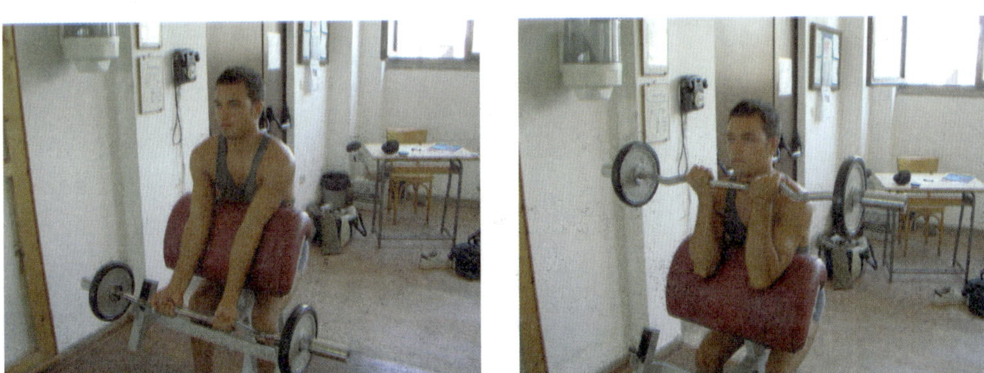

Bicipiti con bilanciere

Bicipiti con manubri

Affondi con manubri e bilanciere

Alzate laterali con manubri

Trazioni alla sbarra

Addominali in sospensione

Squat Jump

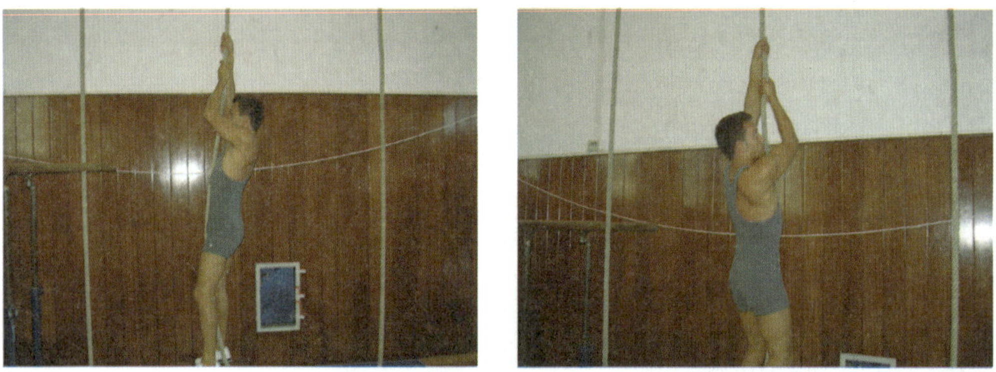

Salita alla fune

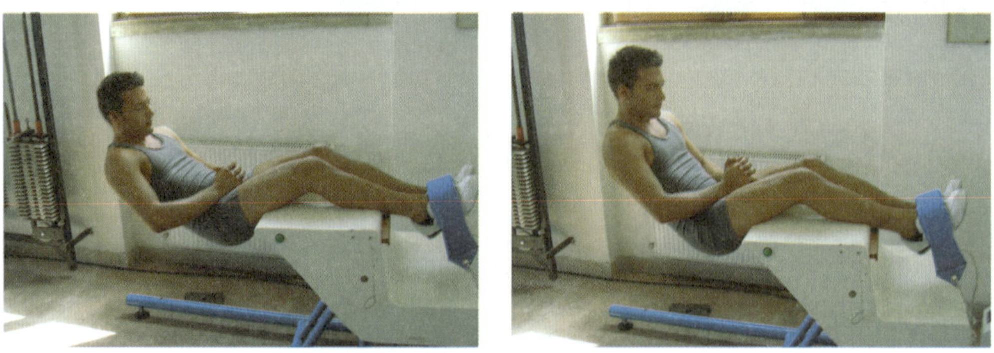

Esercizi isometrici su simulatore

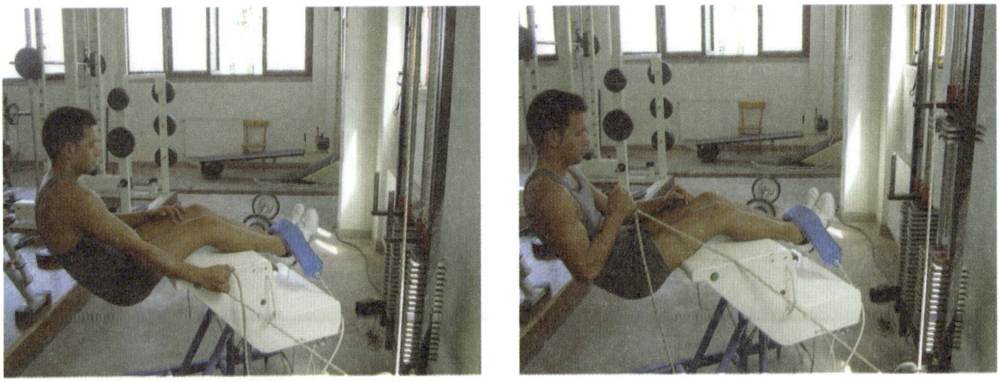

Esercizi al simulatore con cazzata della scotta

Simulazione alzata all'albero

Simulazione recupero scotta winch

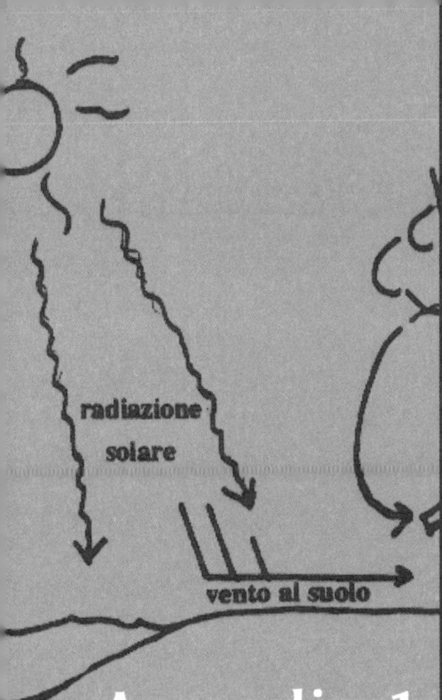

Appendice1

Meteorologia

a cura del Col. Salvatore Rizza

La brezza di mare

Genesi

E' noto che la disuniforme struttura della superficie terrestre comporta differenti quantità di energia calorica solare da questa assorbibile. Ovviamente ciò è dovuto alle diverse caratteristiche termiche dei vari componenti la superficie assorbente; da qui si sa che i terreni solidi (costa) sono capaci di assorbire, nello stesso tempo, una quantità di calore molto più grande rispetto all'acqua (mare). Ne consegue che l'aria sovrastante le due differenti superfici riceve da questi dissimili quantità di calore e, quindi, assume valori di temperatura differenti; durante le ore diurne il terreno si riscalda maggiormente del mare e viceversa accade di notte. Le differenti temperature dell'aria che sovrasta le due zone generano una circolazione a cellula (fig.1a & fig.1b) che si estrinseca nella genesi della brezza di mare dalla tarda mattinata al tardo pomeriggio (fig.1a) e di terra dalla sera alla mattina del giorno successivo.

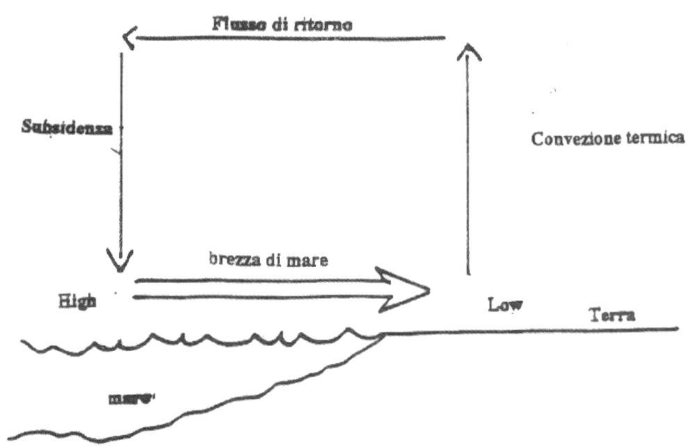

Fig.1a

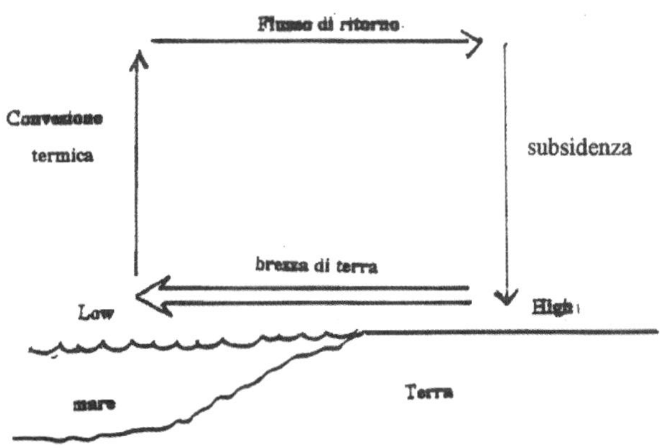

Fig. 1b

E' comunque necessario precisare che, per la genesi della brezza, susseguentemente a movimenti convettivi, è indispensabile che la differenza di riscaldamento, fra aria sull'entroterra e aria sul mare, sia di consistente valore; ciò è possibile solo durante il periodo dell'anno più caldo ovvero nel quale il sole è più alto sull'orizzonte e quindi capace di irradiare la maggiore quantità di calore; tale periodo va dalla tarda primavera al primo autunno (della zona presa in esame) nel quale, in genere, ha luogo la brezza.

Appare evidente come si debbano verificare condizioni specifiche perché la brezza abbia origine; per prima cosa è indispensabile che il sole possa riscaldare la superficie terrestre perlomeno con una quantità di energia calorica pari al 60% di quella che normalmente raggiunge il terreno in una giornata con cielo sereno; in secondo luogo la temperatura del terreno deve essere più alta di quella dell'acqua. Infatti più è grande la differenza di temperatura fra la terra e il mare, più intensa sarà la brezza di mare, o di terra.

Generalmente una brezza di mare inizierà più presto e sarà più intensa se all'interno della costa (10-15 miglia) è ubicata una grande città, in quanto il cemento e l'asfalto si riscaldano più che una campagna erbosa.

Una brezza di mare, in genere, si svilupperà solo se il vento esistente è debole, sotto i 5 nodi.

Dopo che la circolazione di brezza di mare (diurna) si è sviluppata con direzione pressoché perpendicolare alla costa (fig. 2) la Forza di Coriolis (o forza deviante) comincia ad entrare in gioco.

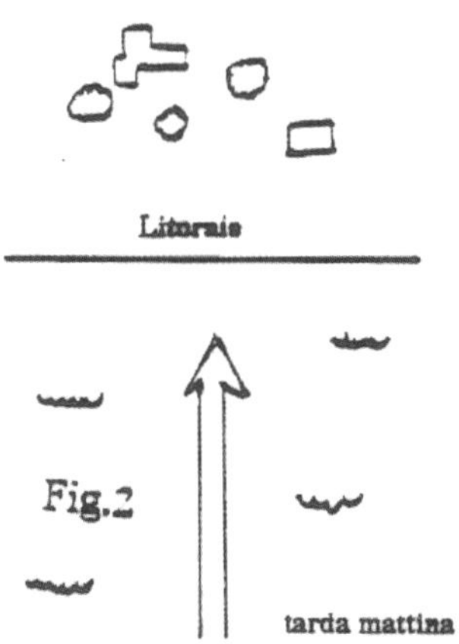

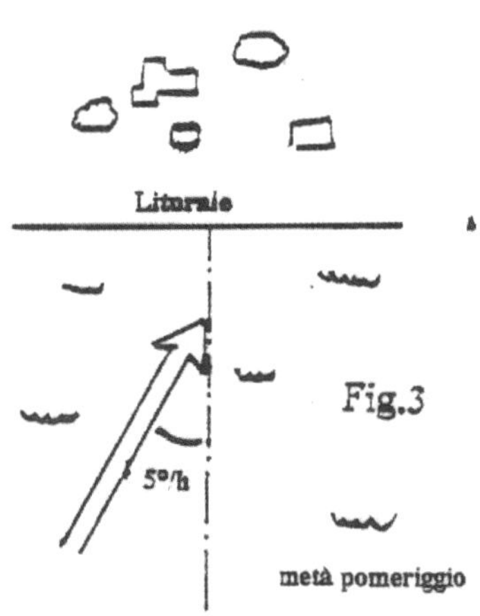

Nell'emisfero Nord, in una brezza di mare con venti di normale velocità, la forza Deviante provoca una deviazione del vento verso destra di circa 5° ogni ora (fig.3).

Di conseguenza, in una brezza di mare che si sta formando, si noterà una persistente rotazione di venti verso destra (in senso orario).

Si può formulare una previsione piuttosto precisa sulla probabilità che una brezza di mare possa svilupparsi: per questo devono essere conosciuti i seguenti dati:

a) Previsione della temperatura massima sulla terraferma

b) Stima delle temperature dell'acqua (superficiale)
c) Il valore della velocità del vento durante la mattina
d) La situazione di copertura del cielo

Si può così affermare che tanto più alta è la temperatura prevista sulla terraferma, tanto più bassa sono sia la temperatura del mare (più importante) che la nuvolosità, più presto potremmo prevedere lo sviluppo della brezza di mare e la sua intensità.

Se invece l'acqua è relativamente calda, così come lo è generalmente durante la tarda estate, oppure in una giornata di cielo coperto durante il quale il terreno non può riscaldarsi, la probabilità che si sviluppi una brezza di mare è molto bassa.

Inoltre, una brezza di mare si svilupperà solo se il vento esistente è debole, minore di 5 nodi. Se questo debole vento sta soffiando nella stessa direzione di quella in cui è previsto che spiri la brezza di mare, quest'ultima si svilupperà prima. Se però il vento debole sta soffiando al largo, la brezza di mare si svilupperà, con buona probabilità, più tardi.

Un concetto fondamentale da tenere sempre presente per chi deve partire per una regata è che in una brezza di mare in formazione bisogna osservare la persistente rotazione oraria del vento.

Con il passare del tempo questi due venti (quello della brezza in formazione e quello del vento al suolo già esistente) si combinano l'uno con l'altro, e possono generare un campo di flusso caratterizzato da venti variabili. In alcuni casi si possono verificare notevoli oscillazioni, in alcuni altri ci possono essere periodi di calma; in ambedue i casi, comunque, la brezza di mare si svilupperà più tardi del solito.

Se invece, il vento esistente sta soffiando ad una velocità superiore a 5 nodi, non ha importanza se la sua direzione sia la stessa o diversa da quella che dovrebbe assumere la brezza di mare, in quanto quest'ultima difficilmente si potrà sviluppare; ciò è dovuto al fatto che il suddetto vento di circolazione esistente distrugge la circolazione di aria fredda e calda tipica della cellula relativa alla brezza di mare.

Il vento durante la mattina

Nelle prime ore della mattina il vento è generalmente di debole intensità; il poter stabilire da parte di un velista, come potrà svilupparsi la brezza nelle ore successive è molto importante; ciò dipende appunto da come il vento si presenta al mattino.

Nelle ore estive, una brezza comincerà a svilupparsi non appena il sole inizia a riscaldare il suolo; se c'è uno strato di nubi che rende il sole pallido (cielo velato da cirri), la brezza comincia più tardi ed è più debole. Come il vento si alza, batuffoli di nubi cumuliformi cominciano, generalmente, ad apparire in cielo, ed il vento raggiunge la sua massima velocità nel pomeriggio.

Poiché il vento soffia più velocemente nel pomeriggio, viene da pensare che in tale periodo del giorno il vento sia anche più variabile, ma non è così; infatti la direzione del vento varia molto più durante la mattina, e non è difficile spiegarne la ragione. Se il vento al suolo è calmo e una termica porta verso il basso, sulla prora dell'imbarcazione, una parte di un vento in quota che soffia, ad esempio, con una velocità di 15 nodi, potranno verificarsi variazioni del vento piuttosto grandi. E' durante la mattina che avviene il mescolamento tra il più veloce vento in quota ed il debolissimo vento al suolo ed è appunto in tale periodo del giorno che il vento risultante al suolo si presenta maggiormente variabile. Inoltre, se il vento in quota (che soffia sopra lo strato d'inversione notturna che sta rompendosi) spira con una direzione molto differente rispetto a quella del vento al suolo, la variabilità di quest'ultimo risulta più ampia, in particolare per quanto concerne la direzione.

Nei mesi estivi in genere il campo barico che predomina è costituito da promontori; tali campi hanno la caratteristica sia di mantenere quasi stazionaria la situazione meteorologica presente o, al limite, di farla evolvere molto lentamente, sia di presentare venti abbastanza deboli. E' per tale ragione che d'estate la brezza di mare diventa molto importante.

Anche il vento notturno, essendo in questa stagione l'unico vento presente (brezza di terra), diventa importante, perché studiandolo si può determinare il modo con il quale poi il vento agirà durante l'intera giornata successiva.

Il più importante aspetto meteorologico che governa questi venti è l'inversione termica; essa è la causa per cui il vento cala al tramonto, e di nuovo aumenta la mattina seguente raggiungendo il suo massimo circa due ore dopo il mezzogiorno solare del luogo. Dato che la maggior parte dei paesi usa "l'ora estiva", che aggiunge un'ora al locale tempo standard, bisogna, in tale periodo, considerare il massimo del vento circa 3 ore dopo il mezzogiorno solare (nelle nostre zone all'incirca alle 15.00). L'onda rappresentante l'andamento della velocità nelle 24 ore, segue abbastanza da vicino quella relativa all'andamento giornaliero della temperatura (fig.3); tale onda è indipendente dal vento che sta soffiando sulla terra, in quanto ci sarà comunque un riflesso dell'escursione termica diurna tale che il vento diurno sia più intenso di quello notturno. E' da precisare, comunque che tale onda ovviamente non può essere applicabile ai venti in mare aperto o sugli oceani.

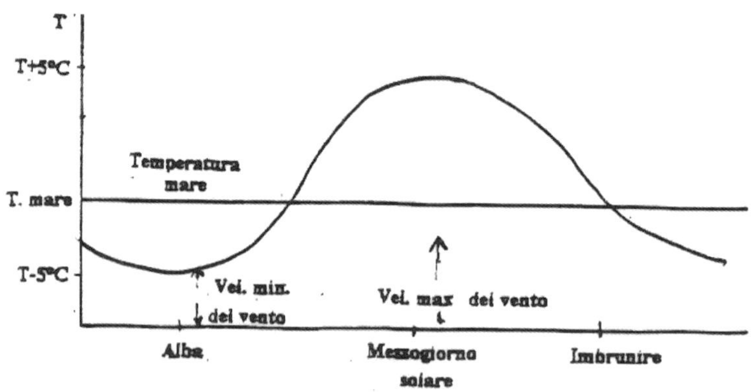

Fig.3

Consideriamo ora di dover partire navigando a vela, all'alba di una giornata d'estate caratterizzata da un tipico promontorio barico. Il giorno comincia con una mattinata in cui il cielo è azzurro, ed è presente una leggera foschia con temperatura sufficientemente fredda da renderla piacevole ma anche da far pensare ad un pomeriggio molto caldo. Così come il vento è quasi assente, anche il mare è liscio come una tavola. Con tale situazione, anche il rumore di un fuoribordo che passa vicino a noi diventa fastidioso perché il suono dei motori viene riflesso da un'invisibile "cappa" sita a qualche centinaia di metri sopra di noi. Questa cappa si trova dove l'aria al suolo che si è raffreddata durante la notte, incontra lo strato in quota che ancora possiede il rimanente calore incamerato il giorno precedente (cioè quello in cui l'aria, di notte, non ha ceduto calore alla terra). Lo strato di atmosfera, che limita questa cappa, in cui la temperatura dell'aria aumenta con la quota, anziché diminuire come fa normalmente, prende il nome di inversione termica o inversione.

Le inversioni si verificano prevalentemente di notte, e devono essere distrutte prima che il vento, la mattina successiva, possa generarsi. L'effetto di una coinversione è quello di concentrare il riscaldamento mattutino del sole in uno strato superficiale di aria piuttosto limitato e far sì che la temperatura dell'aria possa, in tale periodo del giorno, aumentare rapidamente. Così come si comporta il terreno (e non il mare) che surriscaldandosi genera le termiche e subito dopo le nubi cominciano ad apparire.

Le termiche, pur rappresentando la causa dell'eventuale distruzione dello strato di inversione, durante le prime ore della mattina non sono sufficientemente forti per attraversarlo e perforarlo, infatti in tale periodo sollevano solamente un po' d'aria dal suolo e producono brezze piuttosto deboli.

Il vento reale, quello vero, nasce non appena le termiche riescono a farsi un varco attraverso lo strato di inversione, cioè quando comincia il mescolamento tra lo strato d'aria superficiale e quello in quota. (Cosa avviene è mostrato nella fig.4).

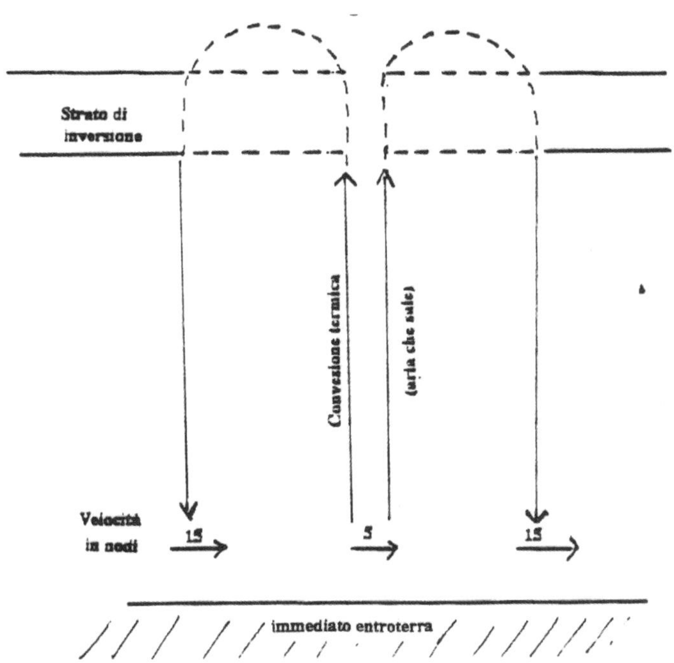

Fig.4

Quando lo strato d'inversione notturna è perforato dalle termiche, il vento più veloce in quota discende per aumentare la velocità del vento al suolo più lento. Per compensazione, il vento più lento al suolo è spinto in alto, cosicché con il passare del tempo l'intero strato superficiale ha una velocità maggiore e più uniforme di quanto non avesse nelle prime ore della mattina.

Una domanda che ci possiamo rivolgere potrebbe essere quella di chiederci quali sono i segni premonitori di una inversione che è stata forata e che quindi il vento cominci di lì a poco ad aumentare. Per rispondere a tale quesito potremmo avvalerci di un esempio nel quale si traduce una situazione di un equipaggio che sta veleggiando vicino alla costa nel cui immediato entroterra sono presenti alcune colline, dove, se queste hanno il versante rivolto al sole, si potranno sviluppare delle termiche molto tempo prima che non sui litorali pianeggianti; i primi batuffoli di nubi cumuliformi che appaiono sulle colline indicano che l'inversione è stata forata e che di lì a poco sarà forata anche sopra di noi.

In una mattinata ventilata e serena, c'è da aspettarsi un vento sempre in aumento man mano che il giorno avanza, poiché è certo che come il sole si alza sempre più all'orizzonte, maggiore sarà il riscaldamento e conseguentemente più veloce sarà la brezza. Invece, una mattina ventilata ed all'inizio serena ma durante la quale si nota un rapido sviluppo di nubi cumuliformi, è segno che nel pomeriggio potranno verificarsi venti piuttosto forti e variabili con probabili rovesci; questo accade per il fatto che le termiche arrivano ad altezze piuttosto elevate e la differenza di temperatura tra suolo e quota è piuttosto grande. In altre parole l'aria fredda è più favorevole a produrre grosse termiche di quanto non sia l'aria già calda; ciò significa che più tardi, nel pomeriggio possono verificarsi anche dei temporali.

Il vento del pomeriggio

Il pomeriggio, in ogni caso, è il miglior periodo del giorno per veleggiare piacevolmente oppure regatare se si considerano gli aspetti meteorologici: infatti, se il vento è debole durante la mattina, raggiungerà normalmente il suo massimo nel pomeriggio.

Normalmente il vento durante le prime ore della mattina è debole e variabile. Esso aumenta all'incirca a metà mattinata e cresce regolarmente in velocità durante il resto della giornata. Infatti, la "gobba" ovvero la curva aumento-diminuzione della velocità del vento segue il sole con un sincronismo molto pronunciato; il vento è al suo massimo proprio intorno all'ora in cui il sole è più alto, e diminuisce in velocità quando il sole sta calando (fig.5).

Questo accade perché di giorno lo strato d'aria di limitato spessore, che è a diretto contatto con il suolo, è più freddo del terreno sottostante (inversione termica al suolo). Come il sole comincia, dopo l'alba, a riscaldare la superficie terrestre, iniziano a formarsi correnti convettive di aria calda.

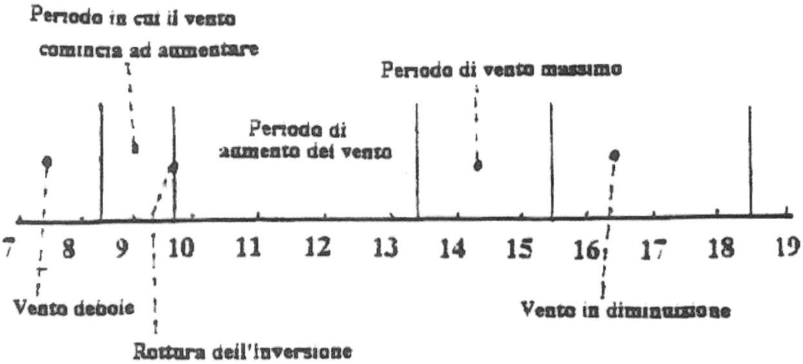

Fig.5

Queste correnti non possono in genere salire a quote molto alte in quanto il loro movimento ascendente è sbloccato da strati di aria calda. I venti mattutini devono forare questo strato di inversione di aria più calda che generalmente ha uno spessore non superiore a qualche centinaio di metri a partire dal suolo.

Una volta che le "termiche" penetrano lo strato di inversione, possono diventare fredde e manifestarsi con moto discendente che va a mescolarsi con il vento in superficie, aumentandole la velocità. Questo mescolamento di venti in quota con i venti in superficie è la principale ragione per cui la brezza debole mattutina si trasforma in un vento di più elevata velocità nel pomeriggio.

Alcune condizioni meteorologiche favoriscono il mescolamento più di altre: come ad esempio il cielo sereno, una nuvolosità rotta o una sottilissima velatura totale del cielo; infatti, tali condizioni permettendo ai raggi solari di raggiungere, se pur in quantità differenti, la superficie terrestre, possono riscaldarla e quindi si possono conseguentemente generare le correnti convettive. Questo riscaldamento che sulla terra ha luogo su base giornaliera, non si produce sul mare (o sui laghi o sui bacini artificiali) in quanto l'acqua assorbe il calore molto più lentamente che la terra tanto che, per avere influenza sulle variazioni di temperatura dell'aria, occorrono periodi non inferiori alla settimana. Di conseguenza, il vento giornaliero tipico dei regimi di brezza è il prodotto delle variazioni della temperatura che si instaurano al suolo e delle risultanti correnti convettive che si spingono sempre più in quota man mano che il pomeriggio si inoltra. La velocità del vento in genere aumenta tanto più quanto più si spingono in alto le correnti convettive; infatti più è alta la quota da dove partono le correnti discendenti, maggiore è la velocità di queste e pertanto più grande è l'apporto di velocità fornito al vento al suolo.

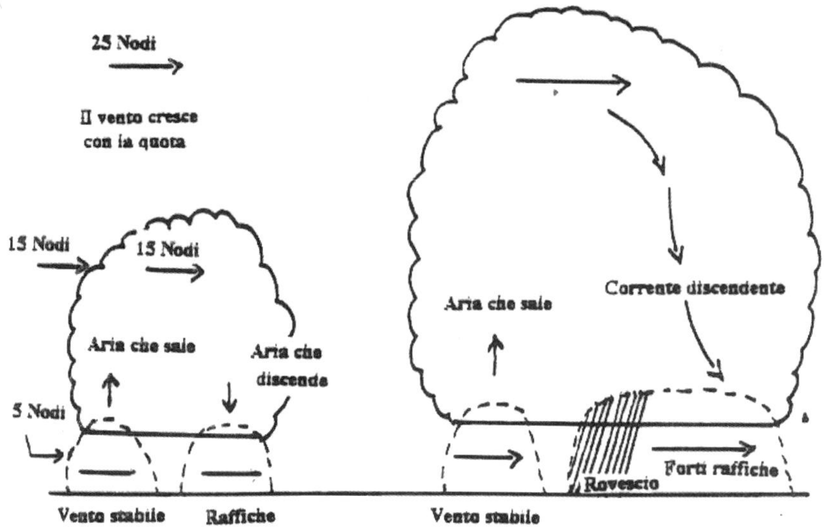

Fig.6

In una giornata tipo, la velocità del vento raggiunge il suo massimo circa due ore dopo il mezzogiorno solare; successivamente il vento comincia a decrescere. Questo calo della velocità è lento nelle prime due ore successive al massimo, mentre la diminuzione è più rapida nel tardo pomeriggio.

C'è quasi sempre un momento, alla fine del giorno, in cui il vento cambia completamente, sia in velocità, sia in "struttura" (con il termine struttura si intende la forma ed il ritmo con i quali spira il vento). Nella prima mattinata, il vento è stabile e uniforme; diventa variabile sia in velocità che in direzione in tarda mattinata, quando lo strato di inversione comincia a rompersi.

Se ci capita di uscire in barca a vela subito dopo la prima colazione, a quell'ora si potrà constatare che le bandiere sono spesso afflosciate o si muovono appena. A mattina inoltrata, si potrà notare che il loro movimento è diventato consistente e distinto, che l'acqua che era limpida e liscia come uno specchio ora ha perso quell'aspetto e si vedrà la superficie del mare increspata da piccole onde. Si potrà inoltre rendere conto che l'aumento del vento mattutino è piuttosto rapido; un momento prima era quasi assente e subito dopo si avverte e se ne denota la crescita in velocità. Di norma, dal momento in cui fa la sua prima apparizione, il vento permane e man mano rinforza. Dal mezzogiorno solare le bandiere leggere sono distese e l'acqua luccica; le barche veleggiano in una buona brezza di mare e le variazioni pomeridiane del vento, sia in velocità che in direzione, diventano più impercettibili.

Nel pomeriggio tutto il flusso d'aria si muove più velocemente che durante la mattina, e lo strato superficiale dell'aria è più mescolato di quanto non lo sia nelle prime ore del giorno; questo significa che se il vento spira con buona velocità ci sarà poca differenza in direzione, fra quella assunta durante la raffica e quella assunta nei periodi di stazionarietà. In altre parole, un vento "forte" non ha tempo per cambiare molto in direzione, mentre un vento "debole" ha una direzione di provenienza molto variabile.

Mentre durante le prime ore della mattina il vento è debole e si notano notevoli variazioni di direzione del vento, in tarda mattinata, allorquando si constata che il vento comincia ad assumere una direzione piuttosto delineata, si nota anche che in tempi abbastanza rapidi le variazioni di direzione diminuiscono notevolmente e l'angolo di oscillazione, a sinistra o a destra rispetto alla direzione del vento medio, è molto piccolo.

Ma come si riconosce il momento che accompagna l'arrivo dell'inversione e un cambiamento a venti meno variabili e meno veloci? Spesso, nel tardo pomeriggio o in prima sera, si verifica una rotazione antioraria nella direzione media del vento; ed è questo il momento cercato.

In conclusione si riportano di seguito alcune regole che è utilissimo tener presente prima di affrontare una regata:

I VENTI SONO AL LORO MASSIMO DI VELOCITA' QUALCHE ORA DOPO IL MEZZOGIORNO SOLARE, ED ESSI SONO ANCHE MENO VARIABILI IN DIREZIONE E VELOCITA'.

SE APPAIONO GROSSE NUBI CUMULIFORMI, LA DIREZIONE DEL VENTO PUO' CAMBIARE CONSIDEREVOLMENTE CON ZONE DI RAFFICHE E DI DEBOLE VENTO TESO CHE SI INSTAURANO SOTTO LE NUBI. IL MASSIMO DELLA VELOCITA' DEL VENTO SI VERIFICHERA' DAVANTI AD UNA NUBE TEMPORALESCA. (vedi fig. 6)

DAL TARDO POMERIGGIO O IN PRIMA SERATA, QUANDO IL SUOLO COMINCIA A RAFFREDDARSI, L'ARIA AI BASSI STRATI DIVENTA PIU' FREDDA DI QUELLA PIU' IN ALTO; QUESTO CREA UNO STRATO DI INVERSIONE CHE RIDUCE SUCCESSIVAMENTE LA CAPACITA' DELL'ARIA AL SUOLO DI MESCOLARSI CON I PIU' VELOCI FLUSSI PRESENTI IN ALTO; SI SVILUPPERA' QUINDI UN VENTO PIU' TRANQUILLO CHE SARA' ANNUNCIATO DA UNA ROTAZIONE ANTIORARIA DEL VENTO.

UN CIELO CON LA PRESENZA DI NUBI SPARSE (FRASTAGLIATO) E' ACCOMPAGNATO DA UN VENTO AL SUOLO VARIABILE SIA IN DIREZIONE CHE IN VELOCITA'; VICEVERSA, UN CIELO SERENO INDICA L'ARRIVO DI UN VENTO REGOLARE E COSTANTE. E' NECESSARIO SFRUTTARE AL MASSIMO QUESTO VENTO REGOLARE, IN QUANTO DI NOTTE SI POSSONO INCONTRARE PERIODI DI CALMA, FINO A CHE, LA MATTINA SUCCESSIVA, LE BANDIERE NON RICOMINCERANNO A MUOVERSI E SI RIPETERA' IL CICLO GIORNALIERO GIA' DESCRITTO.

Incidenza del vento di gradiente sulla brezza

Gli elementi che generalmente si osservano quando si sviluppa la cellula della circolazione relativa alla brezza di mare sono quindi da ricercarsi nell'immediato entroterra, a causa della salita dell'aria più calda che formerà nubi cumuliformi, mentre sul mare il cielo è virtualmente sgombro di nubi a causa della subsidenza.

E' evidente ed ovvio che la differenza di temperatura al suolo esistente tra terra e mare è di primaria importanza per la genesi della brezza di mare.

Considerando la presenza di venti in quota ed il loro effetto sulla circolazione della brezza di mare è necessario sapere che essi sono il risultato del concorso di tre forze:

- **Forza del gradiente barico** (rappresentata sulle carte del tempo dalla distanza fra le isobare)
- **Forza di Coriolis** (che nell'Emisfero Nord tende a deviare il vento verso destra in funzione della latitudine)
- **Forza centrifuga** (generate dal movimento lungo di traiettorie curvilinee)

Alle medie latitudini questi venti in quota, chiamati venti di gradiente, hanno (nell'Emisfero Nord) un flusso orario intorno alle aree di alta pressione ed uno antiorario intorno alle zone di bassa pressione.

A causa dell'attrito al suolo che diminuendo la velocità del vento fa diminuire anche la forza di Coriolis, i venti ai bassi strati sono deviati in senso antiorario (verso sinistra) e sono meno intensi rispetto ai venti di gradiente. Il grado di deviazione è in funzione della scabrosità del terreno, così che il vento al suolo sulla terra è più deviato e più debole di quello sul mare.

Per stabilire come si combina il vento di gradiente con quello della brezza di mare, occorre esaminare separatamente quattro direzioni del vento di gradiente che si possono presentare nella realtà e cioè:

1) Da sinistra a destra guardando verso il mare:

Un vento di gradiente che soffia da sinistra a destra guardando il mare, converge alla linea di costa a causa del differente attrito terra-mare. Il vento convergente produce venti più forti vicino alla costa ma ciò impedisce lo sviluppo della brezza di mare perché l'aria in eccesso crea un sollevamento a destra della costa. Infatti l'efflusso della brezza di mare in quota (dalla terra al mare) è ostacolato dal sollevamento di aria presente sulla linea di costa, impedendo così all'aria di accumularsi in quota sul mare e ivi a subsidere (fig.8).

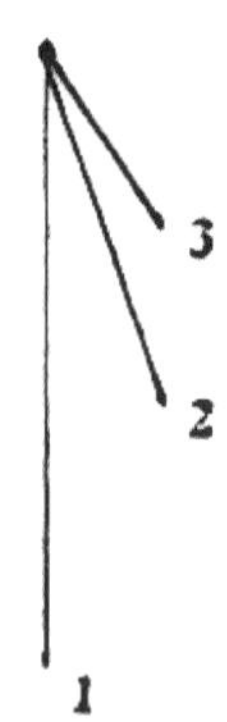

Fig.7

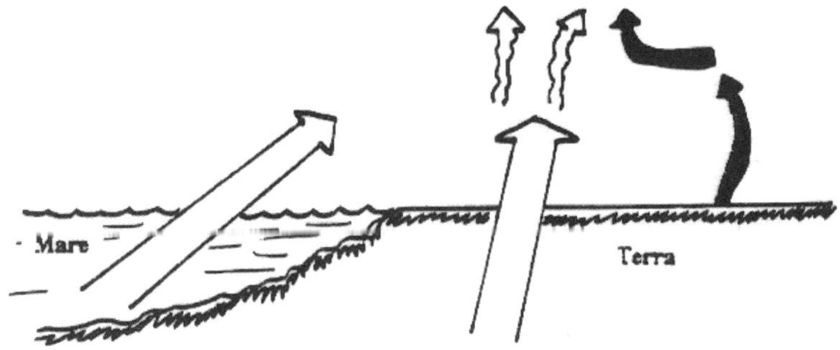

Fig.8

2) Da destra a sinistra guardando il mare:

In questo caso il vento di gradiente diverge dalla costa e produce venti più deboli vicino alla costa che favoriscono lo sviluppo della brezza. Infatti la subsidenza necessaria alla genesi della brezza di mare è incrementata dalla divergenza dell'aria sulla linea costiera (fig.9).

In conclusione, per prevedere l'andamento della brezza di mare in un'area di regata, si deve osservare sia il vento di gradiente sia l'esistenza di un differenziato riscaldamento terra-mare. Il vento di gradiente può essere ottenuto contattando il Centro Meteorologico più vicino oppure attraverso la ricezione in facsimile delle carte meteorologiche.

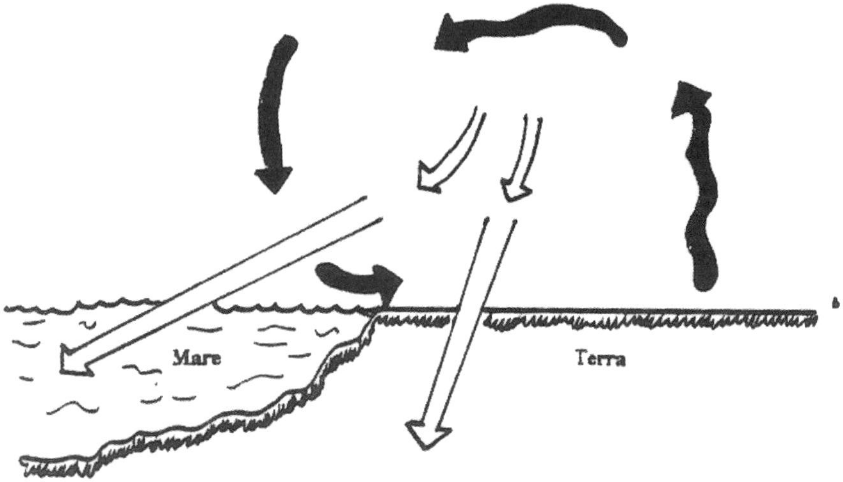

Fig.9

Le nubi

I tipi di nubi sono suddivisi in 10 generi:

- CIRRI	Ci
- CIRROCUMULI	Cc
- CIRROSTRATI	Cs
- ALTOCUMULI	Ac
- ALTOSTRATI	As
- NEMBOSTRATI	Ns
- STRATOCUMULI	Sc
- STRATI	St
- CUMULI	Cu
- CUMULONEMBI	Cb

Questi 10 generi sono stati suddivisi ulteriormente in funzione:

- Della "struttura" in:
- NUBI STRATIFICATE As - Cs - Ns - St - Ci
- NUBI CUMULIFORMI Cc - Ac - Cu - Cb -Sc nubi a sviluppo verticale

NUBI AD ONDA

- Dell' "Altezza della loro base" in:
- NUBI BASSE= h da 15 a 2000 mt St - Sc - Cu - Ns - Cb
- NUBI MEDIE= h da 2000 a 6000 mt Ns -Ac - As -
- NUBI ALTE = h oltre 6000 mt Ci - Cc - Cs

3) Classificazione delle nubi

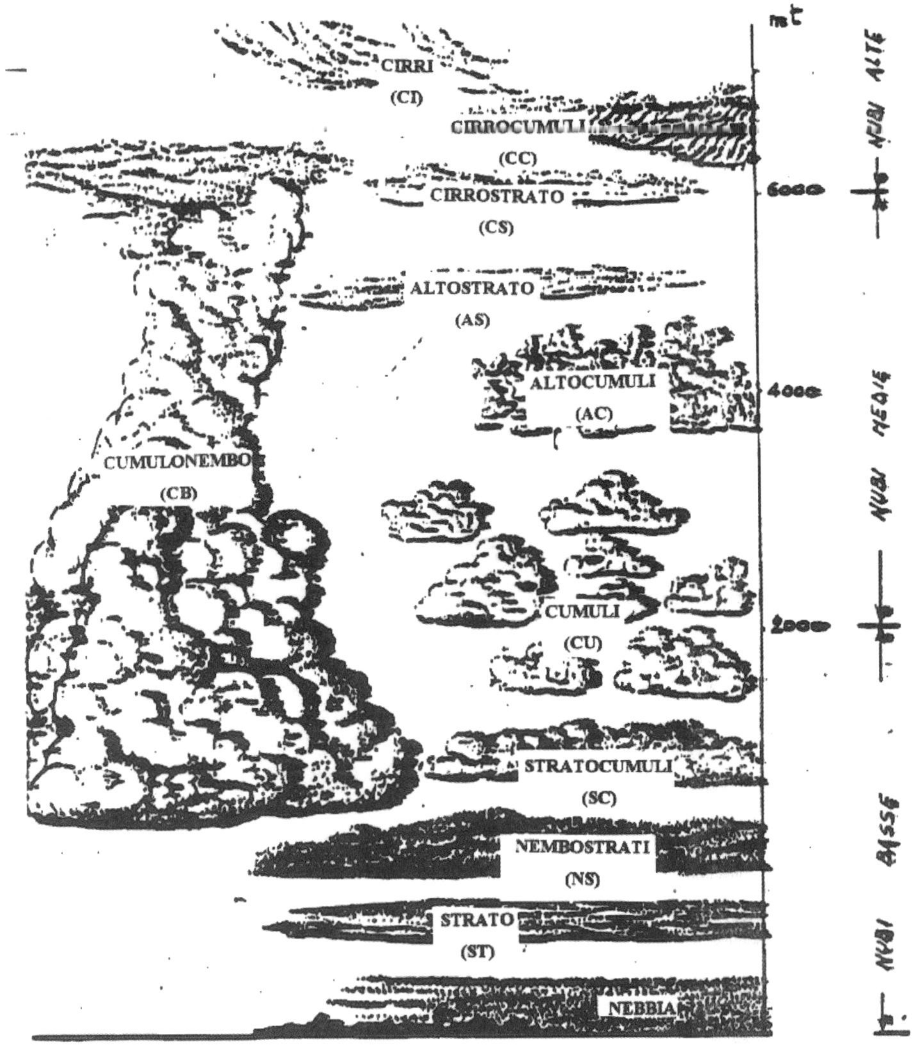

Fig.10

Aspetto esteriore delle nubi

CIRRI= Nubi alte a struttura cristallina di aspetto filamentoso. Sono composti da aghi e cristalli di ghiaccio.

CIRROCUMULI= Nubi alte a struttura cristallina, a forma di ciottolo, ondulate (cielo a pecorelle). Composti da aghi e cristalli di ghiaccio.

CIRROSTRATI= A struttura cristallina di aspetto velato, biancastro e trasparente. Spesso formano un alone (solare o lunare).

ALTOCUMULI= Nube di origine ondulatoria. Si presentano come una distesa tondeggiante a rotoli più o meno compatta. Eccettuato in estate, dove è formata da sola acqua; nelle altre stagioni è mista, cioè composta da ghiaccio (in alto) e da acqua sopraffusa (in basso).

ALTOSTRATI= E' una nube composta come gli Altocumuli, ma di aspetto stratiforme. Lo spessore è più o meno grande, così pure la sua trasparenza.

NEMBOSTRATI= Di colore grigiastro, spesso scuro, tipico delle perturbazione calde. Producono piogge e nevicate.

STRATOCUMULI= Ammasso di rotoli più o meno accentuato. E' una nube calda, ma in inverno può essere mista a causa della bassa temperatura (isoterma 0°C).

STRATI= Nubi appiattite, uniformi, di colore grigiastro, composte da gocce d'acqua. Non provocano piogge. Sono prodotte da afflusso di aria calda o da nebbia che si innalza.

CUMULI= Nubi a contorni rotondeggianti sviluppate verticalmente. Le sommità sono bianche, la base appare grigia.

CUMULONEMBI= Nubi a notevole sviluppo verticale, molto densa, rotondeggiante. E' sede di forti correnti ascendenti e discendenti, nonché di scariche elettriche. E' lo stadio più avanzato, dal punto di vista energetico del Cb. E' una nube temporalesca.

Nubi ad onda (Cc - Sc - Ac)

- Se la velocità di spostamento di un flusso d'aria non ha variazioni sia sul piano orizzontale che sul piano verticale. I filetti fluidi sono pressoché orizzontali e paralleli fra di loro.
- Quando il flusso viene perturbato per l'impatto con un ostacolo orografico, un terreno di differente natura, una superficie frontale ecc., si creano, lungo il flusso stesso, serie di onde.
  Lungo queste onde si muoveranno le particelle (Fig. 11)
  Moto di salita (adiabatico secco + adiabatico saturo) dal cavo alla cresta
  Moto di discesa dalla cresta al cavo.
- **Dal cavo alla cresta si avrà il raffreddamento, la condensazione e la formazione di nubi.**
- **Dalla cresta al cavo si avrà un riscaldamento e quindi un disfacimento delle nubi.**

Fig.11

CIRROCUMULI= Moto perturbato a quote alte. Nubi a ciottolo dal cavo alla cresta, sereno nel cavo. “Cielo a pecorelle”.

ALTOCUMULI= Moto perturbato a quote medie. Distesa di masse tondeggianti quando sono di limitato spessore, nel cavo permettono di intravedere il sole o sono molto più chiare.

STRATOCUMULI= Moto perturbato a quote basse. Ammasso rotondeggiante grigiastro ed irregolare. In genere non danno piogge essendo quasi sempre nubi calde.

Genesi di una nube temporalesca

E’ un fenomeno che si manifesta con scariche elettriche (lampo), e con perturbazioni acustiche (tuono). Il cumulonembo è la nube, sede naturale del temporale.

Entro il Cb, vi sono uno o più centri attivi detti **“Cellule temporalesche”**, ognuna delle quali può dar luogo ad un temporale.

La cellula temporalesca ha un ciclo di vita che si può suddividere in tre fasi: (Fig. 12)

1) **Fase iniziale o fase di crescita**= Le correnti verticali sono tutte ascendenti
2) **Fase matura o stadio di maturità**= Rovesci di pioggia che generane correnti discendenti. La velocità sarà di 10/30 Nodi con punte rare di 60 Nodi. Grandine: Venti di groppo.
3) **Fase di disfacimento o stato di dissipazione**= Piogge meno intense ma che riguardano tutta l’estensione della nube. Le correnti sono tutte discendenti, ad eccezione della sommità ove si registrano ancora di natura ascensionale ma deboli.

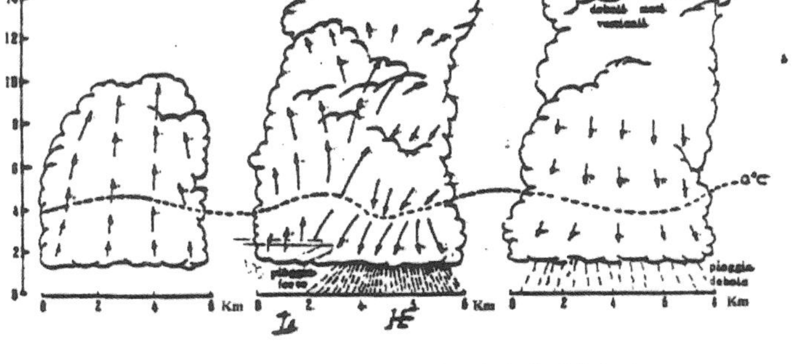

Fig.12

Influenza delle nubi sul vento al suolo sul mare

Le nubi provocano una quantità di eventi nell'aria, alcuni di questi riguardano cambiamenti del vento.

Sulle foto dei satelliti meteorologici, le nubi appaiono come una macchia chiara che delimita i sistemi frontali a grande scala, in particolare le depressioni che accompagnano saccature e fronti. Le nubi inoltre, suggeriscono molti e vari movimenti del vento a più piccola scala, sotto i limiti della risoluzione della foto, circa 6 Km.

Guardando le nubi dal basso, esse sono proprio eloquenti, ma il loro messaggio deve essere correlato agli eventi che possono verificarsi su una scala più piccola, ridotta cioè a qualche centinaio di metri. I cumuli, ad esempio, forniscono indicazioni di piccoli flussi ascendenti di aria in zone di ridottissime dimensioni; in tali zone l'aria viene rimpiazzata da altrettanta che ridiscende dalle nubi ma a lato di esse.

In definitiva, tutte le nubi danno un'informazione di diverso genere, ma non necessariamente riferibile al vento. Il velista deve necessariamente saper riconoscere queste informazioni o indicazioni e discriminare quelle che possono generare un cambiamento della struttura del vento durante lo svolgimento di una regata.

Molto è stato scritto riguardo le condizioni del tempo tipiche sia dei sistemi barici a grande scala quali le depressioni o gli anticicloni, sia dei sistemi frontali correlando tali condizioni ai cambiamenti del vento che possono avvenire. Tutto ciò è molto importante per chiunque stia compiendo una regata oceanica, ma non è molto significativo per una piccola vela impegnata in una regata che dura tre o quattro ore. Non v'è dubbio, comunque, che la conoscenza delle nubi e di conseguenza la corretta interpretazione degli effetti che esse possono provocare sul vento può aiutare a vincere una regata.

Nell'osservare le nubi bisogna considerare solo quelle nubi che generano cambiamenti del vento per periodi che vanno da pochi minuti fino a due o tre ore, ed è necessario tralasciare quelle che sono ininfluenti sul vento e che quindi possono trarre in inganno o confondere le idee. A tal proposito non saranno trattate le nubi medie e alte in quanto esse, normalmente non provocano alcun cambiamento nel vento al suolo a breve scadenza, infatti solo nel caso in cui facciano parte di un sistema nuvoloso frontale, sono segni premonitori di un cambiamento del vento in un futuro più remoto.

Analizziamo, ora, alcuni aspetti in cui si presentano alla nostra vista le nubi e quali possono essere i cambiamenti nella struttura del vento al suolo che si possono verificare o non, in loro presenza.

Il colore delle nubi

Il colore di una nube dipende da come essa è illuminata dal sole e da quale prospettiva la osserviamo. Se la guardiamo dal basso, ne vediamo solo la base ed il suo colore sarà sempre grigio con toni tanto più scuri quanto maggiore è lo spessore della nube, infatti il tono di grigio dipende da quanta luce riesce a penetrare la nube stessa. Guardandola di lato, se il sole la illumina essa appare bianca, se il sole è dietro di essa la nube appare scura; se è illuminata dai raggi inclinati, ad esempio quando il sole sta alzando o sta calando, apparirà colorata ed il colore cambierà sia quando la nube si muove sia quando la nube è immobile ed il sole si muove sopra di essa. Queste varietà di colorazione della nube non provocano alcun cambiamento nel vento al suolo così come nel caso in cui si ha l'impressione che lungo la linea di terra si sia formato un leggero strato di foschia, strato che cambia di spessore con il variare dell'angolo di inclinazione dei raggi solari, non deve essere considerato come un fenomeno che possa provocare un cambiamento del vento al suolo.

Nubi inclinate

Quando la velocità del vento aumenta sensibilmente con la quota, (fino ad una altezza di 1000 metri), le nubi cumuliformi si presentano inclinate con le sommità che si muovono più velocemente delle basi. Queste nubi indicano, una più grande differenza nella direzione e nella velocità del vento al suolo, tra quello che vi è nelle zone di raffiche (gusts) e quello presente nelle zone di vento debole (lulls).

Nubi stratificate

Le nubi stratificate sono caratteristiche di aria stabile; talvolta possono assumere spessori anche significativi e dovuti al riscaldamento o al raffreddamento della sommità di esse, ma di tale aspetto non deve essere interpretato come modificatore del vento al suolo. Comunque se tali nubi si presentano con un aspetto ben distinto e allungato, possono essere premonitrici di modifiche nel vento al suolo e cioè:

nubi allineate: Se le nubi basse stratificate di moderato spessore o nubi basse unite a nubi stratificate si presentano allineate possono indicare un cambio nella velocità o nella direzione del vento al suolo o di entrambe le caratteristiche di esso. Se la linea delle nubi è stazionaria la loro formazione può dipendere da una locale convergenza di flusso d'aria causata dalla natura del vicino suolo, o da un significativo cambio nella temperatura dell'acqua sul mare. Se invece la linea di nubi si sta muovendo, ciò è chiaramente dovuto al tipo di massa d'aria che circola ed in tal caso, al suo passaggio, c'è da aspettarsi una piccola rotazione del vento (normalmente in senso orario, o a destra).

Pensiamo a questi aspetti a piccola scala che avvengono nell'aria come replica dei sistemi nuvolosi a più grande scala e si può senz'altro dire che:
"un'avanzante linea di nubi può essere indizio, al suo passaggio, di una poco pronunciata saccatura in quota che può provocare una piccola, e probabilmente breve, rotazione oraria della direzione del vento al suolo.

Osservando il vento prima della partenza per una regata, a volte accade di notare oscillazioni avvengono per periodi piuttosto precisi ed uniformi. Appare ovvio che conoscere sia i tempi che i luoghi ove queste oscillazioni si verificano è di estrema utilità per il velista che gareggia, pertanto cerchiamo di spiegare i motivi per i quali, dati multiformi aspetti nei quali il terreno può presentarsi (boschi, colline, campi, aree fabbricate, ecc.), abbia luogo una serie ordinata di periodi con cambiamenti di direzione del vento.

Avete mai notato come le nubi, alcune volte, si allineano in file piuttosto regolari? Queste fasce di nubi sono causate dalla combinazione di due sistemi di vento: il primo è costituito dal flusso regolare e rettilineo di aria intorno ad un sistema barico (in quota); il secondo dal sistema così detto dello *strato limite (boundary layer)* cioè dal vento che è stato disturbato e modificato dall'attrito al suolo. All'interno di questo strato limite sono presenti delle piccole circolazioni a cella adiacenti l'una con l'altra che presentano, sotto la nube, il ramo ascendente dovuto ai rami convettivi, ed il ramo discendente dovuto al fatto che l'atmosfera tende a compensarsi per la differenza di velocità del vento al suolo con il vento in quota, in corrispondenza delle zone di sereno tra una nube e l'altra (fig. 13).

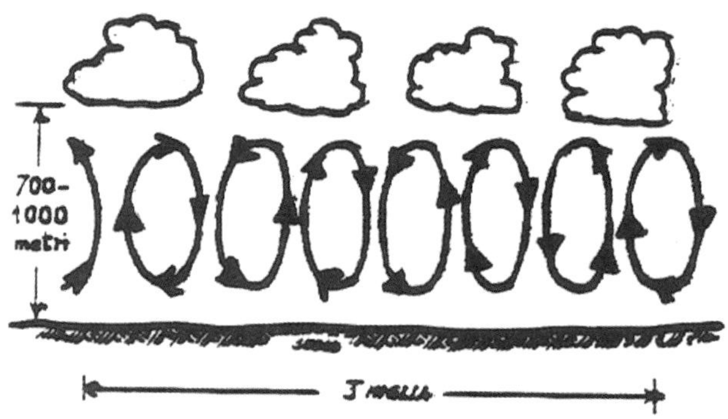

Fig.13

Fintanto che i venti più in basso risentono dell'effetto attrito del terreno, questi sono meno veloci di quelli in quota, ed il risultato finale consiste nel fatto che i due sistemi di vento (quello delle cellule e quello del vento al suolo) vengono a contatto in modo tale che i rami discendenti e quelli ascendenti delle cellule si combinano con i venti al suolo con dei vettori sfasati di un esatto angolo rispetto a quello del vettore rappresentativo del normale flusso del vento al suolo.

Dal momento che l'attrito del suolo tende a deviare la traiettoria del vento a sinistra (in senso antiorario), le strisce di nubi che sono allineate concordemente con la direzione del vento spirante alla sommità dello strato limite, tenderanno ad essere sfasate rispetto alla linea delle file di un angolo che va da 10° a 20°. La direzione media del vento al suolo sarà deviata di ulteriori 10-20 gradi; per cui un velista che sta attraversando con la prua al vento deve avvicinarsi alle strisce di nubi con un angolo da 20° a 40° (fig14).

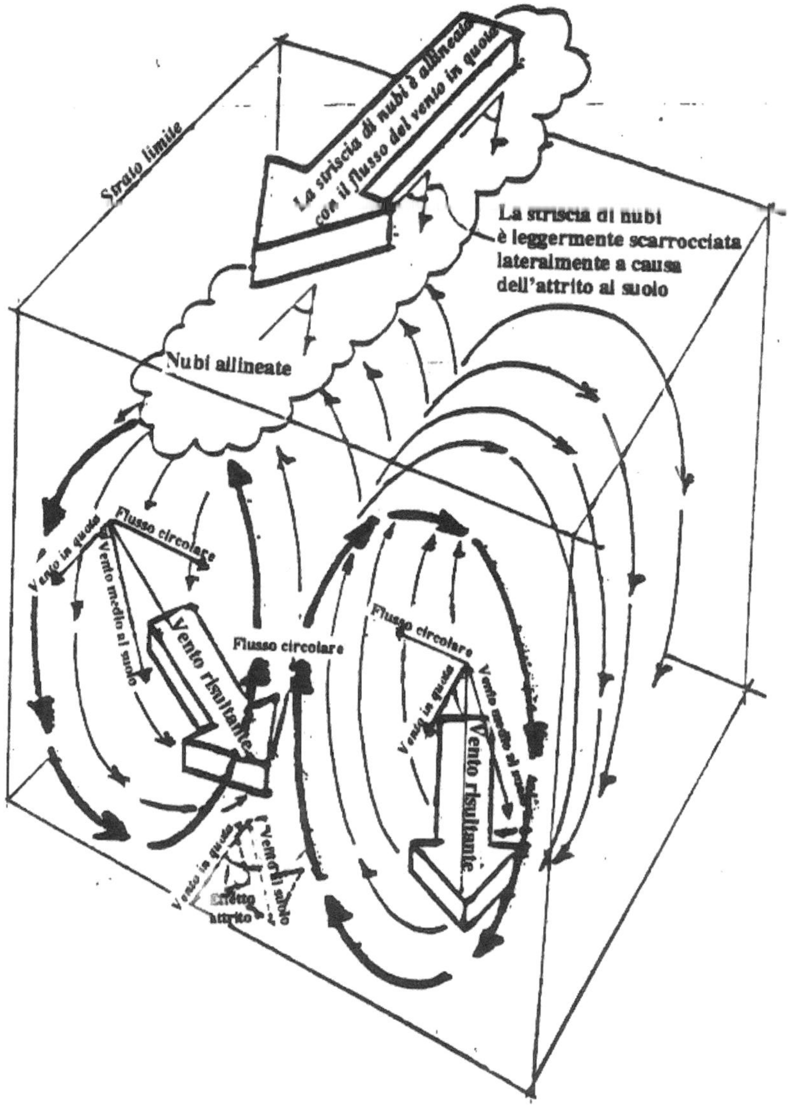

Fig.14

Ciascuna circolazione a piccola scala è composta da una cellula del sistema combinato del vento. Come il sistema del vento in quota modifica il sistema del vento sul mare, così il flusso di aria al suolo, in ciascuna cellula che passa, è strettamente legata alle oscillazioni del vento, in direzione, che si possono verificare (fig15).

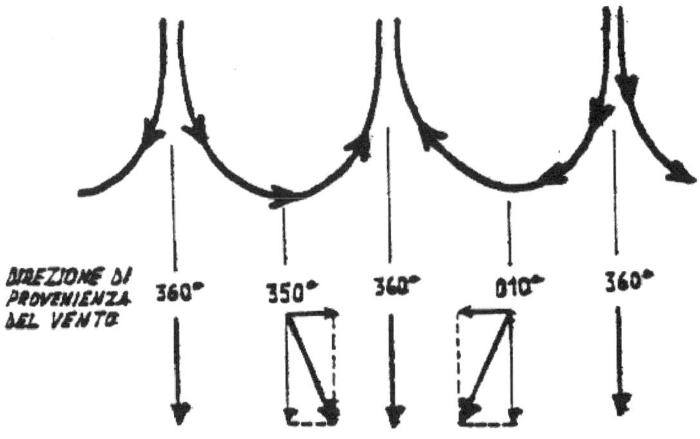

Fig.15

Fintanto che le cellule hanno uguale dimensione, le oscillazioni si verificano ad intervalli uniformi. E' altresì ovvio che più piccola è la cellula, più corto è il periodo di tempo tra una variazione e l'altra; ed infine, la dimensione delle cellule è legata all'altezza della striscia di nubi.

L'altezza delle strisce di nubi, così come la dimensione delle cellule ed il periodo di variazione del vento, sono variabili dipendenti dall'altezza dello strato limite. Ciò si spiega con il fatto che i valori dei suddetti parametri dipende essenzialmente dalla presenza di nubi conformate a strisce, e dato che tali nubi si formano in un flusso che non risente dell'attrito del suolo, è evidente che tale flusso si trovi subito sopra lo strato limite.

E' comunque da segnalare che le cellule non sono sempre verticali ma possono essere inclinate (fig.16).

Fig.16

Si possono verificare alcuni casi nei quali sono presenti variazioni temporanee del vento senza la presenza di nubi a strisce.

Se c'è calma di vento o vento debolissimo, una linea o banda di nubi stratocumuliformi che si avvicinano annunciano un vento al suolo da una direzione di circa 20° a sinistra rispetto a quella di avanzamento (in quota), tale vento al suolo è ovviamente meno intenso di quello in quota. Si deve precisare che il vento al suolo è tanto più debole tanto più sono stratificate le nubi a banda (strati bassi o nebbia in quanto le nubi stratificate stesse sono un chiaro indice di aria molto stabile che, impedendo il rimescolamento verticale, fa divenire più pronunciato l'effetto dell'attrito al suolo al punto da poter a volte annullare la velocità del vento.

La presenza di linee o bande di nubi può generare piccole e variabili variazioni nel vento al suolo ed è necessario puntualizzare che le suddette variazioni spesso si verificano in aree o zone così ristrette, che non è sempre facile, anche per un meteorologo, poter distinguere e quindi prevedere in archi di tempo molto breve, quelle linee di nubi che possono, o non, provocare cambiamenti del vento al suolo. **"Se dobbiamo attraversare una linea di nubi si potrà fare esperienza con una rotazione del vento in senso orario tra la direzione del vento nella zona che precede l'arrivo delle nubi e quella che il vento ha dalla parte opposta alle nubi stesse.**

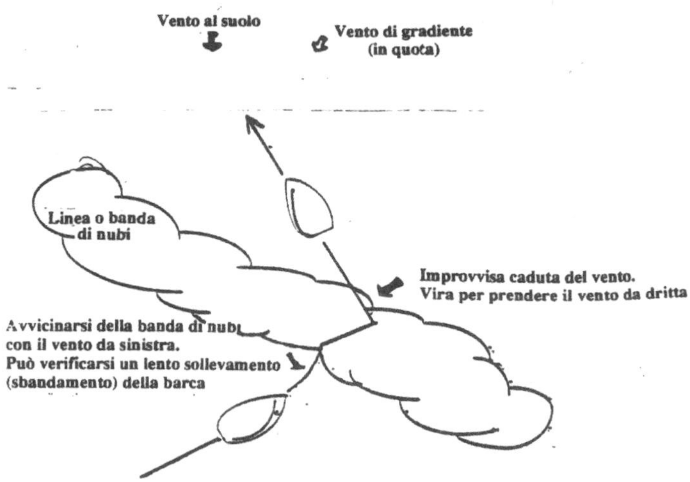

Nubi rotondeggianti

Si tratta dei cumuli non ancora molto sviluppati che sono caratteristici di area instabile. Tali nubi si generano prevalentemente e molto frequentemente sulla terraferma durante il pomeriggio quando la temperatura è sui valori massimi e cioè quando aria surriscaldata sale fino a che il suo raffreddamento non la porta ad avere la stessa temperatura dell'aria circostante. Se si considera un solo cumulo, ed esso è stazionario, (e ciò si verifica quando non c'è vento in quota), si verifica sotto la nube un movimento ascendente di aria più calda al suolo che entra nella nube; tale aria viene rimpiazzata, sempre al suolo, da aria che ridiscende fuori e ai lati della nube creando una circolazione a cellula molto semplice (fig.18).

La forza del vento relativa al flusso ascendente dipende dalla dimensione della nube: per una nube piccola di 100 metri di larghezza e 300 metri di sviluppo verticale (spessore) la sua velocità è mediamente minore di 1 nodo; mentre, per un cumulo tondeggiante largo 500 metri e sviluppato fino a 5 Km in spessore, la velocità può arrivare a 15 nodi o più.

In realtà, vi è normalmente un po' di vento sia al suolo che in quota, la debole convergenza di aria all'interno della nube è solo un dettaglio quasi insignificante che si sovrappone al vento di circolazione. C'è comunque, in presenza di un piccolo cumulo, da aspettarsi una discreta differenza del vento tra quello nel punto A (fig.18) dove è il più forte ed il più ruotato a destra, e quello nel punto B della stessa figura che è più debole ed il più ruotato a sinistra.

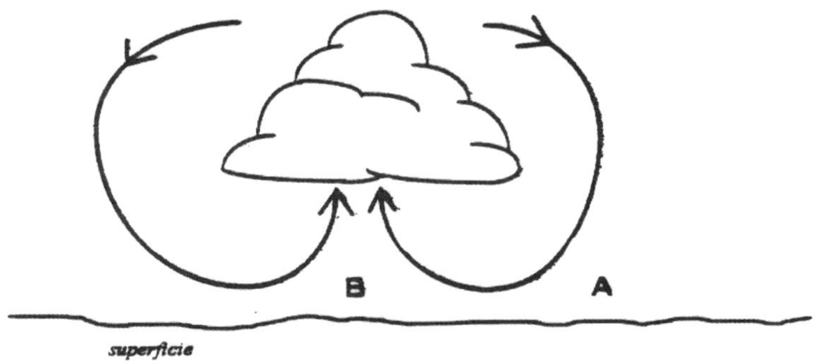

Fig.18

Cambiamaneti del vento vicino alla costa

Una linea di costa produce molti effetti sul vento, a volte così complessi che è spesso difficilissimo prevedere come il vento devierà quando lascia la costa. Comunque, analizzando su una carta l'aspetto geografico della linea costiera (altimetria, ecc.) e integrando l'analisi con la direzione del vento ed il periodo del giorno, potremo prevedere con buona approssimazione dove potranno avvenire significativi cambiamenti o alterazioni dei parametri del vento. Tale previsione può essere utilissima per decidere se tenere un certo tipo di mure alla costa per un periodo più lungo del normale, oppure per stabilire se un cambiamento sfavorevole del vento possa contrastare la nostra rotta.

"DECIDERE SE BORDEGGIARE AL LARGO O STARE AL LARGO O STARE VICINO ALLA COSTA SPESSO DIPENDE DA COME SI INTERPRETANO LE CONDIZIONI DEL VENTO IN FUNZIONE DI QUANTO QUESTE POSSANO ESSERE INFLUENZATE DALLA VICINANZA DEL TERRENO"

Quando si veleggia lungo la costa o in acque ristrette, spesso possiamo notare che il vento soffia o dalla terra o dal mare. Una brezza di terra è sempre rallentata dalla rugosità del terreno; comunque è anche più difficile che tale brezza contenga qualche corrente convettiva più veloce di quanto invece non possa esserlo in una brezza di mare.

La brezza di terra e le correnti convettive tendono a contrastarsi l'una con le altre; infatti gli ostacoli fisici propri della superficie costiera (alberi, case, ecc.) tendono a rallentare il vento, mentre le correnti convettive aiutano ad aumentare la velocità. L'influenza rallentante del terreno sul vento è la stessa in tutte le località, sia di giorno che di notte, infatti il suo terreno non cambia la sua ruvidità di base; al contrario, le correnti convettive, che sono causate dal rimescolamento dei venti al suolo con quelli più veloci che spirano in quota, crescono durante la mattina, raggiungono la massima velocità nel pomeriggio quando la copertura di nubi cumuliformi è più grande, e quindi cominciano ad estinguersi nel tardo pomeriggio o nelle prime ore della sera. Il risultato è che il vento al largo sarà rallentato durante il periodo di tempo in cui le correnti convettive sono inattive. Questo è il motivo per cui la velocità del vento in genere diminuisce con il tramonto del sole e non aumenta di nuovo fino alla mattina successiva, quando il sole raggiunge un'altezza sull'orizzonte sufficiente per riscaldare la terra.

Per prevedere se qualche effetto costiero si stia innescando, e dove ciò avvenga, è necessario capire come le correnti convettive incrementino le velocità del vento. A tal fine prendiamo in esame la fig.19. In essa possiamo visualizzare le due fasce di trasmissione del flusso che scorrono approssimativamente nella stessa direzione, una sopra l'altra: la fascia in quota trasporta aria ad un'altezza di circa 2000 feet (600 m) ed essendo pressoché esente dall'effetto attrito del suolo si muove più velocemente della fascia che scorre più in basso sulla superficie terrestre. Talvolta accade che alcune porzioni delle correnti convettive discendano verso il suolo; in questa eventualità una particella di aria del più veloce flusso in quota scende giù sopra quella sita più in basso e, non perdendo la sua velocità iniziale, urta pesantemente contro tale flusso più lento incrementandone la velocità e producendo così una raffica. In aggiunta, le correnti convettive che dal suolo si muovono verso l'alto, trasportano in quota particelle di aria più lenta con il risultato di far diminuire la velocità del vento ivi presente. Questo costante scambio di aria viene chiamato **rimescolamento.**

Il vento al suolo è spesso investito da particelle di aria che scendono da un più veloce flusso presente in quota. Ciò genera una raffica di vento.

La presenza di rimescolamento innesca l'aumento del vento durante la mattina, la sua mancanza rallenta la diminuzione del vento alla sera.

Il rimescolamento è anche influenzato dall'aria che si muove tra le superfici che hanno differenti temperature.

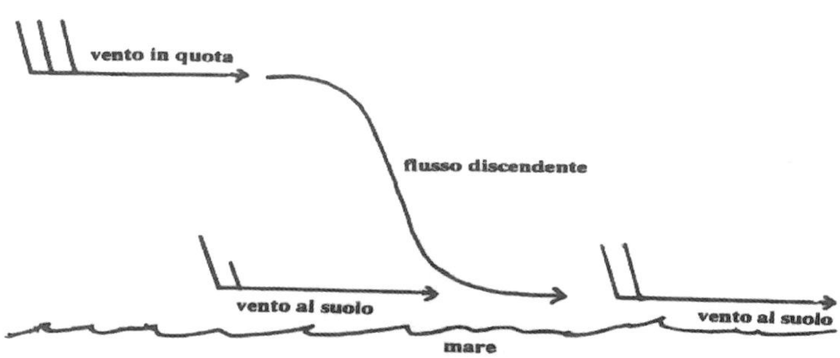

Fig.19

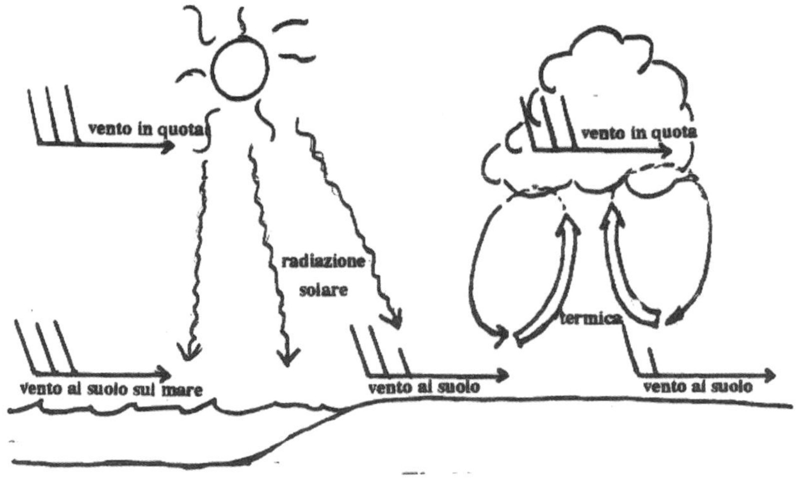

Fig.20

La temperatura dell'acqua rimane costante durante le 24 ore, mentre la terra si riscalda e si raffredda alternativamente. Il risultato è una più facile previsione del ciclo del vento, infatti durante il giorno il vento soffia dalle superfici liquide a quelle solide (dal mare verso la terra), producendo correnti convettive e rimescolamento.

La terra si riscalda durante il giorno e si raffredda di notte, mentre il mare mantiene pressoché costante la sua temperatura. D'estate il mare è quasi sempre più freddo della terra durante il giorno, ma di notte è più caldo della terra. Bisogna tener sempre presente il modello estivo giornaliero in ragione del fatto che interessa gran parte dei regatanti.

Un vento che soffia di giorno dalla terra verso il mare si sta muovendo da una superficie più calda ad una più fredda; mentre correnti convettive in atto sulla terra ferma si presentano in cellule che sono quindi trasportate sopra il mare ma in zone vicine alla costa. Dato che le correnti convettive sono veri e propri sistemi solidi di aria in movimento, occorre un po' di tempo perché queste, quando raggiungono l'acqua, perdano i loro moti sia verso l'alto che verso il basso. In effetti sul terreno o sul mare al largo, un vento in cui sono presenti correnti di rimescolamento ascendenti o discendenti che si mantengano accellerate, può inoltrarsi per parecchie miglia sul mare prima di perdere questi moti verticali e diventare quindi più costante.

L'aria, incontrando minore attrito nel suo movimento sull'acqua, tende a mentenersi accellerato. Così tutte le volte che in estate e di giorno, un veno sta soffiando dalla terra sopra il mare, non ci possiamo aspettare significativi cambiamenti di velocità.

Tuttavia, il contrario non può essere applicato ad un vento che spira dal largo sulla spiaggia. Non appena una brezza di mare giunge su una spiaggia calda, sviluppa correnti convettive. Mentre il mescolamento convettivo aiuta a mantenere alta la velocità del vento, non può vincere l'attrito creato dal terreno. In questo caso la risultante generale della velocità del vento tende ad essere minore rispetto a quella che c'è sul mare.

I meteorologi usano una regola generale per prevedere la velocità del vento. **Nota: la velocità del vento sopra lo strato limite (il vento di gradiente V), il vento sul mare aperto sarà 2/3 di V, e sulla terre sarà di 1/2 di V.** I tecnici ritengono anche che sulla terra il vento possa diminuire fino ad una velocità pari alla metà di quella che ha sul mare. Mentre questa regola è generalmente vera, come tutte le regole può non rispondere sempre alla realtà. Infatti, essa non tiene conto né del tipo di flusso d'aria che è presente in quota, né del periodo del giorno o dell'anno.

La seguente tabella mostra i cambiamenti basilari che si possono verificare in giornate estive. Gli effetti dei cambiamenti e della variabilità della velocità del vento riportati nello schema risultano maggiori nelle baie e nelle insenature, negli estuari dei fiumi e nei canali portuali così come ogni volta che il vento sta soffiando ad oltre 1 km sull'entroterra.

<u>Andamento del vento nelle giornate estive</u>

direzione del vento	**velocità media del vento**	**indice di variabilità**	**dove avviene il cambiamento**
dalla terra al mare	aumenta	diminuisce	su una zona lungo la costa che è larga alcune miglia
dal mare alla terra	diminuisce	aumenta	subito dopo il suo arrivo sulla spiaggia

Tavola sinottica riassuntiva sui campi nei differenti elementi della brezza quando questa soffia verso la terra o verso il mare

Una tipica situazione nella quale i venti al suolo sono influenzati dalla terra e dagli effetti direzionali di canali ristretti. Le maggiori variazioni hanno luogo quando il vento viene dalla terra. Il punto in cui si hanno 15° di cambiamento di direzione è individuato nel luogo in cui la brezza o il vento di mare è libera dall'attrito generato dalla terra; e come risultato si ha che il vento tende a spirare più nella direzione del vento di gradiente che in quello della brezza di terra.

In questa figura si considera che il vento di gradiente (sopra lo strato limite) stia soffiando diritto dentro la foce di un fiume. Infatti, il vento al suolo spirerà attualmente con circa 15° di sfasamento rispetto a quella direzione sarà angolato verso l'interno.

Quando il vento di mare spira verso la terra sul punto A della fig.21, esso comincia ad acquisire una struttura raffficheggiante, che non aveva sul mare, a causa delle condizioni di rimescolamento. Con il passare del tempo esso raggiunge il punto B e lì è più prossimo ad un vento di terra. Sul punto C, sul fiume prende le caratteristiche di direzione e variabilità di un vento di terra. Si considera infatti che la linea di costa in quel luogo faccia scorrere liberamente il vento sopra l'acqua, ovvero che non ci siano declivi in discesa lungo la costa compresa tra i punti C e D.

Quando il vento raggiunge l'altra parte del canale sul punto E, avendo lasciato la costa al punto D, dovrebbe avere gli stessi 30° di sfasamento rispetto al vento di gradiente che aveva sul punto C poiché l'angolo formato con il vento di gradiente aumenta tutte le volte che il vento è diminuito di intensità. Per cui quanto sopra detto è tipico per venti che spirano lungo l'asse di un canale ogni qualvolta che la direzione generale del vento possa essere canalizzata. In questo esempio l'incanalamento porta il vento sul lato sottovento del canale con altri 10° di sfasamento sulla sinistra nella direzione della costa.

Così, se siamo con le mure a dritta (S1), ignorando tutti gli effetti di corrente, l'angolo del vento sul punto C non ruoterà in senso antiorario in maniera quantitativamente sufficiente rispetto alla direzione del vento di gradiente per dover stringere verso la costa sopravento. Potremmo chiederci se è preferibile bordeggiare sotto la costa del canale sopravento, o fare un bordo più lungo. Si sa che se il vento ruota nello stesso senso di quello con cui si sta bordeggiando avremmo un vantaggio; pertanto finché ci manteniamo con le mure a dritta, una rotazione del vento verso dritta darà un vantaggio.

Tuttavia, l'effetto canalizzatore sul lato sottovento, produce sul lato opposto del canale (quello sopravento) una rotazione a sinistra rispetto alla direzione del vento che è stato trovato in S1; perciò quando si vira di bordo e ci dirigiamo per il lato sopravento, le mure a sinistra sollevata sarà minore di quanto non sarebbe se si continuasse il tragitto sul lato sottovento del canale. Il corretto tragitto, comunque, è di indirizzarsi verso il lato sopravento; si guadagnerà più facendo corti bordi con mure a sinistra sul lato sopravento perché i bordi con le mure a dritta oltre la boa sono lunghi e sollevati.

Infine, nell'entrata del canale vicino alla boa, il vento torna ad essere un vento di mare che favorisce di più un bordo mure a dritta. Il vento sarà ancora di più regolare e meno raffi-cheggiante.

Una situazione come questa dal momento che le regate difficilmente si svolgono in canali piuttosto ristretti, può fornire, analizzandola, indicazioni molto significative sulle variazioni sia in direzione che in intensità del vento, nei vari punti in cui navighiamo.

Dall'analisi si può, infatti, stabilire una direzione media del vento anche se raramente sarà la stessa di quella che il vento assume sull'acqua. Comunque le variazioni in direzione saranno tutte nella stessa proporzione perché il vento, che è più lento sulla terra, aumenta sempre il suo angolo relativo rispetto al vento di gradiente.

Concludendo, è necessario tenere sempre presenti sia la direzione del vento di gradiente sia la quantità di rimescolamento convettivo che si prevede ci sia sulla terra, cercando di valutare al più presto quale sarà il vento lungo la costa.

In un caldo giorno estivo, una brezza di mare produrrà spesso qualche raffica abbastanza evidente. Una brezza di terra produrrà variazione meno sensibili perché l'effetto del rimescolamento sarà assente. In entrambi i casi, comunque, è bene sempre dare un'occhiata alla carta prima di iniziare una regata e vedere se il vento soffierà su un tratto di terra prima che ci raggiunga; se ciò accadesse ci sarebbero buone possibilità che il vento abbia sensibile variazione rispetto a quanto non possa avvenire se il vento sta soffiando verso di voi provenendo dall'acqua.

Fig.21

Appendice2

Primo Soccorso

La pratica agonistica o dilettantistica degli sport velici (barca a vela, windsurf, Kite surf e surf da onda) può determinare, a causa del rapido movimento degli equipaggi in spazi ristretti, eventi traumatici ed infortuni di varie entità. Il contatto con il sole durante l'estate e con il vento freddo e l'acqua durante l'inverno possono condizionare negativamente le prestazioni dell'equipaggio stesso.

In questa appendice prenderemo in considerazioni le più frequenti emergenze mediche in cui si può imbattere un velista in corso di una semplice uscita estiva o in corso di una regata agonistica.

1) COLPO DI CALORE O COLPO DI SOLE

Con questo termine si indicano i disturbi dovuti alla esposizione diretta e prolungata del capo o della nuca ai raggi solari.

Prevenzione:

Indossare sempre un cappellino per proteggere il capo
Bagnare frequentemente il capo se sprovvisti di cappello

Segni e sintomi

Cute molto calda
Temperatura corporea aumentata
Cefalea
Sete
Nausea e vomito
Tachicardia
Possibile confusione mentale fino al delirio

Intervento

Cercare di ombreggiare l'infortunato
Rinfrescargli il capo con frequenti impacchi freddi
Somministrare liquidi.

2) COLPO DI FREDDO O CONGELAMENTO

Il colpo di freddo si verifica quando un individuo resta per lungo tempo esposto al freddo umido.

Prevenzione:
(vedi consigli sul vestiario nel capitolo 5)

Segni e Sintomi

Sensibile abbassamento della temperatura corporea
Dolori alle estremità distali (mani e piedi)
Irrigidimento degli arti

Intervento

Rimuovere immediatamente gli indumenti bagnati
Riscaldare l'infortunato con coperte e bevande calde

3) CHERATOCONGIUNTIVITE ATTINICA (DA ESPOSIZIONE ALLA LUCE INTENSA)

La cherato-congiuntivite attinica è il risultato della sofferenza della superficie oculare esterna (cornea e congiuntiva) a contatto con il riverbero della luce sul mare. La sabbia e le rocce riflettono dal 20 al 30% dei raggi luminosi, l'acqua può arrivare al 50%. I raggi ultravioletti UVA sono considerati innocui per la vista, mentre i raggi UVB possono nel tempo danneggiare i tessuti profondi degli occhi stessi (cristallino e retina). Un buon paio di occhiali di protezione dovrebbe sempre accompagnare le uscite dei velisti soprattutto d'estate. Nella scelta degli occhiali da sole è importante valutare il filtro UV da parte delle lenti. Molta importanza riveste anche la scelta del colore delle lenti. Il grigio è perfetto per ogni situazione climatica perché consente una visione inalterata dei colori. Il marrone filtra bene i raggi UV e permette una buona visione dei contrasti. Il verde filtra soprattutto i raggi infrarossi ed è molto utile per gli ipermetropi. Le lenti molto scure, diminuendo il riflesso azzurrognolo sono ideali per le giornate poco limpide. Le lenti azzurre, rosa e celesti proteggono poco. Potendo consigliare un tipo di lenti, quelle polarizzanti sono oggi la migliore opzione possibile sul mercato.

Segni e Sintomi

Occhi rossi e dolenti
Sensazione di corpo estraneo con lacrimazione

Intervento

Cercare di instillare colliri decongestionanti o semplice acqua non salata. Utili sono le lacrime artificiali da utilizzare nelle ore successive all'uscita in barca (confortevoli sono le lacrime a base di acido ialuronico allo 0,2%) se persiste il dolore.

4) ERITEMI SOLARI

Il sole dispensa una enorme quantità di energia sotto forma di radiazioni elettromagnetiche di cui soltanto una parte supera il filtro dell'atmosfera. Il 99% dell'energia al suolo è costituita dalle radiazioni che vanno dai 270 ai 500 nm (dagli ultravioletti agli infrarossi medi).

Al suolo le radiazioni possono essere così suddivise:

40% raggi infrarossi (800 – 3000 nm)

50% spettro visibile (400 – 800 nm)

10% raggi ultravioletti (290 – 320 nm UVB; 320 – 400 nm UVA)

A livello corporeo e dermatologico la totalità degli UVB è assorbita dall'epidermide mentre il derma assorbe la quasi totalità degli UVA. Le radiazioni luminose superano l'epidermide ed il derma e sono assorbite dall'ipoderma mentre gli infrarossi possono raggiungere anche il tessuto sottostante a questo ultimo.

I Raggi UVB provocano la risposta eritematosa della cute e l'abbronzatura ritardata della pelle, i raggi UVA determinano l'abbronzatura immediata e fugace causata da una modificazione della melanina senza incremento della sua produzione.

I segni obbiettivi dell'eritema solare compaiono qualche ora dopo una violenta esposizione ai raggi solari in distretti cutanei solitamente protetti da indumenti.

Segni e Sintomi

Arrossamento cutaneo con eritema vivo

Edemi di varia intensità che si possono associare a vescicole a contenuto sieroso o siero emorragico

Dolore urente

In caso di eritema solare esteso si possono associare cefalea, febbre e brividi

Precauzioni:

Utilizzo di creme ad alto filtro protettivo

5) CONGESTIONE

La congestione consiste in una condizione di malessere, talvolta anche grave, causato dal blocco della digestione provocato da una brusca esposizione del corpo ad una temperatura più bassa di quella ambientale. Il tuffo in mare dopo aver mangiato può esporre a questo rischio.

Il maggior afflusso di sangue che si verifica nell'addome durante la digestione viene bloccato a livello intestinale causando una improvvisa diminuzione della pressione arteriosa che spesso porta alla perdita di coscienza. E' molto alto il rischio di annegamento.

Se si programmano uscite in barca dopo pranzo è bene evitare di fare il bagno durante la digestione.

La digestione che segue un pasto copioso di cibi grassi, conditi con sughi o spezie e accompagnato da alcolici può durare anche 4 o5 ore. Uno snack composto da frutta, crostate o un panino leggero meglio si adatta alle esigenze di un velista che durante una regata o una semplice uscita può involontariamente cadere in acqua e rischiare la congestione.

TRAUMATOLOGIA

- CONTUSIONI

La contusione è una lesione senza ferita che interessa la pelle ed il tessuto sottocutaneo ma può estendersi anche in profondità interessando i muscoli e le ossa della regione colpita.

Segni e Sintomi

Livido
Gonfiore
Dolore

Intervento

Immediato riposo della parte colpita
Applicazione di ghiaccio o impacco freddo

- DISTORSIONI

La distorsione è una lesione traumatica di una articolazione provocata da un movimento brusco di torsione con allungamento o lacerazione dei legamenti senza che le articolazioni subiscano spostamenti e senza che si verifichino fratture.

Segni e Sintomi

Dolore intenso
Tumefazione della articolazione

Intervento

Bloccare l'attività dell'infortunato
Applicare impacchi freddi
Immobilizzare, se possibile, l'articolazione con fasciatura rigida

- LUSSAZIONE

La lussazione è lo spostamento di un capo articolare dalla sua sede naturale senza che ve ne sia il ritorno spontaneo.
La più frequente e la più dolorosa è la lussazione della spalla.

Segni e sintomi

Dolore intenso
Spostamento articolare

Intervento

Impacchi freddi
Immobilizzazione in posizione antalgica con ritorno veloce a terra per la riduzione della lussazione da parte di un medico competente. Spesso i tentativi non appropriati sono controproducenti.

- STIRAMENTO O STRAPPO MUSCOLARE

Segni e Sintomi

Dolore puntorio ed improvviso durante sforzo muscolare

Intervento

Bloccare attività dell'infortunato
Applicazione di impacchi freddi sul muscolo interessato

- FERITA LACERO CONTUSA

Nella traumatologia di bordo le ferite sono l'evenienza più frequente.
Possono essere ferite superficiali che interessano la cute ed il sottocute oppure ferite profonde interessanti le masse muscolari.

Segni e Sintomi

Dolore duranti l'evento traumatico
Emorragia

Intervento

Lavaggio della ferita con acqua ossigenata oppure con acqua bollita.
Cercare di fermare in ogni modo la fuoriuscita del sangue comprimendo con una garza o con un fazzoletto il punto sanguinante.
Se l'emorragia è copiosa e inarrestabile utilizzare un laccio emostatico o qualcosa di similare a monte del punto ferito.
Se la ferita è estesa o a labbra aperte unire i lembi della pelle per qualche minuto prima di esercitare la pressione sulla ferita.
Dopo aver applicato un tamponante sulla ferita procedere ad un bendaggio compressivo.
Se dopo il bendaggio compressivo il sanguinamento non si interrompe non sostitute la fasciatura ma rinforzatela.

- EPISTASSI (SANGUE DAL NASO)

Segni e sintomi

Sanguinamento dalle vie nasali

Intervento

Reclinare all'indietro il capo dell'infortunato
Comprimere il naso dall'esterno tra due dita per alcuni minuti
Applicare impacco freddo sulla radice del naso
Se necessario applicare due batuffoli di cotone all'interno delle narici

- FRATTURE OSSEE

<u>*Segni e Sintomi*</u>

Deformazione della parte lesa
Dolore intenso che si accentua con il movimento

<u>*Intervento*</u>

Immobilizzazione del segmento fratturato

1. **spalla o braccio**: piegare ad angolo retto il braccio fratturato, avvicinarlo al petto e sostenerlo con una fasciatura annodata intorno al collo.
2. **gomito**: mantenere il braccio nella stessa posizione in cui si trovava al momento dell'intervento di soccorso ed immobilizzarlo con una stecca imbottita.
3. **gamba** (femore tibia e perone): distendere l'infortunato e porre una stecca sul lato esterno dell'arto fasciata in maniera rigida.
4. **costole**: immobilizzazione del torace con una fasciatura non troppo stretta per non interferire con i movimenti della respirazione.
5. **colonna vertebrale**: di fronte ad una evenienza cosi drammatica (caduta sul dorso, oggetto che abbia colpito la schiena) con il sospetto di frattura di colonna vertebrale il paziente non va assolutamente mosso dal luogo dell'incidente. Si provvederà a sistemarlo sul luogo alla meglio evitando movimenti attivi o passivi in rapporto ai movimenti della barca.

- TRAUMA CRANICO

<u>*Segni e Sintomi*</u>

Perdita di conoscenza
Pallore e cianosi
Arresto del respiro
Assenza del polso

<u>*Intervento*</u>

Dopo il trauma (bomata, caduta accidentale) distendere il paziente supino su un piano rigido e sollevare gli arti inferiori.
Controllare se il paziente respira appoggiando un orecchio sulla bocca: in caso contrario estendere la testa all'indietro, sospingere la mandibola verso l'alto ed in avanti e chiudere

la bocca dell'infortunato: in questo caso la lingua, spostata in alto ed in avanti lascerà libere le prime vie aeree.
Si applica la bocca sulla bocca del paziente chiudendogli con una mano le narici durante l'insufflazione. Ripetere l'operazione ogni 5 secondi fino a quando non ricompaia una respirazione spontanea.
Se alla mancanza del respiro si associa anche l'arresto cardiaco con l'assenza del polso bisogna esercitare il massaggio cardiaco: si pone il palmo della mano sul terzo inferiore dello sterno e la seconda mano sopra la prima. Si comprime vigorosamente lo sterno mantenendo la pressione per circa 1 secondo e poi si rilascia. Tale manovra va ripetuta per circa 80 volte al minuto.
Se il soccorritore è da solo bisogna alternare 15 compressioni a 2 insufflazioni. Se i soccorritori sono in due ogni 5 compressioni si alterna 1 insufflazione. Non desistere dalla pratica del massaggio fino alla comparsa del polso o del respiro. Ci sono casi di ripresa del ritmo cardiaco anche dopo 20 minuti di massaggio.

PICCOLA FARMACIA DI BORDO

In una cassetta di pronto soccorso da consegnare ad un equipaggio (barca cabinata o sul gommone di assistenza) che si appresta ad seguire una regata inseriamo questa breve lista di farmaci:

Disinfettanti e primo soccorso

Acqua ossigenata, mercurio cromo, garze sterili, cotone idrofilo con cotone emostatico, laccio emostatico, punti di carta, ghiaccio sintetico.

Antinfiammatori

Tachipirina compresse(febbre e dolore), novalgina gocce (febbre e dolore), Lasonil crema (problemi muscolari, contusioni) , Muscoril compresse (problemi muscolari), Oki bustine e supposte (dolori acuti), Toradol compresse (dolori acuti)

Antibiotici: Tavanic compresse (infezioni post traumatiche)

Antidiarroici e riequilibranti intestinali: Dissenten compresse, Enterogermina fiale.

Indice

INDICE

Finito di stampare
nel mese di gennaio 2008
dalla Tipografia e Casa Editrice
Debatte Otello srl - Livorno